普通高等教育"十三五"规划教材
全国高等医药院校规划教材

生命伦理学导论
（第2版）

翟晓梅　邱仁宗　主编

清华大学出版社
北京

内 容 简 介

本书系统地介绍了生命伦理学的基本理论及国内外研究最新进展。本书内容全面，典型案例与生命伦理学理论相结合，文笔流畅，深入浅出，引人入胜，是一部优秀的生命伦理学教材。本书第 1 版入选北京市高等教育精品教材立项项目。

本书可作为高等医学院校及生命科学学院本科生教材，也可供相关专业教师、临床医生及生命科学科研人员参考。

图书在版编目（CIP）数据

生命伦理学导论 / 翟晓梅，邱仁宗主编 . —2 版 . — 北京：清华大学出版社，2020.12（2024.12重印）
普通高等教育"十三五"规划教材　全国高等医药院校规划教材
ISBN 978-7-302-49707-3

Ⅰ. ①生…　Ⅱ. ①翟…②邱…　Ⅲ. ①生命伦理学—高等学校—教材　Ⅳ. ① B82-059

中国版本图书馆 CIP 数据核字（2018）第 035643 号

责任编辑：罗　健
封面设计：戴国印
责任校对：王淑云
责任印制：宋　林

出版发行：清华大学出版社
　　　　网　　　址：https://www.tup.com.cn，https://www.wqxuetang.com
　　　　地　　　址：北京清华大学学研大厦 A 座　　　邮　　编：100084
　　　　社 总 机：010-83470000　　　　邮　　购：010-62786544
　　　　投稿与读者服务：010-62776969，c-service@tup.tsinghua.edu.cn
　　　　质量反馈：010-62772015，zhiliang@tup.tsinghua.edu.cn
印 装 者：三河市人民印务有限公司
经　　销：全国新华书店
开　　本：185mm×260mm　　　印　张：26.25　　　字　数：614 千字
版　　次：2005 年 8 月第 1 版　2020 年 12 月第 2 版　　印　次：2024 年 12 月第 3 次印刷
定　　价：79.80 元

产品编号：048457-01

编委会名单

主　编　翟晓梅　邱仁宗

编　委　（按姓氏拼音排序）

曹南燕　清华大学

胡林英　加拿大西蒙·弗雷泽大学

李建会　北京师范大学

刘　欢　北京协和医学院

雷瑞鹏　华中科技大学

马永慧　厦门大学

毛新志　湖南师范大学

邱仁宗　中国社会科学院

睢素利　北京协和医学院

王春水　北京妇产医院

王国豫　复旦大学

王赵琛　浙江大学

翟晓梅　北京协和医学院

张　迪　北京协和医学院

朱　伟　复旦大学

第2版前言

Preface

生命伦理学是医学伦理学的逻辑延伸和发展。由于当代医学的创新和突破越来越依赖生命科学和生物技术，医学伦理学这一名词逐渐被生命伦理学替代，生命伦理学这一术语在国际学术界已经得到越来越广泛的应用。

《生命伦理学导论》第 1 版出版后，受到广大读者的欢迎和好评。随着时间的推移和学科的发展，同行不断敦促我们再版此书，以满足教学和科研的迫切需要。在《生命伦理学导论》第 2 版中，我们力求规范生命伦理学研究的内涵和外延，并尽可能反映近年来生命伦理学领域的最新学术成果。《生命伦理学导论》第 2 版重新梳理并完善了生命伦理学的学科知识体系。全书分为五篇：第 1 篇生命伦理学的理论、原则和方法；第 2 篇临床伦理学；第 3 篇生物医学研究伦理学；第 4 篇公共卫生伦理学；第 5 篇新兴生物技术伦理学。《生命伦理学导论》第 2 版结构编排更加合理，便于教师教学和学生理解。

与第 1 版教材相比，第 2 版教材增加了大量新内容，如在第 1 篇中增加了生命伦理学的研究方法。与其他伦理学学科一样，生命伦理学基于价值判断，不像自然科学学科那样基于观察和实验，因此，本篇阐述了生命伦理学的研究方法，如论证、反思平衡、思想实验和判例法。

为便于临床医学生系统学习和掌握临床伦理学知识，本书第 2 篇对临床伦理学的内容进行了系统的归纳和阐述，增加了医患关系、医学专业精神、临床伦理决策、产前诊断、生命早期照护、精神疾患的照护等内容。

鉴于生物医学研究是当前生命伦理学研究和探讨的热点和核心问题，该领域从理论到实践都有很多研究进展，因此第 2 版教材大大充实了这部分内容，由第 1 版的 1 章扩展为 7 章，它们构成第 3 篇生物医学研究伦理学。

生命伦理学学科发展的趋势之一是其关注的焦点逐渐从临床伦理学和生物医学研究伦理学转移到公共卫生伦理学，特别是在艾滋病（acquired immune deficiency syndrome，AIDS）、严重急性呼吸综合征（severe acute respiratory syndrome，SARS）、新型冠状病毒肺炎疫情暴发以后，公共卫生伦理学的重要性日益凸显。公共卫生领域的实质性伦理问题和程序性伦理问题如此之多，如此之重要，需要我们高度重视，加强对这些问题研讨的力度。因此，本书增加了第 4 篇公共卫生伦理学的内容。

第 5 篇新兴生物技术伦理学中的大部分章节为新增内容。当前新兴生物技术在医学领域的应用，如脑科学、合成生物学和纳米技术在医学领域的应用，提出了大量尖锐的伦理学问题，本篇试图对这些问题进行分析论证。

本书编写作者及其参与编写的章节如下（以姓氏拼音顺序排列）：

曹南燕，清华大学，参与第 19 章编写；

胡林英，加拿大西蒙·弗雷泽大学，参与第 12 章和第 28 章编写；

雷瑞鹏，华中科技大学，参与第 30 章编写；

李建会，北京师范大学，参与第 28 章编写；

刘　欢，北京协和医学院，参与第 6 章编写；

马永慧，厦门大学，参与第 27 章编写；

毛新志，湖南师范大学，参与第 28 章编写；

邱仁宗，中国社会科学院，参与第 1-5 章、第 18 章、第 21-28 章编写；

睢素利，北京协和医学院，参与第 27 章编写；

王春水，北京妇产医院，参与第 13 章和第 24 章编写；

王国豫，复旦大学，参与第 29 章编写；

王赵琛，浙江大学，参与第 10 章、第 15 章和第 27 章编写；

翟晓梅，北京协和医学院，参与第 7 章、第 10-11 章、第 13-17 章、第 20 章和第 24 章编写；

张　迪，北京协和医学院，参与第 10 章和第 25 章编写；

朱　伟，复旦大学，参与第 8-9 章编写。

本书引用了北京协和医学院研究生院刘冉和黄雯同学在读期间发表的学术论文，以及林玲同学硕士论文的一些内容。在出版过程中，冯龙飞博士、谢宜静博士以及博士生王继超、硕士生李勇勇参与了本书的文字润色、校对工作，在此一并致谢。

翟晓梅和邱仁宗负责全书统稿工作。翟晓梅主要负责临床伦理学、生物医学研究伦理学以及遗传伦理学部分内容，邱仁宗主要负责生命伦理学的理论、原则和方法与公共卫生伦理学以及新兴生物技术伦理学部分内容。

本书的编写基于翟晓梅、邱仁宗主编的《生命伦理学导论》第 1 版（北京市高等教育精品教材立项项目），并参考了大量近年来国际学术界发表的生命伦理学文献，对参考文献的作者表示衷心感谢！

在本书第 1 版的出版过程中，清华大学出版社罗健编辑以其独特的专业敏感性发掘了本书的学术价值，他从约稿到出版都付出了很大心血。本书第 1 版一经出版，即被评为北京市高等教育精品教材。罗健编辑根据第 1 版用书单位老师的评价，不懈地力促本书第 2

版出版，并在本书第 2 版出版过程中，反复审读书稿，多次提出建设性的修改意见。本书第 2 版终于面世，我们特别感谢罗健编辑对本书第 1 版和第 2 版出版的辛勤付出。

　　本书虽然经过几年精心修改编撰，但由于作者水平和时间有限，遗漏和不当之处在所难免，敬请读者批评指正。

翟晓梅

北京协和医学院教授

中国医学科学院、北京协和医学院生命伦理学研究中心执行主任

中国科学技术协会自然辩证法研究会生命伦理学专业委员会主任委员

国家卫生健康委员会医学伦理专家委员会副主任

邱仁宗

中国社会科学院教授

华中科技大学生命伦理学研究中心主任

中国人民大学伦理学与道德建设研究中心生命伦理学研究所所长

2020 年 6 月

目 录

Contents

第1篇　生命伦理学的理论、原则和方法

第1章　生命伦理学概论 (003)

第1节　生命伦理学的产生和发展 (003)

第2节　生命伦理学是一门实践伦理学 (005)

第3节　生命伦理学的研究模型 (008)

第2章　主要伦理学理论 (010)

第1节　伦理问题 (010)

第2节　后果论 (011)

第3节　义务论 (016)

第3章　生命伦理学基本原则 (023)

第1节　有益和不伤害 (023)

第2节　尊重 (028)

第3节　知情同意 (031)

第4节　保密和隐私保护 (037)

第5节　公正 (039)

第4章　生命伦理学的研究方法 (044)

第1节　论证 (044)

第2节　反思平衡 (048)

第3节　思想实验 (050)

第4节　判例法 (051)

第2篇　临床伦理学

第5章　医患关系 ··········（055）
第1节　医患关系模型 ··········（055）
第2节　医患关系概述 ··········（057）
第3节　患者权利 ··········（060）
第4节　医学专业精神 ··········（063）

第6章　临床伦理决策 ··········（066）
第1节　医学适应证 ··········（067）
第2节　患者意愿 ··········（070）
第3节　患者的生命质量 ··········（076）
第4节　情境因素 ··········（078）
第5节　临床伦理委员会 ··········（083）

第7章　辅助生殖 ··········（084）
第1节　辅助生殖技术 ··········（084）
第2节　辅助生殖伦理问题总论 ··········（085）
第3节　辅助生殖伦理问题各论 ··········（088）

第8章　产前诊断 ··········（092）
第1节　产前诊断技术 ··········（092）
第2节　产前诊断的受益和代价分析 ··········（094）
第3节　胎儿的道德地位 ··········（094）
第4节　生殖自主及其限度 ··········（096）
第5节　选择与歧视 ··········（097）

第9章　生命早期照护 ··········（099）
第1节　新生儿筛查 ··········（099）
第2节　儿科临床决策伦理 ··········（105）
第3节　严重缺陷新生儿的照护 ··········（111）

第10章　器官移植 ··········（117）
第1节　器官移植技术概况 ··········（117）
第2节　器官获取的伦理问题 ··········（118）
第3节　器官分配的伦理问题 ··········（134）

第 11 章　生命终末期医疗 ···（138）

第 1 节　缓和医疗 ··（138）

第 2 节　不给或撤除医疗 ··（141）

第 3 节　安乐死和医生协助自杀 ··（147）

第 12 章　精神疾患的照护 ···（153）

第 1 节　精神病的概念 ···（154）

第 2 节　精神病诊断中的伦理问题 ···（155）

第 3 节　非自愿收治的标准 ···（158）

第 4 节　正当的程序 ··（159）

第 3 篇　生物医学研究伦理学

第 13 章　历史教训和国际伦理规范 ··（163）

第 1 节　生物医学研究与治疗 ···（163）

第 2 节　生物医学研究简史和若干案例 ··（168）

第 3 节　生物医学研究的国际伦理规范 ··（172）

第 14 章　研究设计 ···（177）

第 1 节　随机对照试验 ···（178）

第 2 节　随机对照试验的伦理问题 ···（180）

第 3 节　公平选择受试者 ··（183）

第 4 节　脆弱人群的特殊保护 ··（184）

第 15 章　风险受益评估 ··（187）

第 1 节　风险和受益的概念和类型 ···（188）

第 2 节　风险受益评估的程序 ··（189）

第 3 节　风险受益评估的方法 ··（191）

第 16 章　生物医学研究中的知情同意 ···（199）

第 1 节　生物医学研究中同意的概念和类型 ··（199）

第 2 节　生物医学研究中有效的知情同意 ···（203）

第 3 节　知情同意的实践 ··（208）

第 17 章　伦理审查 ···（212）

第 1 节　伦理审查的概念 ··（212）

第2节　伦理审查的基本要求 ··（214）

第3节　伦理审查实践中发现的问题 ··（218）

第18章　动物实验 ··（221）

第1节　动物的道德地位和动物权利 ··（221）

第2节　支持和反对动物实验的论证 ··（227）

第3节　动物实验的伦理管理 ···（230）

第19章　科研诚信 ··（232）

第1节　科研需要伦理规范 ···（232）

第2节　负责任的科学研究 ···（233）

第3节　科研诚信和科研不端行为 ··（235）

第4节　利益冲突 ···（239）

第4篇　公共卫生伦理学

第20章　公共卫生伦理学概论 ··（245）

第1节　公共卫生 ···（245）

第2节　公共卫生伦理原则 ···（247）

第21章　健康的责任 ··（254）

第1节　健康的个人责任 ··（254）

第2节　健康的社会决定因素 ···（255）

第3节　健康的社会责任 ··（256）

第4节　公共卫生与个人自由 ···（257）

第5节　限制个人自由的伦理辩护 ··（259）

第6节　限制个人自由的可辩护条件和步骤 ··（262）

第22章　健康公平 ··（265）

第1节　健康不平等 ···（265）

第2节　健康不公平 ···（266）

第3节　健康公平与平等论 ···（268）

第23章　医疗卫生制度 ··（274）

第1节　医疗卫生制度的概念 ···（274）

第2节　市场与医疗卫生 ··（275）

第 3 节　医疗卫生的筹资 ………………………………………………（ 279 ）

第 4 节　医疗卫生资源配置制度 ……………………………………………（ 282 ）

第 24 章　传染病控制 ……………………………………………………（ 286 ）

第 1 节　传染病控制的措施 …………………………………………………（ 287 ）

第 2 节　艾滋病防控伦理 ……………………………………………………（ 292 ）

第 3 节　流感大流行防控伦理 ………………………………………………（ 296 ）

第 25 章　遗传学与公共卫生伦理 ………………………………………（ 299 ）

第 1 节　遗传学在公共卫生中的应用 ………………………………………（ 299 ）

第 2 节　优生学的历史教训 …………………………………………………（ 301 ）

第 3 节　遗传筛查 ……………………………………………………………（ 307 ）

第 26 章　药物依赖的伦理学视角 ………………………………………（ 310 ）

第 1 节　对使用可成瘾药物干预的伦理学论证 ……………………………（ 310 ）

第 2 节　对非法药品使用者惩罚性政策的伦理分析 ………………………（ 314 ）

第 5 篇　新兴生物技术伦理学

第 27 章　遗传伦理学 ……………………………………………………（ 323 ）

第 1 节　人类基因组计划 ……………………………………………………（ 324 ）

第 2 节　人的克隆 ……………………………………………………………（ 325 ）

第 3 节　干细胞研究和应用 …………………………………………………（ 329 ）

第 4 节　基因检测的伦理学视角 ……………………………………………（ 334 ）

第 5 节　基因编辑技术应用伦理 ……………………………………………（ 337 ）

第 6 节　生物样本数据库 ……………………………………………………（ 347 ）

第 7 节　精准医学伦理学 ……………………………………………………（ 352 ）

第 8 节　人 - 动物混合体研究伦理 …………………………………………（ 357 ）

第 9 节　人类微生物群基因组研究和应用伦理 ……………………………（ 362 ）

第 10 节　基因专利伦理 ……………………………………………………（ 366 ）

第 28 章　神经伦理学 ……………………………………………………（ 370 ）

第 1 节　脑干预技术及其伦理问题 …………………………………………（ 370 ）

第 2 节　脑成像技术及其伦理问题 …………………………………………（ 373 ）

第 3 节　深度脑刺激技术及其伦理问题 ……………………………………（ 377 ）

第 4 节　脑机接口技术及其伦理问题 ………………………………………（ 380 ）

第 5 节　神经科学与道德哲学 ··（383）

第 29 章　纳米伦理学 ··（388）

第 1 节　纳米技术的特点 ··（388）

第 2 节　纳米技术研发与应用中的伦理问题 ····································（390）

第 3 节　对纳米技术研究和应用的管理 ··（393）

第 30 章　合成生物伦理学 ··（395）

第 1 节　制造生命的伦理论争 ··（395）

第 2 节　合成生物学的安全性 ··（396）

第 3 节　合成生物技术的专利保护 ··（397）

第 4 节　合成生物学的伦理治理 ··（398）

参考文献 ··（401）

第 1 篇

生命伦理学的理论、原则和方法

第1章 生命伦理学概论

生命伦理学是用伦理学理论、原则和方法探讨临床医学、生物医学研究、公共卫生以及新兴生物技术中的伦理问题，并设法为这些领域的活动设立评价其是非对错的伦理标准的学科。自第二次世界大战结束以来，科学技术的发展及其应用引发了一系列的伦理问题，探讨这些问题以及探求解决这些问题的办法，成为规范和准确引导与生命科学相关的科学技术创新、研发、应用的公共政策的基础。尤其是生命科学和生物技术的发展及其成果应用于人、新型传染病的流行和公众健康需要的变化，以及医疗卫生体制改革引发的伦理问题等，关系到人的生命、健康和福祉，这些问题特别引人注目，因此才有了生命伦理学的诞生。本章主要阐述生命伦理学应用的若干伦理学理论、基本原则及其研究方法。

第1节 生命伦理学的产生和发展

一、生命伦理学的概念

生命伦理学（bioethics），其英文拼写由 bio（生命的或生物的）和 ethics（伦理或伦理学）两个词组成。生命主要指人类生命，但有时也广延至动物、植物、微生物以及生态系统；而伦理学则是对人类行动的规范性进行研究。因此，可以将生命伦理学定义为运用伦理学的理论、原则和方法，对临床医学、生物医学研究、公共卫生实践以及新兴生物技术的研发和应用中实然和应然（应该做什么和应该如何做）的伦理问题进行探讨，并制定规范（包括制定政策和立法）的学科。

在医学伦理学基础上延伸扩展而来的生命伦理学更加彰显对人的痛苦与不幸的敏感性和恻隐之心，更加强调人文关怀和对人的自主性、尊严和内在价值的尊重。这种人文关怀已经日益成为医学的核心价值并逐步制度化。1947 年，《纽伦堡法典》（审判纳粹医生反人类罪行的成果）规定了 10 项原则并以此作为涉及人的生物医学研究的伦理和法律要求：

（1）人类受试者的自愿同意是绝对必要的；

（2）试验本身应该产生造福社会的富有成效的结果；

（3）试验设计应该基于动物实验的结果和所研究疾病的自然史或有关其他问题的知识；

（4）试验过程应该避免引起一切不必要的身体上和心理上的痛苦和损害；

（5）如预先有理由相信试验将会造成受试者死亡或致残性损害，就绝不应该进行该试验；

（6）受试者所承受的风险绝不应超过试验要解决的问题的人道主义重要性；

（7）为了保护试验受试者免受伤害（即使可能是远期发生的伤害）、残疾和死亡，应该做好充分的准备和提供充足的设施；

（8）试验只应该由科学上胜任的人来进行；

（9）在试验进程中，如果人类受试者已达到不能继续试验的身体或精神状态，他有终止参与试验的自由；

（10）在试验进程中，如果负责任的科学家根据可靠的信念、卓越的技能和审慎的判断，认为继续试验可能对试验受试者造成损伤、残疾或死亡，那么无论试验进行到任何阶段，他都必须随时中断试验。

二、生命伦理学发展的动力

生命伦理学是一门发展迅速的学科，推动生命伦理学发展的因素有：

（1）对误用或滥用生物医学技术的担忧。生物医学技术的进步使人们不但能更有效地诊断、治疗和预防疾病，而且有可能操纵基因、精子、卵子、受精卵、胚胎，甚至人的脑、身体和行为。这种增大了的控制力量还可能影响下一代和未来世代。这种力量可以被正确使用，也可以被误用或滥用，对此如何进行合理而有效的控制？目前人们最为担心的问题：一是对基因的操纵；二是对脑的操纵。这两方面的操纵都可能导致对人的控制，侵犯了人的尊严和权利，贬低了人的价值。

（2）对人工安排干预自然过程的消极后果的担忧。由于先进技术的发展和应用，人类可以干预生老病死的自然过程，这些自然过程甚至有可能被人工安排所替代。这可能引起积极和消极的双重后果，引致价值观的冲突和对人类命运的担心。现代生殖技术，一方面可以将性与生殖分开，即避孕技术的开发和利用；另一方面也可以将生殖与性分开，即辅助生殖技术的开发和利用。辅助生殖原本着眼于解决不育问题，然而单身人士、同性恋者以及上了年纪并不适合生育者以及非医学原因要求保存生育力的男女是否可以利用辅助生殖技术解决生育问题呢？人的死亡本是自然过程，但是应用现代生命维持技术，可以使一些处于全脑死亡状态或永久性植物状态的人的生物学生命继续维持下去。

（3）对疫病挑战的担忧。艾滋病、严重急性呼吸综合征（severe acute respiratory syndrome，SARS）、禽流感、埃博拉以及全球大流行的新型冠状病毒肺炎等疫病，对某些传统价值观念和现有的医疗卫生制度提出了严峻挑战。这些疫病的大流行，提出了是否应该对人群进行隔离或检疫，公共卫生与限制个人自由冲突的棘手的伦理问题。

（4）医疗卫生制度改革引发的担忧。医疗费用的大幅攀升导致卫生制度的改革迫在眉睫。由于医疗技术含量的提高以及医药市场化的消极影响，世界各国医疗费用大幅攀升，这严重冲击了许多国家的公费医疗制度。各国都在寻求医疗卫生制度改革的良方，使公民能够得到更为安全、有效且可负担得起的医疗。但是改革过程中也出现了许多伦理问题，例如不适当的市场导向加剧了医疗和健康的不公平，损害了医患关系；严重的利益冲突腐蚀了医学专业精神等。

（5）丑闻的揭露和民权运动的高涨引发了大众和专业人士的思考。在各国的医疗和研究工作中，违反伦理的事件时有发生，患者和受试者维权的呼声不止。对这些事件的揭露，推动了生命伦理学的发展。例如在美国，由于揭露了塔斯基吉梅毒研究、纽约柳溪医院的肝炎研究等丑闻，推动了美国政府成立总统伦理委员会对此事进行调查，专家们提出了尊重、有益、公正等伦理学原则，推动了生命伦理学的发展。

第 2 节　生命伦理学是一门实践伦理学

一、伦理学研究与哲学研究

哲学研究人类的"知"和"行"。属于哲学学科群的伦理学研究"行"的社会规范。这里说的"规范"是指评价人的行动的是非善恶的标准，是道德规范。人类行动规范具有社会性，人成长的过程是一个社会化过程，人通过习得社会规则（规矩）了解道德规则，例如，当涉及应该做什么样的人或应该做什么样的事时，只要我们做人做事的方式会影响他人利益，我们就进入了道德领域。孔子说"己所不欲，勿施于人"，就是因为在他看来这可以避免伤害他人。也可以说，道德是要我们考虑他人利益的社会期望，是社会生活所必需的。人人只考虑自己利益的社会没有凝聚力，无法存在下去。这也可以解释为什么不管人类社会有多原始，它们都有其社会规范，其中包括道德规范。

二、伦理学与道德

伦理与道德都是指评价人类行动是非善恶的社会规范，但道德是一种社会文化现象，体现在该社会的教育、习俗、惯例、公约之中，而伦理学是对道德的哲学研究，不同于传统道德依靠权威、经典来规范人类的行动，伦理学依靠理性，不管是现存的规范，还是建议的规范，都必须依靠理性的论证才能成立。传统的道德偏重于应该做怎样的人，而现代伦理学更强调应该做怎样的事。

三、行动的概念

伦理学探讨人类行动的社会规范，这里的行动（action）不同于通常说的行为（behavior）：其一，行为是一个人（也可以是一个动物、机体、系统或人工实体）对外部或内部刺激的反应，往往是多次发生的活动，或一个人从事某一活动的方式；而行动是一个人做某种事的过程，是他根据自己的意愿而从事的某一活动。其二，行为是无目的、无意向的活动，往往是未被诠释的活动，而行动是有目的、有意向的活动。美国哲学家唐纳德·戴维森（Donald Davidson）论证说，行动是行动者有意做的事情，因此行动与意向之间有概念上的联系。一个行动者从事的活动是针对一定目标的，而这个目标是该行动者基于对他面前的选项和机会的总体实践评价而确定的。随之而来的是，行动者对其所采取的行动本身及其后果负责。[1]

四、人类行动三要素及其派生的伦理学理论

人类行动有三个要素：行动者（agent）、行动（action）和行动后果（consequence）。某个行动者 P（1）从事某个行动（2），产生某种后果（3），如图 1-1 所示。

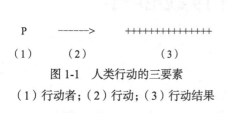

P　　------>　　++++++++++++++
（1）　　　（2）　　　　　（3）

图 1-1　人类行动的三要素

（1）行动者；（2）行动；（3）行动结果

伦理学是人类行动的社会规范。对行动三要素中何者最为基本，伦理学家的意见不一，因而有不同的伦理学理论。从强调行动者及其品格的观点发展出美德伦理学（virtue ethics）；从强调行动本身的观点发展出义务论（deontology）；从强调行动后果的观点发展出后果论（consequentialism）。

五、生命伦理学的实践特点

伦理学可分为理论伦理学和实践伦理学。理论伦理学研究伦理学的概念和伦理推理，建立和完善种种伦理学理论，例如后果论或效用论、义务论或道义论、自然律理论、关怀理论、社群主义伦理学、女性主义伦理学等；分析某一理论的优缺点并提出改进意见，比较不同理论的优缺点并探讨它们相互之间的分歧等。实践伦理学探讨人类各个实践领域中产生的实质性伦理问题（应该做什么的问题）和程序性伦理问题（应该怎样做的问题）。生命伦理学探讨临床医学、生物医学研究、公共卫生和新兴生物技术创新、研发和应用中的伦理问题。除此以外，实践伦理学还包括科学 - 技术 - 工程伦理学、信息和通信技术伦理学（或网络伦理学，包括大数据技术伦理学）、人工智能技术伦理学、动物伦理学、环境（生态）伦理学、食品伦理学、农业伦理学、企业伦理学、新闻伦理学、出版伦理学、法律伦理学、司法伦理学、教育伦理学、体育伦理学、社会伦理学、经济伦理学、政治伦理学、公共行政伦理学等。

实践伦理学的指导思想来源于：

（1）马克思在《关于费尔巴哈的提纲》[2] 指出的"哲学家们只是用不同的方式解释世界，而问题在于改变世界"所蕴含的思想；

〔1〕　DAVIDSON D. Essays on actions and events [M]. Oxford: Oxford University Press, 1980.

〔2〕　马克思，恩格斯. 马克思恩格斯选集：第 1 卷 [M]. 北京：人民出版社，1995.

（2）列宁在《共产主义》[1]中指出"马克思主义的最本质的东西、马克思主义的活的灵魂——具体地分析具体的情况"；

（3）毛泽东在《改造我们的学习》《整顿党的作风》[2]《矛盾论》[3]等著作中指出的，"从实际出发""有的放矢""具体问题具体分析"等思想。

六、生命伦理学学科特点

作为一门实践伦理学学科，生命伦理学有以下特点：

1. 规范性（normative）

生命伦理学是一门规范性学科，它研究临床医学、生物医学研究、公共卫生以及新兴生物技术创新、研发和应用中的伦理问题。生命伦理学包含重要的描述性成分，但这是生命伦理学研究由来之处，不是其实体部分。规范负荷价值，"是"与"应该"之间没有必然的逻辑通路，因此不能仅靠观察和实验得出规范。

2. 理性（rational）

生命伦理学是理性的学科。哲学（包括伦理学）和科学都是理性的学科，依靠人的理性能力，包括理解能力和逻辑思维能力。伦理学与其他哲学学科一样，它们的理性活动主要依靠论证（argumentation），而不是引经据典的说教。"道德直觉"可提供一些线索来帮助我们对某些观点或论断进行反思，但它本身不是论证，不能使我们得出有规范意义的结论。例如，认为"生命伦理学就是对生命的爱"，就没有认识到生命伦理学的理性性质。生命形态千差万别，爱也多种多样，只依靠爱不能形成行动规范。

3. 实用性（practical）

生命伦理学是为了解决上述领域的伦理问题而为行动提出规范建议的实践伦理学，它有别于在伦理学理论中发现问题并试图完善伦理学理论的理论伦理学。生命伦理学需要应用伦理学理论，但应用时，不是从既定的伦理学理论出发，用演绎法推演出实践中伦理问题的答案，而是运用伦理学理论，在理论的指导下解决具体的实际问题。正如恩格斯所说的那样，"原则不是研究的出发点"。[4]

4. 证据和经验的知情性（evidences/experiences-informed）

生命伦理学的研究与理论伦理学不同，后者一般无须了解太多实际情况，可以从文献到文献；而生命伦理学研究必须脚踏实地了解并分析实践中提出的伦理问题、相关的数据和典型的案例。不分析实践中的问题，不了解实际情况，就会把伦理学变成空洞的说教。

〔1〕 列宁. 列宁选集：第4卷［M］. 北京：人民出版社，1972.

〔2〕 毛泽东. 毛泽东选集［M］. 北京：人民出版社，1964.

〔3〕 毛泽东. 矛盾论［M］. 北京：人民出版社，1975.

〔4〕 "原则不是研究的出发点，而是它的最终结果；这些原则不是被应用于自然界和人类历史，而是从它们中抽象出来的；不是自然界和人类去适应原则，而是原则只有在符合自然界和历史的情况下才是正确的。"马克思，恩格斯. 马克思恩格斯全集：第3卷［M］. 北京：人民出版社，1960：74.

5. 世俗性（secular）

生命伦理学不是宗教或神学，而是世俗的学问，虽然从宗教或神学的视角对当代科技或医学中的问题进行研究也很重要，但作为一门理性的学科，生命伦理学与宗教或神学有不相容之处。

第3节　生命伦理学的研究模型

一、研究模型

美国生命伦理学家琼森（Albert Jonsen）曾提出两个有关生命伦理学研究的模型。

（一）"放风筝"模型

这一研究模型指的是有人喜欢援引哲学家对某一伦理问题说过什么，而从不对实践中提出的伦理问题进行具体分析并做出直接回答的模型。他们的言论或写作类似于放在天空中的风筝，不接触地面的现实。黑格尔的论点"哲学就是哲学史"，在中国哲学界颇有影响，这使得一些哲学家不去关注社会中的实际问题，他们仅仅待在象牙塔里进行研究，并且满足于此。有些哲学家认为只要建构一个完美的伦理学理论体系，世界上所有的实际问题都能迎刃而解。另一些人则试图从他们喜爱的伦理学理论演绎出临床医学和生物医学研究中伦理问题的解决办法。然而，实际情况证明，不存在一种万能的伦理学理论，它能解决过去、现在和未来的所有伦理问题。

（二）"骑单车"模型

这一模型要求我们关注临床医学、生物医学研究和公共卫生以及新兴生物技术创新、研发和应用中涌现的特定伦理问题及其特征。伦理学理论在我们决策中可起指导和辩护的作用，但我们的决策不应该是单单从伦理学理论直接推演的结果。例如，知情同意原则不是从任何理论中推演出来的结论，而是对历史教训进行总结得出的结果。因此，我们必须对临床医学、生物医学研究、公共卫生以及新兴生物技术创新、研发和应用中提出的伦理问题保持敏感性，并鉴定这些伦理问题，权衡其不同的价值，寻找这些问题的解决办法，并对这些解决办法进行论证（反论证）和辩护，这是生命伦理学学者应该做的工作。生命伦理学研究者应该脚踏实地、接地气地进行研究。

二、生命伦理学的研究路径

按照"骑单车"模型，生命伦理学研究的逻辑出发点是临床医学、生物医学研究和公共卫生以及新兴生物技术创新、研发和应用中的实质伦理学和程序伦理学问题。因此，生命伦理学研究的起点是鉴别伦理问题，将伦理问题与医学问题、科学技术问题、经济问题、社会问题、法律问题等区分开来。生命伦理学的研究能力首先体现为鉴别伦理问题的能力。

在鉴别伦理问题之后，我们就要试图用合适的伦理学理论、原则和方法来解决这些伦理问题，对这些伦理问题的种种可能的解决办法进行审辩论证，进行反思、权衡，对应该做什么和应该如何做找出比较合适的答案。

经过反复的论证和反论证，我们才会得出对伦理问题比较合适的解决办法或有成效的研究成果。我们有时还必须设法将伦理探究的成果转化为行动，而这种转化要依靠制度化建设，需要形成有关政策、法律的改革建议，以供决策者参考。

生命伦理学的终极关怀是在临床医学、生物医学研究、公共卫生以及新兴生物技术的创新、研发和应用中使患者受益，保护受试者、脆弱人群、处境不佳的人的健康、福祉和权利，保护有感知能力的受试动物的福祉。

第 2 章　主要伦理学理论

第 1 节　伦 理 问 题

一、伦理问题的含义

我们应该做什么？或者，更具体地说，什么事情是我们有义务（obligatory）去做的，什么事情是我们不能（prohibitive）去做的，什么事情是允许（permissive）我们去做的（我们可以做也可以不做的），这就是伦理问题（ethical issue）。[1]我们可以一般地说：如果这件事情做了以后，世界会变得好一些，那就是我们应该做的；如果这件事情做了以后，世界会变得糟一些，那就是我们不应该或禁止做的；如果不能确定这件事情做了以后，世界会变得好一些还是会变得糟一些，那就是我们可以做也可以不做的。规范伦理学不仅要问我们应该做什么？而且也要问我们应该如何做？前者为实质性伦理问题（substantial ethical issues），后者为程序性伦理问题（procedural ethical issues）。生命伦理学要探究：在有关临床医学、生物医学研究、公共卫生以及新兴生物技术的创新、研发和应用方面，我们应该做什么和我们应该如何做？例如，面对基因编辑技术的研发和应用，科学家或医生应该做什么，研究机构或医疗机构应该做什么，行政机构和立法机构应该做什么。这常常是我们要面对的、不容回避的实实在在的伦理问题。

二、伦理问题的产生

在人的活动中，伦理问题常常与其他非伦理性问题纠缠在一起，因此，我们首先需要鉴别伦理问题，将它们与其他问题，例如医学问题、科学技术问题、法律问题、经济问题、宗教问题区分开来。

以下情况可产生伦理问题：

1. 由新技术的发明和应用而产生的伦理问题

实际上，正是新技术研发、应用引发诸多伦理问题，才使得生命伦理学这样一门学科有产生的必要，或者说医学伦理学必须进一步发展为生命伦理学。

---

[1] 这与 ethical problem 这一术语不同，这是指"在伦理学上有问题"。例如我们可以说医生索要红包是一个 ethical problem，但不是一个 ethical issue，医生不该拿红包在伦理学上是没有争议的，而一个 ethical issue 是指该不该做那件事我们还不知道，或存在争议而未解决的问题。

2. 由新的社会经济条件而产生的伦理问题

在以市场为导向的医疗体制改革中，政府对医院的投入严重不足，医患关系恶化，于是产生了医院和医疗卫生改革究竟应该做什么和如何做的伦理问题。

3. 由伦理难题（ethical dilemma）引起的伦理问题

这是指伦理要求或义务之间的冲突提出的难题。这种冲突产生于这样一种特定情况，在这种情况下，人们履行一种义务必然阻碍对另一种义务的履行。与利益冲突不同的是，这些行动都是合乎伦理的，但不能同时去做。例如，临床上常见的一个伦理难题是尊重患者生命价值与尊重患者自主意愿的两种义务之间的冲突。

4. 由利益冲突而提出的伦理问题

利益冲突是指专业人员（如医生）、机构（如医院）的自我利益，尤其是经济利益，有干扰或影响其所服务的人（如患者）的利益的趋势，或者他谋取自我利益会妨碍他履行义务或职责的可能。例如，如果医生的收入需要依靠患者就医的费用就容易产生利益冲突。

5. 由伦理或价值观念不一致产生的伦理问题

例如，根据某些宗教教义，人工流产是伦理上不允许的，但根据自主性原则，人工流产是伦理上允许的。当前对离体的人胚进行基因编辑实验的争论，突出地反映了不同价值观之间的冲突。一些人认为，人胚就是人本身，对人胚进行离体实验，就是杀人；而另一些人则认为，人胚尚未成为人，虽然不能随便操纵或毁掉人的胚，但如果为了拯救千百万人的生命，在一定条件下，对人胚进行研究以及按照一定的合理程序毁掉人胚，是可以得到伦理学辩护的，应该允许。

在人的活动中，伦理问题常常与其他非伦理性问题纠缠在一起，因此，我们首先要做的就是鉴别伦理问题，将它们与其他问题，例如医学问题、科学技术问题、法律问题、经济问题或宗教问题区分开来。

在解决伦理问题时，我们不得不依据一定的伦理标准来确定哪些行动应该做，哪些行动应该被禁止，以及哪些行动可允许做。伦理学理论是一组旨在为伦理标准进行论证或辩护的假定。在生命伦理学或医学伦理学中，应用得最广泛的主要伦理学理论是后果论和义务论。[1]

第 2 节　后　果　论

一、后果论的概念

（一）后果论的定义

后果论（consequentialism）是指仅仅依赖行动的后果判断行动的是非对错的伦理学理

---

[1]　MUNSON R. Intervention and reflection: basic issues in medical ethics [M]. 6th ed. Belmont: Wadsworth, 2000.

论。行动后果是指该行动对其接受者及相关方面（利益攸关者）合乎逻辑地和自然地产生的直接或间接的效应。效应有正面的、积极的，称之为"利"、"益"或"功"，也有负面的、消极的，称之为"害"或"祸"。我国古代墨家和法家实际上是后果论者，墨家"尚利"，主张"兴天下之利，除天下之害"（《墨子·兼爱下》），法家提出"审公私之分，明利害之地"（《韩非子·八经》）。

（二）后果论的范例

后果论有多种形式，其范例是经典效用论（classic untilitarianism），其主要代表是英国哲学家边沁（Jeremy Bentham）和密尔（John Stuart Mill）。效用论不仅是一种伦理学理论，也是个人和政府依据它采取行动进行社会改革的一种学说，只根据行动产生的效用（utility）这一标准来判断行动的是非对错。经典效用论是一种持快乐论（hedonism）[1]观点的后果论。后果论主张，一个行动在道德上是正确的（right）当且仅当这个行动使得好处（good）最大化，即当且仅当这个行动使所有人得到的好处的总量减去所有人得到的坏处的总量后得到的净总值，大于行动者其他可供选择行动所带来的净总值。快乐论主张唯有快乐（pleasure）是内在性好处（intrinsic good），唯有痛苦（suffering）是内在性坏处（intrinsic bad）。[2]边沁定义的效用就是人的幸福（happiness）或快乐大于痛苦，他的效用原则是指，要根据行动增加还是减少利益攸关者的幸福来批准或不批准所有行动。而他所说的所有行动，不仅包括个人的行动，也包括政府的行动。幸福涉及行动给受行动影响的各方带来的快乐和痛苦，因此不可将"效用"理解为"用处"，我们考虑某物的效用时不是考虑它有什么用处和有多大用处，而是考虑它是否给人带来幸福。效用原则的另一种表达方式是应该选择大多数人的最大幸福。因为一个行动不可能使所有的人都快乐，因此应该考虑的是行动所产生的快乐总量。但有些行动可能给大多数人带来微小的快乐，但给少数人带来严重的痛苦，因此不仅要考虑所产生的快乐和痛苦的总量，还要考虑行动所产生的快乐和痛苦的性质、强度、持续时间和概率，只考虑快乐总量会导致不合伦理的判断。

 思想实验 2-1：饿汉与富翁

> 　　一位好多天没有吃饭的饿汉，捡到一个亿万富翁丢的钱包，如果他是快乐主义的效用论者，他会盘算用钱包中一小部分钱买他需要的食品，吃饱肚子后再把钱包还给亿万富翁，那么这一行动带来的快乐总量，要比痛苦总量大得多，因为这些小钱对亿万富翁是"九牛一毛"。因此，按照快乐主义的效用论，饿汉捡到亿万富翁的钱包不如数奉还是合乎伦理的。但这一结论有悖于拾金不昧的道德直觉。

〔1〕　将 hedonism 译为"享乐主义"是不合适的。
〔2〕　内在性好处与工具性好处相对而言，说某物有工具性好处（或价值）是指它因导致另一好处而有其好处（或价值），例如金钱具有工具性好处（或价值），而不是内在性好处（或价值），即金钱并非本身是好的（或有价值的）。
〔3〕　NOZICK R. Anarchy, state, and utopia [M]. New York: Basic Books, 1974: 42-45.

密尔还提出应将快乐的质量看得比快乐的数量更重要，例如高尚的、精神的快乐（如朗诵诗篇、演奏音乐、帮助他人等）比低级的、身体的或动物一样的快乐更重要，而快乐质量应该由有能力的裁判来判定。这样就可避免人们对快乐主义效用论的严厉批评：一只快乐的猪比不快乐的苏格拉底更好。可是，密尔的修改使他偏离了原来定义的效用论了，快乐也就不再是唯一的内在的好处了。为摆脱经典效用论在理论上的困境，伦理学家发展了各种形式的后果论。

（三）后果类型

1. 一元后果与多元后果

边沁用单一的简单原则（例如快乐）来界定效用，这是一元后果论，但只讲快乐会将人的生活降低到动物水平，将低级的游戏与需要高智商的诗歌艺术产生的快乐或好处等量齐观。重要的是，世界上不仅快乐有内在价值，而且其他许多东西也有内在价值。例如，自由是有价值的，即使追求自由充满焦虑，有时还要做出必要的牺牲。美国哲学家罗伯特·诺齐克（Robert Nozick）[1]用一个思想实验来反驳快乐论：假设有一部体验机器，整天泡在体验机器上的人可体验与他们的朋友在一起交往，赢得奥林匹克金牌，获得诺贝尔奖奖金等经验。然而，生活中真实的友谊、知识、自由和成就的价值，却是泡在体验机器上的人所缺乏的。

因而许多后果论者主张采取多元的价值理论。例如，分析哲学创始人之一的英国哲学家摩尔（George Edward Moore）提出的理想效用论（ideal utilitarianism）[2]将美和真（或知识）加在快乐之上。还有其他人加上友谊、爱情、自由、能力、生活、美德、福利，甚至权利等，衍生出福利后果论和权利后果论等。然而，当后果论将多元价值整合进来时，就出现一个如何权衡这些价值并为它们排序的问题。由于这些价值是不可通约和不相容的，因而不可能将这些价值加以比较。多元后果论可解决快乐后果论面临的许多难题，例如多元论者认为追求真理、守约都是内在性好处，这样可解释经典效用论不能解释的事实，如我们有信守诺言和不说谎的义务。

2. 实际后果与预期后果

批评者说，经典效用论似乎要求行动者计算每一个行动在所有时间内对所有人的所有后果，这是不可能的。在一些情况下，我们容易计算或判断一个行动的实际后果是否使效用最大化，但在许多情况下，由于受信息和知识的局限，我们很难做到这一点。有人建议从实际后果转到预期的或可预期的后果。甲发现有个离家出走的少年，他需要钱回家。甲想帮助他，给他买了一张长途汽车票让他回家。不幸的是，长途汽车发生了一起严重的交通事故，这位少年死于事故。如果实际后果是判定道德对错的标准，那么甲给那位少年买车票回家，在道德上就是错误的。然而有人认为，甲的行为无可厚非，因为他不能预见这个行动会造成伤害，因此评价道德上的对错不能仅凭实际后果，而应依据已经预见的、可能预见的，或可能的后果。

---

〔1〕　MOORE G E. Principia ethica [M]. Cambridge: Cambridge University Press, 1903: 113.

〔2〕　THOMSON J. The trolley problem [J]. The Yale Law Journal, 1985, 94(6): 1399-1340.

（四）行动后果论与规则后果论

后果论往往受到批评，认为其忽视了公正和权利。伦理学上最经典的有关后果论讨论的思想实验是移植问题与电车问题。

 思想实验 2-2：移植问题

一位天才的外科医生有 5 位患者，他们因分别患心脏、肺脏、肝脏、右肾和左肾衰竭而行将死亡，正好有一位健康人的器官与这 5 位患者的器官匹配，如果将这位健康人的器官移植给他们，就能挽救他们的生命，而捐献者必然死亡。这位医生是否应该进行器官移植，或者，是否允许这位医生进行器官移植？[1]

 思想实验 2-3：电车问题 1——扳道岔难题

一辆有轨电车失控。电车轨道前方分岔为两条轨道，一条轨道上有 5 个人在那里工作，另一条轨道上有 1 个人在那里工作。分岔处有 1 个人，如果他扳动道岔，电车就会沿着只有 1 个人的那条轨道开去，会使轨道上那 1 个人死亡，而另一轨道上工作的 5 个人安然无恙；如果他不扳动道岔，这条轨道上的 5 个人就会死亡，而另一轨道上的 1 个人依然活着。此人是否应该扳动道岔，或者，是否允许此人扳动道岔？

 思想实验 2-4：电车问题 2——天桥难题

一辆有轨电车失控，前面有一座天桥，天桥前面 5 个人在轨道上工作，天桥上有一个大胖子，旁边有一个人，如果把大胖子推下去，就能阻止电车前进，这样就救了 5 个人，牺牲了大胖子；如果不把大胖子推下去，就无法阻止电车前进，那 5 个人就要死亡。此人是否应该把大胖子推下去，或者，是否允许此人把大胖子推下去？

根据经典的后果论，似乎对以上问题都会做出肯定的回答。然而，通过器官移植挽救 5 个人的生命而牺牲一个人的生命，为救其他 5 个人而使另一条轨道上的 1 个人或天桥上的大胖子死亡，都会引起这样做是否公正以及这三个人是否有平等的生命权利的问题。后果论者可以设法修改后果论，使之与普通的道德直觉保持一致，即医生不应该为了救 5 位器官衰竭患者而将无辜的人杀死。杀人比容忍患者死亡更糟。如果容忍 5 个器官衰竭的患者死亡，就不会发生谋杀。后果论者可以争辩说，杀死 1 个人的后果比 5 个患者因病死亡的后果更糟，医生用这种方式进行移植要比医生不进行移植的情况更糟。这种新的后果论者认为：医生使捐献者付出生命的代价在道德上是错误的。但这种新的后果论就否定了仅

---

〔1〕 FOOT P. Abortion and the doctrine of double effect [J]. Oxford Review, 1967, 5: 28-41.

仅用快乐或效用界定后果的老的后果论。

　　对于后果论来说，也许最好的做法是将直接评估行动的后果论（行动后果论）换成直接评估规则的后果论（规则后果论），即仅仅参照规则来间接地评估行动。这样既可保留后果论，又与普通的道德直觉相一致。

　　行动后果论（act consequentialism）是将效用原则直接用于检验行动的后果论，而规则后果论（rule consequentialism）是将效用原则用来检验规则，而不直接用于检验行动的后果论。一个行动，仅当它符合某个在总体上产生更大效用的规则时，才是正确的。如果"我们应该尊重他人的生命权利"这项规则一旦确立，就可帮助我们确定思想实验 2-2 中器官移植的行动是错误的，并帮助我们在遇到类似案例时确定行动方针。规则后果论的基本理念是，有了一组我们始终遵循的规则，就能产生最佳后果或最大社会效用。但会有这样的情况：一般情况下，遵循某条规则会产生更大的幸福，但在某些情况下，遵循它会产生灾难性的后果。例如一位医生打算遵约去餐馆与朋友聚餐，但一位心脏病患者突然发病，他不得不留下参加对患者的抢救。鉴于此，规则应该有例外，或需经修改使之更为精确，例如，"守时赴约，除非抢救生命要求你不守时赴约"，"约会守时，除非约会守时会导致灾难性的结果"。按照规则后果论，也可以将这种情况看作两项规则的冲突，即"守时赴约"与"治病救人"两项规则在特定情况下发生了冲突，可以制定某种更高级别的伦理学规则，即二级伦理学规则来处理这两条规则的冲突。按照二级规则，"治病救人"规则比"守时赴约"规则更重要。而检验二级规则正确性的，也是它的效用。规则后果论与行动后果论不同，它有可能使类似守时赴约那样的承诺成为义务。规则后果论的缺点是它的不一致性：为一组道德规则辩护的是这些规则使效用最大化，但同时它并不要求每个行动效用最大化。然而，这一缺点也正是它的优点，这使它不那么教条地坚持唯有效用才是评价行动是非对错的唯一标准，使它有可能接纳义务论的元素。因此，它是试图将后果和义务结合起来的有益尝试，与其他理论相比在一定程度上是较好的理论。

二、对后果论的评价

　　后果论符合这样一个推定，就是我们在道德上应该尽可能使这个世界变得更好。我们不能碌碌无为，或劳而无功。我们总要想做一些不但有益于自己、自己的家庭，而且有益于他人、社会、人类和世界的事。对于从事临床医学、生物医学研究和公共卫生领域的专业人员更是如此，社会需要他们这些专业人员，因为他们所做的事有益于患者、受试者、目标人群、社会以及有感知能力的动物和脆弱的环境。也就是说，我们要求他们采取的行动会产生有益于这些利益攸关者的后果或效用，而这也是他们的义务。而且，在法治社会，对科学技术和医疗卫生进行管理，必须制定并实施能使利益攸关者受益最大化、风险最小化的规则。

　　后果论具有韧性，经得起挑战，能够顺应和解释许多普通的道德直觉。例如，义务论难以解决，当两个义务发生冲突时，应该怎么办的问题，但后果论可以通过风险受益比的评价来排列优先次序。即使发生道德两难，也可以通过比较所产生的伤害大小来选择伤害最小的选项。后果论可以很好地解释许多道德直觉。不管反对者提出多少批评意见，后果论依然不能被驳倒。

但另一方面，要证明后果论也很困难。例如边沁认为，效用原则是伦理标准的终极或基本原则，因此它不能从其他任何伦理原则推演出来。既然不能从其他伦理原则推演出来，那么是否能从有关事实的前提（例如有关人性、进化、社会或文化的事实）推演出来呢？是否可以从事实性的"是"陈述，推演出规范性的"应该"陈述呢？英国哲学家休谟（David Hume）指出，规范性的"应该"陈述，即任何有关"应该"的论断，是不可能从事实性的"是"陈述中推演出来的。

反对后果论的论证主要集中在两个问题上：一是特殊义务问题。批评者指出，边沁和密尔的效用原则不能解释我们所负的特殊义务。特殊义务是指由于我们的特殊地位才有的义务，而其他人并无此义务。为人父母、教师、医生或律师，对其孩子、学生、患者或被告具有特殊义务，其他人并无此义务。效用论似乎难以解释这些义务。当教师给学生的试卷评分时，他并不是根据使学生当时总体幸福最大化，而是根据试卷的质量来评分的，即使评分的结果产生的痛苦多于快乐。如果学生产生更多的痛苦，是否就不道德？但是这个问题仅适合于经典效用论或行动后果论，并不适合规则后果论，如果我们为教师行为制定规则，这些规则所产生的积极后果不仅是学生的快乐，而且包括一切有利于学生成长和教育事业发展的后果，那么也就化解了这个特殊义务问题。二是公正问题。在上述移植问题和天桥难题的例子里，后果论似乎支持将健康人杀死以防止5个患者因各自的器官衰竭而死亡，支持将大胖子推下天桥，以防止5个工人被电车压死，但这会产生严重的公正问题。公正问题影响经典效用论和行动后果论。如果制定相应的规则，将公正、尊重、权利等纳入这些规则中，规则后果论就可避免这些不公正问题。

第3节　义　务　论

一、义务论的概念

义务论（deontology）[1]是仅仅根据行动者是否履行义务评判一个行动的是非对错的伦理学理论。比较极端的义务论认为伦理评价与行动后果无关，而不那么极端的义务论认为行动的对错只是部分与后果或效用有关。义务论认为，诸如分配公正、遵守诺言、借债还钱、履行合同等都是我们应该做的，不管后果或效用如何。我国古代儒家学者基本上是义务论者，如孔子说："君子喻于义，小人喻于利"（《论语·里仁》）。孟子见梁惠王，王曰："叟不远千里而来，亦将有以利吾国乎？"孟子对曰："王何必曰利，亦有仁义而已矣"（《孟子·梁惠王上》）。荀子说："义与利者，人之所两有也。……义胜利者为治世，利克义者为乱世"（《荀子·大略》）。董仲舒说："仁人者，正其道而不谋其利，修其理而

---

〔1〕　以前译为"道义论"。

不急其功"（《春秋繁露·对胶西王越大夫不得为仁》）。与后果论认为"好"（good）就是
"对"（right）不同，义务论认为"对"要比"好"更为优先。如果一个行动不"对"，不
管产生"好"处有多大，也不应该采取。

（一）以行动者为中心的义务论

以行动者为中心（agent-centered）的义务论，是一种规定一个人因其特定的角色、身
份或地位而采取某种行动的义务的理论。采取这种义务性行动的理由是与行动者的角色、
身份或地位有关的客观理由，不能与神经冲动引起的主观理由相混淆。说一个理由与行动
者有关，是因为这个理由是相对于行动者而言的，这只是他行动的理由，并不构成其他人
行动的理由。例如，每一位父母对他或她的孩子，都有这种其他人对他或她的孩子没有的
特殊义务。同理，与行动者有关的许可，是对采取某种行动的行动者的许可，不许其他人
采取这种被许可的行动。例如，每一位父母都被许可对自己的孩子行使监护权，其他人未
经许可就不可以对他们的孩子行使监护权。以行动者为中心的守信原则，不仅敦促我们去
做或不做某些事情，而且指导我们应该怎样对待自己的家人和朋友，信守许下的诺言，即
使我忽视他们或不履行我做出的承诺会产生对我更有利的后果。

以行动者为中心的理论涉及意向和行动的作用。意向与行动有关，但它们是有区别
的。与行动者有关的义务和许可，必定有相应的行动作为其内容。例如我们有义务不去杀
死无辜的人。评判一个行动是否属于杀害无辜者，需要看这一行动是否满足两个条件：一
是杀死无辜者的行动必须来源于行动者的某种愿望或动机；二是这种行动必定引致无辜者
的死亡，因果性的要求是很重要的。因此，要区分造成伤害与让伤害发生两件不同的事。
人们不可致人死亡，因为这就是杀人，但也许可以允许人们未能防止死亡，让死亡发生，
或者加速反正要发生的死亡（如安乐死）。因此，以行动者为中心的行动，既要有意向，
又要有致因（causing），即引致结果的行动。例如，我们尊重人类生命的义务，是一种既
不要有杀人的意向，又不要有引致谋杀的行动的义务。然而，以行动者为中心的义务论的
缺点是，它仅仅关注行动者自身。它似乎只管自己的"洁身自好"，而不管外面的世界是
否会变得越来越糟。

（二）以受动者为中心的义务论

以受动者为中心的（patient-centered）义务论，是一种规定一个人因尊重受动者权利，
而有采取某种行动的义务的理论。这种义务论以权利为基础，不同于以行动者为中心的义
务论（以义务为基础）。其核心权利是即使是为了产生某种好的后果，未经受动者同意，
也不能将受动者作为手段利用，受动者有拒绝的权利，这是与其他权利分立的权利。更为
具体地说，这种以受动者为中心的义务论，禁止未经同意利用另一个人的身体、劳动和才
能。这种理论可用来解释有关电车问题和移植问题的普通道德直觉。在思想实验 2-3 中，
大多数人认为将失控的电车换道岔是可允许的，也许还是应该强制执行的，而思想实验
2-2 中医生杀死一个人去挽救另外 5 个器官衰竭患者的生命和思想实验 2-4 中将胖子推下
天桥的做法是应该受到谴责的。这些例子都是牺牲 1 个人挽救 5 个人生命，但挽救生命的

手段不同。在思想实验 2-2 和 2-4 中，死亡的那个人被直接作为手段利用。

以行动者为中心的义务论集中于行动者的意向或行动者是否采取了使受害者受到伤害的行动；反之，以受动者为中心的义务论则集中于受害者的身体、劳动或才能，以及它们是否被用作所产生结果的手段。按照以受动者为中心的义务论观点，扳道岔的行动是可允许的，因为第一，扳动道岔可救 5 个人，即挽救生命的净总值是 4，大于不扳道岔可挽救生命的净总值，这一后果足以为这种行动辩护；第二，扳动道岔把 1 个人置于死亡危险之中，但这与将胖子推下去不同，这个人并不是被直接作为救 5 个人的手段。但是按照强调意向的以行动者为中心的义务论，则扳道岔的行动也是不允许的，尤其是如果他采取行动有杀死这个人的意向的时候。

（三）康德的义务论[1]

德国哲学家康德（Immanuel Kant）是义务论最突出的代表。他认为，一个行动仅当它符合某条道德规则时才是对的，这条规则必须满足他称之为"绝对命令"（categorical imperative）的原则。在他看来，每个人采取某种行动时心里都有自己的"规矩"（maxim），但这些规矩是个人的和主观的。例如，你决定进行人工流产，你的这个行动牵涉到一条规矩，如"只要我处于类似这样的情况之中，我就要进行人工流产。"这种规矩不是道德规则，但可以成为道德规则的候选者，条件是它们必须通过绝对命令的检验。通过这个检验后，它们就成为客观的道德规则，适用于所有人，所有人的行动正确与否，就看它是否符合这条道德规则。

康德区分了绝对命令与假言命令（hypothetical imperative）。假言命令告诉我们，如果我们要达到某些合意的目标（例如幸福），我们要做什么，这涉及我们的目的和手段是否合适，而不涉及义务，因此不具普遍性。绝对命令则规定我们应该做什么而不考虑后果。绝对命令强加于规矩的检验标准是这条规矩是否可普遍化。其中心思想是，道德规则应该是普遍的，可应用于所有同类案例。一个规矩要通过绝对命令的检验，就要避免不一致或冲突。假设我是一个医生，在我前面有一位患者，她并没有什么病，但我对她说："你病得很严重，"这样说能够使我的收入增加。我采取这一行动的规矩是："只要我碰上健康人来我这里就诊，我就对她撒谎，说她病得很严重。"现在我设法使这条规矩普遍化，在普遍化时我发现这种做法具有矛盾的性质。如果这条规矩成为一条普遍规则，那么医生就要对每一位来诊治的人都说她有病并且病得很严重。可是这样做就会破坏患者对医生的信任，而医生的医疗业务依赖患者对医生的信任。这样一种情况仿佛是说，"有一条医生讲真话的规则，因而人们认为医生讲的都是真话；但还有另一条规则，只要对医生有利，医生就可以对患者撒谎"。这两条规则是矛盾的。撒谎会造成一种弄巧成拙的窘境。

康德的绝对命令还有另一种重要的表述方式：永远采取这样的行动，将人——不管是你自己还是其他人——当作目的而不仅仅是手段对待。这表明了康德这样一种理念：所

---

[1] 康德认为，完全义务（perfect duty）是任何时候都要履行的义务，如不可撒谎、守约等；而不完全义务（imperfect duty）则是可以以不同方式履行或在一定条件下不履行的义务，如帮助他人。

有理性存在都具有内在价值。这种价值并不是因生于某类家庭或属于某个社会集团而赋予的，而是内在于具有理性的存在（being）。理性存在具有康德所说的"自主的、自我立法的意志"。赋予所有人内在价值的是理性。绝对命令的这种表述排除了当供不应求时用以确定谁应接受某些医疗资源（例如供移植的器官）的那些标准，如经济能力、社会地位、成就贡献的大小等，因为这些标准违反了绝对命令，违反了每一个人拥有与别人同等的内在价值的原则。康德认为所有道德都来源于理性。绝对命令是理性的表达，理性以实践中遵循的原则的形态展现。

康德的伦理学弥补了效用论缺乏公正的最大缺陷，只要每一个人都被当作目的而决不仅仅是手段，就可消除一些人因为他人的利益而被不正当利用的可能性。但康德的伦理学也存在理论和实践上的困难。例如康德认为，信守诺言是完全义务，而助人于危难之中却是不完全义务，[1] 如果我是个医生，我答应去参加一个工作会议，但就在会议开始之前，有一个患者陷入昏迷状态。按照康德的原则，我应该舍弃患者，遵约去开会。这显然有悖于道德直觉：在上述例子中，守约是相对小的事情，而守约的后果则是灾难性的。还有康德没有界定什么是人。受精卵、胚胎、在孕妇子宫发育的胎儿是人吗？这涉及人工流产、治疗性克隆和对离体胚胎进行基因编辑等行动的对错问题。

（四）罗斯的理论

英国哲学家罗斯（William David Ross）试图将义务论与后果论结合起来。他否认单凭行动的后果能够使行动成为对的或正确的行动，但康德的绝对命令也使他感到困惑。康德的绝对命令对实际情况的复杂性缺乏敏感性，而且这些绝对命令之间也会出现冲突。虽然罗斯基本上是个义务论者，但他认为在做出道德抉择时要考虑后果，即使单凭后果不能使一个行动成为正确的行动。

1. 道德性质与非道德性质

罗斯认为，道德性质（moral properties）与非道德性质（nonmoral properties）之间有不可逾越的差别。道德性质只有两类：对（rightness）和好（goodness），它们不能互相代替，也不能用其他性质说明。说一个行动是对的，根本不同于说它能引起快乐或增加幸福。然而，他又认为道德性质与非道德性质之间有联系。在我们做出道德判断前必须知道许多非道德的情况或属于道德以外的事实。如果我看见一位医生在注射什么，不弄清他注射什么，为什么注射，我就不能说他做得对还是错。因此，"对"这种性质部分取决于具体情况的非道德性质。罗斯认为，道德规则不是绝对的，道德规则不过是帮助我们决定应该做什么的指南。在任何情况下，我们最终不仅必须依赖规则，也必须依赖推理和我们对情况的理解。因此，即使有了道德规则，我们也不知道什么是应该做的正确事情。有时，正因为有诸多规则，我们才弄不清应该做什么。例如是否应该对临终患者谎报他的病情问题。假设我们对他撒了谎，我们可以避免引起他无用的忧虑，但这是否破坏了他对我们的

---

[1]　康德认为，完全义务（perfect duty）是任何时候都要履行的义务，如不可撒谎、守约等；而不完全义务（imperfect duty）则是可以以不同方式履行或在一定条件下不履行的义务，如帮助他人。

信任？在这种情况下，我们的义务发生了冲突。大家都熟知这种冲突，因而罗斯否认有可能发现绝对的、不变的道德规则，例如"永远讲真话""永远消除不必要的痛苦"等。罗斯说，我们必须承认，每一条规则都有例外，在某些情况下必须将某一规则弃之不顾。

2. 实际义务与初始义务

像"永远讲真话"这样的规则不是绝对的，那么它们有怎样的地位？在特定情况下，这些规则发生冲突时，我们如何决定应用哪条规则？罗斯在回答这个问题时，区分了什么在实际上是正确的，什么在初始时是正确的。由于我们有义务做正确的事情，而义务可以区分为实际义务（actual duty）与初始义务（*prima facie* duty）。实际义务是我们在某一情况下实际履行的义务，是从种种可能性中确定我们应该采取的行动。然而，我们往往不知道实际义务是什么。伦理学假设在任何给定的情况下我们知道实际义务是什么，罗斯认为这是个问题。罗斯用"初始"这个词指"在其他条件相同的情况下"（other things being equal）。因此，初始义务是当在某一情况下不考虑其他有关因素时规定的我们应该做的事。如果我答应在午餐时与你会面，那么我就有见你的初始义务。但如果我是医生，正当我要离开寓所时我的患者心脏病发作。按照罗斯的观点，在这种情况下我应该违约，去救助患者。我的守约的初始义务将不成为我必须做的实际义务。初始义务构成与你会见的道德理由，但不与你会见也有道德理由，由于我也有救助我的患者的初始义务，这个理由比前面的理由更重要。因此，救助患者既是初始义务，在这种情况下又是我的实际义务。

罗斯区分实际义务与初始义务是为了处理不同义务之间发生冲突的问题。问题是：在有不止一个初始义务，我们不可能同时履行它们时，我们的实际义务是什么？罗斯用两条原则来处理相冲突的义务：第一，在两个初始义务发生冲突时，我们应履行更紧迫的初始义务。第二，在多个初始义务发生冲突时，我们应履行其初始正确与初始错误比值最大的义务。不幸的是，这两条原则在应用时都遇到问题。罗斯没有告诉我们，如何判断一个义务比另一个更为紧迫，他也没有给我们提供判断初始正确与初始错误比值的规则。

罗斯的理论对医生、生物医学研究人员和公共卫生人员有重要意义，因为他们受到相关的伦理原则、规则、准则的约束，这些约束往往体现在法律法规上，无论在伦理学或法律意义上他们都必须遵守这些约束。然而，在实际案例中往往会发生各种规章之间冲突的情况，罗斯对初始义务与实际义务的区分为我们解决规则、规章之间的冲突提供了指导。罗斯谈到的道德性质与非道德性质的关系对生命伦理学或医学伦理学工作者有非常重要的意义，当我们面临新的伦理问题时，首先应该弄清楚事实，才能对案例做出合适的道德判断，而不是不顾事实径直从伦理学理论或原则、规则推论出结论。

（五）效用论康德原则

美国哲学家康曼（James Cornman）等[1]建议用效用论康德原则（utilitarian Kantian principle）作为令人满意的伦理标准，即将效用原则与绝对命令结合起来：

[1] CORNMAN J, LEHRER K, POPPAS G. Philosophical problems and arguments [M]. 4th ed. Cambridge: Hackett Publishing Company, 1992: 345-350.

第一，将所有人当作目的而不仅仅作为手段对待，但如果在特殊情况下这样做不可能，那么我们就尽可能将最少的人仅仅作为手段对待。超载的救生艇就是这种情况。

第二，我们应该将尽可能多的人作为目的对待。我们鼓励救生艇上除妇孺以外的人自愿跳入海中自谋生路。但在没有人自愿离艇的情况下并不完全排除为了救活更多的人，将尽可能少的人扔入海中，这时，被强行扔入海中的人就完全被当作手段对待了。同理，如果一个恐怖主义分子暗中埋下了一个核装置，如果爆炸可能使数百万人牺牲，而且时间有限，我们唯有设法拷问这个恐怖主义分子，将他作为达到挽救数百万人生命的手段。

对此可能有人提出如下的反对意见：我们可以通过什么也不做来避免将一个人仅仅作为手段对待。这样，在任何情况下，我们都可以避免将任何人仅仅作为手段对待。如果我们将这一反对意见作为基本的命令接受下来，那么在救生艇的例子里我们应该不去牺牲任何人，但结果是生命的无谓损失，救生艇上的人全部都牺牲了。这就产生事与愿违的后果。

二、对义务论的评价

与后果论相比，义务论伦理学给行动者留下更多的空间来特别关注他们对家庭、朋友其他方面应尽的义务，在某些方面，它比后果论能更好地解释了人们的道德直觉，例如在移植问题和电车问题上。但义务论也有它的缺点，最突出的缺点是由于它不计后果，它似乎允许人们坚持某些原则或规则，任由灾难性的后果发生，甚至即使世界将变得更糟，人们也有义务坚持按照某些原则或规则来行动。这使得义务论总是陷于悖论之中。例如上述救生艇的例子，按照义务论的原则，谁也不能被扔进海里，但船已经不堪重负，如果坚持义务论原则，那么船上的人全部淹死，这是坚持履行绝对义务导致灾难性后果的典型例子。

对于这种"道德灾难"，义务论可以有多种应对方法：

第一种应对方法是不顾这些道德灾难，声称死一个人是死，死 100 万人也是死，认为死 2 个人比死 1 个人坏 1 倍是错误的。每一个死的人就死一次，并不会把别人的死也加上。因此，把 5 个人扔进海里导致这 5 个人被淹死和不把这 5 个人扔进海里导致船上所有人（假如是 50 个人）都死了，这两种情况在道德上没有区别。有些义务论者就是利用这种"非集合"（non-aggregation）论证来否认"道德灾难"的存在。然而就连一些义务论者也反对义务论者没有道德上的义务来避免更多人伤害的极端看法。

第二种应对方法是放弃康德的绝对主义，采纳"阈义务论"（threshold deontology）。阈义务论者认为，在某一点以前，坚持义务论的规范可以不顾不良后果；但当后果变得严重，越过了规定的阈，义务论就要让位给后果论。如果只是为了救两个人的性命，则甲不可拷问乙，但如果是为了救 1000 个人的性命，甲就可以拷问乙，这个阈就是 3～999 个人的性命。

第三种应对方法是像英国伦理学家伯纳德·威廉姆斯（Bernard Williams）所说的，"尽管做好了"，因为这种情况已经超出了道德或理性。乙隐藏了一个核装置，马上就要爆炸，使 100 万人死亡，在这种情况下甲可不可以拷问乙呢？"尽管做好了。"

　　第四种应对方法是将行动的道德评价与采取该行动的行动者的评价分开。为了防止100 万人死亡，甲拷问乙这一行动在道德上是错误的，但这样做的甲这个人应该受到表扬，因为他防止了 100 万人的死亡。

　　其实，坚持义务论与坚持后果论一样，总会遇到其本身难以解决的问题。我们发现，在解决后果论面临的难题时，唯有引进义务论的要素才能更好地解决，同样，在解决义务论面临的难题时，唯有引进后果论的要素才能更好地解决。在我们对行动做出决策，或对行动进行评价时，后果和义务是两个都必须要考虑的基本元素，一个也不能少。毛泽东《在延安文艺座谈会上的讲话》[1] 说："唯心论者是强调动机否认效果的，机械唯物论者是强调效果否认动机的，我们和这两者相反，我们是辩证唯物主义的动机和效果的统一论者。为大众的动机和被大众欢迎的效果，是分不开的，必须使二者统一起来。"我们也是后果论与义务论的统一论者。

〔1〕 毛泽东. 毛泽东选集［M］. 北京：人民出版社，1964：855.

第3章　生命伦理学基本原则

伦理学理论为我们提供了评价行动是非对错的重要的、基本的理论依据，但我们需要将这些理论中的要素具体化为伦理学原则，并将这些原则作为我们评价行动是非对错的标准。在伦理学中，原则是一组构成行动、伦理推理基础的命题，命题则是表达某种判断的断言。生命伦理原则是专业人员（例如医生、研究人员、公共卫生人员）应尽的义务，也是专业人员所服务的对象（例如患者、受试者、目标人群）理应享有的权利。

伦理原则有如下作用：

（1）作为检验和评价我们已经采取或被建议采取的行动是非对错的标准；

（2）作为制定更为具体的、在一定专业范围的、更可操作的准则、指南、规定、办法的基础；

（3）对被认为正确的行动起支持性论证或辩护的作用；

（4）对被认为错误的行动起反论证或反驳的作用；

（5）对我们实践中的行动起引导作用。

生命伦理学的基本原则有：有益和不伤害（beneficence，nonmaleficence）、尊重（respect）和公正（justice）。[1],[2]

第1节　有益和不伤害

一、有益的概念

儒家的"忠恕"中的"忠"的概念，即"己欲立而立人，己欲达而达人"（《论语·雍也》），就隐含着我们应该采取有益于他人的行动的要求。在英语中，beneficence 这个词本意是仁慈、善良、慈善，包含利他、爱、人道和促进他人利益的意思，意思比较宽泛和模糊。在伦理学中，有益这个词包含一切意在使他人受益或促进他人利益的行动。有益原则是对这样一种道德义务的规范性陈述，即帮助他人，使他人受益，促进他人重要和正当利益的道德义务。包括生命伦理学在内的实践伦理学均以这种义务性的有益作为其重要的或

---

〔1〕 MUNSON R. Intervention and reflection: basic issues in medical ethics [M[. 6th ed. Belmont: Wadsworth, 2000: 31-44.

〔2〕 翟晓梅，邱仁宗. 生命伦理学导论［M］. 北京：清华大学出版社，2005.

〔3〕 朱伟. 生命伦理学中的知情同意［M］. 上海：复旦大学出版社，2009.

主要的原则之一。[1]

（一）有益与行善

有益是指行动完成后使他人受益。对于医疗卫生和研究人员而言，有益于患者或社会是他们的义务。与之相对照，英文中的benevolence指的是"善心"或"行善"，是指一种超出于义务之上的"善行"。于是，就有两个问题需要讨论：其一，有益是否都是义务性的？其二，义务性的有益行动是否就是行善？一种观点认为，有些有益行动并非义务，而是可选择和值得称赞的。超常的有益行动一般被列为"义务以外的"（supererogatory）行动，即这一行动超出义务的范围，或做了比所要求的更多的事。这种超出义务的行动并不一定达到圣贤或道德英雄（例如雷锋）的层次，它们的程度不同。例如匿名捐献、无偿志愿服务、医生义诊等。也许可以这样说，有益的行动有一个连续的变化范围，圣贤和英雄般的行为（行善的一种）是其一端，另一端则是义务性的有益行动，而非义务性的或超出义务之外的有益行动（行善）也有一个变化范围。小的善行，如帮助陌生人指路，如果一个社会缺乏这类善行，说明这个社会道德生活有缺陷，即使这些行动并非义务。大的善行是超出义务范围的行动，至善的行为，如牺牲自我救援他人的英雄行为。但人们对在这个连续的变化范围内，义务何时终结，何时开始超出义务范围，仍有争议。以《新约》中的好心撒马里利亚人为例，强盗们将一个从耶路撒冷到杰里科旅行的人打得半死，弃之路旁。一位撒马里亚人将他安顿在旅店里并帮他疗伤。这位撒马里亚人的行动是有益的，动机是良善的。然而，他的行动并未达到至善的程度（英雄或圣贤般的层次）。

另一个争论是有益的行动是义务，还是仅为行善？有些伦理学家认为，不仅存在这种有益的义务，而且履行这些义务有时还要做出牺牲或特殊的贡献，例如公务员履行其义务有时就需要付出很多时间、精力的代价。另一些伦理学家则认为不存在这种义务。我们仅有来自特定角色和任务的义务（如对公务员或各种专业人员的要求），但这些义务不是日常生活道德的一部分。美国伦理学家格特（Bernard Gert）[2]认为，除了在专业角色和其他特定义务岗位内遇到的义务外，日常生活中唯一的道德义务是不伤害他人。因为人们不可能不偏不倚地在所有时候增进所有人的利益，也就是说，有益不是一个普遍的义务，而是一个随角色而异的以及由体制或文化指派的义务。医生、生物医学研究者和公共卫生人员不是一般人，他们是社会中的专业人员，有益于患者和社会是他们的义务，不能满足于不伤害，但伤害往往又难以避免，问题是如何最小化，如何使之与患者的受益相称。

---

〔1〕 BEAUCHAMP T. The Stanford encyclopedia of philosophy: the principle of beneficence in applied ethics [DB/OL]. Metaphysics Research Lab, Stanford University(2019-02-11) [2019-07-21]. https://plato.stanford.edu/archives/spr2019/entries/principle-beneficence/.

〔2〕 GERT B. Morality: its nature and justification[M]. New York: Oxford University Press, 2005: 89-108.

（二）有益与不伤害

孟子说："无伤也，是乃仁术也。"（《孟子·梁惠王上》）孟子这里谈的"无伤"包括出于人的"不忍之心"而不要无故加害于动物，那么同样，也不要无故加害于人。儒家的"恕"这一概念意指"己所不欲，勿施于人"，目的也是防止对他人造成伤害。有人将不伤害义务视为有益义务的一种，但二者是十分不同的。有益原则比不伤害规则要求更高，不伤害原则禁止对他人造成伤害的行动，对此必须不折不扣地执行，并为禁止这类行为的法律提供伦理理由。尽管不伤害与有益有此区别，日常的道德要求仍然认为我们应该无偏倚地遵循某些有益规则，例如要求我们在无须以个人冒较大风险为代价的情况下努力抢救陌生人，甚至应该立法惩罚那些不需要冒较大风险能救而不救陌生人于生命危难之际的行为（见死不救）。

二、有益原则

在历史上，医学伦理学一贯要求医生的行动要有益于人，不能伤害人。我国古代医德强调医生要"济世"，即医生有助人于患难的义务。在临床医学中，人们期待医生不要给患者造成伤害，医生有义务帮助他们的患者。有益的行动可以是义务的，也可以是行善的。行善是有益于他人的行动，但它是一种慷慨的，有时甚至要做出牺牲，是超越义务之上的行动。我们并不期望医生对患者行善，但他们的行动应该有益于患者，以增进患者的福祉。由于医患关系的性质，医生有义务这样做：①采取行动为患者预防和消除伤害；②将行动可能的受益与可能的风险加以权衡和平衡。有益原则也要求医生保护患者的权利，抢救患者于危险之中，对残障人士和其他脆弱人群成员施以援助。在生物医学研究（包括生物技术的创新、研发和应用）中，有益原则的要求是努力使参加研究的受试者因参加研究而受益，更重要的是使研究结果能够令未来的患者受益，促进科学知识的增长，从而使整个社会受益。在公共卫生中，有益原则要求采取干预行动（例如疫苗接种、控制吸烟等）防止疫病蔓延，或使目标人群因健康增进而受益，使整个社会受益。

关于医学中的不伤害，古希腊名医希波克拉底说："处理疾病时，你要做两件事：帮助患者，不要伤害患者。"[1] 医生不应该给患者提供无效医学干预措施，因为无效干预措施不仅不能使患者受益，而且会对患者造成伤害。医生更不可故意伤害患者。然而，许多使患者获益的治疗同时也存在风险和伤害，不伤害原则有助于我们评估风险与受益：必须根据潜在的受益来考虑治疗的风险，风险不可超过受益（这种描述是针对医学研究而言的描述，在临床上，不伤害原则通常要求避免不治疗带来的伤害）。

临床医生、生物医学研究者、公共卫生人员都是专业人员，他们有其专业赋予的特定义务。他们的专业行动（包括临床、研究或公共卫生方面采取的措施）必须有益于他们服务的对象，例如患者、受试者、目标人群或社会。对于不同的服务对象，他们的受益情

---

[1] 人们误以为"首先不伤害患者"出自《希波克拉底誓言》，实际上在希波克拉底学派的 Epidemics, Book I 中有这两句话。

况不尽相同。例如对于患者，医生的行为可治疗或可治愈他们的疾病，缓解他们的症状；研究者则可为患者和社会研发安全有效的治疗方法；公共卫生人员则可预防目标人群感染传染病，阻止烈性传染病在人群中蔓延。遵循有益原则是这些专业人员的义务，不是"行善"，不是做超出义务以外的好事。

（一）受益

有益原则要求专业人员的某一行动要使他们的服务对象受益（benefits）。这里不去考虑服务对象一般的利益（interests）。在考虑一个行动的后果是否有益时，要考虑：谁受益？受哪些益？这些受益的意义是什么？临床工作使患者个体直接受益，同时也使患者家庭受益，作为社会生产力的患者病愈恢复工作，会使其工作的机构和社会也受益。

在生物医学研究中，受试者也许因参加试验而得到更好的医疗照顾；如果他们是患者，可能因试验中的药物有效而受益。参加研究的受试者也可能没有个人的受益，如参加I期临床试验的健康受试者、最后证明研究的药物无效的试验组人员或参与证明新药有效的安慰剂对照组的受试者，他们无法因参加试验而受益。这种研究将使未来的患者和社会受益。这种研究伦理学上可以用互助（solidarity）原则为无个人直接受益的研究辩护。对于这类研究的合理性论证是：假设存在两种情形A和B，情形A：不开展涉及人类受试者的生物医学研究和试验，就没有所谓受试者的风险，但社会的风险和代价则高得多。情形B：开展涉及人类受试者的生物医学研究和试验，存在对受试者的风险，但对整个社会而言，风险和代价则要低得多。而且，涉及人类受试者的生物医学研究及试验是医学发展所必需的，不仅在伦理学上是可以接受的，并且也是道德所要求的。因为人类需要团结互助，需要相互支持，那些遭受疾病和痛苦折磨的人们特别需要健康人的支持和帮助。社会成员之间应该互相帮助，我们今天服用的安全有效的药物是昨天他人参加试验做出的贡献，我们今天参加临床试验，可使他人明天获得安全有效的药物。

公共卫生工作为了防止疫病大流行，可能要限制某些个人的自由和权利，在紧要关头，个人有义务为社会利益做出一定的牺牲，成功遏制疫病也有利于个人。无论是开发出安全有效的治疗方法，还是阻止疫病大流行，人群和社会的受益都非常大。然而，我们也必须考虑在使人群和社会获得有最大受益时，使个人的损失和对个人自由的限制降到最低。就研究和试验而言，我们需要在发展医学知识与保护受试者免受较大风险之间做出最佳的平衡——只有对受试者可能造成的风险是最低的，才是在伦理学上可以接受的。因此，在涉及人类受试者的生物医学研究中，试验设计要有最严格的质量保证和控制标准，符合严格的伦理学标准，这是绝对必要的。

（二）风险

任何带来受益的行动，也必定伴随风险（risks），没有风险的行动是不存在的。那些认为研究没有风险的人，往往将风险限定为身体风险，忽视信息风险（如泄露私密信息）可能产生心理和社会风险。风险是可能的伤害（harms）。伤害可分为身体的、心理的、经济的和社会的伤害。因此，我们对某一行动进行伦理学考虑时，第一，要鉴定该行动可能引起哪些伤害；第二，要对鉴定出的伤害进行评价，考虑以下因素：①强度（从不适到死亡）；②持续时间（从短暂几小时到数天、数月，甚至数年）；③发生的概率（或大或小）；④可逆性（可逆或不可逆）；⑤对受者的影响（严重伤害甚至残疾影响其工作和生活质量）；第三，要设法将风险最小化。对风险的伦理考虑，一般将最低程度的风险默认为伦理学上可接受的风险。最低程度风险是指，在日常生活或常规体格或心理检查中可能遇到的风险。例如，在厨房可能烫伤或割伤手指，抽血可能引起局部红肿等。但如果受益巨大且重要，高于最低程度的风险也可接受，但不能接受严重的且不可逆的风险。在临床情境下，一般使用经过检验的安全而有效的疗法，风险较低或属于可控范围。在研究情境下，新药试验必须经过Ⅰ期试验，即检验其安全性，证明其安全才能继续进行Ⅱ期和Ⅲ期临床试验。即便如此，由于个体差异，即使是临床常规疗法或经过Ⅰ期临床试验证明安全的药物，也可能在个别患者或受试者身上发生较大的副作用，不可掉以轻心。在公共卫生情境下，由于因素复杂，难以精确定量某一公共卫生措施可能引起的风险。因此，不管在何种情境下，都要认真、仔细地观察和监测专业行动可能引起的风险，及时采取降低和消除风险的措施，对专业行动造成的伤害予以合理的赔偿或补偿。

（三）风险受益的评估

生物医学研究的目的是获取可以被普遍化的科学知识。对受试者而言，参加研究存在潜在的风险。由于我们采取的行动既能使我们服务的对象受益，又可能引起风险，因此伦理学要求我们必须对我们的行动可能引起的风险受益比进行评估，根据评估结果，我们应该采取风险受益比较好的行动，即受益必须大于风险的行动，而不可采取风险大于受益的行动，尤其要避免、严重且不可逆的风险。在临床情境下，我们首先要考虑我们的行动是否使患者受益，对这一特定患者可能引起哪些风险，还要考虑患者或家庭可能付出的经济代价，会不会引起他们的经济灾难。在研究情境下，我们首先要考虑受试者个人的风险受益比，如果受试者个人的受益大于风险，则该研究方案在伦理学上可以接受；如果风险大于受试者个人受益，就要将风险与研究的社会受益进行权衡。当社会受益特别巨大且重要时，允许受试者的风险超出最低程度，但是要设定基准，不能因为社会受益巨大而没有限制阈值地增加受试者的风险。在公共卫生情境下，首先必须确定所采取的公共卫生措施对社会防止疫病蔓延的效用，然后确定要采取哪些必要的限制个人自由的措施，在一般情况下，防止疫病蔓延的价值必须超过个人自由的价值，才能采取必要的限制个人自由的措施，而且对个人自由的限制必须最小化且与受益相比是相称的。在新兴生物技术的创新、研发和应用情境下，情况较为复杂，因为涉及的利益攸关者较多，其中有科学家、医生、研究机构、医疗机构、公司、患者、受试者、人文社会科学专家、政府相关管理部门等，这方面的风险受益比如何评价，需要积累经验。创新只意味着新（new），并不一定必然意味着好（good），因此对于创新的技术必须进行价值评估和判断。

在风险受益比的评价中，必须将对风险的评估置于非常重要的位置，它应该是评估的焦点，因为这涉及患者、受试者以及目标人群的安全问题。

第2节 尊　重

一、尊重的意义

我们为什么要尊重人？因为人是世界上唯一有理性、有情感、有建立和维持人际和社会关系的能力、有目的、有内在价值、有信念的实体。"天地之性，人为贵"（《孝经》）；"天生万物，唯人为贵"（《列子》）。人是世界上最宝贵的。尊重人包括尊重个人和人类生命的尊严。尊严基于个人或人类生命的内在价值及对其的认同。人不能被无辜杀死、被伤害、被奴役、被剥削、被压迫、被凌辱、被歧视、被打骂、被利用、被当作工具、被买卖、被制造等。换言之，人具有主体性，人不是物，不能仅被当作工具、手段对待。儒家经典中记载了这样一个案例："齐大饥，黔敖为食于路，以待饿者而食之。有饿者，蒙袂辑屦，贸贸然来。黔敖左奉食，右执饮，曰：'嗟！来食！'扬其目而视之，曰：'予唯不食嗟来之食，以至于斯也！'从而谢焉。终不食而死。曾子闻之，曰：'微与！其嗟也可去，其谢也可食。'（《礼记·檀弓》）"这个案例说明了尊重人的重要性。曾子肯定了饿者要求富人黔敖在施舍时尊重饿者的道德直觉，也批评了饿者在黔敖道歉后仍然不食而死的迂腐态度。

尊重在日常生活中有重要意义。我们在儿童时被教导要尊重父母、师长，要遵守学校规章和交通法规，要尊重家庭和文化传统、其他人的感情和权利、国旗和领导人等。尊重已成为公共生活的一部分。我们要尊重所有人，而不论其性别、性取向、年龄、籍贯、种族、民族、社会经济和政治地位、文化差异、宗教信仰，我们视所有人具有同等的道德地位（moral status）。在日常生活中，尊重无处不在，意义重大，因此哲学家和伦理学家非常重视尊重这个概念，对此进行了许多的讨论。18世纪德国哲学家康德对尊重的哲学讨论贡献最大，他认为所有人都值得尊重，唯有人这一理性的、自主的行动者才是尊重的合适对象，他是第一个将尊重人作为伦理学中心的西方哲学家，他坚持认为人本身就是目的，人拥有尊严，必须始终尊重人。近几年许多人论证说，这种尊重也应该推广到非人生物和自然环境。

二、尊重的概念

尊重是一种态度，尊重是主体与客体之间的一种关系，主体以某种合适的方式从一定的视角对待客体。尊重必定有它的客体（对象），尊重总是指向、显示给某一客体的。虽然尊重的客体可以是多种多样的，但尊重的主体总是一个人，一个有意识的、理性的存在，能够识别和确认客体，对客体做出有意识和有意向的正视和应对，对客体表达某些价值，并对自身无礼、不敬或不尊重客体的行为负责。尊重是一种正视应对性关系，尊重的日常话语可包含若干要素，例如注意、敬意、判断、承认、评价和行为。

（一）对人的尊重

人可以是各种不同形式尊重的客体或受者。过去的尊重往往因客体的地位、官职、功勋等特征而有不同的形式和程度。但在现今的伦理学文献中，尊重人的概念往往是指这样一种尊重，即所有人都因为他们是人而应该享有的那种尊重，与社会地位、个体特征、成就或功绩无关。人本身具有独特的道德地位，鉴于此，我们有特殊的绝对义务以某种不可违反的限定方式看待和对待他人。人拥有得到尊重的基本权利，只是因为他们是人。在中国的日常语言中可以找到反映这种道德直觉的表述，例如说"不把人当人看待""你利用我"等，就是责备有些人不尊重人。

1. 人的概念和范围

虽然在日常话语中，人 person（所有以上文字所说的人是指 person）与人类 human being 是同义的。但在哲学和伦理学讨论中，person 的应用范围要比 human being 宽（如法人）。根据同样理由，非人（nonhuman）实体也应享有我们的尊重。于是就产生了一个问题：谁或什么东西是应受到尊重的 person？对此，人们给出了不同的回答：

（1）所有 human beings 或 human（智人物种的一类）；

（2）所有能尊重人的 humans；

（3）所有能够从事理性活动的存在，不管是不是 humans；

（4）所有能够作为道德行动者活动的存在，不管是不是 humans。

这第二、三、四种回答都将死去的人（humans）、缺乏充分思维活动的 humans（智力严重低下的人、严重精神病患者和痴呆症患者、处于持续植物状态的人、流产胎儿，甚至幼儿）置于享有尊重之外。而第三、四种回答则可包括人造物（有高级人工智能的机器人）、鬼神精灵（上帝、魔鬼、天使）、智能外星人以及某些动物（猿、海豚、高级宠物）。

2. 尊重的根据

在讨论我们有义务尊重谁的问题时，人们很自然地会追问尊重的根据或其他基础问题。人的什么东西使得人在道德上如此重要而应该受到尊重呢？通常对这个问题的回答是，设法去寻找所有人共同的在道德上具有重要意义的自然品质，例如进行活动的能力、评价能力、推理能力或从事社会活动的能力等。然而这些品质有些仅适用于 humans，有些也适用于其他存在物。即使就 humans 而言，也有一个范围问题：是否所有 humans 都应受到尊重？如果尊重是所有 human beings 有平等诉求的东西，那么基本的品质或"阈"品质必须是所有人同等拥有的。对此问题唯一简单且可能有理的回答是，只要他是人类物种 homo sapiens 的一个成员，他就应该受到尊重。或者正如儒家经典《孝经》所说："天地之性，人为贵。"因为是人，他就"贵"，理应受到尊重。但是"贵"是什么意思呢？是不是所有人都"贵"呢？有人认为，不存在这种所有人共同具有的品质，即它可以成为人理应受到尊重的合理根据；或者尊重只能为有些人享有但不能为所有人享有；或者尊重所有人的义务缺乏根据，尊重的根据在于人的某种事实，尊重是将道德地位赋予这些人。但是这仍然留下一个为什么要把这种道德地位赋予某些人而不是赋予所有人这样一个问题。

3. 尊重的条件

任何人都必须始终受到尊重吗？尊重人是否是无条件的？一种观点认为犯有十恶不赦大罪或对其他人无礼失敬的人，他们没有资格得到尊重，例如犯有恐怖主义或种族灭绝罪行的人。另一种观点认为，不存在为不尊重人进行伦理辩护的任何情况，那些罪犯理应受到最严重的谴责和惩罚，他们理应被剥夺自由甚至生命，但他们仍然是我们有义务尊重的人，因为尊重的根据与人的功过无关。

4. 尊重的方式

我们该如何尊重人？我们根据什么标准来合适地表达我们的尊重？有人认为尊重人的义务是一种消极的约束：尊重限制我们以某种方式对待人。例如，我们不应该这样对待人，仿佛他们是卑微的，或仅当我们发现他们是有用的才承认他们有价值，或他们仅仅是物（或"是东西"）；我们不应该侵犯他人的基本道德权利，或干扰他人努力做出关于自己的决定和控制他人的所作所为，或羞辱和嘲笑他人。其他人则认为，尊重也包含我们的积极义务，例如我们应该努力使他人不要做出伤害自己的决定。人们有过错，给予批评甚至处分，人们犯罪，给予惩罚，这并不是不尊重他们，而是帮助他们改过，帮助他们赎罪，这也是尊重的一种形式。

5. 人的尊严

康德认为，所有人都应受到尊重，因为他们是人，是自由的理性的存在。人拥有一种与其他物种不同的地位和价值。对人这种存在的唯一合适的应对态度就是尊重。尊重是从态度和行动上承认作为目的本身的人的尊严。对人这种存在的尊重不仅是适宜的，而且是道德上无条件的要求。康德的绝对命令的另一种表述是人本身就是目的，而不能将人仅仅作为手段。那么作为目的本身和拥有尊严又是什么呢？

大多数东西不是目的本身，而是达到我们目的的手段。目的本身的价值则不涉及、不依赖或不衍生于作为任何人欲望或喜爱的对象的价值。这种价值是内在的、无条件的、无与伦比的和客观的。康德称这种目的本身拥有的独特价值为尊严。在康德的价值理论中，尊严是最高的价值；因此目的本身应该高于所有其他实体。康德论证说，理性存在是目的本身的唯一实体，所有理性存在都是目的本身。在论证尊重人的尊严时，康德明确反对贵族化观点，即反对根据人的社会等级、个人成就、德性而区别对待人。康德论证说，如果我们认为人只是自然体系内动物中的一种，那么我们可以给人定个价格，即根据其有用性而赋予的外在价值。人（human being）是道德实践理性的主体，是处于所有有价格的东西之上的，人因为作为目的本身而拥有尊严，他因此要求世界上所有其他存在要尊重他。康德认为，我们并不是作为生物学物种智人（homo sapiens）的成员而具有尊严的，而是作为具有理性能力的理性存在才应受到尊重的，理性能力是理性存在内在价值或尊严的基础。

从这样的观点出发可做出若干重要的推断：①人的尊严的普遍性。因为尊严是一种基于理性能力的内在价值，因此它不取决于这些能力行使得好坏，也不取决于一个人的行动是否符合道德，或他是否具备上良好的道德品格。因此，尊严不能因一个人做了坏事或道德败坏而被削弱或丧失。因为人格和尊严没有程度问题，一旦是人，他就总是人，因此不管个人做了什么，他并不因此丧失尊严或受到尊重的权利。由此得出的结论是，即使道德糟糕的人也仍然被认为是目的本身，且应受到尊重。当然，干坏事会招致惩罚，并因而丧失某些权利，但这不是失去尊严，这也不能成为将干坏事者看作没有价值的渣滓的根据。②人的尊严的平等性。因为尊严是绝对的和无与伦比的，所有理性存在的价值是平等的。因此道德糟糕的人与道德优秀的人拥有相同的尊严，虽然前者辜负了他们的尊严。尊严来自所有人共同拥有的东西，而不是把人彼此区分开的东西。因此，每个人都应受到平等的尊重，与个人的成就、社会等级、道德无关。然而，从所有理性存在的平等性并不能推导出，不能对人做出不同的评价，并给予不同的奖惩，但不论评价如何，所有人都必须受要尊重人这一道德规范的约束。

（二）对非人生物和自然的尊重

虽然人是尊重的范式性客体，但是对于人是否是唯一应该受到尊重的事物，学术界仍有争议。反对康德伦理学理论的人认为，如果唯有理性存在是目的本身且理应受到尊重，那么所有人之外的所有事物都仅仅是理性存在目的的手段，因此人统治和剥削了所有非人和自然环境。这些反对者认为，这些非人（nonpersons），如不是行动者或尚不是行动者的人（humans）、人的胚胎、非人动物、有感知的动物、所有生物、生物群落、地球的生态系统，甚至山脉、岩石以及艾滋病病毒（human immunodeficiency virus，HIV）都有道德地位和价值，因此也是应该受到尊重的客体。这些反对者认为，道德价值和尊重的真正根据要比理性宽广得多。例如加拿大哲学家泰勒（Charles Taylor）[1] 论证说，所有生物、人和非人都有同等的内在价值，应受到同样的尊重，因为非人的生物价值的根据与人的价值的根据是连续的，因而人并不拥有比其他生物更高的道德地位，因此不可认为人类的利益总是压倒非人类的诉求。另一些学者认为，可以承认理性道德行动者有最高的道德地位或价值，且应受到最高的尊重，同时也认为其他事物有较低的但道德上也重要的地位或价值，因此理应受到较低的但仍然必要的某些尊重。因此，虽然将道德行动者仅仅作为手段利用始终是错误的，但将非人作为手段利用也许是可以得到辩护的（例如用人的胚胎进行研究，或杀死某些动物作为食物等），只要适当考虑它们的道德价值（例如不将它们用于微不足道的目的，或因食用或实验牺牲它们而表示遗憾或对它们的贡献表示感谢和纪念）。由于认识到尊重非人实体的道德义务，种种不同的人类实践，从农业、工业到娱乐（例如斗牛、斗鸡、马戏团动物表演等），再到生物医学研究对非人实体的利用，也许不得不进行深刻的变革。

第 3 节 知 情 同 意

知情同意[2] 是体现尊重原则最重要的规范性伦理要求，是生命伦理学文献中提到次数

---

〔1〕 参阅：TAYLOR PW. Respect for Nature[M]. Princeton: Princeton University Press, 1986.

〔2〕 朱伟. 生命伦理中的知情同意［M］. 上海：复旦大学出版社，2009.

最多的术语。知情同意的核心内容最早出现在《纽伦堡法典》中，制定《纽伦堡法典》的目的是汲取纳粹医生对集中营受害者进行惨无人道实验的教训，防止滥用和虐待医学研究受试者，后来将这一要求推广到临床实践，在医学史上形成了一个转折：从"医生最知道"这个假定基础上的医生决策，转移到患者在医生指导下对自己的医疗做出决策。现在，知情同意原则已进一步扩展到公共卫生伦理学（public health ethics）以及实践伦理学的其他学科分支。

一、知情同意的要求

在英语中，"consent"（"同意"）有多重意义，在某种意义上，同意是指行动者 A 同意 B 在 A 身上做 φ。知情同意是知情的、自愿的和有决策能力的同意的简称。知情同意是一个有行为能力的人（如患者或受试者）在理解了告知他的全面的和充分的信息后做出自愿同意治疗或参加研究的决定。知情同意是指在他人实施某些作用于主体的行动前，他人应履行告知相关信息的义务，没有经过主体的同意，他人对主体实施行动是不允许的。医生或研究人员告知信息不充分，没有经过患者或受试者的自愿同意就干预其身体，是不被允许的，即使干预是为了帮助患者，或患者以前曾表示过同意。在美国和欧洲等地，法律、法规对知情同意的要求是很严格的，在我国，知情同意的理念也日益深入人心，法律、法规也将知情同意作为干预一个人身体的必备的前提，如有违反可视为一种侵权行为。[1]

自从 20 世纪 70 年代以来，生命伦理学界曾讨论如何界定和实现有效的（valid）的同意，即对有充分决策能力的患者或受试者，是否告知了准确和完整的信息，没有欺骗、隐瞒、歪曲；他们是否真正理解了医生或研究人员告知给他们的信息；以及他们表示的同意是否是自愿的、自由的，没有强迫和不正当的引诱。这使得今天的医学与希波克拉底时代的医学大相径庭，今天要求患者知情后同意医生的治疗建议，而昔日的医生则向患者隐瞒真实信息，报喜不报忧，一如《希波克拉底守则》（Hippocratic Decorum，公元前 5 世纪）[2]所写的那样，或者在我国"保护性医疗"不让患者知道疾病的真相的做法。

二、知情同意的论证

柏拉图在进行反对民主的论证时，将政治与医学作了类比："当一个人生病时必须去看医生，他就要受人统治，而医生也有能力统治。"这是家长主义的医学模型。然而今天

---

〔1〕 全国人民代表大会常务委员会 2020 年颁布的《民法典》第一千二百一十九条规定："医务人员在诊疗活动中应当向患者说明病情和医疗措施。需要实施手术、特殊检查、特殊治疗的，医务人员应当及时向患者说明医疗风险、替代医疗方案等情况，并取得其明确同意；不能或不宜向患者说明的，应当向患者的近亲属说明，并取得其明确同意。医务人员未尽到前款义务，造成患者损害的，医疗机构应当承担赔偿责任。"

〔2〕 "从容地和巧妙地履行你的医疗义务，当你倾听患者时，大多数事情要对他秘而不宣，带着愉悦而真诚的表情给予患者必要的医嘱，不要让他们注意给他做的事情；有时要严厉地责备他，有时要关切地安慰她，不要把未来和现在的情况透露给患者，因为这样做会使他们的情况变得更糟。"引自 JONES W H S. Hippocrates [M]. London: Heineman, 1923.

的医学，知情同意却要求给予一个非专家（患者或受试者）批准或否决医学干预措施的权力。

为什么我们走柏拉图或希波克拉底的路呢？理由如下：

（1）为了保护患者和受试者。实施知情同意原则是为了保护患者或受试者的健康和福祉，保护受试者免遭因研究人员急于获取科学知识，或追求其学术成就引起的伤害，免遭医生判断患者最佳利益不准确引起的伤害。当然，我们也要考虑到并不是所有患者都能做出符合他们健康利益的决定。

（2）为了尊重自主性。20 世纪 70 年代，生命伦理学家开始将自主性作为知情同意的辩护理由。[1] 有人用自主具有工具性价值来为知情同意辩护，例如自主性有利于医患合作。自主性有内在价值的一面，坚持自主性也有不利的一面，如拒绝输血的耶和华作证派患者。将尊重自主性作为知情同意的理由也有弊端，不是所有违反知情同意的行动都是错误的，例如对非理性拒绝医疗的患者进行强制医疗，有利于维护他的生命。

（3）防止患者和受试者受到不当对待。知情同意是一道防止欺骗、强迫、不当对待和不当利用的屏障。从这个观点来看，知情同意有工具性价值。

（4）防止患者和受试者受到控制。因为患者和受试者完全依赖医生和研究者，他们之间知识储备的差距非常大，尤其在医学研究的情境下，因此，要特别保护患者和受试者，防止他们受人操纵。

（5）为了维护个人人格。支持知情同意要求的另一个理由是，维护患者的人格。正如美国哲学家德沃金（Gerald Dworkin）[2] 论证的那样，如果我的建筑师不听我的话，我住进了我不喜欢的房子，我可以搬走，但人的身体是不可替代和无法逃脱的，我无法离开我的身体。因此需要有一道预防的屏障，使我的身体不受侵犯。

（6）促进合理决策。知情同意促进医患之间的沟通。知情同意不应被理解为患者表示意见的一次性行动，而应理解为医患沟通的动态过程。在这过程中，患者可更好地理解医生所建议的治疗的优缺点，医生也可更好地理解患者关心的问题和价值观，有时需要改善治疗方案，以满足患者的要求，从而形成双方都满意的更为合理的医疗决策。

三、知情同意的要素

知情同意包含两个方面四个要素。知情方面的要素是信息的告知和对信息的理解；同意方面的要素是同意的能力和同意的自由。

（一）同意

在英语中，"同意"（consent）一词具有心理学和行为的意义，在心理学意义上，同意是一种默许的心理状态（a state of mind of acquiescence）；在行为意义上，同意是一种意志

〔1〕　MANSON N, O'NEILL O. Rethinking informed consent in bioethics[M]. Cambridge: Cambridge University Press, 2007：81.

〔2〕　DWORKIN G. The theory and practice of autonomy[M]. Cambridge: Cambridge University Press, 1988：113.

行为（an act of will）；在法律上，同意是有法律约束力的。在医学活动中，知情同意至少包含某种同意的行为表达，从患者签字到护士拿着针管朝他走来时他并未抗议（所谓隐含的、默许的、无言的同意）。当急诊时，如需对患者进行紧急干预，不可能按正常程序获得患者的同意，因为患者处于无意识状态，家属也不在场。即使没有实际表达的同意，也可援引一种不同的同意形式来为干预辩护，即推定同意。推定同意也用于为从死者身上获取器官的公共政策辩护，除非他们生前明确表示反对；或为来医院看病的所有患者进行HIV抗体检测的公共政策进行辩护，除非他们明确表示不要检测。这些政策将可允许的默认假定颠倒过来，将责任置于持保留意见的个人身上，这就是"知情不拒绝"（opt-out）。这种做法的基本假定是，推定同意与患者的自主权是一致的。但推定同意的反对者认为，不能把患者的缄默变成实际的同意。如果患者和受试者没有明确表达同意，也没有相关的约定说缄默就是同意，那么推定患者同意就不是真正的知情同意。推定同意的意思是："按照推理，如果在目前情况下他有决策能力，他会同意干预。"推定同意是指，没有专门的信息表明，患者会不同意，大多数患者会同意。默认患者同意，除非他明示不同意。在常规的临床实践中，许多时候允许推定同意，否则忙碌的临床工作就无法正常进行了。

（二）知情和理解

什么同意算是充分知情的同意呢？

1. 禁止撒谎、欺骗和部分告知

对有关信息隐瞒、歪曲、欺骗、撒谎都是违反知情同意原则的，必须禁止。存在一种非谎言的欺骗，即为了保持患者的士气，故意隐瞒情况不妙的诊断，故意造成一种虚假的印象，非撒谎的欺骗可能是故意的，也可能是无意的。例如，有的医生用患者难以理解的专门术语描述副作用；有时医生在诊断、治疗前后强调好消息，对坏消息轻描淡写；还有的医生在临床医疗中故意使用安慰剂，但欺骗患者用的是有效药物，这样让患者感觉好一些。这些做法都是不允许的。但有时在研究中采取一些欺骗性的办法是允许的，甚至是必要的，例如假装给患者做手术，用以评估手术的安慰剂效应，但如果事先告诉受试者他可能会被分配到对照组，或出于保证研究科学有效性的目的必须事先向他隐瞒部分信息事后再告知，并获得同意，这就不是欺骗性手术，这与一般的临床药理的随机对照试验没有根本区别。在心理学和管理学研究中，欺骗性研究是必需的。例如，要研究顾客对虚假广告的反应，我们就不能事先告诉受试者哪些广告是假的，否则这项研究就变得毫无意义了。同样，卫生行政机构管理医院的官员去医院进行医疗服务质量检查，他假装患者去就诊，以查看医生的服务质量和态度，就不能事先告知医院和医生。这两类研究可以用事后同意来弥补。

2. 明确告知内容

应该告知患者和受试者哪些信息？我们如何判定患者和受试者应该知道哪些信息呢？应该告知一个理性的患者或受试者做出决定必需的所有信息。医生或研究者向患者或受试者提供的信息，应该是准确、充分和完整的。提供的信息应该是准确的，即没有歪曲、夸大；提供充分的信息是指一个有决策能力的患者或受试者做出同意或不同意治疗或参加研究所必需的信息；提供完整的信息是指治疗、不治疗、其他可供选择的治疗、参加试验组或对照组后可能的风险（副作用、并发症）和受益都要以患者或受试者能理解的语言如实告知他们，不能报喜不报忧。

3. 促进对信息的理解

医生和研究者要以患者或受试者能充分理解的方式告知信息，患者或受试者在充分理解后做出决定。事实上，即使信息用患者或受试者能理解的语言和非专门术语告知，他们对信息的理解往往还是不透彻的。经调查，有相当多的受试者不了解统计学的风险信息意义，不了解分配在安慰剂对照组不服用试验药物对他的健康可能有影响，或不了解试验的目的是推进科学研究而不一定有利于他们的病情。结果，受试者往往过高估计参加试验对他的好处，低估试验对他们可能的伤害，这是造成"治疗误解"的部分原因。因此，要真正做到知情同意，医生或研究人员仅仅告知信息（"稀释的知情同意"）是不够的。通过有效的沟通达到理解是一个值得追求的目的。目前医生和研究者都在设法改善受试者对研究的理解。

（三）同意的能力和自愿的同意

同意的能力是指当事人具有行为能力，这是法律用语，具体是指当事人具备就其行动做出决定的能力。如果无行为能力或暂时失去行为能力，事情紧急，严重危及患者健康和生命时，则由代理人做出决定，代理人不在场则可由法院或卫生行政机关指定代理人做出决策。同意必须是自愿的或自由的，同意必须在不受他人强迫或不当引诱的影响下做出。

四、知情同意的豁免

什么时候可以豁免从患者或受试者那里获得知情同意的义务呢？当风险（可能的伤害）属最低程度、程序非侵入性（例如流行病学研究，使用匿名的医疗档案和人体组织样本），而且要求获得个人同意很不现实时（例如研究人员只需从受试者已往病历中摘取数据，或经同意后第二次使用生物样本数据库内样本时）；或者在一些特殊研究（如心理学研究）中，知情同意可能影响受试者对问题的回答，从而影响研究结果的准确性，因此可以免除知情同意；另外，在有些针对突发病情（如头部创伤、心肺骤停和脑卒中等）的研究中，有些干预虽然属于侵入性的干预，但受试者不能及时给予知情同意，此类研究的知情同意要求应作例外处理，包括事后补行同意程序。如果参与试验的受试者来自病情反复发作的人群（如癫痫者），则可以事先获得其知情同意。

那么患者或受试者是否有权放弃知情同意权利呢？对此的一种回答是，对于患者，知情同意是患者的一项权利，而不是义务，且由于知情同意为自主性服务，有时患者可以自主放弃。然而，有些权利是强制性的，它们是不可剥夺的，权利持有者不能放弃这种权利，如对患者进行侵入性治疗或患者捐献组织器官时，患者知情同意权是不可放弃的。

还有一个问题是，受试者同意参加研究，一般要求他在同意书上签字。有没有允许不签字的例外呢？有的。如受试者双手有残疾；在特殊文化条件下受试者不愿签字；美国阿米希人则认为口头同意比署名同意更神圣，因此他们也不愿意在同意书上签字。但允许不签字的例外必须经过伦理审查委员会批准；口头同意而无签字应有独立第三者见证。

五、知情同意的例外

有人认为，在有些案例中知情同意程序不是必要的。他们提出的第一种情况是患者无决策能力。这不是取消知情同意程序的理由，无决策能力可用代理同意，这也是知情同意程序之一；第二种情况是，例如在急诊时患者昏迷不醒，旁边又无亲人。这时可以缓办知情同意程序，事后需要告知患者或其监护人，获得他们的事后同意，因此也不能视为知情同意的例外。

下面我们讨论一下以下三种情况在多大程度上需要知情同意：

1. 良性干预

有人认为，大量的医疗无须知情同意程序，例如抽血时无须填写知情同意书、告知信息等。[1]对此的一个回答是，在这些所谓的反例中，知情同意的元素仍然存在。例如在抽血时，当医生嘱咐护士准备抽血针管，而患者伸出胳臂，这就意味着患者给予了缄默无言的同意。

2. 急诊医学试验

为了推进急诊医学发展，就要进行急诊医学试验或研究，包括比较不同干预措施的优缺点，但在急诊条件下，往往不可能及时获得患者或其家属的同意，许多医生认为应作例外处理。然而，这种例外不等于毫不考虑知情同意，例如如果所研究的急诊疾病是多发的，我们可以事先告知患者有这样一项试验，询问患者是否愿意在下次因此病来就诊时参与这项试验，获得其事先同意；事先同意不可行时，可采用事后同意，说明不采取经典知情同意程序的理由。

3. 若干公共卫生政策

有人提出，公共卫生的干预程度（例如隔离）超过医疗干预，但往往不要求知情同意。例如大家认为实施禁烟的法律是正当的，迫使吸烟者戒烟并不需要获得吸烟者充分自愿的同意。我们认为应该将公共卫生措施与医疗措施或涉及人的试验区分开来，知情同意是默认的伦理要求，但要求的严格程度和具体程序可因风险大小、事先有关方面的知识可得性以及工作性质而异。对于公共卫生措施来说，例如为了免疫接种、预防流感大流行而采取的隔离或检疫措施，禁止公共场所吸烟，要求公开透明使大家知情，但无须每个人的同意。这是健康危害与个人自主相权衡的结果。

知情同意的要求是否也因同意是为了参加研究或为了接受医疗而有不同呢？是的。目前为了参加研究的同意程序比为了接受医疗的同意程序要求更高，监管更严。因为研究的目标是获得普遍性知识，而不是救助单个患者，这种不同的目标需要在加强保护措施的知

---

〔1〕 MANSON N, O'NEILL O. Rethinking informed consent in bioethics[M]. Cambridge: Cambridge University Press, 2007: 81.

情同意要求方面也有所不同。另外，干预对人体的侵入性或"干预的梯级"[1]越高，对知情同意的要求也就越高。因此，把知情同意的伦理要求理解为一种一成不变的约束或阈值，是不合适的。

知情同意是一个过程，是一个医生或研究者与患者或受试者的交流、沟通的过程，知情同意的完成以受试者签署知情同意书为结局，但这个结局应该是知情同意过程的自然结局。有些医生或研究者仅仅关心是否拿到了患者或受试者签名的知情同意书，而不考虑知情同意过程的质量。反之，有些医生或研究者将知情同意过程一刀切，不管干预的风险大小，都要求通过繁琐程序，签署几十页充满专门术语的知情同意书，这样容易将知情同意变成一种形式主义和文牍主义，既影响对接受真正有重大或严重风险的干预措施的患者或受试者的保护，也影响医疗和研究更好地开展。[2]

第 4 节　保密和隐私保护

一、保密

保密（confidentiality）是对某类信息可及的限制。在医患关系中患者的病情以及与此有关的个人信息应属于保密范围，这是没有争议的。《希波克拉底誓言》说："我在治疗过程中看到和听到的……无论如何不可散布，我将坚守秘密。"中国医家也强调"为病家保密"（陈实功）。但对三类信息是否属于保密范围可能有不同意见：①遗传学家在 DNA 样本分析中获得的有关引起疾病的遗传信息在多大程度上是保密的？一个有遗传病或遗传缺陷的人是否可以拒绝把信息告诉雇主、保险公司？现在普遍认为遗传学家有义务保密，以防止基因歧视，但认为应将有临床干预意义的遗传性疾病告知可能会受累的直系亲属，不过最好也要取得先证者的同意。②发现患者的 HIV 抗体阳性，是否应该告诉其性伴侣、雇主、保险公司？处理的原则同前，一般认为应说服患者去告诉他的性伴侣，患者拒绝时，由医务人员设法通知他的性伴侣也是可以得到伦理学辩护的，但不应通知雇主和保险公司，以防止歧视。③医疗记录或病历是否属于保密范围？医疗记录除记载事实资料外，还含有医务人员对患者的信息的报告和解释。但即使如此，仍然应该注意保密。

为什么应该保密？保守患者或受试者的秘密，是尊重他的隐私权的体现。没有这种尊重，患者、受试者与医务人员和研究人员的重要关系（如信任关系）就会受到严重影响。只有坚持保密原则，医务人员或研究人员才能发挥他们的社会功能，因为只有为患者保密，患者才能把全部情况告诉医务人员，医务人员才能更好地为患者治病，只有为受试者保密，才能保护受试者免于信息泄露带来的风险。

患者和受试者的保密权利在这两种情况下会遭到侵犯：①专业人员有意或者在言谈中

---

〔1〕　NUFFIELD COUNCIL ON BIOETHICS. Public health: ethical issues[M]. London: Cambridge Publishers Ltd, 2007: 41-43.

〔2〕　美国对《共同法》的修改就是要解决这一问题。

无意泄露秘密，辜负了当事人对他的信任；②由于外部的压力，被迫泄露患者的秘密。这两种情况都会损害医患关系或研究人员与受试者的关系。为了保护患者和受试者的权利，需要从伦理和法律两方面对他们进行保护。

但当保密的义务与其他义务发生冲突且后者更为重要时，保密义务就要让位给其他义务，尤其是不伤害他人的义务：①当为患者保守秘密会给患者带来生命健康的伤害时，医务人员可以不保守秘密。例如患者告诉医务人员他要自杀。②当为患者保守秘密会给他人带来因信息封闭而致的生命健康伤害时，医务人员披露信息是可以得伦理学辩护的，例如一个即将结婚的男子患有艾滋病，医务人员有义务向疾病预防控制中心上报。③当为患者保守秘密会给公众带来不利或伤害时，例如发现列车信号员色盲、飞机驾驶员有心脏病等情况下，医务人员有义务披露相关信息。

二、隐私保护（privacy protection）

隐私是一个人不允许他人随意侵入的领域。任何人都有一定范围的领域不允许别人侵入。但其意义有所不同。它有三种意义：

（1）隐私是指一个人的身体与他人保持一定的距离，并不被人观察。当其他人未获得你的允许就离你太近，观看你的身体，就侵犯了你的隐私。避免他人观察自己的身体，是隐私的一个重要方面。一个人在祈祷、性行为、排便时，被人观察会感到尴尬，因为这侵犯了他的隐私。现在有些医院的门诊管理不严，当医生给一个患者检查身体时，旁边的患者或患者家属可以在一旁围观，这侵犯了患者的隐私。有时女患者不愿意妇产科的男医生检查身体，这时应换女医生去检查，否则就会侵犯患者的隐私权。

（2）隐私是一个人对自己身体独处和精神独处的享有。独处使人享有自由，有利于发挥创造性，在不受他人影响的情况下做出决定，有机会进行反思，对自我的发展和身份认同有利。同时隐私也是亲密关系的标志，当一个人被允许进入他人隐私的领域，表明两个人关系亲密。

（3）隐私保护要求不播散他人的私人信息。许多现代隐私问题都涉及泄露私人信息的问题。隐私这一内容与前一内涵虽有不同，但不管个人的敏感事实被别人知道，还是个人享有的隐私领域被别人骚扰，人们都会感到隐私遭到侵犯。这两个隐私内涵有密切联系：一个人谋求独处和亲密关系的关键原因是要排除别人知道其所有思想和行动。隐私权包括未经其本人同意不得透露有关其信息以及不得透露不准确或歪曲的信息。信息的持有人，如掌握医疗记录的人，未获信息主体——患者的同意，不得透露其信息，更不得歪曲其信息。一个人的姓名和肖像也是信息，未经本人同意刊登在杂志、网络上，均属于侵犯隐私。在医患关系或研究人员与受试者的关系中，保护患者或受试者的私人信息的隐私与保密是一回事。在这个意义上的隐私保护与保密是重叠的。

在临床工作中，医务人员保护患者的隐私，对培养和建立相互尊重、相互信任的健全的医患关系十分重要。同样，在生物医学和健康研究领域，研究人员保护受试者的隐私对建立二者之间的信任关系也十分重要。同保密一样，唯一能牺牲患者隐私权的情况是，继续保护患者的隐私给患者、他人或社会带来的伤害大于放弃隐私给患者带来的损失。

第 5 节　公　　正

一、公正的概念

公正（justice）包括卫生资源分配的公正，受益和负担在患者、受试者和公共卫生措施受者之间的分配公正，公共卫生政策优先排序的公正，以及确保受医疗、研究、公共卫生措施影响的各方参与的公正。比较公正与公平（fairness）这两个术语，公正是一个比较宏观的概念，具有超验的性质。例如我们讨论社会的公正或制度的公正，我们称之为社会正义、制度正义。公平用于微观领域，例如我们讲科研、教育、市场、体育领域的公平竞争（fair competition 或 fair play）或公平机会（fair opportunity），也说分配给每个人的受益或负担都应该是公平份额（fair share）。因此，当公正应用于具体情境时，我们往往用公平这个术语。Equity 一词原来指英国的一种法律制度，当已有的法律不能令人满意时，法官可以通过判例法来加以纠正，从而达到公平的判决，这种法律制度称为衡平法（equity）。因此，在一般情况下，equity 与 fair 的意义都是"公平"，类似同义语，例如《剑桥在线词典》就将 equity 解释为 fairness，定义 equity 为"当公平和平等地对待每一个人时"。当我们讨论平等（equality）时，与公平（equity）这一术语进行比较，分析一下这种不平等（inequality）是否已经构成不公平（inequity）。

二、分配公正

（一）医疗资源分配

分配公正（distributive justice）是公正原则最主要的部分，即如何公正地分配资源、服务、受益和负担。在医疗和公共卫生领域，医疗资源和服务唯有根据需要来分配才是符合伦理的，不能有其他标准；但在资源稀缺时，可增加效用标准。例如，在流感大流行地区，我们应该给所有居民或至少相关居民发放流感疫苗或抗流感药物，而不应该发放给无流感威胁地区的居民，不管他们有多大权力和财力，或有多大贡献；而在疫苗或药物短缺时，我们需要考虑优先发给医务人员、治疗有效概率较大者或儿童，这是从需要和效用角度来考虑的，不是从受益者对社会贡献的角度来考虑的，更不应该根据购买能力来分配。之所以应该如此，是因为由社会资源支持的公共卫生是公共品（public good），对它们的享用既不具有排他性，也不具有竞争性，不能将任何个体排除在享用之外，一个人的享用不影响其他人的享用。新鲜空气、知识、路灯、国家安全都属于公共品，一个公正的文明社会，应该将公共卫生、医疗、教育等都列为公共品。

分配公正在公正原则中最为重要，也最难实现。分配公正不仅与医疗健康事业的诚信和效用相关，而且与社会正义相关。人在道德和法律上是平等的，但人与生俱来在事实上却是不平等的，这种不平等包含两个方面：自然方面的不平等和社会方面的不平等。自然方面的不平等是从父母那里继承的基因组不同，有的人可能有缺陷，使之对某些疾病有易感性。社会方面的不平等则可能由他出生在什么样的家庭，属于什么样的社群（涉及种族、民族、阶层、种姓、经济地位、社会地位、原住民、移民、难民等）而导致。社会的政治或意识形态倾向，例如是否存在种族歧视、性别歧视，也是导致社会不平等的重要因素。自然和社会方面的不平等会影响个体或其家庭其他成员的资源、物品、服务分配，造成不平等。但分配的不平等不一定就是不公平。如果造成这种不平等的因素是自然的、不可避免的因素，那么这种不平等就不是不公平。例如妇女的预期寿命比男人长。但如果这种不平等是社会因素造成的，包括政策、制度、法律、社会等方面的问题，那么这种不平等就是不公平，例如形形色色的歧视，在这种情况下，我们就应该进行政策、法律、制度等方面的改革，以纠正这些不公平，实现分配的公正。

（二）医疗资源的宏观分配

医疗资源是指医疗卫生事业所需的人力、物力、财力。医疗资源的宏观分配是指在国家能得到的全部资源中应该把多少分配给医疗卫生事业，分配给医疗卫生事业的资源在其内部各部门又如何分配。宏观分配必须解决以下问题：政府是否应该负责医疗卫生事业，还是把这个事业留给市场？如果政府应该负责，应该将多少预算用于医疗卫生事业，社会是应该集中资源开发高端医疗技术，还是应该集中资源进行疾病和残疾的预防以及初级医疗？如果不能资助所有领域的研究和治疗，哪些疾病或患者应该优先得到资源的分配？等等。

（三）医疗资源的微观分配

医务人员、医院和其他机构决定哪些人将获得资源，尤其是涉及稀有资源时，微观分配的问题有时是"当不是所有人都能活下来的时候，谁应该活下来？"这个问题不是由患者决定，而是由其他人为患者决定。微观分配需要两组规则和程序：首先需要规定一些规则和程序，决定哪些群体可以得到这种资源，即根据主要医学标准（如适应证、成功的概率、预后、治疗后预期寿命和生活质量等）进行初筛；然后再规定一些规则和程序，从初筛范围中选出可以得到这种资源的个人。这组规则和程序常常要参照社会标准：患者的地位和作用、过去的成就、潜在的贡献等，这样就会掺杂不公平的因素，因此人们主张用先来先得或抓阄的办法。探寻这类问题的解决办法时，必须既考虑公正，又考虑后果。

三、公正的形式原则和实质原则

（一）公正的形式原则

形式的公正原则就是形式的平等原则。它是形式的，因为它没有说在哪些有关方面同样对待相同的人。它只是说，不管在什么方面，对有关方面相同的人，应该同样地对待他们，对有关方面不同的人，应该区别对待他们。如两片面包分给两个同样饥饿的儿童，公正要求每个人分一片，在这种情况下，不等分配是不公正的。然而，如一个儿童刚吃了一顿饱饭，另一个在 24 小时内没有吃任何东西，则把两片面包分给第二个儿童才是公正的，这时每个儿童平等分配一片面包就是不公正的。但是公正的形式原则没有说有关方面是什么。

（二）公正的实质原则

公正的实质原则是指规定了一些具体原则，然后根据这些原则来分配负担和受益。如人们提出如下分配原则：根据个人的需要；根据个人的能力；根据对社会的贡献；根据业已取得的成就；根据购买力；根据职位高低；等等。前四个原则是相对符合公正要求的原则，或在一定条件下符合公正原则的，后两个则违反公正的原则。

需要原则是指，当根据需要进行分配时分配就是公正的。一般来说，某个人需要某种东西就是说没有它，他就会受到伤害。我们把需要原则和形式的公正原则结合起来，就是在满足需要方面应该同等对待有同等需要的人，对有不同需要的人则应该不同对待。两个患者需要相同种类、相等剂量的药，就分配他们同类等量的药；他们需要不同类或不等量的药就分配他们不同类不等量的药。但是我们不可能所有的同等需要都能做到同等分配，只有涉及基本需要才能这样做。基本需要是指营养、医疗、教育，没有这些，就会使人们没有平等的机会参与竞争，使他们受到伤害。医疗需要可分为基本的医疗需要和非基本的医疗需要。对于基本的医疗需要，必须按需要分配；对于非基本的医疗需要，则可以根据个人的支付能力来分配。为医疗卫生事业筹资则必须根据支付能力分配。

四、程序公正

程序公正（procedural justice）涉及我们应该如何做的问题，旨在保证我们所采取的行动有正当程序。程序公正要求医疗、研究和公共卫生相关信息必须透明，并制定合适的决策程序，以确保利益攸关者和公众的参与，使他们能够有机会获知相关信息，参与讨论，了解医疗、研究和公共卫生问题的解决办法和执行程序，从而使决策成为利益攸关者的自愿自觉行动。程序公正可以保证各利益攸关者的最佳利益，尤其是可以使少数人的观点得以表达和受到关注，从而使我们的医疗、研究、公共卫生措施更加有效。在实现程序公正、保障信息透明方面必须注意无偏倚性（impartiality）和一致性（consistency）。无偏倚性是指制定的程序以及基于合适信息做出的决定都必须是诚实而无偏见的，例如除了给弱势群体合理的优惠外，对于原本平等的人，不允许给一些人优惠、方便，却对另一些人漠然处之。公正的程序应该具有一致性。区别对待应该反映个人身份、职务方面的真正差异（例如疾病预防与控制部门可了解疫病流行中的个案信息），而不应该是外在的特点（例如关系户）。所有利益攸关方的代表在决策过程中都应该有机会发表意见，尤其应该赋权于弱势群体的代表，让他们发表意见。

五、回报公正

回报公正（retributive justice）是指对于做出了贡献的个人或者群体，应该给予适当的回报；反之，对于违反者，尤其是造成公众严重健康损害者，则应做相应的处理。回报公正就是公平的奖惩，包括经济、精神方式等。例如在防治艾滋病的工作中，公共卫生领域从业人员或医疗、保险、雇佣单位歧视艾滋病患者、HIV 感染者或脆弱人群成员，就应加以处理，从批评、警告，一直到产生严重后果时提起民事或刑事诉讼；反之，对一贯坚持反对歧视的单位或个人就应给予表扬、奖励。奖励、惩罚都要与当事人所做的好事或错事相称，不能偏倚。回报公正的核心是赏罚公平，人们应该获得其应得的东西，做好事应受到奖励，有过错应受到惩罚。

六、修复公正

🔍 案例 3-1：输血感染 HIV 受害者的补偿

自从艾滋病在我国传播以来，数万人因输血或使用第 8 因子血液制品感染 HIV，他们在身体、生活、精神方面备受折磨。他们多次向法院起诉血站或医院，法院因收集证据困难，予以拒绝。于是他们向各级政府上诉，继而采取静坐、绝食、示威的行动，与警察屡屡发生冲突。受害者进一步遭受折磨。一些生命伦理学家认为这是一个必须解决的社会不公平问题，他们建议用"无过错"路径（即非诉讼方式）解决此问题，他们厘清了无过错、补偿（不同于赔偿）等概念，对这种方式进行了伦理论证，北京红丝带论坛组织与会者讨论了艾滋病与人权的关系，邀请政府各部门代表和受害者代表讨论，反复征求其意见，一致达成合理、可行的意见。许多地方政府参照这个办法解决问题，使受害者得到补偿，弥补他们受到的伤害，也消除了社会不安定因素。在伦理学上，应该重视补救工作，以弥补受害者所受的伤害（修复公正）。

修复公正（reparative justice）是指对受害者应进行补偿的伦理要求。实践经验证明，传统的回报公正进路的负面效应是：重点放在惩罚有过错者；受害者则处于这一过程的外围；各方处于敌对关系；看问题是往后看而不是往前看。惩罚是对过去不公正的事件或不当行为的必要回应，然而，对受害个体如何重建他们的未来生活则没有给予足够的关注。还有一个危险的倾向是从回报公正滑向强调报复。与回报不同，报复一般包括愤怒、仇恨、愤恨和怨恨。这样的情绪具有潜在的破坏性。因为强烈的情绪往往导致人们反应过度，结果惩罚过度，导致进一步的对抗。典型的例子是输血感染 HIV。通过输血或使用血液制品以及那些以商业化的（现在是非法的）方式出售或购买血液感染 HIV 的所有受害者往往健康恶化，生活质量严重降低，人格受到侮辱。他们要求赔偿和获得正义是合法的和合理的。一个公正的社会应该为他们提供获得正义的机会。他们在寻求正义的过程中却进一步遭受痛苦。司法机关则因难以找到相关人员过错证据而一筹莫展。鉴于此，我国学者建议采取无过错或非诉讼机制，即一旦发生损害，不是依照过错责任原则或过错推定原则去追究，通过冗长的复杂的诉讼程序去确定侵权行为当事人是否有过错及其责任如何，然后再进行赔偿，而是无论侵权行为方（血液中心或者输血医院方）是否存在过错，只要患者由于输血或使用血液制品而受到损害，就可以提出补偿诉求，获得补偿，及时弥补这种损害给受害者造成的损失。与传统的进路相比，修复公正侧重于受害者的需要，而不是仅仅满足于惩罚过错者或罪犯。在修复公正中，重点是修复违法者给受害者造成的伤害；受害者在这个过程中居于更为核心的地位。[1, 2]

〔1〕 邱仁宗，翟晓梅，贾平，等. 关于建立经医疗输血或使用血液制品感染艾滋病病毒保险和补偿机制的意见［J］. 中国医学伦理学. 2013, 26（1）: 8-13.

〔2〕 ZHAI X M. Can the no fault approach to compensation for HIV infection through blood transfusion be ethically justified？ [J]. Asian Bioethics Review, 2004, 6 (2): 143-157.

第 4 章 生命伦理学的研究方法

生命伦理学是伦理学的分支之一，与其他伦理学学科一样，生命伦理学采用伦理学的研究方法，伦理学的研究方法具有规范性的特点，虽然它也关注经验事实，尤其是用科学方法得出的经验事实，但它不像实验科学那样基于观察和实验。道德判断或对伦理问题的解决是负荷价值（value-laden）的。认为可以从"是"推出"应该"的观点，是一种自然主义谬误。"是"与"应该"之间无逻辑通路。例如，经过调查发现，"行动 A 使穷人受益最大化"，那么我们是否能因此得出结论说，"行动 A 是我们应该做的"。得出这样的结论必须增加一个前提，即"凡使穷人受益最大化的行动是我们应该做的"。这个前提不是事实判断，而是价值判断，它负荷着这样的价值："穷人受益最大化是我们必须要做的十分重要的事，因为这促使人与人平等和公平。"但有人并不这样看，在他们看来，使穷人受益最大化不是我们应该做的事情，因为这样做可能导致原本贫穷的人不去努力工作，使资金从更有效益的地方挪开，影响效率，减缓 GDP 的增加，而我们的优先事项是提高效率。于是对他们来说，第二个前提应变成："GDP 的增加比穷人受益最大化更重要"，这样，结论就变成："行动 A 就不是我们应该做的"。由此可见，调查的结果必须加上一个价值判断，才能得出负荷价值的伦理学结论，而前提中的价值判断不同，结论也各异。[1]

在临床医学、生物医学研究和公共卫生工作中，我们会遇到许多实质性和程序性的伦理问题，在鉴定出其中的伦理问题（不是科学问题或医学问题）后，我们就要尝试解决它，找到解决伦理问题的办法有点类似科学中的发明或发现（discovery）。这可能需要经验，也需要想象力，但并不局限于某一方法，正如爱因斯坦谈到科学发现时所说的，这需要自由创造。在我们找到伦理问题的解决办法后，下一步的工作是对解决办法进行辩护（justification）。也许我们找到不止一个解决办法，对每一个可选择的解决办法，都要尝试着看它们能不能得到伦理学的辩护。辩护这个行动的表达式是：用理由 a 为 X 辩护，在伦理学上得到辩护是指用伦理学的理由为 X 辩护，当我们说 X（某一行动或某个伦理问题的解决办法）得到了伦理学的辩护，这意味着我们采取行动 X 在道德上是对的。辩护过程实际上就是论证的过程。本章试图扼要讨论四种生命伦理学研究方法（论证、反思平衡、思想实验和判例法）。

第 1 节 论 证

伦理判断的评价、伦理问题的解决、伦理结论（表现为断言：我们应该做 a）的提

---

〔1〕 本节的编写依据：邱仁宗. 生命伦理学的方法［J］. 中国医学伦理学，2016，29（4）：551-555.

出，主要靠论证和反论证。《牛津简明英语词典》对论证的解释是："提出一个或一组理由支持某一理念、行动或理论。"

一、论证的要素

论证由三个要素构成，即断言（claim）、支持（support）和根据（warrant）。[1] 例如如下的论证：

断言：应该在机场使用全身透视扫描仪[2] 筛查恐怖分子。
支持：被安全筛查者看见裸体比因恐怖主义袭击死掉要好。
根据：安全比隐私更重要。

我们清楚地看到上述根据是负荷价值的。如果更换一个根据，我们可以得到不同的但同样有效的论证：

断言：全身扫描仪筛查不应该在机场使用。
支持：被安全筛查者看见裸体使人无地自容。
根据：隐私比安全更重要。

上述论证的根据负荷不同的价值。我们采取何种论证，就要看你采取哪一种根据（负荷价值的假定），这表示你信奉何种价值观。你究竟采取何种根据，那是你权衡价值（何者更为重要）的结果。

二、反论证

形成论证后要对自己的论证进行自我评价，也要对相反的或相对立的论证进行反论证，即分析其有效性，看看能否证明其无效。反论证的方法有：寻找其自相矛盾，前后不一致的地方；发现存在无穷倒退的问题；发现存在无法解决的反例；归谬，即该断言导致荒谬后果；丐辩（question begging），即该论断将有待证明的命题当作前提。

在不同断言之间的辩论中，我们的断言也会受到他人的反论证，这种反论证对我们是有好处的：可帮助我们看到自己立场或观点的弱点，发现我们没有考虑到的一些方面，使我们从新的视角来重新看待要解决的问题；使我们在解决问题时具有更好地创造

---

[1] ROTTENBERG A, WINCHELL D H. The structure of argument[M]. 6th ed. Boston: Bedford/Saint. Martin's, 2009: 3-16.
[2] 在机场上使用全身透视扫描仪，在美国和欧洲均引起了争论，支持一方认为，使用这种仪器做安全检查，快速、简便、安全、有效；而反对一方则认为这侵犯了隐私权，因为这种仪器的成像实际上是形成接近裸体的图像；而且也不见得那么有效。目前美国和英国的机场已经使用了这种仪器，机场规定这种图像数据不应保留，应立即删除。有些欧洲国家（如德国）目前拒绝采用这一设备。

性和洞察力。

三、伦理论证

伦理论证是指为了达到判定行动是对还是错的目的，为所选择的行动进行的伦理学辩护。伦理论证与非伦理论证不同在于其根据或理由是否来自伦理学的理论、原则或规则。例如，为什么要抢救这个患者？可以有如下一些理由：抢救可挽救这个患者的生命；抢救患者是医生的专业义务；抢救这个患者，医生可以收取一大笔钱；上级指示医生要抢救这个患者；不抢救患者医生要受舆论谴责；不抢救患者，医生违反《侵权责任法》；不抢救患者，家属要去法院告医生；抢救患者是上帝的教导，等等。其中唯有前面两个理由才是伦理学理由，它们来自后果论和义务论，也来自有益、尊重和公正原则。唯有根据伦理学理由进行的论证，才是伦理论证。

伦理论证易发生两类谬误：

（1）形式谬误，即违反逻辑规则。例如，"如果 p，则 q；如果 q，因此，p"。这违反了"肯定后件，不能肯定前件"的逻辑规则，这是论证形式谬误的一例。

（2）非形式谬误，这是基于对论证语境的考查，例如在论证中混淆科学与伦理、法律与伦理、经济与伦理的界线，或事实有误，或随意解释事实，与实际不符等。在有关转基因食品是否应该贴标签让消费者可以进行知情选择时，一些专家强调自然食品与转基因食品成分实质上相同，这就混淆了科学问题与伦理问题，而没有独立地去论证为什么不能让消费者进行知情选择；在杂志上常常看见这样的文章，指出某行动是非法的，因而也是不合伦理的，这是混淆了伦理与法律问题；还有些作者在讨论政府是否有责任满足全体公民基本医疗需要时，往往用"缺钱"作为反对理由，这是混淆了经济与伦理问题。

四、演绎论证和归纳论证

（一）演绎论证

在论证中必须应用演绎推理，确保推理和结论在形式上有效，但单靠伦理学理论演绎不能解决新的伦理问题。例如在生命伦理学中得到广泛承认和应用的知情同意要求就不是靠演绎推出来的。另外存在许多前提，在特定情况下，它们是相互冲突的，但从中可演绎出不同的但都合乎逻辑的结论。在伦理论证中用得很多的演绎法是否定后件法（modus tollens），利用反例来否定断言或结论。由于负荷价值的根据或前提不同，得出的结论也不同。因此，单单依靠演绎论证往往不能帮助我们解决现实中的伦理问题。例如，长程的齐多夫定已被证明能有效阻断 HIV 母婴传播，但十分昂贵，非洲人民负担不起，因而一些资助者和医学科学家拟在非洲进行短程的齐多夫定试验，以安慰剂为对照。这一试验被批评为采用双重标准：如果在西方进行新的艾滋病药物试验，就必须按照《赫尔辛基宣言》的规定做，以目前已被证明的最佳药物为对照，最佳药物是长程齐多夫定，它肯定优于短程齐多夫定，二者并不处于均势状态。从《赫尔辛基宣言》的规定进行演绎就会得出反对进行短程齐多夫定的试验的结论，这不利于为非洲患者提供廉价的阻断 HIV 母婴传播的治疗药物。

（二）归纳论证

许多伦理论证采用类似归纳论证的方法。归纳论证在形式上是无效的，但可以用假说演绎法加以补充。例如，从过去经验教训中总结出用知情同意来解决如何保护受试者的问题，并以此作为假说（前提），演绎出一个后件并在实践中加以检验。如果检验结果是阴性，就形成反例，否定知情同意假说；如果是阳性，那么可获得不同程度的验证。目前的实践经验支持知情同意对保护患者、受试者是必要的这一论断。

五、概念分析

概念分析是从事哲学和伦理学研究的基本功。概念分析是指分析概念的意义以及概念代表实体的价值的方法。例如，对人胚（embryo）、胎儿（fetus）的分析，有人在直觉上认为它们就是人，因此反对人工流产，反对治疗性干细胞研究，反对用人胚进行基因编辑研究。但仔细分析后，就会得出这样的结论：人胚和胎儿都是人类生命或人类生物学生命（human life，human biological life），它们有一定价值，但它们还不是人（person，人格意义、社会意义上的人），它们不具备人一样完整的道德地位。因此，人工流产、治疗性干细胞研究、利用人胚进行基因编辑研究在一定条件下是应该允许的，但要有充分的理由，不能无故毁掉它们。伦理学的工作内容之一就是"画线"（drawing），画线就是概念分析。

六、价值权衡

伦理论证必然包含价值权衡：因为在论证或推理中，其中至少有一个前提是负荷价值的，而且至少有两个不同的前提可供选择，因此必须进行权衡，在人工流产问题上，孩子比母亲更重要（如家庭急需继承人），还是母亲的健康、生命或妇女控制自己身体的权利比孩子更重要；在北京发生的因患者男友拒绝手术而致患者死亡的案例中，尊重患者男友反对手术的决定（而且是非理性、对所提供的信息不理解的无效决定）重要，还是不顾男友意见抢救患者生命更重要；在短程齐多夫定试验中，是遵守《赫尔辛基宣言》某项规定（而且是不完善的规定）重要，还是使非洲人民获得负担得起防止 HIV 母婴传播的药物更重要。所以，人们说伦理学的工作内容之二是"权衡"（weighing）。

第 2 节 反 思 平 衡

一、反思平衡方法

反思平衡（reflective equilibrium）方法是由美国哲学家罗尔斯（John Rawls）[1]提出的。他认为，为伦理学断言辩护时应努力将我们的道德判断与道德原则[2]结合为和谐或平衡的状态（狭义反思平衡）[3]，后来又扩展为将上述二者与作为背景的社会以及心理学和哲学理论结合为协调或平衡的状态（广义反思平衡[4]，[5]）。他认为我们最为确信的道德判断或直觉（如奴隶制是错误的）对道德原则起检验作用，因此任何为奴隶制辩护的道德原则都要被拒斥。同时，确信度很高的道德原则可用来拒斥与之相冲突的直觉。因此，反思平衡是双向的，我们可以用之来检查某一直觉判断，考查某一道德原则，以及细究背景理论，直到在道德评估中将所有要素结合为一个或多或少稳定的和谐平衡状态。因此，道德辩护或伦理学论证须建立在将伦理思考中所有要素协调一致的基础上。

二、反思平衡方法的程序

生命伦理学或医学伦理学运用反思平衡方法的程序是：①从我们的初始（initial）道德判断开始；②对它们进行筛查获得经过考虑的（considered）道德判断；③运用现有的或提出一组新的道德原则来解释经过考虑的道德判断；④如果我们的一组经过考虑的道德判断，与我们的道德原则之间发生冲突，那么修改其中一个；⑤重复上述步骤，直到它们之间达成一致（consistent）、连贯（coherent），那就达到平衡（equilibrium）状态。

在进入反思平衡前，我们先要从初始道德判断中排除以下一些判断：当人们对所要解决的问题的相关事实不了解时做出的判断；当人们生气、害怕或不能集中注意力时做出的判断；当人们对答案患得患失时做出的判断；当人们犹豫不决、缺乏信心时做出的判断；当人们在一个时期内情绪不稳定时做出的判断等。总之，进入反思平衡的道德判断必须是理性的，排除所有非理性状态下做出的非理性判断。因为它对具体案例的道德判断起检验道德原则的作用，非理性判断无此资格。

我们的道德判断与道德原则之间不一致，往往是由于出现了新的案例，其中有些特殊情况中包含的重要的关键性的因素是在制定道德原则时没有或无法考虑到的，或由于社会的价值或理念（所谓时尚）发生了变化，人们的道德判断改变了。我们可以举出以下的案例：

〔1〕　RAWLS J. A theory of justice[M]. Cambridge: Harvard University Press, 1971.

〔2〕　这里讲的"道德原则"泛指道德规则、准则、原则。

〔3〕　RAWLS J. The independence of moral theory[M]//FREEMAN S. JOHN RAWLS Collected papers. Cambridge: Harvard University Press, 1999: 286 – 302.

〔4〕　DANIELS N. Wide reflective equilibrium and theory acceptance in ethics[J]. Journal of Philosophy, 1979, 76: 256 – 82.

〔5〕　DANIELS N. Justice and justification: reflective equilibrium in theory and practice[M]. Cambridge: Cambridge University Press, 1996.

案例 4-1: 安慰剂

1964 年版的《赫尔辛基宣言》规定:"在任何医学研究中,应该确保所有的患者(包括对照组的患者)接受最佳的、得到证明的、治疗性的方法。"这引起了许多研究人员以及科研管理人员的异议,因为他们认为有些情况下不存在"最佳的、得到证明的、治疗性的方法",而在另一些情况下,必须有使用安慰剂的对照组才能开发出安全有效的新药或其他治疗方法。这条规定的本意是保护参加研究的受试者。反对者提出"均势"概念,意指在临床试验或研究前,新药或其他新的治疗方法与原有最佳疗法或安慰剂处于均势状态,受试者并没有因参加对照组而受到比参加试验组的受试者更大的伤害。为了保持临床研究的实际与均势概念一致,《赫尔辛基宣言》2002 年版和 2004 年版对这一条款做了修改:"安慰剂对照试验在伦理学上是可以接受的,即使得到证明的疗法可得",而在 2013 年版的《赫尔辛基宣言》中,专门列出一条讨论安慰剂的使用并规定了使用安慰剂的条件。

案例 4-2: 野生动物表演

人们对马戏团动物表演的直觉是动物和人都很高兴地参与或观看这些表演。1994 年美国夏威夷一个马戏团的大象泰克(Tyke)因受不了虐待殴打,在表演期间突然发狂,并跑到大街上,结果被警方连开近百枪打死。这一案例震惊了美国公众,调查发现马戏团经常用暴力迫使动物表演,这改变了人们的道德判断,从而导致有关马戏团动物表演的规定的修改。目前,全世界有 36 个国家、389 个城市禁止或限制动物表演。

案例 4-3: 危急患者抢救

我国有关医疗法律规定手术必须经患者或患者家属的知情同意后才能进行。这是一个进步。它已成为一条公认的道德原则和法规。如果患者处于病危之中,不手术,患者就会失去生命,但患者或家属由于某种原因不同意手术,这时出现不平衡状态:办法 1,坚持这条原则或法规,即使患者死亡也不予抢救;办法 2,救人的直觉压倒原则,抢救孕妇,孕妇和孩子得救。这种不一致要求立法机关修改、完善相关法律、法规,即规定医生和医院在特定情况下可不顾患者或家属反对抢救患者。[1]

---

[1] 正是如此,美国哲学家丹尼尔斯(Norman Daniels)说,反思平衡是使我们发现新政策或新规定的方法。

反思平衡可在某些情况下对伦理辩护或论证起调节作用，这是伦理学学者们比较一致的意见。然而，反思平衡是道德辩护的必要条件，但不是充分条件。广义反思平衡也许可使我们考虑问题更为全面，但在实践中不可行。如果按照广义反思平衡要求去考虑背景的道德、政治和社会理论，会引发更多的问题，延误我们对当下提出的迫切问题的解决。[1]

第3节 思 想 实 验

与普通实验不一样，思想实验是一种假言推理（即"如果，那么"）；不同的是，思想实验不在实验室，不是在实在世界之中，而是在心中，在意象之中进行。科学中广泛应用思想实验。著名的伽利略落体实验并不是实际的科学实验，而是思想实验。在伦理学中，思想实验俯拾皆是。在伦理学中，许多思想实验通过提供反例来动摇广为接受的假定、断言、原则或理论。前面讨论的器官移植和电车问题就是伦理学上经典的思想实验。又如在反对和支持人工流产的论证中，人们往往先鉴定人胎儿是否已经是人，然后就直接得出应该反对（如果胎儿是人）或支持（如果胎儿不是人）人工流产的结论。但美国哲学家汤姆逊（Judith Thomson）[2]在她的《为人工流产辩护》一文中提出了如下的思想实验：

 思想实验4-4：人工流产

> 你早晨醒来，你背靠背地与一位失去意识的小提琴家睡在床上。他患致命的肾病，爱乐协会调查了所有的医疗记录，发现只有你的血型与他相配，于是他们绑架了你。昨夜，他们通过插管将小提琴家的血液系统与你的血液系统连接起来，这样就可以用你的肾来去除你们俩血中的毒素。把插管拔掉会杀死他。相连9个月后，他就能恢复健康了，就能安全拔掉插管。但你说你不同意，"我有控制我身体的权利，你们不能未经我的同意就将插管插在我的系统内。"这时一个人的生命权利与一个人控制自己身体的权利发生冲突，你控制自己身体的权利可以胜过小提琴家的生命权利。胎儿就是这位小提琴家。

我们看到汤姆逊的思想实验提供了一个反对人工流产者难以反驳的反例。

思想实验的功能：利用思想实验可提出问题；回答问题；揭示思考中的不一致；展示令人困惑的事；支持或动摇某种断言、观点、假说或理论等。许多思想实验是通过提出反例，利用否定后件论证来证明某种断言或结论。以美国哲学家桑德尔（Michael Sandel）的思想实验为例[3]：

〔1〕 罗会宇，邱仁宗，雷瑞鹏. 生命伦理学视域下反思平衡方法及其应用的研究［J］. 自然辩证法研究. 2017, 33（2）: 64-69.
〔2〕 THOMSON JJ. A defense of abortion[J]. Philosophy & public affairs, 1971, 1: 47-66.
〔3〕 SANDEL M. The ethical implications of human cloning[M]//Biomedical Research and Reproduction: Scientific Aspects – Ethical, Legal and Social Limits. Bonn: Bonn University Press,2003: 465-470.

思想实验 4-5：抢救谁?

> 　　如果人的胚胎已经是人，那么在生殖门诊失火的紧急情况下，我们只能抢救 10 个胚胎或者抢救一个 5 岁的女孩时，应该去抢救 10 个胚胎而不是去抢救这个女孩。
>
> 　　但按照直觉，人们都认为应该去抢救女孩，而不是去抢救胚胎。
>
> 　　因此可以推断，人们实际上认为人胚胎还不是真正意义的人。

　　这种论证是有效的。但这种论证的可靠性取决于小前提的真值如何。而这小前提的真值只是因为它在直觉上是真的，而理所当然地被前提假定是真的。然而，我们要指出道德直觉有它的局限性。如果在人类行将灭绝时，你是人类这个物种的最后一个人，你在一家发生严重火灾的生殖门诊发现，在一个墙角是试管中 100 个胚胎，另一个墙角是濒临死亡（例如只能再活半天时间）的患者，那时我们也许会认为抢救 100 个胚胎而不是抢救垂死患者是我们的义务，因此这小前提的真值并不是不证自明的。如果发生这种情况，我们并不会因此认为那个濒临死亡的患者不是人。因此，我们在运用思想实验时必须看到它以及道德直觉的局限性。

第 4 节　判　例　法

一、判例法的概念

　　判例法（casuistry）是基于案例的一种推理方法，是在应用伦理学中广泛使用的一种方法。该词源于拉丁文 *casus*（意为案例）。一般来说，判例法推理是从一个截然分明的范式（paradigmatic）案例（先例）开始的，然后考查我们现在考虑的那个案例与这一范式案例有多大匹配之处。与范式案例相同的案例应该做相同处理，而与范式案例不同的案例则作不同处理。例如我们有一个关于谋杀的范式案例。如果有一个犯有谋杀罪的嫌疑人，他的情况与作为范例的谋杀案例极为类似，那么指控他谋杀是合适的。如果与范式案例不怎么像，那么将这个案例与范式案例一样处理就得不到辩护。这与我们常说的"具体情况具体分析"类似。

　　判例法不是从理论开始，在实践伦理学中，并不要求行动者（医生、研究者或公共卫生人员）在解决他们面临的规范性问题或伦理问题前，先在同意何种伦理学理论的问题上取得一致意见，理由如下：①我们面临的新的或复杂一些的伦理问题，都不是靠演绎法从理论推演出的结论所能解决的；②任何伦理学理论（包括任何科学理论）都是不完备的，我们不可能单靠一种伦理学理论来解决我们面临的所有伦理问题；③在实践伦理学中，我们的目的是解决实际的伦理问题，为我们行动提供指南，我们的目的不是去宣扬某人喜爱的某种理论；④我们不能要求临床、生物医学研究者或公共卫生人员去阅读许多伦理学理论文献，但让他们懂得一些伦理学基本原则，并在范例上达成一致意见是可行的。

二、案例研究

判例法推动了对案例的研究和讨论。案例研究可定义为，用一种或更多方法对人、事、决策、计划、机构或其他系统进行整体研究和分析。案例是人们探究的对象，它是指有关某一类现象的一个实例。一般性案例往往信息贫乏，因此要选择一个有意义的、与众不同的或特别有启发性的案例，才能够为我们解决类似案例中的伦理问题提供帮助。例如不应选择寻常的案例进行研究（这种案例不需要研究），而应选择塔斯基吉梅毒试验这样的案例进行研究。在选择案例后，我们要撰写案例报告，案例报告要用简洁的语言，将案件的人、事、时间、地点、过程交代清楚，为保护隐私，人名和地名可用假名代替。事件和过程的描述应该与伦理问题有关，与伦理问题有关的细节不可遗漏，而与伦理问题无关的内容不必赘述。案例报告以提出哪些伦理问题为结尾，伦理问题与科学问题、医学问题不可混淆。案例研究的是个案，但该个案并不仅仅与本案有关，而是具有普遍意义，即一个重要的案例使我们可得出如下的结论："如果问题的解决办法对这个案例有效，那么对所有（或许多）案例也有效"，或"如果问题的解决办法对这个案例无效，那么对任何案例也无效或仅可能对少数案例有效"。

三、判例法与伦理原则

判例法支持者认为我们对道德判断的最大可信度不是来自理论层次，因为在这一层次，人们永远不可能达成一致，争论也永不休止，而在案例层次，我们的直觉往往趋同，即使没有理论的帮助。更确切地说，在范式案例里可以找到道德可信度，因为人的直觉发挥了有力作用。在生命伦理学中，许多范例都是已经发生的著名案例，例如臭名昭彰的美国塔斯基吉案例，北京孕妇死亡案例。[1] 因此，判例法这种非常接地气的推理方法，使我们与信奉不同理论、哲学、宗教的人在对案例的判断上达成一致，从而解决有关临床、生物医学研究和公共卫生领域的问题。但我们也不能因此怀疑伦理学理论和原则的辩护功能。判例法必须运用类比推理，但类比推理并不是自我定向的，它要求一定的原则或规则给它指引方向。范例是指能清晰地、一目了然地、有力地应用某一伦理原则的案例。同时，类比推理作为一种归纳推理，它本身虽不能对我们的结论起辩护作用，但确实是帮助我们形成道德判断或找到伦理问题解决办法的方法。在找到解决办法后，还必须借助伦理规则、原则或理论对由此形成的道德判断或伦理问题解决办法进行辩护，这个解决办法才是符合伦理的。

---

〔1〕 塔斯基吉案例参照第 3 篇研究伦理学，北京孕妇死亡案例参照第 2 篇临床伦理学。

第 2 篇

临床伦理学

第 5 章　医 患 关 系

第 1 节　医患关系模型

医患关系（physician-patient relationship，PPR）是临床实践的基础，良好的临床实践唯有在良好的医患关系中才能完成。为了更好地理解和把握医患关系，学者们提出了种种的 PPR 模型[1]，这些模型具有规范性质，有益于患者或促进患者自主性。

一、斯扎兹和霍伦德模型

最早提出 PPR 模型的是美国精神病学家斯扎兹（Thomas Szasz）和霍伦德（Marc Hollender）[2]，他们描述了三种医患关系模型：

1. 主动 - 被动模型

即医生负责干预、患者被动接受，这种关系适用于急诊状况。

2. 指导 - 合作模型

即医生告诉患者做什么，患者遵从，这种模型适用于急性病状况。

3. 相互参与模型

适用于慢性病和精神分析。斯扎兹和霍伦德认为这些模型有益于患者，但其性质是家长主义，即医生是专家，由他决定患者的最佳利益是什么。

二、维耶奇模型

美国医学伦理学家维耶奇（Robert Veatch）[3]提出了四种 PPR 模型：

1. 工程师模型

医生有义务向患者提供相关信息，为患者选择医疗干预措施并执行医疗干预措施，这一模型的问题是不考虑患者的价值取向和意愿，医生像是一位水管修理工；

---

〔1〕　这里的模型指的是概念模型，概念模型由概念组成，以帮助人们理解事物的性质。

〔2〕　SZASZ T, HOLLENDER M. A contribution to the philosophy of medicine: the basic models of the doctor-patient relationship[J]. Archives of Internal Medicine, 1956, 97: 585-592.

〔3〕　VEATCH R M. Models for ethical medicine in a revolutionary age[J]. The Hastings Center Report, 1972, 2: 5-7.

2. 牧师模型

医生像牧师那样做出干预是否正确的伦理判断，将决策权置于医生手中，这个模型将医患关系看作父子关系，医生像父亲一样代表患者利益，忽视其他伦理原则。

3. 同事模型

这一模型有利于医患双方追求消除疾病和维护健康的共同目标，相互信任和尊重，但这一模型忽视了医患之间实际存在的不平等。

4. 契约模型

这里的契约不是拘泥于法律的契约，而是类似婚姻的契约或盟约，以维持基本的规范，例如自由、尊重、讲真话、守约和公正等。维耶奇认为契约模型较好，可以避免上述其他模型的缺点。

三、伊曼纽尔模型

美国肿瘤学家和生命伦理学家伊曼纽尔（Ezekiel Emanuel）等[1]也提出了四种模型：

1. 家长主义（paternalistic）模型

在这个模型中，医生是患者的监护人，向患者提供经过选择的信息，鼓励患者同意医生认为的最佳干预，在极端情况下，医生权威性地通知患者何时开始治疗，患者即使不同意，也不得不服从。

2. 告知（informative）模型

这种模型也称为科学模型、工程模型或消费者模型，由医生向患者提供相关信息，由患者选择治疗办法，由医生实施治疗，这种模型虽然重视了患者的价值，但是贬低了医生的专业判断在临床决策中的不可替代的重要作用。

3. 诠释（interpretative）模型

在这个模型中，医生不但要向患者提供相关信息，还要帮助患者阐明他要什么，他的价值观是什么，因为患者往往并不清楚他要什么，医生向患者阐明、解释治疗方案，然后帮助患者找到最佳医疗方案，并执行患者选择的医疗方案，医生扮演类似咨询师或顾问的角色。这种模型也同样贬低了医生的专业判断在临床决策中的不可替代的重要作用。

4. 商议（deliberative）模型

在这个模型中，医生是患者的老师和朋友，医生提供相关信息，医患双方互动合作，患者与医生进行开放式讨论，不断加深对疾病、治疗方案利弊的认识。遇到患者一时不清楚时，医生只能说服患者，而不能强迫患者，这样既可发挥医生专业判断的作用，又可真正实现患者的自主性。

〔1〕 EMANUEL E J, EMANUEL L L. Four models of the physician-patient relationship[J]. JAMA, 1992, 267: 2221-2226.

四、佩莱格里诺本质论模型

在医患关系模型的讨论中，最值得注意的是美国生命伦理学先驱、医学家和医学伦理学家佩莱格里诺（Edmund Pellegrino）[1] 提出的本质论（essentialist）PPR 模型。这个模型基于对医学内在道德（internal morality）的批判性考查。他认为医学的疗愈（healing）目标决定了医学的义务和美德。因此，医学的内在道德不是来源于社会、习俗或约定，而是来源于医学的疗愈目的。医学的内在道德由疗愈关系的三个方面组成：患病事实、专业行为以及对特定患者既对（right）又好（good）的疗愈行动。其理由如下：

（1）患病使患者丧失自主性，成为脆弱者。由于患者是脆弱者，医学是助人的专业，患者期待医生促进他们的最佳利益，对于这种模型来说，患者的信任是达到这一目的的前提，也是患者得到医生帮助的前提，他除了信任医生会促进其最佳利益外，别无选择。

（2）医生是在科学知识允许的范围内承诺帮助患者，因此有益原则是医学的内在标准，目的是通过实施疗愈决策的医学行为恢复患者失去的自主性。

（3）患者由于患病和对医学不了解而处于脆弱地位，他别无选择，唯有信任医生好心善意，这种信任有利于避免 PPR 中的家长主义，使疗愈行动既对又好，这既有利于恢复患者的健康，又有利于恢复患者的自主性。

对于佩莱格里诺来说，对患者自主性的尊重体现了有益的伦理原则，但他也赋予患者自主性以道德重要性，他认为 PPR 是两个道德行动者之间的互动。医生必须理解患者的价值观和观点，告知患者治疗办法，然后确定患者是否理解医疗决策，医生必须尊重患者的价值。为此，他强调医生必须拥有设身处地理解患者，才能做出好的临床决策。作为疗愈者，医生必须在有益原则指导下行动，当患者的价值与医学的这种内在标准发生冲突时，医生不应该采取不能促进疗愈的医疗行动。因此，在 PPR 本质论模型中，核心是患者对医生的信任，而这种信任因医生的医疗义务而得到加强，其中，信息告知和充满同情的沟通都是为了促进患者健康。其他学者们批评佩莱格里诺的模型过于狭隘，因为医学除了疗愈目标，还有其他目标，如预防疾病，促进健康，缓解疼痛和痛苦，关怀无法治愈的患者，避免过早死亡等。而这些目标与疗愈目标相比较，是否能对个体患者产生有益作用，具有很大的不确定性，这时就难以应用本质论模型。

第 2 节　医患关系概述

一、患者的概念

医疗行为是在医生与患者的关系（简称医患关系）中进行的。什么是患者？从生物学

---

[1] PELLEGRINO E D. For the patient's good: the restoration of beneficence in health care[M]. Oxford: Oxford University Press, 1988.

的观点看，患者是患有疾病的人。但实际上进入医患关系的患者不一定有病，而患有疾病的人也不一定进入医患关系。一个人认为自己有病或可能有病时所采取的求助行为，可以是自助行为（自己寻找药物或其他办法解决）、他助行为（找亲友或求神拜佛解决）或求医行为。从社会学的观点看，当一个人采取求医行为时，他就是一个患者。当一个人成为患者时，他就进入了一个特殊的角色。这种角色因社会文化而异。在古代，患病被认为是神灵等对患者不道德行为（如冒犯神灵、不敬祖先、触犯禁忌等）的惩罚。现在有些人还相信这种古老的疾病观念，例如现在有人认为"艾滋病是上帝的惩罚""性病是对性乱的惩罚"等。

二、医患关系的特点

医生是掌握医学知识和技能的专业人员。当患者前去求医时，就与医生进入一种专业关系。这种关系与其他关系，比方说商品交换关系不同。普通的商品交换或商品买卖属于陌生人之间的交易。我们到商店购物，售货员售货，他不必知道我们的姓名、家庭购物史以及某些与购物有关的隐秘私事，也能提供优质服务。顾客与店员对商品质量的评价基本上处于平等的地位。虽然有些商品比较高级复杂，例如家电产品或计算机，需要顾客拥有更多的知识，否则购物时可能不清楚究竟产品质量如何，但一经查询，一般就能判断出产品的真伪优劣。所以，售货员与购物者之间可以是陌生人关系。规范这种商业行为的伦理学可称为陌生人伦理学。陌生人伦理学的特点是，他们相互之间的义务和权利非常有限，主要是一些消极或反面的义务和权利。例如，售货员不应将假冒伪劣商品卖给顾客，顾客有权买到与价格相当的商品；顾客也不应用伪钞买货，售货员有权拒绝伪钞，他们之间不应强买强卖、吵架、斗殴等。他们之间的积极义务和积极权利是很少的。例如，售货员没有义务去帮助顾客解决经济困难，顾客也没有权利要求售货员这样做；顾客也没有义务去帮助售货员推销商品，售货员也没有权利要求顾客这样做。当然，售货员和顾客也有可能成为朋友，甚至成为合伙人，但一旦建立了朋友关系或合伙人关系，这种关系就不是售货员与顾客的关系了。

医患关系与售货员和买货人形成的买卖关系不一样，他们不是陌生人关系，医患关系具有如下的特点：

（1）在医患关系中，患者处于脆弱和依赖的特殊地位。大多数患者在大多数情况下并不拥有使他们自己恢复健康的知识和技能，他们不得不依赖医生的专门知识和技能，并且不能判断医生所提供的医疗服务质量好坏。在这个意义上，患者与医生之间确实存在着事实上的、知识上的不平等。医学是一门专业性很强的学问。不经过多年严格的有指导的训练是难以掌握的。即使患者是个医生，由于现代医学分科很细，"隔行如隔山"，他也不可能完全知道其他专业的新发现和新进展。所以总的来说，即使患者知识丰富，也不可能将患者与医生之间的知识距离拉平。医学知识上的不平等以及相应的权力上的（例如处方权）不平等，使患者处于脆弱的地位。这种地位使得患者不得不依赖医生：不得不假定给我治病的医生是能够胜任的，是为我的健康着想的，他对我说的一切是完全可靠的，他能够治好或减轻我的病。正是患者的这种脆弱和依赖地位，要求医务人员具有高尚的医德，自觉地遵守医德规范。有时，在外界压力下，或内在约束力相对薄弱时，很容易发生利用患者的脆弱和依赖地位欺骗患者的事。正是患者的这种脆弱和依赖的地位，使患者拥有若干正面的权利，医务人员负有若干正面的义务。患者有权得到医务人员提供的合适的医疗服务，医务人员则有义务提供必要的医疗服务。

（2）当患者求医时，他的健康、命运甚至生命处于危险之中，为了有利于诊断和治疗，患者常常需要把自己的一些隐秘私事告诉医生或护士。这些隐秘私事可能从未告诉其他任何人。这些都是个人的隐私。这就使得患者与医务人员之间形成比较密切的关系，与顾客和售货员之间的陌生人关系相比，大相径庭。这种密切关系也使患者拥有若干正面权利，如要求医务人员和医院保护他的隐私，保守他的秘密；同时也使医务人员负有为患者保密的正面义务。

（3）患者的求医行为隐含着对医生的信任。患者向医生求助，这意味着患者相信医生会把他健康和生命的利益，而不是医生本人的利益或其他人的利益放在优先的地位。患者把自己的健康、生命托付给了医生，这使医务人员肩负许多正面的义务和重大的责任，也使患者拥有许多正面的权利。中国古代医生早就指出，医生手中掌握着"决人生死"的知识，用之不慎，就会杀人，所以"不仁不可托，不智不可任，不廉不可信"，这要求医务人员的品格和行为必须真正值得患者的信任托付。

三、医患关系的性质

我们可以将医患关系称为信托关系（fiduciary relationship）。这里的信托关系，不是指狭义的信托关系，即因信托合同成立，在当事人、受益人之间形成的以信托财产为基础的法律权利义务关系，而是指广义的信托关系，即委托方给予受托方特别的信任、信心和信赖，并且其利益会受受托方的行动影响，二者间具有的关系。在信托关系中，由于受托方主动获取了委托方的信任，使委托方与其进入信托关系，受托方得以控制委托方的重大利益，因此受托方对委托方负有信托责任，这种责任要求受托方照顾并忠诚于委托方的利益。在狭义的信托关系中，即信托关系的标的物是财产；而在广义的信托关系中，信托客体是具有重要价值的东西，除了财产，还包括身体、健康、生命、隐私、尊严等。医生的义务和患者的权利就是从这种信托关系中产生的。这种信托关系有两个基本的性质：

（1）在医患关系中，医生要把患者的利益放在首位。前面提到，医生和医院除了为某个患者直接提供医疗服务外，还有其他的活动和目标。如开展为公众健康服务的活动，开展教学和科研活动，节约医院开支，加速病床周转率，增加医院和医务人员的收入等。这些目标或活动有的与向患者提供医疗服务一致，有的虽然与之有些矛盾，但是可以协调解决，有的活动会与患者的利益发生冲突，甚至可能损害患者的利益，一旦发生这种情况，应把患者的利益放在首位。西方医学之父希波克拉底说：医生对患者要"提供帮助，至少不伤害患者"（《瘟疫篇》）。中国医家前辈沈金鳌、王清任早就指出"医本仁术"。医本仁术贴切地反映了医患关系的本质。如果一个医生不是将患者利益放在首位，而是趁患者之危发家致富，那么正如清代医家徐大椿所说，"天下之害人者，杀其身未必破其家，破其家未必杀其身，"而这样的医生对患者是"先破人之家而后杀其身"，"害人破家，其恶甚于盗贼。"

（2）医患关系是两个具有独立人格的人自愿发生的关系，这种关系带有契约性质。它具有如下特点：

① 患者和医生双方都是具有独立人格的人，但医疗决策能力有差异；

② 患者和医生双方具有不同的价值观、信念、利益和目标；

③ 患者和医生双方自愿建立医患关系，这种关系也可随双方的意愿而中断。契约关系要求双方相互尊重，在自愿建立的关系中尊重彼此拥有的权利。纯粹的技术性决定需由受过专门医学训练的医生来做，但涉及个人价值观或生活方式的决定则应由患者来做，因为患者在这方面比医生知道得更多。因此，医疗决策不应是简单地"医生说了算"，而应该是医患双方相互交流信息和协商的过程。

但医患关系与借贷等一般的契约关系是不同的：

① 患者与医生的关系一般并不是从明确地协商订立某种契约开始的；

② 医患关系并不仅仅集中于经济方面，它有更深刻的伦理内容；

③ 由于契约是一个法律概念，不是伦理学概念，这容易导致单单用法律手段来解决问题，而不重视医学伦理学的作用；

④ 最重要的是，如果把医患关系看作与其他契约关系没有什么不同的关系，就会鼓励医务人员成为"最低纲领派"，即不去考虑患者的最佳利益，而是去考虑如何在短时间内不违约就行，而这种短期行为与医学的性质格格不入。

第3节 患者权利

一、权利和人权

权利是诉求，是一个人合法或合理（这里指合乎伦理）的诉求。前者是法律权利，后者是伦理或道德权利。权利在一定意义上也是利益，因为这种诉求体现了一个人的利益，但不是人的所有诉求或利益都能成为权利。从伦理学角度看，一种诉求之所以成为权利必须是有根据、有理由的，而且其根据或理由是使人充分信服的，因而对人们的判断具有强制性作用，以致人们不得不承认有根据或理由支持的诉求是这个人的真正权利。一个人病了，他要求诊治，这是有根据、有理由的要求，人们不得不承认这种诊治的诉求是他的一种权利。但他并没有充分的根据和理由要求人们不惜一切代价地对他进行治疗。当某一诉求构成权利时，它就具有一种道义的力量，使人们不得不尊重它，如果发生侵犯权利的事，人们一般会受到良心的谴责，也会受到舆论的责备。所以，作为权利的诉求，与恳求、请求、祈求不同，享有权利与接受别人的礼物、帮助、怜悯、恩赐、慈善捐助行为也不同。

在历史上，最初强调的是实现人的自主性的生命、自由和财产的权利，那时称为公民权利和政治权利，后来强调经济、社会和文化权利，现在这两类权利都称为人权，因为权利主体是人（human being）。人权是第二次世界大战结束后，国际组织总结德国纳粹和日本法西斯的经验教训，为防止再出现类似法西斯主义的反人类罪行而提出的概念。然而，权利的主体不仅是现在活着的人，也可以是现在还没有出生的人，例如现在讨论未来世代的权利，未来世代就是还没有出生的人。权利主体也可以是非人主体，例如非人动物，我们现在讨论动物权利问题，对于环境伦理、生态保护非常重要。但是实际上，国际上有些人所说的人权，主要指公民权利和政治权利，而不认为经济、社会和文化方面的权利也是人权。除了政治原因外，权利概念上的分歧，也是引起国际争端的一个原因。

在讨论权利问题时，要注意两个倾向：其一是否认权利的特殊性，即看不到在不同的国家，权利及其实现有不同的情况，尤其是有人出于政治动机试图将人权问题政治化；其二是否认权利的普遍性，即看不到所有国家都有人权问题需要解决，出现了诸如人权是资产阶级的概念这样的错误提法。中国人民长期斗争的目的就是争取人权，其中包括民族生存权、自治权、发展权、生命健康权、工作权、就业权、教育权、休息权、男女平等权、民主自由权等。我们目前实现社会主义现代化的过程，也是为了进一步实现和保障人权。2004 年全国人民代表大会修改了《宪法》，增加了"尊重和保护人权"的重要条款，这是我国人权工作法制化的重要一步。

人权与医学有重要关系。生命伦理学的原则是医务人员、生物医学研究人员和公共卫生人员的义务，同时也是患者、受试者和公共卫生目标人群成员应该享有的权利。按照这些伦理原则行动就是维护人权。在临床、生物医学研究、公共卫生工作中，可能会发生违反人权同时也违反上述伦理学基本原则的事件，如对艾滋病患者或 HIV 感染者的歧视，忽视脆弱人群的权利和利益，漠视或歧视边缘群体等。医务人员和公共卫生人员是能够早期发现违反人权的事件并有助于纠正错误的人员，如发现患者家庭中存在对妇女和儿童的暴力。临床医务人员和公共卫生人员必须牢记其义务和责任：一是预防和治疗疾病；二是维护他们所服务的患者或健康人的权利。医学始终具有二重性，它包含技术和人文两个方面的要素。技术要素是指它必须应用某种医学技术，人文要素是指它必须尊重、同情患者，其最终目的是解决患者的问题，解除患者的痛苦，治病救人。

二、患者权利提出的理由

20 世纪 70 年代，美国医院协会开始认真研究患者权利问题。1972 年年底，该协会采纳了《患者权利法案》的规定：患者有权得到周到的、尊重人的医疗护理；患者有权从他的医生处得到有关他的诊断、治疗和预后的完全的最新的信息；在治疗开始前，患者有权从他的医生处获得知情同意所需的信息；患者有权在法律的限度内拒绝治疗，并有权知道他的拒绝行动对他健康的后果；患者有权不受任何人的干扰考虑有关他的医疗计划；患者有权期望对他与医务人员的谈话和记录保密；患者有权期望医院在它的能力范围内对患者提出的服务诉求做出合理的回应；患者有权获得他就诊的医院和与他的医疗护理有关的医学教育机构相关的信息；患者有权拒绝参与影响他的医疗护理的人体实验研究计划；患者有权期望医疗护理的合理的连续性；患者有权检查他的住院费用，并且可以要求医院做出解释；患者有权知道医院的规章制度。

在美国和欧洲争取患者权利的运动中，患者不但有谋求治疗的权利，而且有拒绝治疗的权利。拒绝治疗的权利包括临终患者要求不提供或撤除治疗的权利，也包括精神病患者要求不住精神病医院、不采用电休克疗法或精神外科治疗的权利。1990 年，美国医学会重申了患者的如下权利：①患者有权从医生处获得信息，并且可以与医生讨论可供选择的治疗方案的受益、风险和费用；②患者有权对医生建议的医疗措施是否实施做决定，患者可接受，也可拒绝医生的建议；③患者有权要求医务人员尊重他，并对他的需要给予重视；④患者有权要求医务人员对自己信息保密；⑤患者有权要求继续治疗；⑥患者有获得适当医疗的基本权利。[1]

三、患者的基本权利

患者拥有的基本权利包括医疗权、自主权、知情同意权、保密权、隐私权。患者的医疗权包括：

（1）患者有获得必需的医疗服务的权利；

（2）患者有获得尊重的权利；

（3）患者有获得公正的医疗服务的权利；

（4）患者有获得费用合理的医疗服务的权利。基本伦理原则所反映的就是患者应该享有的基本权利。

1948 年联合国通过的《世界人权宣言》宣称："每个人有权使生活达到一定的水准，保证自己及家庭成员的健康和幸福，包括食物、衣着、住所、医疗和必要的社会服务。"1966 年联合国通过的《经济、社会、文化权利国际公约》扩展了这方面的内容：①本公约的签约国承认每个人享有身心健康的权利。②本公约的签约国按步骤实现这一权利，以减少死胎率和婴儿死亡率，促进儿童的健康发育；改善环境和工业卫生的各个方面；预防、治疗和控制流行病、地方病、职业病和其他疾病；创造条件保证提供医疗服务。

四、患者义务

《希波克拉底誓言》中说："患者在与疾病斗争的过程中必须与医生进行合作。"龚廷贤（1522—1619）既写了《医家十要》，也写了《病家十要》。他的《病家十要》包括："一择明医，二肯服药，三宜早治，四绝空房，五戒恼怒，六息妄想，七节饮食，八慎起居，九莫信邪，十勿惜费。"

在医患关系中，患者的义务包括：

（1）患者诚实就医的义务，尽可能地提供病史，告诉医生治疗后的情况（包括药物的

---

〔1〕 American Medical Association/Council on Ethical and Judicial Affairs. Fundamental elements of the patient-physician relationship[J]. JAMA, 1990, 264(24): 31-33.

副作用）。

（2）在明确疾病的性质以后，患者有义务在医生指导下对自己的治疗做出负责任的决定，有义务积极关注自己的病对自己以及其他人的影响。患传染病的患者有特殊的义务了解传染病传播的途径和可能性，采取行动防止传染病的传播。

（3）患者在同意治疗后有义务遵循医嘱，与医务人员合作，不遵医嘱应该有理由，但患者没有义务遵循不必要的或有害的医嘱；

（4）患者有义务避免成为一个患者；

（5）患者有尊重医务人员及其劳动成果的义务。

疾病是患者和医务人员的共同敌人，医务人员和患者有战胜疾病的共同目标。医务人员掌握诊治疾病、护理患者的专业知识，他们为了解除他人疾苦，辛勤劳动，不辞辛苦，甚至牺牲自己的休息时间。在我国，医务人员献身于崇高的医疗卫生事业，他们既要诊治患者，又要承担医学教育和医学研究的重任，常常废寝忘食。全社会，包括患者及其家属应尊重医务人员。

第 4 节　医学专业精神

对一般的职业（occupation），有关文献一般只提职业道德，较少提职业精神（occupationalism），如理发师精神、售货员精神。我国不少医学文件都提到医学职业精神，这是不准确的，因为医学是需要接受严格训练的专业（profession），医学专业精神的提法更准确。专业精神与职业道德是两个不同的概念。

一、专业的意义和鉴定专业的标准

在英语词典里，专业（profession）是指一种要求严格训练和专门学习的职业，如法律、医学和工程专业；职业（occupation）则是指作为人们生计的常规来源的一项活动。

"专业"的英文"profession"是一个多义词，在词源学上原本是指有意向或目的的声明、公开表示或表达之意。多义会引起语义上的混淆。例如在日常用法上专业与业余（amateur）相对而言（他的表演不够专业）。这里的专业是指职业（如职业篮球运动员）。在这里专业具有褒义。这种用法仅用于日常语言的语境中，但在社会学和哲学语境下，其意义完全不同。我们说，知识就是力量，尤其是科学知识，是控制个人和社会存在以及物理和生物学存在的力量来源。按照美国社会学家弗雷德森（Elliot Freidson）[1],[2]

〔1〕　FREIDSON E. Professional powers: a study of the institutionalization of formal knowledge[M]. Chicago: The University of Chicago Press, 1986.

〔2〕　FREIDSON E. Profession of medicine: a study of the sociology of applied knowledge[M]. Chicago: The University of Chicago Press, 1988.

的观点，知识（事实、方法、态度或方针、观念或理论）是人类文化固有的。知识分为常识（正常成人都拥有）和专门化知识（特殊群体拥有）。高级知识被形式化或系统化为理论，它拥有充分理由，可获得合乎逻辑的解释和辩护，又称为形式知识（formalized knowledge）或系统知识。形式知识只能为内行理解，外行难以明白。形式知识的特征是理性化（rationalization），即广泛运用理性。形式知识飞速发展，学科增多，专门化增强，它是精英知识。因此在这种语境下，专业指的是掌握精英知识的活动。

如何鉴定专业？哪些职业应该被称为专业？按照什么标准？专业的两个基本特征：①拥有专门化的知识和具有自我管理的能力。例如医学是专业，因为医学拥有专门化的知识以及自我管理的能力（医学会或医师学会）。②从事医学工作的医生不仅医治单个患者，他服务于公众并承担社会责任。概括说来，形成专业的要素有：①具有独特的系统知识（或形式知识）并以此为知识基础，获得这种知识和技能需要较长时间专业化的教育和训练，这种知识一般从高校获得；②拥有这种知识不是仅为自己谋生，而是满足社会需要为他人服务，与他服务的人形成特殊关系；③服务于社会和人类，有重要贡献，因而专业声誉卓著；④有自己的标准和伦理准则，有自主性（包括自律）；⑤专业形成是文明社会的标志，专业人员是社会的中坚力量。

二、医学是专业

我国古代医生对医学是专业而不是一般职业的认识是非常清晰的。当年轻人前来学医时，李杲（1180—1251）就问他："汝来学觅钱医人乎？学传道医人乎？"赵学敏（约1719—1805）认为"医本期以济世"；李时珍（1518—1593）等一再强调"医本仁术"；徐大椿（1693—1771）认为"救人心，做不得谋生计"；喻昌（1585—1664）说："医之为道大矣，医之为任重矣。"医生不应该是仅仅追求金钱、谋生计的一般职业者，而是任重道远的专业人员。

医学是最古老的专业之一，其他古老专业还有法学和神学。医学是最典型的专业：有关人体结构和功能、健康和疾病的知识以及诊断、治疗、预防疾病的技能是最复杂的知识体系，因而学制最长；医学不仅是有学问的专业，而且是免除人民疾苦、拯救最宝贵的人类生命的高尚职业；医学专业有高度自主性，由谁来行医，怎样行医，如何评价，都由专业人员决定（即使规则由政府颁布，政府也要征询医学专业人员意见。在此基础上才能制定规则）。

医学专业的特点：①社会给予医学专业垄断权，不允许专业以外的人从事诊疗活动，作为回报，医学专业要完成社会所委托的任务。这是医生社会责任的来源。②患者前来就诊，把自己的健康、生命和隐私都托付给医生，医生就要将患者安危、利益放在首位。这是医生专业责任的来源。这决定了医学专业是利他、服务社会的道德专业，不能商品化、商业化、资本化和市场化。这并不排斥在一定条件下可以设立以营利为目的的医院，但营利性医院必须是有限的，是非基本医疗层次的，是对基本医疗的补充。

作为医疗系统主体的医院（尤其是公立医院），有其自己的身份和使命。医院不是一般的社会机构，而是将医学知识转化为力量的专业机构。医院不是受商业利益驱使的、服从市场规律的、旨在资本增值的企业，而是服务于社会健康需要的社会机构，有时需要承担经济损失。为社会服务与谋取商业利益、治病救人的使命与追求自身利益的行为不能共存，它应该比企业有更崇高的目标。因此，医院不能企业化和资本化，也不能行政化。

三、呼唤医学专业精神回归

专业精神是属于专业人员的品质、技能、能力和行为，道德或伦理方面的要求是它的一个组成部分。世界各国的医疗卫生制度都存在不同的问题，在解决医疗卫生福利制度中的问题时，有些国家尝试运用市场机制，但市场机制运用不当，这些国家均出现不同程度的医学专业精神的缺失。因此呼唤医学专业精神回归是一个国际性的运动。在我国实行医疗市场化过程中，医学专业精神严重丧失，亟待重整局面，如果将医学专业降为一般职业，侈谈"职业精神"，岂非"南辕北辙"？

医学专业精神的基础：一是医生与社会的契约关系，社会给予医生特权，例如建立医学院、聘请教师培养医生，毕业后考取执业医师证书，便有诊治别人的独特权力，医生为社会诊治患者，保证社会所需健康劳动力，医生代表社会保护患者的权益；二是医生与患者的信托关系，患者一旦进入医患关系，便赋予医生诊治他的独特权力，患者在专业知识拥有上的脆弱地位，决定了医生对患者的信托义务，医生照管患者的健康、生命。社会和患者赋予医生的独特权力决定了医生必须具备医学专业精神。欧洲内科医学联合会、美国内科协会、美国内科医师协会、美国内科理事会等共同发起和倡议《医师宪章：新千年的医师专业精神》，该宪章首次发表于 2002 年《美国内科学年刊》和《柳叶刀》杂志。到目前为止，包括中国在内的 130 个国际医学组织认可和签署了该宪章。

医学专业精神具有普遍性。技术的急剧发展、市场化、全球化使医生越来越难以承担对患者和社会的责任，重申医学专业精神和普遍的原则和价值，十分必要。医学虽然植根于不同的文化和民族传统之中，但医生治病救人的任务是共同的。该宪章确定了医学专业精神的 3 条基本原则：①将患者利益放在首位，②尊重患者自主性，③维护社会公正，该宪章还做出 10 项承诺：提高业务能力的承诺，对患者诚实的承诺，为患者保密的承诺，与患者保持适当关系的承诺，提高医疗质量的承诺，改善医疗可及的承诺，公正分配有限资源的承诺，推动科学发展的承诺，在处理利益冲突时维护信任关系的承诺，专业责任的承诺。[1]

---

〔1〕 ABM FOUNDATION, AMERICAN BOARD OF INTERNAL MEDICINE, ACP-ASIM FOUNDATION, et al. Medical professionalism in the new millennium: a physician charter[J]. Annals of Internal Medicine, 2002, 136 (3): 243-246.

第6章 临床伦理决策

案例 6-1：泌尿道感染

一位患者尿频并伴有烧灼感，医生怀疑是泌尿道感染，经细菌培养后确认患者泌尿道感染，医生建议患者用抗生素治疗。医生向患者说明病情性质以及用药理由，患者用了药，感染得到治愈。

这一案例表明：

（1）该患者医疗适应证是非常清楚的，医生做出了正确的诊断和有效的治疗，而使患者受益；

（2）患者接受了医生的建议；

（3）受感染影响的患者的生命质量得到提高；

（4）保险公司付了医疗费用，患者未受到经济损失。有益、不伤害、尊重和公正等伦理原则在本案例中都得到体现。

什么时候会出现伦理问题呢？如果患者说，由于某种原因，他不愿意用抗生素；泌尿道感染发生在临终患者身上，可以预见患者会在获得治疗受益前死亡时；感染由性传播疾病引起，这对配偶的健康有影响；患者没有医疗保险，付不起医疗费用等，这时医生就面临应该做什么和如何做的伦理问题。

案例 6-2：肾透析

一位老年患者已经做了多年的肾透析，他虚弱，感到疼痛，整天在轮椅上。他不知道是否还要继续做肾透析，他只是觉得家人要他这样做。他告诉他的医生，他希望在睡梦中死去。医生应该做什么？医生需要知道哪些更为重要的事实呢？医生应该如何权衡，才能向患者提供伦理学上站得住脚的建议呢？这个案例同样涉及医学适应证、患者意愿、生命质量以及情境因素等问题。

临床伦理决策要素包括医学适应证、患者意愿、生命质量和情境因素。[1~3]

第 1 节　医学适应证

一、医学适应证的定义

医学适应证是有关患者生理或心理状态的事实，它为医生旨在实现医学目标的临床判断提供合理的基础。医学适应证是临床伦理分析的逻辑起点。对医学适应证的审查是判定医疗目标以及向患者提出建议的必要前提。例如对上述案例，如患者拒绝治疗，分析不能从患者意愿、知情同意开始，而是应该从医疗适应证开始：诊断结果是什么？什么疾病？治疗的适应证是什么？

我们通过 5 个问题来界定医学适应证的范围：

（1）患者的健康问题是什么？他的病史如何？诊断和预后如何？

（2）他的病是急性的？慢性的？危重的？紧急的？还是可逆的？

（3）治疗的目的是什么？

（4）治疗成功的概率有多大？

（5）万一治疗失败，有什么补救计划？

总之，医疗和护理要有益于患者，要避免伤害患者？

在问答这 5 个问题时，要以是否实现有益、不伤害的伦理原则为标准。

二、确定适宜的治疗目的

医生面对的是一个一个的患者，每个患者的疾病和身体状况都不同：有的是急性病，有的是慢性病；有的病是可治愈的，有的病不是可治愈的；有的干预措施对治疗目标可起支持性的作用，而有的会引起不良反应等。医疗的目的正如美国名医特鲁多所说："有时去治愈；常常去帮助；总是去安慰。"对不同类型的患者，其治疗的适宜性可分为四类（简称"4C"）：

1）治愈（cure）：如 24 岁男性患者被友人送至急诊室，患者主诉严重头痛，颈部强直。体检和化验（包括脊髓液检查）结果提示为肺炎链球菌肺炎和脑膜炎。该患者所患疾病可以治愈。

---

〔1〕　本章由刘欢提供初稿。

〔2〕　ALBERT R JONSEN, MARk SIEGLER, WILLIAM J WINSLADE. Clinical ethics: a practical approach to ethical decisions in clinical medicine[M]. 8th ed. New York: McGraw-Hill Education, 2015.

〔3〕　SCHUMANN J H, ALFANDRE D. Clinical ethical decision making: the four topics approach[J]. Seminar in Medical Practice, 2008, 11:36–42.

2）应对（cope）：如42岁胰岛素依赖男患者18岁就被诊断为糖尿病。尽管遵医服用胰岛素和控制饮食，仍经常发生糖尿病酮症酸中毒和低血糖症，需要反复住院治疗和急诊治疗。最近几年他的糖尿病得到了控制。24年来未曾发生糖尿病功能障碍，然而，眼底镜检查发现微动脉瘤，尿分析发现尿中有微量白蛋白。该患者所患疾病可以有效治疗，但比较困难。

3）关怀（care）：如44岁女患者在15年前诊断为多发性硬化。过去12年，疾病进行性加重，对目前的延迟多发性硬化的常规治疗没有反应。她一直得坐轮椅，近2年由于膀胱无张力，要长期留置导尿管。去年，她开始非常抑郁，甚至不能与近亲沟通，卧床不起。对这样的患者难以治愈，但要精心护理。

4）安适（comfort）：如58岁女患者乳腺癌已经全身转移。一年前她做了乳房全切手术，淋巴结呈浸润性。她接受了化疗和放疗。对这样的患者要进行安宁治疗。

对每一个患者，要理解其治疗方案中的伦理问题，要考虑三个基本因素：疾病的性质，向患者建议合适的治疗方式，以及医疗干预的目的。治疗中的伦理问题的解决往往取决于干预目标是否清晰。一般来说，医疗干预目标有：

（1）促进健康和预防疾病；

（2）缓解症状、疼痛和痛苦，维持或改善生命质量；

（3）治愈疾病；

（4）防止过早死亡；

（5）改善功能状态，或维持功能较差的状态不使之恶化；

（6）就患者的病情和预后，对患者进行教育和提供咨询；

（7）在医疗过程中，避免造成患者身体、心理、经济和社会的伤害；

（8）在患者平和死亡过程中提供协助。

三、具有适应证和不具有适应证的治疗

首要的临床伦理问题是判定某一特定的治疗是否具有适应证。现代医学有无数的干预措施，从咨询到药物，再到手术。在任何特定的临床案例中，唯有某些可得的干预是具有适应证的，即与临床状况和医学目的明确相关。胜任的医生总是能判断哪些干预对于眼前的病例具有适应证。医学适应证这一术语是说，在某一特定的病例中，何种临床判断在生理学和医学上是适宜的。当患者受损的身体或精神状况因干预而得到改善时，表明这些干预具有适应证。

但有些干预也可能是不具适应证的：

其一，对某种要治疗的疾病而言，某种干预措施并没有在科学上得到证明，然而医生错误地选择了这种干预或该患者想要这种干预。例如，对广泛转移的乳腺癌进行高剂量的化疗，接着进行骨髓移植，或者对绝经后妇女使用雌激素，错误地以为这样做会降低冠状动脉疾病的风险。这些治疗不具适应证。

其二，某种干预在一般情况下是有效的，但由于体质或疾病有个体差异，对某些患者

可能没有效果。例如，有的患者服用降低胆固醇的他丁类药物，随即引起急性心肌病这是罕见的但严重的并发症。

其三，在患者的病程中，某种干预一时是适宜的，但后来又不适宜了。例如，某患者心跳停止后被收治入院，对他进行通气支持是有适应证的，但当判定该患者患深度缺氧脑损伤和（或）多系统器官衰竭时就不再具适应证了。当患者处于临终阶段，许多干预就不具适应证了。

四、临床不确定性

在诊断和治疗患者时，医生的判断既有一定程度的确定性，也有一定程度的不确定性。考虑到医学的性质和每一个患者的特点，临床医生在面临不确定性时试图做出好的决策的过程被称为临床判断（clinical judgement），即一个医生或护士在对可得的信息或数据进行分析和反思后就患者的病情和他们的医疗工作所得出的结论，它是无法绝对确定的。美国医学家威廉·奥斯勒（William Osler）称临床医学是"一门不确定性的科学和概率的艺术"。临床医生的中心任务是通过使用临床数据、医学科学知识和理性推理，尽可能地减少不确定性，以做出合适的诊断并提出合适的医疗计划。虽然通过使用循证医学方法、随机对照临床试验数据以及制定医学实践准则可减少不确定性，但一定程度的不确定性仍然存在，因为通过这些方法得到的结论一般是统计性或概率性的，也许并不适合于医生面前的某个具体患者。

除了数据及其诠释有不确定性外，对任何特定的病例采取何种行动也有不确定性。例如"考虑到所有的可能性，对这个患者适宜的干预目标是什么？"这些问题不可能仅靠临床数据来回答。努力减少不确定性的医生要与患者以及家属进行率直而实事求是的讨论，做出共同的临床决策，才能适当地解决这些问题。

五、医疗差错

医生的工作不仅有不确定性，而且可能发生差错。美国医学研究院（美国医学科学院前身）关于医疗差错（medical error）的报告估计，每年死于医疗差错的美国人人数为 4.4 万～9.8 万，多于死于交通事故或乳腺癌或艾滋病的人数。在这份报告中，差错被定义为：未能如愿完成计划的行动或使用错误的计划来实现某一目的。医疗差错或由于医生缺乏能力，或由于有能力的医生做出的错误判断，还有些差错是由于制度问题。减少医疗差错的办法是，报告和分析医疗差错，确定患者安全性指标，并努力减轻住院医生和护士的疲劳度。医疗差错应定义为，由于信息不充分，判断错误，或操作缺陷（不一定是疏忽，也不一定造成伤害）而在常规程序中出现的无意失误。

一项具有适应证的治疗可以不正确地实施，例如气管内导管被错误地插入食管，而不是喉管。一项具有适应证的治疗也可被遗漏，例如腹痛被误诊为病毒性胃肠炎，因为未能及时进行手术，出现阑尾穿孔。也可能给患者提供一项不具适应证的治疗，例如可能将高剂量胰岛素提供给了未患糖尿病的患者。对所有差错都应该进行分析。最重要的是要判定差错是否由于疏忽所致，疏忽是一种偏离专业实践标准的行为。制度差错往往由于这种制度本身不合适使得临床医生发生差错。例如在手工书写的病历中，"u"表示"胰岛素单位"很容易误读为"o"，容易发生 10u 误读为 100 单位的事故。这里不仅有医生方面的问题，也可能有医院组织制度方面的问题，需要解决。

第2节　患 者 意 愿

一、患者意愿的概念

患者意愿（preferences of patients）是指患者面临医疗决策时做出的选择。这些选择反映了患者的经验、信念以及价值。医学适应证涉及医生对患者病情的临床判断，如果治疗具有适应证，医生应该向患者提出治疗计划，患者根据自己的意愿可接受或拒绝医生的治疗建议，所以患者的意愿涉及患者对自己病情的临床判断。关于患者意愿我们要问 6 个问题：

（1）患者是否有行为能力？有无证据？

（2）如果患者有行为能力，患者说了些什么来表达治疗意愿？

（3）是否告知患者可能的受益和风险？患者对这些信息理解吗？患者同意了吗？

（4）如果患者无行为能力，谁是患者合适的代理人？代理人是否使用了合适的决策标准？

（5）患者先前是否表达过他的意愿（如生存意愿或事先医疗指令）？

（6）患者是否不愿意或不能够配合治疗？如果患者不愿意配合，原因是什么？

总而言之，医生应在伦理学和本国法律、法规允许的范围内尽可能地尊重患者的权利。在临床伦理学中，医生应尊重患者的人格，医生绝不可以无视患者的意愿或凌驾于患者意愿之上，患者有权自由地接受或拒绝医生的建议。然而，尊重是双向的：患者也要尊重医生运用他们的专业能力做出的使患者受益的最佳判断，患者也无权要求医生给他提供不合适的治疗。尊重患者的自主性并不意味着当患者的要求与医生的判断发生冲突时，医生必须让步。医生的治疗建议与患者的意愿往往不一致，医生要判断这些不一致的原因是否与患者沟通不足、患者担心、害怕疼痛或缺乏信任，或医患之间对治疗目标没有达成共识有关。

注意患者的意愿是良好临床实践所不可缺少的。面对同样的医学适应证，不同的患者可表达不同但都完全合理的意愿。随着医学变得更为有效，对某一特定的健康问题，往往可用若干种医疗措施来治疗，每一种医疗措施对患者都有不同的风险和受益。例如，为了避免围术期死亡，一些癌症患者可能选择放射治疗而不是手术，即使存活率相对较低。同理，有些妇女在得知她们有患乳腺癌的遗传倾向时，选择预防性乳腺切除术而不是观察等待，而一些老年男子选择观察等待前列腺癌的出现而不是手术。患者说明他的意愿后，医生应尊重患者在医学上合理的选择。现在的患者往往通过互联网搜索对他们疾病的治疗方法，这一方面可增加他们的医学知识，但另一方面有些信息对他们的病情是不适宜的或错误的。医生应尽可能向患者说明其间的差异，但医生不应在不适宜的医学治疗上对患者妥协。

二、临床中的知情同意

知情同意是一个过程，包括医生给患者提供的诊断和治疗的信息以及患者经过考虑后接受建议。在临床知情同意过程中，医生向患者说明疾病的性质，建议一种治疗方针，并给出建议的理由，提出不同于所建议方针的其他可供选择的临床上可接受的办法，并说明所有选择的受益和风险。患者则需理解信息，认同治疗选择，并接受医生的建议。知情同意是医患关系的中心，其特征是：相互参与，良好沟通，相互尊重，分享决策（shared decision）。知情同意要求医患之间进行对话，对医疗方针达成一致意见。我国有关临床治疗的法律、法规都已经将知情同意作为必须遵守的要求。

（一）告知的定义和标准

在更为特定的意义上，知情同意可定义为一个患者在医生向他充分告知准备实施的干预措施性质及其风险和受益，以及其他可供选择的干预措施及其风险和受益后，愿意接受该干预措施。应该如何判定信息的告知是否充分呢？其一是问一个审慎的医生会向患者告知什么信息；其二是问一个理性的患者做出临床决策需要知道什么信息；其三是标准因患者不同而异，患者认可的标准被称为主观标准。法律通常要求医生应该告诉一个理性患者做出理性决定所需要的信息，这通常被称之为理性人标准。

（二）告知的范围

告知应包括：患者目前的患病状态，如果无法治疗，病情会如何发展；可改善预后的干预方法的风险和受益，估计其概率和不确定性；对患者可选择的其他干预方法的专业意见；基于医生的最佳临床判断的建议。在传达这些信息时，应该避免使用专业术语，应设法将统计学数据转化为日常语言，询问患者是否理解信息，请他提问题或向他提问。告知的义务因具体情况而异。急诊时可不告知信息或告知很少信息，待事后补充告知，以免耽误抢救；非急诊或选择性治疗时，应提供充分的信息；在试验性治疗时，则必须提供详细而完备的信息。

（三）完全的告知

应该告知患者完全的治疗选项，即要包含一个深思熟虑的人做出决策所需要的全部信息，但医生不仅应该提出他建议的选项，而且还要提出虽然不那么合意但医学上仍应考虑的其他选项。

（四）信息的拒绝

患者有权要求告知有关自己的信息，他们也有权要求医生不告知他信息，此时应将信息告知家属或代理人。

（五）理解

患者对医学信息的理解往往很有限，很不充分。医生往往在患者痛苦和心烦意乱的时间和场合告知患者信息，医患沟通效果往往不够好，这与医生没有很好地化解患者的理解障碍有关。医生在伦理上有义务做出合理的努力以确保患者理解有关信息。

（六）同意的记录

在大多数外科或侵入性诊断治疗程序前，患者必须在相关文件上签字。有时人们错误地认为签署的同意书是患者已经给予同意的法律证明。事实上，签署的同意书只表明一个医生已经成功获得一份患者签字的文书，但并不一定是有效知情同意的证明。医生应该将同意的实际过程和细节记录在病案之中。知情同意不仅仅是一份签了字的同意书。知情同意是一个分享决策的过程，签署的知情同意书证明这个过程在医患之间已经完成了。

（七）知情同意的难点

许多研究揭示，医生往往不能在同意问题上与患者进行很好的协商，他们往往陷于专业术语而不能自拔，或担心让患者受惊，或因忙碌而没有时间与患者充分交流等。此外患者可能由于理解信息的能力较差，不专心，心慌意乱，或因惧怕和焦虑而不知所措等原因，无法完成有效的知情同意。造成知情同意难点的原因：有一些医生对知情同意有些错误的认识，不擅于与患者沟通，也有些患者不了解或不重视知情同意。知情同意的目的是分享决策。医生与患者平等对话，双方共同寻求疾病的解决方案。

（八）真诚的沟通

医生与患者之间的沟通应该是真诚的，即所说的应该符合事实。如果事实不确定，就应该承认这种不确定。应避免欺骗，即说的不真实，隐瞒真相。这一条伦理准则应该是人与人之间的沟通的准则，然而在医患之间的沟通中，会出现一些伦理问题：患者是否真的要知道真相？患者一旦知道真相，会不会引起伤害？欺骗是否可让患者产生希望？如此等等。随着知情同意逐渐被人们广泛接受，患者有知道真相的权利。医生方面怀疑告知真相会伤害患者，这种怀疑缺乏证据。更可能的原因是，医生对自己成为坏消息的传信人而感到不自在，而不是患者不能接受这种坏消息。如果患者要对治疗行动和生活计划做出合理的决策，则需要知道真相。如实告知病情真相是分享决策的关键要素，这加强了医患关系。而隐瞒真相可能有损医患关系。隐瞒真相还可能损害公众对医学专业的信任。最近的研究表明，大多数患严重疾病的患者愿意知道他们患病的真相，并没有证据证明告知患者真相会使患者受到伤害。

（九）安慰剂治疗

由于患者的期望、信念，安慰剂具有某些心理或心理 - 生理效应，安慰剂往往是糖丸、维生素丸、镇痛剂或盐水，为了使患者受益（例如缓解疼痛），在临床上医生有时使用安慰剂。最近的研究揭示，美国约有一半的医生经常使用安慰剂。用安慰剂治疗涉及讲真话问题，因为这不可避免涉及欺骗，不欺骗义务与使患者受益义务发生了冲突，目前不少人认为在临床上使用安慰剂是不符合伦理的。关于安慰剂在临床试验中的使用，我们将在第 3 篇中讨论。

（十）儿童和老年患者的知情同意

儿童无行为能力，缺乏自主决策的能力。由父母或监护人做出代理同意，但在儿童发育的某一阶段（例如 14 岁及以后），儿童或青少年已具备一定的理解能力，有关他们的医疗决策，应在给他们解释、使他们理解后获取他们的认可。对于老年患者，有关他们的长期照护，他们希望按照自己的价值观安排生活，医护人员应维护他们的自主性，不能以其年老体衰或疾病对他们有不良影响为由，剥夺他们的知情同意权和自主性。

三、患者决策能力

知情同意以患者具有行为能力为前提，然而临床上许多患者缺乏这种能力，有些患者本来就缺乏这种能力，不少患者原本具有这种能力，但由于患病、焦虑或疼痛影响了他们的行为能力。评估患者的决策能力是知情同意过程的一个不可或缺的部分。

（一）决策能力的定义

患者有决策能力是指患者能够听取、理解被告知的有关信息，了解自己的病情及其可能后果，考虑医生建议的治疗方法的利弊得失，并做出符合自己价值取向的选择。拥有决策能力的患者能够对自己的医疗做出理性的决策，应该尊重他们的权利。但昏迷的、失去意识的或严重痴呆的患者缺乏决策能力，他们不能做出合理的选择，他们需要一个代理决策者。然而，许多患者介于二者之间，医生往往不清楚他们是否能对他们的治疗选项做出合理的选择。如果对患者是否有决策能力不清楚，医生应该做什么？在紧急情况下，医生也许可以根据"默示同意"（implied consent）对患者采取生命维持措施，但在非急诊情况下，则应该遵循代理人决策程序。

（二）决策能力的判定

如何判断患者的决策能力？与患者交谈，观察患者的行为，然后与第三者（家属、朋友、同事）交谈。有经验的医生在与患者沟通后，通过他说话中的不一致、不连贯和混乱之处，评估他是否有决策能力，进而做出患者患有痴呆、精神错乱或脑病的诊断。当医生怀疑患者的决策能力时，可用一些测试方法检查影响患者决策能力的认知功能、精神或器官状况。单一测试方法难以完全把握患者是否具有决策能力。下结论前最好能征询精神科专家、神经心理学家和临床心理学家的意见。当临床证据足以证明患者丧失决策能力，那就要由代理人为患者做出决策。

（三）有决策能力者拒绝治疗

如果干预可带来显著的受益，一般的患者都会接受医生的建议，即使他们要承受干预的风险。但有时患者认为医生建议的干预的风险受益比不可接受，会拒绝干预。原则上，有决策能力的患者拒绝医生建议的干预，这种拒绝必须得到尊重。然而，在实践中，会产生复杂的伦理问题。如果建议的治疗是选择性的，或拒绝的负面后果轻微，则问题不大。然而，如果医疗干预措施为防止产生严重后果或挽救生命所必需，医生就面临伦理难题：医生是否可不顾患者的选择而去救治他？负专业责任的医生往往难以接受患者拒绝有充分根据的治疗建议的事实，尤其当这种拒绝会危害患者自身的健康和安全时。在面临这种情况时，医生应该努力设法劝说患者及其家属接受建议，放弃原来的决定，但如果患者坚持自己的观点执意不肯接受医疗建议，患者的决策仍然应该得到尊重。然而，即使在这种情况下，不同患者也应不同对待。例如耶和华作证派患者拒绝输血的情况与其他拒绝医疗的情况显著不同，他们拒绝输血，医生可以再次考虑输血是否必需，仔细考虑一下输血的适应证，或可为耶和华作证派患者做手术，例如冠状动脉旁路术以避免输血。不过，对于儿童患者，耶和华作证派的家长无权做出拒绝给孩子输血治疗的代理决定。必要时医生可以求助法律的帮助，剥夺家长监护权，应另行选择监护人为孩子做出同意输血救治的决定。

四、无行为能力患者的决策

有些需要医疗的患者不能自己做出决策，既不能给予同意，也不能表示拒绝。他们缺乏决策能力有多种原因。他们也许昏迷、暂时丧失理性决策能力（如精神错乱、谵妄）或痴呆、精神障碍。这就要进入另一个程序：第一步是询问家属在患者精神失能前，他是否曾表达过有关医疗的意愿，事先是否有过什么医疗计划；第二步要问的是谁应该是该患者的代理决策者。

（一）事先计划

一般人想不到自己一旦精神失能时的治疗决策问题，因此应该鼓励人们事先做出计划。鼓励个人事先告知他们的医生，未来当他不能进行医疗决策时，他相信谁最能代表他并为他做出医疗决策，以及他愿意接受何种治疗。在美国，以法律文件记载的事先计划被称为事先医疗指令（advance directives），其形式有医疗委托书（durable power of attorney for health care）、对医生的指令（directive to physicians）、生前遗嘱（living will）以及生命维持治疗的医嘱（physician orders for life-sustaining treatment）。

（二）代理决策者

1. 谁是合适的代理决策者

代理人（surrogates）是患者不能做出决策时代表他做出临床决策的人。在传统上，患者的亲人被认为是自然的代理人，例如有的地方立法规定家庭成员是代理人，其顺序是配偶、父母、子女，然后是兄弟姐妹等。另外一些地方法规授权个人任命自己的代理人，这些被任命的代理人可以不是患者家庭成员。这样的规定可避免诉诸法院裁决。然而这样做也可能出现任命了一位不合适的代理人的情况，当代理人也缺乏决策能力或与患者有利害或感情冲突，这时可能需要由法院来任命监护人。

2. 代理人决策的标准

代理人的决策有确定的标准：其一为患者意愿标准，当患者已经明确表达过他的意愿，代理人做出医疗决策时必须遵照患者的意愿，包括患者先前明言表达过的意愿；以及患者虽未明言表达，但代理人可合理地从患者过去的言行以及他固有的价值观和信念中推论出的意愿。1990 年美国著名的南希·克鲁赞（Nancy Cruzan，因车祸处于长期的持续性植物状态）案例，南希·克鲁赞生前向她同学表达过不愿意"半死半活"，南希·克鲁赞父母向法院提出终止 26 岁女儿的人工喂饲的请求。2005 年特里·夏沃（Terri Schiavo，处于持续性植物状态 15 年）案例，她的法定监护人即她的丈夫根据她生前说过她不愿意"靠机器活着"（她的姐夫和嫂子也证明她说过），要求中止生命支持，并得到法院批准。然而，也必须承认代理人往往错误地理解了患者的意愿。一项研究显示代理人预测患者的意愿的准确率仅为 68%。即便如此，代理人的预测准确率要比医生高。需要将代理人的信息与其他信息来源进行核对。但只要医生认为代理人行为良善就允许他做出决定。其二为最佳利益标准，当不知道患者的意愿时，代理人的判断必须符合患者的最佳利益，即做出的决策应该有助于缓解患者痛苦，患者保存或恢复患者功能，维持或改善患者生命质量，即一个合情合理的人在类似情况下做出的决策。

（三）默认的同意

如果患者神志不清或休克，他不能表达意愿并给予同意，身边也没有代理人，为了挽救患者生命，需要紧急使用生命维持技术，此时医生可推定，如果患者清醒时会给予同意，此为默认的同意，因为如果患者不同意就会导致死亡或严重残疾。这也符合有益原则。

（四）没有代理人的患者的决策

丧失决策能力的患者可能没有代理人，也没有事先的医疗计划。这些患者非常脆弱，因为他们既无行为能力，又无代理人；他们往往来自边缘群体，例如无家可归者、精神病患者以及成瘾物质滥用者。对于这些患者，医院可设法任命一位代理人或由医疗团队为这些患者的医疗做出决策。

（五）未成年人的同意

未成年人是指尚未达到 18 岁的儿童和青少年。唯有获得他们的父母或合法监护人的同意才能对他们进行医疗干预。然而，也有若干例外，如急诊时无法获得父母的同意。许多国家有特殊规定，对某些疾病的治疗无须得到父母的许可，例如对药物成瘾、性病的治疗，未成年人做出避孕和做出非法药物依赖的决定，也无须父母允许。脱离父母独立生活的未成年人，包括已经结婚的、在部队中的，或住在学院里的未成年人，他们可以要求医疗而无须父母的同意。成熟的未成年人（mature minor）是指在法定年龄以下，仍然依赖父母，但他已经能够做出理性的判断者。这些未成年人来找医生看病给医生提出一个难题，一方面他们似乎能够为自己决策，但另一方面他们的父母仍然在法律上对他们负责。在下列条件下，他们的同意有效：患者已处于限制法律责任年龄，其智力足以充分理解医疗程序及其风险，他们能给予真正的知情同意；所采取的医疗措施使患者自己受益；医疗措施是必要的；有充分的理由说明为什么父母的同意不可获得。

第 3 节　患者的生命质量

一、生命质量概述

（一）生命质量的概念

生命质量（quality of life）是一种价值判断，根据一定的社会标准来衡量和评价人的个体生命的自然素质的质量状态。一个人身心的结构和功能状态，处于人平均的或正常的结构和功能状态之上者，我们说这个人的生命质量较高，处于之下者，我们说，这个人的生命质量较低；当一个人的身体系统和器官处于衰竭状态或丧失意识、疼痛无法缓解时，他的生命质量最低，这是生命质量的狭义使用。广义的生命质量则是多层面概念，包括身体健康、智力活动、情感状态、社会角色的履行、生活的满足等。生命质量概念有别于生命神圣概念。生命神圣概念认为人的生命具有最高价值，必须极力维护，因而与对生命质量的评价无关。我们对人的生命表达深深的敬意与我们在特定情况下中止延长生命的治疗并非不相容的，因为医学的一个基本目标是改善需要医疗的人的生命质量。

关于生命质量，我们应该关注下列问题：

（1）治疗或不治疗使患者恢复正常生活的前景如何？如果治疗不成功，患者可能会留下哪些身体、精神和社会方面的缺陷？

（2）对于不能做出生命质量判断的患者，其他人根据什么理由判断其生命质量不如人意？

（3）医生对患者生命质量的评价是否可能存在偏差？

（4）改善患者生命质量有什么特殊的伦理问题？

（5）生命质量的评价是否提出了促使治疗计划改变的问题，例如放弃维持生命治疗的问题？

（6）在决定放弃维持患者生命治疗后，是否有计划提供缓和疗法？

二、生命质量的意义

生命质量这一词汇有不同用法，不能区分其不同用法会引起混乱。生命质量是指个人对其身体、精神和社会状况的个人满足度。旁观者认为某人生命质量低，但他却认为满意或至少可以忍受，所以旁人不能代替本人对自己的生命质量做出评价，而且旁人的评价可能有偏见，例如强调智能和生产能力，有些偏见还可能与种族、民族、性别、年龄和性取向相关。当医生不知道患者对自己的生命质量的评价时，医生运用自己的价值观对其进行判断时应特别谨慎。

三、生命质量的评价

在临床伦理学中，对患者的生命质量做出评价往往有如下问题：对患者的价值观缺乏理解；医生与医生、患者与患者之间对生命质量的评估迥然有异；受偏见和歧视的影响；不适当地将社会价值标准引入生命质量判断。一些研究显示，医生对患者生命质量的评价一般都低于患者的评价。医生的评价主要基于病情，而患者则考虑非医学因素，例如人际关系、经济和社会条件。此外，医生对患者生命质量的评价强烈影响临床决策（例如复苏、放弃生命维持等）。

对患者的医疗应不分种族、宗教、性别、民族等，应一视同仁，这是重要的医学伦理学原则之一。但少数医生基于他的某些信念和价值会对某些患者或某些类别的患者做出有偏见的和歧视性的判断。这些判断会影响临床决策。这些偏见可能包括：

（1）种族偏见；

（2）对老年人和残障人士的偏见；

（3）对生活方式的偏见（对药物依赖者的偏见）；

（4）对性别或性取向的偏见（对女性、变性者、同性恋者的偏见）；

（5）对农村人、穷人的偏见；

（6）社会价值的偏见（对社会价值小的人或贡献小的人的偏见）。

四、改善患者生命质量

患者的生命质量可通过医学得到改善。在改善患者生命质量的医学领域中，存在一些特殊的伦理问题。

（一）康复

康复旨在恢复患者的运动能力、工作能力和独立生活能力，从而改善其生命质量。但有时患者的意愿以及患者对自己生命质量的判断与医生不一致。例如有的患者认为自己是残障人士，不愿意参加理疗。对患者进行健康教育可解决这个问题。

（二）缓和治疗

缓和治疗是指通过对疼痛和其他身体、心理、社会和精神问题进行早期鉴定、评估和治疗，预防和缓解痛苦，以此改善患有危及生命的疾病的患者的生命质量。[1] 在提供缓和治疗时，医生不仅应致力于减轻疼痛，还应帮助患者应对即将到来的死亡及其对他人的影响。

（三）慢性疼痛的治疗

缓解疼痛是一项重要的医疗活动。缓解疼痛应基于医学适应证和患者意愿。然而，有些患者可能诉说疼痛但没有明显的身体原因，疼痛的客观物理原因往往难以辨认，对这些患者的治疗比较困难。许多医生一旦怀疑疼痛是心因性的，往往会认为患者的疼痛是不真实的或想象的，甚至将患者视为装病者。但必须认识到，即使疼痛有心因成分，但疼痛是实在的。医生应设法缓解症状，并寻求疼痛治疗专家和心理学家帮助。

（四）重症监护

在患者患危重疾病和接受重症监护时，患者往往会提出生命质量问题，了解生命质量评价与使用生命维持技术治疗之间的关系是很重要的。首先要评价生命质量受限的严重性和程度，有的患者虽然受限但仍可以有较好的生命质量，例如截肢者、下身瘫痪者、学习失能者等，医学仍然应该支持这种有限的生命质量；有的患者生命质量严重受损和不可逆退化，与他人的交流能力处于最低程度，遭受难以忍受的疼痛，必须依赖生命维持干预措施，甚至达到"不值得活"或"活着比死去还糟"的程度。在这种情况下，是否应当中止生命维持措施，是一个伦理问题。对此我们仍需小心谨慎，因为如果以此时患者的生命质量作为决策基础，可能将导致治疗的终止和患者的死亡。如果患者表达意愿的能力已经不存在，需要与家庭或代理人仔细斟酌讨论后做出临床决策。[2]

第4节 情境因素

一、情境因素的含义

情境因素（contextual features）是指影响临床决策的专业、家庭、经济、法律、宗教以及机构等因素。这些因素形成临床案例发生的情境。虽然临床伦理学集中关注特定患者医疗的医学适应证、患者意愿和生命质量，但医疗决策不仅仅是医生和患者两个自主的行动者的抉择，它是受情境影响和约束的抉择。医患关系及其互动并不是发生在封闭的世界中。医生

---

〔1〕　World Health Organization. Definition of palliative care[EB/OL]. [2019-08-15]. http://www.who.int/cancer/palliative/definition/en/.

〔2〕　某些涉及生命终期医疗的临床伦理问题，我们将在第11章讨论。

与其他医生、护士、辅助人员、医疗机构、保险公司、专业组织、政府机构有多重关系。同样，医患关系和互动受患者家人、朋友、其他医务人员以及医院等因素影响。医院和制药公司的复杂关系会引发医生的利益冲突。医生和患者也受专业标准、法律、法规、政府和医院有关医疗筹资和可及性、医疗信息计算机存储和提取方法、临床研究与临床实践之间的关系以及其他多种因素的影响。伦理学的工作就是要判定和评估这些情境因素对临床决策的影响。

（一）卫生政策对情境的影响

卫生政策影响许多情境因素。医疗卫生制度和医疗筹资对医患关系有重要影响。我国20 世纪 80 年代开始的以市场为导向的医疗卫生体制改革，对医疗系统有重大影响，破坏了我国在数千年来辛苦建立的良好医患关系的传统，严重腐蚀了医学专业精神。临床医生作为专业人员承担着对社会的责任，应该就有关政策提出建议。

（二）利益冲突

治疗关系本身包含潜在的利益冲突：医生拥有脆弱人群（即患者）需要的知识和技能，并拥有剥削脆弱人群使他个人受益的潜在能力。治疗关系的伦理学原则（如有益原则、尊重原则等）就是为了克服这些危害因素。当我们在情境因素这个更大范围内审视这种关系时，我们必须以不伤害原则处理利益冲突。

在情境因素方面，我们要问 10 个与伦理分析有关的问题：

（1）在患者的临床治疗中，专业的、人际的或企业的利益是否会引起利益冲突？

（2）除医生和患者外的人，如家庭成员，在临床决策中是否有正当的利益？

（3）因第三方的正当利益而对患者隐私的保密施加的限制是什么？

（4）临床决策中是否有引起利益冲突的经济因素？

（5）是否有影响临床决策的资源分配问题？

（6）是否有影响临床决策的宗教因素？

（7）是否有影响临床决策的法律问题？

（8）是否有影响临床决策的临床研究或医学教学因素？

（9）是否有影响临床决策的公共卫生和安全性因素？

（10）医院的从属关系是否有引起影响临床决策的利益冲突？

二、医学专业人员因素

专业是指一种有别于其他一般职业的职业，它要求从业人员具备特殊或专门的学问或科学知识，具备服务他人和社会的能力。专业人员必须胜任自身的专业工作，必须讲诚信，必须献身于其服务的对象，必须实现对公众的承诺，作为回报，社会给予各项专业以特权（例如取得执业医师证作为医生的准入门槛）。医学是专业，医务人员承担特殊的社会职责，医务人员必须将患者利益置于首位，即使在医疗卫生事业受市场化因素影响的情况下，也要不断维护和改善医患之间的信托关系。

（一）医生的多重责任

传统的医学伦理学主要要求医生关注患者的需要，医生还要从事教学，还要进行研究。当医患关系被纳入更大的组织中，尤其是与制造药物和医疗设备的公司以及提供临床服务的组织发生关系时，医生又增加了新的义务。然而，无论发生什么，医生必须坚持患者利益优先的原则。

（二）医护合作

医生与其他医务人员，尤其是护士合作共事。护理是一项有其自己伦理传统和标准的专业，是理解患者、照护患者的科学。护士对患者更为熟悉，直接接触患者，直接为患者服务。医护关系应该是紧密合作的关系。然而，医生、护士也有配合不好、互相指责的时候，为了更好地服务患者，医护之间应该更好地交流沟通。

（三）医生与医药企业的关系

医生如果与医药企业发生联系，容易造成利益冲突。医生与企业的关系是多种多样的。企业可能向医院投资，医生可能与企业签约，医生可能参加获取报酬的活动，这些都可能影响医生的临床决策。如制药公司经常邀请医生到高级饭店用餐，做名为有关医疗知识，实为药品推销的演讲，展示医药公司的产品，或医药企业以支持医学专家参加学术会议为名邀请一些医院领导出国考察，这些都容易产生严重的利益冲突。

三、第三方利益因素

（一）患者的家人和朋友

对患者的医疗涉及患者家庭的利益，因为家属支付相关费用。患者的家属和朋友为患者提供情感支持，提供相关信息，诠释患者的愿望和价值观，但他们也可能使患者健康变糟，病情恶化。医生应了解这种情况，在治疗患者时，处理好这种人际关系。当患者失去行为能力时，家庭成员可起代理人作用，但有时家庭利益可能与患者利益发生冲突，经济因素和家庭成员之间的争端会影响临床医疗。家属可能要求医生采取不符合适应证的治疗方法，或坚持中止符合适应证的治疗。家庭成员可能为他们之中谁应该是患者的代理人的问题争论不休。医生应该寻求和鼓励家属的合作，当家属提出有关患者医疗的问题时，要理解他们这样做的理由，并设法解释，说服他们将患者的最佳利益置于首位。

（二）第三方的正当利益

当某些确定的人因不知道与其有密切关系的患者的病情而处于重大的生命或健康

危险之中时，医生要权衡该信息对第三者的风险性质和严重程度与违反保密原则引起的对患者的伤害，然后做出合适的决定。下面三个案例可以帮助我们思考这方面的问题。

🔍 案例 6-3：前列腺癌

一位 61 岁的男患者被诊断患有转移的前列腺癌，他拒绝激素治疗和化疗，并要求医生不要告诉他的妻子，他自己也不想告诉她。次日，妻子打电话给医生，询问他丈夫的健康状况。

🔍 案例 6-4：亨廷顿病

32 岁的男患者被诊断患有亨廷顿病（症状尚未完全显现），这是一种常染色体显性遗传病，有 50% 的机会将这种基因和疾病传递给后代，他要求医生不要告诉他的妻子，他们最近才结婚，而他妻子非常想生个孩子。

🔍 案例 6-5：艾滋病

一位 27 岁的男同性恋者，HIV 抗体检测阳性，他要求医生不要让他的性伴侣知道他已感染 HIV 的事实。

在案例 6-3 中，医生不应该将患者的诊断透露给他妻子，虽然妻子有知道丈夫病情的道德权利，但将患者的病情告诉家属是患者本人的义务，不是医生的义务。医生尊重患者选择权的义务重于由于不知道丈夫的病情而给妻子带来的可能的伤害。在案例 6-4 中，支持医生向患者妻子透露患者病情信息的理由是，这有可能伤害未来的孩子，如果患者发病，照料孩子的重任将落在妻子身上。医生应该鼓励患者进行遗传咨询，并与他妻子一起讨论这个问题。例如，他们使用植入前遗传诊断和体外受精方法，可以避免生出携带该基因的孩子。即使这些努力失败，考虑到亨廷顿病的严重性和夫妻双方未来的沉重负担，将相关信息透露给妻子也不失为一个合适的伦理选择。反对透露信息的理由是，虽然该病伤害未来孩子的风险高达 50%，但这种风险的概率是统计学上的，也有可能不发生。告知妻子并不能保护任何特定的、现存的个体。至于案例 6-4，医生有义务确保患者的性伴侣知道严重的健康风险。不过在告知形式上应首先鼓励患者自己告知其性伴侣，必要的时候可以给患者一些考虑的时间，但是这个时间是有限的，必要时应该按照相关公共卫生法律、法规报告疾病预防控制中心。

（三）保护公众健康

传染病患者对他人健康构成威胁，为了公众健康，根据相关的公共卫生法律、法规，医生应将发现的传染病病例上报疾病预防控制中心。

四、经济因素

（一）医疗费用

医疗必定会产生费用。这些费用由患者、患者家庭、保险公司支付，或由机构或个人资助。我国的医疗制度比较复杂，这导致利益冲突和不公平操作机会存在。医生在给患者治病时，医生不仅要考虑干预对患者的受益和安全性，而且要考虑患者的经济负担。

（二）医疗不平等

在我国，医疗的可及性和质量往往随社会经济地位不同而不同。唯有实现医疗的全民可及，才有可能解决医疗不平等问题，这需要缩小不同基本医疗保险制度之间的差距，否则，医疗不平等或不公平难以避免。依靠市场和资本是不可能解决医疗不平等问题的。医学专业人员和医疗机构有道德义务追求医疗制度的公正和公平，向决策者提供实现医疗公平的建议。

五、法律因素

近年来，涉及医疗的法律在不断完善，医疗纠纷诉讼和医疗监管诉讼案例显著增加。医疗卫生专业人员缺乏法律专业知识，医务人员应主动寻求法律咨询和帮助，如知情同意、保密等问题都有其伦理和法律方面的含义。

在医疗活动中，当医务人员的多项义务发生冲突时，有时会引起伦理、义务与法律、法规的冲突。医生有时会感到替患者个人隐私保密的伦理义务与为保护公众健康和公共安全而必须上报某些传染性疾病的法律义务之间有冲突。

在我国，个别不良医生通过欺骗手段给患者实施未经科学证明的所谓创新疗法（如干细胞治疗），实际上，这样做的医生已经触犯法律，应该依法处理。

患者家属采取暴力手段扰乱医院秩序，甚至杀死医务人员，已经触犯刑法，必须依法严肃处理。

六、临床研究和教学因素

（一）临床研究

临床研究为现代医学不可或缺的组成部分。新的诊断和治疗方法必须通过患者来检验和评价。在患者本人不知情或未同意的情况下，让患者成为临床研究受试者，这种做法在伦理学和法律上都是不可接受的。必须清楚地区分临床研究与临床医疗。临床研究的伦理问题将在第 3 篇加以讨论。

（二）临床教学

许多患者在进行临床教学的医院接受治疗。他们的疾病及其诊断和治疗过程为培养优秀的医学生提供良好机会，医学生往往参加治疗活动。伦理学要求对医学生参加治疗活动进行适当的监管。患者在进入教学医院时通常要签署同意参加医学教学的书面文件。必须让患者知道，某些操作（如取血、静脉注射、脊髓穿刺等）可能由学生来完成。学生也应该向患者表明自己是医学生，礼貌地要求患者允许他进行操作。如遭患者拒绝，学生也应该表示理解和接受。在病史采集和上诊断课时，医学生需要患者提供病史，需要对患者进行查体。如果患者拒绝，任教医生应尊重患者意愿。在教学医院，患者有为社会培养未来医生的责任。每一位患者都希望享受有经验医生的服务，而好医生都是从医学生开始成长起来的。实际上大多数患者很乐意配合，因为患者明白，医学生的成长离不开医学实习和教学。临床教师和医生应该感谢患者在教学医院中的大力配合。当然，医学生必须在主治医生、住院医生或高年资护士监督下完成操作，以保证医疗质量。

第 5 节　临床伦理委员会

今天的医学是社会化的活动，临床医疗一般发生在机构（医院或诊所）内。临床决策和临床伦理学已经被嵌入这些机构的结构和政策之中。机构和组织内部的利益冲突可影响临床决策。医学专业人员往往是机构的雇员，有确保机构稳定运作和维护其声誉的义务。医务人员可能面临利益冲突。例如医院财务状况可能限制患者所需资源的使用。医生应该设法化解这些利益冲突，避免利益冲突对临床决策产生不良影响。临床医疗伦理问题的日益复杂也催生了临床伦理委员会和伦理咨询。目前 80% 的美国医院以及 100% 的拥有 300 张以上病床的医院都已建立了临床伦理委员会（不同于审查临床研究的伦理审查委员会）。

我国也有些医院建立了临床伦理委员会。与审查涉及人的医学研究和按照政府法律、法规发挥作用的机构伦理审查委员会不同，临床伦理委员会处理患者医疗中出现的政策和伦理问题，向医院或医生提供咨询服务。临床伦理委员会的工作包括：向医院领导提出有关伦理问题的政策建议；向前来咨询的医生提供有关临床伦理问题的建议；委员们要接受有关临床伦理咨询的培训，以便向前来咨询的医生提供专业的意见；在发生医疗纠纷时，委员会应尽可能采用协商或调解而不是诉讼方式来解决纠纷。要让患者及其家庭知道临床伦理委员会的作用。一个有效的临床伦理委员会应该得到医院领导的批准和支持以及医护人员的支持，应该在医院的组织图上标明其位置；委员应该公正正派，受同行尊敬，有机会参加生命伦理学或医学伦理学的专业培训；所有医护人员应该知道临床伦理委员会的意义、作用、联系方式等。

第 7 章 辅 助 生 殖

第 1 节 辅助生殖技术

辅助生殖技术（assisted reproduction）是 20 世纪发展起来的最为激动人心的技术之一。生殖技术包括两方面：控制生育技术（例如避孕、人工流产、绝育等）和辅助生殖技术。生殖技术将自然状态下本来联系在一起的性与生殖分离来，所不同的是：控制生育技术将性与生殖分离，而辅助生殖技术将生殖与性分离。辅助生殖技术与其他当代先进技术表明人已经初步具备控制生老病死的能力，而这种人工控制引发了诸多的社会、伦理和法律问题。由于人类社会对此缺乏思想准备，加上人们的价值观存在差异，对人类社会今后的发展也缺乏预见性，对当代先进技术带来的挑战未能做出适当的回应。

辅助生殖技术主要用于解决不育问题，也可用于解决出生缺陷问题，辅助生殖技术主要包括：人工授精，体外受精，胚胎移植，卵子、精子和胚胎的冷冻保存，配子输卵管移植，代孕母亲，单精子卵细胞质内注射，胚胎植入前遗传学诊断，无性生殖或人的生殖性克隆等。自然的人类生殖过程由性交、输卵管受精、植入子宫、子宫内妊娠等步骤组成。辅助生殖技术是指代替上述自然生殖过程某一步骤或全部步骤的手段。生殖的前提条件是卵子和精子的成熟和产生。生殖技术可以使用第三者（供体）的卵子或精子，可以在试管内受精，也可以将胚胎植入第三者的子宫内，即使用代孕母亲。在理论上，上述变量的不同组合可以形成多种生殖方式：

（1）性交 - 妊娠方式；

（2）用丈夫的精子对妻子进行人工授精（artificial insemination by husband, AIH）；

（3）用供体的精子对妻子进行人工授精（artificial insemination by donor, AID）；

（4）用丈夫的精子在体外使妻子的卵子受精，发育成胚泡后植入妻子的子宫；

（5）用供体精子在体外使妻子的卵子受精，发育成胚泡后植入妻子的子宫；

（6）用丈夫的精子在体外使供体的卵子受精，发育成胚泡后植入妻子的子宫；

（7）用供体的精子在体外使供体的卵子受精，发育成胚泡后植入妻子的子宫；

（8）用丈夫或供体的精子在体外使妻子或供体的卵受精，发育成胚泡后植入另一个妇女的子宫；

（9）把胚泡从供体转移到受体子宫中（产前收养）；

（10）用人工胎盘在子宫外发育，也称体外发生；

（11）无性生殖（将卵中的核取出，然后将体细胞的核植入卵，发育成胚泡后，再植入某一母亲的子宫）（克隆人）；

（12）孤雌生殖或孤雄生殖，即从单个性细胞生出一个完整的机体。

第 2 节　辅助生殖伦理问题总论

一、个人选择与各方利益

在提供辅助生殖服务时，必须坚持知情同意的伦理原则，这一点是没有争议的。但对给予个人多大的决定范围，不同人有不同意见。有人强调个人有自主权，有生殖权利，有使用辅助生殖技术的自由，辅助生殖技术能帮助不孕不育夫妇实现生育子女的愿望。要限制个人选择非性交的辅助生殖方法，必须说明辅助生殖方法对参与者和将要生出的孩子有严重伤害。批评辅助生殖的人争辩说，这些技术可能会使孩子们遇到社会和心理问题，例如因为有些孩子的养父母并不是遗传学上的父母，这会使孩子感到困惑，他们可能会受到社会的侮辱。但支持者认为问题没有那么严重，辅助生殖技术并没有使孩子的生命失去价值。

辅助生殖的支持者认为，即使辅助生殖对这个孩子有伤害，但孩子的生命还是好的，比他不出生好，这是一种事后的判断。辅助生殖的反对者认为，用辅助生殖生出的孩子可能受到伤害，不出生更好，这是一种事前的判断。辅助生殖的支持者认为虽然遗传关系也许是重要的，但并不是亲子关系所不可缺少的。对孩子父母来说，关怀、照顾和养育一个孩子比提供遗传物质或妊娠环境更重要。因此，养育父母较之遗传父母更具伦理学的优越地位，这符合孩子的利益。也有人认为在遗传母亲与怀孕母亲之间，后者更为重要，因为她对怀孕分娩做出更大的贡献，担负的风险也更大。

养育孩子的非生物学父母和提供配子的父母都担心其会受到社会侮辱，为了保护他们，应该对辅助生殖技术的所有参与者实行匿名和保密制度。匿名是指隐匿供体的身份；保密是指隐藏匿受体参与配子捐赠的事实。实施供体人工授精要对匿名供体保密以保护相关家庭和供体的隐私；卵子捐赠也应如此。反对这样做的人提出应该将孩子的利益放在第一位，由于孩子的个人和社会身份取决于他们的生物学起源，他们应该知道他们的生物学父母。有若干国家已经接受这样的意见，规定当孩子成年时可以得到有关供体的信息。

二、第三方介入

辅助生殖技术，尤其涉及第三方时，促进家庭朝不同于传统模式的方向变化，例如单身者、同性恋者和未结婚的异性恋夫妇获得这些技术服务。人们担心这样会削弱家庭内的相互承诺的义务，并影响孩子的幸福。1985 年，英国瓦诺克（Warnock）委员会的报告建议，孩子希望生于拥有爱的、稳定的、异性恋关系的家庭里，不在这种家庭里出生的孩子在伦理学上是错误的。有些心理学家认为在非传统家庭中成长的孩子将受到心理和社会的伤害，因为他们缺乏两种性别的角色模型。此外，双亲比单亲能够更好地满足养育孩子的要求。由于缺乏非典型家庭对孩子的影响的调查数据，因此很难提供清晰的证据来支持或反驳双方的意见。有人认为使用辅助生殖技术帮助单身者和同性恋夫妇生孩子，是对医学的滥用，因为这样做的目的并不是用来解决医学问题，而是克服某些人做父母的生物学限制。但也有人认为单身者和同性恋夫妇利用辅助生殖技术生育孩子，有利于摆脱传统家庭模式，这样做使社会更加平等，减轻了对同性恋者的偏见和歧视。

三、商业化问题

第三方介入的辅助生殖有引起人体以及人体器官商业化的危险。有人认为，如果付钱给代孕母亲和配子供体，就有使她们和生出的孩子成为市场交换的对象的危险，这贬低人的价值。协助别人生育的第三方应该是提供无价礼物的人，他们应该得到的回报是感谢，而不是金钱。但其他人认为人有权用自己的身体做自己想做的事情，他们得到的金钱报酬应该与他们的服务相当。只要第三方参与辅助生殖是完全知情的，不是强迫的，即使他们得到金钱报酬，也不会因此贬低人的价值。然而，有必要在概念上和做法上区分金钱报酬（payment）与补偿（compensation）。根据回报公正的原则，第三方提供配子、怀孕的子宫、分娩后的婴儿应该得到补偿，他们有权因其直接和间接的花费、行动的不方便、花费的时间、风险和身体的不舒服而获得补偿。有人认为不给供体补偿是不公平的，但金钱报酬会使配子、子宫、婴儿被当作商品，这将贬低人的价值。如果给第三方供者的金钱与这些人提供的服务的程度不相称，也会降低他们参与辅助生殖的意愿，尤其是他们缺少经济来源时。但这样有可能形成一个新的经济阶层，他们以为富人生孩子谋生。这破坏了分配公正原则，这个原则要求在不同人群之间公平分配社会的效益和负担。

这里有两个问题：其一，人体及其器官或组织是否可以作为商品？到目前为止，绝大多数国家都给予否定的回答。因此，不能买卖人体器官和组织，性器官不能"租用"（卖淫），同理，精子、卵子、胚胎也不能买卖，代孕母亲不能商业化，即子宫不能"出租"。20世纪90年代以前，在大多数国家，精子和卵母细胞供者分别可获100美元和1500～5000美元不等的收入，而卵母细胞供者几乎都是贫穷的女人，她们出卖卵子是为了贴补家用或缴纳学费。发达国家一致认为，配子和妊娠商业化涉及一系列伦理问题，因此禁止人体组织、细胞商业化，以维护人的尊严，保护脆弱人群免受强迫或不当引诱，避免医患冲突。[1] 其二，为辅助生殖做出贡献的参与者应该得到必要的补偿。必须区分那些为了帮助人而做出捐赠的供者和那些为了谋生赚钱而专门出卖精子或卵子，或出租子宫的人。为此，需要在补偿与报酬之间划出一条界线。对此我们将在第10章器官移植中对此进行较为详细的讨论。

〔1〕 MYKITIUK R, NISKER J. Assisted reproduction[M]//SINGER P, VIENS A. Cambridge textbook on bioethics. Cambridge: Cambridge University Press, 2008: 112-120.

四、公平可及[1]

辅助生殖的可及受经济和其他条件的约束。如果没有公共资金资助，一般只有经济富裕的妇女或夫妇才能使用辅助生殖技术。在大多数施行公共资金资助医疗制度的国家，不育治疗是所有有需要的人可及的。而对不育是否是疾病的认定，对辅助生殖是否可获得公共资金资助有直接影响。公共决策者和健康保险管理者的不同观点会影响谁可获得辅助生殖技术服务。如果界定不育症是疾病，治疗不育症并不是满足个人的特别需要，政府就会为辅助生殖提供经济支持。但是，也有人认为辅助生殖技术并不纠正引起不育的疾病，它们并不是对疾病的治疗。然而，许多公认的医学疗法也不能治愈疾病，也只是缓解症状。鉴于有一个生物学关系的后代对许多人的重要性以及不育影响他们的生活质量，不育应该像其他身体损伤一样被视为疾病。在历史上，不育男女得不到人们的同情，反被认为是"前世作孽"，对不育的治疗可解除人们对不育者的歧视。有人主张由于不育影响人们的生活，一个公正的社会应该将辅助生殖包括在医疗保险范围内。然而其他人认为这些治疗的费用高而成功率低，而且只有有限数目的人（往往是经济富裕的人）从辅助生殖技术中受益，因此不能将它包括在医疗保险范围之内。当然，即使将不育界定为疾病，也并不表明它的所有治疗应该是免费的，而不顾社会的经济条件。无论哪个国家都没有无限的资源，能给所有人提供他们想要的所有健康服务。事实上，从各国情况看，能否获得辅助生殖服务取决于经济、文化、种族和社会等因素。

如果公共资金拒绝为辅助生殖服务付费，就会产生可及不公平问题。在美国，穷人很少获得这种服务，因为保险公司都不愿提供这种服务。而穷人只是以代孕母亲或卵子捐赠者身份参与这种技术。因此辅助生殖技术有可能进一步扩大穷富之间的不公正鸿沟。

即使在辅助生殖服务公平可及的国家，要求治疗不育的人的自主选择也是有限的，辅助生殖服务也有选择标准。与自然生育的人能决定是否生、何时生不同，需要辅助生殖的人的生殖选择比较有限。虽然医务人员有义务尊重不孕不育者，但医务人员并没有义务给他们提供所要求的一切治疗。根据医学适应证标准，有些患者不能获得这种技术服务，例如怀孕的风险太大。医生发现他们不能轻易将医学适应证与心理、社会和伦理的适应证分开。在许多情况下，要求医生做出判断的问题已经不是纯医学的问题。如想为婴儿设计某些特征（如性别、智力或种族）的夫妇，为了个人方便而想使用代孕母亲的夫妇，要求获得卵子和精子捐赠的单身妇女，不顾自己身体的风险想要孩子的上了年纪的妇女，患有严重功能障碍的妇女，具有暴力和虐待孩子倾向的夫妇。医生通常没有经过伦理训练，医生也可能有个人和专业上的偏见，而治疗不孕不育的市场需求很大，因此需要一个合适的监督机制，医学会、医院伦理委员会、政府的监督机构需要制定有关辅助生殖技术使用的行动准则，为解决医学、社会、心理和伦理问题提供办法。

[1] 可及（access）是指获得某一产品或服务的机会或可能，而可得（availability）是指可获得所需的产品或服务。以共享单车为例，门口就有共享单车，极易可及，但需付 1 元人民币才能可得。

在辅助生殖技术服务供不应求的地方，更需要在申请人之间进行选择。那些不育症或严重遗传病患者，比那些并非不育但想利用这些技术挑选孩子特征或图个人方便的人，更有权利获得这种服务。因为不育症或严重遗传病患者的需要是更为基本的需要，而辅助生殖技术可修补其功能障碍。影响选择的其他因素还有：夫妇已有孩子的数目，他们是否有条件抚养孩子，对接受者（如上了年纪的妇女）的健康风险有多大。这些都是基于孩子的利益、孩子父母的利益，以及公平分配的考虑。[1]

第3节　辅助生殖伦理问题各论

一、人工授精

人工授精（artificial insemination，AI）主要解决男性不育问题。供体人工授精引起的伦理问题有：

（一）人工授精是否破坏了家庭婚姻关系

比较传统的人认为，生儿育女是婚姻的重要内容，孩子是爱情的结晶，人工授精切断了生儿育女与婚姻的联系，把生儿育女变成配种，也与夫妻之间性的结合分开，家庭的神圣殿堂变成了一个生物学实验室。尤其是供体人工授精（AID），与妻子的卵结合的是第三者的精子，从结果上看，这与通奸致孕实际上没有什么不同。而 AID 孩子的存在使第三者的基因进入了婚姻，破坏了婚姻的统一性。人工授精将人类分为技术繁殖人类和自然繁殖人类两类。但越来越多的人则认为，婚姻中最重要的是男女双方的爱情和对儿女的照料。对于许多无子女的夫妇，人工授精有利于家庭幸福。人工授精与通奸根本区别在于，生殖与性分离，妻子的卵子与供体的精子在体外形成受精卵。人工授精在伦理学上是否可接受，应该依据它是否增进家庭的幸福和对他人或社会有无伤害或危害来判断。对人工授精采取绝对排斥态度是不合理的，但需要采取切实有效的程序和措施，保证人工授精尤其是 AID 在安全的条件下进行，防止有可能危及家庭或社会的行为发生。

（二）谁是孩子的父亲

AID 提出的一个新问题是"谁是孩子的父亲？"采用 AID 技术生出的孩子可以说有两个父亲：一个是养育他（她）的父亲，一个是提供他（她）一半遗传物质的父亲。那么，在养育父亲和遗传父亲中间，哪一个是对子女具有道德上和法律上的权利和义务的父亲？有些国家的法律认为用 AID 方法生出的孩子不合法，理由是他并不是丈夫与妻子的

〔1〕 MYKITIUK R, NISKER J. Assisted reproduction[M]//SINGER P, VIENS A. Cambridge textbook of bioethics. Cambridge: Cambridge University Press, 2008: 112-120.

真正生物学后代。由于传统观念强调亲子之间的生物学联系，被领养的儿女一旦知道自己非父母所生，常常会去寻找生身父母，但也有被领养的儿女即使知道父母并非生身父母，多年建立起来的感情使他们始终将养父母视同亲生父母。根据我国的继承法，养子或赡养人的继承权应根据抚养—赡养原则确定。抚养是亲代对子代的义务，赡养是子代对亲代的义务，因而才有相应的权利（包括继承权）。如果仅有生物学或遗传学上的联系但并未尽相应义务，在道德上和法律上也就没有相应的权利。[1] 体外受精和代孕母亲同样提出了谁是孩子的父母的问题，可以用同样的原则解决。

（三）人工授精能用于优生吗

人工授精可利用经过仔细挑选的供体的精子来影响人类质量。这种影响可以通过两种途径实现：其一，如果夫妇都是遗传病基因携带者，就可以仔细选择一个非携带者的健康供体的精子进行人工授精，防止生出有该缺陷基因的婴儿。这是合理的。其二，有计划地选择具有"最佳基因"的精子对妇女进行人工授精，以提高人类质量。这就是将 AID 用于优生学。这种做法值得怀疑。因为人类的智力发展不单单取决于基因，而是遗传物质与社会环境相互作用的结果。单单有好的基因，并不一定能提高人类的质量。再说，要提高人类哪方面的质量？什么是好的基因？由谁来决定？这些问题难以取得一致意见。所以，这种做法是不足取的。我国某地建立的"名人"精子库，不但不科学，也有悖于伦理。"名人"之所以出名不是全靠基因，"名人"的基因也并非都是有利于后代的，即使是好的基因也不一定遗传给后代，而供精商业化后患无穷。

二、体外受精和胚胎转移

体外受精（*in vitro* fertilization，IVF）主要解决妇女因输卵管堵塞而引起的不孕问题。但现在体外受精已经与胚胎转移、胚胎冷冻、供精供卵、代孕母亲、单精子卵细胞质内注射、植入前遗传学诊断（检查人卵 DNA、检查胚胎外细胞、从 4～8 细胞组成的胚胎中取出单个细胞进行检查）等技术结合在一起。

（一）反对体外受精的论据

反对体外受精有三个理由：

（1）认为医学的基本目的是恢复患者的健康，而不是满足其他需要；

（2）一部分女性主义者反对包括体外受精等在内的辅助生殖，她们认为像体外受精那样的辅助生殖方式，是为了男人的传宗接代而使妇女遭受身心的痛苦，而世界上有那么多的不幸儿童等待抚养，完全可以通过领养来解决家庭因缺少孩子而引起的问题；

（3）认为不育是对淫乱的惩罚，不育患者应该接受这种惩罚。

---

〔1〕 在美国波士顿有位母亲说，他儿子是哈佛大学医学院医学生，他多年来捐赠的精子可能导致数千孩子出生，她幽默地说，要是我有数千个孙子，该有多好呀！这也说明仅仅提供遗传物质，无权成为父母。

第一种看法虽有一定的道理，但失之片面：

（1）医学的基本目的是恢复患者的健康，但医学还有非基本目的，随着生物医学技术的进步，非基本目的有增加的趋势，如人工流产、美容整形等，因此以非基本目的为理由而拒绝体外受精是没有道理的。

（2）如果我们尊重个人自主性，我们不能拒绝给那些不愿意通过领养解决不育问题的夫妇提供体外受精以及相关技术服务。

（3）输卵管堵塞的一个重要原因是炎症，炎症可由性交时感染引起，也有其他的原因，如晚育或先天性缺陷，所以，笼统地说不育是对淫乱的惩罚是错误的。即使患者由于多性伴以及不洁性行为引起疾病，也应该得到及时治疗，不能将患者拒之门外。尤其像植入前遗传学诊断技术，检查体外受精形成的胚胎细胞是否具有某种遗传病，选择健康胚胎植入子宫，生出一个健康的孩子，促进家庭幸福，我们没有理由反对这种服务。

（二）胚胎的地位

体外受精涉及对受精卵和胚胎的操纵。这种操纵是否合适？回答这个问题前，首先要回答受精卵和胚胎是什么的问题。它们是人吗？它们的本体论地位和伦理地位如何？这个问题存在两种相反的答案：

一种观点认为胚胎是人，受精卵是人的开始。因为它们是人，就应该尊重它们。不应该把它们作为工具、手段来使用，不应该伤害它们，不应该操纵它们。

另一种观点认为在胚胎早期（例如在8个细胞阶段以前，胚胎并不是一个多细胞个体；即使是多细胞个体，也只是成为一个人的前提，但其本身还不是人。说胚胎不是人，是指胚胎不是具备人格的人或社会的人（person），即处在一定社会关系中、有理性和自我意识、在伦理上或法律上具有一定义务和权利的主体或行动者。当然，胚胎在生物学上仍然属于脊椎动物门哺乳类灵长目人科人属，因而也可以称它为"人类生物学生命"或简称"生物的人"。关于体外受精技术中剩余胚胎处置问题，应该由养育父母做出决定：赠予他人，供医学研究用或销毁。受精卵或胚胎虽然还不是人，但毕竟是"人类生物学生命"，是人发育的一个不可缺少的阶段，对受精卵和胚胎应有一定的尊重，不能随意处理和操纵它们。

（三）代孕母亲

代孕母亲（surrogate motherhood）主要解决因妇女子宫不能怀孕而引起的不孕问题。代孕母亲引起的伦理问题较多，其中一些问题至今仍有较大的争议，没有得到解决。

代孕母亲合乎伦理吗？

反对代孕母亲的第一个论据是认为代孕母亲是不自然的，是用非自然的手段去达到本来自然的生育目的。按照这个说法，那么所有辅助生殖都不应进行。但是，在科学技术发达的今天，自然与非自然的界限越来越模糊。今天的衣食住行和医疗护理越来越以非自然的手段达到自然的目的、满足自然的需要（例如手术、人工喂饲等），因此这一说法难以成立。

　　第二个反对论据是，代孕母亲提供的不仅是孕育服务，而且是接受了他人的奴役。这一论据有一定道理，因为实证研究表明做代孕母亲的人大都是穷人，使用代孕母亲的大都是富人。但如果代孕者自愿为亲戚或朋友代孕，帮助解决生孩子问题，那就不存在奴役问题。另一方面，如果双方签订了公平、合理的契约，在一个尊重自主性的社会中也很难有理由对此加以否定。

　　第三个反对论据是，代孕母亲与卖淫一样，后者将自己作为性工具出卖，前者将自己变成"生殖容器"，同样是对妇女的贬低。这个论点仅适合部分商业化的代孕母亲，卖淫者和代孕者由于贫穷将自己身体的一部分，前者是性器官，后者是子宫，"租"给他人，为他人服务，但不适合自愿的非商业性的为亲戚或朋友代孕者。

　　第四个反对论据是，将第三者引入生育过程，将削弱婚姻关系，这个论点同样排斥其他辅助生殖技术，也排斥领养，因此也难以成立。

　　第五个反对论据是，代孕母亲将腐蚀母子关系，如果代孕母亲靠代孕赚钱，这就等于是买卖孩子。这种论点值得认真考虑，特别是代孕商业化的情形。上述反对论据，其实主要针对商业化的代孕母亲，而对非商业化的代孕母亲则难以成立。

　　第六个论据，反对代孕母亲最有力的理由是，代孕母亲与孩子的感情纽带是难以割舍的，"十月怀胎"形成了真实的母子情，而分娩以后将孩子送给养育母亲，对代孕母亲的感情打击非常大，日后可能成为她的终身遗憾。但不同的道德共同体和不同的文化对此感情可能不一样。

　　支持代孕母亲的论据：

　　（1）从后果来看，代孕可满足不孕不育夫妇养育健康孩子的愿望，甚至是他们实现有孩子愿望的唯一出路。

　　（2）代孕也有利于代孕母亲。例如有些代孕者乐意助人，为自己能帮助另一对夫妇送去"生命礼物"而感到高兴。因此有人认为代孕母亲是一种"合作生殖"（collaborative reproduction）。

　　（3）如果因其他原因不孕不育的人可以通过辅助生殖技术实现有孩子的愿望，而因子宫原因无法生育的人却无法实现有孩子的愿望，这也不公平。但对代孕的管理措施尚未到位时，全面禁止代孕是可以得到辩护的。

第8章 产前诊断

产前诊断（prenatal diagnosis）是指对出生前的胚胎或胎儿的发育状态及其是否患有疾病（含先天性或遗传疾病）等进行检测和诊断的过程。包括了解胎儿的外表结构，对胎儿的染色体进行核型分析，检测胎儿细胞的生化成分，对胎儿的基因进行分析。尽管有关胎儿先天异常的病因学和发病机制还未明确，但出生前诊断技术的发展，尤其是影像学、细胞遗传学、生物化学和分子生物学等技术的发展，为了解胎儿的生理和病理机制，为产前明确诊断某些严重的先天畸形和遗传性疾病提供了重要手段。在产前诊断中，普遍采用遗传检测（genetic testing）方法。早在 1978 年，美国科学家首先将 RFLP 标记技术用于基因诊断，它不仅可以明确指出个体是否患病，是否存在基因缺陷，而且可以对表型正常的携带者、某种疾病的易感者做出诊断和预测。[1]

产前诊断和遗传检测技术结合在一起，也称为产前遗传诊断，目前可以通过有创性和无创性的产前诊断来对胎儿进行遗传诊断和检测。

第1节 产前诊断技术

一、有创产前诊断

产前诊断技术出现于 20 世纪 60 年代末期，包括羊水穿刺、绒毛活检和脐静脉血穿刺。这三种技术主要用于胎儿染色体病和单基因病的产前诊断，它们往往辅之以超声波检查、母体血清筛查，在临床上应用广泛，检测的准确性较高。羊水穿刺或羊膜腔穿刺（amniocentesis）多用于染色体异常的产前诊断。在孕中期 16～22 周时，通过超声引导，抽取 10～20mL 的羊水。通过对羊水内胎儿脱落细胞的检测，它可以诊断出胎儿是否有基因异常，如是否患有唐氏综合征（Down syndrome，即 21 三体综合征）、18 三体综合征（Edward's syndrome）和特纳综合征（Turner's syndrome）。绒毛活检或绒毛膜取样（chorion villus sampling，CVS）则是在孕早期，通过超声引导，抽取少量绒毛进行遗传检测。通过对绒毛外滋养层胎儿细胞的检测，可以及早发现胎儿的染色体异常。

有创产前诊断，一方面可以对产前遗传病筛查作进一步的确诊，及早对有缺陷胎儿采取补救措施，从而缓解孕妇的压力和焦虑，如果孕妇想终止妊娠，对孕妇的损伤也较小。但另一方面，有创产前诊断有可能引致流产和感染等并发症，尤其是羊水穿刺要在孕中期

---

〔1〕 本章由朱伟撰写。

进行，给孕妇带来身体的损伤和心理的焦虑。数据显示，有创产前遗传检测的流产率为0.5%，羊膜穿刺术的自然流产率为 1.6%，而其他原因流产率为 0.13%，CVS 的危险系数更高，流产率为 3.2%，甚至会造成胎儿畸形。

二、无创产前诊断

1997 年科学家发现孕妇血浆中存在游离的胎儿 DNA，利用母血中胎儿游离 DNA 进行产前筛查和诊断，已成为产前诊断领域的研究热点。近年来，又引入了高通量测序技术，通过扩增和计数母血中游离的胎儿 DNA 片段，检测胎儿染色体并获得成功。这一技术已在临床上应用。

与传统的产前筛查技术相比，无创产前遗传检测具有检测速度快、准确性高、假阳性低的特点。以唐氏综合征为例，在母体血清筛查没有应用到临床前，仅有 1/3 左右的唐氏综合征在产前被诊断出来，只有 2% 的胎儿在接受侵入性产前诊断后检出染色体异常；在结合中孕期母体血清筛查试验诊断后，约 50% 的唐氏综合征可在产前诊断，经侵入性产前诊断后，发现胎儿染色体异常的比率升至 4% 左右；而联合应用无创产前诊断技术和早中孕的母体血清筛查，则可在孕期诊断出 90% 以上的唐氏综合征，经侵入性诊断，胎儿染色体异常检出的阳性率可提高到 6% 左右。因此，无创产前诊断技术将产前诊断技术推入一个新的阶段。不过从目前来看，无创产前遗传检测还处于临床研究和应用的试点阶段，从研究转向临床应用还需要更多的临床数据或证据来证明其有效性和可靠性。

三、植入前遗传学诊断

植入前遗传学诊断或胚胎种植前遗传学诊断（preimplantation genetic diagnosis，PGD）是鉴定体外受精形成的胚胎中的遗传缺陷的一种技术，是产前诊断技术的延伸，是随着人类辅助生殖技术发展而开展的新技术。采用 PGD 方法，对体外受精过程中有遗传风险的患者胚胎进行种植前活检和遗传学分析，选出无遗传病的胚胎，再植入宫腔。从体外受精第 3 日的卵裂球取 1～2 个细胞或第 5～6 天的囊胚取 3～10 个外滋养层细胞进行遗传学分析，从中选择遗传基因正常的胚胎用于移植，以得到健康下一代。这种诊断方法可有效排除携带遗传病基因的胚胎，防止遗传病患儿的出生，从而降低人类遗传病的发生率。同时，它还可以有效地避免传统的产前诊断技术的风险，对异常胚胎进行治疗性流产，避免进行中期妊娠遗传诊断及终止妊娠所致的危险及痛苦。

四、产前诊断的目的和途径

产前诊断的目的是预防孩子患遗传病和残疾，或减少有遗传疾病和残疾的孩子出生。通过产前诊断和遗传检测，至少有 4 个途径可以预防或阻止有遗传疾病和残疾的孩子出生：

（1）在确诊胎儿遗传异常后，直接通过人工流产来阻止患儿出生。由于侵入性产前诊断大多在孕中期进行，因而诸多的人工流产也是在孕中期进行。

（2）通过治疗来预防或减少疾病和残疾。例如，通过母亲产前或婴儿的饮食改变或补充来对遗传病进行控制，或通过药物或手术干预来对胎儿进行产前治疗等。

（3）通过辅助生殖技术和植入前遗传诊断可避免有遗传病和残疾的婴儿出生。

（4）通过查阅相关资料和信息以及与有相似疾病和残疾孩子的人交流，或通过遗传咨询获得信息，做好产前准备。

产前诊断技术为人们提供了更多的空间和可能性。避免生出残疾或有严重缺陷的孩子，就是当代医学的成果和胜利。产前诊断和遗传检测还可帮助个人、家庭和社会获得健康的后代。如果某个携带致病基因的人不生出携带有此类基因的孩子，那么，由其基因引起的这个疾病就不会传递给下一代，这个疾病不久就会消失。

第 2 节　产前诊断的受益和代价分析

一项技术或医学干预作是否好，取决于该技术对其当事人是否有益。产前诊断技术发展，对于希望有计划地安排未来生活的人来说，可以尽早获知胎儿的健康信息，早日做出诸如是否采取医学干预措施的决定，从而可以减轻身体的痛苦或精神的焦虑。例如，产前检查可以检出母亲血清甲胎蛋白是否异常，从中可以发现预产期是否正常，以及是否有多胞胎的可能性；而对患有横膈膜疝气、腹壁缺陷、先天性心脏病、脊髓炎的胎儿，父母则可以通过选择剖腹产来保证婴儿的出生质量。产前诊断还可以从一定程度上满足孕妇及家人的生殖愿望，减轻家庭养育严重残疾儿可能产生的经济负担，也使社会避免承担更多的责任和负担以及消耗更多的资源。

不仅如此，我们通常还认为产前诊断也符合胎儿的利益。如果早日对有严重遗传异常的胎儿进行医学干预，可以避免他们带着严重遗传病和缺陷出生。因为患有这些疾病的患儿即使能够发育成熟出生，他们仍可能会备受疾病的折磨，无法发展为有一定体力和智力、适应社会的有能力的人。他们的一生终将是痛苦的。更不用说，有的生命只能带着痛苦存活几年甚至几个月。在出生前终止他们痛苦的生命是符合他们的利益的。

第 3 节　胎儿的道德地位

产前遗传检测涉及对胎儿的干预和处理。然而，如何合乎伦理地对待胎儿，首先要对这个道德原则运用的对象有明确的定义和界定。一般而言，我们谈论道德和道德行为往往指理性人的关系，当然，也同时指我们有义务合乎伦理地对待和保护弱势人群。然而，胎儿是人吗？

在有关胎儿是不是人以及胎儿的道德地位问题上，大概有三种观点：一种是极端自由派的观点，另一种是极端保守派的观点，还有一种是温和派的观点。

（一）极端自由派的观点

极端自由派认为，胎儿不是一个人，不具有道德地位。如果胎儿是一个人，她就应该有意识，可以宣称自己有生命权。然而没有足够的理由和证据表明胎儿能够宣称这种权利。这种观点认为，只有那些自我反思能力和意识得到充分发展的个体，才有生存的权利。而且，胎儿完全依赖母体，她是母体身体的一部分，因而，哪怕孕后期，胎儿也不具有道德意义上的人性或有资格称为人（person）。极端自由派甚至还把胎儿看成只是母体的一块组织。认为堕胎就像割阑尾一样或者像去理发店剪头发。所以，在他们看来，对胎儿做任何处理都不涉及任何道德问题。

极端自由派把推理能力和意识作为人的必要的条件，有些人甚至还排除了人的感知疼痛能力，由此得出了一个非常危险的结论，即把婴儿排除在人之外，从而为杀婴行为的合理性提供了辩护。当然，把胎儿看作只是一块组织或器官的极端自由派并不多，大多数人都主张即使胎儿不是人，但她是一个人的生命（human life），在孕后期进行堕胎必须有强有力的理由，如胎儿危及母亲生命等。

（二）保守派的观点

保守派把胎儿的生命权提前到受精卵，这与人们的道德直觉相违背，同时，它对胎儿权利的论证局限于其自然特性，而无视胎儿和母亲的关系，把人之所以为人的社会属性抽离出去，该观点也不具有充分的说服力。与极端自由派一样，对胎儿的地位真正持极端保守观点的人极少，大多数保守派认为，尽管胎儿具有与人一样的权利，但当她的权利与母亲的权利相冲突时，应该以母亲的权利为准。

极端保守派认为胎儿是人，并赋予胎儿与成人同等的道德地位。他们认为从受孕的那一刻起，受精卵就拥有了人的一切权利，所以，胎儿拥有完全的生命权，堕胎就是夺去无辜的生命，即等同于杀人。极端保守派大都为天主教和基督教信徒，他们认为，即使不考虑宗教神学的定义，单从自然法则和物种原则来看，胎儿也是人。一个拥有人类基因组的生物就是人，"人性的标准既简单又丰富：若你由人类父母所孕，你就是人"；人的生存权是由人的物种特点所决定的，无论是受精卵、胚胎、胎儿、成人、残疾人、临终患者，所有人都有尊严、价值和生存权。保守派一般不考虑母婴权利的冲突问题，除非在母亲生命直接受到胎儿的危害时才会破例，否则胎儿的权利在任何时候都要大于母亲的权利。

（三）温和派的观点

温和派的观点介于自由派和保守派观点之间。这种观点认为，即使胎儿不是一个人，它也是一个人的生命，具有发展成为人的生物学潜能，因而拥有一定的道德地位。胎儿的这种潜能性使之具有独特性，因此，它有别于要割掉的毫无道德地位的阑尾或其他身体组织。正因为胎儿能够成为人，所以堕胎是一个道德问题。只有在万不得已的情况下，如母亲的生命受到威胁，胎儿被毁掉才能得到辩护。

无论以上三种观点对胎儿的地位有何种分歧，大多数人认为，胎儿作为一个生命体，不应该被随意处置。由此我们可以推论：一方面，需要对产前检测制定标准，进行限定；另一方面，需要对严重与并非严重缺陷和残疾进行划分，制定标准，而不是随意对胎儿进行处置。

第 4 节　生殖自主及其限度

产前遗传诊断涉及的另一个伦理问题是生殖自主。产前诊断技术的发展为准备生育的夫妇提供了比以往更多的信息，使得未来的父母能够利用充足的信息，从容、便捷地在产前做出决定，换言之，产前诊断技术的提高和发展提升了人们的生殖自主性。

一、生殖自主的含义

生殖自主是指人们对是否生育、何时生育和控制生育间隔有不受强制和不当影响的选择自由，其中既包括生殖主体是否采取避孕措施或有是否堕胎的选择自由，也包括其有获得、利用新的生殖技术和遗传信息对后代进行选择的自由。

生殖自主的核心内容是主体或当事人的自主决定。从伦理角度看，自主决定既反映了个人形成善的观念的过程，也反映了个人有能力在具体的决定过程中体现这种善的观念。因而，即使某人的决定或选择在旁人看来是不明智的，其他人也无权横加干涉，除非此人的决定影响、干涉或伤害了他人，或者此人的行为不理智地伤害了自己。就有关生殖决定的事宜来说，个人的生殖决定，不仅基于他们能够做出最好的、最明智的决定，还在于这样的决定体现了个人的价值及其道德理念。

二、生殖自主的局限

生殖自主有其局限性，这种局限性首先来自于技术。就目前的产前遗传诊断技术来说，尽管检测的准确度在提高，但能够检测和诊断出的遗传疾病的种类还极为有限，而且还必须通过侵入性诊断对染色体异常进行确诊，更不用说，对染色体异常的胎儿进行产前治疗和干预的措施还乏善可陈。仍然以唐氏综合征为例，即使是最新的无创产前检测技术把产前筛查的准确率提高到 90%，但它还是需要通过侵入性诊断来确诊胎儿是否有染色体异常，孕妇仍然要承担 1%～2% 的感染和流产的风险。面对这样的技术，如果未来的父母选择不做检测，而最终胎儿或孩子出生后遗传异常，那么他们会面临种种的压力，他们自己可能会感到内疚，家人可能有抱怨，甚至他人也会觉得他们不负责任；但如果他们选择了检测，结果也的确呈现胎儿染色体异常，那么他们还要面临是否终止妊娠、实施人工流产的决定。当然，还有一种情况，产前血清检测或无创产前检测是阳性，但最终结果是阴性，胎儿正常，但他们却承受了胎儿流产的风险。所以，在这种情形下，选择和决定对于想要一个健康婴儿的人们来说是异常艰难的。其实，当人们对胎儿的生长质量和健康状况毫不知情时，反而更容易选择，或者确切地说，不用选择。换言之，信息越多，选择越是艰难。当产前诊断技术揭示的大量信息扑面而来时，尤其当检测结果是含糊而不确定时，就更难做出生殖决定了。所以，从这个角度说，信息多也未必提升自主性。

生殖自主性的局限性与生殖本身的特点有关。生殖过程从行为发生到产生结果，涉及男性配偶和未来的孩子，因而，生殖自主并非是指孕妇个人可任意做出决定，而是指她的决定必须是对其配偶和孩子的负面影响最小的决定。换言之，女性的生殖自主性受制于配偶和未来孩子的利益。

由于遗传检测技术在产前诊断中的进一步应用，可检测出越来越多的异常基因，同时，更多的基因治疗和增强技术可能得到相应的发展，并在产前治疗中得到运用，在这种情况下，生殖自主的问题又会从两个方面提出来：一是选择排除未来孩子的不理想、不合意的性状或特征（包括残疾、严重缺陷）；二是增强合乎父母愿望的、理想的、合意的性状和特征。

从这个角度说，生殖自主就不纯粹是个人的决定和选择了。我们可以做这样的设想：如果社会允许父母自由选择消除不需要的性状和特征、增强需要的性状和特征，如果所有的父母都作了同样的选择，消除某种（或某些）不需要的性状或特征，增强需要的某种性状或特征，那么，这种行为的集合就会影响未来社会成员以及未来社会的构成（因为孩子就是社会的未来成员）。从某种意义上说，父母选择行为构建了未来社会。这时采取必要的社会干预就可以得到辩护。

第 5 节　选择与歧视

当父母得知产前诊断结果，做出抉择时，这意味着许多潜在的个体将没有机会来到这个世界。然而，哪些生命可以存活、哪些生命不可以存活的依据是否可靠呢？比如，一对聋哑夫妇极有可能再生出一个失聪的孩子，因而他们可能会选择携带听力正常基因的胚胎，并要求将其植入子宫。我们是否允许他们做出这样的选择，而把具有失聪基因的胚胎筛选掉呢？允许他们这样做的理由是什么？

当我们谈论哪些胚胎可以留下，哪些胚胎可以排除的时候，就涉及衡量生命质量的正常标准问题了。那么，什么是正常的呢？有严重缺陷不正常吗？耳聋不正常吗？如果以上算不正常，那么胎儿多一个手指算不算不正常？我们能否把身高纳入正常标准的衡量范围？或者更进一步的问题是，能否以这样的正常标准来做产前遗传检测？谁来设置正常的标准？

当我们试图将一定的标准运用于产前遗传诊断，有可能导致对社会成员进行区分，产生歧视残疾人的后果。因为标准的出现，就有可能把社会成员人为地划分为低等和高等、正常和异常，也有可能把残疾人归入不正常的、低一等的阶层。它会在某种程度上对现有的残疾人和遗传病患者造成压力，他们会无形中感到自己是不该出生的人。他们甚至会责怪父母当初没有使用产前诊断技术不让她出生[1]，父母也会因为当初没有选择产前检测而感到自责和内疚；而现实社会中，人们也会忽视这些人，把他们视作不该出生的人，歧视他们。同时，产前遗传检测技术使残疾人口减少，社会也会或多或少减少对现有残疾人的支持，从而更多的父母会选择不要残疾的孩子，哪怕是轻微的残疾。残疾人在现实社会中得不到平等对待的结果，会使更多本不愿意使用产前检测的人对这个技术趋之若鹜。

实际上，在现实生活中，残疾和缺陷带来的痛苦往往被夸大。许多研究表明，残疾人的痛苦更多地来自社会支持系统的缺乏和歧视，而不是来自身体的痛苦。如果他们同样可以像其他人一样成长、受教育，他们可以有很好的工作，有孩子，并享受与其他有正常机能的人一样的生活，那么，很多人不会因为胎儿残疾和缺陷而排斥他们。从这个角度讲，需要平衡产前诊断技术的研发与对残疾人的保护和医疗保障制度上的资源投入。更何况，残疾和缺陷的产生并非纯粹是遗传的因素，它有可能是基因与环境共同作用的结果，也可能是后天心理发育延迟、营养缺乏和医疗不当等造成的，还有可能是后天的事故造成的。

产前遗传诊断的另一个问题是，它可能使本已存在的社会问题变得更为严重。比如，产前诊断可能加重中国社会目前的性别比失衡的趋势。由于许多遗传病是与性别相关的，因而在检测遗传病时也检测性别。目前已知的性连锁遗传的致病基因大都在 X 染色体上，以 X 连锁隐性遗传病为多见，如杜兴肌肉无力症、血友病、莱希-尼亨综合征等。如果胎儿是女性，她就有两条 XX 染色体，其中一条异常，另一条正常，她就不会发病，除非两条染色体都有缺陷；而如果胎儿是男性，只有一条 X 染色体，只要有一个缺陷基因存在，他就会发病。所以，与性别有关的异常通常体现在男性身上，这是产前性别检测的理由。这种为发现遗传缺陷而进行的性别检测，可能为利用产前诊断技术选择性别打开方便之门，从而加剧业已存在的严重的性别失衡，恶化女性的不利境遇。[2]

---

〔1〕　在美国某些州就出现过严重残疾孩子长大后控告父母不该把他生出来的法律案件，称为"错误的出生"（wrong birth）。

〔2〕　参阅：ROSS L F. Prenatal testing and screening[M]//SINGER P, VIENS A. The Cambridge textbook of bioethics. Cambridge: Cambridge University Press, 2008: 104-111; CHADWICK R. Genetic testing and screening[M]//SINGER P, VIENS A. The Cambridge textbook of bioethics. Cambridge: Cambridge University Press, 2008: 160-165; 翟晓梅，邱仁宗. 基因测序应制定准入标准与管理规范〔N〕. 中国科学报，2014-03-21.

第 9 章 生命早期照护

第 1 节 新生儿筛查

一、新生儿筛查概况

新生儿筛查的目的是检测新生儿的先天性疾病，以便及早采取措施，防止疾病给婴儿的健康和生命带来灾难性的后果。1963 年美国微生物学家古斯里（Robert Guthrie）发明了一种简单的方法，即在婴儿足跟取一滴血，进行分析，以诊断婴儿是否患有苯丙酮尿症（PKU）。苯丙酮尿症是一种氨基酸代谢病，由于苯丙氨酸（PA）代谢途径中的酶缺陷，使得苯丙氨酸不能转变为酪氨酸，导致苯丙氨酸及其酮酸蓄积，其遗传方式为常染色体隐性遗传，主要临床特征为智力低下。如果能得到早期诊断和早期治疗，可使智力正常发育。20 世纪 60 年代，美国率先对新生儿进行苯丙酮尿症筛查，一经发现，立即给予婴儿特殊饮食，保护孩子。对苯丙酮尿症的新生儿筛查现已推广到全球主要国家，包括我国。随着技术的改进，能筛查的疾病越来越多，例如先天性甲状腺功能低下症、枫糖尿症、半乳糖血症等。随着人类基因组计划的完成和全基因组测序的推广，新的知识和新的技术不断涌现，维护儿童健康的能力也在不断增强。美国原来的新生儿筛查计划由各州自己制定，现在各州使用统一的筛查单，建议筛查 29 种核心疾病，同时，可在筛查过程中偶然检出的次生疾病还有 25 种。自 2008 年 5 月以来，美国大多数州已经开始筛查所有 29 种疾病。扩大新生儿筛查范围，可以发现更多患遗传病的儿童，以便进行早期干预和治疗，以降低儿童患病率和死亡率，使千百万儿童免于失能、残疾或死亡。然而，这也可能造成一种治疗缺口（therapeutic gap）问题，即筛查出疾病后不能让儿童马上接受有效治疗。

我国从 20 世纪 80 年代开始，制定了新生儿病种筛查原则：疾病有一定发病率；疾病产生的后果严重；可以给筛查出来的阳性患者提供存在有效的治疗；筛查、随访和治疗的费用低于出现症状后的治疗费用。目前，我国法定筛查病种是苯丙酮尿症和先天性甲状腺功能减低症，覆盖率为 14.5%（发达国家 100%）；苯丙酮尿症得到治疗者不到 4%，坚持治疗者不到 3%。

二、新生儿筛查伦理辩护

新生儿筛查奉行一条经典原则：仅当你能治疗时才做筛查。早在 1968 年，澳大利亚儿科医学家威尔逊（James M. G. Wilson）和瑞典临床化学家杨格纳（Gunner Jungner）就在为世界卫生组织起草的文件《筛查疾病的原则和实践》（Principles and Practice of Screening for Disease）中提出了10条标准，该标准也被称为威尔逊 - 杨格纳（Wilson-Jungner）标准：

（1）要筛查的疾病应该是一个重要的健康问题；

（2）对患有疾病的患者应该有一种已被认可的治疗方法；

（3）应该具备诊断和治疗设施；

（4）该疾病应该有可辨认的潜伏期或早期症状阶段；

（5）应该有合适的检测方法；

（6）检测应该是人群可接受的；

（7）对疾病的自然史（包括从潜伏期到发病，疾病的发展过程）有充分的理解；

（8）治疗患者的政策应该一致；

（9）发现病例（包括诊断和已经诊断的患者的治疗）的费用与整体医疗费用相比，在经济上应该是合理的；

（10）发现病例应该是一个连续的过程，而不是一个一次性的项目。

其中第二条最为重要。威尔逊 - 杨格纳标准指导新生儿筛查实践达62年之久。1974年美国儿科学家弗兰肯堡（William K. Frankenburg）提出，筛查测试的可得性不能为疾病筛查辩护，除非是对重要的、相对普遍的、有早期治疗办法的疾病进行筛查；测试是可接受的、可靠的以及有效的，并以合理的费用提供服务。实行筛查而不知道、不考虑这些标准是浪费稀缺的医疗资源，实际上可能带来的伤害多于好处。1994年美国医学研究院[1]建议，新生儿筛查仅当：①对该疾病的治疗能够使新生儿明显受益；②确认诊断系统到位；③对患病新生儿的治疗和随访可得。2000年美国儿科科学院的报告称，唯有对该疾病治疗在及早启动时是有效的，为专业人员所接受，以及为所有受筛查的新生儿可得的情况下，才可对新生儿进行筛查。在所有这些文件中，使新生儿直接受益一直是将某一疾病纳入统一的筛查清单内的具有头等重要意义的、不可或缺的标准。因此，为新生儿筛查的辩护理由是筛查使婴儿受益，其受益远超他们可能要承受的风险。

尽管有这种共识，但"只有能治疗该疾病时才做筛查"的原则受到了挑战。1975年美国科学院国家研究理事会（National Research Council，National Academy of Sciences）的一个委员会说，只要有证据证明筛查有实质性公共受益，新生儿筛查就是合适的，即受益不限于对婴儿疾病及时和有效的治疗，受益包括三类：①对婴儿，即使直接治疗不可得，但可提供管理和支持；②对家庭，为其之后的生殖决策提供资讯；③对社会，提供该疾病发生范围和发生率的知识。结论是，在某些条件下，在任何治疗手段可得之前，就应该开始筛查。这一意见得到了专家们的支持。于是新生儿筛查范围变得越来越宽，对多种疾病，罕见的、了解不多的或目前无法治疗的疾病都进行筛查。如果新生儿筛查技术主要转向以DNA为基础的多元平台，例如基因芯片，甚至全基因组测序，那

---

〔1〕 Institute of Medicine（IOM），2015年改名为美国医学科学院（National Academy of Medicine）。

么新生儿筛查范围将大为扩展，新的指导原则将是"进行一切筛查，除非有令人信服的理由不该筛查"。

2005 年美国医学遗传学学会（American College of Medical Genetics）在《新生儿疾病筛查：朝着统一病种和统一系统方向努力》（Newborn Screening： Toward a Uniform Screening Panel and System）提出，筛查 29 种核心或主要疾病以及 25 种次要疾病，提出了根据什么伦理原则要求各州统一扩大新生儿筛查范围，这种扩大与经典原则是否一致，以及如果不一致是否应该放弃经典原则的问题。有没有可能因筛查范围扩大太快，风险也随之扩大，从而使得风险受益比变得令人难以接受呢？人们用受益扩大来为扩大新生儿筛查范围辩护，因而提出扩大新生儿筛查范围必须满足三条标准：①筛查测试具有特异性和敏感性；②对疾病的自然史有充分了解；③治疗可得和有效。经初查，筛查 29 种主要疾病似乎符合威尔逊 - 杨格纳标准，然而筛查 25 种次要疾病只满足第一条，而不满足第二、三条标准。那么，为什么建议进行强制性筛查呢？有人提出，因为这些次要疾病是主要疾病鉴别诊断的一部分，为了确切地诊断主要疾病，要求收集数据，这样就会显示新生儿还有一种或多种其他疾病；也可能是多元测试的结果会揭露次要疾病。2010年，主要筛查疾病增加到 31 种。

因此，不能满足经典标准的疾病筛查在扩大受益的情况下也能得到辩护，即不仅使儿童受益（这是主要的）；也帮助家庭避免"诊断的奥德赛"（diagnostic odyssey）[1]，使家庭知道家庭其他成员可能有遗传风险；而且也通过提供旨在理解疾病自然史和发现有效治疗方法的生物医学研究的机会而帮助了社会，这就是公共受益（public benefit）；减少"诊断和治疗的奥德赛"也可减少医疗费用，使社会受益。因此，我们看到，受益概念已经从婴儿受益扩大到公共受益了，是否要扩大新生儿筛查，已经不完全是一个临床判断，而且是一个社会价值判断。然而，婴儿受益且不受伤害仍然是基本的原则，我们不能因公共受益而使婴儿的健康和生命受到伤害或威胁。

然而，扩大筛查是否会产生过度诊断（over diagnosis）呢？例如对新生儿筛查阳性的儿童进行确认测试，结果显示有些儿童虽然其基因型与患病儿童的基因型相同，但并没有发展出临床上显著的疾病症状，就像在癌症筛查中发生的那样。如果这种疾病可能危及儿童生命，临床医生往往会对儿童进行治疗，但实际上一部分有这些缺陷基因的孩子也许一生都不会出现临床症状。当使用全基因组测序方法进行筛查时，过度诊断将会使问题变得更加复杂。

三、家长同意

对新生儿进行例如苯丙酮尿症之类疾病的筛查，许多国家采取强制性的做法，这能在伦理学上得到辩护吗？国家如父母，国家有权采取公共政策干预虐待孩子的家长或其他监护人，其行动恰如需要保护的儿童的父母一样。这种国家家长主义给予政府采取行动维

---

〔1〕 意指家长为了诊断孩子的疾病到处跑来跑去。

护和促进儿童福利的权力，如果政府认为阻碍筛查可能伤害儿童，就可以利用国家权威来推翻家长的自主性。但必须有证据证明，筛查可使儿童直接受益，不筛查会使儿童受到伤害，甚至是严重的伤害，正如苯丙酮尿症显示的那样。

但是，在新生儿筛查问题上使用强制性筛查这一术语多少有点误导性。虽然在形式上测试不需要得到家长的允许，但这种强制性测试并不意味着父母没有拒绝或不参加筛查的权利。实际上，美国许多州允许父母因宗教或其他原因拒绝新生儿筛查，而这种拒绝通常不招致民事或刑事的惩罚。唯一的例外是内布拉斯加州，在那里，如果父母拒绝他们的孩子接受筛查，州政府将暂时将孩子移交给其他家庭抚养。虽然法律和司法的情况是这样，但从伦理学的视角看，孩子的利益应该压倒父母的宗教信仰，尤其是儿童无行为能力时，然而如果没有证据充分证明不参与筛查将损害儿童，那么强制性筛查也难以得到伦理学的辩护。

如果筛查使儿童直接受益，那么可为强制性筛查作伦理学辩护。如果受益概念扩大以后会怎样呢？扩大了的受益概念不能为推翻父母权威的强制性筛查辩护。对PKU进行强制性筛查的可辩护理由是早期诊断和治疗具有迫切性且儿童受益巨大，因此不需要父母的知情同意。现在受益概念扩大了，例如一种不能治疗的遗传病的早期诊断可使父母提前计划当孩子出现症状时怎么办，或有助于他们做出生殖决定，以避免再生出一个有病的孩子。有病孩子的早期鉴定也可通过提供潜在研究受试者以及血样而使该病的研究受益。这时考虑父母的知情同意就不但是合适的，而且也是必要的了。例如前面谈到的美国将筛查扩大到31种主要疾病，25种次要疾病，对31种主要疾病的筛查主要使儿童直接受益，适用于经典标准，而后25种次要疾病的筛查可能不能使儿童直接受益，但可使家庭和社会受益，这时就不能采取强制性筛查，而应由父母在知情后做出是否参与的决定。

四、其他可能存在伦理问题的方面

（一）成本

对成本的关注往往被认为与伦理学原则相对立，有人认为当婴儿的生命危在旦夕时，不应该考虑成本。然而，不顾成本也会带来伦理问题，因为新生儿筛查使用集体的资源来支付筛查、治疗和随访的费用。虽然新生儿筛查是件好事，但其他方面也需要资源来拯救生命、预防失能。在将资源用于新生儿筛查时，决策者有伦理义务来权衡负担、风险和受益。在受益方面，不仅要考虑筛查产生的总净受益，也要考虑受益和成本的公平分配，受益的许多不公平是经济和地理因素造成的，因此有一个全国统一的新生儿筛查计划可避免受益分配的不公平；病儿及其家庭所接受的随访服务的量和质的差异也是一个公平问题。在成本方面，要认识到新生儿筛查计划的成本不单是筛查检测的费用，而是计划的整体费用，还包括检测结果假阳性的新生儿家庭焦虑的成本。目前这些成本的分配是任意的，不符合合理的公平标准，对一些地区的家庭来说，他们的负担太重，应该将新生儿筛查的总成本在全国公平地分配。

（二）证据

证据不足也是一个伦理问题。没有有关决策正、负效应的详细信息，就不能评估与政策制定相关的资源成本和分配公平问题。但有人反对将新生儿筛查政策立足于证据之上，因为筛查的疾病是罕见的，未经筛查漏诊疾病的后果是灾难性的，如果要求有充足的证据后再推行政策，代价太高了。有人认为，只要儿童有希望受益就应该进行筛查，即使缺乏过硬的证据。而另一些人认为，根据伦理学要求，在扩大强制性筛查前，就应该努力收集帮助决策和评价决策后果的证据。大家都同意应该带有成本意识地系统地收集证据评价新生儿筛查的结果，将它作为新生儿筛查计划的一个基本部分。但收集证据需要资源，问题是需要多少信息才能做出较好的决策。

（三）确认检测结果和短期随访

在阳性结果得到确认后，一个重要工作是与家庭沟通。沟通不仅要提供信息，而且要确保父母理解这些信息。实际上围绕筛查结果进行的沟通是一个涉及许多利益攸关者的复杂过程，包括参与筛查计划的医务人员、遗传咨询工作者，以及家长。有人说，"没有消息就是好消息"，然而这种说法可能导致灾难性后果，例如，如果异常结果落到了没有能力提供遗传咨询的医生手里，那么没有消息就不一定是好消息。阳性筛查结果的沟通还有另外一个问题：许多筛查的病症是罕见的，初级医生可能难以向孩子父母解释，初级医生缺乏必要的知识来帮助家长理解。这既需要改进对家长进行相关疾病知识的科普工作，也需要提高医生能力及其与家长沟通的能力。

（四）治疗和长期随访

必须牢记，新生儿筛查不是单次测试，而是一个系统性的项目。人们对扩大筛查后的治疗和长期随访的可及十分关注。增加筛查病种、增加新的测试，必须给婴儿及其父母提供适当的长期随访和治疗服务所需的资金和基础设施，扩大筛查有义务提供相应的检测和治疗资源。在强制性筛查初期，婴儿服用 PKU 饮食配方的费用没有全面被保险费覆盖，这就使得一些孩子得到了诊断却没有得到治疗。在任何一个强制性筛查计划中，未能提供可负担的治疗都会引起伦理学的关注。即使提供了可负担的治疗，长期医疗结局的跟踪随访也很重要。

（五）携带者

20 世纪 80 年代，对镰形细胞病进行强制性筛查时就提出了是否应该将新生儿筛查发现的缺陷基因携带者的情况告知本人的问题。然而 40 年过去了，许多父母仍然搞不清携带镰形细胞病基因与镰形细胞病之间的区别。经验说明，在与疾病基因携带者的互动过程中，医生的沟通和处置能力以及对孩子父母的教育工作亟待改进。

（六）假阳性

在苯丙酮尿症筛查初期，人们就已经关注假阳性结果给孩子父母造成的心理问题了，当时称它为"PKU焦虑综合征"。尔后的调查显示，先天性甲状腺功能低下症假阳性筛查结果的孩子父母往往患有焦虑症等心理疾病。如果要进行全基因组测序的筛查，由测序误差引起的假阳性结果可能会更多，因此必须了解谁在得知假阳性结果后容易患焦虑症，引起的伤害有多大，如何能减轻这些伤害。医务人员要加强这些方面的研究。

（七）结果不确定

使问题更复杂的是，某些筛查结果为阳性的新生儿得到的测试结果却是既非正常又非不正常，这种情况被称为"诊断难题"（diagnostic dilemmas）。以克拉伯病（溶菌酶贮积症）为例，该病因半乳糖脑苷脂酶活性不足所致，患儿会出现进行性的、不可逆的神经退化，在儿童期就会死亡。可用同种异体造血干细胞移植治疗，早期治疗较为成功。有些克拉伯病筛查结果不确定的婴儿会发展出临床症状。这种不确定性也见于囊性纤维化筛查。随着全基因组测序的推广，其中可能存在未发现的突变，其临床症状又未知，这种结果不确定的难题很可能越来越多。

（八）血斑的储存和使用

在基因组时代，有关血斑储存和使用的争论将更为突出。从新生儿筛查获得的血斑的潜在价值已经超越了婴儿出生后立即进行遗传病测试的价值。由于收集的血斑含有每年全国各地出生的居民的DNA，它们是代表人群的基因样本的重要来源，可进行以人群为基础的基因组研究。近年来，为了更好地进行转化医学研究，人们利用剩余的新生儿筛查血斑的兴趣也日益提高。然而，将这些标本用于研究目的，提出了一系列伦理、法律和社会的问题，例如隐私、同意、公众信任等。美国有的地方发生过父母反对将剩余血斑用于研究的法律案件，最后销毁了储存的血斑。这涉及如何平衡公共卫生研究与公民权利的问题。

（九）信息的处理

新生儿筛查会产生超量信息，尤其是当我们将其与全基因组测序结合起来时。如果我们对所获得的信息不加过滤，医生和孩子父母会淹没在海量基因组信息之中，其中许多信息对他们并无太大的用处。这使本来就存在的与不确定结果、教育和沟通等有关的问题变得更加严重。如果将全基因组测序数据加以过滤，只留下与我们要筛查的疾病有关的信息，也会引起公众的关注。在制定扩大新生儿筛查计划时，尤其是与全基因组测序结合起来时，必须设法使公众参与决策过程。

第 2 节　儿科临床决策伦理

案例 9-1：骨肉瘤

　　骨肉瘤是高度恶性的骨癌，易扩散到青少年患者肺部。非转移性的骨肉瘤有接近 70% 的治愈率。患骨肉瘤的患者在诊断时已发生转移的，治愈率不到 20%。治疗方法有手术和化疗。许多患癌儿童通过参加临床试验而得到治疗。骨肉瘤已转移的 15 岁患者 M，对常规治疗没有反应。近一年以来，他参加治疗性随机临床试验，包括先期化疗、保肢手术以及手术后化疗。先期化疗效果很差，于是他接受追加的实验性化疗。在大部分时间里，M 对治疗都能够忍受，但在最后 3 个月的治疗期间，他在身体和情绪方面极力挣扎。治疗结束后的扫描确认他的肿瘤仍然存在于骨和肺内。M 的母亲要将未经证明的实验性治疗继续下去，以便尽可能延长他的生命，但 M 不想接受这种干预。M 要求医生不要再给他服药了，让他自然而然地去世。然而，他母亲说，如果医生不愿意给他治疗，她将把 M 转给愿意给他治疗的医生。

一、知情同意——认可与同意

　　儿科决策问题对儿童、父母和医生都提出了挑战，而儿科决策的核心是认可（assent）与同意（consent）这两个相关又有区别的概念。在成人医学中，知情同意已经是重要的伦理学和法律原则，而在儿科中，对家长允许代理同意以及儿童认可的概念仍存在争论。

（一）家长允许和代理决策

　　在法律上，家长有权利代表他们的孩子做出医疗以及其他方面的决定。在伦理上，家长也是代表孩子最佳利益的人。理由如下：①除非有相反证据，一般情况下，家长被认为是关心自己的孩子的人，比其他人更了解他们孩子的独特需要并会努力增进孩子的福祉；②家庭成员的利益也许会有冲突，但可以推定在做出最后决定时，父母会比局外人更好地平衡家庭成员之间相互竞争的利益；③作为照护者，家长将对他们代表他们孩子做出的选择的后果负责。但是，单单拥有父母的身份，并不自然使他们成为合格的代理决策者。为孩子或他人做出决策，一位家长或监护人必须满足四个条件：①有做出理由充分的判断的行为能力；②拥有充分的知识和信息；③在情绪上是稳定的；④以保护无行为能力患者的利益为己任。第二个条件和第四个条件特别与儿科医生相关。具体地说，医生有义务保护儿童，家长有足够的信息来做出深思熟虑的决定，足够的信息的最低限度是指一个通情达理的人认为与决策有关的信息。虽然大多数家长会采取符合他们孩子最佳利益的行动，但有时家长的决定会将孩子置于面临严重伤害的风险之中。在这种情况下，医生有义务来判断什么时候家长或监护人的决定会将孩子的福祉置于危险境地。

（二）未成年人认可和决策能力

知情同意是尊重人的自主性的体现。未成年人不具备做出合理决策的能力，不可能给出有效的同意，但可给予认可。认可是儿科的伦理原则。承认儿童（尤其青少年）能够在一定程度上参与同他们的医疗有关的决策。认可原则要求将儿童作为一个具备自主性的正在发育的个体来尊重。与同意相比，认可对儿童的决策能力要求不那么苛刻。认可要求医生和家长理解儿童，承认儿童意愿，是鼓励儿童与医生和家长沟通交流，鼓励儿童参与医疗决策，积极参与认可过程。认可与同意的不同是，虽然一个未成年人接受治疗的意愿很重要，但未成年人不是最后的决策者。家长同意后，医生根据儿童最佳利益进行的治疗可能符合也可能违背未成年人的意愿，但一定获得了家长的同意。因此，家长的同意胜过儿童的认可。

1. 儿童的医疗决策

除了儿童参与决策的意愿外，儿童理解能力是认可的关键要素。决策能力不是固定不变的，它会随时间和经验逐渐成熟。每个儿童的经历和病情都不相同，每个儿童的决策经验也是独特的，这些经验使儿童拥有自己的决策能力。不同年龄的儿童拥有不同的分析、综合与决策的能力。一般来说，14岁以上的儿童似乎能像大人一样做出治疗决定。然而，仅凭年龄并不足以判断一个儿童的理解能力。知识、健康状况、心理特点、决策经验和家

🔍 案例 9-2：儿童白血病

2015年2月27日，记者夏凯莉在《南方周末》发表题为《当小患者说我想好好地走》的报道。男孩小安5岁时患上白血病，接受了两年化疗，频繁地接受骨髓穿刺，他所承受的痛苦，常人难以想象。然而小安出乎意料地配合，每一次治疗都顺利完成。7岁时，小安的病情得到控制而出院，10岁时顺利停药。然而12岁时小安却因病情复发再次住院，在令人异常痛苦的治疗期间，他的病情一直在恶化，一天在治疗过程中，小安突然挣扎着从手术台上坐了起来，转身抱住医生，一边哭一边说："我不要再做腰穿了，让我走好不好？我真的想走了，我想好好地走……"，医生的眼泪夺眶而出。医生和小安的爸爸谈了整整一个晚上，最后痛苦地决定尊重孩子的想法：停止治疗，让小安出院。后来，小安去了迪士尼乐园，完成了一直以来的心愿。之后不久小安就走了，他的爸爸说他走的时候很平静。医生说："做儿科医生二十多年，我经历过太多难忘的患者，而小安使我重新思考医生的职责。那天手术之后，我就不停地思考：我那样救他，难道错了吗？""小安的生命只有短短12年，而其中一半的时间，都在经历怎样的痛苦和挣扎？我不敢回想，可我又不断回想，给予患者尊重、理解和关怀，我到底做到了吗？"

庭、文化、宗教背景以及价值观念对儿童理解他们的处境起重要作用，并影响他们的决策能力。与健康儿童或被排除在决策外的儿童相比，健康状况不好的儿童往往有更多的决策经验，这些儿童往往能更好地理解他们抉择的后果。

在小安的案例中，随着患者病情的进展，至少有两个选项，而不是医生原先以为的只有一个选项。

选项 1：医生原先以为唯一的选项，这是一个积极进取、雄心勃勃的选项，希望在以患者承受极大的痛苦作为代价来配合的情况下，能一举歼灭顽疾，成功治疗疾病。最初选择这一选项不能算是错误，因为医学上有对白血病有效的治疗手段，有方法可以控制病情，即使病情很严重，也不是没有出现奇迹的可能，家属也很可能不会一开始就放弃治疗希望。沿着这个选项走下去，可能会出现两种情况：一种情况是病情出现转机，症状减轻，患者整体状况好转；另一种就是像小安这样的情况，即使积极治疗，病情仍然在持续恶化。

选项 2：一开始就采取缓和疗法（或称安宁疗法），保守治疗，积极护理，以期患者恢复身体机能，免疫能力好转，在病情未进一步恶化之前，抓紧时间实现患者想做的事情（如旅游等）。这一选项并非不给任何治疗，如有炎症时给予抗生素，疼痛时给予止疼药，定时给水、给营养等，只是不进行抢救（如心肺复苏）或可能会使患者更加痛苦的治疗方法。这两种选项，并非绝对矛盾，完全可以根据患者情况和意愿自由转换。小安这一案例就是从第一种选项转移到第二种选项的，不过在小安提出要求前，医生和小安父亲好像都没有意识到还有第二种选项。如果医生一开始就意识到有这两种选项，也许可帮助医生更加从容地面对患者的病情变化，并根据这种变化按照符合患者最佳利益的方针，及时调整医疗方案。

（1）影响儿童参与决策的障碍

要使认可有效，首先认可必须是自愿的。要使儿童真正成为自愿的决策者，就要消除一些影响儿童决定自由的因素。一个人所做的决定受他人影响，也影响他人，儿童也不例外。影响儿童决策自由的障碍之一来自儿童自身。我们需要考虑儿童（尤其是病儿）是如何看待他们自己，如何看待他们在社会关系中的地位，以及这些看法如何影响他们的决策。由于儿童在身体、情感和经济上依赖大人，他们缺乏做出医疗决定的经验和必要的知识，他们特别脆弱，容易受到外界影响。因此，未成年人容易退缩，反过来依赖大人，而不去发挥他们的决策潜能。影响儿童决策自由的障碍之二来自家长。许多家长认为，儿童的医疗决定权只属于家长，他们全然不顾儿童的意愿。一些家长不知道，让他们的孩子参与决策过程是件好事。因此，医生有责任提出儿童参与决策的话题。医生需要及早与家长讨论这个问题，并阶段性地重提这个话题，以确保儿童参与决策。认可不仅仅是一种象征性的姿态，它应该被看作一个过程，而不是一次性事件。

（2）确定儿童决定的有效性

要使一个决定有效，做出决定的人在做决定时必须是自愿的和知情的。在取得儿童的认可之前，关键是医生要评估儿童对所建议的诊断和治疗计划（包括潜在的风险和受益）的细节的理解程度。但单单评估儿童理解细节的程度还不够，美国儿科科学院建议，获得儿童的认可的过程分为5步，医生必须：（1）帮助患者了解他们的疾病；（2）告诉患者他们能从诊断和治疗中期望什么；（3）评估患者的理解；（4）评估影响患者做出反应的因素（例如不当的压力）；（5）询问患者是否自愿接受医疗。

（3）平衡儿童、家长与医生的目标

一般地说，儿童想参与有关他们身体和健康的决定，他们也会意识到他们在决策中的角色与其家长的角色交叉在一起，并理解和尊重其父母的意见，尤其是当他们感觉到他们不能自己做出决定时，但仍然希望他们能够参与决策过程并希望他们的意见得到尊重。儿童和家长共同决策可帮助儿童明确他们的价值和意愿。美国儿科科学院鼓励儿科医生评价每一位儿童在表示认可的能力；根据儿童的发育状况，尽可能鼓励儿童对医疗表示认可；将认可看作将各有关方面共同决策整合起来的一个过程；医生与儿童的讨论有利于他们建立一种重要的关系，这在认可过程中至关重要。临床医生应该尽一切努力来帮助父母让他们的孩子进行独立思考，让孩子能够做出有理由的、有效的、与他们的年龄相符的决定，让他们知道父母会支持他们的决定。促进和确保孩子的认可能力也是医生作为孩子的维护者的责任。

2. 青少年的医疗决策

（1）"逢七规则"

在处理有关未成年人的决策问题上，有一条"逢七规则"（Rule of Sevens），即小于7岁的孩子缺乏决策能力，7～13岁的未成年人的决策能力正在形成之中，要根据具体案例来看儿童可在何种程度上参与决策过程，而14岁及14岁以上的未成年人已具备做出医疗决定的能力，除非有证据证明他们没有这样的能力。有越来越多的医学证据支持"逢七规则"。然而，这种观点也有缺点：其一，它仍然将未成年人按年龄分组，可能不符合因实际发育或经验差异而形成的显著个体差异。其二，这种观点也没有考虑不同决策类型所要求的成熟程度。其三，虽然14岁以上（含14岁）的未成年人比年幼儿童拥有更强的决策能力，但由于缺乏生活经验，有行为能力的儿童毕竟与成人不同。其四，有关大脑发育的最新数据提示，有关医疗决策的一些关键能力（例如理解长期风险的能力）甚至在20岁以前都尚未充分发育。

（2）家长权威的限制

家长有权为未成年子女做出医疗决定，但这种权利不是绝对的，在某些情况下，国家和法院可干预家长的决策过程。有些国家有关防止虐待儿童和医疗疏忽的规定可阻止家长拒绝有益于他们孩子的医疗。国家干预是否合适往往取决于如何平衡拒绝医疗的潜在伤害（如这种伤害是否是危及生命的或不可逆的）和未成年人与家长的偏好及其强烈程度。虽然宪法保护宗教信仰，但出自宗教动机的治疗决定往往会因危及儿童福利而遭到拒绝。美国最高法院在一项限制宗教动机主导医疗决策的声明中说，"父母有牺牲自己成为殉教者的自由，然而不能由此推出，他们有使他们的孩子在同样情况下成为殉教者的自由，因为他们尚未达到拥有自我裁量权的年龄，孩子成年后才能为自己做出抉择。"在一些情况下，权衡未成年人的自主意愿与家长权威后，应支持青少年做决定。仅由青少年表达认可就足以获得医疗的情况，往往因地而异，而且与病情有关。在美国有两条规则：其一，有关青少年人工流产的决策，要求司法人员参与，即由法院裁定是否应对青少年实施人工流产；其二，在急诊情况下，没有患者或患者家属的知情同意，也应进行抢救，因为没有时间去征求同意，这一通则也适用于青少年。

（3）家长同意的例外

除了前文两条规则外，还有三个例外：

1）公共卫生例外

在一些国家，为了公共卫生的需要，未成年人对医疗卫生干预措施有同意的权力，如避孕药具的可及和采取计划生育措施（不包括绝育或人工流产）；诊断和治疗性传播疾病；治疗精神障碍；治疗药物滥用。家长同意的例外基于两个理由：一是基于公共卫生需要，鼓励青少年寻求治疗，而不是承认青少年的自主性，如果青少年知道治疗是保密的，就会解除他们治疗的顾虑，这样可减少性传播疾病的传播率以及少女妊娠、药物滥用以及青少年自杀的发生率。如果要求父母同意，未成年人可能就不会去寻求治疗。二是承认未成年人拥有有限的隐私权利，例如未成年人避孕仅需经本人同意，既是由于公共卫生理由，也是承认青少年自主性在生殖健康方面的体现。

2）脱离父母独立生活的未成年人例外

有些未成年人由于某种原因脱离父母独立生活，他们只能自己做医疗决定。在各国，脱离父母独立生活的未成年人有种种情况，例如有的已经结婚，有的参了军，有的生了孩子，有的已经高中毕业，有的离开父母单独居住，还有的经济上已经独立等。拥有这些生活经验，基本上就可确定他们已经成熟，具有决策能力。因此在有些国家，法律赋予脱离父母独立生活的未成年人比较广泛的决策权。但在另一些国家，考虑到未成年人决策能力有限，往往由法官根据每一个案例的具体情况来判定脱离父母独立生活的未成年人是否可为自己做出医疗决定。

3）成熟未成年人例外

根据法律规定，成熟的未成年人还属于未成年人，然而由于他们具备对所建议的医疗风险和受益的理解能力，他们可以被赋予有限的决策权。有些国家的法院认为，如果未成年人能够理解他们同意的行动的可能后果，即使父母、监护人或其他负责人未表示同意甚至明显拒绝，该未成年人的同意仍然有效。需要考虑的相关因素包括：未成年人的年龄、能力、生活经验、教育以及成熟程度。成熟未成年人例外的主要优点是承认未成年人正在形成的自主性和决策能力。缺点是：只能在对每个案例进行具体分析的基础上做出其是否成熟的判定，因为没有统一的客观的标准来评价未成年人心智的成熟程度。

（4）青少年、家长与医生在医疗决策中的作用

在所有情况下，都应该尽可能让青少年参与医疗决策过程：一是因为应该承认他们的自主性，二是因为他们参与医疗决策后能取得更好的实际效果。与鼓励成人患者参与知情同意过程的理由一样，青少年需要为治疗的后果做好准备，有时他们需要主动参与他们的治疗。即使家长有同意或拒绝治疗的最终决定权，青少年在决策过程中仍可能起到重要作用。青少年的认可提供了伦理学上要求的允许，虽然同意更符合道德和法律的要求。而且，虽然一位青少年未能提供认可不等于拒绝治疗，但在决策过程中也应该考虑患者本人的意愿。

决策权在青少年与家长之间的配置情况取决于治疗措施的类型。常规的、简单的治疗干预，所要求的决策能力程度比较低，其后果往往不严重，是青少年参与决策的好机会；涉及维持生命的治疗，潜在的伤害比较大，这就要求更高水平的决策能力。当青少年、家长单方或他们双方拒绝生命终期的治疗时，做出医生、患者及其家属三方意见一致的治疗决策就比较困难。当家长同意维持生命的措施但违背未成年人意愿时，家长的决定始终是占上风的；反之，当青少年同意时，家长的拒绝意见一般会被推翻，以保护未成年人的生命，至少在未成年人有实质性受益的情况下是这样。当青少年和家长都拒绝时，必须权衡放弃治疗的不可逆后果和拒绝的理由，与未成年人的成熟程度以及干预成功的概率。

上面讨论的是在治疗性干预情境下是否允许青少年做出决定，而选择性干预提出的问题是类似的。选择性干预包括的干预措施如纯粹美容的干预措施（鼻整形术、牙冠覆盖体）、准治疗的或矫正的（胃束带、减肥术、乳房缩小术）干预措施。使用人类生长激素的治疗可能既是治疗性的，又是美容的干预措施。许多干预都有改变生活的后果，这要求获得青少年认可。因此，在纯粹的选择性干预情况下，没有获得未成年人的认可是不能采取这些干预措施的。

3. 特殊儿科临床情境下的决策

（1）儿童的自然机遇和社会机遇

儿童的良好成长需要包括家庭、社会和政府在内的全社会的努力。人一出生就是不平等的，受精卵的基因组就有个体差异，有些孩子一出生就可能有遗传病的症状，有些则要到几年、几十年后才发病，有些孩子则对一些严重疾病（如癌症）易感，所以我们说每个人出生时的"自然彩票"就不同，这直接影响孩子的健康，也在一定程度上影响孩子的智力。同时，有些孩子出生在贫困家庭，尤其"系统弱势"的家庭，即这个家庭的好几代都处于贫困之中，因此我们说每个孩子的"社会彩票"也大不相同。这会大大影响孩子的后天发展。这些都是孩子本身，甚至父母、家庭所不能控制的，对抗这种不平等需要社会和政府的支持。我们需要有一个合适的政策来确保自然机遇和社会机遇很差的人，也能公平地享受社会发展带来的惠益，能过上体面而有尊严的健康的生活。对儿童癌症幸存者迟发效应的应对措施，其中包括临床以外的措施，需要社会和政府的支持。

（2）癌症治疗的迟发效应

迟发效应是指治疗结束数月或数年后发生的健康问题。据报道称，美国现在约有38万儿童期癌症幸存者，他们大多在40岁以下，也就是说，每大约600个年轻人中就有1个是儿童期癌症幸存者。随着时间推移，这些幸存者的数量也在增加。当科学家开始使用新疗法，将高剂量的化疗药物和放疗组合到一起应用时，存活率上升了，从开始的66%上升到97%。但是，医学界发现大量患者有迟发效应，迟发效应可影响患者的生长和发育，影响其器官、组织和身体功能和情感、思维、学习、记忆和行动，或可导致继发癌症等不良后果。这种迟发效应被称为"医学进步的黑暗面"。癌症本身和癌症的治疗（包括手术、化疗、放疗以及干细胞治疗）都可引起迟发效应。迟发效应严重影响患者生活质量，甚至可能危及患者生命。迟发效应风险取决于与患者、肿瘤和治疗有关的因素。例如癌症的部位、放化疗方式患者患癌时的年龄、患癌时间生活方式等。儿童癌症的新疗法降低了原发癌死亡人数，但儿童癌症幸存者的迟发效应人数大大增加了。他们死亡的最常见原因是原发癌复发、继发癌发生，以及心肺问题。

1）迟发效应的应对

从伦理学视角看，医患双方共同努力才能解决迟发效应：①医者（包括医院和医生）要确保向儿童癌症患者及其父母推荐已被临床试验证明的安全和有效的疗法，并向儿童癌症患者及其父母讲清楚，即使癌症得到治愈，也会有迟发效应发生。也就是要在治疗癌症的知情同意书中加入有关迟发效应的内容。②医者要吸收儿童癌症幸存者及其父母参加迟发效应的治疗和研究工作，与他们建立治疗和研究迟发效应的伙伴关系。③当儿童完成治疗后，医者必须保留治疗记录，记录其癌症的特异性质及治疗方法、迟发效应的风险以及随访计划。要对儿童癌症幸存者进行定期随访，随访必须由专业医生进行，随访必须因患者而异。随访至少应持续到患者成年。也就是说，由于迟发效应主要由治疗引起，医生对患者的专业责任应至少延迟到他成年。④医者要考虑提供最新癌症治疗方法的费用问题。例如 2015 年美国新研发了一种激发免疫系统能力的抗肿瘤药物，如使用这种药物，每位患者每年得花费 15 万美元，如果每位有需求的患者都用上这种药物，美国医疗系统每年得花费几十亿甚至上百亿美元。而现在受益于这种新疗法的只有少数富人。医者应考虑医疗费用的可负担性问题。⑤儿童癌症幸存者必须每年进行一次检查，包括血液和影像检查，保持良好的健康习惯，避免吸烟、过量饮酒、吸食非法药品，避免过度日晒并加强锻炼。

2）社会的关怀

儿童癌症患者及其家庭的痛苦和负担需要社会和政府的关怀。首先，需要建立更多关怀儿童癌症患者或癌症幸存者及其家庭的社会组织，提供志愿者的帮助，以疏导他们的痛苦，分担他们的负担。这些儿童及其家庭的不幸遭遇不是他们自己选择的，不利于他们的自然机遇和社会机遇也不是他们所能控制的，社会有责任提供帮助。对弱势人群的关怀和帮助是一个社会内部团结互助、同舟共济的体现，对于建立和谐社会至关重要。政府相关部门应该支持和鼓励建立这类社会组织。同时，对于弱势人群，不能单靠社会组织的慈善工作。政府应拨出一定资源支持这些社会组织的慈善工作；另一方面也应直接分配资源用于救助那些在自然机遇和社会机遇方面处于不利地位的家庭，尤其是那些贫困家庭，改善他们的处境，例如对于身患绝症的儿童及其家庭、儿童癌症幸存者及其家庭，应减免他们医疗费用，使他们有机会完成学业，让这些孩子能更好地成长。政府与全社会（不单是医生和儿童的父母）都应加入关怀儿童癌症幸存者的队伍中来。对儿童这一特殊脆弱群体的健康和福祉，应有专门的政策给予特殊的保护。

第 3 节　严重缺陷新生儿的照护

一、出生缺陷新生儿概述

出生缺陷是指婴儿出生前发生的身体结构、功能或代谢异常。出生缺陷可由染色体畸变、基因突变等遗传因素或环境因素引起，也可由这两种因素交互作用或其他不明原因导致，通常包括先天畸形，染色体异常，遗传代谢性疾病，功能异常（如盲、聋和智力障碍）等。

出生缺陷有的是静态的，指已存在的智力或体力缺陷不大可能恶化；有的是进行性的，指智力或体力缺陷将会进一步恶化，通常会使寿命缩短。对进行性疾病，有可能通过治疗逆转或延迟其进一步恶化。无脑畸胎、脊柱裂是先天畸形儿或有缺陷新生儿中最严重的异常。无脑畸胎是由于脑发育不良而形成的，多数患儿于出生后数小时内死亡。脊柱裂婴儿在出生前发育期间脊髓没有闭合，经手术闭合后，某些婴儿的生命可延长，但他们要在瘫痪、大小便失禁或智力低下的情况下度过一生。[1]

根据卫生部发布的《中国出生缺陷防治报告（2012）》，我国是出生缺陷高发国家。我国出生缺陷发生率与世界中等收入国家的平均水平接近，约为 5.6%，每年新增出生缺陷婴儿童约 90 万例，其中临床明显可见的出生缺陷婴儿约有 25 万例。北京大学出生缺陷监测中心的数据表明，中国实际每年出生的缺陷患儿有 50 万～60 万，在这些缺陷儿当中，有 30% 在出生前后死亡，40% 终生残疾，只有 30% 可以治愈或纠正。

出生缺陷是导致早期流产、死胎、围产儿死亡、婴幼儿死亡和先天残疾的主要原因。目前，出生缺陷在全国婴儿死因中的构成比顺位由 2000 年的第 4 位上升至 2011 年的第 2 位。出生缺陷还加重了家庭因治疗、残疾或死亡导致的疾病负担，严重影响儿童的生命和生活质量，给家庭带来沉重的精神和经济负担，也是我国人口潜在寿命损失的重要原因。

对有缺陷新生儿的处理是当代生命伦理学面临的重要问题之一，是家庭、社会、医务工作者、医院，甚至卫生行政机构面临的难题和挑战，例如有缺陷新生儿应该得到治疗吗？如果应该，那么是给予普通的治疗护理，还是采取一切医疗措施尽力挽救他们的生命？如果他们不应该得到治疗，那么是加速他们的死亡好，还是不给予治疗护理任其死亡好？有缺陷新生儿的最佳利益是什么呢？谁可以决定有缺陷新生儿的最佳利益呢？

二、治疗还是放弃？

对严重缺陷新生儿是治疗还是放弃，历来有很大的争议。

（1）第一种观点认为，"一切人类生命都是神圣的"，或"活着总比死去好"，"生命权利是绝对的"，所以，对有严重缺陷的新生儿，应该用一切办法予以治疗。如果不予治疗，这种婴儿必然死亡，这与杀人无异，因为婴儿已经是人，具有人的地位。然而，对有严重缺陷新生儿的治疗方法往往不确定。如果采取常规的、普通的治疗方法，不会有很大风险，但改善或纠正患儿疾病的效果不大。而如果采取一些特殊的试验性的治疗方法，有可能使病情有所改善，但也可能反而促使患儿更快死亡。而且，采用积极的治疗方法，有可能给患儿带来更大的痛苦。不仅如此，以上观点也有争议。例如，有人认为，医疗决策应该以生活质量或生命质量为标准，而且资源有限，不可能为抢救一名没有希望的病儿而不

---

〔1〕 本节由朱伟撰写。

计后果地投入过量资源，也有少数人对新生儿是否拥有人的道德地位提出异议。

（2）第二种观点认为，可以制定一些生命质量的标准来选择应予治疗的病儿。对于预后生命质量很低的患者，如对严重身体残疾的患儿，不应采取积极的、特殊的治疗，只给予一般的护理即可。

（3）第三种观点认为，对于不予治疗的新生儿可选择的处理办法有：提供通常的护理，但不喂食，可给婴儿服镇静剂。有人认为仅仅不给治疗和营养（有些文献称为"被动安乐死"，但根据对安乐死定义的共识，一般不称这种情况为安乐死），拖延治疗给家庭和患儿造成的伤害更大。

这些不同观点表明，决定治与不治的医学标准不仅是一个诊断和预后的技术问题，而且是价值问题或伦理问题，需要为医学标准提供更为合适的伦理学的论证和辩护。

如果决定放弃治疗，会引起进一步的问题，例如是否应该对有严重缺陷的新生儿不采取任何治疗措施；还是仅仅限于不给或撤除抢救性或生命维持技术的治疗（例如心肺复苏术、呼吸机等），但仍然给予缓和治疗（例如抗生素治疗）、给水和营养；以及是否允许采取一定干预措施缩短其死亡过程及减轻痛苦，患儿的伦理问题与成人的生命终末期照护中遇到的问题相同，我们将在第 11 章中讨论。

三、严重缺陷新生儿的道德地位

对严重缺陷新生儿是否予以治疗，在很大程度上取决于对他们道德地位的看法，即新生儿是否是人（person）。对此也有不同的观点：

（1）第一种观点认为胎儿是人（person），有绝对的生的权利。这种观点主张，一切人类生命都是神圣的，所以人们必须遵守如下两条规则：其一，不可直接和有意杀死一个无辜的人；其二，人们有义务维护人类生命，尤其是负有照料责任的人，义不容辞。人们之所以负有这样的义务，并非取决于父母或医生的愿望和需要，而是由胎儿作为人的本体论地位所决定的。这种观点认为，只要某个实体是人，就有不可剥夺的生的权利，因为所有人是平等的，不能因财产、地位或阶级而受歧视，也不能因有缺陷而受歧视。生的权利是人的第一权利或基本权利，没有它就没有其他权利可言。这是一种强义务论观点。按照这种观点，一个新生儿不管其身体缺陷有多严重，都应该救治。

（2）第二种观点也承认胎儿是人，并认为在一般情况下他具有不可剥夺的生的权利，但是上述两条保护和维护人类生命的规则是有限制和例外情况的。人类生命并不具有绝对的价值，生不一定是最大的善，死也不一定是最大的恶："好死并不一定不如赖活。"比如，某些新生儿的缺陷很严重（如无脑儿），已经无法享有生的权利，也无法成为受保护和照顾的主体。所以胎儿虽然是人，但并不因此一定享有绝对的生的权利。那么，哪些有缺陷新生儿应该得到救治呢？应以非常手段原则来衡量。所谓非常手段是指只能通过付出异常代价或承受极大痛苦，才能获得成功或有希望成功的手段。如果一种手术不会给胎儿带来很大的痛苦或危险，且有成功希望，那么就有义务进行治疗。反之，如果手术对胎儿不但无效而且有害，就没有治疗的义务，甚至有义务不治。不治不是为了别的，正是为了胎儿的利益。这种观点比第一种观点切合实际，但它没有考虑生命质量问题，也没有考虑治疗给家庭和社会带来的困难。与其他观点相比，这种观点在伦理学上是更可接受的。

（3）第三种观点认为，新生儿是人，但有严重缺陷的新生儿不是人。这种观点认为，有些新生儿的缺陷和残疾异常严重，不应该被当作具有完全道德地位的人。因为他们未来不仅没有能力实施他们的社会功能，而且也不具备潜能发展成具有正常社会和心理功能的人。从这种观点出发，那么我们就没有必要去维护严重缺陷新生儿的生命，这种观点只是要求我们同情严重缺陷新生儿，仁慈地对待严重缺陷新生儿，在某种程度上类似于对待有感知的动物一样。不过，这种观点的不足在于，什么样的新生儿可以被合理地认为是非人。因为出生缺陷的严重程度是非常不一致的，除非我们认同杀婴是可以得到辩护的。但即便如此，我们还需要论证为何以人的概念涵盖不到这类新生儿，为什么他们与我们并不具有同样的地位。

（4）第四种观点认为，新生儿并无绝对的生存的权利，但有高度价值。这种观点认为，从严格意义讲，新生儿还不是人格意义上的人（person），因为人是负有责任的行动主体，人是权利和义务的载体，而新生儿没有自我意识，没有理性，不能对他们的行动负责，但由于他们在家庭和社会中扮演和充当一定的角色——"孩子"的角色，在性质上不同于胎儿，所以认可其"孩子"身份的人有权利要求别人把他们作为人来对待，也可以说，他们是社会意义上的人。根据这种观点，可以对有缺陷新生儿不予治疗，但必须要有合理而充分的理由，当死亡不可避免，治疗只是延长痛苦时，不予治疗甚至采取措施加速其死亡，不仅是允许的，而且是必要的。

（5）第五种观点则从受益和代价的分析来判定有缺陷新生儿的地位。这种观点认为，只要合意的结果（如避免痛苦）超过了损失，结束一个人的生命就是善。也就是说，如果个人和社会的成本（如新生儿遭受的痛苦、父母的焦虑和痛苦，以及人力资源和经济成本），超过了社会和个人的受益（如新生儿的健康改善、痛苦缓解和预后情况良好、可负担的花费），那么，就不去救治这个新生儿，允许其死亡，甚至应该允许使用无痛苦的手段缩短新生儿死亡过程，使其最大限度地免除痛苦。

四、谁应该做出如何对待有缺陷新生儿的决策

对有严重缺陷新生儿是治疗还是放弃？一般认为父母和医生最有权威和责任来决定新生儿的命运。因为他们是最关心新生儿福利的人，也是最了解新生儿的状况、预后和生活前景的人。父母通常被认为是新生儿的最佳代理人。因为新生儿是他们所生的孩子，是家庭的成员，新生儿存活与否，父母是最大的受益者或情感和经济代价的最大承担者。当父母支持治疗时，他们会提供最好的照料。但是，有人反对由父母做决定：一是父母不一定为孩子的最佳利益着想；二是父母在决定孩子是否应该得到治疗时，常会有强烈的内疚、痛苦和焦虑，尤其在做是否放弃孩子的决定时，父母的压力更是巨大，很可能他们无法理性和客观地做出决定。不过，一般而言，父母很难被排斥在决策过程之外，一方面是因为父母是新生儿照料以及治疗费用的直接承担者，另一方面，新生儿与父母有着遗传和情感

的联系，俗称"母子连心"，从这些方面来说，不让父母做决定，很难得到辩护，除非父母的决定显然违背孩子的最佳利益。至于父母由于情感、经济的压力而不能做出客观决定的说法，也不能一概而论。大多数父母尽管在刚得知孩子病情时感到震惊，但仍会适当地理解病情，理性地做出决定。更何况，即使新生儿没有严重缺陷，对孩子养育和培养也是按照他们本身的价值观、志向和信念来实施的。

从医生方来说，他们具有新生儿缺陷治疗和预后的专业知识和经验，不为情感、经济等压力所左右，具有父母所没有的客观性，因而，医生通常被认为是最合适的决定者。但也有人提出由医生来做决定并不合适，理由如下：一是由医生做决定会助长医疗中的家长主义作风和增加医生操纵知识的危险；二是医生的决定也不一定合适，因为医疗的成功和预后总是概率性的，医生之间对治疗决定也常有不同的意见；三是医生的决定实际上很少单纯凭借医学知识做出，往往也是根据医生个人的价值观做出的。尽管如此，医生的知识和经验以及他们对患者的专业责任，是做出合理决定所必不可缺少的，因而他们在决策过程中可以起指导作用。当然他们在决策中的作用只是辅助新生儿的父母，并不具有最终的决定权。

由谁来决定是否放弃对严重缺陷新生儿的治疗，还可能引起第三者的干预，使问题复杂化。2010 年 2 月，天津某家医院诞生了一个女婴。她出生时就患有肛门闭锁、多发性瘘管、肾积水、心脏卵孔未闭等先天缺陷，在医院里接受了 13 天的治疗。她的父母和家人讨论后，决定放弃治疗。随后，该女婴被转到一家临终关怀医院，每日仅喂一点点水维持生命。家人希望孩子就这样静静地离世。但不久后，许多人获知这一消息，开始采取行动，为孩子争取生存权，并上门劝阻父母，发起组成"爱心妈妈"联盟，启动了营救计划。最终，父母在舆论和外界的压力下，接回婴儿，并表示给孩子以应有的治疗。在这个过程中，父母放弃治疗的理由主要有两条：一是，13 天的治疗已经使孩子受尽了痛苦，他们不忍心孩子再继续这样受苦，认为如果让她安静地离世，少点痛苦，也许是较好的办法；二是，他们认为，孩子即便继续接受治疗，也不一定能治愈，即便治疗成功，残疾严重的孩子将来生活艰难，难以生存。但是，许多人认为，孩子通过必要的医疗救助可以存活，父母无权自行决定孩子生死，父母的决定等于直接否定了孩子生的愿望，父母怎么就知道这个孩子一定不想活下去呢？父母怎么就知道孩子是想早点解脱呢？因而，他们认为孩子的命运不应该由父母决定。

可见，严重缺陷新生儿治疗应由谁决定是个复杂的问题。在通常情况下，父母应该是最终的决定者，但有时父母的决定不一定代表新生儿的最佳利益，而医生的决定往往出自其医学的专业知识及自身的价值观，因而其决定也可能会失之偏颇。在这种情况下，首先，有必要制定一些生命质量标准来选择应予治疗的病儿，而对于预后生命质量很差的患者，如严重身体残疾，则不采取积极的、特殊的治疗，只给予一般的护理。其次，还有必要建立新生儿干预伦理委员会，以提供咨询服务，并监督和审查对新生儿的干预。在世界各国，有关新生儿处理的委员会大致有以下四种：①审查性委员会：当医生和父母均同意不予治疗时，由该组织来审查这个决定是否合理；②咨询性委员会：旨在提供建议并帮助父母和医生做出决定；③起代理决定者作用的委员会：由于病儿无行为能力，由它决定如果婴儿能够做出判断时新生儿会做什么，或决定为了新生儿的最佳利益，什么是社会上和伦理学上可接受的；④医院临床伦理委员会：为临床决策提供伦理咨询。就我国目前的情况而言，在有关严重缺陷新生儿的处理上，建立审查性委员会审查不予治疗的决定，不失为一个可行的办法。该委员会也可以起咨询、监督和检查的作用。咨询是为父母做出比较合适的决定提供帮助，父母是最终决定者；监督是指防止或纠正在伦理学上得不到辩护和不容许的决定，并使决定者负起道德责任；检查是指定期回顾有关案例，总结经验教训，提出改进建议。

第 10 章 器 官 移 植

第 1 节 器官移植技术概况

案例 10-1：器官的分配

患者甲因多年酗酒，肝脏功能衰竭，急需移植肝。另一青年乙因抓歹徒受伤，肝脏严重受损，也急需肝脏移植。正好有一肝可供移植，而且组织配型与这两位患者也正好相容，甲可以负担肝移植费用，而乙无力负担肝移植费用。

问题：

（1）应该将这只肝移植给谁？给有支付能力的甲，还是没有支付能力的乙？

（2）是否应该因患者酗酒致病而拒绝给患者甲进行肝移植？

（3）是否应该因无力支付而不给乙做肝移植？

（4）如果甲乙可以各分别获得一半肝脏进行移植，乙负担不起费用应如何解决？

器官移植既是延长生命又是拯救生命的医学干预，将其中一个整体或部分的器官（或细胞治疗中的细胞）从一个死去的或活着的人（供体）移植到另一个人（受体）身上，用供体有功能的器官来替代受体功能已衰竭的器官。临床器官移植首次成功的案例是 1954年美国医生约翰·梅里尔（John Merrill）在一对孪生儿之间进行的肾移植，移植后肾脏立即发挥其功能，这是人体器官移植划时代的标志。随后，1963 年美国医生哈迪（James Hardy）的肺移植、1967 年美国医生托马斯·斯塔兹尔（Thomas Starzl）的肝移植和 1967年南非医生巴纳德（Christiaan Barnard）的心脏移植都取得成功。20 世纪 60 年代免疫抑制剂开始应用于临床，器官移植技术的发展和成功主要归功于外科手术的进步、免疫抑制治疗的发展以及器官活性维持手段的进步。当然，随着器官移植技术发展（特别是 20 世纪 50 年代肾移植技术应用伊始），器官需求猛增，有心跳的"尸体器官"概念引起了很大道德争议。为此，1968 年哈佛大学医学院脑死亡定义特设委员会成立，将脑死亡的定义标准化，力图解决围绕器官移植不断增多的道德争论，最后形成了脑死亡的"哈佛标准"。人们普遍认为这个定义代表了人们对死亡认识的重要进步。

自 20 世纪 80 年代以来，由于器官移植技术的进展，扩大了可移植器官的范围，改善了移植的结局，使器官衰竭的患者大为受益。然而，大多数国家患者对器官的需求大大超过了器官的供应，器官的奇缺迫使人们去寻求各种来源的可供移植的器官和组织，除了作为重要来源的公民逝世后尸体器官捐献外，还有家庭成员、朋友甚至陌生人的活体器官，绝望的患者在互联网求购器官，给活体捐赠者支付金钱，实验性地使用动物器官即异种器官移植，甚至试图买卖器官，这使得器官移植中的伦理和政策问题凸显出来。2010年世界卫生组织发布《人体细胞、组织和器官移植的指导原则》[1]，其中特别强调同意和无偿原则。本章着重讨论器官移植中器官的获取和分配中的伦理问题。[2]

第2节　器官获取的伦理问题

器官移植在20世纪世界医学史和人类文明史上开创了新的一页。外科技术的发展、器官保存技术的改进、新的免疫抑制药物问世，使器官移植成为标准的外科疗法，挽救了很多人的生命。但在移植外科的奇迹后面，存在着令人困扰的问题，可供移植的器官严重供不应求，医务人员不得不面临使一些人有机会活下去，而另一些人不得不在等待中无奈

---

〔1〕 WHO. Guiding principles on human cell, tissue and organ transplantation[M/OL]. 2010. http://www.who.int/transplantation/Guiding_PrinciplesTransplantation_WHA63.22en.pdf.

〔2〕 本章的撰写参照如下文献：American Medical Association, Council on Ethical and Judicial Affairs. Strategies for cadaveric organs procurement: mandated choice and presume consent[J]. JAMA, 1994, 272(10): 809-812;

CAPLAN A. No Sales: Markets, Organs and Tissues[M]//ARTHUR L C. Am I My Brother's Keeper？ The Ethical Frontiers of Biomedicine. Bloomington: Indiana University Press, 1997:95-100;

FARRELL A M, QUIGLEY M. Organ donation and transplantation[M]//CHADWICK R. Encyclopedia of Applied Ethics. Amsterdam: Elsevier, 2012: 288-295;

FISHMAN J A. Infection in Xenotransplantation[J]. BMJ, 2000, 321:717-718;

GIUBILIN A. Why and how to compensate living organ donors: ethical implications of the New Australian Scheme[J]. Bioethics, 2015, 29(4): 283-290;

MASSENGILL D. Ethics of organ allocation: a consequentialist approach[M]. Tallahassee: Florida State University Libraries, 2013;

MUNSON R. Intervention and Reflection: Basic Issues in Medical Ethics[M]. Belmont, CA: Wadsworth, 2000: 737-803;

MUNSON R. Organ transplantation[M]//STEINBOCK B. The Oxford Handbook of Bioethics. Oxford: Oxford University Press, 2007:211-239;

LAMB D. Animal-to-human Transplants: the Ethics of Xenotransplantation[J]. Journal of Medical Ethics, 1997, 23(2): 124-125;

PARADIS K, LANGFORD G, LONG Z, et al. Search for Cross-Species Transmission of Porcine Endogenous Retrovirus in Patients Treated with Living Pig Tissue[J]. Science, 1999, 285(5431): 1236-1241;

REISERS J. Ethical aspects of organ allocation in transplantation.[J]. Texas Heart Institute Journal, 1987, 14(3): 284-288;

The President's Council on Bioethics. The Ethics of Organ Allocation: Policy Questions Concerning Geography, Age, and Net Benefit. Staff Discussion Paper, 2007. https://bioethicsarchive.georgetown.edu/pcbe/background/ethics_of_organ_allocation.html;

WRIGHT L, et al. Organ transplantation[M]//PETER S, VIENS A. The Cambridge Textbook of Bioethics. Cambridge: Cambridge University Press, 2008: 145-150;

邱仁宗. 利用死刑犯处决后的器官供移植在伦理学上能否得到辩护［J］. 医学与哲学，1999（03）：23-26;

邱仁宗. 高新生命技术的伦理问题［J］. 医学与哲学，2000（11）：21-26;

翟晓梅，邱仁宗. 生命伦理学导论［M］. 北京：清华大学出版社，2005: 293-327;

邱仁宗. 器官捐献，还要跨越哪些观念障碍［N］. 健康报，2017-03-24（005）.

地逝去的抉择。以美国为例，20 世纪末，每当有一个人接受移植器官，就有两个人进入等待接受器官移植的名单，而在等待名单上的人以每天 10 人的速度死亡。这是一个"求"大大超过"供"带来的问题。我国求大于供的问题似乎最为严重，据估计可达 30 万（等待器官移植的人数）：1 万（完成器官移植的人数）。另一个大问题是费用昂贵，许多人无力支付器官移植及其相关的费用。以美国为例，肾移植的费用是 4 万美元，心脏移植的费用是 15 万美元，肝移植的费用是 20 万～30 万美元。免疫抑制药物每年花费 1 万～2 万美元，患者需要终身服用。我国器官移植及其相关费用也很昂贵。这两个问题都使得器官移植这一当代医学高科技的成果不能为每个有需要的人享用。如果这两个问题不能得到解决，就会导致器官移植技术不能公平可及，进而引发社会不公正问题。

解决"求过于供"的问题，可以从以下两方面努力：一方面，缩小需求；另一方面，扩大供应来源。缩小需求就需要加强预防工作，例如大力预防和治疗烟瘾、酒瘾工作。费用问题也涉及两个方面：一方面是控制器官移植在总卫生医疗费用中的比例，这也与做好预防器官衰竭工作有关；另一方面是使移植所需费用为每个患者可负担，从而使器官移植为每个所需的患者可及。其中涉及的伦理问题有：在我国应该大力推行利用公民逝世后捐献的器官，还是主要依赖活体器官；是否允许器官买卖；在器官捐献中，应该使用目前的经典的明确同意，还是实行推定同意；应该如何分配稀有的卫生资源才能做到公正、有效；异种移植的研究和应用是否应该开展以及应该如何开展等。

一、死亡与脑死亡

（一）死亡的概念

死亡的概念可帮助我们了解死亡的意义，也可以为我们提供一个确定死亡标准的参照点。

1. 死亡的生理学概念

死亡的生理学概念是死亡的操作标准。现代医学所讨论的死亡的生理学概念有全身死亡和脑死亡。全身死亡是传统上对死亡的理解，指心肺功能不可逆地终止。脑死亡是指作为整体的脑功能的不可逆终止。"心脏和肺脏功能的永久性停止"一直是确定死亡的传统标准。这是因为心、肺、脑是人体的三个核心器官，这三个器官相互之间有着必然的联系。三者之中无论哪一个首先丧失了正常功能，都会导致其他两个器官进而整个机体的死亡。由于心脏和肺脏功能停止所致的死亡现象最容易被人们观察到（呼吸和脉搏停止），所以在临床实践中最常使用的还是心肺标准。

2. 死亡的方法学概念

死亡的方法学概念是指死亡的检测方法，即确定死亡生理标准的具体方法。虽然一种新的死亡标准和死亡检测方法并不一定是由于死亡哲学概念的改变所致，或许它只表明是对先前标准和检测方法的改进，比如听诊器和心电图描记技术更精确地检测了死亡，而它们并未脱离传统的心肺死亡标准。

临床需要从可观察的现象中找到反映死亡本质的检测方法。把心跳和呼吸停止作为死亡的标准沿袭了数千年之久。传统的确定心肺死亡标准的方法包括观察脉搏、呼吸、血压或／和心电图描记。对于中枢神经系统而言，可以用脑电图描记测量新皮层的生物电活动（脑电图），以及在循环系统中注射放射性的示踪物来检查脑的血流情况（脑血管造影）。1968年美国哈佛大学医学院特设委员会发表的报告中提出了脑死亡的4条判断标准：①没有感受性和反应性；②没有运动和呼吸；③没有反射（主要是诱导反射）；④脑电图平直。24小时内反复测量多次，结果无变化，但体温过低（体温＜32.2℃）或刚服用过巴比妥类等中枢神经抑制药的病例除外。这就是著名的"哈佛标准"。该委员会做出这一提议后不久，世界医学联合会第22届大会在其《悉尼宣言》中承认脑X线摄影可能对宣布脑死亡有用。1969年，美国脑电图学会确定脑死亡脑电图标准特设委员会发表了等同于脑死亡的死亡标准。

3. 死亡的哲学含义

哈佛大学医学院特设委员会的脑死亡标准引起了激烈的争论。有人认为，这个标准没有分清两个问题：一个是有关脑死亡的检测问题；另一个是停止抢救的道德正当理由问题。也就是说，这个标准是如何判定脑死亡的标准，并没有论证为什么脑死亡就等于人死亡。只有论证为什么脑死亡就是人死亡，才能使脑死亡概念不但为医务界接受，而且也能使普通人接受。当然在普通人心中，传统死亡定义一时很难消除。因为心脏被认为是爱和生命的象征已有数千年的历史。中国人始终用"心"来表达"脑"或"意识"，这深深植根于语言之中（"我心中不是滋味"，"你心里明白"）。世界上第一个接受了人工心脏的克拉克（B. Clark）在手术后，他的夫人问他：是否他不再爱他的家庭了。实际上在他换了人工心脏后，他仍然活着并且爱着他的家庭。这也说明脑死亡是比心死亡更可靠的死亡指标。爱与心无关，而是与脑有关。

哈佛大学医学院特设委员会的脑死亡定义和所列的标准是测定一个人是否已死亡的操作标准，但当把任何适合这些标准的人宣布为死人时，实际上修订了死亡的概念：从传统的心脏呼吸概念过渡到中枢神经系统（脑）概念。中枢神经系统对人体的重要性，已被人体生理学所确认，但并没有把它应用在死亡问题上。中枢神经系统之所以重要，因为它是意识的基础。我们说某甲是某甲而不是某乙，就是根据他的意识特征——个性或人格。如果甲作了一次心脏移植，他仍然是甲。如果他经历一次灾难性的车祸，腿、手臂轧断，容貌损毁，我们说甲有很大变化，并不说他不再是甲了。但是如果甲进行了一次中枢神经系统移植，例如他接受了乙的中枢神经系统，于是他就具有了乙的意识特征——个性或人格。这时我们就不能称他为甲，而应改称他为乙或丙（既不是甲也不是乙）了。"甲的脑死了"和"甲死了"具有相同的意义。

（二）脑死亡概念

在20世纪，人们不仅在生物医学的科学理论上获得了更多的知识，使人们对生命的认识更加深化，而且人们在技术上也取得了长足的进步。由于新的医学技术不断应用于临床，其中最为重要的是人工呼吸机、心脏复苏技术以及生命维持系统的临床应用，使得现代医学有能力在患者心肺功能丧失后，用人工的方法继续维持他们的心肺功能。这种医疗技术可以将那些过去必死无疑的患者抢救过来，有时还使这些患者恢复了正常水平的自主呼吸功能。不过，也有相当一部分脑受到重创、脑功能不可逆损伤的患者靠呼吸机这样的人工心肺维持技术使其心肺功能继续维持下去。这些事实引起了人们在死亡概念上的极度困惑。

在无人工干预的自然状态下，脑缺氧后几分钟，脑神经细胞即发生不可逆的改变，并很快会引起不可逆的脑损害。全脑的死亡意味着维持呼吸、心律、血压等生命中枢的功能丧失，这必然导致人体所有整合性功能的丧失，患者也就被宣布为死亡。虽然诸如瞳孔散大、机体对刺激无反应等脑死亡的现象也能够观察到，因此也是传统上判断死亡的重要标准，由于呼吸和脉搏最容易观察，所以心肺标准在临床实践中的使用还是较为普遍。脑、心和肺的功能被看作人的生命的核心器官，一直以来，如果其中任何一个器官受到不可逆损害而停止行使功能后，其他的两个器官在很短时间内就会相继受到损害而停止行使其功能。然而，随着医学和技术的进展，一个人脑部广泛受损，甚至全部受损后靠着生命维持技术仍然能够支持他的心脏功能和维持他躯体的生物活性。也就是说，现代的医学技术切断了脑死亡与全身死亡的必然联系，脑功能与心肺功能的分离使得传统上呼吸、心跳停止的死亡概念以及根据这个概念所制定的死亡标准显示出其缺陷。正是这种分离迫使人们对死亡的概念和标准以及判定方法重新进行思考。一个显而易见的悖论是：技术赋予我们控制死亡的能力越大，它在生与死这样简单的概念问题上，在对一个人是死人还是活人的判断问题上所产生的混乱就越多。器官移植技术的发展和成熟，更加突出和强化了这样的问题。脑死亡概念提出的一个重要原因还在于医学实践对脑死亡标准和脑死亡检验方法的迫切需要，以及更为可靠的脑死亡的临床检测方法的出现在当时已经成为可能。

脑死亡概念最早是法国神经病学家造出来的一个术语，意思是"超昏迷"（beyond coma）。这个词是为了描述与呼吸能力不可逆丧失联系在一起的不可逆昏迷状态，它是指那些在脑结构上遭受了大面积不可逆损伤的患者所处的一种状态。如果把他们的呼吸机撤除，那么他们的心跳只能维持短短的一会儿。比歇尔（H. Beecher）博士领导的哈佛大学医学院特设委员会在 1968 年发表的一个报告中提出了脑死亡判断标准（即著名的哈佛标准），并做出了这样一个结论：处于不可逆昏迷中的人可被宣布为死亡。该定义虽然并未直接提出脑死亡就等于死亡，不过该委员会的提议对人们重新准确理解"死亡"的确具有实质性的影响。之后，"死亡就在于作为整体的全脑功能不可逆地停止"，也就是说，当一个人的大脑功能永久丧失，意识和记忆能力（个人同一性）永久丧失时，它仅仅是一具躯体，这一概念在伦理学和法律上得到广泛的接受。自 20 世纪 70 年代开始，脑死亡定义引起了许多国家成文法的改变。

（三）对脑死亡概念的解释

1. 效用论解释

效用论论证认为脑死亡的定义之所以是正确的，就在于：①这个定义有利于终止在

ICU 靠呼吸机维持呼吸的脑死亡患者的生命维持措施，从而避免了有限医疗资源的浪费，节省卫生资源；②有利于器官移植。脑死亡概念与器官移植关系的效用论观点在我国也颇为流行，该论证主张：要想推动死亡后器官捐献，那么我们需要将心肺死亡标准改为脑死亡标准。但是，这个论证的错误就在于，虽然将脑死亡称为死亡是准确的，获取脑死亡者的器官进行移植以挽救其他需要器官患者的生命，也不违背死亡后捐献的规则。但这一关于脑死亡的论证没有说明脑死亡是事实上的人死亡，而仅仅是出于获取器官的功用目的来解释脑死亡。脑死亡标准的确立有利于器官捐献和节省卫生资源，但此论证很难得到伦理学辩护。脑死亡标准的确立在客观上的确有利于推进器官移植，有利于节省卫生资源。但客观上的"有利"以及器官移植的紧迫需要并不能成为脑死亡标准确立的理由。仅仅出于效用目的的脑死亡论证不仅是不够充分的，而且在实践上是非常有害的。脑死亡标准的论证须与器官移植的迫切需要脱钩。

2. "精致化"解释

该解释认为：因为死亡等于自主呼吸和心跳能力的永久丧失，而自主呼吸和心跳的能力其实是脑的功能之一，脑死亡者失去了这种能力，因此脑死亡就等于人死亡。仅靠呼吸机维持呼吸的脑死亡患者，并不能表明他们仍具有自主呼吸的能力。脑死亡定义与我们之前的死亡定义没有区别，只是诊断方法是新的，更加精致而已。脑死亡的概念并不是一个新的死亡概念，它只是对死亡定义的一种新的表述而已，是对传统的心肺死亡定义的一种"精致化"。

把具有自主呼吸能力作为判断死亡的标准也是有缺陷的，例如，患有肌肉退化并需要呼吸机支持其呼吸的患者，他们已经丧失了自主呼吸和心跳的能力，但他们并没有死亡。可见，仅仅丧失自主呼吸和心跳能力并不必然构成死亡。

另外，这样解释脑死亡概念的缺陷还在于把脑的重要性解释为整合主要系统功能（呼吸和循环），而不是把脑的重要性解释为意识的支撑者。这一概念把人的能力还原为人的身体的生物学功能。把意识经验的能力还原为人生命的非本质的、无关紧要的东西，从而使人之所以为人的意识、意识经验能力在死亡概念中没有起任何作用。脑的功能不仅仅是维持人的呼吸循环的生物学功能，脑还有更重要的功能，那就是使人之所以为人的意识和意识经验能力的功能。

3. 人本质特征解释

这一解释认为，不能仅仅根据其所拥有的某种生物学的性质来确定人的存在，还应该引入其他因素，诸如意识、自我意识、理性、与他人和社会交往以及道德判断的能力。从生物学的角度来看，我们很容易给人类下定义并确定其在动物世界的具体位置。但当我们试图理解人与人之间的社会关系时，或者当我们试图认识我们自己的时候，这一定义则显得毫无价值。人的人格能力、自我意识才是人的关键特征，人是一个能思维、有理解力的存在者，他能够推理和反思，并且能够认识自我，这是人的特殊规定性，所以，只有这一能力完全永久的丧失，才能标志着一个人的死亡。

现代医学技术特别是呼吸机的使用，把脑死亡与整个机体的生物学死亡的必然联系切断了。正是这种分离导致了人们对死亡概念的困惑。一个倾向于全脑死亡定义的理解是，当一个人的本质特征——意识经验能力和社会互动能力已经不可逆地丧失，一个作为社会意义上的人已经不再存在的时候，那么他就不复存在于这个世界上了。或简单地说，他就不存在了。一个只能发挥生物学功能而没有内在人格生命的人，标志着能够做出承诺和形成道德主张的实体的具有人格意义的人已经消亡。而在医学上，死亡概念强调的是死亡事实，是独立于法律、习俗和医疗决策的事实。我国卫生部脑死亡判断标准起草小组于2009 年完成了《脑死亡判定标准（成人）》及其配套的《脑死亡判定技术规范》。2013—2014 年，国家卫生和计划生育委员会脑损伤质控评价中心推出中国的《脑死亡判定标准与技术规范（成人质控版、儿童质控版）》，从此中国有了自己的行业标准。2018 年，《中国成人脑死亡判定标准与操作规范（第二版）》发布。2019 年，《中国儿童脑死亡判定标准与操作规范》发布。

脑死亡就是人死亡的论证不仅是一个医学问题，是一个临床医生对死亡的判断问题，在我们对脑死亡解释论证时，我们应该坚持那些经得起严格推敲的解释和论证，这是一个不容忽视的基础性的讨论。

二、脑死亡与器官移植

器官移植技术的发展和成功最重要的原因是：①外科手术的进步；②免疫抑制治疗的发展；③器官活性维持手段的进步。而脑死亡概念的提出主要由于生命维持干预手段的进步，特别是呼吸机的使用。当然，随着器官移植技术发展（特别是 20 世纪 50 年代肾移植技术应用伊始），有心跳的"尸体器官"概念引起了很大的道德争议。这种争议不断增多。由于器官移植的迫切需要，脑死亡标准的确立变得更加紧迫。1968 年，哈佛大学医学院成立脑死亡定义特设委员会，将脑死亡的定义标准化，解决围绕器官移植不断增多的争论，最后形成脑死亡哈佛标准。

从器官移植技术和脑死亡概念发展的历史，我们看到：脑死亡概念和器官移植技术的发展是相互独立进行的。特别要强调的是：脑死亡标准的确立在客观上有利于器官移植，但器官移植的迫切要求并不是脑死亡标准确立的可辩护性理由。在实践中，脑死亡的判断是一个医学专业问题，由神经科学方面的医学专家做出，并不是由器官移植专家做出。判定脑死亡的专家也并不涉及捐献者的器官移除和随后的移植程序。医生在确定潜在捐献者是否死亡时，不应该直接涉及捐献者的器官摘除和随后的移植程序，不应该为潜在接受器官的患者保存这类器官。这种脱钩策略是为了避免由此可能引发的利益冲突。很多国家的器官移植实践证明，这种脱钩的做法对"死者家属同意捐献"有积极影响。

三、活体器官捐赠

由于移植器官需求大于供应的问题长期得不到解决，尸体器官的捐赠也没有像预期那样增加，于是人们求助于活体器官。与接受尸体器官相比，接受活体器官的受体，其存活率较好。活体器官捐赠一般在亲属之间进行，但在一些西方国家，也可利用亲属以外他人的器官。国家权威管理机构往往要对此进行监管，以确保活体捐赠者（以及受体）的利益得到保护，尤其要监管是否有非法的器官买卖或强迫供体提供自己的器官。

支持活体器官移植的论证如下：活体器官可缓解器官的不足；活体器官移植对受体有直接的受益，并且其存活率较高；对供体伤害不大，因为人体依靠一个肾的正常功能就能够生存等。然而仔细考查就会发现这些论证有些是站不住脚的。活体器官捐赠存在两个主要问题：一是对供体的伤害；二是确定供体捐赠的自愿性。

1. 对供体的伤害

活体器官捐赠对供体的风险较大，他们面临的手术创伤、手术并发症、余下器官功能的丧失、防御疾病的能力降低，以及概率极小的死亡率，还有精神上的痛苦与压力等风险。根据美国器官资源共享网络（United Network for Organ Sharing，UNOS）对移植中心的调查以及对活体肾供体 20 余年的随访，供体捐赠活体肾死亡的风险为 0.03 %，据调查，2004 年 56 位肾供体自己后来要求肾移植；0.23% 的供体发生威胁生命的并发症；供体也必须改变他们的行为，例如放弃接触身体的体育运动，以尽量避免体内唯一的肾脏受伤。15%～30% 的供体发生健康问题。

在临床治疗中，我们对患者接受医学干预的风险受益比进行评估时，风险和受益是在同一患者身上。而在活体移植中，风险与受益的对象并不是同一个人，受益与风险的评估是不平衡的。如果手术成功，那么受益的只能是器官受体；而无论手术成功与否，承担风险或伤害的只能是器官供体。他们所付出的不仅仅是一个器官的丧失或身体的疼痛，甚至有可能是生命。更坏的结果是，如果手术失败，供受双方都受伤害。《希波格拉底誓言》要求医生首先不伤害，活体器官捐赠无论如何都会造成伤害，在风险受益比上难以得到伦理学辩护。同时，过分强调活体器官移植的作用，会影响社会寻找更合理的器官来源的努力。

🔍 案例 10-2：活体移植

2002 年 1 月 13 日，纽约奥尔巴尼一位 57 岁的记者 H 在捐赠一叶肝后死于纽约市西奈山医院。他一直身体健康，他自愿捐赠一叶肝给他的兄弟。他兄弟术后恢复健康，一直很好。H 并未被合适告知捐赠肝脏的风险，H 妻子控告该医院和 6 位医生疏忽和治疗不当，她建议全国暂停这类活体肝移植，直到能够确保其安全性和有效性为止。

2. 捐赠的自愿性问题

在有些情况下，难以确定供体是否自愿同意捐赠，因为活体捐赠牵涉多方利益。例如家庭的一位成员 A 与器官衰竭的另一位家庭成员 B 在遗传上相匹配，A 不愿捐赠，就会感到特殊的个人和家庭压力。家庭成员们的注意力可能集中于想要改善 B 的健康，认为这将有利于整个家庭生活。移植团队的医务人员在维护 A 的利益时也面临特殊的伦理难题，因为 A 是一个健康的人，却要他进行非治疗性的手术，摘除他的一个器官进行移植以使他们的患者 B 受益。在手术期间和手术后，A 面临风险，包括术后并发症和未来身体出现并发症的风险，例如体内唯一剩下的肾脏出现了功能衰竭。美国肾移植和肝移植先驱斯塔兹尔反对使用活体供体，理由是根据他的经验，供体往往是家庭中最脆弱、最得不到重视的成员，容易被操纵成为志愿供体，即候选供体的决定并非自愿的风险太大，以致不应该允许使用活体供体这类做法。就我国目前情况来看，家庭成员之间的器官捐赠绝大多数是女性捐赠给男性，这也可能是女性在家庭有形或无形压力之下而成为器官的捐赠者。在活体器官移植中，捐赠器官的女性有可能是为了挽救家中的"顶梁柱"而不得不牺牲自己，也有可能是在重男轻女思想的压迫下不得不贡献自己，这就造成了器官捐赠在性别方面的不平等。

3. 关于内在强迫（internal coercion）的讨论

一些生命伦理学家认为，家庭成员之间存在某种内在强迫。当患者的生命危在旦夕时，对患者有强烈情感依恋的人不是自由地成为一位供体的。这种依恋加上患者的严重病情对潜在的供体具有内在的强制力。当孩子的病情需要器官移植时，父母可能迫于压力很难说"不"，否则他们就会被他人或社会认为是"坏"父母。

我们承认违反人的自主性，强迫他成为供体是不对的。考虑到我们对尊重自主性的承诺，我们能够做的至多是提供父母成为供体的选项并说明其受益和风险，我们必须使父母能拒绝捐献而不受到非难。医生不应该给父母施加压力。表达自主性不一定去做别人认为正确的事，而是能控制自己的行动。当然，我们也并不认为，仅当一个人与他人没有任何情感依附关系以及仅为自己利益考虑时才能完全自由地行动。道德和情感的承诺不是对自由的约束，而是人类日常生活的一部分。也就是说，为我们所爱的人的利益而采取行动并非使我们不那么自由，出于爱的行动做出决定不是对自主性的约束，而是自主性的表达。"不能说不"也可诠释为，对于任何与患者有情感依恋的人来说，唯有成为供体才是值得考虑的选项。当移植提供拯救患者生命的最佳机会时，自愿的供体不会去考虑其他的可能性，他知道他要做什么，并准备立即做出决定。当然必须告知志愿者风险和各种选项，给他们机会考虑，否则他的同意不是知情。然而我们必须区分对决定有不正当影响的外在压力与情况紧急要求做出决定的内在压力，前者是强迫，后者不是强迫。虽然我们可以用知情同意过程保护父母或其他人不受不当压力影响而成为供体，但我们不能保护他们免除在紧急状况下必须做出的决定。他们因情况所迫不得不做决定，但他们是否成为供体则不一定是也不应该是被强迫的。

当尸体器官捐赠尚未成为全社会共识、器官难以满足患者的迫切需要时，作为权宜之计，活体器官捐献和移植是可以允许的，但绝不能成为器官捐赠的主流，在进行之中一定要坚持使供体风险最小化和受体受益最大化以及知情同意原则。

四、公民逝世后器官捐赠的知情同意

自愿在死后捐赠器官在伦理学上可以得到辩护，这是一种利他主义行动。包括美国、荷兰、英国等许多国家为促进自愿捐赠做了许多工作，例如在驾驶执照上注明是否愿意死后捐赠器官。

尸体器官捐赠的知情同意有两种形式：一种是明示同意（explicit consent），或称"知情后参与"（opt-in），这是一种经典的知情同意形式；另一种是推定同意（presumed consent），一个国家推定所有公民都同意在死后捐赠器官，因此其前提是默认同意。

（一）明示同意

明示同意或称"知情后参与"，是一种经典的知情同意形式。这种形式的前提是默认潜在捐赠者不同意。因此要提供与器官移植和捐赠相关的情况，包括风险、程序、术后护理等信息，设法帮助他们理解这些信息，然后由他们自由地，即在不受强迫和不正当利诱的情况下自愿同意捐赠器官。然而问题是，医生和医院管理人员不愿意在家属悲痛时，唐突地询问他们是否愿意将刚去世患者的器官供移植用。在大多数情况下，即使签署了器官捐赠卡，在摘除器官之前仍要求得到家属的允许。为了克服医生不愿意在家属悲痛时询问器官捐赠问题，美国制定的联邦法律要求接受 Medicare（老年人口医疗补助计划）和 Medicaid（贫困人口医疗补助计划）的医院先确定死后能成为器官捐赠者的患者，要求医院与家属讨论器官捐赠问题，并告诉医生法律授权他们这么做。但即使如此，医生仍然不愿意这样做。这项法律执行了 10 年，器官供应只增加了 10%。因此，从后果论的观点来看，目前这种通过经典的知情同意的方式来实现自愿捐赠的做法不足以缩小供求之间的鸿沟。

（二）推定同意

推定同意是指一个国家推定所有公民都同意在死后捐赠器官，其前提是默认同意。这种推定必须由立法机构通过法律认定。这样医院就被允许推定患者同意死后摘除他的器官以供移植，除非该患者在生前或在遗嘱中明确表示不同意身后捐赠器官，或家属明确表示不同意捐赠器官。这就意味着，由患者或家属采取主动行动来撤销这种推定同意，不必由医务人员负责来征求他们的同意。若干欧洲国家采取这种政策。对这个政策的反对意见有两点：其一，一些人认为，推定同意不能真正体现知情同意原则。器官是人体的重要组成部分，个人对其有自主决定权，自主决定权意味着他可以在任何时候表示愿意捐赠器官，也可在任何时候重新考虑这个决定，包括撤销捐赠的意愿，因此不能推定公民都会同意在死后捐赠器官。这个反对意见有一定道理，在贯彻知情同意原则上，明确同意的自愿捐赠比推定同意更为理想。但如果患者及其家属仍然有机会说"不"，那样他们就仍然握有最后自主决定权，并没有违反知情同意原则。其二，有更多的人认为，欧洲一些国家的实践表明，推定同意在一些国家并没有缓解移植器官的匮乏。虽然法律允许医生参与去世患者的器官捐献无须家属允许，但医务人员仍然不愿意这样做。而且，如果要给家属机会表示拒绝同意，就必须通知他们患者已经死亡，并询问他们是否拒绝捐赠，这不但会有实际安排上的困难，而且会花费很多时间，使器官不能得到及时保存和利用。这种反对意见也是有道理的。但这更多地反映了推定同意的程序和方式问题，如加强对医生和家庭教育，制定具体操作程序等。

在我国需要大力加强公民逝世后器官捐赠方面的教育，树立捐赠器官拯救患者生命的社会风气，建立确认自愿捐赠器官的制度，采取一系列鼓励器官捐赠的措施，在必要时不排除实行推定同意的政策。

五、死刑犯尸体器官的使用

1984 年 10 月 9 日，我国最高人民法院、最高人民检察院、公安部、司法部、卫生部、民政部联合发布了《关于利用死刑犯尸体器官的暂行规定》。此文件规定尸体可供医学利用的三种情况：

（1）无人收敛或者家属拒绝收敛的；

（2）死刑犯自愿将尸体交医疗卫生单位利用的；

（3）经家属同意利用的。

这一规定对我国临床开展器官移植和科学研究起到了一定的作用。但是，文件也存在一些不足，如文件明确指出："死刑犯自愿将尸体交医疗单位利用的，应有死刑犯签名的正式书面证明或记载，存入人民法院备查。"但这些规定由谁来具体操作？由哪一级机构进行监督？若违反了规定，又应由谁来进行处罚和控告等，这些都没有一一做出详尽规定。有关死刑犯尸体器官利用问题，不同的人有不同的看法。

（一）支持性论证

支持利用死刑犯尸体器官的可能论据有：

（1）在可供移植的器官奇缺的情况下，利用死刑犯尸体器官能够挽救很可能因器官衰竭而死亡的患者。这一论据可以成立。

（2）这样做并不构成对死刑犯的伤害。因为处决后摘取他的器官并不是加重他的处罚，也不增加他的痛苦。反之，死刑犯死后其器官能够挽救他人生命，也是对社会做出的一种贡献，至少也可算是一种赎罪的表现。这一论据基本上也可成立，如果死刑犯真正表示同意或不反对的话。

（3）有些死刑犯处决后尸体无人领回，白白焚化，岂不浪费。这一论据难以成立。如果死刑犯愿意或不反对捐赠，当然可以从无人领回的尸体中摘取器官。但单单从避免浪费的角度辩护，违背了自主性原则，因为这可能导致"道德滑坡"。

但这些支持利用死刑犯尸体器官的可能论据，不足以在伦理学上为这种做法辩护。我们还需考查一下反对利用死刑犯尸体器官供移植的可能论据。

（二）反对性论证

反对利用死刑犯尸体器官的可能论据有：

（1）死刑犯处于弱势地位，他的真实意愿难以公开表达，或者根本没有表达，因此知情同意原则在死刑犯身上很难贯彻。也许有人反对说，死刑犯没有对他死后捐赠器官表示知情同意的权利。这个反对是不能成立的。死刑犯可以被剥夺政治权利，但他们的民事权利并没有被完全剥夺，尤其在处置与他个人有关的事务上，包括处决他自己身体的问题上。如果在一个实行普遍义务捐赠的社会中，器官来源主要依靠合法的公民们的自愿捐赠，死刑犯尸体器官捐赠不作为主要来源，与其他公民一样，获取死刑犯尸体器官，必须事先通过知情同意程序。但在一个将死刑犯尸体器官作为供移植用器官的主要来源之一的社会中，不遵循伦理规范和原则，滥用的事件就容易发生。

（2）为了保存和保护死刑犯尸体器官可供移植，医务人员可能必须在行刑前对死刑犯作一些处理。这样做，就破坏了医务人员"不伤害"的义务。

（3）利用死刑犯尸体器官有可能增加器官商业化的压力。利用死刑犯尸体器官成本可能较低，这就有可能吸引不少境外患者到中国接受器官移植，他们可能愿意提供更高的价格接受移植。高价格可能成为一种不可抗拒的引诱力，驱使一些医生和医院与执法人员合作，利用死刑犯尸体器官，并分享效益。这一方面破坏了国际社会反对器官商业化的指导原则，另一方面也可能导致少数医务人员和执法人员腐化。

（4）利用死刑犯尸体器官可一时缓解移植器官短缺问题，但这样反而使开辟正当器官来源的工作得不到重视。

（5）利用死刑犯尸体器官可能造成"道德滑坡"。由于在利用死刑犯尸体器官往往不能严格实施知情同意原则，在行刑前医务人员又有可能参与操作，医务人员的道德自律就有可能松懈，进而陷入不道德的深渊。[1]

在北京协和医学院教授、中国人体器官捐赠与移植委员会主任、卫生部原副部长黄洁夫推动下，我国政府决定自2015年1月1日停止使用死刑犯器官，并建立了与国际准则相一致中国的人体器官捐赠和移植系统。

六、有关器官买卖的论证

供体出卖器官供人移植，受体购买他人器官治疗器官衰竭，在伦理学上是对是错？如果是错的，错在哪里？

（一）人体商品化问题与器官买卖

有人认为"我的身体、我的器官是我的财产，我可以像处置其他财产（房屋、汽车）一样处置它，用来换取金钱。"这种观点是值得质疑的。

人的身体及其有功能的部件不是财产。财产所有权的基本特征是：排他使用的权利，通过出售、抵押或馈赠转让所有物的权利，以及毁坏它的权利；财产可传给持有者的继承人或后嗣，如此无限期下去；拥有的财产可因处理债务或破产而正当地被人取走；财产如果不再为所有者拥有（如它被他放弃）可被他人拥有。然而，只要我活着，我的身体作为整体不能转让、取走，不能传给我后嗣，不能放弃，不能让别人所有，不能为还债而脱离我。

人的身体及其部件也不是商品。一个客体为商品有三特点：可出售、抵押、出租、放弃或毁坏；可在市场上交换，而所有者不丧失价值，如卖掉旧车购买新车，旧车以前的价值与现在的价值（购买新车价格的一部分）是等价的；可根据共同的尺度（货币）将客体

---

〔1〕 邱仁宗. 利用死刑犯器官移植在伦理学上能否得到辩护？〔J〕. 医学与哲学, 1999, 20（3）: 22-25.

的价值分等级。但人的身体及其部件与上述三点均不相符。将人、人体商品化的根本错误是将人仅仅当作手段，而不是目的本身，有损于人的尊严。当今世界存在着强有力的社会政治力量将人的所有方面（身体）商品化，这来自极端的自由主义市场哲学或市场原教旨主义。儒家指出，我们的身体来自父母。我们的身体与其他人处于相互依赖、相互联系之中。从怀孕开始就是如此，我们依赖生活环境（包括空气、食物、水），与之互动，从这种关系中获得物质与能量，一直到死亡。我们死后将身体或其部件作为"礼物"自愿捐赠给"未名陌生人"，有助于促进社会凝聚力和利他主义。

作为器官捐赠基础的关键性伦理原则是礼物关系。在人类关系中，赠送礼物旨在增进人与人之间的关系和增强社会互助性。而生命的礼物这一隐喻旨在促进器官移植中的自愿原则和利他主义，而不期望回报，并一直用来抵制将器官看作商品的这一思潮，这种思潮会导致因追求利润而剥削供体和受体。

有一些人认为，通过市场促进器官买卖可增加移植用的器官数量，因此增加器官供应的另一个可能是允许器官在市场公开标价出售：在死亡前，患者可以出售他的一个或多个器官，死后可以摘除其器官，钱付给他的家庭；活体器官供体则可以在市场上出售自己的器官，自己获得购买器官者支付的钱。支持这一做法的两个理由是：其一是根据极端自由派的观点，人们有处置自己身体的自由，有权利用自己身体做他愿意做的事。在美国，血液、血浆、骨髓、卵子和精子都可以买卖，为什么器官不能买卖？其二，商业化可以解决目前器官移植方面供求关系严重失衡的局面，使供求趋于平衡。但是这两个理由都受到挑战。

人处置自己身体的自由有两个限制条件：一是不能伤害他人，二是不能损害人的尊严。如果一个人处于利他主义的高尚动机，捐赠自己的器官，那么既有利于他人，又维护了人的尊严。但人不能自由出卖自己去做他人或金钱的奴隶。而上述有关器官买卖的论证导致以下结论：做他人奴隶是他／她的自由，别人无权干涉。这个结论违背人们的道德直觉。伦理学家一致认为，人的尊严不允许任何人出卖自己去做他人奴隶。建立器官市场，允许买卖器官是将人体作为可交易的物体即商品，而使人体商品化，有损人的尊严。

那么器官买卖是否真正有利于人呢？

虽然器官买卖可能直接有利于能够用钱买到器官因而可进行移植的患者，因而缓解了一部分器官短缺的情况，但同时它也可能带来许多弊端：第一，器官买卖不能保证器官的质量。供体为了出售器官很可能会隐瞒他的真实病况、遗传病史、家族病史等。第二，凡是有器官买卖的地方，那里就有剥削。如果需要器官的买家出 20 万元买一个活体肾，那么卖肾的人只能获得其中一部分，其余落入黑中介甚至不良医生囊中。第三，出卖器官的人往往是被强迫的，如黑社会强迫他们控制的穷人出卖器官，也可以是穷人的极端贫困地位迫使他出卖肾脏来勉强维持家庭生计。第四，器官买卖会加剧人们在生死面前的不平等，有钱人可以购买器官而获得再生机会，而贫穷的人只能在绝望条件下去出售自己的器官。如一个母亲为了自己的孩子生存下去，出卖了自己一个器官。一个公正的社会应该听任这样的事情发生吗？主张器官买卖的人说，她出卖了器官，不就改善了她孩子的境遇了吗？如果一个社会竟然使一个家庭只能靠出卖器官来改善境遇的话，那么这个社会本身就成了问题。所以器官买卖加剧社会本来存在的不平等以及贫富之间的鸿沟。由于器官商品化，还可能出现有人用不正当的手段摘取他人器官的犯罪，甚至出现一些以金钱为目的残害人类生命以攫取器官的有组织的犯罪。

（二）器官旅游

器官旅游是指来自富裕国家的患者去贫穷国家购买器官（主要是肾脏）。器官旅游只不过扩大了器官买卖的市场范围。移植器官很稀缺，器官旅游加剧了供求关系的失衡，导致移植器官价格进一步上涨。反对器官旅游的论证是，穷人出卖肾脏是无奈和被迫，他们的自主性会因不当的经济引诱而遭到侵犯。人们可以对诱人的出价加以拒绝，但诱人的高价格对穷人是一种变相强迫。支持器官旅游的论证是，穷人可通过出卖他们的器官而避免贫困。然而，有证据证明，发展中国家出卖肾脏的穷人事实上不但没有因此而避免贫困，反而他们的境况比以前更糟了。

由于这些理由，即使商品经济最发达的美国也于 1984 年发布《全国器官移植法》，宣布器官买卖为非法。至少有 20 个国家，包括加拿大、英国和大多数欧洲国家都制定了类似的法律。1989 年 5 月世界卫生组织呼吁制定一个有关人体器官交易的全球禁令，敦促其成员国制定限制器官买卖的法律。我国卫生部颁布的《器官移植技术临床应用管理暂行办法》（2006 年 7 月 1 日起实施）第二十七条明确规定人体器官不得买卖。

（三）补偿、报销和奖励

无偿是相对有偿而言的。"无偿"的概念不包含付款（payment）。付款是指用金钱或金钱等价物进行支付，但不包括支付摘除、运送或保存所提供器官的费用（1）；或任何人因提供其身体器官而导致的任何开支或收入方面的损失（2）。"有偿"概念则包含付款或以金钱或金钱等价物支付。因此，补偿、报销不是有偿。上述的（1）和（2）有报销和补偿的意思。补偿与偿还接近同义。对于捐赠者或其家庭来说，（2）是与他们相干的。（2）包括提供捐赠器官时的交通费、误工费、餐饮费等。对这部分支出，不存在争议。有争议的是，是否应该向捐赠器官的人或其家庭提供奖励？一般而言，补偿就是偿还，但补偿也含有奖励的意思。奖励可以用回报公正（retributive justice）来辩护。回报公正是"应得报答"的意思。工作努力，应受到表扬；反之，应受到批评。我国文化传统强调"来而不往非礼也"，"知恩不报非君子"，甚至"滴水之恩，涌泉相报"，不仅人对人如此，社会对人也是如此。表扬、奖励自愿无偿捐赠器官的人或其家庭是符合回报公正的。问题是如何表扬和奖励。在表扬和奖励方面，对精神奖励也不存在争议，例如政府的表彰或卫生部门颁发特别嘉奖的证书，等等。表示感谢的象征性礼物争议也不多。

七、经济激励策略

器官的需求与供应之间存在巨大的鸿沟。改善这种情况只能通过增加供应或是减少需求两种方式。可以通过预防疾病或是延缓疾病的发展减少对器官的需求。然而，为了满足目前患者对器官的需求，也必须审视增加供给的新途径。很多学者提出经济激励可能是一个可供选择的方法，但是对经济激励策略有很大争议，需要医学和伦理学的检验。

建议的器官捐献经济激励政策有许多不同形式。对捐献者的支付有多种形式：（1）现金，以表示对他们的感谢。钱会加到死者的财产（estate）中。（2）税费减免。（3）医疗保险。为捐献者直系亲属提供医疗保险。（4）奖学金。为死者子女提供奖学金。（5）根据捐献者意愿将钱捐给慈善机构等。

（一）赞成经济激励的论证

1. 支持激励政策的经济学的理论

根据经济学理论，激励政策很重要，激励力度越大，捐献者更倾向于捐献其器官。如果积极的经济激励措施（比如金钱）会增加捐献的数量，将有利于捐献和移植的所有相关者：捐献者／捐献者家庭，接受者和作为整体的社会，那么有什么理由不采取这样的措施呢？

在美国，用经济激励政策弥补美国器官短缺现状并不是一个新的概念。伦理专家、法律专家和医学专家已经争论了多年。美国有四个法案都与符合伦理的器官捐献激励政策相关。"生命的礼物国会勋章法案"规定给任何器官捐献者，包括家庭成员的器官捐献者颁发国会勋章。《器官捐献改进法案》规定给活体捐献者支付旅费、必要生活费和医疗费。《生命的馈赠税信贷法案》和《帮助器官获取法案》规定给活体捐献者或死后捐献者退税。

2. 回报公正

这种论证认为，目前器官捐献系统是基于对利益相关各方的经济回报的（移植机构、受体、医院等），如此多受体依赖利他主义的供体的"礼物"，而单单对捐献者及其家庭不敏感，供体及其家庭成为唯一没有从捐献中直接获益的参与者，这是不公正的。因此，一定形式的经济支付是合理的，即使经济激励政策并不能使捐赠者的数目明显地增加。

有人担心家属可能会为了获取经济激励而不顾患者的最佳利益，更早地停止为患者治疗，应该制定措施防止这种情况出现，但是对于此事的担忧不应该阻挡捐献者及其家庭、受者和社会整体的受益。

（二）反对经济激励策略的论证

1. 器官捐献的伦理原则与国际准则禁止器官买卖

器官是宝贵的稀缺的卫生资源，捐赠器官挽救他人的生命是高尚的利他行为，符合人类互助、社会共济的高尚道德理念。国际器官移植学会 2008 年发布的《伊斯坦布尔宣言》确定了器官移植与捐赠的伦理方针，明确反对器官移植商业化、器官买卖、器官旅游。世界卫生组织 2010 年发布"人体细胞、组织和器官移植指导原则"，指导原则 5 规定："细胞、组织和器官仅可以自由地捐献，不得伴有金钱报酬或其他经济价值的回报。购买或提供购买供移植的细胞、组织或器官，或由活人或逝者家属出售细胞、组织或器官，应该被禁止。禁止出售或购买细胞、组织和器官并不排除捐献中合理的费用报销及其他可证实的费用，包括收入的损失，支付获取、处理、保存和提供用于移植的人体细胞、组织或器官的费用。"世界卫生组织的成员国都应当遵守这一准则。

我们应该按照上述原则制定符合我国国情、切实可行的政策。2017 年 2 月 7 日，中国器官移植发展基金会理事长黄洁夫在"反对器官贩卖全球峰会"上提出"中国方案"。2011 年中国政府把器官买卖和非自愿摘取器官纳入刑法调整范围。公民自愿捐献器官成为唯一合法器官来源。

2. 人不是商品

人的身体及其部分与商品特征并不相符，人具有人格，只有物品才具有价格，人不能因为对谁有用而被定价，人作为道德主体，是超越一切价格的。将人的身体商品化的根本错误是将人仅仅当作手段，而不是目的本身（康德）。器官买卖是对人类价值的极大贬低，对人类尊严的亵渎。捐赠器官挽救他人的生命，是一种利他的行为，本身是一种人道行为，本身不应该以谋求金钱作为回报。 因此，在伦理学上，人体器官和组织、血液、精子、卵子以及胚胎都不应该买卖，性器官不应该被"租用"（卖淫），代孕母亲不能商业化（即子宫不能"出租"）。世界上绝大多数国家都禁止人体及其器官商品化。

3. 道德滑坡

由于器官是稀有卫生资源，一旦器官买卖成为有利可图的生意，会在社会上形成道德滑坡，甚至犯罪，因此世界上绝大多数国家都禁止器官买卖。虽然非商品化并不能消除以上所有这些问题，但是商品化无疑会使这些问题更加尖锐化。要警惕的是，当今世界范围内都存在着强有力的社会政治力量将人的所有方面（包括身体以及身体的部分）商品化，这种力量来自激进的自由主义市场哲学。

4. 效用与公平之争

在器官捐献数量稀少的情况下，经济激励或许能直接有效地在短期内提高捐献数目，而捐献数目则直接与那些挣扎在生死边缘、等待器官移植的受者的生命息息相关。若能通过经济激励，提高捐献数目，最为直接的好处是更多的患者生命得到治救、更多器官衰竭患者的生活质量得到极大改善。然而，这一政策很有可能造成的结果是，在受经济政策激励的捐献人群中，大部分是低收入人群，而受益者大多是富人，这违背了社会公正原则。

这里争论的焦点就在于天平的一端是众多亟须器官的患者的生命，天平的另一端是社会公正问题。经济上处于极度劣势地位使得穷人大大减少了选择的自由，这当然也是一种不公正。

5. 自由选择与人类价值

试图用金钱来衡量有特殊价值的东西，如逝者的器官，可能会贬低人们所珍视的价值与情感。因为钱而改变人们原本的动机或是道德判断，其本身也是存在道德问题的。

6. 经济激励策略的潜在危害

国际伦理学界以卡蓬（Alexander M. Capron）教授为代表的学者认为，经济激励有效增加捐献率的结论并不可靠（图 10-1）。

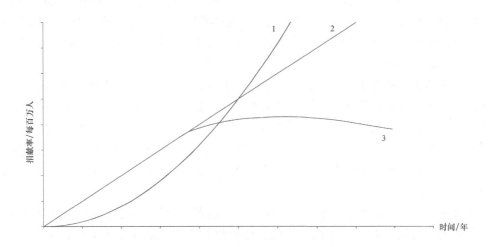

图 10-1 捐献率与激励政策关系的预测图

1. 无经济激励的结果；2. 经济激励的预期结果；3. 经济激励实际可能的结果

曲线 1 表示：如果不采取经济激励政策，结果可能像图中曲线 1 所示，一开始捐献率上升速率可能很慢，低于曲线 2 和曲线 3，但随着器官移植事业的推进并广为社会所接受，捐献率将在若干年后超越曲线 2 和曲线 3，增长很快；

曲线 2 表示：人们预想采取经济激励政策之后的捐献率会在短期内快速增加，并随时间直线上升。

曲线 3 表示：在采取经济激励政策之后，可能发现短期内捐献率确如人们所设想的那样快速增长，但不久后不再增加（因为特定数目的金钱作为经济激励政策只对特定人群具有吸引力，不对更多的人群有吸引力），甚至会出现捐献率缓慢下滑的趋势。总之，若干年后捐献率将很可能甚至低于前两种预测的情况。

从器官移植的成功案例——西班牙模式来看，其捐献率的提高并非依赖直接的经济激励，而是采取广泛的公众教育，对协调员进行深入强化培训。结合国际的经验，中国可采取以下诸多方式均推进公民逝世后器官捐献和移植事业：培训高素质协调员，建立透明的器官捐献和分配体系，广泛进行媒体宣传，强化社会各界对捐献和移植事业的认可，广泛对青少年和公众进行教育。

八、器官移植法制定的伦理学框架

同意是所有医疗干预的基石（对生者的干预和对死者的干预）。制定器官移植法的重要伦理学规范应该包括：自愿；无偿捐献，没有金钱报酬；器官移植医生不涉及患者脑死亡的判定以及随后可能发生的器官摘除和器官保存；移植医生或移植医院没有偏倚或主观偏好；移植医生的报酬不应超过合理的专业费用；必须依据公平原则和伦理学上可辩护的原则，透明地分配器官。法规和规章制度能够促进器官捐献和移植；组织器官的收集和分配；全国范围内的协调和国际范围的合作；要求移植机构提供完全透明的移植结果报告；禁止和惩罚不符合伦理的行为。对有关器官移植的组织监督、给潜在捐献者和接受者提供的信息、公民逝世后器官捐献、活体器官捐献以及防止器官旅游和禁止器官买卖等问题都应该加以讨论和论证。

在公民逝世后器官捐献方面，捐献的授权有 opt-in（选择同意）模型和 opt-out（选择不同意）模型。Opt-in 模型包括：个体同意（通过捐献卡或登记系统），死后近亲属或指定代理人的授权，在近亲属缺席的情况下，可允许法院授权。Opt-out 模型包括：个人登记系统登记表明不同意（有些地方允许近亲属或代理人在死后反对捐献）。在尸体捐献时，移植所产生的费用不由捐献者 / 家庭承担，禁止买卖器官。由移植机构分配捐献器官，捐献器官所在医院仅是为了公众的受益而移交器官。

通过一个强有力的国家系统进行自由、自愿的器官捐献，以满足患者的移植需求。满足患者的需求促进了社会的团结。为此，要把移植工作的所有要素协调起来，这些要素包括：医学科学技术和标准（器官的保存、抗排斥药物、捐献者适宜性标准）、卫生系统（有效率的分配、专业的支持、费用的合适支付）和伦理原则（不伤害、有益、公正、互助、自主）。

第 3 节　器官分配的伦理问题

一、稀有卫生资源的分配

稀有卫生资源的分配有两个层次：宏观分配和微观分配。

（一）宏观分配

宏观分配涉及一个国家分配多少资源用于医疗卫生，以及在医疗卫生资源中，给器官移植分配多少资源。资源总是有限的，如何更有效地利用有限的资源，使这种高技术能够让尽可能多的人受益？是否可以制定一些政策来限制器官移植的使用？一类限制与费用有关。例如政府可以制定这样一种政策：社会仅负担那些需要器官移植而支付不起费用的那些患者或至少负担其一部分。这种政策可以解决高技术造福人类中的不公正问题。正如器官移植专家斯塔兹尔所说，在检查器官之前，先得检查"钱包"。现在需要移植器官才能挽救生命的患者没有钱就不能获得供移植的器官，这是不公正的。

也有人建议制定一项政策使真正因为疾病而器官衰竭的患者得到移植，而拒绝给因酗酒、吸烟、药瘾、暴饮暴食等行为因素而使器官衰竭的人移植。但行为有缺陷与治疗不能混为一谈。行为有缺陷应进行教育，使之改变不安全行为，而作为患者，他有权得到应有的治疗。但国家应该考虑如何在预防器官功能衰竭与提供器官移植之间进行平衡。目前，对预防和改变酗酒、吸烟、药瘾、行为的投入太少了，不良的社会风俗和公司为追求利润大量发布广告，助长了不安全行为。如果能大力加强这方面的教育，也许能相对减少对移植器官的需求。

（二）微观分配

宏观分配决策是大范围的决策，并不直接影响个人，而微观分配决策则直接影响个人。在临床上，移植器官的分配是一个微观分配问题。当有一个供体心脏可供移植，而 6 个患者需要这个心脏，决定给谁就是一个微观分配决定。这涉及一种分配方式是否有效用、是否公平、是否尊重人的问题。

二、器官分配的原则

器官是救命的稀缺卫生资源，分配后必须获得最佳使用，发挥其救命的价值；但同时这种分配又必须是公平的，不能使一些患者因其脆弱的社会和经济地位而失去救命机会。器官的分配应遵循效用和公正两个原则。

1. 效用原则

效用原则认为只有一个行动或做法促进的总体净受益（即总体受益减去总体风险）比其他可供选择的行动和做法更多，它才是正确的。这一原则要求器官分配应使预期总体净受益最大化，以体现有益和不伤害基本原则。基于效用原则制定的分配政策，要求用标准的结局测量来比较受益和伤害，至少进行大体的估计以确定哪一种分配将产生最大受益。移植的良好后果包括但不限于：拯救生命，缓解痛苦和失能，消除心理创伤以及促进安康。移植器官预期生存率、预期增加的生命年（从移植算起），以及预期增加的按生命质量调整的生命年，都是判定移植受益后果的重要因素。移植的风险，即移植可能引起的伤害性后果主要包括但不限于：死亡、短期患病（术后并发症、急性器官功能障碍或排斥）的数量和概率以及长期患病（免疫抑制药物引起的副作用和并发症、心理创伤以及对器官可能排斥）的数量和概率。效用原则要求考虑所有这些能够想到的受益和伤害，考虑各种各样后果，对患者生命质量的影响和发生概率，并与其他可供选择的治疗的风险与受益相比较。

然而，在与器官分配有关的公共政策方面，伦理学的观点一致认为：（1）不应考虑效用的某些社会因素，尤其不应考虑个体的社会价值，包括社会地位、职业等。（2）在判定预期医学受益和伤害时，将社会群体之间移植结局的差异作为预测个体结局的基础的做法是不可接受的。例如，即使有经验证据证明，某一种族、性别或社会经济群体的存活率比另一群体高，也不应用它来为分配决策模型辩护。

形成上述两点共识的主要理由是：其一，基于目前流行的社会价值观念，认为一个人比另一个人对社会更加有用，这也许是一种意见，也可能是某人运气好，他正好有机会接受社会的培养，从而获得这些才能和能力。如果我们不将器官移植的好处分配给那些对社会的贡献可能不如幸运儿的人，那是雪上加霜，落井下石。其二，即使数据显示，那些在社会上处于弱势地位的群体，其移植结局较差，但出于公正的考虑，对患者要进行个体的评估，而不应将他们看作某一群体的一个成员来评估，以减少因社会不公平引起的医疗方面的不平等。

上述这些考虑，并不一定排除使用客观的移植结局医学预测指标，例如组织配型或群体反应性抗体水平，即使人们知道这些因素在种族和性别群体中不是随机分布的。然而，上述这些考虑的确要排除这样的做法只是由于某些个体所属社会群体在统计学上移植结局较差，就给他们很低的移植地位。在应用效用原则时，必须有证据证明，某一特定的个体具有某种医学状况，使我们可预测其移植结局会很差。效用（即净医疗受益）原则是器官移植很重要的原则，有充分依据预测移植的医疗结局良好，这是合乎伦理的分配器官可依据的唯一合理根据。然而，也要承认器官分配时还有同样重要的其他原则，即公正和尊重人的原则，有时这些原则可形成一个可辩护的决定，这个决定不一定使器官的分配得到更多的总体医疗受益。

2. 公正原则

在器官分配中，人们强烈关注公平可及的器官移植，确保捐赠的器官在医学上有资格接受器官移植的患者之间公平分配。在这里，公正是指某一器官分配计划的受益和负担分配的公平性。因此，我们不是仅仅关注移植产生的总体医疗受益，而且也关注这种受益在潜在的受益人之间如何分配。这并不是说，对待所有患者都一个样，而是应以平等的尊重和关心对待每一位患者。

在一个由公共资金资助的项目内，公众的所有成员在道德上都有权对其受益有公平的可及。这是指，即使我们能够确定医疗受益的确切测度，例如增加的预期质量调整生命年（quality-adjusted life years，QALY）是多少，但综合考虑，使 QALY 最大化的分配标准也不一定总是道德上正确的分配标准。常规做法是，器官分配模式既考虑医疗需要，也考虑医疗受益，将病得最重的患者置于优先地位，即使可预测到病得不那么严重的患者将会有更佳的结局。

为公平、公正地对待潜在的受体，使每一个人在需要器官移植时都有平等的机会，器官分配政策需考虑许多因素：医疗的紧迫性；在未来找到一个合适的器官的可能性；排队等待时间；移植次数；年龄；地理空间的公平性。如果公正原则与效用原则不冲突，对这两个原则应给予同等的考虑，二者在分配决策时中都要起作用。

3. 原则之间冲突的解决

理想的分配既使总体医疗受益最大化，又实现、受益的公正分配，并尊重人的自主决定。然而，在现实中，这些原则有时会发生冲突。这些原则为器官分配准则提供基础，却没有提供解决原则之间冲突的理论和方法。当这些原则发生冲突时，有不同的解决办法：其一是设法排列这些原则的优先次序，例如有人可能将效用原则排在公正原则和尊重原则之前。但刻板排列原则的先后次序是难以得到的辩护的。其二是将所有这些原则都看成是初始的原则，然后设法将它们加以平衡，尽可能将这些原则整合在一起，但人们难以决定在特定的情境下赋予每一个原则多少权重，也难以在实践中体现这种权重。当这些原则出现冲突时，所采取的政策应该确保：有效地达到移植目的；对原则的损害尽可能最小化；产生的受益与原则遭到的损害应该是相称的；公开透明地制定政策，允许其他利益相关者参与。

4. 平等可及

等候器官移植的人是平等的，是器官分配公平的基石。相关因素有：伦理规则（如不伤害）、临床适应证（如器官衰竭原因）以及心理社会因素（如经济和社会支持、患者的坚持）。在权衡伦理原则时，必须综合考虑这些相关因素。有效原则和公正原则构建了稀缺移植器官公平分配的框架。器官分配政策应该努力整合这些原则。单单使总体效用最大化而不考虑公正的器官分配政策是不可接受的；同样，只促进公正而不考虑总体医疗受益的分配政策也是不可接受的。

在生命伦理学界，人们往往将有限资源分配问题比作"应该将谁从救生筏抛下海？""应该将谁扔下雪橇去喂后面追赶的狼群？"如果有人做出牺牲，其他更多的人就得救了。那么，谁应该做出牺牲？

回答 1：谁也不应该做牺牲。因为大家都是人，人都是平等的，具有同等价值。为了其他人而去牺牲一个人在伦理学上是得不到辩护的。那么在医疗中，如果物品和服务不足以提供给每一个需要的人，那么谁也不应该得到它们。犹太教有类似的教导：当两个人在沙漠中渴得要命，水壶中的水只够一个人喝，那么谁也不应该喝，宁愿两人都渴死，这才能做到公正。但从后果论来看，这种回答难以成立：能够救一个人的命，总比让两个人都死更为可取。

回答 2：可以用随机方法（例如抽签）确定谁应得救。在尊严和价值方面，人人平等，从这一点上讲，并不要求牺牲所有人。在采取随机方法的情况下，人人平等，那些做出牺牲的人也行使了他们的自主权。在做出决定时，任何一个人都知道自己可能要做出牺牲。

回答 3：不应该考虑人类生命的内在价值，而应该考虑牺牲某个人而不是别人的后果，即考虑谁有可能对社会做出更大贡献。于是，一个人的教育、职业、年龄、业绩等就与道德相关了。这种方案就要求制定一组标准，对人的不同特性赋值，那些应该牺牲的人的总值最低，依靠"效用计算"来解决微观分配决策问题。医疗资源分配的决策往往采取这种模式。但这种分配很容易被谴责为违反公正、公平原则。

回答 4：先到先得。医疗物品和服务的分配常采取先来先服务的办法。这符合人们日常生活中的常识，符合规则效用论。

回答 5：应该由能够判断一个人可能对社会做出多大贡献的人或委员会来做决定。医生应该避嫌，不应由个别医生或医生组成的委员会来做决定，应该由社会上代表不同人的委员会来做决定。这在操作上比较困难。

第 11 章　生命终末期医疗

生物医学技术进步引起的伦理学问题主要集中在生死两端。生物医学技术的进步，尤其是生命维持技术的发展，救活了许多本来要死亡的患者，同时也延长了不少临终患者的生命。这就增加了对生命终末期医疗的需要。

生命终末期医疗让临近生命终点的人在死亡以前尽可能获得支持，有尊严地和安宁地活着并有尊严地去世。这些患者往往患有严重的、病情持续发展且不可逆、不可治疗的疾病，因此生命终末期医疗的目的不是去设法治愈或抢救患者，而是尽可能使患者无疼痛地安详地活着，直到去世。生命终末期可能只有几小时，也可能是几天、几个月，甚至几年。提供生命终末期医疗服务的地方可能是家里，也可能是养老院（护理院）、临终关怀医院或普通医院。生命终末期医疗主要是缓和医疗（palliative therapy）[1]，缓和医疗涉及对疼痛的处理、心肺复苏、人工呼吸、人工喂饲；对生命终末期医疗的伦理关怀涉及拒绝治疗、不给或撤除治疗、安乐死、医生协助自杀以及死亡定义及死亡判定标准。[2]

第 1 节　缓 和 医 疗

缓和医疗通过处理疼痛以及其他令人痛苦的症状而使患有不可治愈疾病的患者尽可能

---

〔1〕 也有称"舒缓疗法"的。

〔2〕 编写本章参照如下文献：O'SULLIVAN M J, BAIRD S D, POSTHAUER M E. Academy of nutrition and dietetics. ethical and legal issues in feeding and hydration[J]. J Acad Nutr Diet, 2013, 113(6):828-33; BORNEMAN T. Ethical issues in pain management[J]. Clinics in Geriatric Medicine, 1996, 12(3)615-628; Bok S. Euthanasia and physician-assisted suicide[M]. Cambridge: Cambridge University Press, 1998;（美）G. 德沃金 (Gerald Dworkin), R.G. 弗雷 (R.G.Frey), S. 博克 (Sissela Bok). 安乐死和医生协助自杀 赞成和反对的论证 [M]. 翟晓梅，邱仁宗，译．沈阳：辽宁教育出版社，2004; General Medical Council. Treatment and care towards the end of life: good practice in decision making[EB/OL]. (2010-07-01)[2019-08-15]. https://www.gmc-uk.org/-/media/documents/treatment-and-care-towards-the-end-of-life---english-1015_pdf-48902105.pdf; GILLICK M. Ethics in artificial nutrition and hydration - a practical guide[J]. Practical Bioethics, 2006, 2(2,3):1-15; HEANEY M, FOOT C, FREEMAN W D, et al. Ethical issues in withholding and withdrawing life-prolonging medical treatment in the ICU[J]. Current Anaesthesia & Critical Care, 2007, 18(5): 277-283; HESTOR M. End-of-life care and pragmatic decision making: a bioethical perspective[M]. Cambridge: Cambridge University Press, 2010; HOLM S, Jørgensen E O. Ethical issues in cardiopulmonary resuscitation[J]. Resuscitation, 2001, 50(2):135-139; MCCARTHY J, et al. End-of-life care: ethics and law[M]. Cambridge: Cambridge University Press, 2011; SHEMIE S. Brain death[M]//PETER S, VIENS A. The Cambridge textbook of bioethics. Cambridge: Cambridge University Press, 2008: 85-90; SMITH S. End-of-life decisions in medical care: principles and policies for regulating the dying process[M]. Cambridge: Cambridge University Press, 2012; YOUNGNER S. The definition of death[M]//STEINBECK B. The Oxford Handbook of Bioethics. Oxford: Oxford University Press, 2007: 285-303; 翟晓梅. 死亡的尊严 [M]. 北京：首都师范大学出版社，2002; 翟晓梅，邱仁宗. 生命伦理学导论 [M]. 北京：清华大学出版社，2005：371-456.

过得舒适，为患者及其家庭提供心理、社会和心灵的支持。缓和医疗的目的是治疗或处理疼痛以及其他身体方面的症状，并在心理、社会和心灵方面帮助患者。缓和医疗可与化疗或放疗等同时进行。缓和医疗内容包括：改善生活质量；缓解疼痛以及其他令人痛苦的症状；维持生命，但视死亡为正常过程，不去加速或延迟死亡；与医疗的心理和心灵方面相结合；提供支持系统帮助患者在死亡前尽可能积极地生活；在患者受疾病折磨和丧亡过程中为家庭提供支持。缓和医疗是整体性的。

一、对疼痛的处理

（一）疼痛的概念

临终患者体验的疼痛不仅是身体的疼痛，而且是多层面（包括心理、社会、心灵等层面）的疼痛。疼痛使临终患者备受打击，削弱他们的控制感，削弱了他们生命的目的和意义感，也削弱了他们与他人的联系。

（1）身体疼痛是使患者痛苦的主要原因。身体疼痛是身体功能活动失常的明显警示，它影响人的整体及其社会互动。严重的疼痛使得患者要求不惜一切代价消除它，患者甚至宁愿死去。

（2）患者的心理疼痛往往出现在面临不可避免的死亡时，他们放弃了希望，情绪波动。

（3）社会疼痛是一种孤立感的疼痛，患者在死亡时与他人沟通困难，产生一种孤独感，如果他人不能来访问或陪伴他们，聆听他们的感觉和体验，会加剧他们的孤独感。患者感到自己对家庭和社会失去作用，也会感到痛苦。

（4）心灵疼痛产生于患者失去生活的意义、目的和希望时。

疼痛是对患者的严重伤害，设法缓解患者的疼痛是医生的专业义务，也是医学的目的之一。

（二）缓解患者严重疼痛的伦理难题

我们会遇到一些患者，尤其是癌症晚期的临终患者，他们要求医生不惜一切代价地缓解其疼痛。虽然由于技术的改进，医生可以使用镇痛剂，但镇痛剂的使用会提高患者的耐受性，最终会达到临界点，此时医生面临伦理难题：如果增大镇痛剂剂量，患者可能因呼吸麻痹而死亡；如果维持原来较低的剂量，则镇痛效果不佳，不能满足患者需要，患者将在难忍的痛苦中受尽煎熬。

在患者疼痛处置问题上，人们往往重视意向或动机。在大多数的生命终末期医疗决策中，医生不愿停止维持患者生命的干预措施往往出于以下原因：

（1）担心引起安乐死。缓和医疗的意图是缓解痛苦，即使会加速死亡。对此有些伦理学家引用双重效应原则（principle of double effect，PDE）给予辩护。这个原则是说，治疗的可预见的不良后果仅当它们是非意向的，即不是治疗的明言目的时，才是可接受的。缓解疼痛是明言的意向和目的，而患者死亡则是非意向的和不可避免的后果。

（2）担心使用镇痛剂会抑制患者的意识。维持濒临死亡患者的意识是重要的，这有利于患者与家人和医务人员沟通。如果患者有行为能力，那么他坚持要缓解他难以忍受的疼痛（即使会降低意识），就是一个可辩护的理由。

（3）担心道德滑坡。有些医务人员担心他们开始将缓和医疗缓解临终、濒临死亡患者的疼痛，后来将缓和医疗用于非临终的抑郁患者。然而也有人认为缓解非临终抑郁患者的痛苦也没有错，因为缓解疼痛本来也是医学目的之一，只是对非临终的抑郁患者不能将剂量用得太大。

然而，使用 PDE 来为医生用足量麻醉剂给患者缓解疼痛而导致患者死亡的辩护也遭到以下反对意见：按照现代心理学理论，人的意向是模糊的、多层次的，且往往是相互矛盾的，PDE 将动机简单化；故意导致死亡的行动都应被视为恶，因而应该毫无例外地禁止，但这一认识太绝对化了，死亡并不是在所有情况下都是恶的；医生不应该接受一个有行为能力的临终患者要求中止延长生命的治疗来终止痛苦的请求，因为这不是尊重患者自主性的体现，而且也违背不伤害原则。

支持 PDE 的理由是：PDE 确保临床医生有权为临终患者开高剂量的阿片类镇痛药，这在伦理学上是可允许的；PDE 的意向理论有错误，但不影响它的基本精神是好的，当缓解患者疼痛无效时，医生可采取与痛苦患者需要相称的行动；PDE 可避免因镇痛不足而导致的安乐死和医生协助自杀。

缓和医疗依赖两个结合在一起的概念，即适宜（adequacy）和相称（proportionality）。用这两个概念可以验证医务人员的意向，考察他们是否有意要使患者死亡。处理患者疼痛的干预措施可得到伦理学的辩护，当且仅当：

（1）所用的特定治疗对该特定的患者是适宜的，且所使用的特定的治疗与该特定患者体验的症状是相称的；

（2）该患者的疼痛对麻醉剂有良好反应，其目的是使患者舒适，使其副作用最小化；

（3）服用吗啡后患者仍然感到疼痛，就要逐渐增加剂量，直到患者的疼痛缓解。

使用这种方法，即使足量的吗啡也是与某一特定患者的疼痛体验是相称的。与之相反的是，给患者使用的吗啡剂量不相称，不考虑患者的舒适度或对吗啡的耐受性，使得患者仍然备受疼痛煎熬。如果一位患者满足以下条件：①有行为能力，希望增加镇痛剂的剂量；②死亡即将来临，镇痛可能会加速他死亡；③患者同意这种疼痛处理决定，并清楚地表达他希望加大剂量的意愿；④患者并非想安乐死，也不要医生帮助他自杀；⑤使用适当剂量可缓解他的疼痛。只要增大麻醉剂剂量满足适宜和相称这两个条件，就可以得到辩护。

由此可见，临终镇痛医疗与安乐死是可以区分的。在安乐死非法的国家，这种临终镇痛应该是生命终末期医疗的一个有效的选项。

缓和医疗还包括心肺复苏术、人工呼吸（呼吸机）和人工饲喂（营养和水）等生命维持技术的使用，因为生命终末期还涉及使用还是不使用这些技术的伦理问题，所以我们将在第 2 节加以讨论。

第 2 节　不给或撤除医疗

案例 11-1：撤除医疗

21 岁的卡伦（Karen）是昆兰（Quinlan）夫妇十分钟爱的养女。1975 年 4 月 14 日，卡伦在朋友的生日晚宴上饮酒昏倒，朋友们以为她喝醉了，扶她上床休息，过了一会儿，一位朋友发现她停止了呼吸，朋友立即为她进行了人工呼吸，并随即将她送往最近的医院。医院检查发现，卡伦体内的酒精并未达到危险浓度，也未发现其他异常，她停止呼吸原因不明，但在那期间，由于缺氧，她的大脑已受到严重损害。一周后她被送往另一家条件更好的医院。专家们对她进行了进一步的检查，确诊卡伦有广泛性脑损害，并且排除了几种可能的昏迷原因。开始时，昆兰夫妇满怀希望，卡伦的眼睛时张时合。但她的情况很快恶化，体重从 54.5 千克逐渐降至 32 千克，身体蜷缩成一种刻板的胎儿状，1.58 米的身高已缩至 0.9 米，靠一台呼吸机进行机械呼吸。7 月初，卡伦的医生、母亲、妹妹和弟弟都不再相信她能恢复意识了，只有昆兰先生还怀着希望。医生对他说："即使上帝做出奇迹使她能活，她也只能在医院中了却余生了。"昆兰先生后来同意卡伦妹妹的看法："卡伦决不想这样在机器上活着，她不喜欢这样。"昆兰夫妇的教区牧师也使他们确信，罗马天主教义并不要求用非常的手段支持一个无希望的生命。在做出决定之前，昆兰问牧师："我这是在扮演上帝吗？"牧师说："不，上帝已经做出了卡伦将死的决定，你只是同意上帝的决定罢了"。7 月 31 日，在卡伦失去意识 3 个半月以后，昆兰告诉医生他同意撤除呼吸机。他签署了个人意见，同意医生停止使用一切非常手段，并免除医院的所有法律责任。医生对他说："我认为你的决定是正确的"，但后来这位医生改变了看法，他认为这里有道德问题，需要同别人商量一下。昆兰向他的律师阿姆斯特朗（Armstrong）求助，他向律师解释说，卡伦是个没有收入的成人，政府支付维持她生命的费用，每天 450 美元，家属要求撤除呼吸机并不出于经济上的考虑。卡伦的母亲、妹妹和朋友都作证，卡伦以前谈过不愿靠机器活着。专家们也证明她处于持续性植物状态，不可能再恢复意识。但医生们认为，她仍有脑电波活动，也有可以觉察的脉搏，无论按医学标准，还是按法律标准，她都没有死。9 月 12 日，阿姆斯特朗律师向新泽西州高级法院法官申请任命昆兰为卡伦的监护人，以便使他具有"同意停止使用维持她生命的所有非常手段的表达权"，但法官驳回了该请求。法官认为，"因为卡伦仍然活着，法庭不应该同意撤除呼吸机，这样做就是杀人"。阿姆斯特朗律师上诉至新泽西州最高法院。法院同意昆兰代表卡伦，不论他为她做出什么样的决定，社会都应该接受。最高法院还免除了撤除呼吸机的任何刑事责任，认为即使这样引起死亡也不是杀人；而且即使是杀人也不是非法的，最后，法院决定如果卡伦的医生认为她永远不能摆脱昏迷，那么可以撤除呼吸机。如果卡伦的医生不

案例 11-1：撤除治疗（续）

愿这样做，昆兰可以找任何愿意这样做的医生来做。奇怪的是，卡伦的呼吸机撤除了，但卡伦却开始了自主呼吸。昆兰夫妇想为她找一所慢性病医护院，医生们极不愿意接手这种病例，昆兰夫妇碰壁达 20 多次，最后终于在 1976 年 6 月 9 日将卡伦转入一家护理院，她在那里得到高营养饲喂，定期使用抗生素控制感染，她一直昏迷着、呼吸着，直到 1985 年去世。卡伦案件是美国生命伦理学历史上具有里程碑意义的案件。

　　生命维持技术在 20 世纪得到很大发展。20 世纪初，人们采用心脏按摩法和向心脏注射肾上腺素来维持人工循环。30 年代开始使用各种各样的呼吸机。50 年代初期，急性脊髓灰质炎流行，医院经常使用铁肺这种呼吸机，挽救了不少人的生命。从 50 年代到 80 年代，人们做出了巨大努力来完善有创呼吸机（需要气管插管）和无创呼吸机（面罩式呼吸机）。由于抗凝血剂的发现，50 年代中叶研制并在手术中应用了血液充氧器。60 年代中叶开始使用以电击方式使心肺复苏的装置。后来又发明高营养和人工饲喂。从 40 年代到 60 年代，生命维持技术的应用越来越广泛。医务人员也越来越认为，应该尽一切可能维持生命，而不允许患者死亡。即使预后很糟，他们也认为应该不惜一切代价将生命维持下去，直到患者器官衰竭，疼痛和痛苦难忍，家属和医务人员筋疲力尽为止。生命维持技术挽救了大量之前无法救治必死无疑的患者。可是，人们没有预料到，生命维持技术上的突破会引起人们死亡观念上的重大转变。在广泛应用呼吸机、心脏除颤器、监护装置、心肺复苏术以前，心脏衰竭、肺脏衰竭和神经功能衰竭是密切联系在一起的。当一个系统衰竭了，其他两个系统也就不可避免地衰竭。但是现在甚至在神经功能停止后，呼吸机及其他先进的生命维持系统仍能维持心脏功能、肺脏功能及其他自主功能。

　　现代医学技术切断了脑死亡与整个机体死亡（全身死亡）之间的必然联系，把脑功能与心肺功能间密切的和直接的联系分离了。这种分离带来了撤除医疗（withhold/withdrawing of treatment）的伦理问题。这里讲的是维持生命的治疗，包括心肺复苏术、人工呼吸和人工饲喂等。撤除医疗曾被很多文献称为"被动安乐死"，这个术语有误导作用，因为安乐死必须有医生采取主动行动，而"被动"可能使人误解医务人员什么都不做。安乐死这一术语也与医生协助自杀不同，前者是医生采取行动，而后者即使有医生协助，也是由患者采取行动。

（一）拒绝治疗

　　患者有治疗的权利，这些权利蕴含在我们的基本伦理原则之中，不伤害、有益、尊重和公正等原则都与治疗权利有关。给提供患者其需要的治疗，是医务人员乃至一个国家政府的义务。

　　然而患者有没有拒绝治疗的权利呢？这是一个在生命终末期医疗中不时要面临的伦理问题。对此问题的回答涉及两个基本伦理原则或医生两个基本义务，即尊重患者的自主性以及对拒绝治疗后果的权衡，即对风险受益比的评价和对这二者的权衡。

对拒绝治疗比较一致的意见是：

（1）要认真考虑患者拒绝治疗的意愿，首先要考虑患者是否拥有行为能力或在做出拒绝治疗决定时是否丧失行为能力（如使用过多麻醉剂），如果患者不具备行为能力或做决定时丧失行为能力，则该决定无效，应向患者家属或监护人询问；

（2）详细询问患者拒绝治疗的理由，认真考虑他们的理由，仔细评估拒绝治疗的后果，考虑其风险和受益；

（3）如果治疗给患者带来的受益大于风险，例如有利于改善症状、缓解疼痛、改善生活质量，则不应该接受患者拒绝治疗的要求；

（4）如果该治疗对该患者无用，无用包括不能改善症状，不能改善患者生活质量，不能缓解且加重患者疼痛，使患者负担太大，则应该接受患者拒绝治疗的请求，在这种条件下，患者有拒绝治疗的正当性。这意味着，在一定条件下患者拥有拒绝治疗的权利。

　　耶和华作证派拒绝治疗问题

在非生命终末期医疗的情境下，也存在患者是否有拒绝治疗的权利问题。例如，有的癌症患者无法忍受手术、化疗、放疗，拒绝治疗，然而他的癌症并非处于晚期，这些治疗对他战胜癌症非常有用。这时医务人员应该直接或通过家属对他进行说服工作，并在治疗过程中尽力减少疼痛、不适及并发症，不能贸然接受患者拒绝治疗的请求。拒绝治疗案例中最为棘手的是耶和华作证派信徒拒绝输血的问题。按照这一教派对《圣经》的解释，输血等于喝人血，这是绝对不能接受的。但是，输血是挽救生命的重要治疗方法。对此，目前比较一致的意见是：

（1）如果患者并非处于临终状态，输血肯定能挽救患者生命，则应尽可能说服患者接受输血治疗；

（2）在无法说服的条件下，或可由卫生行政部门或法院下令进行强制治疗；在无法进行强制治疗条件下，也可要求患者出具证明文书，尊重其拒绝输血的要求；

（3）对于这些信徒的孩子，父母无权代替孩子做出拒绝输血的决定，可由医院向法院申请剥夺其监护权，另择监护人，对孩子进行输血治疗。这是权衡尊重患者自主性和风险受益比的结果。

（二）心肺复苏

1. 心肺复苏术

心肺复苏术（cardiopulmonary resuscitation，CPR）措施包括外部胸腔按压、人工呼吸急救和心脏除纤颤。当一个人突然倒下，呼吸和心脏停止，如有希望维持生命，应立即采取 CPR 措施。心肺复苏术是现代医学伟大成就之一，可帮助呼吸和心脏骤停患者恢复呼吸和循环功能，恢复知觉、意识，延长生命。CPR 最好在医院的重症监护室进行，以便维持和监测循环和呼吸机能。CPR 并不包括镇痛、使用抗生素或控制症状药物、人工饲喂、可逆转病情的诊断治疗、惊厥控制等。如果患者病情恶化，医务人员应迅速评估合适的治疗措施，启动安适疗法（comfort care）。

CPR 可用于心脏和呼吸功能骤停的任何患者。然而，心脏和呼吸功能骤停是死亡过程中不可避免的部分，在理论上，CPR 可用于死亡以前的所有患者，因此必须鉴别出那些 CPR 对他们无效和不合适的患者；也必须鉴别出那些有行为能力拒绝 CPR 的患者。对于后者，他们最好备有一份事先指令，说明在未来情况下不愿意接受 CPR 治疗。只要这种决定是知情后做出的、最近确认的、没有受到他人的强迫，并显然适用于当前临床状况的，这些指令必须得到尊重。在美国，医院内外使用 CPR，每年能挽救约 10 万人的生命，在所有住院患者中，有 3%～20% 的患者要求不做 CPR。

2. **不给或撤除 CPR 的决策原则**

不给或撤除 CPR 的决策旨在避免在使用 CPR 上做出不合适、无用和 / 或多余的努力，这些努力可能使患者及其家庭产生严重苦恼，因为他们可能认为患者在使用 CPR 中死亡是有失尊严和令人不快的。

根据不伤害、有益和尊重的基本伦理原则，不给或撤除 CPR 的决策原则包括：

（1）必须预料到心跳、呼吸骤停的情况。如果不能预料到心跳、呼吸骤停的情况，就不能做出不进行 CPR 的决定。有些处于生命终末期的患者，非常虚弱，患有多种疾病，死亡是意料之中的事。对于这些患者，即使心跳呼吸没有马上停止，事先就是否使用 CPR 做出决定是合情合理的。

（2）当 CPR 无效时，就不应将 CPR 作为一种治疗选项提供给患者。在死亡作为患者所患疾病不可避免的结果预期会到来时，使用 CPR 肯定不会有维持患者生命的成功结局，医务人员就不应该进行 CPR 的努力。在这种情况下，要患者及其家庭就是否使用 CPR 做出决定，对他们是一个不必要的沉重的负担。

（3）必须与患者及其家庭进行合适的、充分的沟通。医务人员不要与患者及其家庭仅仅讨论 CPR，而是要把它作为生命终末期医疗的一部分来讨论，以实现患者生命终末期医疗的意愿。与患者或其家庭成员讨论包括 CPR 在内的生命终末期医疗问题可能会使他们不舒服，但不应该因此放弃交流沟通。如果根据 CPR 无效的医学理由而做出不提供 CPR 的决定，应积极设法告知患者及其家庭，除非讨论的负担远超给患者带来的受益。

（4）生活质量判断不应该是医务人员决策的一部分，因为临床决策应该根据病情需要，而不是医务人员对患者生活质量的看法。因为医务人员对生活质量的看法常常很主观，往往与患者及其家庭的看法不同。当 CPR 有可能使患者生命持续下去时，医务人员必须知道患者对这种治疗的负担和受益的看法；当患者事先没有做出不要 CPR 的决定时，应该推定患者支持这种治疗措施；在患者心跳、呼吸骤停发生前未对 CPR 做出明确的决定，也不知道患者是否表达过他的意愿时，则应该推定要对该患者进行 CPR。

对患者是否给予 CPR 的决定首先应该基于医学的理由，例如患者的病情和治疗的预后，但并非总是根据医学理由决定，患者的价值观也很重要。预后良好的患者也可能拒绝 CPR，而预后差的患者也许要用 CPR 来抢救。有人主张，如果 CPR 无用，主治医生就可以决定不给予 CPR。但如何界定无用呢？如果死亡在两周内发生，CPR 是否无用？CPR 后是否有一个最低生命长度，少于此者不提供 CPR？也许提供 CPR 后患者再活 1 年或 1 个月，值得用 CPR 来抢救，那么多活 1 天或 1 小时，又如何呢？我们知道不少的例子，医生判定有些患者即将死亡，但他们又活了很长时间，有些则只多活了几分钟。恐怕只有相关个人才能决定值得多活多长时间。

在考虑是否采取 CPR 时，患者参与决策过程很重要。医生可提供有价值的信息，但唯有患者才能判定是否要使用 CPR。如果患者有行为能力，就不能仅仅与其家人讨论 CPR 问题。当收治入院的患者处于无意识状态或由于其他原因不能表达自己的意见，医生则应该先按患者的最佳利益做出决定，以后可根据了解到的患者以前表达的意愿和价值观，与患者亲属商议后再修改决定。对于儿童或智障患者，也应该按患者最佳利益做出决定。医生的义务是确保决定真正符合患者最佳利益，而不是别人的最佳利益。

（三）人工呼吸

人工呼吸是指用人为的方法，运用肺内压与大气压之间压力差的原理，使呼吸骤停者获得被动式呼吸，获得氧气，排出二氧化碳，维持最基础的生命。

在不给或撤除人工呼吸时，与生命终末期医疗（往往在重症监护病房）有关的伦理问题包括：

（1）按照患者的愿望而听任患者死亡与引致他们死亡之间的区别；

（2）尊重患者有尊严死亡的愿望与实施安乐死和协助患者自杀的界线；

（3）使用药物给患者提供安适与加速患者死亡的界线。

1. 不给或撤除人工呼吸的条件

从伦理学视角看，不给或撤除人工呼吸在下列情况下是合适的：

（1）目前可得的医疗干预不可能实现患者的医疗目的；

（2）实现患者的医疗目的所要求的治疗时间和侵害性为患者不可接受。一定要注意，不要让患者及其家属产生误解，以为撤除人工呼吸就将患者放弃了，应强调医生将集中处置症状，继续进行缓和医疗。

2. 放弃人工呼吸可能引起的误解

（1）"撤除人工呼吸就是要放弃患者，医生不再照料患者了。"其实，撤除人工呼吸后，医生仍然与患者保持治疗关系，给患者提供其他一切所需治疗，尤其是缓和医疗。

（2）"放弃人工呼吸违反有益原则。"有益伦理原则促进患者的安康。对于危重患者，撤除人工呼吸是因为医生认识到，按照患者的价值和意愿放弃人工呼吸符合患者利益，而不是强迫他活在一种生不如死的状态。

（3）"不给与撤除人工呼吸有区别。"其实，区别仅在于是否在感情上更容易被人接受。有时医生和家人觉得不给人工呼吸比撤除人工呼吸更容易接受，可能因为撤除人工呼吸时要牵涉到死亡。生命维持技术措施的不给与撤除并无伦理学意义上的区别。允许这样做都是实施临终患者或其代理人的知情决定权的结果。

（4）"撤除人工呼吸后，给濒临死亡患者使用镇静剂和麻醉药，加速患者死亡，是不符合伦理的。"对于患者及其家属来说，最重要的是，如果不给或撤除人工呼吸，如何能充分地缓解患者的疼痛和痛苦。临床医生有伦理义务来缓解垂死患者的疼痛和其他症状，即使这样做可能加速患者死亡。对此，这可以用双重效应来加以辩护。

（四）人工饲喂

人工饲喂（artificial nutrition and hydration，ANH）是一种补充或代替通常饮食的医疗措施，它使由于某种原因不能通过口腔进行饮食的患者能够接受营养（食物）和水（液体）以维持生命。人工饲喂包括静脉注入、皮下灌注、鼻胃管、胃造瘘、空肠造口术等。人工饲喂的有效性取决于患者总体状况以及人工饲喂适应证。人工饲喂对有暂时吞咽困难或胃肠道问题的患者效果很好，能使某些慢性失能疾病患者受益，也能延长患者的生命。如果患者依赖人工饲喂，并能享受他的生活，那么人工饲喂就是有用的。然而，也必须与其负担相权衡，例如人工喂饲往往伴随出血、感染等并发症，还应防止患者拔掉饲喂管子等。

1. 人工饲喂的伦理考虑

（1）首先，临床医生要考虑人工饲喂是否有益于患者。如果人工喂饲能帮助患者实现临床和生活质量方面的需要，那么使用它就是合适的。如果人工饲喂的伤害大于潜在的受益，就不应该启用或应该撤除人工饲喂。

其次，临床医生要考虑患者或其监护人的决定权或自主性，包括做出启用、不给或撤除人工喂饲的决定。

最后，公正要求做出有关人工喂饲的决定应该是非歧视性的，例如不应该只考虑年龄或经济条件等因素。如果这些伦理要求之间发生冲突，则要求合理解决伦理难题。

（2）实施知情同意过程。在人工饲喂中，知情同意是指患者就使用人工饲喂做出同意或拒绝的决定的过程。如患者无决策能力，则由代理人为他做出决定。如无代理人，卫生行政机关或法院可任命代理人为他做出决定。但由知情同意原则确保的患者自我决定的伦理和法律权利也不是绝对的。国家机关可基于若干理由（例如保全生命、防止自杀、保护无辜第三方尤其是儿童，以及保护医务人员）而限制个人自由的权利。

（3）在不给与撤除人工饲喂之间没有伦理和法律的区别。如果人工喂饲的负担大于受益，或不再能实现患者医疗或生活质量方面的目的，在患者或其代理人的同意下应该撤除人工饲喂。如果诊断或预后不确定，可以实施一个试验期。在试验期结束时，应该评估干预的效果，如果不能证明对患者有益，就中断人工饲喂。

（4）特殊病情。

其一，持续性植物状态（persistent vegetative state，PVS）。美国神经学科学院（American Academy of Neurology）定义 PVS 为一种存在瞬目反应的持续性无意识状态，患者有觉醒和睡眠周期，但无论何时患者都不能觉察自己或其环境。在神经学上，觉醒而无意识是脑干的功能，患者完全丧失大脑皮层的功能活动。这种功能的丧失使患者不能感觉疼痛或痛苦。人工饲喂肯定能延长 PVS 患者的生命，但在诊断不确定时，提供人工饲喂必须审慎。

其二，晚期痴呆患者。晚期痴呆患者往往有吞咽困难，吞咽时易吸入气管、自己不能进食，拒绝进食，对饥饿有异常反应等症状。这往往使他们营养不良，需要启用饲喂管以改善其营养状况，防止或治疗压迫性溃疡，预防吸入性肺炎。调查发现，插入经皮内镜下胃造瘘管后，患者短期死亡率高达 4%～54%，未证明它对患者有长期受益效果。因此。对于晚期痴呆患者，尽可能用手喂食，如果要用饲喂管，应该确定具体和有限的目的，如果不能达到目的，就应撤除饲喂管。

其三，临终患者。患有严重疾病濒临死亡的患者往往食欲降低，不能饮食。一般认为因脱水和营养不良而死亡会给患者引起不必要的痛苦，因而一般都要使用人工饲喂。然而，有照料濒临死亡患者经验的人证明，因脱水而死亡是安宁的，并不引起痛苦。大多数濒临死亡患者并不感到饥饿或口渴。脱水的主要不良反应是口干，这容易用口腔护理来处理。也没有证据证明在生命终末期用医疗方法给患者补水可延长其存活时间。因脱水而引起的代谢改变具有镇静效应，使患者在死亡前昏昏欲睡。因此从伦理学观点看，对临终患者，不提供或中止人工饲喂让死亡自然发生是合乎人道的。

2. 对人工饲喂建议的审议

（1）应仔细讨论有关人工喂饲的决定医务人员与患者及其代理人。医生需要给患者或其代理人提供有关人工喂饲的充分信息，使他们能够做出真正知情的决定。

（2）在与患者及其代理人讨论人工喂饲时需要强调三点：

其一，人工喂饲不是一种对任何人都可实施的基本干预措施，这是一种需要医学适应证的医疗措施；

其二，与提供食物以及其他形式的安适不同，人工喂饲所要求的程序及其引起的受益、风险和不适往往不确定；

其三，人工饲喂的目的不是增加患者的安适，如果医生、患者及其家人对是否使用人工饲喂意见不一致，医生不能支持患者或家人做出的决定，应该将患者转给另一位医生或转院治疗，可以向医院伦理委员会咨询。

第 3 节　安乐死和医生协助自杀

一、安乐死的概念和历史

安乐死一词源自希腊文 euthanasia，"eu"是"好"的意思，"thanasia"是"死"的意思，但是"好死"一词并不能告诉我们什么样的死亡才是"好死"。安乐死现指将有意引致一个人的死亡作为提供给他的医疗的一部分，有时也译为无痛苦致死术。20 世纪 30 年代，欧美各国都有人积极提倡安乐死。但由于希特勒在 1938—1942 年以安乐死的名义杀死了智力低下者、慢性病患者、精神病患者、异己种族（如犹太人）人士数百万人。从此，安乐死声名狼藉。

在我国，媒体曾报道过一些安乐死的案例，如发生在我国河南省宁陵县用农药致死的安乐死案例以及发生在我国江苏省阜宁县用棉被窒息的安乐死案例。

过去一般将安乐死分为主动安乐死（active euthanasia）和被动安乐死（passive euthanasia）。前者是指采取某种措施（例如注射致死药物或其他措施）导致患者的无痛苦死亡；后者指不给或撤除生命支持医疗措施而听任患者死亡，它常被称为"听任死亡"（letting die）。现在已经不再将被动安乐死列入安乐死，因为不给或撤除治疗不符合安乐死概念，在伦理学和法律上，二者差异很大。

医生协助自杀（physician - assisted suicide），指由医生提供药物或其他干预措施，用以帮助患者有意使用它们自杀。它与安乐死的区别在于：行动者是医生还是患者，如果结束生命的行动由医生采取，则是安乐死，由患者采取就是医生协助自杀。由于二者的伦理和法理学问题是相同或类似的，因此本章将其放在一起讨论。

二、实施安乐死的必要条件和充分条件

安乐死是在医学情境下由医生所实施的某种特殊的医疗干预行为。一个恰当的和完整的安乐死定义至少应该包括这样一些要素：①安乐死的对象；②安乐死行动的理由；③安乐死对象的意愿；④安乐死行动与死亡的关系；⑤安乐死的实施方法。[1] 安乐死的实施必须满足下列必要条件和充分条件：

条件1：有充分的证据使医生B确信患者A在当前医学条件下毫无救治可能，并且患者A正遭受着难以忍受的痛苦。这一条件是指安乐死的对象。应该将安乐死的对象严格限于当前医学条件没有希望救治、正遭受着无法摆脱的难以忍受的痛苦的临终患者的范围之内。

条件2：医生B意在患者A死亡的首要理由是中止A的实际上的痛苦。尽管可能存在其他相关理由，但医生B并不为了一个与此不同的首要理由而意在患者A的死亡。这一条件是指安乐死行动的理由。在安乐死中必须存在一个有益于人的动机或一个人道主义理由。实施安乐死的首要和最重要的理由是解除患者实际痛苦。任何其他理由都是与产生"好死"的意向不一致的。如果患者A正遭受着极大的痛苦，医生B为了患者A的钱而杀死了A，这的确可以在事实上产生A所渴望的死亡。但是这不能被视为一个安乐死事例，因为B的动机与我们所理解的安乐死行动的动机并不一致。为了从一个正遭受着不可医治的疾病折磨的患者的死亡中获取经济好处而杀死他，这是谋杀而不是安乐死。如果一位有可能康复的患者出于不增加家人的经济负担而要求安乐死，这时患者并没有按照自己的最佳利益来做决定，这也不是安乐死的事例。

条件3：对患者A实施的安乐死须是根据患者A的诚恳要求而进行的。医生必须确信：患者A做出的决定是一个有行为能力的人做出的理性决定。这一条件指的是安乐死对象的意愿。安乐死必须经该患者诚恳要求，即有该患者明白无误的嘱托。而且医生应该确信：患者所做出的决定是一个有行为能力的人做出的理性决定。患者的要求可以在临终时表达，也可以用生前遗嘱（living will）或事先医疗指令（advanced directive）的形式表达，还可以用其他方式给予书面或口头表达，但必须得到患者本人的再次确认。这将安乐

〔1〕 参阅：BEAUCHAMP T, DAVIDSON A. The definition of euthanasia[J]. The Journal of Medicine and Philosophy, 1997, 4(3): 294-312.
翟晓梅. 死亡的尊严［M］. 北京：首都师范大学出版社，2002.

死与希特勒以安乐死为名行杀害残疾人和危重患者之实的做法区分开了。

条件 4：患者 A 的死亡至少是另外一个人，即医生 B 的意向所在，且医生 B 的行动与引起患者 A 的死亡有直接因果关系。这一条件指的是安乐死行动与死亡的关系。安乐死被视为医疗的一个部分，加之"不可医治的疾病"与"无法缓解的疼痛"须由医生认定，而且如何真正做到"无痛苦死亡"也非医生莫属，所以安乐死须由医生实施自不待言。安乐死是医生所采取的旨在使患者快速无痛死亡的行动。这将安乐死与所谓的"被动安乐死"和"医生协助自杀"概念上区分开来。

条件 5：引起患者 A 死亡的手段应该是尽可能无痛或仅有最低程度的疼痛。这一条件指的是实施安乐死的方法。安乐死的实施必须是无痛的或最低程度疼痛以及平和的，而不能采取剧烈的、使患者遭受强烈疼痛的方法。在江苏阜宁和河南宁陵县的两个案例中，一个是用棉被闷死患者，另一个是用农药毒死患者，这样的案例不是安乐死事例。

三、安乐死的伦理论证

（一）反对安乐死的论证

反对安乐死的人提出了如下论证：

（1）安乐死不是解决临终患者问题的合适办法。

其一，在那些请求安乐死的临终患者中，许多人是因为疼痛难忍，如果有更有效的镇痛办法，他们就不会请求安乐死。这是事实。一方面患者需要有效的镇痛药，另一方面对这些药品的严格管理使得临床医生不能有效解除这些患者的疼痛，主要是担心患者上瘾，控制过分严格，从而不能达到解除患者疼痛的目的。实际上，用吗啡类药物给患者镇痛导致的上瘾与药瘾者的上瘾是有所不同的，因此应该适当放宽对镇痛药物的管制。同时也应进一步研发更有效的镇痛药物。临终患者请求安乐死还不完全是因为疼痛问题，有些患者由于不愿意以这种方式度过人生最后阶段而感到痛苦，视安乐死为摆脱痛苦的唯一办法。痛苦与疼痛不一样，疼痛是一个生理问题，而痛苦是一个心灵问题，每一个人有自己的人生观、价值观、信念、承诺、义务感，虽然有些人对在疼痛、无助、虚弱之中结束生命无所谓，但有些人却认为无法容忍。

其二，临终患者请求安乐死是由于患了抑郁症，而对这些患者的精神、心理治疗服务很差，如果能够充分提供这方面的治疗或咨询，这些患者就不会要求安乐死了。这也是有道理的，因此我们应该向这些患者提供精神、心理治疗服务，尤其是要治疗他们的抑郁症，但即使提供抗抑郁的精神、心理治疗，总还有一些患者仍然要求安乐死。因此，抗疼痛、抗抑郁并不能解决这些患者的所有问题。

（2）安乐死是杀死一个无辜的人，对于医务人员来说，这是绝对不允许的。有人论证说，在安乐死的情况下，医生就是要患者死去，而其行动对患者的死亡这一结果起了原因的作用。原则上与谋杀并无区别。然而，其一，在安乐死的情况下，医生的动机与杀人或谋杀有本质的区别。故意杀人或谋杀都与受害者有利益或感情上的冲突，或谋财害命，或报仇雪恨等，但医生的动机是为了解除患者的疼痛，而且是应患者的执意要求而做的。其二，患者有拒绝治疗的权利，临终患者拒绝治疗，必将导致其提前死亡。当医生按照患者的要求，不给患者任何治疗，与医生接受患者的执意要求，给他实施安乐死，这两者都是尊重患者自主性的体现，二者在道德上并无显著区别。我们再设想，有一位医生应疼痛难忍的临终患者的要求，给他服用吗啡类药物，以帮助患者解除疼痛，由于产生耐药，剂量越用越大，最后患者因呼吸麻痹而死亡。另一位医生应疼痛难忍的临终患者执意安乐死的请求，给患者服用一种药丸，使患者无痛、安详死亡。这两种情况都是应患者要求，都是为了解除患者难忍的疼痛，即使我们可以说出它们之间有道德上的差别，但很难说二者差别大到前者是合法的，后者则应属违反道德的甚至触犯了刑法的。

（3）安乐死会构建一个道德滑坡，人们会沿着这个滑坡一直滑向纳粹的大屠杀。我们今天允许对痛苦难忍的临终患者实施安乐死，明天我们就可能对老人、残疾人、病情严重患者实施安乐死，最后像纳粹一样以安乐死名义杀死数百万人。然而，其一，道德滑坡在一定条件下是存在的。纳粹德国为了所谓"优生"目标，从强制限制"劣生"（残疾人）生育开始，的确沿着一条道德滑坡，最后滑向屠杀数百万人。但从 A 滑向 B 的道德滑坡的存在需要一定的条件：逻辑条件是 A 与 B 在概念上相似或接近；其次，A 与 B 虽然相距甚远，但中间存在许多中介，这也可能形成道德滑坡。但是按照我们上述的安乐死概念和定义，安乐死的对象与杀死老人、残疾人、病情严重患者相距甚远，中间也不存在"中介"。因此，尽管安乐死的道德滑坡提出多年，但是没有一个地方出现这种滑坡，重蹈纳粹德国的覆辙。

（二）错误的支持性论证

1. 利他主义论证

我国有人认为，安乐死有利于家庭，有利于社会，因而应该实施安乐死。不可否认，患者的家属、亲属对患者负有照料的义务，他们往往承受着巨大的感情上的、身体上的和心理上的压力，在我们国家，他们还往往还承受着巨大的经济压力。因而，在临终患者的请求下，实施安乐死，客观上会产生有利于家庭的后果。另外，投入大量资金维持这些生命，是对有限医疗资源无意义的耗费，安乐死使稀缺医疗资源可以分配到更有意义的方面，客观上也会产生减轻社会负担的后果。然而这些客观后果都不能成为对临终患者实施安乐死的理由。

2. 安乐死义务论

我国有人认为"人类选择死亡是权利，也是一种义务"。义务概念的中心思想就是必须做某种事情，你就没有权利（即没有自由）不去做这件事。其次，我们并不提倡一种泛化的死亡权利。如果泛谈死亡权利，就会导致滑坡。如果笼统地说，人们有死亡的权利，那就意味着不管我们是否处于临终阶段，不管我们是否有难以忍受的疼痛和痛苦，只要我们高兴，我们就可以剥夺自己的生命。因此，泛化的死亡权利在伦理学上得不到辩护。这种安乐死义务论的观点十分危险：如果承认安乐死是在生命质量低到不值得维持时的一种死亡义务，那么那些衰弱的老人、患者和残疾人也许就会感到活着成为别人的包袱是不道德的，他们就会承受一种无形的压力，这种压力可能常常以一种微妙的方式发生，从而使他们被迫同意安乐死，使死亡权利变成死亡义务。这样一来，势必打开一条危险的通道，产生不可遏制的滑坡现象。所以，我们既不能泛泛地说，人有死亡的权利，更不能说人有死亡的义务，也不能说人有安乐死的义务。安乐死的利他主义论证与义务论结合，会构成类似希特勒所推行的不自愿安乐死的根据。[1] 因而是错误的支持性论证。

（三）安乐死的伦理学辩护

对安乐死的合适的伦理辩护应该遵循以下原则：

1. 有益原则

安乐死的根本出发点是考虑为患者解除痛苦。我们必须承认，既然维持患者生命的义务取决于患者在其中所能获得的利益的性质和程度，那么就会存在维持患者生命仅仅给患者带来痛苦的时候。那些反对这一观点人认为，生命本身是最美好的，只要是活着——不管一个人的生命质量怎样——总比死了要好。他们不承认有不可忍受的疼痛、肉体或精神上的痛苦、极度的虚弱，这不仅违反直觉，而且是无情的。在西方国家，人们常常称肺炎为"老人的朋友"，那是说肺炎是一位能把老人从长期拖延的无意义的死亡过程的痛苦中拯救出来的"朋友"。判定安乐死是否在道德上可容许时，必须以患者自身的利益为唯一出发点。

2. 自主原则

安乐死最终是选择死亡方式的权利问题，即人们就自己生命最后阶段如何度过做出自我决定的权利。患者在这个重大问题上的自主选择与患者的价值观、信念具有不可分割的联系，这个选择不是一个一般性的决定。人的尊严就在于，人是个独立的主体，他是自身特性的独立拥有者，是为自己行为负责的代表，所以，选择死亡方式的自主权应该是他的权利之一。

四、医生协助自杀

美国医生克沃尔基安（Jack Kevorkian）是医生协助自杀的倡导者和践行者。他第一次公开协助自杀是在 1990 年，54 岁的妇女珍妮特·阿特金斯于 1989 年被诊断为早老性痴呆症（即阿尔茨海默病），要求他协助自杀。在他帮助下，阿特金斯结束了自己的生命。他被控谋杀，但 1990 年 12 月 13 日，这个指控被撤销，因为当时密歇根州没有有关协助自杀的法律。由于他协助阿特金斯自杀，1991 年密歇根州吊销了他的行医执照，不再允许他行医和接触患者。然而，根据他的律师菲格尔所言，在 1990—1998 年间，他协助了 130 位临终患者自杀。在所有这些案例中，都是由患者自己采取导致自己死亡的最终行动。克沃尔基安所做的是将患者系在他设计制造的安乐死装置上，由患者按下按钮将药物注入体内或吸入一氧化碳导致死亡，因而出现了"医生协助自杀"（physician-assisted suicide）这一术语。安乐死是由医生采取行动，例如给要求安乐死的患者注射氯化钾使患者致死，而医生协

---

[1]　参阅：邱仁宗，梁莉. "安乐死义务论"有悖医学伦理学原则 [N]. 健康报，2017-09-30.

助自杀是，由医生提供帮助，而采取最终致死行动的是患者自己而非医生。根据《底特律自由报》报道，在克沃尔基安协助自杀的患者中，有 60% 并不是临终患者，13 例患者并无疼痛的主诉。他提供咨询的时间太短，19 位患者在第一次见他后不到 24 小时就自杀了，至少 19 例未做精神病学检查，其中 5 例有抑郁病史。克沃尔基安也没有将至少 17 例曾诉说有慢性疼痛的患者转诊给疼痛专家。美国仅在俄勒冈、华盛顿和蒙塔那这三个州协助自杀是合法的，但仅限于临终患者。克沃尔基安反对这三个州的协助自杀法律，他说："仅限于临终患者有什么意义？我们都将成为临终患者！"他认为，协助自杀的对象不一定是临终患者，但必须遭受痛苦。但他忽视了所谓"遭受痛苦"难以有客观标准，没有客观标准就难以防范患者一时冲动或丧失理智，也难以避免有人（包括家属或医生）滥用。

自古以来，死亡、自杀都是一个有争议的话题。法国思想家蒙田说过，哲学思考就是学会死亡。安乐死和医生协助自杀之所以有争议，因为一方面要考虑缓解临终患者不能忍受的严重的身体、精神和心灵上的痛苦；另一方面要考虑如果允许安乐死和医生协助自杀，公共利益可能会受到冲击。在商品、市场、资本大潮冲击下，公德、医德滑坡，医患关系严重恶化，在这种情况下，安乐死和医生协助自杀难以列入我们的议事日程。但这样也给我们提供更充足的时间来思考、辩论。克沃尔基安本身堂吉诃德式的行动，其积极一面是推动我们去进一步思考这些问题，其教训是难以靠单枪匹马解决这些问题。痛苦不堪的临终患者希望早日结束死亡过程，但以采取什么方式作为最后的出口，以及如何防止滥用，则是一个值得认真思考的问题。在德国，由于希特勒借用安乐死的名义，屠杀残疾人和危重患者，而这一切是由医生实施的，因此德国的患者不愿意让医生参与此事，而由支持安乐死的民间组织来帮助这些患者。这种办法可称为"非医生协助的自杀"。问题是，医生更知道什么是临终，什么是相对无痛的方法，因而更有资格协助自杀。在美国，人们认为医生不能去参与实施安乐死，因为一旦医生这样做了，他们就会逐渐失去对患者同情心，就会对患者麻木不仁。但是实现临终患者的早日结束痛苦的意愿仍需要医生的专业知识。于是产生了医生协助自杀：由医生设计方法，由患者采取最后一步行动来结束自己生命。如果最后患者回心转意，也可以中止最终的行动。这也是医生协助自杀与安乐死区别之所在。

第 12 章　精神疾患的照护

案例 12-1：精神分裂症

　　D 女士被诊断为患有精神分裂症（schizophrenia）。这种疾病的典型症状为幻听和妄想。刚从海外留学归来的 D 女士坚持说，因为她目睹了美国联邦调查局（Federal Bureau of Investigation，FBI）的一个秘密行动，FBI 正在寻找她，想杀她灭口，而她的同事 C 是 FBI 的卧底。除了妄想，精神分裂症患者还会出现言语不连贯、思维贫乏、行为怪异、情感淡漠等症状。精神障碍（mental disorder）是指由各种原因引起的感知、情感和思维等精神活动的紊乱或者异常，导致患者明显的心理痛苦或社会适应等功能损害。精神分裂症则通常被归为精神病（psychoses），精神分裂症是常见的严重精神障碍。

　　全球约有 4.5 亿人患有神经精神疾病，占全球疾病负担的近 11%。精神障碍对人类世界产生了深刻影响。从广义上说，人一生中罹患某种严重精神障碍（即精神病）的风险估计会达到 3%。[1]根据我国官方发布的数据，我国约有 1600 万严重精神障碍的患者。[2]同时，精神障碍对患者生活质量也产生了深刻的负面影响。在发达国家，约 5% 的精神分裂症患者[3]和超过 7% 的双相障碍（即抑郁 - 躁狂症）患者自杀。[4]患者工作能力缺陷和工作机会缺失非常普遍。据美国研究者估计，患有双相障碍的年轻成人预期寿命平均减少 9 年，正常健康状态平均缩短 12 年，职业生涯平均缩短 14 年。[5]在我国，自 2004 年以来，发生了一系列严重的犯罪事件，罪犯攻击学校，毁物伤人，据称这些罪犯可能患有严重的精神病。对这些事件的报道，使社会公众对精神疾病产生了深切的关注。

　　但是，另一方面，在临床医学中，没有一个学科像精神病学那样，从基本概念到疾

〔1〕　PERALA J, SUVISAARI J, SAAMIS S, et al. Lifetime prevalence of psychotic and bipolar I disorders in a general population[J]. Archives of General Psychiatry, 2007, 64:19-28.

〔2〕　卫生部，民政部，公安部，中国残疾人联合会. 中国精神卫生工作规划 (2002—2010 年)[J]. 上海精神医学，2003, 15(2): 125-128.

〔3〕　PALMER B, PANKRATZ V B, BUSTWICK J, et al. The lifetime risk of suicide in schizophrenia: a reexamination[J]. Archive of General Psychiatry, 2005, 62:247-253.

〔4〕　MARAGELL L, BAUER R, DENNEHY E, et al. Prospective predictors of suicide and suicide attempts in 1556 patients with bipolar disorders followed for up to 2 years[J]. Bipolar Disorders, 2006, 8:566-575.

〔5〕　PRIEN R F, POTTER W Z. NIMH workshop report on treatment of bipolar disorder[J]. Psychopharmacology Bulletin, 1990, 26: 409-427.

病分类，从诊断标准到收治的标准乃至程序，都充满着激烈的和难以调和的争议。精神病学流派众多，理论繁杂，精神病学家、哲学家、法学家们对基本问题的激烈争论催生了富有启发意义的伦理思想和观点，直到今天，还影响着现代精神病学的发展方向和临床实践。[1]

第 1 节　精神病的概念

关于精神病学学科的性质，有人认为，精神病学是医学科学的一个原初分支；也有人认为精神病学是一种道德学科，而非一种医学学科。长期以来，围绕精神障碍这一基本概念，人们在事实与价值之间争论不止。

一、生物医学事实定义

用纯生物医学的观点来定义精神障碍，即把精神病视为大脑病变。19 世纪末德国精神病学家克雷佩林（Emil Kraepelin）在创建诊断分类和诊断系统时提出假定，即每种精神障碍对应着特定的大脑病理改变，而每种病理改变则对应着某种特定病因。他认为，精神障碍是由一定的病理生理过程引起的，必然有办法可理解这种过程如何在脑中发生以及如何引起临床上可观察的精神病症状。这种生物精神病学观点虽然在 20 世纪六七十年代遭到了反精神病运动的质疑和挑战，但随着精神病学的生物学研究的深入，尤其是氯丙嗪和丙咪嗪等新药的发现，精神病遗传学的进展以及功能性核磁共振影像术的广泛应用，新的生物精神病学遽然兴起，将精神障碍看作与躯体疾病一样有临床症状、有病理生理基础的观点，逐渐占据主导地位。我国精神病学家沈渔邨教授明确提出："检验诊断的可靠性要有金标准，什么是金标准呢？和其他医学各科的诊断方法一样，要寻找每种疾病的遗传基因变化，神经介质和代谢变化，脑影像显示的脑功能如局部血流与代谢强度的变化……只有大多数精神疾病都能找到实验室特殊变化的时候，我们的诊断方法或取向才能由症状学取向转到以病因学为主的取向。"[2]

二、政治、经济和文化价值定义

因为精神病诊断系统没有像生物医学那样具有客观的标准，许多临床心理学家和精神病学家都对精神病学的性质和诊断提出了严厉的批评。1972 年美国心理学家罗森汉（David Rosenhan）在《科学》杂志上发表了《疯人院中的清醒者》（On Being Sane in Insane

〔1〕　本章原稿由胡林英撰写，并参照 LIU R. Ethical enquiry into the conditions under which involuntary commitment can be ethically justified[J]. Asian Bioethics Review, 2014, 6(2): 174-186.

〔2〕　沈渔邨. 精神病学 [M]. 5 版. 北京：人民卫生出版社，2009：291.

Places），揭露了精神病院的诊断谬误。[1] 以英国精神病学家罗纳德·戴维·兰因（Ronald David Laing）、南非精神病学家库柏（David Cooper）、美国精神病学家托马斯·斯扎思兹（Thomas Sazasz）以及法国存在主义哲学家米·福柯（Micheal Foucault）为代表，他们认为"精神病"并不是一种自然的实在或事实，而是由外在的政治、经济或文化需要来定义的，不过是维护现存社会秩序的手段。以托马斯·斯扎思兹为例，他认为，大多数被贴上精神病标签的人，他们的问题是生活问题（problem of living），而不是精神问题。当人们说起精神病的时候，他们实际上是在说这些人的观念或行为偏离了某些心理的或伦理的准则，使用的是心理学、伦理学和法学的判断标准，但却试图给他们进行医学治疗。这是不可理解和荒谬的。[2]

然而，时至今日，反精神病学运动早已萧然落幕，生物医学观点的代表人物、美国精神病学家肯德尔（Robert Evan Kendell）指出，精神病学已经获得了充分的证据，表明帕金森症、中毒性精神病，以及某些精神障碍和药物依赖，都存在固有的生物学问题，因此被称为疾病是完全合理的；但是，对于神经症以及人格障碍等精神障碍，还不清楚。因此，他提醒精神病医生反思自己的角色以及为人们提供帮助的界限。[3]

三、事实＋价值定义的观点

另有一种调和的观点。美国精神病学家福弗特（K. Fulford）[4] 对精神疾病的界定有独特看法，他的观点是托马斯·斯扎思兹的观点与生物医学观点的辩证统一。他认为"健康"和"疾病"是医学中评价性的概念或受主观价值影响的概念，他提出了"事实＋价值观"的模式，即某些精神疾病的诊断有较强的事实基础，而有些精神疾病的诊断则更多地受主观价值的影响。例如由躯体性疾病导致的病理学状态有明显的实验证据和神经生物学事实依据；相反，人格障碍的诊断，至少在目前精神病学的有限知识范围内，缺少重要的、明显的事实基础。在这两种情况之间，无法明显区分事实和价值判断，如创伤后精神紧张性障碍既有事实成分，也有评价性成分。

第 2 节　精神病诊断中的伦理问题

非自愿（被强制）住进精神病院的人应该是精神患者，这是不言而喻的。这是非自愿

---

[1] 1972 年罗森汉组建了一支 8 人的研究小组，他们分别假冒患者，向精神科医生抱怨，耳边常响起诸如"轰""砰"的声音。随后，这 8 人全部被收治入院，进行为期 7～52 天不等的住院治疗，其中 7 人被诊断为精神分裂症。直到他们最终获准出院时，医院仍然认为他们的精神分裂症并没有完全恢复，只是进入了"缓解期"。

[2] SZASZ T. The myth of mental illness[J]. American Psychos, 1960, 15: 113-118.

[3] KENDELL R E. The concept of disease and its implications for psychiatry[J]. The British Journal of Psychiatry, 1975, 127(4): 305-315.

[4] FULFORD K. Analytic philosophy, brain science, and the concept of disorder[M]//BLOCH S, GREEN G. Psychiatric ethics. 2nd ed. Oxford: Oxford University Press, 1999: 161-191.

住院的前提。这是一个诊断是否正确的问题。人们可以争辩说，这是一个精神病学问题，不是一个伦理学问题。然而与躯体病的诊断相比，精神病的诊断有多得多的伦理含义，因为一旦一个人被诊断为精神病患者，他/她的自由或权利就有可能受到限制。

美国生命伦理学家雷克（Walter Reich）[1]中指出，精神病学诊断的伦理问题与其权力滥用的能力有关。他区分了两类误诊：有意的和无意的误诊。有意地误诊是指，当一个精神病医生诊断一个人为精神病患者时，他知道这是不合适的，他做出这样的诊断只是为了达到一些非医学的目的（包括利用精神病诊断来排斥一些人，不把他们当作人对待，败坏他们的名誉和惩罚他们等）。人无意的误诊可能由于诊断程序固有的局限性、诊断理论的错误以及将诊断用作一种手段去缓解或避免复杂的社会问题。

有意和无意的误诊在中国的精神病医院都存在。在导致民事性非自愿住院的事件中，有两个概念常被滥用：一是"诉讼狂"的概念，导致众多非精神病患者非自愿住院；另一是"自知力"概念的误用，也导致非精神病患者非自愿住院。

一、诉讼狂（litigious paranoia）

在我国，上访的人往往被诊断为诉讼狂，然后被非自愿地收进精神病院。"诉讼狂"的诊断是《精神病学》教科书[2]中提出的，它被归类为一种偏执的人格障碍。书中描述如下："患者坚持认为他们受到威胁和迫害，声誉被玷污，权利被侵犯等，因得不到公正的解决，而诉诸法庭。威胁和迫害可能来自某个人，或许来自某些人有组织的精心策划。他们的信念非常牢固，随着时间的推移，情节变得更加复杂。患者的诉讼有逻辑性，详尽而层次分明，看不出什么破绽。在诉讼过程中，若遇到阻力，则毫不后退，反而增强必胜信心。一旦诉讼被法院驳回，则采取迂回对策，千方百计公之于世，请求社会上的声援。可谓不屈不挠，为正义而战斗。由于患者具有高度警觉性，可表现明显焦虑和易激惹。"[3]

"诉讼狂"的诊断没有病理生理基础，也没有特异性的临床表现，它可以用于真正不屈不挠为正义而战的任何人。要是上访者有偏执型人格障碍，可以做出偏执型人格障碍的诊断，没有必要发明一个新的精神障碍类别——诉讼狂。此外，这些人不屈不挠不是一件坏事。许多伟人的成功可以归因于他们永远不会向困难低头的品格，我们不应该将他们归类为某种类型的偏执型人格障碍者。诉讼狂的诊断也是不合伦理的。因为任何人感受到迫害，他的名誉遭到玷污，他的权利遭到侵犯，他们有合法的权利要求伸张正义。诉讼狂诊断可能侵害了通过法律伸张正义的人的人权，涉嫌滥用精神病学去惩罚这些人。

〔1〕 REICH W. Psychiatric diagnosis as an ethical problem[M]// BLOCH S, CHODOFF P. Psychiatric Ethics. Oxford: Oxford University Press, 1981: 61–88.

〔2〕 沈渔邨. 精神病学［M］. 4 版. 北京：人民卫生出版社，2005：422.

〔3〕 沈渔邨. 精神病学［M］. 5 版. 北京：人民卫生出版社，2009：539.

二、自知力（insight）

自知力又称内省力。自知力是指患者对其自身精神状态的认知能力。精神病患者均有不同程度的自知力缺陷。

正如沈渔邨主编的《精神病学》[1]以及其他国家的精神病学教科书指出的那样，自知力是诊断精神障碍以及评估精神病的严重性和治疗有效性的一个重要指标。但在诊断中不当使用自知力概念可能会导致误诊。我国有不当使用自知力概念引起精神病误诊，导致非自愿住院的例子。自知力概念的使用及其诠释提出了一些伦理问题。

自知力概念过于简单，具有局限性。许多人认为，当评估自知力这样复杂的事情时，应将个体的视角、信念和价值考虑在内。人们可以用各种各样的文化框架来解释他们的病情。[2]早在 20 世纪 90 年代，精神病学家提出了一种新的自知力模型，根据个体疾病状态评估自知力，从患者、临床医生以及他们互动的视角重新认识自知力这一概念。[3]

尽管自知力概念可能在精神病诊断的某些方面是有用的，但是，缺乏自知力或否认患精神病既不是诊断一个人患精神病的必要条件，也不是其充分条件。许多精神病患者也承认他们有精神病。精神健全的人被迫住进精神病院时，都会否认他们患精神病，如果承认自己有精神病也是被迫的或假装的。《精神病学》主编沈渔邨教授也承认，有些患者，"口头上承认有精神病"，"以图欺骗医务人员，达到出院目的者并非罕见"。[4]

罗森汉实验[5]显示，我们必须非常小心区分神志健全的正常人与神志异常的精神病患者。被贴上精神病患者标签的人有受到非人性对待的危险。

如果没有充分证据证明精神障碍的特异性病理生理基础，误诊将不可避免。躯体和精神障碍都具有其事实和价值（生物学事实和社会价值）要素，二者均可导致患者功能异常，而这种功能异常使患者受到伤害。功能异常是一种病理生理状态，使得患者的内部机制降低或失去执行现存必要功能的能力。功能异常是诊断精神障碍的必要条件，不应该给实际上是社会建构的状态贴上精神障碍的标签，如美国的漫游狂（drapetomania）[6]、苏联

〔1〕　沈渔邨. 精神病学［M］. 5 版. 北京：人民卫生出版社，2009：166.

〔2〕　BASIL B, MATHEWS M, SUDAK D, et al. The concept of insight in mental illness[J]. Primary psychiatry, 2005, 12(9): 58-61.

〔3〕　MARKOVA I S, BERRIOS G E. Insight in clinical psychiatry. A new model.[J]. Journal of Nervous and Mental Disease, 1995, 183(12): 743-751.

〔4〕　沈渔邨. 精神病学［M］. 5 版. 北京：人民卫生出版社，2009：116.

〔5〕　罗森汉实验是由美国心理学家、斯坦福大学教授罗森汉进行的实验，该实验试图测定精神病学诊断的可靠性。其结果发表在 1973 年《科学》杂志上。8 位假患者（3 女 5 男，包括罗森汉自己），假装有幻听，分别申请住进美国 5 个州的 12 家精神病院。所有人都被诊断为精神障碍，被收住入院。入院后，假患者行动正常，告诉医务人员他们感觉好了，不再有幻听了，然而，所有人都被强迫承认有精神病，并同意服用抗精神病药物，并以此作为出院条件。这些假患者平均住院时间为 19 天。在他们出院前，除了一个人外，其他人都被诊断为精神分裂症。

〔6〕　1851 年美国医生卡特赖特（Samuel Cartwright）描述漫游狂（drapetomania）是引起黑奴逃亡的精神病。现被认为是伪科学或科学种族主义的一例。

的政治精神病学[1]以及我国的诉讼狂等。[2]

第 3 节　非自愿收治的标准

除了疾病概念和诊断中的问题外，精神病学的另一个重要伦理问题是非自愿收治。非自愿住进精神病院涉及民事责任或刑事责任。在本章中，我们仅讨论民事性非自愿住院。具有讽刺意味的是，许多精神正常的人非自愿地被收进精神病院，而患有严重精神障碍的罪犯却被当作正常人处决。在 2012 年《精神卫生法》颁布前，6 个城市发布的精神卫生条例都有类似这样的规定："精神疾病患者有危害或者严重威胁公共安全或者他人人身、财产安全的行为的，公安机关可以将其送至精神卫生医疗机构，并及时通知其监护人或者近亲属……"我国《精神卫生法》在维护精神卫生权利方面取得了很大的进步，不再把危害公共安全作为非自愿住院的理由。《精神卫生法》第 30 条规定："精神障碍的住院治疗实行自愿原则。"诊断结论、病情评估表明，就诊者为严重精神障碍患者并有下列情形之一的，应当对其实施住院治疗：（一）已经发生伤害自身的行为，或者有伤害自身的危险的；（二）已经发生危害他人安全的行为，或者有危害他人安全的危险的。"《精神卫生法》加大了对精神障碍患者的保护力度。第 82 条规定："精神障碍患者或者其监护人、近亲属认为行政机关、医疗机构或者其他有关单位和个人违反本法规定侵害患者合法权益的，可以依法提起诉讼。"

在何种情形下，可以违背一个人的意愿对他实施非自愿收治？一个人到底有多危险才能剥夺他的自由？如何理解危险标准和非自愿收治的程序的公正性？

1943 年，唐纳森（Donaldson）诉奥康纳（O'Connor）一案[3]的判决为精神病患者非自愿收治确立了两个必要条件：

（1）有清楚和令人信服的证据证明此人患有严重的精神疾病；

（2）对他人或自己构成危险。"危险"作为一种相对严格的非自愿收治标准，大大减少了非自愿收治的发生，但同时也引发了一系列问题。由于危险的可能性难以准确预测，大量没有明显危险指征的精神障碍患者被排除在非自愿收治范围之外，导致真正的患者住院人数大大降低，得不到及时的治疗，他们在大街小巷流荡，最终对自身或他人安全带来巨大危害；还有一部分精神障碍患者，如早期精神分裂患者，不满足危险标准，拒绝治疗，这样的患者很可能因得不到及时治疗而导致病情恶化，最后产生危险行为。

---

〔1〕　政治精神病学是指在苏联将持不同政见者当作精神病患者处理，政治上滥用精神病学概念。

〔2〕　沈渔邨．精神病学［M］．5 版．北京：人民卫生出版社，2009：539．

〔3〕　因为对时政看法不同，34 岁的唐纳森与同事大打出手，被法院裁定强制送进精神病医院，在接受了 11 周的电击疗法后被释放。13 年后，他的父亲认为他仍然患有严重的被迫害妄想症，在一个简短的听证会后，唐纳森被送入佛罗里达州立精神病医院。他被强制住院长达 15 年，直到 1971 年才被释放。此后他提起了对该医院负责人奥康纳的损害赔偿诉讼，官司一直上诉到最高法院。最高法院裁定唐纳森胜诉，认为即使他有精神疾病，也不应该被非自愿收治，除非他对自己或他人构成危险，并且无法在精神病医院外生存。

　　所以，社会到底应该如何对待那些得不到有效监护的精神障碍患者？是尊重他们的自主权利，眼看着他们病情恶化，导致不良后果，还是对他们进行非自愿收治，提供使之受益的治疗？对此，医生和法律人士的意见存在分歧。这些争论难以通过科学数据分析得到解决，因为从根本上讲，这一问题本身存在着两个难以调和的矛盾：一个是有益原则和尊重个体自主性原则的矛盾；另一个则是社会公共安全和个人自由权利之间的矛盾。争论双方从不同的道德出发点来看待该问题的。[1]

　　在立法层面上，各国精神病患者非自愿收治的立法都是在社会公共利益和个人自由权利之间努力寻求平衡。我国也是如此。2012 年我国颁布《精神卫生法》，明确规定精神障碍住院治疗实行自愿原则，同时，删除了"危害公共安全、扰乱公共秩序"等收治标准，确立了"患有严重精神疾病"和"危险"（包括对自身或对他人产生危险）两个标准，并对"危险"标准做了较为清晰的释义。从这个意义上讲，《精神卫生法》的颁布体现了社会公共利益和个体自由权利之间的平衡。

第 4 节　正当的程序

　　在明确标准之后，建立正当的非自愿收治程序乃是保护患者权益、防止精神病学滥用的另一道重要门槛。关于非自愿收治的程序，首要问题是，是由精神科医生通过医学诊断决定非自愿收治，还是必须通过独立的司法程序，由法官或独立第三方根据各方证据做出裁决？关于这个问题的争论由来已久。[2] 反对司法或独立第三方干预的观点认为，一个人是否患有精神障碍，是否对自身或他人有潜在危险，需要什么样的治疗，都是医学问题，需要精神科医师凭借专业知识和技能做出医学判断。如果赋权一个完全不具备医学专业知识的法官或法定审查机构来干预精神疾病的诊断，要么导致外行盲目干涉内行，为正常的医疗设置不必要的障碍；要么流于形式，沦为"橡皮图章"。反之，基于精神障碍患者的基本权利被侵犯和精神病学滥用的历史，也有人认为，非自愿收治必须通过司法程序，由法院或独立第三方裁决。[3] 他们认为，精神障碍患者享有人之为人的权利，仅作为一个人而言，精神障碍患者有权平等地享受法律的保护，享有正当程序的保护。而且，任何一个成年人具有行为能力是预设的，是不需证明的；而无行为能力则需要证明。一名精神障碍患者有无行为能力，或者有多大程度的行为能力，到目前为止，仍然没有一个确定无疑、一清二楚的科学依据和标准。因此，仅由医学专业人士判定精神障碍患者没有行为能力，并由医学专业人士代表精神障碍患者的最大利益，对精神障碍患者实施非自愿收治，这是一种难以得到辩护的家长主义。此外，将判定一个人是否具有行为能力，是否应该接

〔1〕　LINYING H. Reconsidering the danger criterion in China's mental health law: from an ethical perspective[J]. Asian bioethics review, 2014, 6(2): 187-196.

〔2〕　戴庆康. 权利秩序的伦理正当性 [M]. 北京：中国社会科学出版社，2009：345-346.

〔3〕　胡林英. 对精神障碍患者的非自愿收治：作为一个伦理问题 [J]. 伦理学研究，2013（4）：69-73.

受非自愿治疗的权利交给独立的第三方，是目前国际通行的实践准则。世界精神病学协会（World Psychiatric Association，WPA）1989 年在雅典召开的全体会议上通过的《关于精神疾病患者权利和法律保障的宣言和观点》、1991 年联合国大会颁布的《保护精神病患者和改善精神保健的原则》，以及世界卫生组织 2005 年制定的《精神卫生资源手册：人权与立法》都明确表示：应该由一个独立的权力主体，如审查机构、法院来批准对精神患者的非自愿收治。

第 3 篇

生物医学研究伦理学

第13章 历史教训和国际伦理规范

案例 13-1：脑外科戒毒

某医院研究脑外科手术戒毒的疗效，获得省卫生厅的批准。深受毒瘾之苦的吸毒者及其家属迫切想解决吸毒者的毒瘾问题，纷纷前往治疗。该院的知情同意书只是入院通知书和手术同意书，只涉及关于治疗的同意，而不涉及关于临床研究的知情同意，在知情同意书中并未说明脑外科手术戒毒的疗效尚未确定，也未说明损毁部分脑组织可能对患者的身体、认知、情感、人格方面产生负面影响，也未说明除手术干预外，还有药物治疗等方法可选择，也未说明这是一项研究，而不是常规临床治疗。对参加研究的受试者每个疗程收费2万～4万元。患者出院后只做3个月的随访，效果不满意者追加服用药物。问题：（1）这家医院的研究人员是否区分了研究与治疗？（2）他们对该手术的风险受益比的考虑是否合适？（3）他们的知情同意工作存在什么问题？

第1节 生物医学研究与治疗

一、涉及人的生物医学研究的合理性辩护

由于动物与人有种属差异，因此，动物模型并不能完全取代人类受试者，某些人类疾病研究不能在动物身上完成，例如人类基因组与疾病关系的研究，人的心理、社会因素与疾病关系的研究，环境与人类疾病关系的研究，涉及人群的研究等。即使动物实验证明某一新药安全有效，对人也不一定安全有效，必须在人身上进行临床试验。因此，涉及人的生物医学研究是必要的和重要的。关于我国是否有必要进行涉及人的生物医学研究，对此是有过争论的。历史证明，不做涉及人的生物医学研究的后果是严重的：没有经过检验、无效而有害的药物被广泛使用，会危害人们的生命和健康。在20世纪50年代学习苏联的运动中，费拉托夫的组织疗法在我国推广使用，有些医生用它来治疗肺炎，导致患者死亡。对医学中可供选择的疗法，必须以科学方法进行动物实验和人体试验研究。涉及人的生物医学研究的重要性可以用下列思想实验来论证：

思想实验 13-1：两个世界

> 　　假设有两个世界 A 和 B。世界 A 不允许进行涉及人的生物医学研究：这样避免了参与者可能受到的伤害。将经动物实验证明安全有效的新药直接用于人，结果在人身上产生广泛的副作用和不良反应，使大量患者受到严重伤害。世界 B 允许进行涉及人的生物医学研究，新药经过动物实验后还要经过临床试验的检验，试验是在严密观察和监督下进行的，参与者可能会受到一些伤害，但都属于最低程度的、在可控范围内的伤害。临床试验获得好的结果后再在患者身上广泛使用，大多数患者获得治愈，少数患者有副作用。那么，我们可以对比一下，在这两个世界中，哪一个世界里的人受到的伤害较小？[1]

二、生物医学研究与治疗的区别

　　涉及人的生物医学研究（包括试验）在概念和实践上都是与治疗有区别的。但有些身为医生的研究人员在进行研究时还以为在给患者进行治疗，参加临床试验的患者也以为试验是治疗，这种情况就被称为"治疗误解"（therapeutic misconception）。研究人员如果持有治疗误解，他们的某些做法就不能满足有关生物医学研究的伦理要求，必须制止。[2]

（一）生物医学研究与治疗在概念上的区别

　　生物医学研究与治疗在概念上的区别在于：第一，受试者参与研究的受益和风险是不确定的，生物医学研究的目的是获得可被普遍化的知识，而治疗是使用经生物医学研究证实安全有效的方法，目的是救治具体的患者，是有益于患者的医疗干预。治疗要解决的问题是：如何更为有效地治疗患者 p 的疾病？在语言表达方面，它是一个单称命题："对患有 d 疾病的患者 p 用疗法 t 有效"。临床试验和生物医学研究要解决的问题是：用新药 m 是否能够更为安全有效地治疗所有患疾病 d 的患者？在语言表达方面，它是一个全称命题或概率判断，如"对所有患 d 疾病的患者，用新药 m 治疗更为安全有效"或"对 80%的患 d 疾病的患者，用新药 m 治疗更为安全有效"（临床试验），或者"基因 g 在所有患疾病 d 的患者中起原因作用"和"基因 g 在 80% 患疾病 d 的患者中起原因作用"（基础研究）。第二，研究人员的角色与医生不同，受试者的角色与患者的角色也不同。作为研究人员，他必须懂得如何进行科学研究，他要提出假说，然后设计试验程序来检验这个假说，尤其他需要设计随机对照试验，以保证将可能的偏倚减少到最低程度。在确保研究的

〔1〕　引自美国生命伦理学家丹尼尔・魏克（Danieal Wikler）在哈佛大学公共卫生学院一次培训班上的发言。
〔2〕　本节参照：翟晓梅，邱仁宗. 生命伦理学导论［M］. 北京：清华大学出版社，2005：410-416,435-449.
　　　　EMMANUEL E, GRADY C, CROUCH R, et al. The Oxford textbook of clinical research ethics[M] Oxford: Oxford University Press, 2008: 9-172.

科学性的同时，他还必须确保整个研究过程符合国际和国内的准则和规定，即确保研究合乎伦理，保证受试者的权利和利益。受试者的角色与患者也有很大的不同。患者接受已证明有效的治疗，患者是治疗的受益者，而受试者参加研究，他本人不一定受益，研究结果则有利于其他患者，有利于科学，有利于社会，因此他参加研究是为了利他，他是为科学事业做出贡献的志愿者。

（二）临床研究与临床治疗在实践上的区别

临床常规医疗风险极低，通常可以采用推定同意或者口头同意的知情同意方式，但临床研究则要求采取明示的知情同意方式；在对儿童的治疗中，允许父母的代理同意，儿童作为受试者参与研究时，除父母同意（consent）之外，通常还应获得儿童的赞同（assent）；在临床中，治疗的受益和风险的承受者是患者本人，而在研究中必须要有社会的受益，受试者是潜在风险的承担者；另外，受试者不应为参与研究而付费，临床研究和试验方案必须经过伦理审查委员会的批准方可进行。

三、发展生物医学技术与保护研究参与者

随着对受试者的保护和尊重日益重视，对受试者的称谓也在改变。过去我们常称他们为研究对象、被试者，但"对象"一词容易将他们视为"客体"而不是"主体"，因而现在更多地称他们为"受试者"，受试者的英文是"subject"，与"主体"是同一个词。最近则更多地称他们为"研究参与者"（research participant），这个词更强调受试者与研究者的平等地位，他们参与研究，为研究做出贡献。

当代生物医学技术将使我们有可能获得更为安全、更为有效的诊断、治疗、预防疾病和增进健康的手段和方法，但在开发和应用生物医学技术的过程中，尤其是与商业、市场结合时，它们具有损害患者、受试者或公众的健康和利益，或侵犯他们的权利的倾向。我们有责任发展生物医学技术，同时也有责任保护患者、受试者和公众的权益。因此，对科学研究要有伦理要求。伦理要求既维护患者、受试者和公众的权益，也保护研究人员，保证科学研究顺利发展，促进其负责任地发展，并得到公众的支持。生物医学和公共卫生研究的伦理要求如表 13-1 所示。

表 13-1　生物医学和公共卫生研究的伦理要求

第一层面：利用生物学材料和低等生物的实验研究	外部风险（病毒逸出）的最小化； 研究目的应有利于人民、社会
第二层面：用实验动物进行研究	实验动物所受风险和负担最小化（3R 原则：减少、改进、代替）； 独立的伦理审查
第三层面：健康志愿者参与的研究	避免对受试者产生不可接受的风险； 尊重人（知情同意、保密、自由退出）； 公平选择受试者； 损伤时的医疗和补偿； 独立的伦理审查

续表

第四层面：患者作为受试者参与的研究	风险最小化、受益最大化； 尊重人（知情同意，保密、自由退出）； 公平选择受试者；损伤时的医疗和补偿； 独立的伦理审查； 向患者说明这是研究，不是治疗

四、创新性疗法

在医学发展史上，面对患有某些严重疾病的患者，临床标准治疗往往效果很差甚至无效，部分极富临床经验和受过良好专业训练的医生基于对患者生命健康和医疗利益的考虑，探索新的医学干预方法。

（一）创新性疗法与生物医学研究

创新性疗法通常由医生发明，而不是由基础科学的研究者发现，因此创新性疗法的实施并不遵循基础研究的线性模式，它们源于对特定患者病情的反思，基于对机体生理过程的深入研究和推测，对治疗机制的局限性进行挑战。创新性疗法的出发点是某一具体患者的生命健康和医疗利益，而非像生物医学研究那样是为了获得新的可以被普遍化的知识。因此，创新性疗法是治疗方法的范式转换。创新性疗法的风险受益比处在动态变化之中。随着知识和经验的不断增长，创新性疗法及其风险也会随之改变，最初的风险可能很高（由于缺乏知识和经验），而受益可能是不确定的；随着知识和经验的增长，风险逐渐降低，而受益不断增加；最终，许多创新性疗法将成为常规医疗的一部分。创新性疗法与生物医学研究有根本区别：生物医学研究中存在增长知识和治疗个体患者的利益冲突（这也是伦理审查委员会需要平衡的重要问题之一），而创新性疗法则着眼于特定患者个体的最佳利益，其中并不存在增长知识与特定患者个体治疗利益的冲突。尽管医生在实践创新性疗法后会进行总结和分析，并可能从中获取某些知识，对创新性疗法加以改进，为此后寻求新干预的患者提供更好的治疗，但这都不能改变医生实施创新性干预的初衷，即从个体患者的最佳利益出发进行健康干预。

（二）监管问题

创新性疗法的安全性、有效性和伦理适应性常被临床医生所忽视。在通常情况下，创新性疗法缺乏生物医学研究中所包含的种种保护措施，因而其风险要高于生物医学研究中的风险。从2016年起，我国管理部门取消了三类技术审批制度，由医疗机构自行管理"限制临床应用的医疗技术"。国家卫生与计划生育委员会还规定"涉及使用药品、医疗器械或具有相似属性的相关产品、制剂等的医疗技术，在药品、医疗器械或具有相似属性的相关产品、制剂等未经国家食品药品监督管理总局批准上市前，医疗机构不得开展临床应用"。国家加大了对创新性疗法管理的力度。为更好地维护患者、受试者的利益，促进医学科技的合理健康发展，在实际医疗技术管理中，应结合医疗新技术的特点，加强创新性疗法的伦理审查和监管。

（1）要确保创新性医疗解决患者临床问题，首先要确保有效的知情同意。创新性疗法可能含有未知的健康风险，如果患者缺乏有效的选择能力，他们极可能是非常脆弱的。由于创新性疗法还很难提供非常有效的，或者是大规模的数据支持，如果医生有一个新的治疗理念时，很多人可能会对其可靠性产生特殊的支持和偏倚，这可能会影响我们对其风险和结果的评估及预测。因此，应该对患者的知情同意给予特别关注。

（2）确保创新性疗法的公开透明，确保围绕其进行的其他医护工作顺利开展。由于创新性疗法与常规医学干预存在差异，因此需要向参与创新性疗法的医护人员公开其详细内容，以便他们能够更好地采取积极措施为创新性疗法提供支持。如果不公开相关信息，他们就不知道如何为患者提供其所需要的特殊后续治疗和护理。

（3）为了避免疏忽大意，创新性疗法必须以医学科学为基础。创新性疗法的实施者必须与同样熟悉临床实践和科学理论的专家及同行沟通交流。思想保守的同行可能很快便否定创新，而那些具有挑战精神的同行更容易表示赞同（包括那些来自其他医学专业的人），他们的意见对评估创新性疗法的潜在风险、安全性、有效性和后果是必不可少的。

（4）为了确保创新性疗法的安全性和质量，开展创新性疗法的机构应当对此类干预进行监管。机构内部还应对干预中可能存在的利益冲突进行评估和监管。

（5）在使用创新性疗法之后，我们要对患者的病情进行严格的监控，要进行预后评估和定期的随访，这种做法符合伦理学的要求，一定要坚持定期随访。[1]

例如，在艾滋病蔓延初期和 2014 年西非国家暴发埃博拉疫情时，治疗艾滋病或埃博拉病毒的药物正在研发，它们已经经过动物试验，但临床试验尚未完成。美国有关当局（对艾滋病而言）和世界卫生组织（对埃博拉出血热而言）反复权衡利弊得失，认为将正在进行临床试验的药物提前拿出来使用，其风险受益比要比研究结果出来后再来使用更佳。因为临床试验分为三期：Ⅰ期是初步进行安全性研究，通常在少量健康人中进行，逐渐增加剂量以确定其安全水平，这些试验平均需要 6 个月至 1 年，约 29% 的药物不能通过这一阶段；Ⅱ期是检验药物的有效性并进一步验证药物的安全性，这通常需要 2 年时间，涉及数百名使用该药物治疗的患者，约 39% 的药物无法通过这一阶段；Ⅲ期是较为长期的安全性和有效性研究，涉及众多研究中心的数千名患者，旨在评估药物的风险受益比，一般需要 1～3 年，而这一阶段通不过审查的药物只有 3%～5%。这种按部就班的较为漫长的临床试验程序，面对疫情凶险、传播迅速的传染病挑战时，就会产生一个问题：如果我们手头已有一些已经通过动物实验但尚未进行临床试验或正在进行临床试验的药物或疫苗，能不能先拿来救急，尝试挽救患者的生命？还是要等到临床试验的程序全部走完，再将其用于患者呢？将正在研究的药物或疫苗提前用于临床，被称为创新性治疗或试验性治疗。

创新性治疗仅是解决单个患者的问题（对患者个体进行试验性治疗），不是为了获得普遍性知识（所有或 80% 的患病的人用该药安全有效）。如果这类治疗有效，应及时进行

---

〔1〕　翟晓梅. 创新性疗法应着眼于患者最佳利益 [EB/OL].(2016-11-01)[2019-08-12].http://www.sohu.com/a/117855058_128505.

临床试验，获得普遍性知识后，才能广泛用于其他患者。对患者进行创新性治疗也是有要求的：要有科学根据，有治疗方案，方案经伦理审查委员会批准，如实向患者说明情况，获得知情同意，治疗过程中要加强监测，收集数据，及时总结，有效时及时转向临床试验。对于患有不治之症的患者能否使用尚未经过动物实验或临床试验的新方法治疗呢？像美国电影《罗伦佐的油》描述的那样。[1]我们认为在原则上也是可以的，但条件是：不存在任何其他办法；有文献和科学根据；经患者或家属知情同意；经伦理审查委员会批准；在证明安全有效后立即转入正式的临床试验。[2]

第2节　生物医学研究简史和若干案例

一、历史上的生物医学研究

在古希腊、罗马和阿拉伯的医学著作中曾有人讨论过人体试验。阿维森纳（Avicenna，980—1037）坚持认为"试验必须在人体上做，因为在狮子或马身上的实验不可能证明对人有效"。但他们留下的人体试验记录很少，大多数引用的案例都是在死刑犯身上试验毒物的效力。人体试验引发了伦理争论。犹太医生和哲学家马蒙尼德斯（Moses Maimonides，1135—1204）告诫他的同行永远将患者视为其目的本身，患者不是获取新知识的手段。人体试验对医学实践产生重要影响的例子是英格兰医生贞纳（Edward Jenner，1749—1823）种痘。他发现养牛农民感染牛痘或猪痘后似乎对毒性更为严重的天花有免疫力。1789年11月，他将猪痘接种到他一岁的儿子身上，结果证明它不能预防天花。几个月后他将牛痘接种到一个8岁健康男孩身上。他在这个男孩的手臂上划了两个切口，将接种物塞进去。1周后他将天花注射到男孩体内，发现没有反应，牛痘使这个男孩对天花产生了免疫力。[3]

在19世纪的西欧和美国，人体试验是个别医生在邻居、亲戚和自己身上进行的。德国医生约尔格（Johann Jorg，1779—1856）喝下了各种剂量的17种不同的药物，以验证它们的疗效。1847年11月，苏格兰爱丁堡产科医生辛普森（James Simpson，1811—1870）为了发现比乙醚更好的麻醉剂，喝下了氯仿，醒来发现他躺在地板上。19世纪最不寻常的人体试验是美国医生博蒙特（William Beaumont，1785—1853）在患者圣马丁身上做

---

〔1〕 奥登夫妇查遍文献，征询专家意见，找到了一种特殊配方的油，缓解了儿子罗伦佐患上的罕见的肾上腺脑白质营养不良，并且造福了其他患此病的患儿及其家属。

〔2〕 参阅：邱仁宗. 直面埃博拉治疗带来的伦理争论［N］. 健康报，2014-08-29（005）.
　　 邱仁宗."魏则西事件"的伦理审视［N］. 健康报，2016-05-13（005）.

〔3〕 生物医学研究的历史部分参照：ROTHMAN D. Human research: historical aspects[M]//REICH W. Encyclopedia of bioethics: Vol. 4. New York: Macmillan,1995: 2248-2258.
　　 FREEDMAN B. Unethical research[M]//REICH W. Encyclopedia of bioethics: Vol. 4. New York: Macmillan, 1995: 2258-2261.
　　 LOUE S. Human experimentation and research: a brief historical overview[M]//LOUE S. Textbook of research ethics: theory and practice. New York: Kluwer Academic Publishers, 1999:1-44.

的。圣马丁的胃受了伤，治愈后，博蒙特要研究他胃液的功能，要求圣马丁签署一份协议，同意进行研究，博蒙特每年给他 150 美元作为回报。19 世纪最辉煌的人体试验是法国微生物学家巴斯德（Louis Pasteur，1822—1895）进行的。他首先用狗进行狂犬病疫苗实验，它们被疯狗咬后，一只注射狂犬病减毒疫苗，另一只没有治疗。结果，前一只狗活了下来，后一只死了。9 个月后，一个 9 岁男孩被疯狗咬了，孩子的妈妈来求救。巴斯德给他注射了许多次狂犬病减毒疫苗，结果保全了这个男孩的性命。法兰西学院的医学教授贝尔纳（Claude Bernard，1813—1878）不但自己进行了突破性的生理学实验，而且撰写了有关实验方法和伦理学的论文。他认为，"医学的道德原则是决不能在人身上做可能伤害他的试验，即使结果对科学有益，对他人健康有利"。"道德禁止在你的邻居或你自己身上进行研究"。但他将濒死患者和死刑犯作为例外情况来对待。在医学越来越成为科学，越来越需要进行研究而不能仅依赖个人经验时，就会有更多考虑医学发展而较少考虑受试者安危的情况出现。最著名的例子是美国医生里德（Walter Reed，1851—1902）的黄热病研究。当时人们已经认识到蚊子在传播黄热病中不可或缺，但不清楚其确切作用。为此，里德进行了一系列的研究，按照传统首先在研究组成员身上进行，有意让蚊子叮咬他们。但当研究组中的一个成员死于黄热病后，其他成员决定不再冒这个险。里德决定招募西班牙工人做受试者，与他们签订了一份合同，但合同对黄热病的严重性轻描淡写，而对提供的医疗保健做了空头承诺。合同规定志愿参加者可得到 100 美元，在试验中感染黄热病可再得 100 美元，如因病逝世，100 美元由子嗣继承。上述案例说明，医学必须进行人体试验，但人体试验必须保护受试者的利益和健康，这是人体试验中两大基本伦理价值，有时这两个价值之间会发生冲突。[1]

二、德国纳粹医生灭绝人性的医学试验

具有讽刺意味的是，最早对生物医学研究制定规范的国家是德国。早在 1900 年 12 月 29 日，普鲁士科学、教育和医务大臣颁布指令，绝对禁止用于诊断、治疗和免疫以外目的的医学干预，如果：①该人尚未成年或没有行为能力；②该人尚未毫不含糊地宣称他同意这些干预；③这种同意不是在向他合适说明干预可能引起不良后果的基础上做出的。后来德国又颁布了《新疗法和人体试验的管理条例》，其中规定：①不能完全排除涉及人类受试者的科学试验，因为这会妨碍甚至阻止诊断、治疗和预防疾病的科技进步。因此，赋予医生的自由应该与他的特殊义务相称，他的特殊义务是在任何时候他都要对他治疗或进行试验的任何人的生命和健康负责；②乘人之危采取创新性疗法，是与医学伦理学不相容的；③只有在充分尊重患者尊严和人性的基础上，才能使用创新性疗法和发表相关研究结果；④人体试验的补充要求：（a）在受试者不同意的情况下，试验应予以禁止；（b）如可用动物研究代替，应避免涉及人的试验。在用生物学方法（实验室和动物研究）收集所有

---

〔1〕 LEDERER S. Walter Reed and yellow fever experiments[M]//EMMANUEL E, GRADY C, CROVHC R, et al. The Oxford textbook of clinical research ethics. Oxford: Oxford University Press, 2008: 9-17.

数据后，才能进行涉及人的试验；（c）如果试验以任何方式危及儿童或 18 岁以下青少年，应予禁止；（d）涉及死人的实验与医学伦理学原则不相容，应予以禁止；⑤当进行新的治疗或科学试验以及发表成果时，应该在教学或培训时强调医生的特殊责任。可是纳粹医生完全将这些规定和要求抛之脑后，进行了史无前例的灭绝人性的医学试验。

在第二次世界大战期间，纳粹医生在奥茨维辛、布痕瓦尔德、萨克森豪森等集中营迫使受害者接受无数次"试验"，目的是获得有利于德国军队的知识。这些受害者主要是犹太人、吉普赛人、战俘、政治犯。例如，将犯人置于压力实验室，观察他们如何在高压下停止呼吸；将犯人置于空军的减压舱，将空气抽掉，观察受试者如何缺氧死亡，然后进行尸体解剖；观察吉普赛人只喝海水能活多长时间；还有臭名昭著的"冷冻"实验，即将犯人浸泡在冰水中或命令犯人脱光衣服待在户外雪地里，观察人对低温的耐受极限；还有一些"医学试验"，例如进行医疗上无必要的肢体移植；注射传染病菌以评估新的抗菌药物的有效性；故意使受害者染上疟疾或斑疹伤寒，以试验各种抗疟疾药物或抗斑疹伤寒疫苗的有效性；故意使受害者接触芥子气而造成创伤，以评估各种治疗芥子气烧伤方法的有效性；使妇女造成类似弹伤和战伤感染，以试验各种治疗方法等。纳粹医生门格尔（Josef Mengele）的孪生子试验是将孪生子的血管和器官连接起来试图创造一个连体孪生子，导致两个孩子死亡；还有人将亚甲蓝注射入金发碧眼的儿童体内，试图永远改变其眼睛颜色，结果引起儿童失明和死亡。在几个集中营，纳粹医生都以各种方法对男女囚犯进行大规模的绝育试验，以寻找更迅速和更有效的绝育方法，包括辐射和绝育手术，评估 X 线作为一种去势绝育手段的有效性。

受害者参加这些试验完全是被迫的，纳粹医生不告诉他们会发生什么，不给他们任何机会表示同意或拒绝，也根本没有做出任何努力来降低风险。纳粹医生的行径践踏了人权。

1945—1947 年，盟军在德国纽伦堡成立国际法庭，对 23 名纳粹医生进行了审判，最后判决其中 15 人犯有战争罪和反人类罪。在审判之中，被告及其辩护律师都以这是战争时期或他们只是服从长官或领导命令照章行事为由，否认有罪。这是站不住脚的。因为自公元前 6 世纪希波克拉底誓言以来，世界医学界的一贯传统是"不伤害患者"，而自从宗教改革、文艺复兴和启蒙运动以来，以人为本的价值观早已深入人心，而 20 世纪初普鲁士政府卫生部规定人体研究必须经受试者同意并应避免伤害受试者，因此这种辩护理由是无效的。[1],[2]

三、日本 731 部队反人类的人体实验

日本侵略军在侵华战争期间，建立了一批从事人体细菌战实验的"杀人工厂"，其中最为臭名昭著的就是位于中国东北辽宁省平坊的 731 部队，即石井支队。1936 年，731 部

〔1〕 ULF S. Justice at Nuremberg: Leo Alexander and the Nazi Doctors' Trial[M]. New York: Palgrave Macmillan, 2004.

〔2〕 WEINDLING P. The Nazi medical experiment[M]// EMMANUEL E, GRADY C, CROVHC R, et al. The Oxford textbook of clinical research ethics. Oxford: Oxford University Press, 2008: 18-30.

队的工作人员为 300 名，1940 年达到 3000 名，还有 5 个卫星部队，每个部队约有 300 人，因此总数可能达到 5000 名，包括 300～500 名医生和科学家，600～800 名技术员。在 731 部队的 150 座建筑物中，7 号楼和 8 号楼专门设计为可关押 400 名人体受试者的牢房，这些人被用作细菌战试验的材料。大多数受害者是中国爱国者或游击队员，其他是无家可归者、吸鸦片者、智力残疾者、战俘、"外国间谍"和罪犯。受害者包括中国人、俄罗斯人、朝鲜人、蒙古人和欧洲人。试验内容包括：强迫人感染鼠疫、炭疽、气性坏疽或伤寒细菌；对染上疾病的人进行活体解剖，收集血液和新鲜组织器官以备进一步研究之用；在严寒和野地进行冷冻和细菌弹联合实验等。

根据非常保守的估计，死于细菌试验的受害者人数每年约 600 人，1941—1945 年间至少有 3000 人死于石井支队，这个数目不包括 1941 年以前死亡的人数，以及在日本侵华战争期间死于其他死亡工厂的人数。有人估计，至少有 5000～6000 人死于长春、牡丹江、南京等地的细菌战死亡工厂[1]。然而，这些日本军国主义医生并未在审判日本战犯的东京审判中受到法律制裁，因为美国急需石井部队的细菌战人体试验资料，美国为准备细菌战做了许多动物实验，但没有人体试验材料，因为美国法律禁止进行这方面的人体试验，所以他们急需石井手上的人体试验数据，专门派人与石井谈判，石井答应把数据和资料交给美国，但条件是不把他送交国际法庭审判。于是日、美间达成了这笔肮脏的交易，石井及其同犯逃脱了东京审判。这也是典型的双重标准案例。对日本军国主义医生来说，这些被称为"木头"的受试者，不具有人的内在价值。对于美国政府，这些受试者的道德地位低于纳粹医生的受试者，石井手中掌握的数据的价值要高于这些受试者的价值。因此美国和日本政府至今还欠这些受试者（包括中国人和其他国家公民）一个说法。[2]

四、美国塔斯吉基梅毒研究

20 世纪初，美国为涉及人的生物医学研究制定了一些具体标准。例如，在美国工作的加拿大医学家奥斯勒（William Osler）于 1907 年提出，在动物实验证明新药或新的操作具有安全性以前，不能将它用于人；让患者服用新药必须获得他的同意；允许健康志愿者参加试验，但他必须充分知晓参加试验的条件和协议。尽管当时有这些明确的标准，有问题的实验还是经常出现。塔斯吉基（Tuskegee）梅毒研究案例是美国也是国际医学研究史上最为声名狼藉的案例。1929 年后，美国公共卫生署（United States Public Health Service，USPHS，即当时的卫生部）进行了一项研究，考查梅毒在黑人中的患病率及可能的治疗机制。塔斯吉基镇位于阿拉巴马州的梅肯（Macon）县。该县的黑人梅毒患病率在参与该项研究的 7 个县中是最高的。塔斯吉基梅毒研究于 1932 年由美国公共卫生署启动，研究的主要目的是追踪男性黑人中未经治疗的、处于潜伏期的梅毒患者的自然病程史，以观察梅毒

〔1〕　CHEN Y. Japanese death factories and American cover-up[J]. Cambridge Quarterly of Healthcare Ethics,1997, 6: 240-242.

〔2〕　TSHUCHIYA T. The imperial Japanese experiments in China[M]//EMMANUEL E, GRADY C, CROVHC R, et al. The Oxford textbook of clinical research ethics. Oxford: Oxford University Press, 2008: 31-45.

最终是影响其神经功能还是心血管系统。这项研究的另一目的是研究种族其他方面的差异。例如有人认为黑人具有超常的性欲，但缺乏道德，对白种女人的吸引力来源于种族的本能。因此，塔斯吉基研究具有强烈的种族主义色彩。塔斯吉基研究最初包括 25～60 岁感染梅毒的男性黑人。研究要求做体检、X 线检查及腰椎穿刺。研究设计中没有考虑给受试者提供治疗，尽管当时医学界一致认为必须进行治疗。研究者对受试者说，他们的血坏了（指梅毒），会给他们治疗，而提供给受试者的"治疗"却是无效的汞药膏和新砷凡纳明（俗称"914"），并且故意把它们作为无效药物使用。研究者还把用于诊断的腰椎穿刺说成一种"特殊治疗"。塔斯吉基研究延续了 40 年之久，尽管它早就应该被中止。首先，在研究持续期间，美国公共卫生署在一些医疗单位已开始给梅毒患者使用青霉素，到 1945 年，医学界已经很清楚青霉素能够有效地治疗梅毒，包括那些对次水杨酸铋和马凡砷耐药的患者，后两种药物在当时被认为是梅毒的标准治疗药物。然而在塔斯吉基研究中，受试者不仅没有得到青霉素治疗，而且也不让他们在医院外寻求治疗。其次，医学杂志上已经发表了一系列文章，表明无治疗的受试者比对照组的病情明显严重，预期寿命也大为缩短，然而该研究的维护者 1947 年还在辩解，在研究过程中用青霉素或其他治疗是没有充分根据的，直至加利福尼亚州（1957 年）和堪萨斯州（1960 年）的法院裁决书中认可"知情同意"这一伦理要求，才激起了公众对这项研究的极大愤怒。最后，1947 年颁布的《纽伦堡法典》阐明了指导生物医学研究的伦理标准，本应使参与塔斯吉基项目的研究者对继续研究是否合适提出疑问，但是并未产生影响。直到 1972 年，当时的美国健康、教育和福利部（即美国卫生部）才成立了一个专家委员会，对媒体报道这项研究所激发的批评做出了回应。专家委员会的报告聚焦于该项研究未能提供青霉素治疗和未能获得知情同意。但它模糊了这样的历史事实，即在青霉素出现以前就已经有了对梅毒的药物治疗，并忽视了这样的事实，受试者认为他们在接受治疗，并不知道他们是实验的一部分。[1] 塔斯吉基案例后，美国成立了有关人体研究的总统委员会，该委员会发表了《贝尔蒙报告》，论证了尊重、有益和公正三原则。

第 3 节　生物医学研究的国际伦理规范

以上有问题的涉及人的研究案例成为生物医学研究史上的丑闻，这些丑闻推动了人们对涉及人的生物医学研究进行规范管理。不论在国家层面，还是在国际层面，先后制定了相应的伦理准则。

一、《纽伦堡法典》

《纽伦堡法典》是 1947 年纳粹医生罪行判决书中的一节，原文为"可允许的医学试

---

〔1〕　JONES J. The Tuskegee syphilis experiment[M]//EMMANUEL E, GRADY C, CROUCH R, et al. The Oxford textbook of clinical research ethics. Oxford: Oxford University Press, 2008: 86-96.

验",是第一部规范人类受试者研究的国际伦理准则。《纽伦堡法典》提出 10 项原则（参见第 1 章第 1 节）。原则的第 1 条和第 9 条体现了对人的自主性、尊严和内在价值的认可；而其余各条体现了对人的伤害、痛苦和苦难的敏感性和不忍之心。虽然《纽伦堡法典》不够完善，例如它没有区分治疗性临床研究与在健康人身上做的临床研究，也没有对研究人员的行为制定审查机制，但它体现的对受试者的人文关怀则具有普适性，至今仍有重要作用。[1]

二、《赫尔辛基宣言》

1964 年世界医学协会（World Medical Association）发表了《赫尔辛基宣言》。《赫尔辛基宣言》的基本原则是，在产生有用的医学和治疗知识与保护受试者健康和利益之间进行平衡。《赫尔辛基宣言》延续《纽伦堡法典》中的命令式的语言风格，它的 14 个段落都以"必须"或"应该"开头。然而它往往用"相称"和"比较"等词语，尤其是在比较研究的风险与受试者、患者或社会的受益时，但并未对风险或相称提出一个原则，以指导对这种相称性的评估，并界定风险的定性或定量的概念。对什么是"相称"，《赫尔辛基宣言》要求医生必须按其专业和善良的行为意识做出判断，而不是接受外部的评价。相对而言，《赫尔辛基宣言》更强调医生对患者或受试者的责任，而不是患者的权利或意愿。《赫尔辛基宣言》区分了治疗性与非治疗性研究，认为评估风险更重要，而不仅仅是获得同意。另外，《赫尔辛基宣言》要求在临床试验中对照组必须使用目前最佳的治疗方法，这引起了极大的争议。

2008 年版《赫尔辛基宣言》强调：

（1）医学研究只有在参加研究的人群有合理的可能性从研究结果中得益时，才能得到辩护；

（2）对一种新的方法可能带来的利益、风险、负担和有效性进行评估，应与当前最佳预防、诊断或治疗方法相对照，这并不排除在不存在已证明有效的预防、诊断或治疗方法的研究中使用安慰剂或不予治疗；

（3）在研究结束时，应确保所有参加研究的患者得到被该研究证明的最佳预防、诊断或治疗方法。[2]

2013 年版《赫尔辛基宣言》新增的主要内容有：

（1）"尽管医学研究的首要目的是产生新知识，但这一目标决不能凌驾于受试者个体的权利和利益之上"（第 8 条）；

（2）"必须确保因参与研究而受伤害的受试者能得到适当的补偿和治疗"（第 15 条）；

（3）"必须贯彻落实使受试者承受最小化风险的措施。研究者必须对风险进行持续的

〔1〕 ANNAS J, GRODIN M. The Nuremberg code[M]//EMMANUEL E, GRADY C, CROVHC R, et al. The Oxford textbook of clinical research ethics. Oxford: Oxford University Press, 2008:136-140.

〔2〕 ASHCROFT R. The declaration of Helsinki[M]//EMMANUEL E, GRADY C, CROVHC R, et al. The Oxford textbook of clinical research ethics. Oxford: Oxford University Press, 2008:141-148.

监测、评估和记录"（第17条）；

（4）将公平受益与合理可得结合起来，条文现修改为："仅当研究是出于脆弱群体的健康需求，且研究不能在非脆弱群体身上进行时，用脆弱群体进行医学研究才能得到辩护。另外，该群体应当从这项研究所带来的知识、实践或干预中获益"（第20条）；

（5）增加透明度，研究结束后发布报告，条文现改为："在研究开始前，研究方案必须经相关的伦理审查委员会批准。伦理审查委员会必须公开运作，必须独立于研究者、主办方，不受其他不当因素影响，必须拥有正式资格。伦理审查委员会必须考虑开展研究所在国的法律和法规，以及适用的国际规范和标准，但禁止削弱或取消本宣言规定的对受试者的任何保护措施。伦理审查委员会有权监督正在进行的研究。研究者必须向伦理审查委员会提供监测信息，尤其是有关严重不良事件的信息。没有伦理审查委员会批准，研究方案不得更改。研究结束后，研究者必须向伦理审查委员会提交一份结题报告，包含研究成果和结论"（第23条）；

（6）增加研究者及其他人员的义务，条文为："研究人员、作者、主办方、编辑和出版社对于研究成果的出版和传播都负有伦理义务。研究者有义务发布涉及人类受试者的研究结果，为公众可及，并对其报告的完整性和精确性负责。有关各方应该坚持报告的伦理准则。阴性的、不具定论性以及阳性的结果都必须发表，或通过其他途径为公众可得。资助来源、机构隶属关系和利益冲突都必须在发表物中说明。与本宣言原则不一致的研究报告不应该被发表"（第36条）。

三、《涉及人的生物医学研究的国际伦理准则》

国际医学科学组织理事会（Council for International Organizations of Medical Sciences，CIOMS）制定了更为具体的、更具可操作性的涉及人的生物医学研究的国际伦理准则。1993年CIOMS制定了《涉及人的生物医学研究的国际伦理准则》（International Ethical Guidelines for Biomedical Research Involving Human Subjects，后文简称CIOMS准则）。2002年经讨论和修改，颁布了新版本，包含了21条CIOMS准则，具体内容包括：涉及人类受试者的生物医学研究的伦理辩护和科学性、有效性；伦理审查委员会；外部赞助的研究的伦理审查；个人的知情同意；获得知情同意：给受试者提供的基本信息；赞助者和研究者的义务；对参与研究者的引诱；参与研究的风险和受益；当研究涉及受试者不能给予知情同意的情况，对风险的特别限制；在资源有限的人群和社群中开展的研究；临床试验中对照组的选择；在选择受试者时，公平分配负担和受益；涉及脆弱人群的研究；涉及儿童的研究；涉及因有精神或行为障碍而不能给予充分知情同意的人的研究；作为受试者的妇女；作为受试者的孕妇；保密；遭受损伤受试者获得医疗和赔偿的权利；加强伦理和科学审查以及生物医学研究的能力；外部赞助者提供医疗服务的义务。[1]2012年启动了

〔1〕 Council for International Organizations of Medical Sciences (CIOMS), World Health Organization (WHO). International ethical guidelines for biomedical research involving human subjects[M]. Geneva: WHO, 2002.

CIOMS 准则的第二次修改，2016 年底完成修改。CIOMS 主席范·戴尔登（van Delden）指出，之所以要修改，是因为研究领域发生了变化，其他相关文件已经做了修改，卫生行政机构现有的条例和伦理实践也有了改变，研究伦理学也有了新的进展。修改的内容包括强调研究者、资助者试验前和试验后的义务，确定研究项目时对健康需要和优先次序要敏感，将某些群体排除在外必须有辩护理由，研究后要设法使受试者受益；加大在中低收入国家进行研究的伦理责任；强调对发展中国家的受试者负有特殊义务。在新版本中，大多数准则条文做了重大修改；增加了若干准则是为了应对新的、紧迫的情况，例如灾情中的研究（research in disaster situations）、实施性研究（implementation research）；强调研究者在试验前和试验后的义务，例如对社区和受试者的健康需要保持敏感性，证明安全有效的药物为受试者合理可得（reasonable availability）。另一重要修改是，CIOMS 原有两个伦理准则：绿皮书（CIOMS 生物医学研究准则，2002）与蓝皮书（CIOMS 流行病研究准则，2009），二者重叠太多，因而将二者合并，加入 2016 年修订版，于是准则的范围从生物医学研究扩展到与健康有关的研究，包括公共卫生研究。

新增加的准则有：

准则 1：社会价值；

准则 6：关怀参与者的健康需要；

准则 7：社区参与；

准则 8：合作伙伴关系以及研究和审查的能力建设；

准则 10：知情同意的更改和豁免；

准则 11：储存的生物材料和相关数据的使用；

准则 12：在研究中使用与健康相关的数据；

准则 13：对研究参与者的报销和补偿；

准则 20：灾情中的研究；

准则 21：实施性研究；

准则 22：在有关健康的研究中使用网络信息或工具；

准则 24：有关健康研究应对公众负责；

准则 25：利益冲突。

案例 13-2：我国卫生行政部门制定的研究伦理规范

1997 年 1 月，英国《自然》杂志发表多莉羊克隆成功的论文后，卫生部原部长陈敏章召集医学家、科学家、生命伦理学家、法学家和卫生行政管理人员开会。与会代表建议卫生部加强对涉及人的生物医学研究规范以及新的生物技术伦理、法律和社会问题的研究。2003 年 8 月，国家食品药品监督管理局颁布了《药物临床实验质量管理规范》。2007 年，卫生部颁布了《涉及人的生物医学研究伦理审查办法（试行）》，并使临床研究纳入伦理审查轨道。2016 年 10 月，国家卫生与计划生育委员会颁布《涉及人的生物医学研究伦理审查办法》。

　　我国根据本国法律、法规，参照上述国际规范，先后制定了《药物临床试验质量管理规范》、《涉及人的生物医学研究伦理审查办法》以及有关涉及人的生物医学研究的法规或规章，作为我国机构伦理委员会审查本单位研究方案的法律依据。在涉及人的研究问题上，我们必须权衡两个基本价值：一是医学进步为社会及其全体成员带来的益处；二是对参加涉及人的研究的个人的权利和利益的保护。社会应根据基本的伦理原则鼓励其成员参加在科学上和伦理上都经过严格审查的涉及人的研究；同时应该对研究者进行研究伦理的教育，建立健全严格的伦理审查机制，以保护受试者的个人权益。

第 14 章 研 究 设 计

伦理学要求涉及人的生物医学研究应符合一定的伦理基准：

① 研究具有社会价值；

② 科学且符合伦理的研究设计；

③ 公平选择受试者；

④ 有利的风险受益比；

⑤ 有效的知情同意；

⑥ 独立的伦理审查；

⑦ 尊重受试者的权利；

⑧ 动物实验应保护动物的福利；

⑨ 坚持科学诚信，反对学术不端行为。

在现代社会，研究必须对社会有益才能获得社会支持。一项符合伦理的研究，必须要有社会价值。我们应注意在这项研究中，谁能受益；对患者将有哪些受益；他们所患疾病在某地区或全国造成多大疾病负担等。

科学设计研究方案才能保证上述社会价值的实现。研究的科学性是一项伦理要求，如果研究不可靠，数据靠不住，受试者遭受风险但无受益，而且浪费社会资源或纳税人的税款，因此不科学的设计是不符合伦理的。

科学设计研究方案是指：研究必须以已有的文献为根据；事先应有先行的实验室研究和动物实验；必须按照随机对照试验方法来设计和进行实验；提出假设要有根据，研究程序要能验证假设；研究应该有合适的样本量，采用无偏倚的测量方法以及数据统计方法等，研究人员要有一定的资质和研究经验，大学生、研究生、年轻研究人员必须在导师指导下开展研究。[1]

---

〔1〕 撰写本章参照：陈元方，邱仁宗.《生物医学研究伦理学》[M]. 北京：中国协和医科大学出版社，2003：83-108；翟晓梅，邱仁宗. 生命伦理学导论 [M]. 北京：清华大学出版社，2005：409-456；EMMANUEL E, GRADY C, CROVHC R, et al. The Oxford textbook of clinical research ethics[M]. Oxford: Oxford University Press, 2008: 243-487.

第1节 随机对照试验

随机对照试验（randomized controlled trials，RCT）的发明者是英国统计学家、生物学家费谢尔（Ronald Fisher, 1890—1962）。1940年，费谢尔等人将此方法用于涉及人的研究。1960年，这种试验方法成为评价一种新药是否安全、有效的金标准，可用于评价影响患者的一切干预措施，包括疗法、诊断技术、疫苗、健康服务制度等。

一、随机对照试验的概念

随机对照试验是一种科学的试验方法，RCT是临床试验的金标准。它将受试者随机地分配到试验组或对照组，对不同组实施不同的干预，以对照效果的不同。最大程度地避免临床试验设计、实施中可能出现的偏倚，平衡混杂因素，提高统计学检验的有效性，被公认为评价干预措施的金标准。临床试验的目的是，通过比较两种或更多方法的相对优缺点，为预防、诊断、治疗干预的抉择提供依据。如果研究只设一个试验组，受试者服用新的药物后病情有了改善，我们将它与过去接受标准疗法的一组患者加以比较，对这个结果，我们可以有多种解释：可能是由于人口学或其他特征上的差异引起的结果，是选择偏倚（bias）引起的差异，例如与先前那些接受标准治疗的对照组成员相较，接受新药的个体年龄较轻或更为健康；或者两组研究者与受试者互动有别，即一些新药受试者得到更好的支持性照护、更为频繁的随访；或者由于某种安慰剂效应，即受试者期望新疗法对他病情有效；也可能就是由于患者发生自然痊愈的情况；也可能是新药与原来的标准疗法在疗效方面的确存在差异。对所观察的数据的种种解释都必须考虑到，才能判定新的药物或疗法的有效性。

二、随机对照试验要素

RCT采用以下办法将假阳性和假阴性的误差最小化（表14-1）：

表14-1 随机化试验使误差最小化的要素

要素	目的
随机化	减少各组进入研究时就存在差异的可能性
并行对照	消除各组之间由于时间变化引起的差异，使直接比较成为可能
盲法（不是所有RCT都采取盲法）	减少研究者以各组之间系统差异的方式观察受试者或与他们互动的机会；减少受试者以各组之间系统差异的方式发生或报告症状的机会，将生理学效应与安慰剂效应区分开
安慰剂（不是所有RCT都采用安慰剂，在使用安慰剂的随机试验中，不给予对照组的受试者在标准医疗情境下给予的治疗）	各组干预方法有可观察的差异时，安慰剂有助于达到盲法的目的
统计学处理	控制出现假阳性和假阴性结果的机会

（一）随机化

首先采取随机分配的方法，非人为选择地将受试者分配到不同组，从而增加各组在基线处比较的可能性。例如研究一种安眠药对睡眠的影响。影响睡眠的因素很多，除了要试验的安眠药外，还有人们的饮食习惯、看电视的习惯、工作、家庭的烦心事等。鉴定出所有的影响因素（变量），并将具有相似特点的受试者平均分配到各组是不可能的。通过随机化，研究者将这些变量缩小到最低程度，使不同组齐一化。最简单的随机化方法是掷硬币，可保证不将具有可能影响结果的特点的人都分配到一个组。随机化的目的是防止分组时出现偏倚（bias）。

（二）对照

使用并行对照的方法，我们可以在各组之间直接进行比较，消除时间变化（temporal trends）引起的混淆。例如，我们不能将今天用新药在患者身上试验的结果与三年前同组患者用标准疗法治疗的结果相比较，因为同样一个人在三年之间无论是身体状况还是环境都发生变化。可用安慰剂作对照，也可用另一有效药物作对照。

（三）盲法

许多试验不让受试者或研究者知道治疗的分配情况，以减少研究者或受试者因无意识地偏爱某一组而使试验发生偏倚的机会。在单盲试验中，受试者不知道他们被分在哪一组，以把他们对不同处理方式的信念和期望带来的影响缩小到最低限度。受试者受到相同的对待，这样他们就猜不出自己在哪一组。但研究者下意识的信念、偏好或态度也会影响他们对待受试者和评价结果。为了防止这种偏倚，研究者可采用双盲法，在试验结束以前，受试者和研究者都不知道分组情况。

（四）安慰剂

有些试验使用安慰剂来促进盲法。这种方法可使研究的科学有效性最大化。

（五）统计处理

对试验获得的数据要进行统计学的处理，以控制出现假阳性和假阴性结果出现的机会。唯有在统计学上有显著差异，研究结果才可确认疗法甲比疗法乙更安全、更有效或甲疗法不如乙疗法。因此，临床试验结果往往是一个概率统计陈述："80% 患 d 的患者服用药物 x 比服用 y 更为安全和有效。"

对随机对照实验中的随机化争论了至少 40 年，对照组和安慰剂的使用提出了伦理学上的挑战，我们将在下面加以讨论。

三、随机对照试验的方法论

随机对照试验基于求异法：

组别	因素	结果
1	ABC	e
2	AB	—

所以 C 是 e 的原因。

随机对照试验基于零假说（null hypothesis），其假说是：要试验的药物 B 与原有最佳药物 A 在安全和有效方面等价，同时不存在比 A 和 B 更佳的 C。临床试验就是要设法证伪这个零假说，用证据证明 A 和 B 之中有一个更佳。

第 2 节　随机对照试验的伦理问题

一、均势和随机化

随机化和设立对照组提出的伦理问题是：临床伦理要求医生向患者提供最佳疗法，以解除患者的病痛。一个尽心尽责的医生，应该给患者提供最佳的治疗。他就不应该招募患者参加评价新药的临床试验，因为医生招募患者参加试验，至少必然让一组患者采用非最佳的疗法，尤其在随机对照的临床试验中，有时向患者提供的不是医生认为的最佳治疗，甚至提供的是无疗效的安慰剂。那么如何解决一方面医生应该给患者提供最佳治疗；另一方面又要进行临床试验的矛盾呢？加拿大哲学家弗里德曼（Benjamin Freedman）1987 年提出均势（equipoise）的概念，试图解决这一矛盾。[1~3]

由于要试验的新疗法与原有最佳疗法之间分不出高低，因此进行这种临床试验是合乎伦理的。在临床试验前，要试验的新疗法与已有疗法之间存在理论和临床上的均势：理论均势是一种认识或认知状态，这时客观证据对不同疗法的支持势均力敌，这些治疗具有同等价值。也就是说，迄今为止，没有充分证据证实要检验的新疗法 B 比原有最佳疗法 A 更好或更差；或没有充分证据证伪零假说（即 A=B）。与之相对照，临床均势则是这样一种状态，临床专家作为个人有各自的偏好，但临床专家共同体不能判断何种治疗对患者人群更优，需要设计试验来打破这种临床均势，在试验完成时可终结这种均势。因此，在试验开始时，不同治疗方法（包括安慰剂）必须处于临床均势的状态，或被临床专家共同体认为对患者的不同治疗方法（例如用化疗和放疗治疗某种癌症）具有等价性

〔1〕 FREEDMAN B. Equipoise and the ethics of clinical research[J]. New England Journal of Medicine, 1987, 317(3): 141-145.

〔2〕 WEIGER C, SHAPIRO S H, CRANLEY GLASS K. For and against: clinical equipoise and not the uncertainty principle is the moral underpinning of the randomized controlled trial[J] British Medical Journal, 2000, 321(7263):756-758.

〔3〕 STOFFE J, TRUOG R. Equipoise and randomization[M]//EMMANUEL E, GRADY C, CROVHC R, et al. The Oxford textbook of clinical research ethics. Oxford: Oxford University Press, 2008: 245-260.

（equivalence）。因此，临床均势是指临床专家共同体对要检验的新疗法 B 与原有最佳疗法 A 的优劣没有一致的认识。可能一部分医生认为 A 比 B 好，但另一部分医生认为 B 比 A 好，医生整体对 A 和 B 孰优孰劣没有取得一致意见。正因为不同疗法之间存在着均势，所以要进行临床试验或研究，在试验或研究的过程中，客观证据对不同疗法的支持将不同，拉大不同疗法之间评价上的差距，使得临床专家共同体得出不同疗法孰优孰劣的一致结论，从而打破理论均势和临床均势。

由此，我们可以得出两个结论：如果已经有证据证实要检验的疗法比原有最佳疗法在安全性和有效性方面好或差，就不应该进行临床试验；在试验过程中，如果已经获得数据能证实要检验的疗法比原有最佳疗法好或差，就应该立即停止试验。

案例 14-1：心律不齐抑制疗法试验

美国每年有近 30 万人突然死亡，大多数死者心肌缺血，心室纤维化。一些医生根据心肌梗死的幸存者门诊心电图记录，发现心室期外收缩与随后死亡率的增加有关，假设抑制其心室期外收缩会减少心室纤维化的发生率和猝死率。研究人员决定用随机对照试验检验这个假说。在试验组，给经常发生期外收缩的心肌梗死幸存者服用抗心律不齐药物，观察其对期外收缩的效应。对照组则是服用安慰剂的患者。结果发现试验组的突然死亡率更高，在随访的 10 个月内，730 位患者中 56 人死亡（7.7%），而服用安慰剂的 725 位患者中仅 22（3.0%）人死亡。这项试验提前结束，因为均势已经打破。

二、安慰剂

在临床试验中，用安慰剂做对照有如下好处：试验结果比较准确，所需样本量较小，试验时间较短，试验成本较低。但应以不损害受试者健康为前提。那么什么情况下可用安慰剂作对照？原本反对用安慰剂作对照的《赫尔辛基宣言》（如 2008 年修改版本）后来做了修改：

"将新的干预措施的受益、风险、负担和有效性与当前经过证明的最佳干预措施的受益、风险、负担和有效性进行比较，但以下情况可以例外：

当目前不存在经过证明的干预措施时，安慰剂或不治疗是可以接受的；

或由于令人信服的或科学上有根据的方法学理由，有必要使用安慰剂来确定一项干预措施的疗效或安全性，而且接受安慰剂或无治疗的患者不会遭受任何严重的或不可逆的伤害的风险。"

CIOMS 准则（1992 年版本）中有关对照组使用安慰剂的论述是：默认的立场是对照组使用业已确定的有效疗法（established effective treatment，EET）。对照组可以不用 EET 的条件是：没有 EET；不用 EET 的风险限于暂时的不适或延迟症状的缓解；使用 EET 不能产生科学上可靠的结果，而不用 EET 不会产生严重的或不可逆的伤害；当研究目的是研发一种用于贫困国家的低廉的替代药物时，也可不用 EET，这包括：在东道国，昂贵的 EET 不可得；研发的药品将为东道国的居民合理可得；用 EET 作对照会产生科学上不可靠的结果；或不能满足当地人群的健康需要。

下面是两个必须使用安慰剂的案例：

🔍 案例 14-2：用胎儿脑组织治疗帕金森病

用胎儿脑组织治疗帕金森病是否有效，是一个长期争论而未解决的问题。在美国有不少临床医生报告说，他们用胎儿脑组织治好了其患者的帕金森病，但有的医生表示怀疑。后来在美国做了一个临床试验，试验组用微创外科手术将胎儿脑组织注入患者脑内；另一组则用微创外科手术将安慰剂注入患者脑内。结果两组的数据没有统计学上显著的差异，从而证实了"零假说"，否定了用胎儿脑组织治疗帕金森病的有效性。

🔍 案例 14-3：短程的 AZT 试验

长程的 AZT（齐多夫定）已被证明可有效阻断 HIV 母婴传播，但十分昂贵，非洲人民负担不起，因而一些资助者和科学家拟在非洲进行短程的 AZT 试验，以安慰剂为对照。这一试验被批评为采用"双重标准"：如果在西方进行新的艾滋病药物试验，就必须按照《赫尔辛基宣言》，以目前已被证明的最佳药物为对照。可是长程 AZT 与短程 AZT 之间不存在均势，不存在均势时，进行临床试验是不符合伦理的。于是，这使资助者和科学家处于进退两难之中，不能实现为非洲人民研发安全有效而且他们负担得起的阻断 HIV 母婴传播的药物的目的。这个案例很有启发性，这向我们展现了两种思维方法，我们应该怎样进行价值权衡？使安全有效抗艾滋病药物为非洲人民可得重要，还是遵守《赫尔辛基宣言》的文字重要？做出伦理判断是通过价值权衡，具体问题具体分析的方法来权衡，还是通过用已有规定演绎的方法来权衡？生命伦理学家指出，满足以下四个条件可以在对照组中不用目前最佳疗法：（1）有科学上的必要；（2）与东道国社群息息相关；（3）使东道国社群充分受益；（4）对受试者和东道国社群没有伤害。[1]

某些反对进行 RCT 的流行的观点如下所述：其一，"只有患者知道什么治疗有效"。然而，患者感觉好可能是自然恢复、一时的刺激反应、安慰剂效应或其他因素所致。患者和医生的言说只能代表个人主观经验，或许是有价值的线索，但不能构成客观证据，对药

---

〔1〕 WEINDLER D, EMMANUEL E, LIE R. The standard of care debate: can research in developing countries be both ethical and responsive to those countries' health needs？[J]. American Journal of Public Health, 2004, 94(6): 923–928.

物、疗法不起检验作用。证据是客观的，是能够在不同主体之间进行检验和重复的。唯有按照随机对照方法进行临床试验才能提供评价疗法是否安全有效的客观证据。其二，"不能让患者再受苦"。这种论证在逻辑上称作"丐辩"（question begging），即将有待证明的命题当作前提。在临床试验之前，一种新疗法与原有的疗法甚至安慰剂（如果没有治疗办法）处于均势地位，并没有证据说它比后者更安全和更有效。因此，给患者提供未经证明的疗法（例如在我国前几年风行一时的所谓"干细胞疗法"）也许正在伤害患者，是对患者的身体、心理和经济的伤害。唯有临床试验之后才知道何者更安全。同样以"不让患者再受苦"为由，对临床试验进行前后对照也违背了 RCT 原则，因为同一患者不同时期的身体和环境均不同，即随时间变化。[1]

第 3 节　公平选择受试者

选择受试者有如下要求：第一，要确保研究的科学性。纳入和排除受试者的医学标准要确保研究可获得可靠结果。例如选择疾病高发、传播率高或耐药的社区人员作为受试者是有科学理由的。第二，选择受试者时要使风险最小化。例如选择不歧视 HIV 感染者的社区人群作为艾滋病疫苗研究的目标人群。有一项有关某种重症疾病的药物研究的试验，招募了轻症患者，结果导致受试者死亡。第三，选择受试者时要特别注意保护脆弱人群（没有能力维护自己权利和利益的人群）。在历史上，研究人员往往用贫困的、没有受过教育的、智障的人群以及儿童等脆弱人群作为受试者，而研究却让特权阶层受益。因此招募脆弱人群时要特别慎重：必须是针对脆弱人群的疾病或健康的研究；不允许开展这样的试验：以非脆弱人群作为受益目标，却把脆弱人群作为研究受试者，仅仅由于脆弱人群易招募。对可能获得普遍化知识（包括使脆弱人群受益的知识）的研究，也不能把脆弱人群排除在研究之外，使其不能分享科学研究的成果。[2]

案例 14-4：SMS 药物

SMS 是一种人工合成的能抑制多种激素释放的肽类药物，对某些垂体和胰腺内分泌肿瘤有良好疗效。药厂在美国用低剂量 SMS 进行临床试验，而在中国却选择了一批患者作为受试者进行大剂量 SMS 临床试验（5 倍于后来临床使用的标准剂量），以观察不良反应，结果许多受试者发生了胆囊结石。把发展中国家的受试者纳入风险较高的大剂量组，这违背了公平承担风险的公正原则，这实际上也构成了发达国家对发展中国家人民的剥削利用。

〔1〕　邱仁宗. 从中国"干细胞治疗"热论干细胞临床转化中的伦理和管理问题［J］. 科学与社会，2003（1）：8-16.
〔2〕　MELTZER L, CHILDRESS J. What is fair participant selection？　[M]// EMMANUEL E, GRADY C, CROUCH R, et al. The Oxford textbook of clinical research ethics. Oxford: Oxford University Press, 2008: 377-385.

第 4 节　脆弱人群的特殊保护

有关研究伦理的国际准则和国家卫生与计划生育委员会发布的《涉及人的生物医学研究的伦理审查办法》（2016 年），要求对包括儿童在内的脆弱人群进行特殊保护。对于一般人群的临床试验，必须首先有临床前研究（实验室或 / 和动物研究），证明其安全有效后，方可以人作为受试者进行试验，成人受试者的试验证明其安全有效后，方可以儿童作为受试者进行试验。对于以已经具备理解能力的儿童作为受试者的临床研究，除了获得监护人的同意外，还需要儿童本人的赞同。国家药品监督管理局的《药物试验质量管理规范》（2020 年）中明确指出："儿童作为受试者，必须征得其法定监护人的知情同意并签署知情同意书，当儿童能做出同意参加研究的决定时，还应当征得其本人同意。"

一、鉴定脆弱人群

脆弱人群是指不能维护自己权利和利益的人群。由于大多数研究具有不确定性，所有受试者在某种意义上都是脆弱的。然而在研究的情境下，我们应该将脆弱性理解为一些人的某种固有的或境遇的条件，将他们置于被伦理上不适当的方式利用的更大风险之中。即使他们签署知情同意书去参加一项研究，也可能会被其他人以伦理上不适当的方式利用。例如穷人被招募参加研究，而研究的受益者主要是经济上富裕的人。

如何鉴定脆弱人群？一个人群具有脆弱性，是由于他们所处的某种状态，使他们不具备为自己决策的能力，因而容易受到强制或不正当的影响而参加研究。脆弱人群包括：孕妇、新生儿、儿童、罪犯、身心残障者、精神障碍者、严重疾病患者（艾滋病患者、禽流感患者、癌症患者等）、老人、社会边缘人群（同性恋者、性工作者、非法药物依赖者等）、少数民族群众、穷人，尤其是处于系统弱势的人群（例如几代都是穷人）等。引起脆弱性的因素可能是人群之间的权力不平等，该人群需要服务、帮助和保护，文化、民族和宗教因素也可导致脆弱性。对脆弱性人群应该采取特殊的保护措施，关注研究可能对他们造成的风险。有时，脆弱人群被排除在研究之外，使他们不能享受研究可能产生的益处。因此在保护脆弱者免受研究带来的伤害与使他们能够分享研究的可能受益之间应该达到一个平衡。

🔍 脆弱性

（1）认知脆弱性：候选的受试者不能充分理解信息、仔细思考以及就参加研究做出决策，这是认知脆弱性。

（2）机构脆弱性：候选受试者拥有同意的认知能力，但他们屈从于其他人的官方权威，这些人对他们是否参加研究有他们自己的独立的利益。如罪犯和士兵应募者，也包括大学生，他们参加研究可增加学分或分数。

脆弱性（续）

（3）遵从脆弱性：不同于机构脆弱性，遵从脆弱性是指拥有认知能力的候选受试者屈从于非官方的权威。这种非官方的权力关系是社会建构的，例如基于性别、种族或阶层的不平等，或医患关系内那种权力和知识的不平等，或者其性质是更为主观性的，如父母通常会遵从他们成年儿女的愿望。

（4）医疗脆弱性。这类脆弱性涉及那些患严重疾病而没有满意的标准治疗的候选受试者（如癌症转移患者或罕见病患者）。严重患者往往被吸引参加研究因为他们或他们的医生认为准备检验的干预是最佳疗法。

（5）经济脆弱性。有认知能力的候选受试者可能有经济脆弱性，即在社会品和服务（如收入、住房或医疗）分配方面处于不利地位。这类脆弱性可增加受试者的风险，即参加研究可能的受益构成不当引诱，受试者因而受招募，这威胁了他们选择的自愿性质，增加了受试者受到不当利用的危险。

（6）社会脆弱性。有认知障碍的候选受试者属于受人轻视的社会群体。社会脆弱人群往往也是经济脆弱人群，社会对他们有成见，并歧视他们。这些群体成员的利益、福利以及对社会的贡献往往遭到轻视或漠视。[1]

二、对脆弱人群的特殊保护

（一）对脆弱人群进行特殊保护的伦理要求

一般有四点：

（1）可以对脆弱人群进行研究，但研究应该有益于脆弱人群自身。那么对儿童期的遗传和环境因素如何影响成年期健康的研究是否应该进行呢？这项研究仅有益于成年。如果该研究已经满足其他伦理要求，这类观察性流行病学研究也应该允许进行的，即使研究目的不是为了获得与儿童健康相关的知识。通常仅在风险极低时才允许进行潜在受益涉及成人而潜在伤害影响儿童的研究。这项研究对儿童的伤害极低，同时这些儿童长大成人后也能受益。不能对脆弱人群进行仅仅有利于其他人群而对他们现在或未来均无益的研究。

（2）如果研究将有益于包括脆弱人群在内的所有人群，则应该在对一般人群的研究证明安全和有效之后，再开展对脆弱人群的研究。

（3）过分的受益或不正当的引诱对脆弱人群是一种变相强迫，这也适用于特别穷的人。例如在不发达国家，一个妇女每天靠1美元收入维持生活，她很难拒绝20美元的补偿而不去参加研究。相对高额的金钱补偿会使受试者同意参加他们本来不会同意的研究。对脆弱人群参加研究要采取特殊的保护措施。

---

[1] National Bioethics Advisory Committee. Ethical and policy issues in research involving human participants, volume 1: report and recommendations of the National Bioethics Advisory Commission[R]. Bethesda, Maryland, 2001.

（4）未成年儿童参加研究，要求得到其父母的允许（permission），对大一些的儿童，则要求他们赞同（assent），但有风险水平的限制，即风险不能超过最低程度。对于其他认知脆弱的人群，则应有其监护人代理他们表示同意。不要给服刑人员造成参不参加研究会影响他们的待遇或刑期的印象。在获得知情同意时，主要关注的是真正知情，即真正理解研究、理解可能遭受的风险和受益。对于在机构、遵从、医疗、经济、社会方面有脆弱性的受试者，应由第三者去做知情同意的工作。

（二）对儿童受试者的特殊保护

儿童属于认知脆弱性人群，缺乏对自身的事情做出合理决策的能力，难以维护自身的健康、利益和权利，因此，研究者对儿童负有特殊的保护责任：其一，儿童参加研究要获得其监护人的允许；其二，儿童参加研究还要获得儿童本人的赞同，要制定相应的认可程序，目的是吸引儿童参与有关是否参加研究的讨论和决定。为此：

（1）要求研究者：要用与儿童发育程度相适应的方法去帮助儿童理解他的病情；告知儿童研究者建议的干预性质以及他们可能会体验什么；评估儿童对所提供信息的理解程度；获得儿童表示愿意参加研究者所建议的干预的信息。

（2）对机构伦理审查委员会（IRB）的要求：根据每项研究的具体情况决定是否需要获得儿童的认可。IRB 要考虑的因素包括：目标人群的特征，是否能使儿童直接受益；还要考虑到儿童的认知和情感成熟程度以及心理状态，看儿童是否能给予赞同。

（3）对话要不断进行：在不断互动的过程中，从家长和儿童获得的同意和认可更为有效，知情同意不是仅仅一次的签署书面同意书的行动。应该给父母和儿童时间来考虑他们是否参加研究，给予他们在做出决定前与他人商量的机会，给他们以充分的时间来提问题和作进一步说明。

（4）对不同年龄儿童的保护。对于幼儿，研究者要向他们提供将要发生什么的基本信息，回答他们的问题。对于年龄大一些的儿童和青少年，他们的认可程序可类似成人的同意程序。有时在其父母不在场时，让候选受试者回答研究人员提出的问题更方便一些。

（5）文件的签署。当研究的风险大于最低程度时，应由父母签署同意书。在决定有儿童参与的研究是否需要儿童签署赞同文件时，在大多数情况下，对年龄大一些的儿童，IRB 可要求有一份签字的赞同文件，其解释比较详细；而对幼儿，有一份口头表示赞同的简单文件就可以了，可由其父母代为签字。

（6）治疗误解。当询问父母是否让他们的孩子参加研究时，父母们往往会比较紧张，时间又紧迫。父母往往误认为参加的研究是治疗，而实际的研究目的是收集数据促进医学进步。研究人员在与对研究目的可能有误解的父母讨论他们的病儿时，对治疗误解问题要有敏感性。

（7）受试者从未成年人到成年人。当临床研究的受试者，他们在研究过程中达到法定的可自己表示同意的年龄时，继续进行研究必须向受试者（现在已是成人了）提供知情同意的机会，他们有权继续参加研究，也可以退出研究。[1]

---

〔1〕 翟晓梅，邱仁宗. 公共卫生伦理学 [M]. 北京：中国社会科学出版社，2016：240-248.

第 15 章　风险受益评估

在涉及人的生物医学研究（包括临床试验）中，进行风险受益的评估非常重要，这是一项合乎伦理的研究所必不可少的内容，也是机构伦理审查委员会最为重要的任务之一。对潜在的风险和受益[1]的评估之所以重要有三个理由：其一，在判定某项研究在科学上是否有效以及是否有科学和社会价值时，风险受益评估不可或缺。机构伦理审查委员会的任务是既要考查研究计划或方案的科学有效性，即该项研究是否能产生普遍性知识，也要考查其科学和社会价值，即所研究的干预措施最终是否能成为对患者的干预措施。其二，对潜在风险和受益的评估，确保风险最小化和使之处于合理范围之内，有助于保护研究参与者，并确保研究能产生对社会有益的成果，因为要求人们参与设计糟糕或不能产生具有科学和社会价值的研究是对受试者的一种剥削。在某些类型的研究中，例如招募儿童或其他脆弱群体成员参与研究，评估时甚至还要求对这些受试者有潜在的医疗受益。其三，对潜在风险和受益的评估，有助于候选的受试者做出参与研究的知情决定。在临床试验或其他使用人类受试者的生物医学研究中，有关潜在风险和受益的信息有助于候选的受益者做出符合他们最佳利益的判断。

对风险受益的有利评估与受试者的知情选择是合乎伦理地开展研究的必要条件，但它们都不是充分条件，前者在逻辑上和时间上先于后者。因此，评估潜在风险与受益是开展所有临床研究的不可缺少的部分。而且，在任何临床研究中，评估风险与受益的任务落在许多个人和单位身上，每个人或每个单位都做出独立的判断，即包括受试者、机构伦理审查委员会、研究者、赞助者、数据和安全监督委员会以及其他相关人员。虽然，机构伦理审查委员会根据它对研究的潜在风险和受益的评估做出最后决定，但其他人的评估，尤其是研究者和赞助者的评估可能也会影响伦理审查委员会，有利于得出科学的结论。有关各方对风险受益比做出独立的评估，也是履行使伤害最小化的责任的一种办法。[2]

---

[1] 因为每一项研究都是一个新的事件，其产生的风险和受益都是可能的、潜在的和预期的，是否真正发生对于不同性质的研究具有不同程度的不确定性。我们已经通过临床试验和临床应用知道的风险和受益经验，对新的研究的风险和受益的评估具有参考价值，有些也可以成为一定的根据，但我们对新研究的评估结论仍有待临床试验和临床实践来检验。

[2] 本章参照：EMANUEL E, CROUCH R, ARRAS J, et al. Ethical and regulatory aspects of clinical research: readings and commentary [M]. Baltimore: Johns Hopkins University Press,2003.

WENDLER D, MILLER F. Risk-benefit analysis and the net risks test[M]//EMMANUEL E, GRADY C, CROVHC R, et al. The Oxford textbook of clinical research ethics. Oxford: Oxford University Press, 2008:503-513.

KING N, CHURCHILL L. Assessing and comparing potential benefits and risks of harm[M]//EMMANUEL E, GRADY C, CROVHC R, et al. The Oxford textbook of clinical research ethics. Oxford: Oxford University Press, 2008:514-526.

RID A, EMANUEL E, WENDLER D. Evaluating the risks of clinical research[J]. JAMA, 2010,304(13):1472-1479.

第 1 节　风险和受益的概念和类型

一、风险（risk）的概念

风险是指可能的或潜在的伤害（harm）。风险有身体的（疼痛、不适、损伤或功能丧失）、精神的（不安、焦虑、沮丧）、社会的（污名、歧视、失业、失学、拒绝受保）、经济的（过度的医疗费用、不堪负担的医疗费用、举债、陷入贫困）。风险或伤害可以是干预措施的直接结果或副作用（药物的毒性反应，用药剂量过大、纳入标准过宽或不符合纳入标准），这些风险或伤害可以是短期的，也可以是永久的，直至导致失能、残障、死亡。

二、伤害的类型

对受试者的伤害可分为两类：一类是因临床研究或试验中的干预引起的伤害；另一类是不管受试者是否接受干预都可能会受到的伤害。因研究干预而引起的潜在伤害被称为副作用（side effects）或不良反应（adverse effects）。尽管我们最关注的伤害是否会发生是不确定的，但有些伤害是不可避免的，例如取血或取骨髓标本总会引起不适，受试者专门到医院来参加研究也总会给他们造成一些负担，他们的信息有可能被泄露，因此要慎用"本研究没有任何风险"之类的用语。另一类伤害，如受试者参加安慰剂组，他原来的病情因未受治疗而恶化了，或他在参加试验的途中因车祸而受伤等。这些伤害不是干预措施（例如试验的新药）引起的。具体来说，参加研究引起的风险有：所试药物的毒性反应；试验组新疗法效果并不比已有的疗法甚至安慰剂好；对照组受试者在试验期间得不到医疗；因未按照纳入标准或纳入标准本身有问题可能引起的风险等。研究也可能对社会（包括非受试者的他人）带来风险，包括：该研究成本受益比低，不能有效减轻国家疾病负担[1]，所研究的疾病不是国家重要的健康问题，稀缺资源也许不应该用于该研究项目；研究中有可能扩散感染；不良事件影响受试者家庭；研究中发生学术腐败侵蚀社会等。

三、受益的类型

临床研究中潜在的受益[2]分为两大类：受试者受益（因参与研究而受益）；社会受益（即因研究结果而产生的未来受益）。受试者的受益还可细分为两类：因临床试验中的干预措施有效而直接受益，如获得正在研发的新疗法；因纳入临床试验而受益，也称为附带受

---

〔1〕　疾病负担（disease burden）是指用财政费用测量健康问题对社会的影响。

〔2〕　这里的"受益"英文词是 benefit，指某一行动（在这里是指某项干预措施）给受试者带来的益处，因此译为"受益"为宜，而不宜译为过于宽泛的"利益"，因为这里我们要考虑的仅是研究中的干预措施可能给受试者带来的益处，而不是考虑受试者一般的利益。

益或间接受益，包括：研究为受试者免费提供的诊断、测试和标准治疗；享有专家密切监测的机会；受试者感到医生、研究者会尽一切努力周到地照护他们的心理受益；因参加研究为他人和社会做贡献的精神受益。直接受益是指对候选受试者具有最大利益的受益，但能否实现是不确定的。对社会（包括未来的患者）的受益包括：获得有效的新疗法；增加基础科学知识（如有关病因发生机制的知识），将来可能产生有效的干预；改进诊断和预防疾病的方法；老百姓的疾病得到预防或治愈，可减轻国家疾病负担，减少医疗费用的支出和生产力的损失，从而使全社会受益等。

第 2 节　风险受益评估的程序

一、风险受益评估的例行程序

尽最大可能对所有的潜在的风险和受益都进行评估，弄清其性质、程度（大小和持续时间）以及概率（可能性），以获得一个可接受的风险受益比，这也是机构伦理审查委员会批准一项研究方案的必要甚至首要的条件。风险受益比不可接受，该研究就不应该进行。

首先评估可能发生的或潜在的伤害，即风险，其性质、严重程度和持续时间，以及发生的概率。但我们要考虑的风险是来自研究本身的可能的风险。在治疗性研究中，要考虑非治疗目的所必需的，即治疗以外的但为研究所必需的额外的措施或程序的风险（如额外抽血会引起的风险）。我们只考虑受试者参加研究可能产生的风险，不考虑受试者不参加研究本来也会面临的风险。在参加研究可能发生的风险中，如果存在可能引起长期的、不可逆效应的风险，那么就不能让受试者参加这样的研究。一般来说，在研究中可能发生的风险，如果属于最低程度的风险，那在伦理学上是可接受的，这是所有研究的道德基准。最低程度风险，是指研究中伤害或不适的概率和程度不大于日常生活或常规身体或心理检查中遇到的伤害或不适。但在治疗性与非治疗性研究中，对最低程度的风险理解有些不同：非治疗性研究中的风险不超过可接受的日常活动的风险，即最低程度风险；在治疗性研究中，研究程序的风险不超过最低程度风险，但如果社会受益特别大，可允许有例外，即其风险有可能会超过最低程度。事实上，研究方案中存在一定风险是允许的。不能说"因有风险，就不批准试验"，也不能说"没有任何风险"二者都是错误的。在鉴定可能的风险后，伦理要求是使风险最小化。降低风险的措施有：使用合格的研究人员；使用更安全、风险较小的程序来代替原来的程序；加强监测；排除特别易感的受试者。

其次，对研究可能产生的受益进行评估：考虑谁能从中受益；受益人数有多少；他们能有什么样的受益（例如是提高存活率还是仅缓解症状）；他们有多大受益；他们的受益对他们的生活有多大意义等。总的来说，受益包括受试者的受益、非受试者患者的受益以及减轻国家疾病负担的受益。

最后，将风险和受益结合起来加以评估，对风险受益比做出评估。首先比较受试者的风险及其直接受益（受试者因参加研究而得到新的有希望的疗法，以及因参加研究而得到较好的医疗照顾等）。如果风险受益比是正值（即受益超过风险），该研究应该得到批准。如果风险受益比是负值（即风险超过受益），那么就应该比较受试者的风险与预期的社会受益。如果受试者个人的风险远高于最低程度风险，那么即使社会受益远远超过受试者个人的风险，研究也不应进行。受试者本人通常没有受益的情况有：参加Ⅰ期临床试验；参加安慰剂组；参加试验组但结果证明新疗法不比现有疗法好；参加非治疗性研究。

二、优先考虑受试者的安全、健康和权益

一些研究人员认为，科研的目的是科学事业的发展和社会的进步，个人就应该做出牺牲，服从集体、服从社会，无须知情同意或种种保护措施；还有研究人员认为，由于研究有社会意义，在研究经费不足的情况下，应该从受试者处收取一定的费用等。这些都是违反伦理原则的。研究不同于治疗，治疗是用已经证明有效的方法解决患者问题，使患者受益；而研究或试验是尚未确认的治疗方法，或是研究疾病病因和机制，受试者不一定受益，而且受试者有不同程度的风险。因此，必须保护受试者，受试者的利益是第一位的。他们为研究做出牺牲（例如在Ⅰ期临床试验），也应出于他们的自愿，在充分知情之后表示自由的同意。因此，卫生部《涉及人的生物医学研究伦理审查办法》强调，当科学研究和社会利益与受试者健康利益发生冲突时，优先考虑受试者的健康利益，这在伦理学上是能够得到辩护的。

三、风险受益比评估的过程

美国生命伦理学家伊曼纽尔（Ezekiel Emanuel）和文德勒（David Weindler）[1]将风险受益比的评估过程概括如下：

（1）风险的鉴定、评估和最小化。风险必须包含身体方面的风险（如死亡、残疾、感染）；心理方面的风险（如抑郁和焦虑）；社会方面的风险（如歧视）；经济方面的风险（如失业）。

（2）要评估伤害程度和可能性，鉴定使风险最小化的机制。

（3）要增大个体受试者的潜在受益，要考虑个体身体、心理、社会和经济方面的受益，仅考虑研究干预带来的受益，而不考虑研究目的外非必要的受益、附加的医疗服务或酬劳。

（4）如果个体潜在受益大于风险，则研究应该进行。

（5）如果个体的风险大于受益，则评估风险与获得知识的社会受益的比例。

〔1〕　RID A, EMANUEL E, WENDLER D. Evaluating the risks of clinical research[J]. JAMA, 2010,304(13):1472-1479.

第 3 节　风险受益评估的方法

许多学者对一些国家的风险受益评估的规范以及机构伦理委员会对研究方案的风险受益评估工作不满意，提出了各种改进意见，其中主要有阈值法、定量法和净风险法。

一、阈值法

挪威哲学家和生命伦理学家雷达尔·李教授（Reidar Lie）[1] 指出，美国研究伦理规范要求使受试者的风险最小化，但对有完全行为能力的成人没有最大程度风险级别的详细规定。《欧盟药物临床试验管理规范》规定："仅当已经对可预测的风险和个体试验受试者以及现在和将来患者的预期受益进行了权衡……仅当预期治疗和公共卫生的受益能为风险辩护时，才能够开展一项临床试验。"但该规定中存在着不对称性：风险只针对受试者，而受益包括受试者和 / 或未来的患者和整个社会。那么我们应该考虑哪些风险呢？美国的规定让我们只考虑那些来自研究的风险，而不考虑受试者如果不参加研究也会受到的干预风险。雷达尔·李认为应考虑的风险包括：在非治疗性研究中，是指所有程序的风险；在其他研究中，则是指非治疗目的必需的额外程序（如额外取血）的风险。那么是否要考虑试验干预引起的风险呢？不一定。如果试验是比较两个已有药物的效果，而它们对所研究的疾病都适用，则不必考虑它们各自引起的风险。要考虑的受益是指受试者的受益和社会的受益，即研究获得的知识有时可在未来导致新的有效干预。我们可以看到两类研究：一类是仅使社会受益的研究；另一类是使社会和受试者均受益的研究。仅使受试者受益就不是研究，而是治疗。仅使社会受益的研究例子，如许多 I 期临床试验；在正常人类受试者身上做的研究。在这些情况下，我们要权衡受试者的风险与社会的受益。然而，我们往往不清楚应该怎样做：

（1）在风险受益评估中，要不要考虑研究对社会的风险？研究可能会有社会风险。我们能否根据该研究对社会有长期风险而拒绝批准该项研究。例如，研究结果可能在未来产生坏的结果或被人恶意使用，例如研究对疫苗有耐受力的病毒，如复制引起全球 4000 万人死亡的西班牙流感病毒，研究今后也许人类不能控制的人 - 非人动物混合机体等。

（2）在评估中考虑受试者哪些受益？受试者受益有两类情况：一是受试者参与研究受到照护的受益；二是获得新的有希望疗法。但一般不允许考虑提供非达到科研目的所必需的额外治疗的受益，也不考虑给予患者报酬（经济受益）。

（3）在权衡社会受益时，一些法规要求我们权衡个体的风险与社会的受益。例如美国

---

[1]　2013 年 10 月 20 日，雷达尔·李教授在由北京协和医学院人文和社会科学学院、中国医学科学院 / 北京协和医学院生命伦理学研究中心和中国科协自然辩证法研究会生命伦理学专业委员会主办，由挪威卑尔根大学、美国宾夕法尼亚大学、中国医学科学院血液病医院、苏州大学附属第一医院、北京协和医院协办，由中华医学基金会支持的第 2 届北京国际生命伦理学高级研讨会上的发言。

的法规规定，与预期受益相较，受试者承受的风险是合理的；欧洲的法规规定，风险要与预期受益相权衡。这是否意味着，当有更大的社会受益时，我们能够接受对个体受试者更高的风险？然而在进行这种权衡时，我们发现有如下的问题：预期受益最低的研究（基础研究、Ⅰ期临床研究）往往有最高的风险；而预期受益最高的研究（Ⅲ期临床研究）则往往有最低的风险。我们几乎不可能得出一个大家都同意的权衡个体风险与社会受益的公式。

雷达尔·李教授建议，在这种情况下，我们不必去权衡预期的社会受益与个体风险。我们设法确定某一受益阈值，所有研究必须获得超过这一受益阈值的预期社会受益，才能得到批准。也就是说，所有研究必需具有一定的社会价值，即超过这个受益阈值的价值。同样，我们应该确定某一研究对个体受试者的风险阈值，超过这个阈值的研究就不应该得到批准。那么，我们的评估程序为：

（1）鉴定所有的研究程序；

（2）消除科学上不必要的程序；

（3）对所有程序中每一种风险赋予某一估计值，包括伤害的严重程度和伤害的可能性；

（4）如果风险估计值低于阈值，我们批准该项研究；

（5）如果风险估计值超过阈值，通过修改或消除一些程序来降低风险；

（6）评估该项研究在科学上是否可接受，即使该项研究不那么理想；

（7）如果有可能将风险降低到阈值以下，我们批准该项研究。如果风险仍然高于阈值，则我们不批准该项研究。

二、定量法

伊曼纽尔指出[1]，有利的风险受益比可能是最重要的伦理要求，也可能是最不好评估和分析的伦理要求。我们依赖的是对风险和受益的直觉，而非系统定量的评估。虽然直觉在评估风险中起重要作用，但仅仅根据直觉而不考虑相关的经验数据做出判断，这种判断不能反映受试者面临的实际风险；个人对风险的直觉判断容易产生认知偏见，例如评估者容易认为他们熟悉的干预风险较小，即使其风险大于他们不熟悉的干预；不同单位和伦理审查委员会对可以接受的研究风险的直觉判断差异很大，因而受试者受到多大程度保护的差异也很大；直觉判断无法确定可以接受的研究风险阈值；直觉判断缺乏透明性，使别人无法理解为什么伦理审查委员会将某些干预分类为低风险，而将另外一些分类为高风险；依赖直觉判断往往是无效的，但在伦理审查委员会会议期间，往往没有充分的时间仔细评估研究风险。

为了解决这些问题，伊曼纽尔提出了一个评估研究干预风险的系统框架。伦理审查委

〔1〕　2013年10月20日伊曼纽尔教授在由北京协和医学院人文和社会科学学院等主办的第2届北京国际生命伦理学高级研讨会（含第2届研究伦理学高级研讨班）上的发言。参阅：RID A, EMMANUEL E, WENDIEN D. Evaluating the risks of clinical research[J]. JAMA, 2010, 304(13):1472-1479.

员会可用此框架评估研究干预的风险，具体做法为：

1. 比较风险

比较研究干预的风险与特定比较物的风险。如果研究风险不超过比较物的风险，这就构成证明该研究可接受的证据，并且在有些情况下也许受到较小的限制。例如，美国的法规要求伦理审查委员会对研究干预的风险与日常生活、常规身体或心理检查中通常遇到的风险进行比较。当研究风险不超过常规身体或心理检查带来的风险时，《人体生物医学研究国际伦理指南》允许研究可不提供临床受益。有人还说，消防救火或提供肾供他人移植的风险可作为判定何时有行为能力的成年人可被招募参加没有临床受益的研究的阈值，其根据是社会认为个人参加这些有益于他人的活动是可接受的。比较研究干预的风险与其他活动的风险为评估研究风险提供了一个平台。

2. 比较可能性

可以将风险分为两类成分：伤害将会发生的可能性；以及如果伤害发生，伤害的严重性或程度。使研究风险评估更为系统的一种方法是，分别比较这两种可能性：可能性对可能性；严重性对严重性。在原则上，比较这两种可能性是一目了然的：1/2500 的可能性比1/25000 要大。但在实际工作中，可能性比较有两个问题：其一，将可能性进行比较往往要求先对支持性数据的质量做出判断：根据数据是否足以做出可信的判断？如果不，那么应该做出怎样的判断？其二，可能性不完全相等是否能成为要求相同的根据，例如是否应对骨折的机会是 25/100000 与 20/100000 的两个研究干预做相同的要求？

3. 比较程度

当属于同一类型时，比较两种伤害的相对程度是一目了然的。例如，比较不同活动中发生单纯性骨折的概率较为容易。然而，干预发生的伤害往往不存在其他活动之中。将这些伤害与作为比较物的活动相比较（静脉炎是否不比骨折严重，与之相等，或更糟）时，首先要按伤害程度对伤害分类。这就需要一个量表，将所有可能的研究伤害分为不同的级别。

据此，伊曼纽尔提出了一个量表（将研究所致伤害分为 7 个级别）。伤害是使一个人情况变糟或使一个人的生活不那么好的事件，伤害的发生是连续的，从小的碰撞和烦恼，到严重的失能和死亡。伤害程度 7 级量表基于已有的伤害对健康的影响的量表，有关类别的心理学数据，广泛的磋商，并考虑伤害的持续时间，减轻伤害的负担，对日常生活的影响，对限制的适应以及适应的负担。7 级量表包括：

（1）可忽略的风险——在每个人的日常生活中几乎都会发生，没有引起实质改变，持续时间很短；

（2）较小的风险——可能会干扰某些生活目标，但能够治疗，持续数日；

（3）中等的风险——不能追求某些生活目标，能够治疗，持续数周或数月；

（4）显著的风险——不能追求某些生活目标，能够治疗，但会留下某些较小的残疾；

（5）较大的风险——干扰某些重要生活目标，不能被完全治疗，且持续数月或数年；

（6）严重的风险——干扰重要生活目标，导致终身残疾；

（7）灾难性的风险——死亡或持续性植物状态。

在对研究风险做系统评估时，我们必须鉴定干预的潜在伤害；将潜在的伤害的程度加以分类；将潜在伤害的可能性加以定量；将研究干预产生的每一个潜在伤害的可能性，与日常生活产生的程度相同伤害的可能性加以比较。当我们进行此类比较时，我们发现过敏皮肤测试显然是最低程度的风险，而肝活检则不是最低程度的风险。伦理审查委员会的主要任务是鉴别中等、显著和较大的风险。不考虑可忽略的和较小的风险，因为这些风险在日常生活中无处不在。如有严重的和灾难性的风险，则将该项研究排除在外。

伊曼纽尔指出，当我们系统评估研究风险时，文化并不重要，重要的是情境。不管文化有何不同，骨折或气胸都是中等的伤害，截瘫则是严重伤害。从风险评估视角来看，受到情境影响的是风险的可能性，这将改变一种干预和一项研究的风险受益比。在有些情境下，一项研究可能被视为具有有利的风险受益比，但在另一些情境下却不是。有些工作，例如救火、服兵役、登山等，人们对其风险受益比的评估与日常生活不同，这就是情境引起的差异。在医疗中，对有治疗办法的疾病与无药可治的疾病，这种情境的不同也会影响风险受益比的评估。

三、净风险法

文德勒[1][2]认为，在评估风险和受益时遇到的问题有：受试者的临床受益必须超过他们面临的风险吗？受试者承受某些风险但使社会受益在伦理学上是否可接受？如果认为受试者接触某些风险有利于社会是合乎伦理的，那么对这些风险的水平是否有限制？如果有限制，那么在什么程度上这些限制可随受试者不同而不同，不管他们是否有能力表示同意，不管他们是否是儿童？全世界的研究法规一致认为，在招募那些不能表达自己的知情同意的个体参加研究时，其净风险（net risks）必须是最低程度的风险。最低程度的风险与日常生活的风险水平相当。例如，仅当净风险不大于儿童日常生活面临的风险时，才允许儿童受试者参与研究。

（一）双轨评估

文德勒指出，为了评估研究和程序的风险，有些法规要求伦理审查委员会将干预分为两个不同的类别：治疗性干预和非治疗性干预。这种办法是为了不使某一研究中的某项干预的风险，因同一研究中另一项干预的潜在临床受益而得到辩护，即为了避免发生"一揽子交易谬误"（fallacy of the package deal）。但这并未提供评估各种干预和程序风险的实质性方法，例如它并未说，伦理审查委员会应该用同一伦理标准去评估所有干预，或是否应首先对干预进行分类，然后用不同伦理标准来评估这些类别的干预的风险。美国生命伦理

〔1〕　WENDLER D, MILLER F. Assessing research risks systematically: the net risk test[J]. Journal of Medical Ethics,2007, 33: 481-486.

〔2〕　WENDLER D, MILLER F. Risk-benefit analysis and the net risks test[M]//EMMANUEL E, GRADY C, CROVHC R, et al. The Oxford textbook of clinical research ethics. Oxford: Oxford University Press, 2008:503-513.

学顾问委员会提出了这样一种方法，将研究干预分为两个类别，然后对这两个类别应用不同的标准。这种评估方法被称为双轨评估（dual-track assessment）法。简单来说，伦理审查委员会在审查研究方案时，按以下步骤进行：

（1）如果是治疗性的干预，那么进一步问：这种干预是否满足均势标准？

　　（A）如果回答是，就被批准；

　　（B）如果回答不是，就不被批准。

（2）如果研究中的干预不是治疗性的干预，那么进一步问：风险是否是最低程度的风险，就获得的知识而言，这些风险是否合理？

　　（A）如果回答是，就被批准；

　　（B）如果回答否，就不被批准。

因此，这里应用了不同的标准对研究风险进行评估，对治疗性干预用的是均势标准，而对非治疗性干预用的是最低程度标准。对于治疗性干预的研究，均势标准代表临床研究风险受益评估的一个基本方面，即将它与医疗情境下对受试者合适的干预的风险和受益进行比较，考查研究干预对受试者的风险和受益。这种比较的要点并不是要求研究干预的风险受益状况必须与临床实践中的相同，而是提供一个基准，以判定何时干预对受试者产生了净风险，而这种风险不能用对他们的临床受益来相配。在有些情况下，治疗性研究的干预不能满足均势要求，即其风险受益比与现有的临床干预的风险受益比相比，不如后者有利。例如现有的一些疾病的治疗方法太贵，只有少数患者负担得起，国家投资研发一些比较便宜的治疗方法，即使这种新方法的疗效可能不如原来的方法，副作用也多一些。在这种情况下，伦理审查委员会就要确保研究性干预的风险受益比不要比标准治疗的风险受益比差太多，即受试者受到的净风险不能太大。可是，按双轨评估法，这种研究是不合伦理的。与之相对照，双轨评估法却允许伦理审查委员会批准那些非治疗性干预，即使它们并不符合受试者的医疗利益，如取血测量研究结果。与治疗性干预不同，双轨评估法允许用研究的社会价值来为非治疗性干预的净风险辩护。

（二）直接受益标准

有人发现治疗性与非治疗性干预区分的界限不清晰，这种区分不能给受试者提供合适的保护，于是提出了直接受益标准。最近美国联邦法规就采取了这一标准。其做法是：当伦理审查委员会审查研究方案时，首先要问：研究中的干预是否可能使受试者直接受益？

（1）如果回答是，进一步问：这种干预的风险受益比是否与临床上可得的干预的风险，受益比一样有利？

　　（A）如果回答是，研究方案被批准；

　　（B）如果回答否，研究方案则不被批准。

（2）如果回答否，进一步问：这种干预的社会价值是否使风险得到辩护？

　　（A）如果回答是，研究方案被批准；

　　（B）如果回答否，则研究方案不被批准。

直接受益标准重点关注研究干预提供临床受益的可能，而不是干预给受试者施加的风险。这是有问题的，因为它提示临床研究的在伦理学上的可接受性取决于它是否提供临床受益。虽然可能带来临床受益是一个优点，但它不是临床研究干预伦理学上可接受的理由。研究干预得到辩护要看它是否有可能提供充分的社会价值，且不使受试者受到超量的风险。在做出这种判定时，伦理审查委员会需要一种方法来评估研究干预是否产生超量风险。更为重要的是，要求伦理审查委员会批准研究干预仅当直接受益的可能使风险得到辩护，且风险受益比至少与可得的其他干预一样有利，这混淆了临床研究的伦理标准与临床医疗的伦理标准。临床医生是否提供患者某一干预或治疗是基于其临床受益的可能是否使风险得到辩护。在临床医疗的情境下，不能给患者提供临床受益的干预就得不到辩护。与之相反，研究干预得到辩护是由于它有重要的社会价值，而没有超量的风险。例如，取血不提供临床受益，但它之所以得到辩护是因为风险很低，而干预产生的信息具有重要的社会价值。同理，给受试者一种研究性治疗，其风险受益比不如现有临床干预，比现有临床干预略差，但如果该研究有重要的社会价值，如研究干预所得的信息很重要，而给受试者带来的净风险并不超量，那它是合乎伦理的。

（三）净风险法评估

为了使受试者不承受超量风险，所有干预的风险和负担应最小化，因此需要有一种方法评估受试者净风险和负担在伦理学上的可接受性，确保研究性治疗不引起超量的净风险。这种评估方法就是净风险法。

在以下两种场景，研究性干预给受试者带来风险：①当干预的风险超过其潜在的临床受益时，研究性干预给受试者带来净风险。例如取血。②虽然研究性干预拥有有利的风险受益（这里指的是临床受益）比，但其有利性不如现有可得干预的风险受益比，这时也给受试者带来净风险。为了更好地理解某些疾病的病因学，研究者有时使用老一代的药物，它们具有与目前的疗法不同的作用机制。一般来说，老一代的药物的潜在临床受益超过风险。但服用老一代药物会受到净风险，因为受试者不服用新一代药物，而新一代药物的风险受益比要比老一代更为有利，例如服用新一代药物引起的副作用（如恶心）发生率要比老一代低。在这种情况下，参加研究会使受试者受到净风险（如恶心的发生率增高）。

净风险方法的使用分3个步骤：

1. 鉴定产生净风险的干预

伦理审查委员会首先应该逐个鉴定研究方案中的所有干预，通过比较其风险与受试者的潜在临床受益，评估每一项干预的风险受益比。然后评估其他干预措施与研究方案中每一项干预（有时也许根本没有干预）的风险受益比，比较每一项研究干预与其他干预措施的风险受益比。当研究干预的风险受益比至少不比其他干预措施差（包括无任何干预）时，即没有净风险。净风险的程度取决于研究干预与其他干预相比在多大程度上增加风险或降低潜在受益。例如，一项研究性治疗的风险受益比与标准治疗相等，随后进行PET（正电子发射型计算机断层显像）扫描。虽然这种研究性治疗本身没有净风险，因为其风险受益比与标准治疗一样，但是PET扫描（有低剂量辐射）有净风险。与不进行任何干预相比,该研究性治疗对受试者的风险受益比是负的。

2. 评估产生净风险的干预

应该确保产生净风险的干预的风险不超量,而且通过研究中的干预获得知识,这些知识具有社会价值,因而可以得到辩护。例如,研究性 PET 扫描产生的风险不超量,因此而获得的信息有价值,该项研究就符合伦理。

3. 评估累积的净风险

一项研究可包括若干不同的程序,这些程序单个来看只产生最低程度的风险或负担,但总体来看可能产生高于最低程度的风险。单独一次 MRI(核磁共振成像)和采血产生的风险很小,但一项研究中包括了一系列这种程序,就可能产生超量风险。为了解决这一问题,应该计算该项研究中所有干预的累积性净风险,以确保将这些干预加在一起,其累积的净风险不超量。

如何判定个别干预的净风险和研究积累的净风险是否超量呢?大家一致的意见是,不应该让儿童和不能表达知情同意的成人等脆弱受试者接受超过最低程度风险的净风险。但对有行为能力的成人能否为了社会受益而接受有限制的风险,大家的意见则不一致。例如,有行为能力的成人在签署了知情同意书后能否参加对他们有严重风险但使社会受益重大的研究呢(例如找到疟疾的治愈方法)?允许受试者参加这种研究有可能对受试者不利,尤其是在受试者不能充分理解研究的性质和风险、没有直接受益以及没有退出的权利时,但如果在所有情况下都排除这种研究,就会与其他情境不一致,如我们有时允许有行为能力的成人为了社会受益而面临严重风险,如消防救火、服兵役等。对临床研究情境下有行为能力的成人的净风险是否应该有一个限制?如果有一个限制,那么应该如何界定这一限制?进行这种高净风险的研究必须采取哪些防范措施(如严格评估受试者的知情同意等)?对这些问题需要做进一步的研究。

净风险法评估程序可概括如下:

(1)研究方案中的干预措施是否有可能提供重要的知识?

　(A)如果回答否,不批准;

　(B)如果回答是,则进一步问:

　　(2)风险是否最小化,受益是否最大化了?

　　　(A)如果回答否,不批准;

　　　(B)如果回答是,则进一步问:

　　　(3)风险和负担是否超过了临床受益的可能?

　　　　(A)如果回答否,则批准;

　　　　(B)如果回答是,则进一步问:

　　　　(4)净风险是否足够低,且是否因有可能获得重要知识而得到辩护?

　　　　　(A)如果回答否,不批准;

　　　　　(B)如果回答是,则批准。

医学研究中的受益与风险评估是最为困难也是最没得到应有重视的问题。在对研究项目进行普遍与风险评估时,即使是伦理审查委员会的专家也常常是基于各自的专业认知对研究项目进行评估，或者根据直觉判断，而直觉判断是有偏差的，是可错的。研究中的受益包含两类：研究参与者的受益（个人受益）和社会受益（获得可以被普遍化的知识）。只有受试者个人受益的研究不能称为研究，也就是说研究必须要有社会价值。当研究不仅仅着眼于受试者个人受益时，我们需要将对社会的可能受益与受试者个人可能遭受的风险进行评估。我们需要设定两个阈值：社会受益的阈值，即研究的社会价值，要有较高的社会价值（阈值），这样的研究才能得到伦理学辩护。同时，对受试者可能遭受的风险也要设定一个阈值，这个阈值是天花板，即受试者可能遭受的风险的最高限制。如果受试者遭受的风险超过了这个阈值，意味着受试者会遭受较大风险，即使受试者遭受的风险与社会价值相比，仍然满足受益大于风险的要求，研究者也不应该为了追求期望的社会受益，而置受试者个人风险于不顾。这样的研究是得不到伦理学辩护的，也不应该被批准。

第 16 章　生物医学研究中的知情同意

案例 16-1：食管癌的前瞻性研究

　　国外某杂志发表了中国某研究所的一篇论文。该论文研究癌症手术治疗后放疗的效果（含病理报告）。该杂志社在编者按中说，这篇文章违反了十分重要的伦理原则，患者的知情同意不是真正意义上的知情同意，患者同意参加治疗而不是研究。该杂志社表示坚定支持《赫尔辛基宣言》（该宣言强调对参与研究的患者的保护），不会轻易发表违反研究伦理原则的论文，之所以仍然发表该文，是因为该研究提供的信息非常重要和有用。该杂志社在这篇论文前面刊载了一篇题为《不合伦理的研究：知情同意的重要性》的长篇评论，该杂志社认为，这是不合伦理的研究的一例。这篇论文的作者对此很不理解，作者认为他们辛辛苦苦为癌症患者寻找最佳疗法，怎么能说他们的研究不合伦理呢？

第 1 节　生物医学研究中同意的概念和类型

　　有效的知情同意和独立的伦理审查是维护研究参与者权益的两大支柱。研究中有效的知情同意要求是向受试者提供全面、准确和为他们做决定所必需的信息，研究人员应帮助受试者真正理解所提供的信息，受试者在做出同意的决定时是完全自愿的、自由的，没有强迫和不正当的引诱。最早提出必须获得受试者同意这一伦理要求的国家是德国。1898年德国布累斯劳大学皮肤性病科教授阿尔伯特·奈塞尔（Albert Neisser）研制抗梅毒的疫苗，将梅毒患者的血清注射到妓女体内，而她们既不知情，也没有表示同意。结果这些妓女患了梅毒，奈塞尔将梅毒感染归因于她们的工作，而不是他的注射。检察官调查了这一案件，皇家纪律法庭对奈塞尔进行了罚款，并裁决说他本来应该获得妓女的同意。1900年 12 月 29 日，普鲁士科学、教育和医务大臣颁布指令强调，绝对禁止没有获得患者同意的诊断、治疗和免疫以外目的的医学干预。后来又颁布了《新疗法和人体实验的管理条例》（14 条），其中第 12 条规定：在受试者未同意的情况下，试验应予以禁止。

　　1947 年，《纽伦堡法典》第 1 条规定："受试者的自愿同意（consent）是绝对必要的"。随后所有有关研究伦理的文件都规定了知情同意这一基本伦理要求，但增加了没有或失去表示同意能力的人可以成为受试者以及允许代理人同意等内容。于是，同意成为一个关键性术语。

一、同意的概念

由于英语中的"consent"和中文日常用语中的"同意"存在因语境不同而引起的语义差异，我们必须首先严格界定同意的语义。在我们的日常生活中，同意可用在许多实际上意义不同的语境之中。例如，我说"我同意参加你们的会议""孩子同意和我们一起去旅行""我同意孩子参加小学老师组织的远足""我同意你的意见"，这四种场合都用了"同意"这个词，但在这四种语境之下，"同意"的语义是不同的：第一种场合是说，我自己会去参加你们的会议；第二种场合是说，没有行为能力的孩子赞同与家长一起旅行；第三种场合是说，家长批准他们的孩子去参加远足；第四种场合是说，我赞成或支持你的意见。如同科学的语境一样，生命伦理学也应该尽可能地做到用词严谨，使用精确的术语，便于讨论，也便于实践。

在研究伦理学中，同意（consent）一词是指：

（1）一个人（潜在的受试者）同意自己参加某项研究；

（2）同意必须是一位拥有行为能力（就自己的行动做出决定的能力）的人做出的决定；

（3）在法律上，唯有达到法律规定的年龄的成人（例如有些国家法律规定为 18 岁）才有权做出同意的决定；

（4）在道义和法律上具有约束力。

因此，在第一种场合，使用同意（consent）这个词是合适的；在第二种场合，"同意"是没有行为能力的孩子做出的赞同决定，不具道义和法律的约束力，如果孩子旅行发生意外，家长负有责任，不能以孩子赞同而开脱家长的责任，在这种情况下，英语不用"consent"，而用"assent"；在第三种场合，"同意"是家长的"批准"（approval）或"许可"（permission）；在第四种场合，"同意"是"赞成"（agree）。按照上述诠释，下列 4 种情况不能使用"同意"（consent）这个术语：

（1）未成年人或有一定理解能力的儿童，赞同参加研究或试验不能使用"consent"（同意）这个术语，因为他们尚无就参加研究这一活动做出决定的行为能力（即不可能做到"知情"），因而应使用"assent"（认可、赞同）这一术语；

（2）家长批准他们的孩子参加研究，过去被称为"家长同意"（parental consent），可这里家长不是同意自己参加研究，而是允许或批准他们的孩子参加研究，因此将"家长同意"改为"家长允许"（parental permission）或"家长批准"（parental approval）更为合适；

（3）与此类似，如果有一个家庭的家长决定其家庭某个成员参加研究，不能被称为"家庭同意"，因为该家长的决定不涉及自己，涉及另一个成员，"家庭同意"改为"家庭允许"或"家庭批准"更为合适，在家庭允许或批准后，还必须征求该成员本人的同意，如果本人同意才可将他或她征募入研究，不征得其本人同意，就将其征募入研究，即使家庭批准或允许也是违反伦理规范和相关法规的；

（4）同理，如果有一个社群的领袖（例如族长或酋长）决定由其社群某个成员参加研究，不能被称为"社群同意"，因为该领袖的决定不涉及他自己，而是涉及另一个成员，"社群同意"改为"社群允许"或"社群批准"更为合适，在社群允许或批准后还必须征求该成员本人的同意，如果本人同意才可将他或她征募入研究，不征得其本人同意，就将其征募入研究，即使社群批准或允许也是违反伦理规范和相关法规的。

二、生物医学研究中同意的类型

生物医学研究有不同的类型，例如最为常见的干预性研究（例如试验某种新的药物或研究其他干预方法）、不施加任何干预的观察性研究（例如在一定时间内观察某一群体的基因、环境因素和生活方式与疾病的关系），以及仅仅利用捐赠者提供的生物材料进行的研究等。由于这些研究受试者承受的潜在风险的程度不同，对知情同意的要求也不同。有关研究的伦理规范必须在发展和应用科学技术这一社会价值与保护受试者之间求得一个最佳的平衡，因而发展出不同的知情同意类型。

（一）明示的知情同意（explicit consent）

这是经典的知情同意方式，或称知情后选择参加（opt-in），也称明确的和特定的同意（explicit and specific consent）。这种知情同意默认受试者不同意参加研究，因此首先必须充分地、完整地、如实地为受试者提供其做出决定所必需的信息，并帮助他们理解这些信息，然后由他们自愿地、自由地做出是否同意参加研究的决定。对于新的药物、其他新的干预方法的临床试验、其他对人体需采取侵入性干预措施的临床研究，必须采取这种 opt-in（意为"知情后选择参加"）的知情同意方式，因为干预性研究，特别是采取侵入性的干预措施，受试者承受的风险比较大，因此要采取最为严格的知情同意程序。然而，对于利用人体生物材料的研究或建立生物样本数据库（包括基因数据库）而言，这种形式的知情同意是不可行的，也是不必要的。

（二）层列式同意（tiered consent）

层列式同意多见于生物样本的捐赠。向样本捐赠者提供关于他们样本未来使用的许多选项以帮助他们清晰理解研究者要求他们做出的决定的性质。如列出：仅仅允许在当前的研究中使用样本；仅仅允许在当前的研究中使用样本，但是允许为寻求未来研究的同意而联系样本捐赠者；允许确定的而不允许不确定的未来研究；未来的研究仅限于某种类型的研究（如与特定的疾病相关或者由某类研究者开展的研究）；允许样本的商业使用等。层列式同意给样本捐赠者和研究者造成一定的负担。

（三）总同意或广同意（general or broad consent）

一般用于为建立生物材料数据库从捐赠者那里收集样本、采集病史和其他相关信息资料。总同意或广同意一般与"opt-out"（意为"知情不拒绝或推定同意"）结合起来使用。经典的知情同意是"opt-in"，其默认值是"不同意"，与之不同，"opt-out"的默认值是"同意"。Opt-out 进路的含义是在样本捐赠时给予捐赠者一次做出是否参与研究的选择，一旦其选择参加，就默认其同意以后所有的研究，但捐赠者也可以在样本存于数据库后自己主动要求退出。Opt-out 进路简化了研究过程，有利于生物材料数据库的建立和发展。Opt-out 进路的优点是，若能实施，可以使生物材料数据库的受益最大化，对个人权利和利益的侵犯也可降低至最小程度。实施该进路的前提是捐赠者充分知情，尊重其自主性和知情同意权（表现为捐赠者有权选择不参加和退出研究），简化知情同意和研究过程，增加捐赠样本的科学和社会价值，并降低使用样本开展研究的花费，无须为每个样本的每次利用去寻求样本捐赠者再一次的同意，这种重复使用可能有许多次，可能间隔几十年。"推定同意"是否符合知情同意要求呢？ Opt-out 发生在每天日常的医疗实践之中。我们去医院就诊，医生给我们检查、开药，都是在我们默示同意下进行的，尽管我们没有签署知情同意书。

（四）一揽子同意（blanket consent）

一揽子同意是指研究者可将样本用于任何研究，与总同意或广同意不同，一揽子同意限于捐赠者指定的研究范围。

（五）推定同意（presumed consent）

进行风险较小的临床治疗和检查、收集死者器官以供移植、检测 HIV 抗体时采取这种进路，但一般都结合 opt-out。当患者就诊时，医生说，"让我检查一下你的肝脏"，患者就配合检查，这就是推定同意，无须获取患者签字的同意书。但妇产科的男医生表示要检查女性患者隐私部位时，有时女患者就会要求换女医生来检查，这就是opt-out。

（六）代理同意（proxy consent）

尚未拥有完全同意能力（儿童、青少年）或以前拥有同意能力而现在失去同意能力的人（如严重精神障碍患者）可以由监护人代替他们表示同意参加研究。

（七）免除同意（exempt consent）

在一定情境下可以免除知情同意。例如，当研究的风险（可能的伤害）属最低程度、非侵入性（例如流行病学研究，使用匿名的医疗档案和人体组织样本），而且要求获得个人同意很不现实时（例如研究人员只需从受试者已往病历中摘取数据时）；或者在一些特殊研究（如在心理学研究和管理研究）中，知情同意可能影响受试者对问题的回答，从而影响研究结果的准确性，可以申请伦理审查委员会免除知情同意要求，但研究方案须经伦理审查委员会批准。

案例 16-2：管理性研究

　　某连锁药店经理想研究其属下药店工作人员的服务质量和态度，针对调查情况提出改进意见。他在进行调查时不能预先通知药店，取得他们同意后再去调查，这样他就不能获得真实的信息。这类研究可免除知情同意。

第 2 节　生物医学研究中有效的知情同意

一、有效知情同意的标准

（一）有效知情同意的前提

　　有效知情同意的前提是，潜在的或候选的受试者拥有给予同意的能力，即做出是否参加研究的决定的能力。"给予同意的能力"这一短语有两层含义：其一，伦理和法律赋权于一个人做出他自己的决定；其二，他有能力理解做出决定所需的信息，并对信息提出询问，最后做出合理的决定。第二层含义在研究中往往被忽视。研究往往涉及一些术语、方法和假定，不在这个研究领域工作的人对此不熟悉，潜在的受试者很可能对它们感到陌生，他们生活的那个地方，研究并不是例行的、熟悉的活动。在其他方面具有同意能力的成人，如何在参加研究活动［涉及他们不熟悉（并且往往不可理解）的方法或假定的活动］时做出合理的决定呢？

（二）有效同意的标准

　　知情同意包括两部分，即知情和同意。首先是知情，做出理性的决策需要足够的信息和理解能力。至于同意，则必须是自愿的，是出于受试者的自由意志，而且此人必须能够自愿地行动。现在的共识是，在生物医学研究中，不仅要做到形式上的知情同意，而且要使知情同意工作在实质上达到应有的伦理学标准。形式上的知情同意是指研究者获得了一份有受试者签字的知情同意书，或简称同意书。达到实质性（substantive）伦理学标准是指研究中的知情同意必须满足下列 3 个条件：①向受试者告知充分、准确和完整的信息，而没有欺骗、隐瞒、歪曲；②帮助受试者真正理解告知给他们的信息；③受试者表示的同意是自愿的、自由的，没有受到强迫和不正当的引诱。满足这三个实质性伦理学标准的同意就是有效的知情同意。但我们从实践经验中了解到，许多研究人员从受试者那里获得了书面同意，但这些受试者并未被告知有关研究的真实信息，他们对这些信息也不理解，他们并非自由地表示同意，在这些情况下，研究人员获得的知情同意是无效的。

（三）有效同意的条件

1. 信息的告知

受试者的有效同意以知情为前提。唯有受试者真正理解研究目的，了解研究的风险，他们才能承受这些风险，将研究目的当作自己的目的。如果他不理解研究的风险，不认同研究的目的，那么他表示的同意是无效的。研究人员应该告知受试者做出理性决定所必需的信息。因此，必须提供充分的、准确的和完整的信息。

1）提供充分的信息

在要求受试者同意之前，研究者必须向受试者提供如下信息：

（1）这是研究不是治疗；

（2）研究计划批准单位；

（3）研究基金的来源；

（4）研究负责人和研究团队；

（5）研究的目的；

（6）研究的方法；

（7）研究的流程和程序；

（8）受试者参与所需时间；

（9）给受试者可能带来的风险或不适；

（10）是否有可供选择的其他方案；

（11）对受试者的直接受益；

（12）对其他人群和社会的受益；

（13）对有关受试者记录、数据及其他个人信息的保密措施；

（14）为受试者提供因参加研究所带来的不便、交通、餐饮以及误工等的补偿费用；

（15）为受试者提供因参与研究而遭受伤害的免费医疗或赔偿；

（16）有疑问或问题可咨询的联系人；

（17）说明参加和退出都是自愿的，无须理由，并且不会因退出试验而受到惩罚或其他不公正对待。

2）提供完整的信息

研究者向潜在受试者提供的信息应该是完整的。完整是指风险和受益必须全面告知，不可仅提受益而不提风险，更不可隐瞒以往动物实验和先期人体试验的负面结果，更不可说谎和欺骗。

3）提供准确的信息

研究者向潜在的受试者提供的信息必须是准确的。准确是指研究者应该如实地提供相关信息，例如不可夸大受益面，缩小风险面。

4）不告知信息的条件

研究人员不是在所有情况下都能告知受试者所有信息，例如在有些心理学研究中，告知潜在受试者信息后所得的结果就会不同，从而使整个研究无效。在随机对照临床试验中，不能告知受试者是参加试验组还是对照组。不告知信息的条件是：研究是必需的、非常重要的，告知受试者就不能得到可靠的研究结果；受试者知情后也不会拒绝参加试验；不告知受试者，受试者不会承受超过最低程度的风险；获得伦理审查委员会的批准；在试验结束后必须告诉受试者（事后的同意）。

案例 16-3：基因治疗试验

　　杰西·盖尔辛格（Jesse Gelsinger），18 岁，男性，患有轻度鸟氨酸转移酶缺乏症（OTC），该症是由于代谢紊乱影响氨的降解引发的疾病，但利用药物治疗和低蛋白饮食可控制疾病。1999 年 9 月，杰西参加了宾夕法尼亚大学人类基因治疗研究所（IHGT）针对 OTC 缺乏症的基因治疗的 I 期临床试验。9 月 13 日，研究人员将含有 OTC 基因的腺病毒载体注入杰西的肝脏（他被分在最大剂量组）。不久后他就出现了严重的不良反应，并于 4 天后因抢救无效死亡。随后，美国食品药品管理局等有关部门对此事件进行了调查，研究者隐瞒了在动物试验中曾出现过严重的不良反应的事实，有两只猴子曾在类似的试验中死亡，先期参加者出现了严重的肝中毒等不良反应，研究者从未告知受试者及其家属这些情况。

　　5）妨碍受试者知情的因素

　　研究者以任何理由向受试者隐瞒信息、欺骗受试者或对受试者撒谎，都违反知情同意原则。隐瞒是指研究者不告知受试者其参加研究的风险、受益有关的信息，如在先期试验中发生的不良反应或事件。欺骗是指研究者有意告知受试者不真实或不准确的信息，如夸大受益方面，缩小或干脆不提风险，或对风险轻描淡写，故意误导受试者做出受益大、风险小的错误判断。无中生有，捏造事实等行为属于撒谎。但在一些心理学和管理学研究中，"欺骗性研究"是必需的。例如我们要研究顾客对虚假广告的反应，我们不能事先告诉受试者，广告是假的，否则这项研究就毫无意义了。同样，如果卫生行政管理部门对医院进行医疗服务的质量检查，他们假装患者去就诊，以查看医生的服务质量和态度，就不能事先告知医院和医生。但这两类研究也可以用事后的同意来加以辩护。

　　2. 信息的理解

　　1）理解能力

　　行为能力或同意能力的定义中通常包含理解的要素，如对提供的信息有能力做出评价，能理解行动的后果，能根据合乎理性的理由做出决定。行为能力的评估大致包含 3 个方面：

　　（1）能够理解信息，并就这些信息与他人进行交流；

　　（2）对信息进行理性处理的能力，要求受试者不但能够理解风险和益处，并且能够根据个人情况对它们加以权衡。

　　（3）有能力对自己的选择进行推理，能够理解被邀请参加研究这一事实及其含义。

2）理解是知情的关键

知情同意中的知情的关键是潜在受试者理解所提供的信息，因为唯有受试者真正理解了提供给他们的信息，他们才能做出有效的参加研究的决定。因此，信息告知程序的要点是，一个受试者对研究有充分的了解并理解所述问题的要素，能够做出经过理解的决定。显然，仅仅告知信息不能确保受试者充分了解和理解信息。事实上，即使用受试者的语言和非专门术语告知信息，受试者对信息的理解往往也是严重不足的。让潜在的受试者真正理解提供给他们的信息，研究者与受试者之间要有有效的沟通。告知信息时应该考虑其内容和方式，以免受试者产生不必要的顾虑；研究者应该花比告知信息更多的时间和精力来帮助患者理解这些信息。如果受试者不理解，他们就不能做出自主决定。

当受试者误将参加试验当作治疗机会，生怕没有机会入组时，或者出于对为他们治疗的医生的信任时，受试者往往不认真阅读、理解知情同意书的内容。此时。研究人员要更加认真做好知情同意工作，让他们真正理解这是一项试验和研究，不是一项其安全性和有效性已经得到证明的常规的临床治疗。新药物的安全性和有效性要等试验结束时才能知晓。

3）研究者应该努力帮助受试者理解所提供的信息

影响受试者理解的因素有教育程度、文化、经验、疾病的限制等，最主要的还是研究者未花足够的精力和时间来帮助受试者理解相关信息。帮助受试者理解所告知的信息的办法有：

（1）提供通俗易懂的信息，避免使用过分专业的语言或外语，用非专业术语解释，必要时反复解释；

（2）利用图文并茂的文字材料或影像资料；

（3）鼓励潜在受试者提问题，多与他们沟通、交流；

（4）在提供和解释信息后，过一些时候对潜在受试者进行测试，看他们是否理解，理解多少；然后对他们不理解和误解之处再进行说明，直到他们理解为止；

（5）留下联系电话，供受试者询问等。

3. 自由的同意

1）充分尊重和保障受试者的自主性，确保受试者自我决定权

坚持知情同意要给予潜在受试者接受充分、准确、完整的信息和说"不"的机会和权利，并且承认个人的意愿和同意是至高无上的。有能力的同意这一要求提醒大家，每一个人（不管他们的地位如何）都有权利为自己说话（至于年幼儿童或智力上无行为能力的人，他们有权由监护人代表他们的最佳利益）。一个人自愿参加研究并没有免除科学家尽最大努力减少风险的责任，即使个人同意接受较高风险，也不是伦理审查委员会批准这项研究的正当理由。

2）受试者自我保护

除了强迫以外，大多数人不会去参加对自己有严重伤害而无个人或社会受益的研究。因此，在知情同意过程中要求完全告知风险，不管是为了受试者受益还是为了服务于科学，保护受试者不受超过他们愿意接受程度的伤害。

3）防止转嫁责任

即使获得受试者同意，研究人员仍然对受试者的健康、安全负责。尽管如此，同意的确会将研究人员的责任以某种程度转嫁到受试者身上。如果风险已经完全告知，且伦理审查委员会发现受试者接触到的风险可因受试者以及其他人受益而得到辩护，研究就可进行。然而，根据事先同意的内容，伦理审查委员会必须判断，一个研究方案是否对事先已知的不适、疼痛和不良结果以及可能意外发生的事情的责任进行公平的分配。有效的同意决不仅仅限于说出"同意"。如果把人当作自主的个体看待，那就要给他们以足够的机会来决定是否要成为研究受试者；而做决定是一个深思熟虑的过程，包括考虑参与试验的风险与负担，对自己和其他人的受益等。

4）确保自愿的同意

《纽伦堡法典》将自愿性列为可允许的医学试验的第一条原则。为了避免犯纳粹医生的错误，自愿性的要求是绝对不可缺少的。然而，研究者往往忽视这一要求，想当然地认为受试者是自愿的，因为研究人员本身也许没有意识到，即使他们没有使用强力、强制或其他形式的露骨强迫，潜在的受试者也会感到在是否参加研究上面他们很少有选择的余地。尽管如此，研究人员（以及审查他们研究方案的伦理审查委员会）应该对可能严重限制受试者选择自由的种种状况具有敏感性，例如给受试者提供免费医疗、金钱或礼物。提供这些好处表面上不是强制性的，因为受试者可以拒绝它，但受试者也可能感到不得不接受研究人员提供的这些好处，因为这是他们获得医疗并对其家庭有好处的唯一办法。

5）研究者、赞助方和伦理审查委员会应确保受试者自愿参与

影响受试者自愿参与的因素很多，为确保受试者参加研究的自愿性，必须注意四种情况：①其中最主要的是医生兼研究者的不正当影响以及对潜在受试者的欺骗、强制和胁迫。不少医生具有医生兼研究者双重身份，使其无形中由单纯考虑患者利益变为必须同时考虑研究的利益。医生兼研究者对受试者具有巨大的无形影响力，而患者兼受试者往往出于对医生的信任，或碍于情面，或担心会失去医生对他们的医疗服务或其他卫生福利，而不愿拒绝或不敢断然拒绝医生兼研究者对他们参与研究的邀请或说服动员。为了避免这种情况发生，许多国际和国家的研究规范规定研究者有伦理义务向潜在受试者明确说明参与研究、拒绝参与研究或退出研究完全是自愿的。此外，医生兼研究者有时会自觉或不自觉地对潜在受试者进行诱导或施加不正当影响，如过分强调试验可能带来的受益并淡化其风险，或向受试者承诺过高的报酬、补偿和过多的医疗服务等，这些都会使受试者在各种利益驱动下违反其明智判断而决定参与研究（"不正当诱导"）。因此，向受试者提供的报酬、补偿或医疗服务不应太多，而且应该得到伦理审查委员会的批准。②一些处于从属地位的人（如学生、住院医师、雇员、军人等）容易在上级人员的影响和无形压力下违反其明智判断而决定参与研究；一些强制性机构（如精神病院、教养所、监狱、战俘营）内的潜在受试者由于受到某种强制或胁迫而不敢拒绝参与研究；这些人的知情同意是否确实出于自愿，必须受到伦理审查委员会的严格审查。③有些研究计划需要首先得到家长或社群领袖的批准和支持，但这并不意味着家长或社群领袖可以代替家庭或社群成员做出知情同意决定，或可以强迫家庭或社群成员参与或拒绝参与某项研究。④即使对于必须由监护人或法

定代理人代行知情同意权利的无行为能力的儿童，如果儿童本人拒绝参与试验，他们的拒绝也应该受到尊重。

6）相关方应确保受试者自由的同意

同意必须是自由的。自由的同意是指一个人做出决定时不受其他人的强迫、不正当引诱和别无选择三种障碍影响。要实现自由的同意，就要消除影响自由同意的三种障碍：①强迫。自愿同意与强迫是不相容的。强迫是指一个人有意利用威胁或暴力影响他人。这种威胁可能是身体、精神或经济上的危害或损失。因此，强迫包含威胁：A要B做X；如果B不同意做X，A就会使B的遭遇比他现在或不受A影响的情况糟得多。强迫的典型例子是："你要钱还是要命"；犯人不参加研究就会遭虐待；患者不参加研究，可能会影响医生为患者提供正常的治疗。这些都是包含威胁的强迫的例子。还有一种"含蓄的威胁"。设想一下，有一个医生要求他的患者参加他进行的一项研究，而患者担心如果他拒绝参加的话，自己接下来的正常医疗会受到影响，虽然医生并没有这样说。如果这种担心有根据，而医生没有设法消除患者的担心，那么这种同意就是无效的。同理，如果你是研究干细胞的教授，你要求你的下级或学生捐献卵子，虽然你没有明言要威胁她们，但你与她们地位的不同就蕴含着一种"含蓄的或不明言的威胁"。奖励是赠予，不是强迫。鼓励得不到治疗的患者参加研究，或鼓励死后尸检报销丧葬费或奖励家庭也不是强迫，而是赠予。因为如果他们拒绝不会比以前更糟。鼓励是一种引诱，但它是正当的引诱。②不当引诱。不当引诱破坏自愿性。引诱是一种赠予，引诱某人做他原本不会做的事。可以接受的引诱有：用高薪雇用一个人；商店大减价鼓励顾客去购买；提供奖学金让优秀学生上学；参加临床试验报销受试者的路费、餐费、误工费以及给予良好的医疗，有时还可能有补偿或报酬（如参加Ⅰ期临床试验）。不当引诱也是一种赠予，但这种赠予的诱惑力太大，以致使受试者丧失了正常的合适的判断能力，从而使他们去冒严重伤害的风险，这种对身体、精神或其他的伤害严重危及他们的基本利益（在日常生活中人们承担的风险是合理的，不会危及其基本利益）。因此，不正当引诱下的同意是无效的。③别无选择。这是指由于潜在的受试者所处的地位（例如贫穷）决定的，没有其他可供选择的选项，他们不得不或被迫接受这唯一的他本来不想参加的选项，即参加研究，这也破坏了同意的自由性。

第3节　知情同意的实践

一、知情同意是一个过程

不应该将知情同意看作一次性的活动。在实践中，人们也许将受试者签署知情同意书看作最重要的步骤，但伦理审查委员会应该更关注获得同意的过程，包括信息的告知、信息的理解和自愿、自由的同意。研究发生变化后，可要求研究者重新获得受试者的同意，在一些十分复杂的高风险研究中，同意也许需要通过每次随访更新，并强调受试者可在任何阶段自由退出并不受惩罚，研究者还必须处理受试者提出的任何与参与研究有关的问题。在周期较长的研究项目中，研究者有时需要定期请受试者重新确认其知情同意，或取得新的知情同意，这常见于以下情况：当研究方案发生实质性改变时；在研究项目结束前就已经获得可能影响受试者知情同意态度的研究结果时；出现了有可能影响研究产品（如药品）的风险利益评估的新文献资料时；出现了有可能影响研究项目的其他新的诊断、治疗、预防方法时。在上述情况下，研究者必须及时向受试者通报有关信息，使其能充分考虑是否愿意继续参与研究，抑或退出研究。

二、消除知情同意的障碍

（一）对知情同意的误解

在知情同意的实践中，往往有一些研究者，尤其是医生兼研究者会错误地认为，知情同意不必要也不可行。他们认为受试者的权益和安全有研究人员保证。事实并非如此。有时临床医生或研究者的决策并不符合患者或受试者的最佳利益，医生或研究者希望成为一个科学家的愿望有时会与受试者安全和福祉产生利益冲突。也有人认为患者或受试者不能理解研究者告知他们的信息，因为理解这些信息需要专门的知识。事实也并非如此，我们并不期望患者或受试者有多深入的理解，但理解干预的情况、目的、程序、风险、受益等对于一个具有一定文化的患者或受试者还是可以做到的。另外这也取决于医生或研究者的努力，是否愿意花费一定时间、精力想办法使患者充分有效知情，如用患者或受试者听得懂的语言或形象办法（视听工具）说明问题，并测试他们理解的程度。知情同意是一个研究者与受试者交流、沟通的过程，知情同意的完成必须以受试者签署知情同意书为结局，但这个结局应该是知情同意过程的自然结局。有些研究者仅仅关心是否拿到患者或受试者签名的知情同意书，而不考虑知情同意过程的质量。有些医生或研究者将知情同意过程一刀切，不管干预的风险大小，都要求通过繁琐程序，签署几十页充满专门术语的知情同意书，这样容易将知情同意变成一种形式主义和文牍主义，这既影响了对患者或受试者（接受有重大或严重风险的干预措施）的保护，也影响了医疗和研究工作更好地开展。

（二）放弃知情同意的权利

受试者是否有权放弃知情同意权利呢？许多患者宁愿让医生来做决定，知情同意常常因此受到抨击。对此有几种回应：第一种回应是，患者知情同意是患者的一项权利，而不是义务，知情同意是为自主性服务的，它可以放弃自主性。然而，这一回答是难以成立的，因为有些权利是强制性的，它们是不可剥夺的，我们可以强令不情愿的权利持有者接受这种权利（如不被奴役的权利）。这也适用于研究中的知情同意权利。第二种回应是，某些知情同意权利是可以放弃的（例如信息告知的权利），而另一些则是不可放弃的（例如拒绝侵入身体的权利）。然而，这一回应没有回答哪些知情同意权利是可以放弃的问题，也没有回答放弃知情同意与患者的自主性是否一致的问题。

（三）知情同意书

签署知情同意书是知情同意过程的自然结局。知情同意的成功结果是受试者签署知情同意书。受试者签署知情同意书是一项的重要程序，但不能将知情同意过程归结为得到一份受试者签署的知情同意书。

1. 知情同意书的书写

知情同意书分为两部分：知情部分和同意部分。知情部分是研究者为受试者提供信息而写的，其中应强调的问题包括：该试验是研究不是治疗；研究的目的是什么；研究的程序是什么；参加这次试验的受试者面临的风险是什么；如果有不良事件发生，受试者会得到什么样的治疗，有没有赔偿；参加研究有哪些受益；他人和社会有哪些受益；如果受试者不参加这些研究，有哪些可供选择的选项；受试者能否随时退出研究或研究人员能否决定中止受试者参加这次研究；参加这次试验是否要受试者付钱；谁支付这次研究的费用；受试者个人的信息是否是隐私；如果受试者有与研究相关的问题和与受试者个人权利相关的问题，谁可以提供咨询，联系方式是什么；受试者的血液或其他样本是否储存备未来研究之用。知情同意书的书写应该使用通俗的、非医学专业的、受试者能理解的语言，尽量避免使用外文；避免使用误导性的语言，如"这个研究没有任何风险"；不能用"手术同意书"或"入院须知"代替知情同意书；研究者邀请受试者参加研究，不能用命令式、告诫式等家长主义语气，而应用平等待人的语气。

2. 知情同意书的签署

知情同意书的同意部分记录受试者的陈述，由受试者个人签署。同意的主体是参加研究的个体，因此个人的同意（consent）是不可缺少的。在特定文化背景下，由于家庭和社群与个人关系紧密，而且是受试者个人的重要的支持性资源，个人表示同意前通常要得到家庭（例如丈夫、婆婆）或社群领导的赞同或允许，但家庭或社区的允许不能取代个人同意。研究与医疗不同，参与研究不一定会使受试者本人受益，而且受试者要承担一定风险，受试者个人知情后决定是否同意参加。"同意"概念本身的含义，即就自己参加研究做出决定，排除了"家庭同意"或"社群同意"。因此，在知情同意书上列上家庭代表或社群代表是不合适的。而且，这里还有一个法律问题：如果发生法律纠纷，那么当事人是受试者本人，不是他或她所属的家庭或社群。但如果受试者无行为能力，则需合法的代理人签字；如果受试者是有一定理解力的儿童或青少年，则需家长签字同意以及获得儿童或青少年的赞同。

3. 知情同意书的签字

一般要求知情同意书应有受试者本人的签字，在特殊条件下，应该允许口头同意。例如受试者双手有残疾；在特殊文化背景下，受试者即使同意参加研究也不愿意在同意书上签字，可能与这个国家或社群历史或家庭的不幸遭遇有关，与该社群的文化传统有关，也与研究受试者作为特殊的群体有关。在这种情况下，允许口头同意，但应该留有同意的证据。这不意味着在知情同意的原则问题上可以马虎了事，而是将贯彻知情同意这一原则的严格要求与记载知情同意的具体办法以及知情同意的不同方式加以区别。采用不同的知情同意方式须经伦理审查委员会批准。口头同意应有独立第三者见证。

 案例 16-4：叶酸研究

中美两国研究人员在中国四个县联合进行叶酸预防神经管缺陷的研究，他们利用录像带和举行各种会议，使社区、家庭了解研究情况，同时与候选的受试者（育龄期妇女和孕妇）进行信息交流。在招募受试者时，除两人外，均同意参加研究，但均不愿意在知情同意书上签字。研究组决定让村医代表大家签字。问题：①自愿同意参加研究的受试者拒绝在知情同意书上签字，是否允许他人代签？②由村医代签是否合适？

第 17 章 伦理审查

第 1 节 伦理审查的概念

《纽伦堡法典》和最早的《赫尔辛基宣言》（1964 年）均未提及涉及人的生物医学研究的伦理审查和机构伦理审查委员会问题。1975 年修订的《赫尔辛基宣言》首次提到审查委员会："每个涉及人类受试者的实验程序的设计和执行均应在实验方案中清楚地说明，并提交给特别任命的独立的委员会评议及指导"。值得注意的是，宣言仅把委员会的职责定为"评议及指导"，而不是现在的审查、批准。但无论如何，从这个时候开始，对涉及人的研究项目的审查已成为生物医学研究中的重要部分。

（一）伦理审查是研究伦理学体制化的重要组成部分

伦理审查是指由法律或法规授权的伦理审查委员会按照相关的法律、法规要求对研究者递交的研究方案是否符合伦理要求、是否保护受试者进行审查，并给予批准或拒绝批准或提出修改意见再行审查的过程。为确保有效保护受试者和促进研究人员进行负责任的研究，必须建立研究伦理的基本框架，包括由立法机关或政府颁布的规范（法律、法规、规章或准则）、功能良好的伦理审查组织（伦理审查委员会）体系、有效的能力建设机制（对研究人员、伦理专业人员和伦理审查委员会委员进行系统培训）以及有效的质量控制、考评、监测或督察制度。伦理审查以及从事伦理审查的机构伦理委员会或其他类似性质的委员会是研究伦理学体制化的一个重要组成部分。也可以说，伦理审查是研究伦理基本框架或体制化的基石，伦理审查不落实或形式化就会使保护受试者和促进研究人员进行负责任的研究成为一句空话。相对研究团队来说，伦理审查是一种外部审查，因为历史证明，由于种种原因，依靠研究团队的自律和自查是不够的。研究伦理学的基本价值是促进负责任（保护受试者、坚持科研诚信）的研究，确保科研顺利、健康发展，以及保护受试者的权益。因此，在根本上说，伦理审查委员会与研究人员有共同的目标：健康地发展科学和保护研究中的受试者。为了共同的目标，他们互相帮助，审查是一个共同学习的过程。他们不是对手，更不是敌人，不能形成一方挑毛病，另一方设法辩解的那种对立关系。

（二）伦理委员会的授权

伦理委员会具有对研究方案批准或不批准的权力。这种权力是由相关的法律、法规授予的。在我国，主要是由国家药品监督管理局颁布的《药物临床试验质量管理规范》（2020 年）和国家卫生和计划生育委员会颁布的《涉及人的生物医学研究伦理审查管理办法》（2016 年）授权于国家医学伦理专家委员会、省级伦理专家委员会以及机构伦理审查委员会。因此，该委员会与临床伦理委员会不同：其一，医院的伦理咨询委员会或临床伦理委员会是医院自愿成立的，不是根据法律、法规要求成立的，它们对临床患者的医疗方案不具批准或不批准的权力，医疗方案的决定权归责任医生，这些委员会只是提供咨询意见，最后还是要由医生决定（在与患者沟通基础上）；其二，机构伦理审查委员会审查、批准研究方案，不涉及临床实践和常规治疗，与之相反，伦理咨询委员会或临床伦理委员会无权审查和批准研究方案。

机构伦理审查委员会也与辅助生殖和器官移植伦理委员会不同。其一，辅助生殖和器官移植属于已经被证明安全和有效的对不育和器官衰竭的治疗方法，本身不是研究，但它们又与一般治疗有所不同，有些特殊的伦理问题需要设立一个委员会提供相关伦理咨询，帮助辅助生殖和器官移植的医生更好地做出相关临床决策，它们的判断和意见也许会对医生的决策起很大的帮助作用。机构伦理审查委员会则对研究方案有批准与否的权力。其二，从职责上看，机构伦理审查委员会只审查和批准研究方案，不会去讨论辅助生殖和器官移植的治疗方案，同样，辅助生殖和器官移植伦理委员会不会去审查研究方案。

在实际工作中，一家医疗机构可能只设置一个伦理委员会，既履行对研究的伦理审查职责，又为临床决策提供伦理咨询，我们需要从概念上明确研究伦理审查和临床伦理咨询的区别。

（三）独立的伦理审查

在我国制定的《药物临床试验质量管理规范》和《涉及人的生物医学研究伦理审查办法》以及几乎所有国际伦理准则中，都明确要求机构伦理审查委员会进行独立的审查。一些人认为机构伦理审查委员会不可能独立，因为该委员会是机构成立或任命的。在我国某大医院的机构伦理审查委员会的同意书上明确地写着："本机构伦理审查委员会是相对独立的。"不过，这种表述是指伦理审查委员会无法脱离本单位，还是说伦理委员会的决定和道德判断无法完全避免行政干预，只是相对独立呢？因此有人建议机构伦理审查委员会的主任委员最好由专家或生命伦理学家担任，或者干脆建立机构外的伦理审查委员会来审查研究方案。虽然机构伦理审查委员会的审查存在受到行政干预的情况，但也有不少单位领导担任主任委员的，却并未干扰机构伦理审查委员会的独立审查。这里可能存在对独立的伦理审查这一要求的误解：机构伦理审查委员会必须获得该机构的支持，例如在行政、经费和后勤方面的支持，而独立的伦理审查是指机构伦理审查委员会及其每个成员在审查研究方案时是独立地、不受任何第三方干扰地按照相应的法律、法规、伦理准则对研究方案做出批准、不批准或修改的判断，即道德判断上的独立性，而不是指在行政关系上要独立于本单位，不能混淆这两者的关系。机构伦理审查委员会需要所在机构人员和经费上的支持，这并不意味着该委员会要完全按照行政领导意见做出判断。

（四）伦理审查是在价值权衡基础上做出道德判断

伦理审查的过程，实际上是提出、鉴定和解决一系列的伦理问题的过程。伦理问题是伦理探究的逻辑起点。按照我国有关研究伦理的法律和法规、生命伦理学的基本原则以及国际伦理准则，一个应该批准的合乎伦理的研究方案的基准是：有社会价值；科学设计合乎科学和伦理；受益风险比可接受；知情同意有效；保密措施合适；不存在利益冲突；受试者受到充分的保护；坚持科研诚信等。这些基准实际包含一系列伦理问题。尤其是在评价风险受益比是否可接受的过程中，我们要考虑受试者的风险和受益，也要考虑其他患者的风险和受益，还要考虑可能的社会风险或受益，这是一个典型的价值权衡的过程，唯有经过细致的价值权衡才能做出风险受益比是否可接受的结论。基于上述多个问题的结论，我们才能做出该研究方案应该批准或不应该批准的道德判断。由于要审查的研究方案都是新的，而每个委员的看法不尽相同，因此伦理审查是一个相互学习、沟通、讨论的过程，在这个过程中，伦理审查委员会成员以自身学科知识为基础，但又超越了自身局限，通过讨论改变自己原来的意见是很常见的。如果伦理审查只是简单地采取秘密投票、少数服从多数的办法，这就关闭了委员的相互交流、学习的大门，容易导致审查形式化、走过场。

第 2 节　伦理审查的基本要求

一、伦理审查的目的

建立机构或其他形式的伦理审查委员会和实施伦理审查的目的是，为了维护受试者的尊严、权利、安全和健康，同时确保研究负责任地顺利进行。研究本身的目的固然重要，但绝不允许超越受试者的尊严、权利、安全和健康。

二、科学审查和伦理审查

有些伦理审查委员会委员认为，伦理审查委员会的职责只做伦理审查，不作科学审查，认为有专门委员会做科学审查，因此不允许委员提出并讨论科学问题。这种认识是错误的。凡是科学设计上存在问题的，也必定是不符合伦理的。不科学的研究，使受试者白白遭受风险甚至伤害，浪费本来就稀缺的人力、物力、财力和时间。即使有专门委员会做科学审查，也不应该阻止伦理审查委员们就科研设计从伦理学的视角发表意见，尤其是在评价风险受益比时，必然会涉及研究设计问题，如要不要取那么多样本，要不要抽那么多血，要不要用安慰剂，有没有进一步降低风险的措施，如何增加受试者的直接受益等。事实上，伦理审查委员会必须评估研究方案中的研究设计，而对伦理委员会评估研究设计的第一个要求是，要确保伦理委员会完全理解研究方案的设计：该项研究意在获得什么样的信息, 如何获得这些信息, 该方案的设计与其他可供选择的设计方案相比, 对受试者有什么样的效应。如果研究设计将风险或其他负担加于受试者身上而没有潜在受益作为对其的补偿, 是否可用一种不同的研究设计方案, 它将减轻负担或减少遭受风险的人数, 并可获得可供比较的信息。在研究设计的科学性优缺点与受试者的受益之间的权衡, 不是简单地分门别类就能加以解决; 正如在伦理审查委员会权限内的许多其他问题一样, 这不是一个遵照检核表办事的问题, 而是一个道德判断的问题。如果对受试者的负担不能减轻, 那么委员会必须权衡这种负担与社会的潜在受益, 在有些情况下, 受试者的负担是如此之大, 无论多大的社会受益也不能为这项研究辩护。最后, 伦理审查委员会必须决定, 对研究设计是严格按照它们对受试者的影响来评估, 还是也应该考虑更为宽广的问题, 例如该项研究对现有科学知识能做出多大贡献, 或研究是否能满足与受试者类似的患者的健康需要。

三、伦理审查委员会的组成

伦理审查委员会的组成关系到委员会能否对受试者进行充分的保护。在美国塔斯吉基案例中, 美国当局曾派遣由白人科学家组织的调查小组去调查, 但他们调查的结果说, 研究设计和结果都没有问题。这些白人科学家对黑人遭受伤害和歧视的事实不敏感。正是这一教训, 迫使人们想到伦理审查委员会中必须有非科学家代表, 必须有老百姓代表, 涉及脆弱人群的研究 (例如妇女和少数民族) 必须有妇女和少数民族代表参加。美国有些生命伦理学家指出, 委员会的组成可以有两种模式: 一个是学科专业模式; 一个是陪审团模式或其变异型——代表模式; 与此相应, 委员会在审查研究项目时也需要两种技能, 即 "专业技能" 和 "陪审团技能"。起初, 人们只是把有科学知识的人(特别是高级临床医生、科研人员、管理人员) 吸收到委员会里来, 因为委员会需要判断研究带来的受益、对科学的贡献以及对受试者的可能伤害, 人们认为由研究者在单位里的同事组成的委员会具有这种技能。但是, 专业人员 (特别是研究人员) 是一个对研究中重大问题有特殊观点的特殊阶层, 他们对研究持有特别的价值观, 如果要求他们将受试者的相对伤害与知识给社会带来的受益做比较性评估, 他们很难不掺入自己的价值观, 他们未必会有外行人所具备的那种判断能力, 而这种判断能力正是伦理委员会所需要的。此外, 研究者还难免会考虑朋友、同事等个人关系, 也很难避免由于和同事们有共同的价值观所造成的判断偏倚。随着时间的推移, 人们逐渐认识到委员会中必须含非医学专业的委员(具有非医学专业的技能), 例如为了对知情同意、心理方面的受益与风险、受试者权利等问题做出正确判断, 要求委员必须具备法律、哲学、伦理学、心理学, 甚至宗教等方面的知识, 必须把这些领域的代表甚至患者、受试者代表吸收到委员会中来。这些人的加盟使委员会具备了 "陪审团技能", 即判断社群态度及其接受程度, 知道理性的患者 (受试者) 对于该项研究究竟想知道些什么。但是, 需要指出的是, 仅仅在委员会的组成方面做一些调整, 例如增加一些来自其他方面的代表, 至多只能起一点稀释作用, 它并不能真正消除由于专业价值观所造成的系统性偏倚, 因为这些代表不可能真正改变委员会中学识渊博的专家的整体价值观。总而言之，伦理审查委员会委员应该具有多学科性，委员会的组成不仅要有自然科学内的多学科（与所研究问题相关的学科、药理学、统计学等）成员，而且要有科学、医学以外的人文社会学科成员和受试者或老百姓代表。因此，委员会应包括专业的委员与非专业的委员，相互制衡。自然科学内各学科委员需要培训，人文社会学科的委员也需要培训，这是许多单位忽略的问题。伦理学有许多分支学科，有些伦理委员会代表并不懂生物医学研究伦理，如果他们参加伦理审查，那么也要经过生物医学研究伦理的专业培训。

四、伦理审查委员会的审查标准

各国的伦理审查委员会都是根据本国的法律、法规进行审查的。我国必须根据国家食品药品监督管理总局颁布的《药物临床试验质量管理规范》（简称《规范》）和国家卫生和计划生育委员会颁布的《涉及人的生物医学研究伦理审查办法》（简称《办法》），并参照相关国际伦理准则，例如《纽伦堡法典》、《赫尔辛基宣言》和CIOMS/WHO的《国际伦理准则》，但不必参照其他更多国家的标准去审查，因为其中一些标准并不适合我国，也并不合适（例如我国要求，当研究过程中受试者出现因研究所致的损伤时，研究人员和资助者应给予免费治疗甚或补偿、赔偿，但有些国家无此要求）。多年来伦理审查委员会在履行职责时存在的一个问题是，它们在审查知情同意和保护隐私等要求时尽管颇为成功，但在审查和评估风险与受益时则相对逊色。事实上，伦理审查委员会的主要职责有两个：一是保护受试者的权利，即保护自主性、知情同意、隐私和公正等（这体现人性情感）；二是使受试者避免遭受过高的风险，风险要最小化，受益要最大化，与预期受益相比，风险是否合理等（这体现人文关怀）。前一个任务中的审查标准比较具体，且在伦理审查委员会准则和工作指南中有章可循，因此伦理审查委员会在履行这一职责时比较尽职并有成效；后一个任务则涉及风险受益评估，而风险、受益的定义比较模糊，在相关的法律、法规或伦理准则中也没有非常明确具体的标准，而在每一个新的研究方案中，受试者可能面临的风险与以前的研究方案往往也不尽相同，有的差别很大，难以预测。因此，在对二者进行比较评估时，常常需要借助于全体委员的判断力，而这种判断力又往往受委员个人的价值观所左右的。当伦理审查委员会对判断没有把握时，或者当伦理审查委员会中占主导地位的价值观倾向于对科学知识价值的肯定时，由于伦理审查委员会成员之间的相互影响，他们最终做出的集体决定往往偏向于考虑研究的受益而忽略风险。此外，一项研究方案中的风险受益评估是否准确，实际上反映了主要研究者在科学和伦理学方面的判断能力，伦理审查委员会对方案中风险受益评估的否定往往被认为也是对研究负责人能力的否定，因此委员们往往不愿意轻易地否定一个不属于自己专业领域的科学家的能力，以免遭到质疑。由于以上原因，伦理审查委员会往往会回避对风险受益的严肃分析，往往依靠来自其他方面的评估意见，如科主任或实验室主任的意见、专业委员会的意见、研究者的资历（学术背景、隶属单位、获奖情况、既往获得基金的情况）等。

五、审查内容

伦理审查委员会通过对研究负责人（principal investigator，PI）递交的研究方案的周密审慎的伦理审查而实现其职责。在实际运作中，重要的是要把握伦理审查的核心原则，才能使审查工作真正达到伦理学的高标准，特别是要审查研究方案在下列方面是否已经达到一个合乎伦理的研究方案应达到的基准（包括确保伦理审理是独立的）：

（1）本研究是否具有社会价值，这是指研究是否有利于解决与本国、本地区有关的某个健康问题，有利于减轻国家的疾病负担。

（2）本研究的设计方案在科学上是否可靠，在伦理学上是否合乎规范（符合相关的法律法规和伦理准则）。

（3）本研究是否公平和合乎伦理地选择受试者，使受益和负担在受试者之间公平分配，而不出现在发达国家的临床试验中使用风险低的正常剂量，在发展中国家用风险大的大剂量进行试验，或在发达国家用成人做试验，而在发展中国家用儿童进行试验等情况。

（4）本研究的潜在的风险受益比是否可接受。

（5）本研究的知情同意过程是否真正有效。

（6）本研究是否充分尊重受试者，保障他们自愿、自由参加和退出的权利，对他们的个人数据有充分的保密措施，他们因参加研究而受到损伤时是否有免费治疗和赔偿的权利，研究结束时，受试者是否有权利得到已被证明安全有效的治疗方法。

（7）本研究的研究者是否有利益冲突。

六、伦理审查的质量保证

对伦理审查委员会的工作进行考查和评价是确保伦理审查质量的重要措施。为此，WHO 于 2002 年制定了《伦理审查实践的考查和评价——对审查生物医学研究的伦理委员会操作准则的补充准则》，[1] 其中提出：考查和评价的目的是帮助伦理审查委员会审查和评价其工作，使伦理审查委员会有机会听取有关建议，也使研究者、资助者和监督机构获得更多的有关审查伦理委员会功能和活动的信息；考查和评价的路径是，首先由国家卫生权威机构预先制定考查和评价伦理审查实践的框架，确定负责进行考查和评价的实体组织及考查和评价的条件和频率；对伦理审查实践进行审查，独立的考查者或考查实体应经过训练并拥有资质，他们应该有伦理审查实践经验、教育经验和沟通技能，以对伦理审查做出质量评价，协助伦理审查委员会进行能力建设，他们应该熟悉伦理审查工作以及相关的法律、法规和伦理准则。

---

〔1〕 WORD HEALTH ORGANIZATION (WHO). Surveying and evaluating ethical reviewing practices: a complementary guideline to the operational guidelines for Ethics Committees that review biomedical research [R/OL]. Geneva: WHO, 2002. [2019-08-12]. https://www.who.int/tdr/publications/training-guideline-publications/surveying-evaluating-ethical-practices/en/.

七、伦理审查委员会的监测管理

对伦理审查委员会的管理包括：建立常规的基本制度，例如登记注册（或备案）制度、专门的网站，年度总结和汇报；有计划地进行能力建设，包括研究伦理基本知识培训、继续教育和研究伦理专业人员的培养；进行考查和评价；进行监测和督察；制定奖惩办法；实行年会制度等。每年举行一次全国性的机构伦理审查委员会会议，探讨实践中提出的新问题、新挑战，交流在贯彻《规范》《办法》，以及在组成、运作、能力建设、审查的内容和程序、制定和实施标准操作规程（standard operating procedure，SOP）、考评、监测、督察、活动记录和文件保管等方面的经验。实践证明这些做法很有必要的。

八、能力建设

目前，我国从主管部门到地方和机构伦理审查委员会都需要加强对能力建设意义和重要性的认识。能力建设可分为两部分：一是对科研人员、伦理审查委员会委员进行研究伦理基本知识和技能的系统培训以及继续教育，教学内容要系统，教学方式要灵活多样，多讨论，多进行案例分析，多做实习功课；二是对研究伦理专业人员的培训，要求他们取得生命伦理学或研究伦理学的硕士或博士学位。伦理审查一线的工作人员，如果缺乏研究伦理的专业培训，很难应对研究伦理中的困难案例，甚至可能发表一些不妥当的意见，造成不良后果。

第 3 节 伦理审查实践中发现的问题

在伦理审查实践中，我们在取得丰富的经验同时，也产生了一些值得注意的问题，下面我们分别加以讨论。

一、研究伦理的基本价值问题

研究伦理的基本价值有两个：促进负责任的研究和保护受试者。一些机构伦理审查委员会，只关注促进研究，不关注促进负责任的研究和保护受试者，尤其是保护脆弱的受试者。也有一些伦理审查委员会，包括一些监督机构，只关注强调保护受试者这一价值，而不顾科学发展的价值。或在研究伦理审查实践中，应该努力取得发展科学技术与保护受试者之间的最佳平衡。

二、伦理审查的效率问题

无论研究方案风险高低，伦理审查委员会有时会对风险不同的研究方案采取同样烦琐的伦理审查程序。在研究活动越来越多，伦理审查的压力越来越大时，这种做法使伦理审查效率低下，妨碍了研究活动的顺利进行。伦理审查委员会应集中精力对风险比较大的，即超过最低风险程度的研究方案进行仔细的审查，这需要召开全体会议认真审查。对仅具最低程度风险的研究方案，则可采取简易程序审查。

三、去伦理化倾向

在研究伦理学或伦理审查中，去伦理学倾向正在蔓延，其表现为：不关注研究设计的伦理基础；不去探索风险的先验评价；而仅仅用 SOP 代替伦理判断；以获得同意书为目的，不考虑知情同意过程是否有效；重认证，轻培训；培训时不培训伦理学的知识及其应用；不关注生物医学进展对伦理审查的新挑战。结果使得伦理审查变成有审查而无伦理，或将伦理学变成点缀品，无须认真学习运用，仅仅强调制定和使用 SOP。

制定一部 SOP 是必要的，有助于伦理审查委员会对研究方案进行伦理审查，但不能用 SOP 代替伦理审查。有的伦理审查委员会的伦理审查就是按 SOP 逐条核查，对研究方案的研究设计的科学性尤其是风险受益比几乎不做分析、权衡、评价。伦理审查委员会对研究方案的审查及其结论是一个道德判断，需要权衡相关的价值，尤其是对受试者的风险和社会的受益比的评价，参加审查的委员价值观可能不同，学科和经验也可能不同，因此伦理审查也是委员之间相互讨论、求同存异的交流沟通过程，不是按 SOP 的机械程序走过场，SOP 取代不了伦理审查委员会的能力建设。

四、认证问题

工厂产品生产的认证被证明是有效的，因为其生产程序是标准化的，不管是否换了厂长、工程师或工人，在技术革新前，其流程是不变的。但伦理审查不同，研究方案内容差异很大，来自不同学科的委员视角也不同，如果是新的干预措施，存在着不同程度的不确定性。因此，伦理审查本身不是一个机械程序，不可能千篇一律。不同研究方案的审查缺乏质量标准。美国生命伦理学家伊曼纽尔指出，根据美国的调查，不同的伦理审查委员会审查过程和结果差异很大，判断同样的研究程序是属于最低程度风险、略超过最低程度风险，还是远超出最低程度风险，不同人的评价差异很大。他建议改进伦理审查的办法，严格按照社会价值、科学上的有效性、公平挑选受试者、有利的风险受益比、独立的审查、知情同意、尊重人类受试者的原则进行评判，并加强伦理培训。他指出，根据美国的实证性调查研究结果，虽然认证可能对医疗机构的服务质量改进有意义，但没有看到其提高伦理审查委员会和审查质量的效果。我国伦理审查委员会应根据中国的法律、法规审查，由权威管理部门对其进行评估。提高审查质量的关键是加强能力建设，加强对伦理审查委员会的考评和监督。

五、机构伦理审查委员会与机构外伦理审查委员会

有人认为确保伦理审查独立性的办法是，伦理审查不由机构伦理审查委员会进行，而由机构外伦理审查委员会进行。这需要对机构伦理审查委员会与机构外伦理审查委员会进行比较。同一单位的伦理审查委员会委员容易理解 PI 为什么选择研究这个研究课题，提出这个研究方案，审查过程中遇到问题时，也容易请机构内的相关专家解决。机构伦理审查委员会能够帮助机构内的研究者提高伦理意识和加强人文修养，将科学与人文的两个要素结合起来。事实上，不少机构伦理审查工作开展得好的机构确实能够在不同程度上做到科技与人文的结合。机构外伦理审查委员会也许能够有助于避免研究单位的行政干预，但机构外伦理审查委员会也不能完全避免它自身行政管理机构的干预。机构外伦理审查不易于帮助机构建设科技与人文并重的研究环境。在商业化大潮下，机构外伦理审查委员会容易成为营利机构。目前，机构外伦理审查委员会也缺少公正并且有伦理审查专业知识的专业人员。因此，依靠机构外伦理审查委员会来进行伦理审查，可能会出现"弄巧成拙"的结果。

六、制裁问题

伦理审查委员会通常没有权利对违反伦理原则的研究者进行制裁。但是，在必要时，他们可以做出终止已批准的研究项目的决定。他们应该监测研究方案的履行和进展情况，如有严重违反伦理标准的行为，应向单位或政府有关部门报告。政府、单位、专业共同体或其他学术权威的制裁应该作为最后的手段。更好的办法是培育一种互相信任的气氛，并对研究者和资助者进行教育和帮助，提高他们按照伦理标准进行研究工作的能力。如果必须进行制裁，制裁对象应该是那些严重违反或继续违抗伦理标准的研究者或资助者。制裁可包括罚款，取消其获得研究基金、禁止其使用研究性干预措施或取消其 PI 的资格。学术期刊应拒绝发表违反伦理原则的研究论文，如事后发现已发表的文章中含有虚假或捏造的资料，应将文章撤回。药品管理部门应该否决那些用违反伦理原则所得数据申请产品上市的申请书。制裁不应仅限于有错误的研究者和资助者，还应包括企图在该研究中获取利益的单位或部门。

七、伦理审查委员会批准研究方案后的工作

伦理审查委员会对涉及人的研究负有检查、监督责任。但是目前的伦理审查委员会都是强调先验审查，而缺乏后验审查，即项目方案批准后，伦理审查委员会应监督检查 PI 是否切实按照规定去做，尤其是风险受益比、知情同意、个人数据保密等方面的实际情况如何，而不是在发生了严重不良事件后才去过问。另外，一旦发生受试者因参加研究而引发伤害的问题，受试者是否能获得免费医疗或合理的赔偿，以及研究结束后，受试者是否可合理获得已被研究证明安全有效的药物，伦理审查委员会对这些问题也应该关注。

第18章 动物实验

本章所说的"动物"是指"非人动物",因为人也是动物,为行文方便,这里将"非人动物"简称"动物"。动物伦理学最根本的问题是动物有无道德地位,接着是动物权利和动物解放问题。[1]

第1节 动物的道德地位和动物权利

一、动物的道德地位

(一)道德地位

动物的道德地位是一个我们应该如何正确对待动物的问题。动物的道德地位问题包括:动物有没有道德地位;如果它们有道德地位,那么它们的道德地位有没有高低之分?我们普通人的直觉,甚至一些哲学家,都认为动物没有道德地位,而人有道德地位,因此他们自觉或不自觉地以物种为标准来区分具有道德地位的实体与不具有道德地位的实体。但是这种论点面临许多无法解释的反例。如马、狗、猫、熊猫等动物,如果与刚出生的无脑儿或脑死亡患者相比,显然前者的道德地位要高于后者,尽管后者仍然属于人这个物种,绝大多数国家都将无脑儿和脑死亡的人作为死人或近乎死人对待。因此,将人这个物种作为区分有道德地位的实体与无道德地位的实体,似乎不能成立。

(二)感受能力标准

澳大利亚生命伦理学家辛格(Peter Singer)指出,区分一个实体有无道德地位的不是它是不是属于人这种物种这一标准,而是是否具有感受快乐和疼痛的能力(sentience)这一特征。是否具有感受快乐和疼痛能力,是否拥有主观经验,决定了一个实体是否具有道

---

〔1〕 本章编写时参照:邱仁宗. 动物权利何以可能? 〔J〕. 自然之友,2002(3):14-18.

YARRI D. The ethics of animal experimentation: a critical analysis and constructive Christian proposal [M]. Oxford: Oxford University Press, 2005.

MUNSON R. Intervention and reflection: basic Issues in medical ethics [M]. 8th ed. Belmont: Wadsworth, 2008: 79-91.

ARMSTRONG S, BOLZIER R. The animal ethics reader [M]. 2nd ed. London: Routledge, 2009: 299-341.

GOODALE D, BLACK J. Arguments about animal ethics [M]. Lanham: Lexington Books, 2010.

邱仁宗. 实验动物也应享有伦理关怀〔N〕. 健康报,2015-07-24(005).

德地位。无感受能力和没有主观经验的实体不能体验事情的好坏，因此发生什么在道德上对它们不重要，因此它们没有道德地位；在具有感受能力、拥有主观经验的动物之中，又有不同程度的认知、情感或意识能力，例如能够使用语言、学习、使用和制造工具的能力，对同类和人类有产生感情的能力，有意识和自我意识的能力，那么可依据其意识（认知和情感、自我意识）能力高低而有不同的道德地位。

于是，我们可以将所有实体分为3类：

（1）无感受能力和主观经验的实体无道德地位。如无生命物、植物、十分简单的生物（如原虫）、昆虫、软体动物等机体，它们无感受快乐和疼痛的能力，也没有对快乐和疼痛的体验能力。

（2）有感受能力、主观经验而无自我意识能力的实体有较低的道德地位，如鱼、爬虫、鸟类和啮齿动物等。因为它们能感受疼痛和快乐；有稍许意识；设法避免疼痛；对快乐和疼痛有体验，但不明其意义；其个体之间没有显著差异，从某种意义上可以说它们的个体不具个性（impersonal）。

（3）有感受能力、主观经验、自我意识的动物拥有较高的道德地位。如猫、犬、马、牛、熊、鲸、海豚、灵长类动物、人等，其中，猿几乎拥有与人接近的道德地位。我们不能像对待物一样对待有感受能力的动物，人对待有一定道德地位的动物，不可肆意剥削、虐待和伤害，因为它们能：体验疼痛和快乐；意识到自己的存在和所处情境；喜欢体验快乐的生活；喜欢仍然活着；关心未来对它们会发生什么；有它们自己的生活，因而其本身有内在价值，不仅有外在（工具）价值；有利益，基本利益涉及生存、存活，重要的利益涉及需要，即对它们生活质量有重大影响的利益；平常的利益也是它们想要的，如能满足最好，但处于逆境时会设法应对。

用这种进路看一个实体的道德地位有两个问题：

其一，我们如何知道其他有感受能力的动物的精神状态？这就是庄子与惠子争论的问题：庄子和惠子一日观鱼，庄子说："你看，这些鱼多快乐！"惠子问："你怎么知道鱼快乐？"庄子反问："你怎么知道我不知道鱼的快乐？"根据动物的行为或身体结构，我们可以想象动物的感觉。例如我们可以根据狗甩尾巴，知道它在感受快乐；根据它对你发出一种特异的叫声，知道它饿了要吃饭；根据狗夹着尾巴，知道它遇到麻烦了等。我们也可以根据动物的动作和叫声来判断一个动物渴望避免痛苦和被杀死，而这与人在许多方面是很相似的。

其二，刚出生的婴儿、处于昏迷状态的人没有自我意识，是否就具有比较低的道德地位呢？如果我们承认他们具有道德地位，就必须把自我意识标准修改为具有自我意识潜能。刚出生的婴儿、处于昏迷状态的人虽然一时没有自我意识，但他们有自我意识潜能，一旦婴儿长大，昏迷症状消失，他们就会有自我意识。

二、动物权利

（一）动物权利的概念

在伦理学上，权利是指权利拥有者对相关方有一些不可剥夺的诉求。权利不是一般的要求，而是一种道德意义上的命令，我们不去做就是不对的。如果动物有权利，我们人类就有一定的义务满足动物的诉求。

首先要批驳一种说法，说现在人的权利还顾不过来，哪有时间维护动物的权利？这种说法似是而非。说它"似是"，因为在实际工作上人类主要关注人的权利。说它"而非"，是因为它会取消任何维护权利的工作。因为如果它在原则上成立，人们就可以依此类推："现在男人的权利还顾不过来，哪有时间维护妇女的权利？""现在多数民族的权利还顾不过来，哪有时间维护少数民族的权利？""现在异性恋者的权利还顾不过来，哪有时间维护同性恋者的权利？"诸如此类，不一而足。为了维护某一部分人（即使多数人）的权利，而排斥其他人的权利，实际上就会取消维护权利的工作。同理，不能因为要维护人的权利，而排斥维护动物的权利。事实可能恰恰相反，维护动物权利将会促进对人的权利的维护。

（二）反对动物权利的论证

对动物权利提出的反对论证有：

1. 能力论证

这可能是反对动物权利最为广泛的论证，例如有人说，动物没有思考和意识能力，或没有理性能力或道德判断能力，因此动物没有权利。说动物"不思考""没有意识"，是违反现代生物学和心理学常识的专断断言，许多高级动物有思考和意识能力，而且它们有自我意识。没有思考能力、没有意识不是剥夺一个实体的必要条件，刚出生的婴儿、严重痴呆症患者不能思考也无意识，并不能因此而剥夺他们的权利。亚里士多德认为，动物的存在就是为了促进人类的利益，但不能毫无理由肆意施暴于动物。他说，奴隶和驯养动物的用处没有什么不同；因为他们两者都是用他们身体服务于人的生活需要。具有理性、德性的人有权利使用缺乏理性、德性的人或动物。亚里士多德混淆了两件事：肯定理性和德性更为完善的人理应得到更多利益是一回事，而主张不那么完善的人仅为更具理性和德性的人存在则是另一回事。亚里士多德认为，女人不如男人。他的论证导致对女人、奴隶、动物的剥削的辩护，但这是不能成立的。值得讨论的另一个论证是，"天地之性，人为贵"。人贵在哪里？按照康德的解释，因为人有理性。妇女有理性，能对投票做出理性决定，因此她们应有选举权。但狗不理解选举的意义，因此它们没有选举权。因此平等原则不能用于非人动物。不少生命伦理学家在论证人权时首先定义人是有理性和德性，因此人有人权，动物没有动物权。

这种论证存在以下问题：

（1）混淆了人的概念与人的道德地位这两个不同的问题。熊猫不是人，它的道德地位现在高于猿，可能也高于人；

（2）混淆了事实上的不平等与道德地位上的不平等。事实上的不平等是实际差异问题，而道德地位是应该被如何对待、有没有权利的问题。人与非人动物确有不同，这种不同导致各方拥有权利的不同，但不会成为将权利赋予动物的障碍。例如，男女有别，男女权利也不同，男人没有流产权利，那只是因为男人不能流产，谈论男人的流产权利是无意义的。猪不能投票，谈论猪的选举权利也是无意义的。

（3）混淆了科学问题与伦理问题。体质、智力、行为的差异与种族或性别无关。体质、智力、行为的差异是基因决定还是环境决定是科学问题，即使有证据证明由基因决定，也不能推出体质、智力、行为差的人道德地位差，相应的权利少，像某些优生学倡导者认为的那样。

2. 目的论证

康德认为，人本身是目的，不能将人仅仅视为手段。动物则仅为达到人的目的的一种手段。我们通过对动物尽义务，间接对人尽义务。一条狗长期为它主人忠诚服务，它理应得到奖励，当它太老不能服务时，主人应养它到死，不能把它杀了吃了。这种行动有助于我们对人尽义务。残酷对待动物，对我们如何对待人起有害作用。他在《对动物的义务》一文中说，对动物残酷的人在处理人际关系时对他人也苛刻。对动物感情温柔，就会发展出对人类的仁慈之心。美国有人做过调查，孩子从小虐待动物，长大后容易发生不良暴力行为；而从小善待动物的孩子，长大后也会善待他人。在英格兰，屠夫和医生不允许参加陪审团，因为他们习惯于看到死亡，心肠硬，会影响其对被告的判断。

3. 价值论证

动物没有内在价值，只有外在价值即工具价值，人有内在价值，因为人有理性、德性等。但植物人、脑死亡的人、德国纳粹、日本战犯等有同样的理性、德性吗？高等动物（例如象、猪、黑猩猩等）没有任何内在价值吗？为人类内在价值辩护需要提到唯有人才有的能力或特征，现实中一些人不具备这些特征或能力，甚至有些人的理性或德性可能比一些动物更差。

我国有人将人的权利与动物权利对立起来，认为坚持人的权利必定反对动物权利，而承认动物权利必定反对人的权利，即"反人类"，这是一种后果论论证，但它是一个荒谬的论证：第一，承认动物权利与"反人类"之间并无逻辑联系；第二，承认动物权利与维护人的权利之间不存在不相容性，这也是不合逻辑的，如果按照这个逻辑，承认女性权利难道就会反对男性权利，承认同性恋者权利难道就会反对异性恋者权利吗？这是荒谬的逻辑。

所有种种反对动物权利的论证其实都属于物种主义（speciesism）的论证，即唯有属于人类的成员才有权利，才有道德地位，即使这个成员缺乏理性能力、认知能力、情感能力和意识能力，而所有非人类的实体没有权利和道德地位，哪怕它们有时拥有比人类某些成员更高的理性能力、认知能力、情感能力和意识能力。

（三）支持动物权利论证

支持动物权利的论证如下：

1. 儒家论证

在儒家学说中也有强烈的人类中心论思想，孔子的中心概念"仁"虽然被解释为"爱人"（《论语》），但并不排斥将"仁"推广到动物。《孟子》中记载齐宣王因"不忍其觳觫，若无罪而就死地"，将一头祭祀的牛换成了一只羊。孟子批评他说："王若隐其无罪而就死地，则牛羊何择焉？"孟子接着说："无伤也，是乃仁术也。见牛未见羊也。君子之於禽兽也，见其生，不忍见其死。闻其声，不忍食其肉。是以君子远庖厨也。"(《孟子》)虽然孟子并没有得出素食的结论，但这不妨碍将"仁"推广到动物。孟子强调作为人的特点的"恻隐之心"也完全可以应用于动物，这种恻隐之心是人固有的，来自善的人类本性。吸取了某些佛教思想的宋明理学代表，如张载将"仁"推广到宇宙，"民吾同胞，物吾与焉"(《西铭》)，程颢强调"仁者浑然与物同体"(《识仁》)，是合乎逻辑的发展。另外，人类与动物无论在本体论上，还是所遵循的规律上都是相同的，这也可构成将"仁"推广到动物的根据。因而儒家思想成为了论证动物有内在价值和人类对动物有直接义务的思想来源。[1]

2. 效用论论证

效用论创始人边沁在英国许多领地看到黑人受到动物一样的对待时说："终有一天，其他动物可获得它们的权利。问题不是它们能否推理，也不是它们能否说话，而是它们能否受苦。"受苦能力是拥有权利的本质特征。受苦和享乐能力是拥有权利、利益的前提，是我们能够谈论权利、利益前必须满足的条件。说"小学生在路上踢一块石头不符合这块石头的利益"，这是无意义的。石头没有利益，因为它不能感受痛苦，但一只耗子有不被折磨的利益，因为如果折磨它，它会感到痛苦。这就是为什么将一个实体是否具有感受能力作为该实体是否拥有利益、权利的唯一标准的可辩护理由。不能选择其他特征，如智能、理性、肤色作为一个实体是否拥有利益和权利的标准。边沁反对狩猎、钓鱼、引诱动物比赛，密尔参与了英格兰皇家防止虐待动物协会。当代动物伦理学最大代表之一辛格主要根据效用论来为动物权利和人类对动物的直接义务做伦理辩护。[2]辛格认为，我们在计算行动的后果时不能只计算人的利益，也应计算动物的利益。有人可能会提出这样的问题：哪些动物有感受能力呢？这是一个科学问题。神经生物学的发展可以越来越精确地告诉我们哪些动物会感觉疼痛，哪些动物不会感觉疼痛。然而如果立足于效用论，拥有感受能力的动物才是权利主体，不具有感受能力的动物不能作为权利主体。

3. 义务论论证

义务论论证即康德主义论证，我们可以从多方面进行义务论证，例如从进化论的观点看，动物，(尤其是高等动物)是人的近亲，人有义务平等对待他的近亲，这是以行动者为导向的义务论证。其论证可采取如下形式：

人类有权利，

有感受能力的哺乳动物与人类没有道德上的区别；

因此，这些动物有权利。

另一种是以受动者为导向的义务论证，例如论证动物有内在价值，动物是目的本身，因此人类对它们有直接义务。美国哲学家、当代动物伦理学最大代表之一雷根（Tom

〔1〕 钱穆. 中国思想史［M］. 香港：新亚书院，1962：107-113.
〔2〕 SINGER P. Practical ethics [M]. Cambridge: Cambridge University Press, 1980: 48-70.

Regan）[1] 指出，例如哺乳动物，它们是"一个生命的主体"（subjects-of-a-life），它们具有内在价值，拥有道德地位和权利。人与有感受的哺乳动物都有权利，因为他们都是"一个生命的主体"。这意味着：他们的生物学复杂性水平相同；他们有意识，能意识到他们的存在；他们有好恶；他们做出有意识的选择；他们在某种程度上能计划他们的生活；生命的质量和长短对他们很重要。作为生命主体的生物有内在价值，所有具有内在价值的动物都拥有同样权利。雷根指出，动物权利观既非反人类也非反科学。作为人，我们有平等的不受伤害的初始权利，动物也一样。动物权利观向药理学家和相关科学家提出了科学的挑战：找到科学上有效的方法既能为公共利益服务，又不损害人类或动物个体的权利。而那些在努力做之前就声称不可能做到的人，才真正是反科学的。

动物权利的若干问题：

（1）是不是所有动物都应该有权利？没有人认为所有动物（例如珊瑚虫）都应该有权利。动物权利仅限于"不仅是生物，而且有生平"（having a biography, not merely a biology）的动物，即高等动物。

（2）动物拥有的权利是否有高低之分？动物不是以与人相同的方式拥有权利。有些动物拥有的权利少于另一些动物。权利减少标准有：简单动物比复杂动物拥有的权利少；显然缺乏意识的动物拥有较少的权利；社会行为较差的动物拥有较少的权利；不那么感觉疼痛和恐惧的动物拥有较少的权利。

（3）动物权利与人的权利是否相同？没有人建议动物应该享有与人完全相同的权利。许多权利与动物无关，例如宗教信仰自由、言论自由、选举权、受教育权等。

（4）动物权利与动物福利。动物福利（animal welfare）理论承认动物有利益，但允许动物的利益与人类的受益加以权衡，可为牺牲动物利益的一些行动做辩护。有人认为，打个比方说，动物权利维护者争取不要笼子；动物福利维护者争取大一些的笼子，只要能消除动物痛苦或将痛苦降低到最小程度，人们利用动物就是道德上可接受的。但二者并不是不相容的：也可以将动物福利论看作动物权利论的过渡形式。

（5）如何处理动物权利与人的权利发生的冲突？当发生冲突时，侵犯动物权利是可接受的，仅当：对人类的受益很重要；实现这种受益别无他法；努力设法减少对动物的伤害；相关动物受到了人道的对待。因此，在合适的条件下可用动物来做食物、衣服、实验和用于其他目的。其中重要的一点是相称性（proportionality），即侵犯动物权利（包括剥夺生命权利）要与冲突的人类受益程度相称。[2]

三、动物解放

动物权利问题与动物解放问题是密切联系在一起的。动物权利问题是认知、理念、理

---

〔1〕 REGAN T. The case for animal rights [M]//SINGER P. In Defense of animals. New York: Basil Blackwell, 1985: 13-26.

〔2〕 例如我国发生游人违规侵入虎山而被老虎咬死的事件，该老虎随即被杀死，剥夺老虎生命权利违反了相称性原则。向老虎射击麻醉枪较为相称。

论问题，动物解放问题是运动、实践问题。动物权利是动物解放的理论基础。动物解放运动是种种解放运动一部分，种种解放运动是指摆脱对种族、性别、性指向、物种的偏见和歧视。与所有解放运动一样，动物解放运动将是一个漫长的过程，甚至是比任何解放运动更难、更长的过程。

　　论证动物拥有权利的必然推断是：我们面临解放动物的历史性任务。之所以有权利问题，是因为有动物受到压迫、剥削、虐待。现实中虐待或残杀动物的现象比比皆是。解放动物就要反对物种主义。正如辛格指出，大多数人是物种主义（speciesism）者。物种主义者肆意利用动物，包括用动物做实验、食用动物等，无须任何理由，更不要说活体取动物体液作为药物（熊胆）、枪杀动物取毛皮（藏羚羊）、遗弃家养动物、强迫动物表演、枪杀动物罪行了。

　　动物解放应采取合适的策略。目前，我们既不能维持现状，也不能立即废除物种主义，而应采取逐步改革的策略。虽然现在大多数人是物种主义者，但随着时间的推移和教育的普及，相信他们会逐步提高认识，改变态度。关键是要加强全民教育，包括在幼儿园、小学、中学到大学开设通识教育课程，尤其是对与动物实验、动物生物工程、饲养和屠宰动物、动物园、保护野生动物、保护宠养动物等相关专业人员、政府机构管理人员和民间组织成员进行教育。要在适当时机制定条例和法律，禁止虐待动物。只有坚持不懈，循序渐进，才能逐步使整个社会认识到解放动物的必要性，从而自觉维护动物权利，实现人与动物平等、和谐相处。

第 2 节　支持和反对动物实验的论证

　　动物伦理问题包括：用动物做实验，饲养动物作为人的食物，饲养动物用于制作皮革、药材，猎捕野生动物，迫使动物做马戏表演、在动物园供人参观、成为人的宠物等。这里我们关注实验动物的道德地位和福利，着重讨论动物实验的伦理问题。全世界每年用于研究的动物总数估计为 5000 万～1 亿。所用动物大多数为小鼠和大鼠，其他动物约占全体实验动物的 3%，包括兔、猪、狗、猫、豚鼠、猴、蛙、线虫等。

　　动物实验广泛用于新药开发，也用于日用化学产品安全性测试，许多实验引会起动物疼痛，降低其生活质量。如果引起动物痛苦在道德上是错误的，那么使用动物做实验就产生了严重的道德问题。目前，动物实验专家清楚意识到这个伦理问题，承认实验应该尽可能人道地进行，他们也同意，如果其他测试方法能产生同样的效果，那么就不应该使用动物做实验。动物实验有时是很残酷的。我国某大学科学家创造了"机器鸟"。他们将数千只鸽子的颅骨钻孔，将 6 根不锈钢针插入脑内，使它们始终处于电休克状态，以接受来自计算机的指令。而科学界无人对这种实验提出过质疑，这才是一件令人悲哀的事。

　　对动物实验有以下三种观点：

　　（1）怎么都行，只要动物实验有价值，那就不需要进一步的伦理辩护；

　　（2）权衡利害，动物实验在道德上可接受的条件是受益超过代价，但必须采取一切合理的步骤来减少对动物的伤害；

（3）全部禁止，任何有害于动物的实验都不能得到道德辩护。

第一种和第三种观点显然不能得到伦理学辩护。[1]

一、支持动物实验的论证

常识和经验告诉我们，利用动物实验有助于推进科学研究，如疾病研究、药物开发、化学制品安全性评估，这一切有助于增进人类的健康、安全，改善生活质量。由于进化上的联系，研究动物有助于了解人类，同理研究人类也有助于了解动物。这里的伦理问题是：

（1）动物和人都可以参加生物医学研究，然而伦理学上要求获得人的知情同意。但动物没有给予同意的行为能力，它们是未给予同意的（non-consenting）。对于未给予同意的人（儿童、精神障碍者等），允许他们参加研究必须满足两个条件：其一，研究直接使他们受益；其二，应该从他们的监护人那里获得同意。但对于动物却没有这种伦理要求。这种区别对待能够得到伦理学的辩护吗？

（2）未经同意的人体实验与未经同意的动物实验是否可比？反对可比的理由有：人比动物有更高的价值（相对价值论证）；人比动物更有智能（智能论证）；唯有人才会尽责任（责任论证）。[2]

然而：（1）如果拿动物（除人以外的其他物种）做残酷实验能根据相对价值高低来辩护，那么按照这个逻辑，在人这个物种内进行残酷实验也必定能得到辩护。纳粹医生拿犹太人做实验、美国拿阿拉巴马黑人做梅毒实验，日本人拿中国人（"木头"）做实验，他们都认为受试者价值低。因此，相对价值是做出伦理判断的危险标准。

（2）智能是道德上中性的属性，有些动物（导盲犬、警犬等）显然比有些人（严重学习障碍者、严重老年痴呆者等）具有更高智能。如果智能是决定因素，那么也可以拿严重老年痴呆者做实验了。

（3）没有理由认为一个人不受身体伤害的权利取决于他能尽责任。任何正常人都不会因为他们不能尽责任而否认婴儿、智障者或昏迷患者有不受伤害的权利。有动物尽责任的例子，人没有尽责任的例子俯拾皆是。在我国重庆市遭受的一场水灾中，一只狗妈妈每天多次游过河为它留在孤岛上的 3 个狗宝宝喂食。它成为该市的"英雄"。它尽它作为"母亲"的责任好于许多人。按照责任论证，那些不尽母亲责任的妈妈应该被招募去做实验而无须知情同意。

〔1〕 SINGER P. Animal experimentation [M]//MUNSON R. Intervention and reflection: basic issues in medical ethics. 8th edition. Belmont: Wadsworth, 2008: 79-86.

〔2〕 COHEN C. The Case for the use of animals in biomedical research [M]//MUNSON R. Intervention and reflection: basic issues in medical ethics. 8th edition. Belmont: Wadsworth, 2008: 86.

二、反对动物实验的论证

（一）后果论论证

反对动物实验的后果论论证有：

（1）给实验动物带来巨大伤害，无数动物被用作实验，用后被杀死，或严重受伤，或永远被关在笼子内。

（2）动物实验非常昂贵，消耗社会大量宝贵资源，而受益不大。

（3）药物在动物体内的反应与人完全不同。据科学家估计，我们其实治愈了大鼠和小鼠大概 200 种疾病，但这些治愈方法不能用于人，因为人与动物的生理学特征和基本功能有差异。

（4）动物实验证明安全有效的药物只有少部分可用于临床试验。原因之一是动物处于非自然环境和非常紧张的状态下，因而其对药物的反应与在自然环境中放松状态下对药物的反应不同。

（5）动物模型不具有可靠的预测性。

（6）动物实验造就了追求利润的大规模饲养实验动物的产业，企业与大学和研究所形成利益链，形成使大批有感受能力的动物受苦受难的恶性循环。

（二）义务论论证

反对动物实验的义务论论证有：

（1）有感受能力的动物有不被无辜剥夺生命和遭受残酷虐待的权利。人类利用动物做实验，就是因为唯有人类有话语权，我们可以这样做，而动物不能说"不"，于是它们成为受试者。

（2）用没有给予同意的动物和人做实验，都会使受试者遭受身体和心理的风险，在这两种情况下，都不去寻求受试者同意，受试者也都不是受益者。然而社会对这二者的态度是不同的。因为对这两类受试者应用的伦理标准不同，即强调人属于一种物种，其他动物属于其他物种，这是物种主义。

（3）鉴于我们有保护动物的义务，我们应该探求其他的测试方法。例如利用 3D 打印技术来替代医用动物测试，利用成体干细胞培养器官细胞，可更为精确、更为快捷地测试毒物或药物对人体的效应。

三、3R 原则

我们在考查上述支持和反对动物实验的论证后，可以得到一条结论：寻找替代动物实验的其他可供选择方法是我们的道德义务。这样做不仅使我们履行了对有感受能力的动物的义务，也使我们更好地履行对人类的义务，以更经济的方法研发更为安全和有效的治疗和预防疾病的方法。寻找替代动物实验的其他可供选择的方法，不但在伦理学上是必要的，而且在科学上也是可能的。目前无数不用动物的测试方法正在研发之中，这一领域正在迅速发展。在精准医学时代，我们广泛使用系统生物学和生物信息学等强有力的分析工具，以及以人为基础的微剂量给药研究、体外技术以及精致的计算机模型研究，这些研究方法更节约、更快捷，也更精准。然而，我们不可能立即取消动物实验，立即取消动物实验会对无数个人、人类整体，甚至动物带来伤害。如果不能立即取消动物实验，那么我们必须在避免伤害人类、增加人类受益与尽可能少地伤害动物、增加动物受益之间进行权衡，采取过渡性的渐进的妥善措施。在还没有可以完全取代动物实验的科学方法的情况下，就目前的现实而言，我们进行动物实验应合乎以下伦理要求：一是该实验具有良好的伤害 - 受益比，即动物实验应能使人类有很大的受益，同时研究者也要关注实验动物的福利，采取措施减少对实验动物的伤害。二是在动物实验中遵循 3R 原则：

（1）替代（replacement） 指用其他技术代替动物实验，包括非生物学替代（即利用数学模型，计算机模拟）和生物学替代（即利用微生物、体外制剂、非脊椎动物和脊椎动物胚胎），以及回顾性和前瞻性流行病学调查。

（2）减少（reduction） 减少实验所用动物的数量，为此，需要改进实验技术和数据分析技术，或分享其他研究人员的数据或信息。

（3）优化（refinement） 改进技术以减少动物所受的痛苦，例如使用非侵入型技术或无痛方法，改进对动物的医疗护理，改善它们的生活条件，在不可能挽救其生命时采取安乐死技术。安排人员担任动物实验监护人，设立动物实验伦理审查委员会，对动物实验方案进行伦理审查。

第 3 节　动物实验的伦理管理

一、动物实验伦理管理要素

（一）动物实验伦理管理准则

对动物实验实行伦理管理，须由相关部门制定关注动物福利的动物实验伦理管理准则。应明确动物实验设计的伦理要求，并进行伦理审查。2013 年国家卫生和计划生育委员会科教司启动了动物实验伦理和管理准则的起草工作。2014 年、2015 年国家卫生和计划生育委员会又与英国有关机构举行了两次有关实验动物福利问题的研讨会。2018 年 2 月，国家质量监督检验检疫总局发布《实验动物福利伦理审查指南》（GB/T 35892—2018），这些都是可喜的进步。

（二）动物实验设计的伦理要求

对动物实验的伦理管理，应明确动物实验设计的伦理要求，主要内容有：在设计动物实验时，必须系统评估实验所达到的目的与对动物可能的影响；实验应该具有增加有关动物或人类的功能、健康、疾病等知识的目的，同时研究负责人必须充分考虑实验对动物造成伤害的可能性，并判定受益是否足以为动物遭受的痛苦辩护；研究人员在设计实验方案时，应查阅研究领域相关文献，以避免不必要的重复；考虑一切可替代使用动物进行研究但同样可以达到科学目的的选项；根据受益 - 伤害的分析评估证明动物实验是正当的；实验方案符合国家制定的有关实验动物的条例和规定，包括动物的获得、运输、饲养、最大限度旅程时间、最低限度的空间要求、动物数目、幼崽年龄和安乐死技术等，并努力与国际接轨；如果在机构外的公司进行动物研究，有些因素可能不在研究人员控制之下，有可能增加动物痛苦，此时则需与商家讨论发生不良事件的可能后果以及预防和处置办法。

二、动物实验研究方案的伦理审查

动物实验的伦理管理涉及一个重要的环节，即动物实验研究方案的伦理审查。涉及动物研究的机构应建立实验动物伦理审查委员会，审查动物实验方案，也可以由若干研究机构建立一个审查动物实验方案的实验动物伦理审查委员会。该委员会应由3~7人组成，可由审查涉及人类受试者的生物医学研究项目的伦理委员兼任，但应增加一名动物饲养专家或一名爱护动物的职工，任命其中一人为动物监护人。在动物实验开始之前，其方案需经实验动物伦理审查委员会审查批准。

审查方案时应注意审查如下内容：研究的社会价值；研究的目的；研究设计；要使用的动物种类和数量；研究程序对动物可能产生的效应，例如疼痛、痛苦、紧张、伤害；有无替代办法；如何减轻动物的疼痛、痛苦、紧张和伤害；在研究过程中如何改善动物的待遇，即研究方案是否贯彻了3R原则。只有实验动物伦理审查委员会审查批准实验方案后才能进行动物实验。

第19章　科研诚信

第1节　科研需要伦理规范

近半个世纪以来，随着科学技术的迅猛发展，科学技术对社会各方面的影响日益广泛与深入，社会对科学知识生产的投入规模与方式相应发生变化，人们对科学技术的理解也有所改变。在齐曼看来，"在不足一代人的时间里，我们见证了科学组织、管理和实施方式发生了根本性的、不可逆转的、遍及世界的变化"。学院科学式的知识生产模式越来越让位于"后学院科学"知识生产模式。[1]而福特沃兹和拉维茨[2]则用"后常规科学"来描述健康、环境科学这样一类研究：其研究对象复杂而又充满不确定性，利害关系大，价值有争议，决策风险高但又紧迫。确实，当代科学技术出现了一些新特点：

（1）规模巨大，分工精细，机构复杂，运行节奏快，科技与国家、企业利益的关系更加直接而且紧密。

（2）科学研究的社会应用大大增加了社会对科学研究的支持和关注。与此相应，直接的、大量的投入也带来对研究成果的渴望，科技界对科技资源的竞争空前激烈。

（3）科学研究与应用（尤其是工业应用）紧密结合促使知识成为私人财产并受到保护和商业化。科学知识不仅是具有文化价值的公共物品，而且是有具有经济价值的产权的资本。

（4）在复杂的现实问题情境中进行科研，同一领域的科学家们常常难以用同一套范式去提出问题和解决问题，原来被忽略或掩盖的种种不确定因素和研究者关于素材、思路、方法等选择背后的价值取向也都凸显出来。

（5）科学技术与人类价值观密切相关。一方面，维护人类尊严和人类生存的基本权利是科学界永远的责任；另一方面，研究人员的社会角色趋于多元化，个人利益常常成为一些人从事科研的重要驱动力。

这些变化推动世界各国科技飞速发展，也改变了科学知识的生产方式和行为规范，冲击着作为科学事业基石的道德、理想。由于科研设备的日益专门化和复杂化，受经费和时间等限制，用重复实验来核实他人的研究结果几乎不可能成为常规的手段。况且，"科学

---

[1]　齐曼. 真科学 [M]. 曾国屏，译，上海：上海科技教育出版社，2002：81-82.
[2]　FUNTOWICZ S, RAVETZ R. Science for the post-normal age [J]. Futures, 1993 (9): 739-755.

活动的节奏、群体规模和工作范围使个人很难单独承担明确责任。"[1] 同时，对有产权的知识的保密制度既使知识生产中的作假和欺骗更方便，也使通过同行评议发现和纠正错误变得更加困难。更何况，传统的"论文审查制度"和"同行评议"本身有内在的不完善性。科学活动的同行评议存在着利益冲突，作为科学的"看门人"的评议者的私人利益与作为受托者所代表的公众利益之间会发生冲突。私人利益有可能干扰或影响评议的客观性和公正性，使评议者不能很好地承担对公众的责任。[2]

在急功近利的社会氛围下，在巨大的竞争压力下，在诱人的利益驱动下，对学术荣誉等非物质利益以及与之密切相关的各种物质利益的追求，引发科研活动中的研究人员的道德冲突和行为失范。一些个人品德有缺陷的研究人员会利用科学体制的各种漏洞，铤而走险背离基本的科学道德。这时，单靠科学家的自律和科学共同体的约束，如同行评议和重复实验等已不足以维护科学的纯洁性。

第二次世界大战结束后，法西斯战犯惨无人道的人体实验、使用原子弹伤及大量平民、新式武器（尤其是核武器）竞赛等引起许多科学家和社会有识人士对如何进行科学研究、科学技术应用产生的社会后果以及科学家的伦理责任进行反思。20 世纪 50 年代，国际科学界掀起以普格沃什会议为代表的科学与和平运动，反映了科学家对自身的社会责任的思考。70 年代后，生物技术和信息技术的新进展让人们看到现代科学充满复杂性、不确定性和难以预计的风险，引发科学家们对诸如基因研究的潜在危害和科研人员的责任的新思考，如在瑞典乌普萨拉制定的《科学家伦理规范》。[3] 几乎与此同时，美国的学术界，尤其是与人类健康相关的医学科学领域，接二连三在学术期刊上揭露出来的捏造、篡改或剽窃事件使一些人相信这不是偶然现象[4]。随后，世界各国学术界也陆续披露了种种诸如伪造、篡改、剽窃以及其他与科学研究相关的伦理问题，科学研究需要伦理规范，规范研究人员操守，逐渐成为科学界、科研管理部门和公众的共识。本章着重讨论作为研究伦理学一个重要组成部分的研究人员行为操守问题。

第 2 节　负责任的科学研究

研究人员要遵守各种与研究相关的伦理原则、法律法规、规章制度，进行负责任的研究。责任是现代伦理学的核心概念，负责任的研究行为（responsible conduct of research，RCR）是科学共同体和社会对研究人员和研究机构的要求，即遵守科学研究的基本伦理原则：坚持客观性，对科学真理负责；保护受试者，对人类负责；坚持社会公正，对社会负责；坚持可持续发展，关怀动物福利，对生态环境负责。

〔1〕　唐纳德·肯尼迪. 学术责任［M］. 阎凤桥，译. 北京：新华出版社，2002：227.

〔2〕　本章由曹南燕撰写，增加了利益冲突等内容.

〔3〕　GUSTAFSSON B. The uppsala code of ethics for scientists [J]. Journal of Peace Research, 1984, 21 (4): 311-316.

〔4〕　1981 年布劳德和沃德出版的《真理的背叛者们》和 1982 年拉福莱特出版的《出版物中的盗窃：科学发表物中的欺瞒、剽窃和不端行为》是较早描述科学家不端行为的专著，虽然他们的研究当时还不为多数人理解和重视.

美国科研诚信办公室在 2000 年提出 9 项与负责任的研究行为相关的核心内容：

（1）数据资料的获得、管理、共享及拥有；

（2）师生关系；

（3）出版活动和负责任的署名；

（4）同行评议；

（5）科学中的合作研究；

（6）涉及人类受试者的研究；

（7）涉及动物受试者的研究；

（8）研究中的不端行为；

（9）利益冲突和职责冲突。由此可见，负责任的科学研究要求研究人员和研究机构在科学研究的每个环节都坚守科学文化与现代社会的基本价值取向，既对科学共同体负责，恪守科学价值准则、科学精神和科研行为规范；也对社会负责，遵守社会普遍接受的道德原则和行为规范。

一、负责任研究的伦理基础

从现代历史发展进程来看，个人拥有越来越大的自主决定权。在现代医疗实践和生物医学研究中，医患关系以及研究者与受试者的关系发生重大变化，从以医生、研究者为中心的家长主义，转向尊重患者、受试者自主性。《纽伦堡法典》包含涉及人研究的 10 条伦理和法律原则，这是人类历史上第一次明确陈述了受试者与研究人员以及研究的关系。但《纽伦堡法典》以及随后的国际文件都未涉及研究人员的操守问题，而研究人员自主性的加强一方面有利于他们发挥创造性；另一方面也可能出现有悖于规范的行为。尽管《纽伦堡法典》制定的原则在伦理学上有影响力和说服力，但研究实践贯彻执行却不尽如人意。因此，我们除了要将有关研究伦理学的原则体制化外，还需要强调研究人员的责任，他们对自己研究中的行为负责，他们进行的是负责任的研究，这其中有强调"问责"的意思。

二、科学的性质

科学可以看作推理和交流的系统，它帮助人类控制其周围环境。科学源自工匠的实践知识，从史前时代以来代代相传。在最近的 400 年，科学知识以其受观察驱动、累积性的特点而与其他知识区别开来，但它始终是探索性的。即使被奉为神圣的理论也受制于下一步的实验，以等到验证。在过去数百年，科学实验越来越精准，只有少数专家才能理解其内涵，在知识方面，公众与科研人员相比，处于脆弱的地位，科学技术直接或间接影响公众、社会和环境，使之受益或引致伤害和破坏。广大公众不了解作为科学基础的条件推理和概率思维，他们不知道也没有能力在科学方面，维护自己的利益和权利。同时，科学给社会带来巨大影响，当今社会极大地依赖科学，因此，科学家负有极大的伦理责任。

三、科学中的专业精神

科学中的专业精神是指科研人员认同科研诚信的一种行为模式。专业精神的要素有：学术上的诚实；思考和作为上追求卓越；与同事合作，对人采取开放态度；自主和负责；自律。与其他专业人员一样，人们期望科学家在学术上诚实，并精益求精。科学家从事自己的专业活动时拥有垄断权，一般不允许无相应资质的人加入。作为专业人员，他们除了提供专业知识和技能外，还应该与同事团结合作，将知识和技能授予他人，并在专业活动中将社会需要置于首位。社会赋予科研人员很大的自主性来从事他们的专业研究，包括选择所研究的问题和研究方法，申请研究资金，按照自己设想的方案从事研究，发表研究成果。但同时科研人员也有责任来合适地分配使用他们的资源，接受社会对科研人员发表成果的审查，科研人员应对专业活动中所发生的不端行为负责。当科研人员的自律不足以坚持诚信和卓越时，社会就应制定规则和法律以维持学术质量。

第 3 节 科研诚信和科研不端行为

一、科研诚信的概念

除了保护人类受试者和关心动物福利外，研究伦理学还涉及很多方面，比如，如何保证科学研究的客观真实性（诚实、严谨、排除偏见和私利的干扰、避免或减少错误等），如何保证研究的公正性（科研资源的分配和合理使用、知识产权保护、选题与立项、信息的公开与保密、对利益冲突的控制与规避、科学共同体内部的关系如同事、师生等的协调等），对研究对象（人类受试者、动物、其他研究对象）的保护，以及对前沿科学技术及其引发的问题的伦理思考等。

即使在共同的价值取向和伦理原则下，人们对现实情景中的伦理问题的看法也常常会有分歧，甚至争论不休，因此，为了操作的可行性，科学共同体、科研机构、政府管理部门需要把研究伦理学体制化，即对已经达成共识的研究伦理学问题，形成政策法规、规章制度、行为规范、程序、指南、条例等。对研究人员来说，合乎伦理的科学研究就是要按有关科学研究的法律法规、政策、程序、行为规范和指南行事。

从 20 世纪 70 年代起，美国政府就积极参与研究伦理学的体制化建设，把研究伦理学和公共政策、风险治理紧密结合起来，提出了科研诚信的概念，这个概念非常重要。现在许多国家都在结合本国情况推进研究伦理学的体制化，强调科研诚信（research integrity）建设。

诚信是指实事求是、诚实、守信，不欺骗，不弄虚作假、言行与思想一致，而在英语中诚信（integrity）除了有"正直、诚实，不搞欺骗、权术、虚伪和各种肤浅的手法"的含义外，还有"坚定地按照道德、艺术或其他价值准则办事"的意思。可以把科研诚信看成操作层面的研究伦理学。它不仅强调科学研究要实事求是，不欺骗，不弄虚作假，而且强调科学研究要恪守科学价值准则、科学精神以及科学活动的行为规范。科研诚信的一层含义是指研究者具备并坚守由专业组织、研究机构以及政府和公众所描述的专业标准的品质[1]，也可以说是研究者对法律、法规、规章制度、行为指南以及与其研究领域相关的专业准则和规范坚守程度的度量方法。

科研诚信的另一层含义是利用诚实的和可验证的方法来评价研究，根据已有的规则、法规、准则报告研究结果，遵守专业守则或规范。在科学研究中，共同的价值观是：

（1）诚实：真实地传达信息，履行承诺；

（2）精确：准确地报告研究结果，避免差错；

（3）效率：明智地使用资源，避免浪费；

（4）客观：让事实本身来说明，避免不适当的偏倚。[2]

科研诚信的重要性来自科学的性质：其一，科学是探索真理的活动，因此科学家必须实事求是。按照科学的程序和方法如实记录研究数据，如实报告研究结果，如实保存研究档案，以确保数据的真实性。其二，科学本质上是一种社会性活动。科学研究必须引用他人的工作，与他人合作，科学家要有团队合作精神。要根据每位科学家在研究中所做出的功绩公平分配荣誉和经济利益。科学研究事业需建立在信任的基础上，唯有科学共同体自身的表现合乎科学行为的伦理价值，才能维持信任。科研诚信不仅影响研究人员，也影响公众，因为，研究者依赖其他研究者值得信赖的成果，才能在自己的研究中取得进一步的成功，才能推动科学进步；研究者依赖公众的支持（在我们国家，科研经费主要由国家财政资助，资金来自税收），而公众又依赖科学的进步来改善他们的生活；违反诚信的科学家会使公众受到伤害。因此，研究者、科研管理人员、公众及其代表等都关心科研诚信问题。

一般来说，科研诚信涉及四个不同层面的问题：①不仅要查处和防治科研中的不端行为（捏造、篡改和剽窃），还要重视和治理科研中的不当行为；②不仅要制定和落实有关一般科研活动的行为规范准则，还要制定和落实与生命伦理学相关的科研规章制度和行为指南；③不仅要规避和控制科研中由于商业化引起的利益冲突，也要注意来自政治、军事等方面的压力对科研的影响；④科研诚信不仅涉及与研究人员个人的道德品质和伦理责任相关的个人自律，还涉及科研机构的自律与科研机构的制度建设和体制改革，必须加强科研机构的使命感、责任感和作用。[3]

科研诚信建设实际上也是研究伦理学体制化的过程，需要科学界和政府管理部门从伦理维度对科学研究进行深入探讨，制定相应的法律、法规、政策、程序、规章制度、行为

〔1〕 曹南燕，尼古拉·斯丹尼克. 促进研究诚信：定义、当前的认识和未来方向 [J]. 科技与法律，2009(2)：61-71.

〔2〕 STENECK N H. ORI-introduction to the responsible conduct of research [C]. Washington : U. S. Government Printing Office, 2007: 3.

〔3〕 European Science Foundation, US Office of Research Integrity. Final report to ESF and ORI world conference on research integrity: fostering responsible research [R/OL]. (2007-11-01) [2019-08-12]. https://wcrif.org/documents/296-2007-242-official-final-conference-report/file.

规范、指南等，并建立相应的管理监督机构和宣传、教育、培训体系。

二、科研不端行为

科研不端行为对科学研究的人文环境及科学发展危害甚大。本节将讨论科研不端行为的定义和对科研不端行为的处理。

（一）科研不端行为的定义

科研不端行为（research misconduct）是指科研人员在科研项目、科研成果中存在造假、篡改或剽窃等不端行为。科研不端行为不包括诚实的错误（honest error）或意见的分歧，不包括科学中的差错和疏忽引起的错误。科研不端行为是有意的、故意的、明知故犯的行为。

1. 造假

伪造数据或结果，将它们记录下来或将它们用于研究报告。例如为了满足招募受试者人数的要求，研究人员使用伪造的姓名和受试者的信息，并将它们填在临床试验招募表上；伪造患者数据以支持研究者的科学主张，这些患者并不存在；所发表的论文中的实验数据纯系伪造，作者从未做过这些实验等。

2. 篡改

随意改变研究资料、设备或程序，或改动、删除数据或结果，没有准确地记录研究数据。如研究者拼凑不同的蛋白免疫印迹图像片段并形成最终图像，以此篡改实验结果，使之看起来像一次蛋白免疫印迹操作结果。

3. 剽窃

剽窃是指一个人窃取另一个人的创意、流程、数据、结果、文字而没有提及这个人的功绩（credit）。如有限地引用他人的研究成果，并准确标注参考文献，以说明自己的观点，未引起实质性的误导，则不算作剽窃。[1]

（二）出版伦理学

由于科学是社会性事业，应有一定的程序以保证科学知识的可靠性。发表和出版是一个重要方面。目前的问题有：①发表前的问题：有人在别人的项目申请书或文稿中看到未发表的资料，就据为己有发表，这是盗窃他人知识产权。②论文递交杂志后需经同行评审，同时在正式评审前也可向会议提供摘要，或在会议发言或演讲，也可上网。这种交流很重要，对研究成果也起审查、改进作用，有利于提高科学研究质量。但有些科学家回避这种质量控制机制，通过媒体直接将研究成果报告给公众。如果这些科学家的研究本身有问题，或媒体报道有误，就会误导了公众。应该在同行评审完成之后，再向媒体报告科学发现的消息。

---

〔1〕 NIH. Research integrity [EB/OL]. [2018-4-11] https://grants.nih.gov/grants/research_integrity/whatis.htm.

（三）功绩的分配

回报的公正原则要求适当分配功绩。功绩的承认体现在三个方面：①署名。科学已越来越成为协作事业。《新英格兰医学杂志》所发表的论文的平均作者人数已经从 1925年的 1 个上升为现在的 6 个，高能物理或基因测序研究报告的作者可达数百人之多。论文署名顺序反映研究人员在研究中的贡献和功绩，他们对研究资料和结论的真实性、客观性负责。有时作者署名中包括一些人，他们对论文的贡献很少或没有，即所谓"荣誉作者"（honorary authors）或"礼物性署名"（gift authorships）。这种做法损害了做出贡献的人的利益。②致谢。致谢也是正式承认和肯定他人对本项科研工作的贡献的一种方式。③参考文献。标明参考文献的目的是：承认其他科学家的工作；引导读者找到并阅读与本研究有关的其他重要和有影响的文献；承认与其他研究结果有冲突之处；为本论文的观点提供支持。引用文献将论文置于一定的科学情境之中，将论文与目前的科学知识状态联系起来。

（四）科研不端行为的发现和处理

首先要找出有科研不端行为的人。发现科研不端行为需要依靠监督和举报。可是人们举报时往往有很多的顾虑。要消除举报者的顾虑和担心，要对举报有保密措施，人人有责任举报不端行为，但也要防止有人出于恶意，捏造事实，陷害他人。有人揭发、检举不端行为后，要进行预调查，看其举报的内容是否属实，如果确有科研不端行为存在，看情节是否严重，是否有立案的必要。如果发现有人利用举报挟私报复，则要对举报者进行批评教育。立案后要进行正式调查，收集证据，以确认被举报的研究者的不端行为。在调查过程中，要对被举报者进行调查，令其在调查中进行配合。调查最后要形成报告，经由资深、公正的研究人员组成的委员会进行审查，提出处理建议。最后由研究机构领导批准执行，如有证据证明某人有科研不端行为，则应给予相应的处分。

20 世纪 80 年代以来，世界各国政府、科研管理部门和科研机构纷纷出台政策，致力于查处科研不端行为。美国科技政策办公室 2000 年正式公布的科研不端行为标准定义为："在计划、完成、评审科研项目或者报告科研成果时，科研人员存在伪造、弄虚作假或剽窃行为。伪造是指伪造资料或结果并予以记录或报告。弄虚作假是指在研究材料、设备或过程中作假或篡改结果，以至于研究记录不能精确地反映研究工作。剽窃是指窃取他人的想法、过程、结果或文字而未给予他人贡献以足够的承认。科研不端行为不包括诚实的错误或者观点的分歧。科研不端行为的认定必须要有根据：严重背离相关研究领域的常规做法，不端行为是蓄意的、明知故犯的，对其投诉的证据确凿。"

我国科技部 2006 年 9 月颁布的《国家科技计划实施中科研不端行为处理办法（试行）》认为科研不端行为是指违反科学共同体公认的科研行为准则的行为，包括：①在有关人员职称、简历以及研究基础等方面提供虚假信息；②抄袭、剽窃他人科研成果；③捏造或篡改科研数据；④在涉及人体的研究中，违反知情同意、保护隐私等规定；⑤违反实验动物保护规范；⑥其他科研不端行为。中国科学院 2007 年 2 月颁布的《中国科学院关于加强科研行为规范建设的意见》中将科学不端行为[1]定义为，研究和学术领域内的各种编造、作假、剽窃和其他违背科学共同体公认道德的行为以及在科研活动过程中滥用和骗取科研资源等违背社会道德的行为。我国关于科研不端行为的定义比较宽泛，除了针对违反科学知识生产的行为规范之外，还包括违反保护科研对象的规定和不正当地占有和使用科研经费的问题。

除科研不端行为外，还有许多不负责任的研究行为，虽然违背科学研究事业的基本道德原则，但又没有直接触犯科研行为的道德底线，它们被称为有问题的研究行为[2]（questionable research practice，QRP），或称为科研不当行为。[3]人们对科研不当行为的界定及其严重性并没有达成共识，因此也常被称为"灰色领域"。这类行为表现形式复杂，不易界定，而且实际上发生率更高，不良影响更大，[4]对科研诚信和公众对科学的信任伤害极大。

防止这些不负责任的科研行为要靠多方努力，既要加大惩处科学不端行为的力度，也要完善科技管理体制，规范科研活动，优化科研环境，同时要加强科研诚信的宣传教育，提高研究人员自律，倡导诚信做人，敬业负责，重视法规、制度，崇尚法治精神。[5]

第4节 利益冲突

利益冲突是影响科研诚信的一个重要因素，因此必须专门加以讨论。利益冲突自古有之。

 思想实验 19-1：舜的两难

> 桃应问孟子："舜做天子，皋陶当法官，如果瞽瞍杀了人，该怎么办？"孟子说："把他抓起来就是了。""那么舜不去制止吗？"孟子回答说："舜怎么能去制止呢？皋陶抓人是有依据的。""那么舜该怎么办？"孟子回答说："舜把抛弃天子的位置看得如同丢弃破鞋。他会偷偷地背上父亲逃跑，在海边住下来，一生都高高兴兴的，快乐得忘掉了天下。"[1]

---

〔1〕 此处"科学不端行为"与"科研不端行为"意思相同。

〔2〕 STEPHEN COLE. Responsible science: ensuring the integrity of the research process [M]. Washington: National Academy Press, 1993: 586-588.

〔3〕 科研不当行为的表现形式繁多，比如，急功近利，浮躁浮夸，论文写作中参考引文不规范，缺乏严谨治学的态度，粗制滥造，盲目追求数量，或为得到预设结果而使用不恰当的实验手段、统计方法或片面报道研究结果，或在学术期刊上重复发表相同内容的研究成果；受不良社会风气影响，在科研成果的署名排序上不按实际贡献的大小，在同行评议（包括研究成果鉴定、项目评议、出版物的评审、学位授权审核、学校评估等）中，受某些利益的干扰，结论有失客观、公正，或通过拉关系、走后门等不当手段，获取和占有科研资源，发表不成熟的结果、扣压研究结果、不与同事共享研究记录或珍贵材料等。

〔4〕 STENECK N. Fostering integrity in research: definitions, current knowledge, and future directions [J]. Science and Engineering Ethics, 2006, 12 (1): 59-61, 63-65.

〔5〕 曹南燕. 大学科研中的诚信问题［J］. 清华大学学报（哲学社会科学版），2004，19（2）；5-9.

《圣经》也有讨论利益冲突的记载。《圣经》写道："一个人可有两个主人吗？""一个人可以既服务于上帝，又服务于财神吗？"一个人不能有两个主人的理由是，一个人完全忠心于一个主人就排斥了他再去忠于另一个主人。但这种利益冲突的论述比较肤浅。事实上，利益冲突这个术语似乎只有六十余年的历史。法院判案第一次用利益冲突的术语是在1949年。20世纪70年代，利益冲突这个术语开始出现在伦理准则（codes of ethics）之中。现在这个术语已很常见。

一、利益冲突的概念

（一）定义

利益冲突是一种境况（situation），在这种境况下，一个人的某种利益具有干扰他代表另一个人做出合适判断的趋势。更具体地说，利益冲突是一种境况，在这种境况下，某人P（不管是个人还是法人）有利益冲突，当且仅当（if and only if）：①P与另一个人处于要求P代表他做出判断的关系中，且②P具有某种（特殊的）利益，这种利益具有干扰他在这个关系中做出合适判断的倾向。

这个定义预设了以下几点：①利益冲突是一种境况，不是一种行动。作为境况，不一定是非法的，或不道德的、不合伦理的，关键是如何处理利益冲突。②处于利益冲突境况的人与另一个人处于一种独特的关系中，即信托关系（fiduciary relationship）中，在这种信托关系中，委托人将他的有关利益交给受托人照管，因为他对所涉及的专业领域缺乏必要的专业知识和技能，而受托人具备这些知识和技能，因此委托人的利益得到保障依赖于受托人的专业判断。③除了要照管委托人的利益外，受托人还有其他方面的利益，包括他自身的个人利益。④除需要照管的委托人利益外，与受托人有关的利益，包括个人利益，具有干扰受托人为维护委托人利益而做出合适判断的趋势或倾向。

（二）要素

利益冲突概念含有如下要素：①利益（interest）：利益令人们想到"好处"，一般会想到"经济利益"（financial interest），其次就是家庭利益（familial interest），给家庭成员带来好处，这种好处不一定是经济上的，但是利益也可以是与受托人有关的一切东西，爱情、友谊、人情、感激、报答等都可以是一种利益。一种利益有可能成为一种趋势或倾向，使受托人P在利益冲突的境况下做出比无利益冲突情况下不那么可靠的判断。②关系：利益冲突发生在一定的关系之中。这种关系是指人与人之间特定的联系。当我们说一个人有利益冲突时，是指P与另一个人之间的联系，另一个人为了一定目的必须依靠P的专业知识和技能对某件事做出判断。在专业关系（如医患关系）中，P与另一个人的关系

---

〔1〕 桃应问曰："舜为天子，皋陶为士，瞽瞍杀人，则如之何？"孟子曰："执之而已矣。""然则舜不禁与？"曰："夫舜恶得而禁之？夫有所受之也。""然则舜如之何？"曰："舜视弃天下犹弃敝蹝也。窃负而逃，遵海滨而处，终身䜣然，乐而忘天下。"（《孟子·尽心上》）

必须是信托的（fiduciary），即另一个人信任 P，相信 P 能为了他的利益做出判断和做某些事。由于知识和技能方面的差距，P 与另一个人双方处于不平等的状态，患者缺乏医学知识，他患病，他必须将有关问题的一切信息，甚至隐私都向医生透露，他不能评价医生服务的质量。正是这种脆弱的、事实上不平等的地位，造成当 P 有利益冲突时，P 有能力使患者成为受害者的情况。③判断：判断是正确做出某类决定的能力。不是所有决定都需要判断。常规的、机械的或职务的决定无须判断。常规的、机械的或职务的工作有一定程序，或者说它们有个算法，像解决初级数学问题（如 1＋1＝2）一样，谁做都一样。但当做医学判断时，情况就不同了。判断要求知识、技能和洞见。判断是专业的一种属性。专业人士擅长在他熟悉的专业内做出判断。当一个人超出他的专业范围去对另一专业范围的事情做出判断时，轻则闹出笑话（如一些物理学家鼓吹"特异功能"），重则出现剽窃行为，窃取他人研究成果。④合适：评判一个判断是否合适取决于许多社会因素，如社会期望、法律要求、专业差异，因人而异。

因此，当一种利益会影响受托人（例如医生或研究者）做出合理维护委托人利益（例如患者或受试者）的判断时，就会发生利益冲突。如果一种利益没有影响这种判断，就没有偏倚发生。

利益冲突的主体可以是任何专业人员，如医生、科学家、律师、工程师、记者、政府官员。从道德和法律意义上讲，医务人员通常被认为是患者的受托人。受托人接受委托方（患者）委托照管其利益，有义务促进委托方的利益。在医疗领域，由于患者、受试者的脆弱性，医务人员 / 研究人员存在使命冲突，这种冲突可能造成对患者和受试者的伤害。

二、利益冲突的危害

利益冲突危害患者、受试者，危害医患关系、研究者 - 受试者关系，危害专业：①危害患者、受试者：给他们带来不必要的不适、超量的风险，使患者、受试者没有受益等。②危害医患关系、研究者 - 受试者的信托关系：医生和科研人员的利益冲突使患者、受试者感到上当受骗，这些医生和科研人员辜负了他们的信任，他们甚至会诉诸法律。（3）危害专业：利益冲突破坏了医学的名声，医学不再是仁术，正直的青年就会远离这个专业。

利益冲突的危害还表现在：当研究者没有意识到自己已卷入利益冲突时，他就不会做出相应反应，造成疏忽，伤害受试者；当研究者意识到利益冲突而没有告知受试者时，他是在欺骗受试者，辜负了他们的信任；即使研究者告知受试者他存在这种利益冲突，受试者也会失去对他的信任，因此利益冲突对受试者、研究者、单位、社会都不利。

三、利益冲突的对策

回避：在新药试验中，如果医生兼研究者拥有生产这个药品的工厂或公司的股份，他可以不参加这个新药的临床试验，或将股份卖掉，这样他就避开了利益冲突。

公开：向医生兼研究者所在的单位以及那些依靠他判断的人公开利益冲突。公开，如果充分完全，可防止欺骗。

审查：机构伦理审查委员会审查涉及人类受试者的研究或临床试验方案时，应同时审查研究者是否存在利益冲突，并做出相应决定。

规则：从事涉及人类受试者的研究或临床试验的单位，包括医学院、医院、研究所应制定有关利益冲突的专项规则，以便参与研究的有利益冲突的医务人员遵循，并需要设立专门机构监督、处理利益冲突引起的问题。

教育：对医生、研究者进行伦理培训，十分关键。[1]

〔1〕　参阅：MORREIM E. Conflict of interest [M]//REICH W. Encyclopedia of bioethics (revised edition, vol. 1.) New York: Macmillan, 1995: 459-465.

DAVIS M. Conflicts of interest [M]//CHADWICK R. Encyclopedia of applied ethics (vol. 1). London: Academia Press, 1998: 585-595.

LO B, WOLF LE, BERKELEY A. Conflict-of-interest policies for investigations in clinical trials [J]. The New England Journal of Medicine, 2000, 343 (22):1616-1620.

NIH. Financial Conflicts of Interest and Research Objectivity for Investigators and Institutional Review Board [OL]. 2000. https://grants.nih.gov/grants/guide/notice-files/NOT-OD-00-040.html.

邱仁宗. 利益冲突 [J]. 医学与哲学，2001（12）：21-24.

曹南燕. 科学活动中的利益冲突 [J]. 清华大学学报（哲学社会科学版），2003（2）：50-55.

EMANUEL E, GRADY C, CROUCH R, et al. The Oxford Textbook of Clinical Research Ethics, XI Clinical Investigator Behavior [M]. Baltimore: Johns Hopkins University Press, 2008: 745-786.

第 4 篇

公共卫生伦理学

第 20 章　公共卫生伦理学概论

第 1 节　公共卫生

人类最早关注的是疾病的治疗。"神农尝百草之滋味，水泉之甘苦，令民知所避就。一日遇七十毒。和药济人"（汉·刘安《淮南子·修务训》），这是治疗患者个体疾病的例子。人们逐渐认识疾病预防和公共卫生的重要性，但将这种认识落实到行动上，经过了漫长的岁月。例如《内经》说，"是故圣人不治已病，治未病；不治已乱，治未乱，此之谓也。夫病已成而后药之，乱已成而后治之，譬犹渴而穿井，斗而铸锥，不亦晚乎！"《素问·四气调神大论》这两段寓意很深的话，可以理解为对预防的重视。"上医医国，中医医人，下医医病"（唐·孙思邈：《千金要方·诊候》）也可以解读为高明的医生应该在国家的层面采取措施确保维护大众健康的条件，而不仅仅关注个人的疾病的治疗。但是时至今日，我们仍有许多人认识不到公共卫生对亿万人的健康和社会经济发展的重要性。[1]

公共卫生中的"公共"有三层含义：

（1）"公共"是指我们的工作对象，临床医学的工作对象是患者个人，而公共卫生工作的对象是人群，目的是保护或保障一定目标人群的健康。由于公共卫生的工作对象是人群，而人群又是由个人组成的，因此在特定人群中进行干预活动时要尊重和保护该人群成员的权利和利益；

（2）"公共"是指作为行动主体的政府及相关的政府机构。公共卫生活动大多数由政府出资（来源于纳税人的钱），由政府相关机构（例如卫生部门或疾病预防和控制机构）的公共卫生人员进行。

（3）"公共"在广义上指社会或社群[2]所开展的各种形式的活动，政府以外的组织可以利用私人的基金开展各种活动。

公共卫生是指政府、社会或社群通过有组织的努力来改善社会条件以促进人群健康、

---

[1] 第 4 篇各章的编写主要参照翟晓梅、邱仁宗编著的《公共卫生伦理学》（2016 年中国社会科学出版社出版）。

[2] 社群（Community）有两类：一类是原住社群，原住社群建立在一个人出生或成长的家庭关系、地理区域、文化、族群或宗教群体上；另一类是境遇社群，境遇社群是人们在后来的生活中通过选择找到属于自己的群体。这包括了基于共同利益、工作场所、工会或自愿参加的社团的群体。因此译为"社群"较妥。但从第一类社群意义上看，"社群"可译为"社区"。

延长寿命以及预防、控制疾病和损伤[1]在人群中流行的科学和技艺。这个定义包含三个基本要素：①工作对象主要是人群；②采取干预措施的主体是政府或政府以外的社会或社群；③这些措施作用于社会。

这个定义有以下十分重要的含义：

（1）公共卫生工作不是直接去治疗疾病，而是去改善影响疾病或损伤在人群中流行的社会条件。人群的疾病和健康是由社会因素决定的，而社会因素非常多。虽然许多疾病有其自然的病原体，但这些病原体能够侵入人体是通过社会因素来实现的。在农村，洁净水的供给和粪便管理，对保障村民健康、预防疾病非常重要，公共卫生人员并不直接杀灭那些病原体，因为这几乎是不可能的，但如果妥善处理生活用水和粪便，阻断病原体与人体的接触，就能预防许多传染病。在更广泛的意义上，例如贫困、营养不良、居住条件差、工厂管理不善、各种形式的歧视等都是使人群容易生病或受到伤害的社会因素。

（2）政府对人民的健康负有不可推卸的责任，而且在保障人民健康的工作中，政府的角色是无可替代的。公共卫生工作的目标是人群健康，通过提高全社会的健康水平实现目标。公共卫生工作涉及全社会的健康促进和疾病预防，因而政府要制定广泛的预防或减轻疾病和损伤的战略。

（3）由于公共卫生重在预防，作用于社会，其工作方法与临床医学迥然不同。预防在某种意义上是重新设计社会环境，重构社群，甚至制定新的社会规则以更好地促进健康和安全，我们必须从群体的视角，而不是个体的视角妥善处理这些问题。例如解决酒精中毒问题不是去解释或研究一个人为什么酗酒，而是要解释或研究不同社群或不同时间酗酒率为什么有升降，包括整个社会接触酒精的数量，不同人群的酒精消费量，还有价格、销售时间、年龄限制等问题。高速公路安全问题也从重点关注司机个体的差错、不肯让路等因素转向例如司机年驾驶量、公路类型、汽车的安全性等因素。预防要采取干预措施，这种干预措施是一种集体的选择，例如社会允许酒精消费量是多少，高速公路事故率是多少，为此应该如何改善环境，如何进行立法，如何改变公众态度。"公共卫生"与"人群健康"（population health）[2]在概念上有所不同："公共卫生"是指政府、社会通过有组织的努力改善社会条件以预防疾病和损伤、促进人群健康、延长寿命的科学和技艺，而"人群健康"是指一定人群成员的健康状态，因此"人群健康"这个概念不能涵盖"公共卫生"的内涵。

公共卫生具有明显的公益性。公共卫生的公益性在于有组织的政府行为的目标是拯救千百万人的生命，它关注全社会人的总体健康和安全。这种集体利益不仅是个人利益的相加，但二者不能分开。公共卫生的口号是："我们挽救的生命之中可能包括你的生命。"于是，公共卫生与个人自主、自由、权利的关系是公共卫生工作中一个永恒

---

[1]　公共卫生也管控非疾病引致的损伤，例如自杀、机动车事故等。

[2]　WIKLER D, BROCK D. Population-level bioethics: mapping a new agenda [M]//DAWSON A, VERWEIJ M. Ethics, Prevention, and Public Health. Oxford: Oxford University Press, 2007.

的话题。

对于公共卫生的领域究竟有多宽广的问题，人们是有争议的："狭义派"认为，公共卫生领域应防范较近的引起疾病和损伤的风险因素。例如对结核病的防控，公共卫生工作只能着眼于控制感染和早期发现、早期治疗，如对有风险的人群定期检查，注射疫苗等，至于其他因素例如营养不良、住房或工作条件恶劣以及其他社会因素等，不是公共卫生工作的领域。"广义派"则认为，健康有其社会、文化、经济基础，对于这些基础，公共卫生不能置之不理，公共卫生应关注社会和经济资源更公正的分配，而人们的社会地位、财富、种族、性别、阶级对人群健康有重要影响。由于受权力和资源的限制，公共卫生工作难以完全按广义派的理解扩大范围，但从认知上看，健康和疾病取决于许多社会因素，应该从更宏观的角度来看人群的健康和疾病问题，例如贫困、社会不公正、资源分配不公等问题虽不能靠公共卫生机构本身的力量解决，但可以与有关部门沟通、协调，通过各部门力量的协作尤其是政府有关部门和立法机关来加以解决。[1]

第 2 节　公共卫生伦理原则

一、公共卫生伦理学的特点

公共卫生伦理学是用伦理学的理论、原则和方法探讨和解决公共卫生实践中提出的实质伦理学和程序伦理学问题，在解决这些伦理问题的过程中，制定促进人群健康、预防疾病和损伤的行为规范。公共卫生伦理学与临床伦理学或研究伦理学在许多方面是不同的，例如公共卫生以人群为基础的视角和临床医学以患者为中心的视角与生物医学研究以受试者为中心的视角，均有所不同，在公共卫生中，必须赋予公共利益重要的伦理地位，在一定条件下，个人利益应该服从于人群的集体利益，同时要尽可能地维护个体的利益和权利。

与临床实践仅涉及医患关系或研究实践仅涉及研究者与受试者关系不同，公共卫生实践涉及与干预计划的制定、实施、评估等相关的公共卫生人员、社群成员，还涉及政府机构之间的互动和关联；公共卫生实践的决策由集体决定，由作为公共利益代表的政府决定，而临床或研究实践的决策是在医生或研究者指导下由患者或受试者个人选择；公共卫生实践具有强制性特点，而临床或研究实践强调尊重患者个体的自主性和知情同意；公共卫生实践首先关注群体干预的结果，而临床或研究实践关注对个体干预的结果；公共卫生实践强调群体、公众利益最大化，临床或研究实践强调个体受益最大化。由于公共卫生实

〔1〕　CHILDRESS J F, FADEN R, GARRE R, et al. Public health ethics: mapping the terrain, Journal of Law [J]. Medicine & Ethics, 2002, 30: 70-178.

践的这些特点，公共卫生的伦理学考量与临床医学（包括实践和研究）的伦理考量并不完全一致。临床或研究实践强调患者个人的自主性和知情同意，虽然并不完全排斥家长主义，但在公共卫生中，合理的家长主义发挥作用的余地更大；公共卫生是公共品，因此政府在其中起主导作用。最为敏感的伦理学问题是政府行使权力干预个人的选择，这就需要进行权衡，必须要有充分的证据证明这种权利的行使是合理的，这也许是公共卫生伦理学中最为根本的伦理问题。

二、公共卫生伦理学的任务

公共卫生伦理学有三个方面的任务：

（1）培养专业精神：培养公共卫生机构专业人员为公众健康服务的责任心，获得公众的信任。要从公共卫生独特的历史和传统中提炼出专业精神和专业文化，公共卫生人员应发扬这种专业精神和专业文化。公共卫生不是一般的职业，而是一门专业。将一门专业降低为一般的职业，就是降低对自己的要求，降低社会对它的期望，使之不能完成自己的使命。

（2）探讨行动或决策规范。用伦理学的理论、原则和方法探讨公共卫生实践中提出的伦理问题，夯实制定和实施公共卫生政策、规划和措施的价值基础，建立评价公共卫生行动或决策（包括政策、规划、项目、措施）的伦理框架，对伦理问题的合适解决和合适行动进行伦理学的论证和辩护。这是公共卫生伦理学的主干。公共卫生伦理学是以实践为导向的，对公共卫生实践中提出的伦理问题要具体情况具体分析，进行价值权衡，找出伦理上合适的解决办法。

（3）实现与人群健康相关的社会正义。公共卫生的目标是建立健康的社会，为了实现这个社会目标，公共卫生必须服务于人群的利益，尤其是无权的、脆弱的、弱势的人群的利益，减少不平等、不公平、不公正，实现公共卫生服务的均等化。公共卫生机构及其工作人员要使公众、决策者和立法者认识到减少不平等、不公平、不公正对公共卫生和社会正义的极端重要性。可以说，公共卫生伦理学的任务带有"维权"性质。

三、评价公共卫生行动或决策的伦理框架

公共卫生伦理学探讨公共卫生领域的行动规范，根据规范对拟采取、正在采取的、计划采取的和已经采取的行动（包括政策、规划、项目或措施）进行伦理评价，并制定合适的社会规范或伦理标准用以评判某行动是应该采取，还是不应该采取，或可允许采取。应该采取的行动是我们有义务且必须采取的行动，不应该采取的行动则是我们有责任且必须禁止的行动，可允许采取的行动是在伦理上能够接受但是非必须采取的行动，即可以采取也可以不采取行动。这些伦理标准是评价公共卫生机构和专业人员在公共卫生方面采取的行动或决策（包括政策、规划、项目和措施）的伦理框架。

（一）效用（utility）原则

公共卫生伦理学里的效用不是古典效用论所说的快乐或欲望，也不仅仅相当于临床和生物医学研究伦理学中的受益（beneficence），在公共卫生语境里，效用是指某一行动给目标人群或全社会成员带来促进健康、预防疾病和损伤的好处，以及可能给相关人员带来的风险、负担和其他权利和利益方面的负面影响，因此效用与受益的概念不同，受益限于行动带来的正面效应，效用则是对行动带来的正面与负面后果的全面评价，也就是说，在效用概念中必须评价受益/风险比，其比值越高，则效用越大，或其净受益越大。效用是指在公共卫生方面所采取的干预措施，给目标人群带来的超过伤害的受益。换言之，效用是风险受益比的正值，而且这种正值还必须大到一定程度才能产生公共卫生的效用。

公共卫生伦理学的效用原则要求我们在公共卫生中必须将效用置于首位。在公共卫生方面采取的措施，必须使其给目标人群带来的受益尽可能大大超过可能的风险，即效用越大越好。在任何情况下，公共卫生都不能采取无效、效用很低或得不偿失的措施。公共卫生牵涉面大，涉及广大人群，社会成本大，绝不能采取徒劳无功的干预措施。在公共卫生中，效用考虑应包括对目标人群、目标人群家庭、目标人群社区、非目标人群社会、邻国及有交通联系国家等的可能受益和可能伤害或风险的评价。因此，在这个意义上，公共卫生必定采用目的论、后果论或效用论。人群的健康既是公共卫生追求的主要目的，也是公共卫生干预措施成功的主要结果。

在可供选择的公共卫生行动方案或多种行动中，效用原则要求考虑选择效用最大，即受益最大、风险最小或净受益最大的选项。在有的时候，不可避免会牺牲某些个体的权利和利益。但是，公共卫生行动净受益最大化并不是对个人利益和负担的简单整合，也不应为了产生最大的健康受益的结果而任意、没有必要地伤害某些个体的利益，而是在不可避免地伤害某些个人或者某些群体的利益的情况下，使这种伤害最小化，使整个人群的受益最大。

我们在各种公共卫生行动选项中做出抉择时，要优先考虑哪一个选项对公共卫生的效用最大。如果一个行动选项符合所有其他伦理原则，但在公共卫生方面无效，那就绝不应该采取。效用原则应置于首位，这是公共卫生伦理学的一个特点。然而，尽管效用原则非常重要，但也不能置其他原则（公正原则、尊重原则等）于不顾，因为这会使行动得不到充分的伦理辩护，同时也会大大增加由此造成的伤害，从而降低效用。[1]

（二）公正（justice）原则

公共卫生是关系到全国人民健康的公共事业，往往由国家采取措施，对象是广大人群，因此在考虑应该采取何种措施时，公正的重要性不亚于效用的重要价值。如果存在不

---

[1]　王春水，翟晓梅，邱仁宗. 试论公共卫生伦理学的基本原则 [J]. 自然辩证法研究，2008，24（11）：74-78.

公正，公共卫生措施就不能实现其保护公众健康、预防疾病或损伤的效用。公共卫生的公正包括公共卫生资源的分配公正、受益和负担在人群之间分配的公正、公共卫生政策优先排序的公正和确保公众参与，包括受影响各方的参与的公正。其中程序的公正非常重要，程序公正要求政策、规划、措施必须透明，因为一些公共卫生干预措施很可能会限制个人的自主性和自由，增加决策透明度和吸引公众参与，这既是对公众的尊重，也是使公众自觉合作的有效措施。

公正原则是对效用原则的一种约束，追求效用最大化的行动有时会导致不公正，因此公共卫生行动在遵循效用原则的同时，还要遵循公正原则。该原则主要是针对由于经济、社会地位等社会因素所造成的资源、风险、负担以及受益等分配的社会不公正而提出的。这种社会不公正极大地阻碍了社会群体的健康水平的提高。就公共卫生伦理学而言，公正原则不但涉及分配公正、也涉及程序公正、回报公正、"修复公正"。

1. 分配公正（distributive justice）

分配公正是公正原则最主要的部分，即如何公正地分配资源、服务、受益和负担。在公共卫生领域，只能根据需要来分配公共卫生资源和服务，不能有其他标准；但在资源稀缺时，可考虑效用标准。例如，在流感大流行地区，我们应该给所有居民或至少相关居民发放流感疫苗或抗流感药物，而不应该将流感疫苗或药物分配给无流感威胁地区的居民，不管他们有多大权力和财力，或有多大贡献；而在疫苗或药物短缺时，我们要将有限的疫苗或药物优先发放给医务人员、治疗有效概率较大者或儿童，这是从需要和效用角度考虑的，也不是根据受益者对社会的贡献，更不应该根据购买能力来发放。

分配公正在公正原则中最为重要，也最难实现。分配公正不仅攸关公共卫生事业的诚信和效用，而且攸关社会正义。人在道德上和法律上应该是平等的，但人一出生在事实上就是不平等的，这种不平等体现在两个方面：自然方面的不平等和社会方面的不平等。自然方面的不平等是人们从父母那里继承的基因组是不同的，有的可能有缺陷，直接引起某些疾病，或使之对某些疾病具有易感性。社会方面的不平等则包括他出生在什么样的家庭，属于什么样的社群，涉及种族、民族、阶层、种姓、经济地位、社会地位、原住民或移民、难民等，以及大社会的政治或意识形态倾向，例如是否存在种族歧视、性别歧视。自然和社会方面的不平等会影响个体或其家庭其他成员资源、物品、服务的分配。但分配的不平等不一定就是不公平。如果造成这种不平等的是自然的、不可避免的因素，那么这种不平等就不是不公平。例如妇女的预期寿命比男人长。反之，如果这种不平等是社会因素造成的，包括政策、制度、法律、社会安排等方面的问题，那么这种不平等就是不公平，例如形形色色的歧视。在这种情况下，我们就应该进行政策、法律、制度、规划方面的改善或改革，以纠正这些不公平，从而实现分配的公正。

2. 程序公正（procedural justice）

程序公正涉及我们应该如何做的问题，旨在保证我们所采取的行动有正当程序。程序公正要求公共卫生信息必须透明，制定公共卫生行动的决策程序，以确保利益攸关者和公众的参与，使他们有机会获知相关信息，参与讨论，了解公共卫生问题的解决办法和执行程序，从而使公共卫生决策成为利益攸关者和公众的自愿自觉行动。

应该有稳定和持续的机制保证信息的透明度和自由流动，并且与其他措施配套，包括及时的隔离和宣传教育。我们从 SARS 事件吸取了教训，在禽流感的防治中已经重视了信息的透明性和自由流动，但还需要进一步改进。在实现程序公正、保障信息透明方面，必须注意无偏倚性（impartiality）和一致性（consistency）。无偏倚性是指制定的程序以及基于合适信息做出的决定都必须是诚实而无偏见的，例如，除了给予弱势群体合理的优待外，对于原本平等的人不允许给一些人优待、方便，而对另一些人漠然处之。公正的程序还应该具有一致性。所有利益攸关者在决策过程中应该都有机会发表意见，尤其应该让弱势群体的代表发言。

3. 回报公正（retributive justice）

在狭义上，回报公正是一种仅考虑惩罚的公正理论。该理论认为如果相称，惩罚是对过错、犯罪的最佳应付之法。就惩罚过错行为而言，需要回答三个问题：为什么惩罚？谁应该受到惩罚？他们应该得到什么样惩罚？这是回报公正的传统进路。我们可以将这种狭义的回报公正扩展到对有贡献的人或群体的公平奖励上，如经济或精神奖励等，也可以用于对有过错的单位或个人的惩罚上，例如在防治艾滋病的工作中，如果公共卫生人员或医疗、保险、雇用单位歧视艾滋病患者、HIV 感染者或脆弱人群成员，就应加以处理，从批评、警告，一直到发生严重后果时提起民事或刑事诉讼；反之，对一贯坚持反对歧视的单位或个人就应给予表扬、奖励。奖励惩罚要与当事人所做的好事或错事相称，不能畸轻畸重。

4. 修复公正（reparative justice）

修复公正是指对受害者进行补偿的伦理要求。实践经验证明传统的回报公正进路的负面效应是，重点放在惩罚有过错者，受害者则处于这一过程的外围，各方之间呈敌对关系，看问题是往后看，惩罚是对过去不公正的事件或不当行为的必要回应，然而，对受害个体如何重建他们的未来生活，没有给予足够的关注。还有一个危险的倾向是从回报公正滑向强调报复。与回报不同，报复一般夹杂愤怒、仇恨、愤恨和怨恨等情绪。这样的情绪具有潜在的破坏性。因为强烈的情绪往往导致人们反应过度，结果惩罚过度，导致进一步的对抗。由报复主导的惩罚不满足相称性和一致性原则。典型的例子是患者输血感染 HIV。与重点追究输血过程中相关人员的过错不同，我国生命伦理学家建议采取"无过错"或"非诉讼"机制，即一旦损害发生，不是依照过错责任原则或过错推定原则（通过冗长的复杂的诉讼程序去确定侵权行为当事人是否有过错及其责任如何，然后再进行赔偿），而是无论侵权行为当事人（血液中心或者输血医院方）是否存在过错，只要患者由于受血或使用血液制品而受到损害，就可以提出补偿诉求，获得补偿，及时弥补损害给受害者造成的损失。与传统的进路相比，修复公正侧重于受害者的需要，而不是仅仅满足于惩罚过错者或罪犯。在修复公正中，受害者在这个过程中居于更为核心的地位；重点是修复违法者给受害者造成的伤害；社群或相关组织成员在寻求公正的过程中扮演更积极的角色，与政府合作；这个过程包括有争议各方的对话和协商，而不是对抗。[1]

---

［1］ ZHAI X M. Can the no fault approach to compensation for HIV infection through blood transfusion be ethically justified [J]. Asian Bioethics Review, 2014, 6 (2): 143-157.

（三）尊重（respect）原则

尊重原则首先要求我们尊重一个人的自主性（autonomy）或自我决定权（self-determination），尊重个人的隐私权和保密，尊重人的尊严。自我决定权的实现需要我们遵循知情同意（informed consent）原则。知情同意原则在公共卫生中的实施有一定的特点，与医疗或研究中的知情同意实施有所不同。前面已经讨论过，知情同意有许多的形式（详见第16章）。

与自主性相对照的是家长主义。家长主义是指为了当事人利益而对当事人进行干预，并对当事人进行限制。在公共卫生情境下，家长主义干预比临床更广。有些公共卫生措施带有家长主义性质，即为了公共利益限制当事人的自主性，例如禁止在公共场所吸烟。对香烟加税提价，对吸烟者进行控烟教育，就是一种家长主义干预。在上述两种情况下，公共卫生干预措施都带有强制性，即使如此，尊重目标人群或受影响个人的自主性仍然非常重要。尊重个人自主性，个人有可能发生转变，有可能将限制性的措施变成受影响个人的自觉行动。

（四）共济（solidarity）原则

我国古代最早的"共济"思想见于《孙子·九地》，孙子说，"夫吴人与越人相恶也，当其同舟共济，遇风，其相救也如左右手。"在西方，有些学者认为共济（solidarity）一词来源于罗马法，但其他学者指出，法国大革命期间才越来越多地使用solidarité（共济的法文）一词。法国乌托邦社会主义者雷诺（Hippolyte Renaud）于1842年出版了一本题为《共济》（Solidarité）的小册子，之后孔德（Auguste Comte）于1875年在与宗教和政治无关的语境下多次使用这一术语。将共济一词概念化的第一个社会理论家是杜尔凯姆（Emile Durkheim），他在1893年出版的《社会的劳动分工》（The Division of Labour in Society）一书中将共济区分了机械的共济和有机的共济。基督教的博爱理念往往被认为是共济概念的先驱。随着资本主义的兴起，生产的组织化和居住地急剧变换破坏了人们之间原来存在的纽带，人们需要新的形式团结互助。在一些新教文献中，共济是一种宗教和道德的至高命令，它要求人们在追求社会正义或美好生活过程中去帮助教友。马克思主义理论认为，同一阶级的人具有共同的利益，应该互相帮助。19世纪下半叶，欧洲开始组织工会，以满足工人之间相互帮助的需要。20世纪以来，社群论者、理性选择论者、社会契约论者、女权论者和马克思主义者都对共济概念有浓厚兴趣。

在生命伦理学语境中，主要在这4种语境下明确提及共济概念：公共卫生、医疗制度的公正和公平，全球健康以及与美国的医疗卫生制度相对照以突出欧洲医疗卫生制度的特点。

共济存在于3个层次之中：

（1）人际层次：在这一层次，共济是指一个人认识到自己在某方面与他人有相似性而愿意承担帮助他人的代价，同时也会设身处地考虑，希望自己处于这种脆弱的地位和有这种迫切的需要时，也能得到他人的援助。

（2）群体层次：在这一层次，集体承诺承担帮助他人的代价，集体中的个人因处境相同而与这个集体联系在一起。例如不同的患者组织会相互支持和帮助。

（3）法律层次：在这一层次，共济的价值或原则不仅形成社会规范，而且体现在法律条文中。例如国家福利政策、社会福利安排、国际宣言和条约都体现了共济的价值和原则。其实在日常生活中，共济原则的重要性体现在很多方面。保险就体现了共济的价值，无论是财产保险还是健康保险，赔付的只是投保人中的少数，那些安然无恙的投保人并不后悔，因为谁也不能保证风险一定不会降临到自己头上。共济存在互惠性或相互性。

在公共卫生中，共济更为重要，当疫病流行时，我们不得不隔离、限制疑似患者、接触者，这是为了全社会的利益，被隔离者为了全社会的利益而暂时牺牲个人的自主和自由，这样做也有利于被隔离者的健康。在流感大流行期间，我们每个人都有可能成为得病者和传病者，我们只有团结互助，才能战胜疫病。共济既有互惠性，又有利他性。

（五）相称（proportionality）原则

相称性本是一个法律概念，具有悠久的历史。亚里士多德将公正视为恰当的比例（right ratio）。西塞罗说法律就是恰当的比例。中世纪的阿奎那在讨论自卫法时说，使用武力必须满足三个条件才是正当的：①武力是必要的；②使用武力时必须不是过分的，即必须是相称的；③必须根据规则来使用武力。这就是阿奎那的相称自卫理论。1901 年，雨果·格劳提尤斯（Hugo Grotius）将相称性转变为一个现代概念，即权衡利益的概念。[1]在现代社会，相称性是法律的一个普遍原则，应用在自卫权利中，即自卫必须与受到的威胁相称，应用在量刑中，惩罚必须与罪行相称，应用在国家事务中，行政管理不可过分等。

在公共卫生实践中，促进公众健康的行动和公共卫生措施有时可能会侵犯个人权利和利益或加重个人的负担，如何在伦理学上为这种行动辩护，这是公共卫生中的基本伦理问题。相称性原则是为了解决这一公共卫生基本理论问题而提出的伦理原则。根据相称性原则，如果能够满足以下两个条件，国家可以将负担加于个人或群体，包括对其权利和利益的侵犯：

（1）国家追求的目的（或结局）必须符合社会（或社群）所有成员的利益；

（2）这种负担或侵犯不可超过实现公共卫生目的所需要的程序。

当公共利益与个人或群体利益发生冲突时，如何协调它们，相称性原则提供了指南。具体地说，相称性原则意味着，公共卫生机构所采取的影响个人权利的任何措施必须是：

（1）为了达到目标人群的公共卫生目的，这些措施是合适的，即能够达到预设的目的；

（2）为了达到这个目的，这些措施是必要的，即不存在达到这一目的的其他更好的措施；

（3）为了达到这个目的，这些措施是合理的，即受影响的人员能接受这些措施。

---

［1］　ENGLE E. The history of the general principle of proportionality: an overview [J]. Dartmouth Law Journal. 2012, 10: 1-11.

第 21 章　健康的责任

第 1 节　健康的个人责任

每个人对自己的健康负责。如果我们采取健康的生活方式，好好照顾自己，我们可能会比不照顾自己的人更为健康，更为长寿。因此从公共卫生视角来看，避免因个人选择而引起的疾病和失能，应该是一个重要的目标。然而有人认为，如果我们患病或失能是我们自己没有照顾好自己或去冒了不应冒的风险的结果，那么这不是社会的责任，不应该与别的健康问题同等对待。例如吸烟是个人的一种冒险，这是他们私人的事，稀缺的资源应该用于控制那些非自愿遭受的风险，例如影响大量人群的传染病的控制。

20 世纪 60 年代，卫生政策强调个人生活方式，因为有足够多的证据证明吸烟和其他行为是危害健康的风险因子。时任洛克菲勒基金会会长的约翰·诺尔斯（John Knowles）说，"一个人在健康方面的自由是另一个人在税费和保险金方面的枷锁"，"健康权利应该由保护一个人自己健康的道德义务来代替。"[1]他的言论风靡一时。政府应强制实施一些规则降低伤害（如要求驾车者系安全带或摩托车驾驶员戴头盔），对本可避免的疾病和损伤，不用公共资金进行治疗，例如酒精中毒者进行肝移植和吸烟妇女进行体外受精不享有公费医疗待遇；潜在的冒险者须预先缴纳附加的保险金，或者由冒险者自己缴纳医疗费用，或者设立特别的税种来收取，如缴纳危险运动（如攀岩、蹦极等）的费用，用来覆盖因发生意外而增加的医疗费用。

然而过分强调个人健康责任也存在严重的问题。在健康领域，个人应对自己的健康负责。但是个人的健康责任在卫生政策中仅仅起一种边缘的作用[2]。各国的卫生政策很少将健康责任归于个人，医生还是倾向于患者的医疗和健康权利，往往对需要治疗的患者给予同情，而不去过问他们的行为是否有差错。例如，从事肝移植的外科医生几乎一致认为，不应对酒精中毒者进行道德说教，而应该直接去治疗患者。

在个人健康责任方面，存在如下伦理问题：

（1）哪些行动算是自愿的？例如在最为危险的行为中：（如吸烟、酒精滥用、非法药物成瘾等）难以区分个人可以控制的因素和个人不能控制的因素。例如导致人滥用酒精的

〔1〕 KNOWLES J. Doing better and feeling worse [M]. New York: W. W. Norton, 1977.

〔2〕 参阅：WIKLER D. Personal and social responsibility for health [M]//ANAD S, PETER F, SEN A, et al. Public Health, Ethics, and Equity. New York: Oxford University Press, 2005: 109-134.

因素中，有遗传因素，有环境因素，包括每天在电视中观看大量烈性酒广告，个人自愿选择起多大作用，是值得怀疑的。

（2）强调个人责任有不良作用。如果裁决患者行为有过错后，再进行治疗，有可能减弱医护人员对患者的同情和关怀。

（3）在评估健康风险和行为差错方面，人们的认知有偏差。人们往往关注边缘化人群（例如药瘾、酗酒者等）的行为风险，而承受很高健康风险的运动员，却被当作英雄对待，等等。

第 2 节　健康的社会决定因素

一、概念

健康的决定因素（determinants of health）是指使人健康或不健康的因素。我们可以将健康的决定因素分为 5 类：生物学和遗传性因素（如性别）；个人行为因素（如酒精和非法药品使用、无保护的性交、吸烟）；社会环境因素（如歧视、收入、教育、婚姻状况）；自然环境因素（如居住场所、拥挤的条件、建筑环境、空间、交通、产品）；医疗健康服务因素（如医疗的可及和质量、有无保险）。后 3 类是健康的社会决定因素，个体无法控制。总体而言，将健康不佳完全归罪于个人和将健康良好完全归功于个人，都是不合适的。个体不可能直接控制健康的许多决定因素。无论是从公共政策还是从公共卫生的视角来看，健康是体现社会不平等的一个指标，而社会不平等是健康的决定因素之一。[1]

一个国家内不同群体之间以及不同国家之间可避免的健康不平等就称为健康不公平（health inequity）。社会经济条件影响人们患病的风险以及预防和治疗。国家之间健康不平等和不公平的例子有：婴儿死亡率（从婴儿出生到 1 岁之间死亡风险），冰岛为 2/1000 活产，而莫桑比克为 120/1000 活产；妊娠期间孕妇死亡风险，瑞典为 1/17400，而阿富汗为 1/8。在国家内群体之间健康不平等和不公平的例子有：在玻利维亚，未受过教育的女性生的孩子，婴儿死亡率超过 1/10 活产，而至少受过中等教育的母亲生的孩子，婴儿死亡率低于 1/25；澳大利亚原住民出生时预期寿命（男性 59.4 岁，女性 64.8 岁）大大低于非原住民的澳大利亚人（男性 76.6 岁，女性 82 岁）；苏格兰格拉斯哥卡尔顿山区，男性出生预期寿命为 54 岁，比附近的布伦茨男性少 28 岁，社会经济地位与健康之间呈现梯度相关。在全世界，最穷的人，健康最差。在国家之内，有证据显示，一般来说，个人的社会经济地位越低，健康就越差。如果我们将社会经济不平等引起的超额发病率和死亡率归罪于个人，认为这些不幸是个人选择的生活方式造成的，反映了个人的价值、

〔1〕　ANAND S, PETER F, SEN A. Public health, ethics, and equity [M]. Oxford: Oxford University Press, 2005: 37-62.

品位和特点，那么我们就不能要求国家采取补救行动。因此，过分强调个人健康责任会侵犯人权，尤其是侵犯健康的权利。

第 3 节　健康的社会责任

一、健康的社会责任的辩护

（一）公民的健康权

政府对公共卫生有无责任、有多大责任是首先要解决的伦理问题。回答这个问题也会涉及公民有没有健康权利的问题。如果承认公民有健康权利，那么政府对公民的健康就负有义务以及相应的责任。健康权利可以得到伦理学辩护的理由有：

（1）每个人都有很多的权利，如受教育权、工作、结婚、组织家庭以及实现自己的价值和梦想的权利，但是如果没有了健康，这些权利都无法真正地享有。

（2）在我们的社会中，每个人都应有平等的机会参与竞争，政府不能保证每个公民得到的东西完全平等，但有责任提供平等的机会，因而政府对公民的教育和健康负有责任。

（3）虽然个人对自己的健康负有责任，例如个人有责任避免采取危害健康的生活方式和行为模式，但是个人的责任在健康与疾病中仅起边缘作用。因为个人的健康由许多个人不可控制的因素决定，并非都是个人行为所致。如由于政府疏于管理，人们在有害因素超标的车间工作；食用被污染的食品；呼吸被污染的空气；饮用受污染的水；而个人不良的生活习惯往往与贫困和信息可得性有关；在许多情况下，人们不易获得防病、治病的正确信息，而误导的信息（如烈性酒广告）却无所不在。[1]

（二）公共卫生对个人健康的关键作用

从世界历史来看，使人类患病率、死亡率大幅度下降，使人类预期寿命延长和生活质量改善的是公共卫生，而不是临床医学。公共卫生可促进健康，预防疾病和损伤，是公民健康的最重要保障。

（三）政府对公共卫生负主要责任

公共卫生不能交给个人，也不能交给追求利润的企业。在个人和企业无法负责的情况下，政府对公共卫生负有主要责任，政府对公共卫生的责任体现在资源的公正分配上。

政府还有责任确保公共卫生信息的开放性和透明性。公共卫生工作对象是人群、社群

---

〔1〕 电视台和报纸充斥着虚假的医药、医院广告，而公益性的最基本的医药卫生知识的宣传却是凤毛麟角，看了这些虚假广告去购买这些药物而得了病，能让患者自己完全负责吗？

（或社区）、公众。信息不透明，不利于政府、公共卫生机构与公众的沟通，公众就不容易理解政府或公共卫生机构采取的防控政策和措施，从而影响相互之间的信任，影响公共卫生实践，达到其促进健康、预防疾病和减少伤害的目的。政府不仅应该吸收有关专家而且应该吸收公众代表参与公共卫生政策、规划、措施的制定、实施和监督，让公众了解政府制定公共卫生政策和措施的理由，动员公众积极参与，与公众建立信任关系是非常必要的。

（四）公共卫生与维护人权的一致性

人群的健康往往由诸多社会因素决定。体现在贫困、性别歧视、城乡差别等之中的社会不公正，往往是造成公众健康不良的条件。近年来有证据显示，与不那么平等的社会相比，更为平等的社会具有更高的健康水平。已故的前世界卫生组织全球艾滋病项目执行主任乔纳森·曼恩（Jonathan Mann）主张，公共卫生官员有两项基本职责：促进公共卫生和维护人权。维护人权与保护健康有着不可分割的联系。维护人权有助于政府制定行之有效、合理可行、获得公众拥护和信任的公共卫生政策。人的健康与个人的权利、人的尊严有紧密的关联，公共卫生行动需要建立在人权的基础之上。

第 4 节　公共卫生与个人自由

一、公共卫生与个人自由概述

（一）公共卫生与个人自由内在的一致性

公共卫生与个人自由内在的一致性是基于个人与社会之间存在着内在的一致。因为人类是社会性动物，一方面，社会（或任何集体）都是由许多个人构成的，任何一个社会如果不考虑个体的利益，不尊重个体的自由、自主和尊严，这个社会早晚会瓦解，另一方面，个人之所以需要社会，是因为孤立的人难以生存和延续，个人结合为社会，社会并不是各个个体的简单相加，而是一个多于个体相加的实体。尽管个体乃至群体的价值观是多元的，他们各自想过的生活是不同的，但是促进个体、群体健康的措施，归根到底是有利于作为人群组成成分的个体的安康，也有利于个体自由的实现。如果个人没有了健康，也就没有了自由。因此，为了健康，同时也是为了自由，个体需要暂时放弃一些自由。但在现实中，公共卫生与个人自由有时会不一致。这种不一致产生于两种情况：一种情况是个体不了解公共卫生措施对确保人群和自己健康的必要性和重要性；另一种情况则是有些公共卫生措施不必要地或过多地干预或限制了个人的自由。

（二）公共卫生与个人自由的冲突

公共卫生与个人自由发生冲突很常见。公共卫生将群体的健康利益置于个体利益之上，并不得不对个人自由进行限制。有两种限制个人自由的方式：一种是限制个人选择的自由（例如对吸烟的限制）；一种是直接限制个人的活动自由（例如对新型冠状病毒肺炎患者的检疫或隔离）。经典的可得到辩护的公共卫生干预是对一个患有潜在致命传染病的人进行检疫，这时个人的自由不得不放弃，但社群总体得到拯救，作为社群一员的个体也同样受益，因为控制了疫病在社群中传播而避免了个人的感染。因为公共卫生措施往往是强制性的，因此要对群体的安康与个体的安康进行权衡。有时也许会发生这样的情况：被要求牺牲个人自由的不是人群中的少数人，而是大多数人，而受益的只是少数人。

（三）公共卫生与个人自由的权衡

2012年8月，美国最高法院驳回了美国食品药品管理局的要求（"出售纸烟，包装上必须有形象的健康警告"）。而澳大利亚最高法院不仅要求纸烟包装有健康警告以及吸烟引起的身体损伤的图像，而且要求纸烟包装是素色，商标名字用小字体，没有标识，除了用橄榄褐色外不能用其他颜色。美国最高法院的决定是基于美国宪法对言论自由的保护，法院承认政府可要求香烟盒上有健康警告，但大多数陪审员认为不能用图像作健康警告。在澳大利亚，争论的问题是，这条法律是否隐含着对烟草公司商标、知识产权的无偿征用。澳大利亚最高法院对此的裁决是不能无偿征用。澳大利亚生命伦理学家辛格认为，这些差异的基础是一个更大的问题：谁来决定公共卫生与言论自由之间的平衡？[1]在美国，法院基本上通过对宪法文本的诠释来做出这一决定，剥夺了政府采取措施降低吸烟死亡人数的机会。吸烟每年夺走44.3万美国人的生命。而在澳大利亚，宪法并没有明确条文保护言论自由，法院的决定更可能是出于对民选政府的尊重。人们普遍认为，政府应该禁止销售某些危险产品，因为其他任何产品都没有像烟草那样杀死那么多人，比交通事故、疟疾和艾滋病导致死亡的人数加起来还要多。烟草工业公司反对澳大利亚的法律，因为他们害怕世界上最大的纸烟市场（如中国和印度）会如法炮制这条法律。澳大利亚有15%的人吸烟，美国人有20%的人吸烟，而在14个低收入和中等收入国家41%的男性吸烟，吸烟的年轻女性也越来越多。中国有3亿人吸烟，7.4亿人被迫吸二手烟，中国每年死于吸烟者达百万余人，中国纸烟消费量占世界44%，仅2014年吸烟导致中国损失3500亿元人民币。[2]世界卫生组织估计20世纪约有1亿人死于吸烟，而在21世纪，烟草将杀死10亿人。[3]

对国家促进人口健康的讨论往往从密尔的限制国家的强制权力，防止伤害他人的原则开始。如果密尔活到今天，他会同意纸烟包装上有健康警告，甚至有肺癌的图像照片的要求，因为这可帮助人们理解他们做出的选择，但他可能会反对全面禁止吸烟。密尔维护个人自由是假定个人是他们自己利益的最佳判断者和监护者，然而时至今日这个假定有点接

---

〔1〕 SINGER P. Public health versus private freedom? [DB/OL]. (2012-09-06) http://www.project-syndicate.org/commentary/public-health-versus-private-freedom-by-peter-singer.

〔2〕 YANG G H, et al. The road to effective control of tobacco in China [J]. The Lancet, 2015, 385 (9972) 1019-1028;
新华网. 世卫组织：吸烟致中国2014年损失约3500亿元人民币 [N/OL]. (2017-04-15) [2019-08-12]. http://www.xinhuanet.com/world/2017/04/15/c_1120816480.htm.

〔3〕 World Health Organization. Fact sheets: tobacco [EB/OL]. (2019-07-26) [2019-08-12]. http://www.who.int/mediacentre/factsheets/fs339/en/.

近天真了。当代广告技术的发展使得密尔那个时代与我们现在这个时代有天壤之别。公司知道如何利用我们无意识的欲望来向我们兜售不健康的产品，我们被引诱去购买这些产品都不知道为什么。纸烟制造商知道如何操纵纸烟的性能使人上瘾。吸烟引起损害的图像能够对这种无意识欲望起一个抗衡作用，从而使人们的决策更加理性，使人们更容易坚定戒烟的决心。

突发公共卫生事件会影响个人自由。2001 年 9 月 11 日后不久，一群美国学者起草了公共卫生突发事件权力行使法案范本，旨在帮助政府立法，确保对疫病大流行和生物恐怖主义者的威胁做出合适的应对，并维护对个人权利的尊重。39 个州通过了类似的法规，要求各州政府在突发公共卫生事件中保护公民自由，检疫和隔离的执行必须符合实质性原则和程序正义，对公民自由的限制应该是合法的，限制尽可能地保持在最低程度。2006 年 7 月，美国亚利桑那州凤凰城的医生诊断丹尼尔斯（Robert Daniels）患有极为严重的耐多种药物的结核病。公共卫生官员经法院允许将他强制送入马里科帕县医院的禁闭病房，对他进行治疗，以预防他将疾病传播给他人。他被隔离起来，医生对他进行裸体检查，禁止他出外、锻炼或接受家人探访。2007 年 5 月 31 日，美国公民自由联盟代表他向马里科帕县提出诉讼，反对像对待犯罪的囚犯一样对待他。虽然国家有权对患有严重传染病的个体进行检疫和隔离，以保护公众健康，但他们也有义务尊重个人的公民自由。国家这种权威不是无限的，这种权威受到宪法确保的个人权利和公民自由权的约束。

第 5 节　限制个人自由的伦理辩护

一、基于伤害原则的辩护

立法机构和行政机构制定相应的法律、条例或规章，由立法机关或政府授权的公共卫生或疾病控制机构，根据这些法律、条例和规章在全社会范围或针对目标人群采取保护和促进个体和群体健康的措施。在许多情况下，这些措施既保护了群体，也保护了个体，与个人的行动自由和自主意愿并无冲突。但在特定条件下，针对全社会或目标人群的公共卫生措施有时会与个人的行动自由和自主意愿产生冲突，有些措施是带有强制性的，在一定意义上会侵犯个人的行动自由，违反个人的自主意愿。那么，这些干预措施能够得到伦理学的辩护吗？如果为了他自身利益（例如吸烟对吸烟者自己的身体健康有害），对他的行为（吸烟）进行干预，就会侵犯他的自主意愿和行动自由，这种干预能够得到伦理学上的辩护吗？19 世纪英国哲学家密尔（Mill）会反对这样做，因为他认为只要不涉及他人的利益，个人就有完全的行动自由，只有当个人的言行危害他人的利益时，个人才应接受社会的强制性惩罚。[1]

---

[1]　MILL J S. On liberty [M]. Batoche: Batoche Books, 1859: 13.

一个人的行动可有四个变量（表 21-1）。一类行动是自愿的（有完全行为能力的、充分知情的、没有压力的），另一类是非自愿的（欠缺行为能力的、不知情的、在压力之下的）；此外，有些行动是仅与行动者自身有关的（行动的不良影响落在自己身上），另一些是与他人有关的（行动的不良影响落在他人身上）。

表 21-1　人的行动的变量

相关性	自愿的	非自愿的
仅与自身有关的	在孤立的地方吸烟	青少年（欠缺决策能力）在孤立地方吸烟
与他人有关的	在朋友或家人（同意吸烟）面前吸烟	成年吸烟者在饭馆或其他公共场所吸烟

有些与他人有关的行动不仅对他人有不良影响，而且也没有经过他人自由的、自愿的、不被欺骗的同意。例如，未经在场的他人同意，在家、办公室或公共场所吸烟。如果在场的第二人是成人，同意第一人吸烟，第二人同意承担第一人的行为给他带来的风险，但第一人吸烟为第三人带来的健康风险是未经第三人同意的，那么，干预措施不仅包括对他人吸烟的决定进行干预，即干预第一人在公共场所吸烟，还包括对他人容许公共场所吸烟的决定进行干预，即干预第二人对第一人吸烟的同意。换句话说，既包括保护吸烟者自身健康的家长主义干预，也包括保护吸烟者以外的第三者健康的非家长主义干预。不管一个人的行动是自愿的，还是非自愿的，社会可以某种方式干预，以减少或防止他将严重风险加于他人身上。如果是非自愿的（包括欠缺决策能力者做出的决定），与他人有关的行动（例如，一个青少年在公共场所吸烟），那么这种干预似乎容易得到辩护。但如果强制干预一个自愿的且仅与行动者自身有关的行动，即该行动仅使该行动者个人受到伤害，干预是为了他自己的利益而压制他自愿的行动，且这一行动并未伤害他人，这种情况下进行干预是否能够得到伦理学的辩护？尤其是在当事人将因这种健康风险行动带来的快乐看得比该行动可能引起的健康风险（例如患病、伤残和早死）更加重要的情况中，对个人行动自由进行干预的伦理学辩护如何成立？

一种较普遍的、为人所接受的观点是，在公共卫生领域，仅当有风险的行动是与他人有关的或者非自愿的，或者两者兼有时，对这些行动的干预才是必要的。这种观点就是伤害原则的简单表述，这种简单表述并不足以对公共卫生干预做出充分的伦理辩护。因为，一方面，虽然伤害原则受到普遍认同，但在界定"非自愿"或"影响他人"方面仍然会有不同意见。例如，有些人喜爱油炸食品，这影响了他们的营养和体重，使他们患病和早死的风险增加了，但他们并不希望患病，那么，他们吃油炸食品的行动是自愿的还是非自愿的？有人在看了补钙产品电视广告后经常补钙，结果钙摄入量过多出了问题，这个补钙的行动是自愿还是非自愿的？另一方面，仅表明一个人的行动对他人有不良影响是不够的，有必要表明对他人的那些不良影响严重到足以证明限制他个人的自由是必要的。例如，有人仍然质疑，吸烟者给他人造成的影响是否严重到必须禁止他们在公共场所，甚至在有亲属在场的家中吸烟，尽管大多数人的回答是肯定的。在高致死率传染性疾病即将或已经到来时，例如，在新型冠状病毒肺炎、禽流感和埃博拉流行期间，在一定程度上限制个人的行动自由，以防止疫病迅速扩散，有充足的辩护理由。这里既有避免他人受到伤害的非家长主义干预，又有避免当事人受到伤害的家长主义干预。

公共卫生伦理强调，应当采取干涉个人行动自由和自主意愿的非家长主义干预措施，以保护可能受到不良行动影响的他人，使之免于遭受本可避免的伤害，同时，也不否定必要时采取家长主义的干预措施，以避免当事人（行动自由或自主意愿受到限制的人）受到本可避免的伤害。例如，对有利于健康的行为采取奖励措施，对不利于健康的行为采取惩罚措施，强制性义务免疫接种等。密尔也说过，"在桥上行走的人如有掉入河中的风险，应该对他进行干预，以防他掉入河中。"[1]

因此，以公共卫生的名义干预个人自主的、影响他人的行动，或干预个人伤害自身的行动，是可以得到伦理学辩护的，但必须经过仔细地检查，也要警惕政府机构以国家或社会利益的名义，没有得到伦理学的辩护便轻易地采取强制性措施，侵犯个人的自主性、隐私和自由。当我们为了公共卫生的利益而必须限制个人权利、利益或自由时，一方面，要注意对他人影响的性质和程度；另一方面，也要注意这种限制的性质、程度、规模和持续时间，尽可能地给有关个人带来最低程度的负担和损失，并且对损失给予一定的补偿，避免对有关个人造成伤害。[2]

二、基于公民义务的辩护

美国生命伦理学家、《生命伦理学百科全书》（第 4 版）主编杰宁斯（Bruce Jennings）[3]认为，伤害原则难以为以公共卫生目的，干预个人自由提供完全的伦理学辩护。他认为，现代公共卫生产生于西方工业化国家，国家行动的伦理学辩护框架主要是由自由论哲学提供的，包括自然权利契约论、经济和公民自由意志论、效用论或福利主义自由论[4]以及人权论等。这是一个重要的框架，但是仍有缺陷，公共卫生伦理学需要超越这一框架。好比对于一个社会问题，我们把它看作一个私人的麻烦，还是把它看作一个公共问题，关系到许多人，牵涉到政策、制度、法律等。[5]而要求公民把为了公共卫生目标而施加的必要的、限制个人自由的措施，如果要求公民将此作为公民义务来接受，则必须明确以下论点：（1）公共卫生是公用专业。杰宁斯指出，公共卫生是由一组学科和实践形成

〔1〕 MILL J S. On liberty [M]. Batoche: Batoche Books, 1859: 13.

〔2〕 参阅: BEAUCHAMP D E, STEINBOCK B. New ethics for the public's health [M]. Oxford: Oxford University Press, 1999; CALLAHAN D, JENNINGS B. Ethics and public health: Forging a strong relationship [J]. American Journal of Public Health, 2002 (92): 169-176; CHILDRESS J F, FADEN R R, GAARE R D, et al. Public health ethics: mapping the terrain [J]. Journal of Law Medicine & Ethics, 2002, 30 (2): 170-178.

〔3〕 JENNINGS B. Public health and civic republicanism: toward an alternative framework for public health ethics [M]//DAWSON A, VERWEIJ M. Ethics, prevention, and public health. Oxford: Oxford University Press, 2007: 30-58.

〔4〕 在本文中 liberalism 译为"自由论"，libertarianism 译为"自由意志论"，在 19 世纪二者具有相同的理想和价值，可是时过境迁，它们分道扬镳了。它们都支持个人自由，但自由论者要通过政府来确保这种自由，而自由意志论者则不要政府而要依靠自己或私人机构的努力来确保自由。所以，自由论者支持大政府，支持高税赋和严管制，而自由意志论者则讨厌政府，希望来自政府的干预最少，以确保个人自由，而用私人倡议来解决社会问题。

〔5〕 JENNINGS B. Public health and civic republicanism: toward an alternative framework for public health ethics [M]//DAWSON A, VERWEIJ M. Ethics, prevention, and public health. Oxford: Oxford University Press, 2007.

的一种公共服务的专业或公用专业（civic professions）。公共服务或公用专业还包括公共管理、政策分析、规划、执法或公共安全，以及教育、交通、通信、建筑和法律。对公共卫生的辩护不能限于个人权利、自由、利益和效用等方面，而是应该直截了当地论证，限制和预防感染的进一步传播本身在伦理上是值得追求的目的。在这种情况下，公共卫生人员必须谈到公民责任、参与、关怀，公共卫生的目的使人民的一生更为健康。（2）人在关系之中（persons in relation）。公共卫生引起的变化，既有个体层次，也有社会规范和机构层次的变化。然而，个体与群体已经错综复杂地纠葛在一起，个体在性质上已经完全社会化和关系化了，而社会层次的变化归根到底也是来自作为社会生物的个体的经验和生活的变化，因而公共卫生伦理学需要共济、互惠、相互依赖、社会正义等概念。（3）公共卫生是公共品。公共品使所有人在不同程度上受益，但它们容易被过度使用或支持不足。在公共卫生中，强制免疫接种就是公共品的一个例子，通过连续的儿童强制免疫接种计划来维护群体免疫力。如果放弃不管，或让私人去负责，那么群体免疫就会遭到削弱，甚至消失，从而使人群处于疫病风险之中。

第6节　限制个人自由的可辩护条件和步骤

一、限制个人自由的可辩护条件

缓解公共卫生与个人自由冲突的一个办法是，规定一些限制个人自由的可辩护条件。公共卫生措施，例如强制性免疫接种或流感大流行中的检疫和隔离，往往被置于个人自由和自主之上，但为控制疫病流行这些措施是必要的。然而有时实施的措施及其实施过程会有欠妥之处，这些措施甚至会遭到个别人的抵制和反抗。因此，需要制定一些标准来确保这些限制个人自由的措施是合理的、能得到伦理学辩护的，向公众说清楚这样做的理由，也有理由对抵制和反抗者采取行政的甚至司法的手段。在公共卫生工作中，限制个人自由可辩护的条件有：[1]

（1）有效性（effectiveness）：必须证明限制个人自由对保护公众健康是有效的。例如强制性免疫接种和流感大流行时的检疫和隔离，业已证明这些措施对预防传染病和控制大流行蔓延是十分有效的。但试图将所有 HIV 感染者隔离起来，以控制艾滋病的蔓延，结果证明是无效的，因此这种做法得不到辩护。

（2）相称性（proportionality）：限制个人自由在公共卫生方面的受益，要比侵犯个人自由带来的风险大得多。例如 SARS 期间采取的隔离办法限制了个人的自由和自主性，尽管有不少不合意的后果，但对公众健康的保护十分重要，包括对被隔离者的保护。这样做

---

〔1〕 参阅 CHILDRESS J F, FADEN R R, GAARE R D, et al. Public health ethics: mapping the terrain [J]. Journal of Law Medicine & Ethics, 2002, 30 (2): 170-178.

符合相称性条件，在伦理学上能得到辩护。相称性也指对个人自由限制的程度应该与疫病的严重性和传播途径相适应，例如我国对 SARS 患者采取严厉的隔离措施，而对禽流感则采取自愿隔离一周的措施，这样做符合相称性条件。如果对 HIV 感染者进行强制隔离，就不符合相称性条件。

（3）必要性（necessity）：并不是所有有效的、相称的措施，对实现公共卫生目标都是必要的。有些措施可能不必要地侵犯了个人自由。例如，将所有结核患者隔离起来进行治疗，以防止用药不当产生多重耐药结核菌，就可能不必要地侵犯了个人的权利和利益。给完成治疗直到治愈的结核病患者提供奖励，比将这种患者拘留起来直到确保完成治疗要好。主张强制治疗的人有责任提供支持性的理由，说明这种强制性做法是必要的。

（4）侵犯最少（least infringement）：即使一项政策满足了前面三个辩护条件，还需要看其对个人自由、权利和利益的侵犯是否最小化。当一项政策侵犯个人自由时，公共卫生工作人员应该寻求将对个人自由的限制减少到最低程度的政策或措施。当一项政策或措施必然会侵犯隐私时，应寻求侵犯程度最小的政策或措施。当一项政策或措施会侵犯个人隐私时，应该仅要求为达到公共卫生目标所需的人以及所需种类和数量的信息，且不能将这些信息泄露给无关的人。

（5）透明性（transparency）。当公共卫生人员相信他们的政策、做法和行动侵犯某一群人的个人自由时，他们有责任向有关各方，包括受侵犯的那些人说明这种侵犯有必要性的理由。透明性要求我们应该平等对待、尊重公民。透明性也是我们建立和维持公众对公共卫生的信任和树立责任心所不可缺少的。

二、限制个人自由的步骤

当我们要就一项既要达到公共卫生目的，同时又不得不限制个人自由的政策做出决定时，我们在最后做出决策前需采取以下的步骤：

步骤 1：证明风险的存在。如果不限制个人自由，会有怎样的风险？首先，风险的性质是什么？风险可来源于物理的、化学的、有机的、环境的和行为的因素。其次，风险的持续时间有多长？风险可以是即将来临的或比较远的风险，也可以是急性的或慢性的风险。再次，风险实际发生的概率如何？风险可以是高度可能的，也可能是极其罕见的。最后，如果风险来临，伤害的严重性如何？伤害可以是灾难性的，也可以是轻微的。伤害可影响个人或人群，影响目前世代或未来世代，影响人们和人们珍视的物（如植物、动物或环境）。

步骤 2：证明干预的有效性。限制个人自由的公共卫生干预措施应该是合理的，能减少风险的。公共卫生干预措施以预防为主，因此衡量其成功与否的标准是看干预是否有可能控制疾病的蔓延，即公共卫生干预是否能有效地减少风险。

步骤 3：评估社会经济成本。限制个人自由的公共卫生干预措施是有成本的，包括经济成本与非经济成本。这些措施不仅能够减少风险，而且成本应该合理，所以，决策者应该了解成本是多少，并应该选取最经济和最有效的措施，理由是政府的资源有限。对 HIV

感染进行强制性的普遍筛查，社会经济成本太大，而效果有限。在一项效益低的干预上花费太多的钱，就缩减了可以分配给可能更有效的干预措施的资源。选取成本低效益高的措施并不意味着我们要在采取干预措施前等待过硬的科学证据出现。有人主张采用防范性原则（precautionary principle），这是说公共卫生机构可采取行动防止未来的伤害，即使缺乏定论性证据证明伤害是实在的或干预是有效的。

步骤4：评估对人权的影响。如果政府对人权的影响太大，有时即使效益高的政策也不应该采取。决策者应该考虑干预措施对人权影响的频率、范围和持续时间。人权的优先性并不总是压倒公共卫生，但肯定需要对人权加以衡量。

步骤5：评估干预的公平性。政策的制定和实施应该公正。例如受益和负担应该公平分配。人们通常将注意力集中于需要和风险方面，这是对的。一方面，受益或公共卫生服务通常应该根据需要分配，即需要者有权受益和获得服务。另一方面，管理方面的负担应该按风险责任来分配，即给公众和环境造成越大风险的人，其所应该承担的管理费用和负担（例如制造环境污染的单位和责任人）也就越高。当然还有评价公正分配受益和负担的其他方法，但对需要和风险两方面的考虑是更为合适的标准。[1]

————————————
〔1〕 参阅：CHILDRESS J F, FADEN R R, GAARE R D, et al. Public health ethics: mapping the terrain [J]. Journal of Law Medicine & Ethics, 2002, 30 (2): 170-178.

KASS N E. An ethics framework for public health [J]. American Journal of Public Health, 2001, 91: 1776-1782.

第 22 章　健 康 公 平

第 1 节　健康不平等

一、健康不平等的概念

我们首先要区分医疗（medical care）与健康（health）、医疗不平等（medical care inequality）与健康公平（health equity）等概念。医疗是指对疾病或损伤的诊断、治疗和预防。医疗可及因国家、群体和个体而异，主要受社会和经济条件以及卫生政策影响。广义上的医疗是指医疗服务的接受、利用及其质量，医疗资源的分配，以及医疗的筹资。健康指健康结局、健康绩效或健康成就，例如预期寿命、生活质量、死亡率等。医疗是健康的社会决定因素之一，除了医疗以外，还有很多因素影响一个人的健康。健康的关键社会决定因素包括生活条件、社区和职场条件，以及影响这些因素的相关政策和措施。医疗不平等是指医疗可及方面的差异，这些差异可由各种经济和非经济的障碍引起，例如医疗保险覆盖面不足、缺乏正规的医疗资源、缺乏经济资源、法律方面的障碍、医务人员的稀缺、缺乏医疗卫生知识等。健康公平可界定为不存在不必要的、可避免的、不公平或不公正的健康差异，或不存在群体之间因社会地位（如财富或权力）导致的系统健康差异。

健康不平等（health inequality）系统地使在社会上已经处于不利地位的人进一步在健康方面处于不利地位[1]。但医疗可及方面的不平等并不总是导致健康不平等或不公正。在许多情况下，有钱的患者服用进口的昂贵的药物，而贫穷的患者只能获得负担得起的药物，但仍然是安全有效的。因此，他们的健康结局并没有实质上的不同。健康不平等不仅存在于不同国家间，也存在于一国不同地区之间。如利比里亚的儿童死亡率为瑞典的50 倍；从美国华盛顿最穷的地方到马里兰州的蒙哥马利县，每隔 1.6 千米（1 英里），预期寿命就提高 1 年半。最穷的黑人与富裕白人的平均寿命有 20 年的差距。[2]

〔1〕　WHITEHEAD M. The concepts and principles of equity in health [J]. International Journal of Health Services, 1992, 22: 429-445; BRAVEMAN P, GRUSKIN S. Defining equity in health [J]. Journal of Epidemiological Community Health, 2003, 57: 254-258.

〔2〕　MARMOT M. Status syndrome: how your social standing directly affects your health and life expectancy [M]. London: Bloomsbury Publishing Company, 2004.

二、健康水平与社会经济地位相关

个人、社群或国家的健康水平与社会经济存在相互作用。社会经济地位（socioeconomic status）是指与收入、教育、工作相关的个人、家庭、社群或国家的综合的社会学和经济学的测度。一方面，一个人、一个社群或一个国家社会经济地位低，其健康水平也差，反之，其健康水平也较好；另一方面，一个人、一个社群或一个国家的健康水平差者，其社会经济地位也低，反之，健康水平高者，其社会经济地位也高。美国生命伦理学家丹尼尔斯（Norman Daniels）等[1]指出，许多人对其他方面的不平等并不感到烦恼，但对健康不平等感到特别烦恼。许多有关健康不平等的社会科学文献专注于研究社会经济地位低对健康的消极影响，但糟糕的健康状况也会导致人的社会经济地位低，对此大家没有争议。健康与社会经济地位相关的一个明显例子是，医疗卫生可及的不平等可导致健康不平等。然而，它并不是健康差异十分显著的原因，即使在英国这样的国家，他们有国有化的医疗卫生制度，我们也看到显著的社会经济地位差异。另一个影响因素可能是智能。智能高的人往往有好的工作，也往往比智能差的人采取更有利于健康的行为，因此智能既影响社会经济地位，又影响健康。虽然我们不能完全解释健康与社会经济地位之间所有的相关性，但社会经济地位低显著地引发健康问题，这是不能否认的。有一些模型说明，与社会经济地位相关的社会因素对健康有糟糕的影响，进而说明社会经济地位低如何导致健康状况糟糕。英国社会科学家马莫特（Michael Marmot）[2]提出的假说是，社会经济地位低的人往往不太能控制他们的工作和生活条件，往往容易引发动脉粥样硬化和超重等健康问题。

第 2 节　健康不公平

健康不公平有两个最有影响的定义，但这两个定义都有缺点。[3]第一个定义，健康不公平是指不必要和可以避免的、不公平和不公正的健康差异。如果我们认为某一健康不平等是不公正的，那么我们往往已经做出了健康不平等就是健康不公平的论断。有些健康差异不一定是不公平引起的，有些健康差异是不必要的和可以避免的。例如，有行为能力的成人从事危险的运动（如登山活动），他们知道这会增加他们死亡和损伤的风险，这种增高的风险造成了登山运动员与非登山运动员之间健康的不平等。这个定义的支持者认为，

〔1〕　DANIELS N, KENNEDY B, KANACHI I. Health and inequality, or why justice is good for our health [M]//ANAND S. Public health, ethics and equity. Oxford: Oxford University Press, 2004: 63-92.

〔2〕　MARMOT M. Status syndrome: how your social standing directly affects your health and life expectancy [M]. London: Bloomsbury, 2004.

〔3〕　WHITEHEAD M. The concepts and principles of equity and health [M]. Copenhagen: WHO Regional Office for Europe, 1990; KAWACHI I, et al. A glossary for health inequalities [J]. Journal of Epidemiology and Community Health, 2002, 56: 647-652.

如果健康差异是社会因素引起的，而不是生物学因素决定的，那就是不公平。由于人类活动造成的不平等是可避免的，因为它们是人的因素引起的，而自然引起的不平等则不是人类行动引起的，我们对此无能为力。但对此也存在争议：其一，某事产生有社会原因，并不意味着我们能通过社会干预来成功地制止它。例如我们在使气候变暖，但至今我们不能止住气候变化。其二，不能因为某事由自然引起，就认为我们对它就无能为力或我们就不应该设法止住它。感染性疾病由自然中的病原体引起，但我们不能听之任之。所有的医疗措施都是人为干预，都是为了恢复患者的健康，而且这些结论不是从前提中自然得出的。即使试图将全社会的健康成就均等化是不公正和不合适的，并不因此就说生而健康糟糕的人就不能根据公正原则来主张社会做出某种变革。例如，如果我们不能使盲人恢复视力，我们不能因此而使其余人都失去视力以恢复平等，但是我们可以做许多事情帮助盲人，例如确保建筑物的设置有利于通行，确保所有官方文件都有盲文版本，这是公正所要求的。因此，我们不能治愈失明并不意味着我们应怪罪于自然，我们可以说盲人的不利地位是不可避免的，而不是不公平的。

在健康不公平的第一个定义中唯一能站得住脚的是不公正、不平等的观念，这个观念形成了第二个健康不公平定义的核心，即健康不公平是指健康中的那些不平等是不公平造成的（unfair）或来源于某种不公正（injustice）。这个定义提示，来源于不公正的健康不平等是健康不公平。但也不是所有来源于不公正的不平等本身都是不公正的。有些来源于不公正的不平等微不足道，在道德上无重要意义；而另一些不平等也许有益于那些曾被不公正对待过的人。例如，一个社会只允许男人吸烟，而不允许女人吸烟，这对女人不公正，然而，这是有益于女人健康的不平等，不能认为是健康不公平。因此，第二个定义认为所有来自不公正的不平等本身都是健康不公平，还是太武断了。我们对健康不公平的关注完全是对健康成就分配公正的关注。因此，健康不平等是健康不公平，当且仅当它是这样一种不平等，即一个拥有社会正义的社会无法容忍的不平等。

例如我国目前城乡职工基本医疗保险制度、城乡居民基本医疗保险制度以及新型农村合作医疗制度中的医疗费用报销比例存在很大的不平等。那么这种不平等是不是不公平？

对这个问题的一种回答是：这种不平等不是不公平。理由：

（1）在这三类医疗保险制度中，参保者缴纳的保险金不同；

（2）经济发达地区的参保者比欠发达地区社群成员对 GDP 做出的贡献更大。这两个理由背后隐藏的假定是：医疗好比商品，你支付得越多，则你报销的医疗费用越多。

对这个问题的另一种回答则是：这种不平等就是不公平。

理由：

（1）我国党和政府明确指出"人人享有基本医疗卫生服务"，"全体人民病有所医"。[1] 其背后的假定是医疗健康权利概念 —— 当一个人患病了，他有权获得医疗；一个人有获得医疗健康的权利。"人人享有基本医疗健康服务"，"全体人民病有所医"，意

---

〔1〕 新华社. 中共中央国务院关于深化医药卫生体制改革的意见 [EB/OL]. (2009-03-17) [2019-08-13]. http://www.gov.cn/jrzg/2009-04/06/content_1278721.htm.

味着政府有义务提供医疗健康给其公民。医疗的筹资取决于支付能力；而医疗的配送则取决于病情的需要。一个人享有医疗健康的权利与他缴纳多少保险金或对社会做出多大贡献没有关系。

（2）不同医疗保险制度的不同报销比例并不是生物学的或其他自然的、不可避免的因素引起的，而是社会化的医疗保险制度本身的缺陷引起的，因此这种不平等就是不公平，为了社会正义必须加以修改。[1]

（3）这种不平等已经引起严重的负面后果，即在报销比例低的基本医疗制度中，受保人只能选择放弃治疗，结果导致致残或死亡，甚至自行截肢或进行剖腹手术。这说明，医疗上的不平等已经导致健康结局的严重差异，这种严重差异（富人得救，穷人等待死亡）要求我们给予更大的关注。这种健康不平等已经形成健康不公平了。

第3节　健康公平与平等论

一、健康不平等与健康不公平的区别

健康不平等是用来说明个人和群体健康成就的区别、变异和差距的通用术语，而健康不公平是指不公正的健康不平等。之所以需要对二者进行区别，是因为有些健康不平等不是不公正的。如果不平等不是不公正造成的，我们就没有义务去减少或消除这种不平等。例如对1956—2005年期间欧美1000位主要流行歌星的调查揭示，他们的死亡率显著高于欧美同时代与之人口学上配对的人群。[2]这显示了流行歌星与普通人之间显著的健康不平等。但很少有人认为，欧美政府应该赶紧采取措施纠正研究人员揭示的这种不平等，流行歌星预期寿命低的主要原因是他们选择高风险行为。当我们在讨论类似健康不公平这样的概念时，由于这种概念隐含着一种规范性判断，因此我们需要先弄清这个概念的内涵与外延。

二、平等与公平

平等与公正是人类的核心价值观。公正社会和社会正义要求实现平等。虽然人与人之间存在着许多不平等，我们也不可能要求所有人在各方面都实现平等，但我们应该探讨在一个公正的社会中，人类应该在哪些方面实现平等，如何实现这些方面的平等，或至少必须逐渐缩小人们这些方面的不平等。由于健康公平或基本医疗公平是社会正义的本质要素，在面临健康或医疗卫生不平等或不公平时，我们追求平等是应该的，在追求健康或医

〔1〕　DANIELS N. Equity and population health: toward a broader bioethics agenda [J]. The Hastings Center Report, 2006, 36 (4): 22-35.

〔2〕　BELLIS M, HENNELL T, LUSHEY C, et al. Elvis to Eminem: quantifying the price of fame through early mortality of European and North American rock and pop stars [J]. Journal of Epidemiology and Community Health, 2007, 61: 896-901.

疗卫生平等化（或均等化）的过程中，何种平等论适合于作为我国社会医疗保障制度的伦理基础呢？医疗卫生改革旨在缩小贫富人群在医疗卫生可及方面的鸿沟。然而，我们发现相关政策存在着若干概念模糊和前后不一致的问题。2009 年中共中央、国务院发布了《关于深化医药卫生体制改革的意见》，此文件提出了一些非常重要的理念，例如：

①维护社会公平正义；②着眼于实现人人享有基本医疗卫生服务的目标；③坚持公共卫生的公益性质；④坚持以人为本，把维护人民健康权益放在第一位；⑤从医疗改革方案设计、卫生制度建立到服务体系建设，都要遵循公益性的原则；⑥把基本医疗卫生制度作为向全民提供的公共产品；⑦努力实现全体人民病有所医；⑧促进城乡居民逐步享有均等化的基本公共卫生服务。这些理念是医疗卫生工作的出发点，是评价医疗卫生工作的标准，也是医疗卫生工作的目标。值得特别指出的是，这个划时代文件追求"均等""公平""公正""正义"。但在具体的基本医疗保险制度中[1, 2]，即在城乡职工基本医疗保险制度、城乡居民基本医疗保险制度以及新型农村合作医疗制度之间存在不平等和不公平，与上述理念是不一致的。城乡职工基本医疗保险制度以及城乡居民基本医疗保险制度采用了基本医疗概念。基本医疗应该接近或蕴含着某种基于需要的足量平等理念。然而，三种医疗保障制度的设计基于医疗卫生按贡献分配的理念，这与平等、公正理念是不一致的，并且是不相容的。

三、按劳分配

平等论不一定意味着人们所处的条件在任何方面都相同，或应该在任何方面都同样对待人，而是默认人应该平等对待人，但也存在某些方面的不平等。在《哥达纲领批判》中，马克思断言，在共产主义社会的第一阶段，要实行按劳分配原则。[3] 然而，其一，一个人做出贡献（"劳"）依赖于他的能力，而能力又取决于许多其本人无法控制的许多因素。一个人生来就是在基因组结构（生物学彩票）及其生长的社会环境（社会彩票）方面中不平等的，其中许多因素他不能控制。其二，什么样的成就算是贡献依赖于价值系统。在男尊女卑的社会里，家庭妇女的工作根本不被认为是贡献。在中国现实中，贡献往往被人用官职衡量，职位越高，贡献越大。这种资源分配原则易造就一个拥有过多财富和不受制衡的权力的特权阶层。贡献原则与应得（desert）类似，每个人应根据贡献获得报酬：贡献大，报酬多；贡献小，报酬少；没有贡献，没有报酬。然而，健康或医疗卫生是不能按贡献分配的，唯有根据治疗、预防、护理和康复的实际客观需要来分配才是公正的。因此，贡献或应得原则不宜成为社会化医疗保障制度的伦理基础。

〔1〕 国务院. 国务院关于建立城镇职工基本医疗保险制度的决定 [EB/OL]. (2005-08-04) [2019-08-13]. http://www.gov.cn/banshi/2005-08/04/content_20256.htm.

〔2〕 国务院. 国务院关于开展城镇居民基本医疗保险试点的指导意见 [EB/OL]. (2007-07-10) [2019-08-13]. http://www.gov.cn/zhuanti/2015-06/13/content_2878973.htm.

〔3〕 KARL M. The critique of the gotha program [M]//TUCKER R. The Marx-Engels reader, New York: W. W. Norton, 1987: 525-541.

四、严格平等论

缩小贫富之间不平等或不公平鸿沟的另一进路是严格平等论（strict egalitarianism）。严格平等论主张，每个人应该拥有同等水平的物品和服务，因为人们在道德上是平等的，而物品和服务方面的平等是实现这种道德理想的最佳途径。[1] 然而，在现实中很难实施绝对的严格平等论，只能采取一种相对平等论，人们总是关注与他人相比他的遭遇如何，对于这种进路，人们的相对地位要比其绝对地位更重要，甚至人们的相对地位最重要，其绝对地位根本不重要。因此，平等之有价值在于平等本身。[2]

对严格平等论有许多反对意见。其中最有影响的是向下拉平论证（leveling-down argument）。这种论证是说，平等可以通过减少较富裕者的幸福（向下拉平），也可以通过增加较贫困者的幸福（向上拉平）实现。如果平等本身是目的，我们有什么理由反对向下拉平呢？[3] 让我们设想有两个世界A和B[4]：在世界A，所有人在所有方面都是平等的，但条件是如此苦不堪言，人们勉勉强强地活着。而在世界B，存在着相当程度的不平等，但即使是最穷的人，他们的生活也远比世界A的所有人的生活要美好。如果我们仔细考察一下"文化大革命"时期，我们采取严格平等论的进路，通过大幅度减少较富裕的人的幸福来追求平等，将脑力劳动者的条件向下与体力劳动者拉平。虽然大多数原本贫困的人条件有一点儿改善，但许多原本富裕的人情况变糟了。通过将一些人变穷来达到平等这种做法在道德上是有问题的：人人平等的目的是什么？不能为平等而平等，平等是为了使所有人更幸福。我国追求平等的经验可为反对严格平等论的向下拉平论证提供鲜活的例证。因此，严格平等论不适合作为社会化医疗保障制度的伦理基础。

五、特殊平等论

特殊平等论（specific egalitarianism）由美国经济学家、诺贝尔奖获得者托宾（James

〔1〕 WILSON J. Health inequities [M]//DAWSON A. Public health ethics: key concepts and issues in policy and practice. Cambridge: Cambridge University Press, 2011: 211-230;

ARNESON, RICHARD. The Stanford Encyclopedia of philosophy: egalitarianism [DB/OL]. (2013-04-24) [2019-08-13]. https:// plato.stanford.edu/archives/sum2013/entries/egalitarianism/.

LAMONT J, FAVOR C. The Stanford encyclopedia of philosophy (Winter 2017 Edition): distributive justice [DB/OL]. Metaphysics Research Lab, Stanford University (2017-09-26) [2019-08-13]. https://plato.stanford.edu/archives/win2017/entries/ justice-distributive/.

〔2〕 PARFIT D. Equality or priority? [M]. Kansas: The Lindley Lecture University of Kansas, 1991.

TEMKIN L. Inequality [M]. Oxford: Oxford University Press, 1993.

〔3〕 LUCAS J R. Against equality again [J]. Philosophy, 1977, 52 (201): 255-280.

〔4〕 PARFIT D. Equality and Priority [J]. Ratio, 1997, 10 (3): 202-221.

Tobin）提出。[1]他主张，某些特殊品，例如医疗卫生和生活基本品的分配不应该比人们支付能力的不平等更不平等。对于那些非基本的奢侈品，我们应该鼓励人们为之去努力、去竞争，然而对于医疗卫生和其他必需品，我们不应该将它们视为刺激经济活动的东西。健康或医疗卫生的分配不应该比一般收入的不平等更不平等，不应该比市场分配更不平等。这种理念是特殊平等论的基础。英国经济学家阿南德[2]（Ariand）指出，各种不平等都令人生厌，然而与收入不平等相比，人们对健康不平等更不能容忍，因为收入不平等有可能会激励人们努力工作，有助于增加社会总收入，从而有利于社会。但激励论证不适用于健康不平等，因为它不能激励人们去改善健康，从而有利于社会。人们可以容忍衣着、家具、汽车、旅行方面的不平等，但对营养、健康和医疗方面的不平等感到厌恶。因此，健康或医疗卫生的分配不应该比市场分配更不平等。健康或医疗卫生应该看作一种特殊品（specific good），它理应为每个人享有，而不应该按收入或贡献（例如付更多保险金或对 GDP 贡献更大）来分配。收入仅有外在（工具性）价值，健康既有内在价值，又有外在（工具性）价值。健康对一个人的幸福（well-being）有直接影响，是一个人活动的前提条件。因此，健康或医疗卫生的公正和公平的分配是社会正义的本质要素。由于社会安排问题（例如贫困）而不是个人选择（例如吸烟或酗酒）致病，疾病得不到治疗，健康得不到维护，是严重的社会不公正。特殊平等论可作为当今中国将医疗卫生当作商品、将医院当作企业的错误理念的解毒剂。不少决策者似乎仍然不明白正是他们将医疗看作商品、将医院看作企业的观念[3]导致医疗可及的严重差异，这种严重差异又引起不同人健康结局的严重差异。

六、优先平等论

在对严格平等论的批评中，有一种观点认为，如果收入不那么严格地平等分配，那么所有人在物质获得方面可能会更好。这种批评启发了罗尔斯提出差异原则。[4]人们认为，关于何种论证可为不平等辩护，罗尔斯的差异原则为此提供了相当清晰的思路。罗尔斯在原则上并不反对严格平等的制度本身，但他关注的是处于最不利地位群体的绝对地位，而不是他们的相对地位。如果一个严格平等制度使社会中最不利地位群体的绝对地位最优化，那么差异原则就维护严格平等论。除非收入和财富的不平等能提高处于最不利地位群体的绝对地位，否则不平等就应被禁止。[5]这种观点称为优先平等论（prioritarianism）[6]，

〔1〕 TOBIN J. On limiting the domain of inequality [J]. The Journal of Law and Economics, 1970, 13: 263-277.

〔2〕 ANAND S. The concern for equity in health [M]//ANAND S, et al. Public health, ethics and equity. Oxford: Oxford University Press, 2004: 15-20.

〔3〕 例如是让国营企业接管公立医院，以管理企业的方式管理医院，或创办最终以营利为目的的大型医院。这将进一步加剧"看病贵，看病难"的尴尬处境。

〔4〕 RAWLS J. A theory of justice [M]. Cambridge: Harvard University Press, 1971.

〔5〕 LAMONT J, FAVOR C. The Stanford encyclopedia of philosophy (Winter 2017 Edition): Distributive Justice [DB/OL]. (2017-09-26) [2019-08-13]. https://plato.stanford.edu/archives/win2017/entries/justice-distributive/.

〔6〕 译为"优先平等论"也许不是很贴切，因为"优先"似乎离开了"平等"，但目的也是为了实现总体上较为平等或接近平等，因此还是译为"优先平等论"。下面"足量平等论"的译名也有类似问题。

这一术语首先出现在 1991 年英国哲学家帕费特（Derek Parfit）的《平等或优先》中。[1] 优先平等论认为，某一结局的"好"（goodness）取决于所有个体的总幸福，给予最穷的人以额外的权重。优先平等论的提出是为了克服严格平等论的致命缺陷，即忽视最穷的人的绝对状况。优先平等论将优先重点置于使幸福水平非常低的那些人受益上，以此来帮助不幸的人们，而不是去帮助幸运的人们，即使该社会的总体幸福因此会比资源分配给幸运儿的社会总体幸福要低一点儿。优先平等论的一个优点是不容易受到向下拉平论证观点的反对，另一个优点是有希望将幸福最大化的价值与将优先的重点置于穷人身上结合起来。[2] 人们争辩说，将优先重点置于穷人，优先平等论强调的已经不是平等了，因为它唯独关注改善穷人的条件，而相对不平等或贫富条件之间的差距不是伦理学关注的问题。这种论证似乎并不在理，因为拉高穷人的条件是缩小贫富条件之间差距的第一步。优先平等论有助于改善我国目前医疗保险制度中最穷的人待遇最糟的荒谬状况：最穷的人（贫困农民、城镇失业居民）在医疗费用方面报销最少，而相比之下，宽裕的人则报销更多。

七、足量平等论

严格平等论的另一个替代办法是足量平等论（sufficientarianism）。人们争辩说，也许问题不在穷人拥有的比富人少，而是穷人不拥有足量的资源来确保他们过健康的生活。伦理学上重要的，不是一些人的条件与其他人相比如何，而是他们是否拥有超过某一阈值的足量资源，这个阈值标志着达到体面、健康的生活质量所要求的最低限度资源水平。对于足量平等论而言，不公正的是有些人的条件落在足量水平以下。例如，如果不平等主要是一些既不能预防、又不能纠正的因素的结果，或者如果不平等主要是个人选择的后果，或者将减少不平等的资源用于促进其他层面的幸福更好，即使在健康方面存在相当大的不平等，这也可能不是不公正。虽然我国男性预期寿命（72 岁）低于女性（77 岁），但这已是接近足量的生命年限了。这里的要点不是，我们不应该去关注男性的预期寿命，而是这种差异并不说明男性的预期寿命已经降低到足量生命年限水平以下了。以色列法学家和哲学家拉兹（Joseph Raz）在阐述足量平等论的核心观点时，说明了为什么和在什么条件下对最穷的人的关注应该成为公正的中心："他们的饥饿更严重，他们的需要更迫切，他们的痛苦造成的伤害更大，因此不是我们对平等的关注，而是我们对挨饿的人、贫困的人、痛苦的人的关注使我们将他们置于优先的重点。"[3] 关注穷人蕴含着平等。虽然足量平等论与优先平等论一样不将平等本身作为公正的唯一目的，但它拥有优先平等论没有的吸引力，即其明确告知世人应该让最穷的人过上最低限度的体面、健康的生活。足量平等论可导致更平等或压缩不平等。采取累进税制，对社会保障立法，使财富从富人向穷人转移，当这

〔1〕　PARFIT D. Equality or priority? [M]. Lawrence: University of Kansas, 1991.

〔2〕　ARNESON RICHARD. The Stanford Encyclopedia of Philosophy (Summer 2013 Edition): Egalitarianism [DB/OL]. Metaphysics Research Lab, Stanford University (2013-04-24) [2019-08-13]. https://plato.stanford.edu/archives/sum2013/entries/egalitarianism/.

〔3〕　JOSEPH RAI. The morality of freedom [M]. Oxford: Clarendon Press, 1986: 240.

种转移增加享有体面和健康的生活的总人数时，足量平等论就使资源从富人向穷人的转移合理化了。足量平等论的潜在问题是，可能难以划定一条足量线，使得一个人超越这条线具有很大的伦理意义。然而，对于健康或医疗卫生来说，我们有无可争辩的例子，说明最低限度的体面、健康水平（即基本医疗）没有得到满足。因此，在医学专业人员帮助和公众参与下，人们在最低限度的体面的健康水平（基本医疗）上达成一致意见是有可能的。真正的问题也许是，给予低于这个阈值的需要帮助的人多大的优先权，尤其是当这样做会与高于这个阈值以上的人发生竞争时，例如具有良好预后的器官移植应该被纳入阈内。如果器官衰竭的贫困患者因为负担不起费用而得不到器官移植，而患晚期癌症的富裕患者即使预后很差也能得到移植，这是不公正的。足量平等论可帮助我国决策者确保基本医疗为最穷的人可及，使他们获得体面的最低限度水平的健康结局。

　　我国社会化医疗保障制度的伦理基础最好建立在下列三种进路上：特殊平等论、优先平等论以及足量平等论，这三种进路在实际工作中是可以相容和互补的。按照特殊平等论、优先平等论和足量平等论的理念，我国社会化医疗保障制度应该进行如下的改革：

　　（1）提高最穷的人的医疗费用报销比例，以使人人享有医疗；

　　（2）缩小目前三种医疗保障制度内部以及彼此之间医疗费用报销的差距，但应避免发生向下拉平的情况；

　　（3）将三种医疗保障制度逐步统一为一种医疗保障制度，但要避免发生向下拉平的情况；

　　（4）具体划定人人必须享有的体面的最低限度的健康线，即规定基本医疗的细节；

　　（5）将卫生资源向最穷的人平等转移，以纠正目前公平可及方面的失衡状况。

第 23 章　医疗卫生制度

第 1 节　医疗卫生制度的概念

一、医疗卫生制度的定义

医疗卫生制度可定义为医疗卫生筹资、组织以及配送的系统。它包括可及（提供给谁，提供什么服务）、费用和资源（包括医疗卫生人员和机构）。医疗卫生制度的目标是根据社会可得资源和社会需要，以尽可能有效的方式提高人口的健康。21 世纪初，联合国和大多数国家终于认识到医疗卫生是一种特殊品，为确保基本人权所必需。因此，选择何种医疗卫生制度是负荷价值的。特定卫生医疗制度受许多因素影响，包括这个国家的文化和历史的因素。医疗卫生因一个国家的发展水平、文化和社会价值而异。某些社会强调疾病的预防，而另一些社会仅强调特定疾病的医疗。其次，医疗卫生制度受不同伦理价值观的重要影响，例如尊重患者和医务人员的自主性，患者受益最大化，以及促进公正和公平等。在国家层次，人们必须权衡这些价值。例如在美国，民意调查显示，大多数美国人将医疗卫生的可及视为基本人权，然而美国人同样强烈地相信个人自主性，利用市场作为分配商品和服务的手段，害怕政府干预，这引发了冲突，因而产生了一种碎片化的医疗卫生制度。第三，可得的经济资源水平也影响医疗卫生制度的结构。按人均 GDP 测量的经济资源与医疗卫生支出以及国家用于医疗卫生的费用成明显的正相关。虽然一般人认为医疗卫生是有价值的事，但有些国家有些人却认为将钱用于食品、住房或军事更为重要。因此，虽然一个国家可得的经济资源对这个国家的医疗卫生总支出有重要影响，但无论是贫困国家还是富裕国家，医疗卫生制度差别都很大。[1]

二、医疗卫生制度的模型

所有政府都在不同程度上参与医疗卫生，因为基本上所有国家都有专门机构管理公共

---

〔1〕　本章撰写参照：PAWLSON G, GLOVER G. Healthcare system [M]//POST S. Encyclopedia of bioethics. 3rd ed. New York: Macmillan Reference, 2004: 1116-1122；翟晓梅，邱仁宗. 公共卫生伦理学 [M]. 北京：中国社会科学出版社，2016：166-212；邱仁宗. 探寻"病有所医"的伦理路径 [N]. 健康报，2016-07-08（008）；邱仁宗. 从魏则西事件看医改认知和政策误区 [J]. 昆明理工大学学报（社会科学版），2016，16（4）：1-16.

卫生事务。国家往往提供传染病的监测以及预防、治疗等公共卫生服务，在公共卫生以外的范围，各国医疗卫生制度存在明显的差异。在经济合作和发展组织大多数成员国中，公立医疗机构占主导支配地位，2000 年，卢森堡公立医疗机构的收入在医疗收入中的占比达 93%，捷克达 93%，斯洛伐克达 90%。在一些国家，大多数医疗卫生收入来自私有部门，例如私立医疗机构的收入占医疗卫生收入的比例，美国约为 56%，墨西哥为 54%。

在全世界，医疗卫生制度分为三种类型：

（1）以税收为基础的国民医疗服务（公费医疗）制度（tax-based health systems），如英国、加拿大、澳大利亚、新西兰、意大利、西班牙、葡萄牙、希腊、丹麦、瑞典、挪威、芬兰、冰岛、日本、俄罗斯、古巴、朝鲜以及中国的香港、澳门特别行政区等；

（2）社会医疗保险制度（social health insurance systems），如德国、法国、奥地利、比利时、荷兰、瑞士、捷克、斯洛伐克、匈牙利、波兰、立陶宛、爱沙尼亚、拉脱维亚、新加坡、韩国以及中国大陆等，根据颁布的法律法规，由雇员和雇主出资购买医疗保险，为受保者及其家人提供一揽子医疗服务，政府为这些保险制度提供补助，以确保其在财务上的可持续性，同时为无职业者和贫困者提供救济。

（3）以资本、市场和私营部门为主的医疗卫生制度。实行这种制度的国家，难以做到全民医疗覆盖，支付给私人医疗机构和私人保险公司的费用差异很大，医务人员的工资也市场化。例如美国强调患者和医生的自主性，大多数患者在众多的保险公司和医院之间进行自由的选择，大多数医院也是自由选择他们要服务的患者，2010 年，美国国会通过了美国时任总统奥巴马提出医疗改革法案，实行强制性的医疗保险，但这一方案于 2017 年被特朗普否决，然而未被国会通过。实际上，美国有 1/3 的人口享有公费医疗，包括贫困医疗保障制度（Mediaid）和老年医疗保障制度（Medicare）以及可公费报销的其他医疗制度（如所有现役和退役军官及其家庭的医疗、所有退伍军人的医疗、所有印第安人的医疗，以及不能享有 Mediaid 的儿童医疗等），但余下的 2/3 人口则是通过私营保险公司和私营医院获得医疗服务。

第 2 节　市场与医疗卫生

一、医疗市场失灵是内置的

在所有社会资源配置的机制中，市场是一个比较有效的机制。在规范化的市场中，良性的竞争得到促进，消费者能够享有质量越来越好而价格越来越低的产品，个人和社会方方面面的需要得到满足。但市场也有一些副作用：一是市场必然会使社会贫富差距扩大，使一部分人贫困化，扩大原来已经存在的社会不公正；二是市场不能解决社会急需的公共品匮乏问题，例如公共卫生、环境保护、国家安全等；三是市场对人的心灵有一定的腐蚀作用，唯利是图、拜金教盛行，冲击社会的互助性和利他主义精神。因此，很多人都反对市场原教旨主义（market fundamentalism）。

市场不是医疗卫生资源配置的最佳机制。我国的一些决策者和经济学家，没有认识到医疗市场失灵是内置的，即这种失灵存在于医疗市场结构内部，不是靠人为努力就能够克服和纠正的；有人以为医疗市场的种种乱象并不是因市场扭曲才出现的，以为建立一个"非扭曲"的医疗市场就不会出现这些乱象，这是一厢情愿，医疗市场失灵必然导致扭曲的市场，出现种种乱象。医疗市场的预设是基于英国经济学家亚当·斯密（Adam Smith）的"看不见的手"的观点，按照这个观点，每个人在市场上都追求个体利益，而每个人通过市场交易获得利益，从而全社会也因此受益。于是，有人认为，按照亚当·斯密的观点，如果我们能够建立一个医疗市场，那么患者通过费用低且有效的治疗而得益，医生通过医疗行为增加收入而得益，全社会的健康水平大大提高。然而，实质上亚当·斯密的这个观点不适用于医疗卫生领域。虽然亚当·斯密本人希望通过市场把人性的两个方面，即自我利益与同情的美德结合起来，然而医学的利他主义目的（有益于患者）与医者关注自我利益（逐利赚钱）之间始终不能通过市场结合起来。迄今为止，世界上没有一个能使患者和医者都受益的市场，美国、中国、印度三大医疗市场都是失败的或失灵的市场，这些市场也无助于提高全民健康水平，不能做到"病有所医"，无法解决看病难、看病贵的问题。

美国诺贝尔奖获得者、经济学家艾罗（Kenneth Arrow）[1]首次从理论上说明了医疗市场根本不同于大多数其他物品和服务的市场原因。1963 年，他在题为《不确定性和医疗保健的福利经济学》的文章中论证，医疗卫生与市场中的许多其他物品不同，医疗卫生市场固有的问题往往会歪曲正常的市场运作，从而导致广泛的失效或市场的失灵。艾罗指出，如果市场满足一些条件，那么市场在效率方面比其他配置方法优越，其中有两个条件特别重要：其一，为使市场有效运作，买卖双方都必须能够评价市场上可得的所有物品和服务及其效用。在医疗卫生市场中，由于物品和服务的信息不完全或有关效用具有不确定性，期望通过消费者的选择实现效率就不能实现。其二，有效市场要求效用的信息以及所有物品和服务的价格为所有市场参与者所知，如果买卖双方在信息分配方面不对称，则无效率可言，专业化知识生产者提供的商品和服务的信息不容易被消费者获得，消费者不能比较、评价这些商品和服务，这时效用最大化就不可实现。艾罗的结论是，信息的不确定性和不对称性是医疗市场所固有的，它们是医疗市场失灵的基础。

（一）信息的不确定性

不确定性渗透于医学之中，挥之不去。这种不确定性的一方面来自医学需要。有些医学需要是偶尔发生或不规则发生的，它们多变而不可预测，无论是发生时间还是其严重程度都是如此。与之相反，其他不可缺少的消费品，如食品和住房的需要则是规律的、可预测的。许多医疗需要是计划外的消费。目前有关健康的知识不能预测未来的医疗需要，而且患者不知道现有疾病或可能发生的疾病有哪些可得的或可供选择的办法。当需要发生时，个体往往没有机会根据价格和质量比较结果去购买所需医疗服务。医疗服务需求是刚性的，人们很难预先做好计划来满足这种突然性的需求。与运输市场的对比可使这一点更

---

〔1〕 ARROW K. Uncertainty and the welfare economics of medical care [J]. The American Economic Review, 1963, 53 (5): 941-973.

为清楚。消费者可决定是否买一辆经济型轿车，或者干脆不买车，乘公交车或步行。如果缺乏资金，或者有其他更为迫切的需要，那么消费者可根据轻重缓急原则做出合理决定，而且后果一般不是灾难性的。与之相对照，在医疗市场，有些特殊种类的服务（例如治疗癌症）是不能放弃的，必须付出身体、情感和经济上的很大代价。也许最重要的事实是，从医疗中得到的实际受益是不确定的。患有同样疾病的个体在许多方面是不同的。例如，在发病年龄、患病的严重性、是否存在合并症、并发症、诊断阶段所用检查以及对特定治疗方法的反应等方面，人与人不同。这些区别造成对特定患者疾病治疗的有效性的不确定性，这使得消费者导向的效率追求难以实现。

（二）信息不对称性

除了不确定性使得所有的市场参与者对医疗市场都只有不完备的信息以外，医疗市场信息的不对称分配又使情形进一步复杂化。艾罗指出这样一个事实：对于许多医疗服务，患者必须依赖专业判断来评估需要的存在和性质以及满足需要的适当手段。如果医疗市场是高度有效的，患者就会与生产者一样理解被生产出来的产品的效用。然而，医疗市场的商品和服务不显示新古典经济学理论所预设的信息的对称分配，它们往往被称为信任商品（credence goods）。消费者必须信任和服从医生的专业判断，这种服从的基础往往是相信医生（他们是专业人员，不是职业人员）拥有卓越知识和所要求的信托诚信（这是医生向患者提供符合他们最佳利益的建议时所必需的）。例如，患者需要做阑尾手术，一家医院说需支付 5000 元费用，另一家医院说需支付 1 万元，患者如何选择？患者不拥有这两家医院的信息，他无法做出合理的、对他最有利的选择。随着医学知识的普及，不确定性的某些领域会缩小，但随着高新技术进入医学领域，新的治疗方法的涌现又不断地把新的不确定性引入医疗市场，包括医学知识爆炸和极端专业化趋势引入的新的信息不对称，甚至专业人员之间也存在信息的不对称。因此，不确定性和信息不对称性是医疗市场挥之不去的持续性存在，并且是医疗市场失灵的一个内置性因素。

而医疗市场的国际经验又能提示什么呢？美国是唯一的一个按照市场来组织医疗系统的发达国家，除大约覆盖 1/3 人口的各种公费医疗制度外，其余 2/3 的人购买私人保险，许多医院以营利为目的，进行企业化管理，形成强大的公司医学（corporate medicine）。与欧洲的以税收为基础的公费医疗制度和社会医疗保险制度相比，美国的制度业绩如表 23-1 所示。

表 23-1　实行公费医疗制度和社会医疗保险制度的国家与美国的医疗制度的业绩比较表[1]

国家	预期寿命	婴儿死亡率 /%	可预防死亡 1/1000（2007 年）	医生数 /1/1000	护士数 /1/1000	人均医疗支出 / 美元购买力平价	医疗费用占 GDP 百分比 /%	政府收入中用于医疗的百分比 /%	政府所付医疗费用的百分比 /%
奥地利	81.4	4.45	57	2.8	10.1	3353	8.5	17.7	67.5
加拿大	81.4	4.78	77	2.2	9.0	3844	10.0	16.7	70.2

〔1〕　HAIR J F, HULT G T, RINGLE C M, et al. Mirror, mirror on the wall: a comparative evaluation of composite-based structural equation modeling methods [J]. Journal of the Academy of Marketing Science, 2017, 45(5): 616-632.

续表

国家	预期寿命	婴儿死亡率 /%	可预防死亡 1/1000（2007 年）	医生数 /1/1000	护士数 /1/1000	人均医疗支出 / 美元购买力平价	医疗费用占 GDP 百分比 /%	政府收入中用于医疗的百分比 /%	政府所付医疗费用的百分比 /%
法国	81.0	3.34	55	3.3	7.7	3679	11.0	14.2	78.3
德国	79.8	3.48	76	3.5	10.5	3724	10.4	17.6	76.4
意大利	82.1	3.33	60	4.2	6.1	2771	8.7	14.1	76.6
日本	82.6	2.17	61	2.1	9.4	2750	8.2	16.8	80.4
挪威	80.0	3.47	64	3.8	16.2	4885	8.9	17.9	84.1
瑞典	81.0	2.73	61	3.6	10.8	3432	8.9	13.6	81.4
英国	80.1	4.5	83	2.5	9.5	3051	8.4	15.8	81.3
美国	78.1	5.9	96	2.4	10.6	7437	16.0	18.5	45.1

美国企图通过市场控制医疗费用，这一设想没有实现。1997 年美国经济学教授金兹伯格（Eli Ginzberg）[1]在审查了有关市场和竞争的证据后得出结论说，"唯有脑子不清的乐观主义者才能相信竞争的市场能够限制和遏制未来医疗费用的增长"。美国卫生政策和卫生经济学家鲁宾逊（James Robinson）和路夫特（Harold Luft）[2]使用了 1982 年的数据指出，"关于医院的成本，在更具竞争性的环境中运营的医院，大大高于在不那么具有竞争性的环境中运营的医院。"这个结论令那些相信医疗市场的人感到震惊。更多的竞争怎能导致更高的成本呢？这完全破坏了有关竞争的既有经济学理论！但是我们很快就明白，医院的竞争不是价格上的竞争，而是医疗上的"军备竞赛"，医院彼此竞争的不是价格，而是设备数量、质量以及技术的高低。1986—1994 年，美国一些州的调查结果表明，当时竞争降低了医疗价格、费用和医院成本，但 20 世纪 90 年代后期开始，费用又陡然上涨，到了 2003 年，医院成本的增加超过了药物费用的增加。对美国主要大都市医院竞争的一项研究表明：更大的竞争与更高的费用，而不是与较低的费用相关。[3]

二、市场与医学之间的文化冲突

早在 18 世纪，德国法学家默塞尔（Justus Möser）指出市场在经济生活中的作用有限，他视市场的扩张为现存制度秩序以及传统的社会和文化价值的威胁。市场的影响可以用"腐蚀"一词来概括，但他也说政府的官僚政治傲慢地干预人的理性，破坏私人财产，

〔1〕 GINZBURG E. Managed care and the competitive market in health care [J]. Journal of American Medical Association, 1997, 277 (22): 1813.

〔2〕 ROBINSON J, LUFT H. Competition, regulation and hospital care 1982—1986 [J]. Journal of American Medical Association, 1988, 260 (18): 2678.

〔3〕 CALLAHAN D, WASUNNA A. Medicine and the market: equity v. choice [M]. Baltimore: Johns Hopkins University Press, 2006.

侵犯自由。其他思想家认可市场在商业范围内的重要作用，但认为它的价值不应该应用于生活的其他方面，尤其是政治和文化方面。医学是一个市场不应该去的地方。爱尔兰哲学家巴克（Edmund Burke）支持市场，但认为商业社会依赖非商业基础，将社会归结为契约是一个错误，最重要的义务和关系不是契约，医患关系也是如此。20 世纪 80 年代，进行了一场有关市场与医疗卫生的生动的国际辩论。所有国家都没有支配医疗卫生的纯市场，正如所有国家都没有纯粹由政府管理医疗卫生系统一样。问题是利用一些特定的市场机制，是否会带来对患者和社会合意的结局？几乎所有经济学家都同意：基本问题是市场与政府之间要有好的平衡。绝不会有也不应该有纯粹按市场路线组织起来的医疗卫生系统，也不应该有完全由政府自上而下组织起来的医疗卫生系统，无市场插足之处。美国卫生政策和管理专家索特曼（Richard Saltman）[1]建议，处理市场与政府平衡的最佳方式是假定医疗卫生的普遍可及是一个公正社会的中心原则。从这个规范界定的出发点出发，市场就成为社会政策的工具，而不是宗教般的信条。但是人们往往让公平服从于效率，坚持经济学的偏见。在国际医学界，医学家关注的是市场对医学文化、传统价值、诚信的负面影响。许多著名医学家对市场思潮的崛起和医学日益商业化持否定态度。目前许多市场做法与医学的利他、关怀、同情等核心价值相冲突。投资者拥有的医疗体现的是一种新的价值系统，切断了医院公益之本和撒玛利亚传统[2]，使医生和护士成为投资者的工具，而视患者为商品。诺贝尔奖获得者、美国经济学家弗里德曼（Milton Friedman）[3]说，"市场病毒横扫美国医学界，强烈地破坏美国社会的基础。这个基础是仅认可具有社会责任感的人，而不是尽可能为股东赚钱。"《新英格兰医学杂志》编者雷尔曼（Arnold S. Relman）[4]指出，医学实践与商业之间有明确区别，不应让医生卷入"医学 - 工业复合体"之中。后者越来越使用广告、营销以及公关技术来吸引患者，使得现在行为像生意人而不是利他主义医生的人越来越多了。[5]

第 3 节　医疗卫生的筹资

医疗卫生筹资方法比医疗卫生制度的其他任何方面都更能反映社会的价值观。与大多数发达国家不同，美国的医疗卫生筹资主要靠私人。在大多数低收入国家，医疗卫生的

〔1〕　SALTMAN R. Balancing state and market in health system reform [J]. European Journal of Public Health, 1997, 7: 119-120.

〔2〕　源自《新约圣经》"路加福音"中耶稣基督讲的寓言：一个犹太人被强盗打劫，受了重伤，躺在路边。有祭司和利未人路过但不闻不问。唯有一个撒玛利亚人路过，不顾教派隔阂善意照应他，还自己出钱把犹太人送进旅店。在耶稣时代，犹太人蔑视撒玛利亚人，认为他们是混血的异族人。撒玛利亚人在基利波山（距耶路撒冷以北约 50 千米）有自己的神殿。耶稣用这个寓言说明，鉴别人的标准是人心而不是人的身份。犹太人自己的祭司和利未人虽然是神职人员但见死不救，仇敌却成了救命恩人。这里说的"撒玛利亚传统"是指医学中的利他主义传统。

〔3〕　FRIEDMAN M. Capitalism and freedom [M]. Chicago: University of Chicago Press, 2002: 64.

〔4〕　RELMAN A. What market values are doing to medicine? [J]. Atlantic Monthly, 1992, 269 (30): 99-102.

〔5〕　RELMAN A, REINHARDT U. An exchange on for-profit health care [M]//Institute of Medicine. For-Profit Enterprise in Health Case. Washington: National Academy Press, 1986.

公共筹资也非常少。由于许多干预的费用高，个人之间医疗费用分配不平等，缺乏良好的公共筹资系统，形成了医疗按照支付能力配给的制度。自1883年以来，从德国开始，大多数工业化国家采用了个人医疗服务由政府协调或政府控制的筹资系统，即以税收为基础的筹资制度和强制个人参加社会医疗保险的筹资系统。与之形成对照的是，美国以及大多数发展中国家实施的个人购买私人保险和患者自己掏腰包支付在私营医院看病的医疗费用的筹资系统，这种私人筹资系统往往造成碎片化的医疗制度，需要庞大的行政机构来管理，耗费大量社会资源。例如美国为它碎片化的医疗制度支付的行政官僚机构管理费用在2001年就高达897亿美元。[1]

一、筹资系统的功能和模型

医疗卫生的筹资系统对实现全民的健康覆盖（"病有所医"）十分关键，医疗卫生筹资的基本功能是：一是募集充分的和可持续的资金，以有效和公平的方式向人民提供基本医疗服务，为因病因伤而引起的不可预测的灾难性经济损失的个人提供财务保护，避免患者及其家庭因病返贫或破产；二是将这笔资金管理好，使得人民能以公平而有效的方式分担疾病风险，避免人民负担数额巨大且不可预测的支出；三是以公平有效的配置方式为人民购买医疗服务，例如预付制可使人民预先支付平均预期医疗费用，确保人民因突然患病而受到的损失能够得到补偿。分担风险与预付费用相结合，将使人民真正获得健康保险。医疗卫生筹资系统通过发挥这三种基本功能来逐步实现全民健康保障。

医疗卫生筹资目前有三种方式：国民健康服务（公费医疗），通过税收募集资金；社会保险，通过强制性的社会保险募集资金；通过私人支付募集资金，包括购买私人保险或在私立医院就医自行支付费用。我国在20世纪80年代进行以市场为导向的卫生体制改革后，基本上采用第三种筹资模型，目前虽实行社会保险筹资模型，但社会保险不足或有缺陷，许多人不得不求助于私人保险或私人医院，自掏腰包支付医疗费用，结果是，名义上是社会保险，实际上是社会保险与私人医疗的混合，与美国类似。然而，美国不是我们效法的榜样。美国的医疗费用是全世界最高的，但高费用不一定有好健康。20世纪60年代，美国医疗费用占GDP的6%，2010年占17.6%，美国每人每年平均医疗费用为8233美元，是法国的两倍，原因是：使用更多昂贵的设备和操作；同样的物品和服务费用更高；行政管理费用更高（占医疗总费用30%）。其恶果是：政府在医疗上花费更多，国债增加，其他社会需要资金减少；个人在医疗费用上花费更多，不得不减少其他方面的花费，雇主给雇员支付的医疗费越来越高，于是只好少给他们工资；雇主在医疗费用上花费更多时，他们的产品和服务成本增加，于是他们出售的产品和服务价格更高，加重所有消费者的负担，而且他们会设法到医疗费用低的国家去生产；更多的人付不起保险费，于是付不起医疗费用，结果其他人给他付（例如捐助），或他们放弃医疗，本可治疗的疾病结果发展为严重疾病，"看病贵，看病难"的问题同样困扰美国，美国4800万人没有医疗保险；儿童

---

〔1〕 PAWLSON G, Healthcare system [M]//POST S. Encyclopedia of bioethics. 3rd ed. New York: Macmillan Reference, 2004: 1119.

死亡率在全世界占第 30 位；男性预期寿命在全世界占第 23 位，女性预期寿命在全世界占第 25 位；健康生活可能性占第 24 位。值得注意的一点是，按美国专家看法，目前 17% 的医疗费用是患者自掏腰包支付的，这导致许多美国人因病致贫，但也有人认为，奥巴马医疗改革法案有社会主义化与反市场倾向，但该方案并不见得有利于普通美国民众和工薪家庭。在医疗卫生方面，美国不是我们学习的最佳榜样。

二、筹资系统分析

虽然我国已建立社会医疗保险制度和医疗卫生筹资系统，但存在不少问题，直接影响医疗服务可及的扩大以及"看病难、看病贵"问题的解决：

（1）资金的募集不够充分，不可持续，不能满足社会需要。即使我们不考虑市场化、资本化的破坏性影响，随着人口老龄化以及新的常规技术的推广应用，医疗费用的上涨是不可避免的。

（2）资金的配置使用不公平，不了解筹资的分配必须按支付能力，医疗服务的分配必须按健康需要的原则，未能发挥筹资系统分担风险的功能，结果使得一些患者因报销不足而不去看病，或只好变卖家产或四处借贷去支付不能报销部分的款项，甚至出现自己截肢、剖腹等恶性事件；或者依靠社会捐助来解决患者的医疗费用，这样做从社会的角度看是"挖肉补疮"，即一方面是减少了捐助者的收入，而另一方面又将本来应该享有"病有所医"权利者沦为受救济者。

（3）在医疗卫生总开支中，个人支出过大，例如在 2013 年卫生总费用中，政府、社会和个人支出分别占到 30.1%、36.0% 和 33.9%，个人支出比例过大，不但影响医疗的可及，也不能防范患者家庭的财务灾难，而且必然影响他们在其他方面的消费，从而影响整个国家经济的转型。必须通过扩大预付金额总量来使个人支出比例降到 20% 以下，然后进一步降到 10% 左右，这样才能扩大医疗可及，使个人能够负担得起医疗费用，这有利于解决看病贵的问题。而扩大预付金额总量主要靠政府的投入，目前政府投入占医疗卫生总支出 30.1%，相对来说是不够的。据报道，2010 年广州、深圳、香港三个城市的 GDP 分别为 10604.48 亿元、9510.91 亿元和 17841 亿港元，而三个城市的医疗预算开支分别为 21.5 亿元、43.41 亿元和 540 亿港元，教育加医疗预算开支占税收的比例分别为 1.33%、5.48% 和 44.92%。这简直是天壤之别。究其实，我们的一些决策者在观念上并不认为医疗健康是直接的第一生产力。生产力中最活跃的要素——劳动者恢复健康，对生产力的发展起关键作用。1965 年 7 月 19 日，毛泽东在和医务人员谈话时指出："药品医疗不能以赚钱不赚钱来看。一个壮劳力病了，给他治好病不要钱，看上去赔钱，可是他因此能进行农业或工业生产，你看这是赚还是赔？"毛泽东这一指示与最新卫生经济学的结论是完全一致的。目前我们人均 GDP 为 1 万美元，政府在医疗健康总支出中的比例达到 50% 以上在经济上是完全可行的。这不是不能也，而是不为也。如果我们坚定地在筹资系统中贯彻公益性原则，就必须扩大政府在医疗健康总支出中的比例。

影响筹资系统发挥其应有功能的一个重要因素是医疗费用的猛烈飙升，我国医疗费用增幅已经超过了 GDP 的增长率，不控制这种非正常的飙升，将使筹资及其有效而公平的使用不可持续。盲目鼓励医疗健康市场化和资本化，而市场又为行政力量扭曲。这种做法将彻底破坏筹资系统的公益性原则，对此我们必须阻止。

全民健康保障将使所有人得到满足他们需要的优质医疗健康服务，而不会因无力支付费用而陷入财务困难。这是解决看病贵的根本途径。

为了实现全民健康覆盖，我们必须：

（1）扩展优先的服务，这是指成本 - 效果比较高的服务（例如器官移植是比肾透析成本 - 效果比更佳的服务，应该纳入基本医疗报销体系），给最穷的人优先提供服务，防止患者陷入财务困难；

（2）纳入更多的人，这是指扩展覆盖面时，首先扩展到低收入群体、农村人群和其他处于弱势的人群；

（3）减少现款支付，必须逐渐消除现款支付制度（现在营利的公立医院以及差不多所有的民营医院都是现款支付的），逐步过渡到完全的强制性预付制度。

第 4 节　医疗卫生资源配置制度

一、可及和配置

除了筹资以外，医疗卫生制度第二个主要方面是医疗卫生的可及，对此有许多定义，包括：获得所需医疗的能力；一定人群能进入医疗系统；及时使用个人健康服务以实现最佳、可能的健康结局；及时使用所需的、可负担的、方便的、可接受的和有效的个人医疗服务等。不同的国家以不同的方法解决可及问题。实行国民健康服务（公费医疗）的国家强调所有国民的平等的医疗可及，实现全民医疗保险覆盖，往往会看重由全科医生提供的初级医疗，而相对严格控制提供高技术服务的医生和医院数目。在实行这种制度的国家，往往存在患者等待某些医疗服务时间较长，高技术医疗的可及受限的问题，但患者获取医疗服务机会相对平等。然而，在一些国家，穷人的医疗可及往往受到支付能力的限制，尤其是穷人、处于社会边缘地位的人，如患有严重的疾病，仅能报销部分费用，有些费用甚至完全不能报销，他们只好不去治疗。而且，有些国家让医生和医院自由选择患者，这限制了低收入患者的医疗可及。例如在美国，许多医生拒绝治疗参加穷人医疗计划（Medicaid）的患者，因为这些患者支付的医疗费用低。在大病报销比例低的国家，穷苦患者要么不去就医，要么倾家荡产去治病，最后产生财务危机。虽然我国超过 95% 的人参加了社会医疗保险，但对参加新农村合作医疗保险和城乡居民基本医疗保险的数亿人来说，保险报销金额严重不足，目前这些严重不足的保险制度仅控制消费侧，不控制供给侧，结果是医方过度治疗、过度使用高技术，治疗费用飙升，患者有时只得放弃治疗。越来越多的证据证明，不能提供优质的初级医疗服务，或不能为广大公民可及，不仅产生糟糕的健康结局，而且也推高了总医疗费用（例如由于延迟治疗，患者病情变重，不得不住院治疗，越来越多的重症监护患者等均使医疗费用增加）。

二、健全医疗卫生服务资源配置系统

（一）健全三级医疗系统

与健全医疗卫生筹资系统同样重要的是健全以初级医疗为中心，与二级、三级医疗相协调的医疗卫生服务配送系统，简称为"三级医疗系统"。这一系统集中关注以人群为基础的预防、健康促进以及疾病管理，将初级、二级、三级医疗机构有机协调起来，并与社会照护结合，例如对患有多种疾病的老年人群，必须将医疗照护与社会照护结合起来。初级医疗的核心功能是：预防（包括免疫接种、健康教育，尤其是药瘾的预防和教育）、病例检出和管理、看管、转诊、协调医疗等。患者患病首先必须到初级医疗机构就诊，这应该具有强制性。初级医疗机构的医生将未患病的人排除，将常见病患者留下治疗和管理，将诊断不明和患严重疾病的患者转往二级、三级医疗机构，二级、三级医疗机构将疾病不严重患者或经治疗病情缓解的患者转回初级医疗机构，这种医疗卫生服务配送系统可实现全民健康覆盖，向全民提供可负担、可及、可得、优质、公平、体面的医疗卫生服务，同时也可解决大城市大医院看病难的问题。据北京一些大医院的调查，从全国各地前来看专家门诊的患者有70%～80%是不必来北京诊治的，可以在当地解决。

（二）配置医疗卫生资源坚持公益性原则

与美国相似，我国的医疗服务配送系统也是碎片化的，质量低，效率差，不公平问题严重。医疗卫生服务配送系统的设计和建立，未能贯彻公益性原则，让市场来配置医疗卫生资源，逐利趋势占据上风，浪费社会资源和纳税人的税款。例如儿科医生的缺乏，其实质是市场配置人力资源的结果。在市场机制作用下，新毕业的医学生趋向收入高的专科，而不愿去收入低的儿科。而阻碍初级医疗与二级、三级医疗整合的主要因素是，目前不合理的支付制度刺激医生过度医疗，而不是改善患者健康；医生对与其他医疗机构协调没有兴趣，为了自己的经济利益而将患者留住，在逐利机制下，每一位患者都是"摇钱树"，把患者留得越久，摇出来的钱就越多；公立医院与民营医院之间的竞争更像是营利性医院之间的竞争，患者或社会保险承担更高的费用。可以预测，随着民营医院增多，超量使用高技术的检查诊断方法和昂贵药物的问题将更为严重，甚至大量使用未经严格科学论证的新疗法（如手术戒毒、DC-CIK疗法）或假冒的新技术（如所谓"干细胞治疗"），因为它们产生更多利润，而患者不能评判临床医疗质量。如2006—2008年，我国CT和MRI检查人数平均增加50%，这种增加很大程度是为了获取更大利润，不是为了满足患者的需要。配送系统朝市场方向转变和鼓励营利性民营医院偏离了人人享有基本医疗的战略目标，而不公平和费用飙升问题将更加严重。如果将营利性民营医院纳入医疗保险，基本医疗保险很快就会变得入不敷出，进而发生严重的财务危机。为了建立健全医疗服务配送系统，必须解决下列三个问题：

1. 区分客观的需要与主观的欲望

建立医疗服务配送系统是为了满足人们客观的健康需要，建立优良的医疗服务配送系统才能产生好的健康结局。需要区分客观的需要与主观的欲望。德国古典哲学家黑格尔指出，市场不但满足欲望（wants），而且创造欲望。当代医生及其背后的医学机构最重要的任务之一是，帮助我们区分医疗需要（needs）与医疗欲望（desires）。在市场和高技术刺激之下，医学目标变得很宽泛，它不断地将欲望（wants）转变为需要（needs）。由于商业市场创造欲望，且不谈这种欲望是否合适，欲望往往没有止境，好的健康总是暂时的，没有最好，只有更好，于是医学就变成满足健康的无限欲望的无底洞。而我们的一些医生不是教育患者区分需要与欲望，而是鼓励患者甚至引诱患者产生越来越多的欲望，以便乘机获利。例如所谓的"干细胞治疗"在我国盛行一时，许多医生对询问他们为什么要开展这未经严格科学论证的"干细胞疗法"时，往往回答说："因为患者要求"，然而患者怎么知道有这种"干细胞疗法"呢？显然患者的这种所谓"要求"是广告或者干脆是医生直接诱导出来的。

2. 必须进行供给侧的控制

在我们的社会基本医疗保险中，只进行消费侧的控制，不控制供给侧。对消费者和患者的需求的管理和管控，已经被证明是一个完全不能令人满意的控制费用方法，往往损害患者利益。一方面是看病排长队，引起患者不满意；另一方面是医疗费用报销差异引起医疗不平等，妨碍患者去寻求他们需要的医疗。例如在医疗保险中，患者只能报销一半费用，患者只能自己选择负担得起的治疗，或者干脆不去治疗。可是患者缺乏医学专业知识，如何做出合理的、有益于自身最佳利益的抉择？结果是许多患者往往只能选择不去治疗。控制需求侧的结果是使得许多人干脆不去看病，但对供给侧的管控则不会发生这种情况，因为这种管控旨在控制医疗卫生产品的生产和分配，而不是其消费。一些国家控制供给侧的卫生政策取得很好的效果。然而，美国政府努力控制医院病床和昂贵的高新技术的供给时，却遭到了政治和经济利益集团的阻挠，美国政府未能阻止医疗费用的连年飙升。我国医疗卫生改革受到既得利益集团抵制也是一个不争的事实。然而，事实强有力地表明，当控制好供给侧并不受干扰时，它的确能起到限制费用和改善医疗质量的作用，正如欧洲国家的证据显示的那样。因此，医疗卫生改革，尤其是控制费用必须控制医疗供给侧。美国哈佛大学公共卫生学院萧庆伦教授[1]于2009年指出，大约20年前，中国把公立医院改成营利单位，追求金钱，医生和医院变成了一个强大的利益团体，所以这次改革很难真正撼动既得利益团体。因为每个强大的既得利益团体在政治上都有他的代言人，所以很难出台一个明确的政策。2009年后的情况说明，在我国医疗卫生领域，公益性原则处处受到掣肘，不能得到很好的体现，这一结果不幸为萧庆伦教授所言中。

3. 必须由初级医疗唱主角，高新技术医疗唱配角

人类的健康长寿绝不能靠医学高新技术将越来越稀缺而宝贵的卫生资源投在患者临终

---

〔1〕 戴廉. 医改当务之急：改变医院和医生的追求：对话哈佛大学公共卫生学院教授萧庆伦（William Hsiao）[J]. 中国医院院长，2009（18）：56-59.

前几周，这样更是走进了死胡同。与之相对的是集中于预防，减少与行为相关的疾病，让社会经济条件在提高健康水平方面起更大的作用。古巴的经验是一个范例。这个人均 GDP 不到 5000 美元的国家，面对美国的封锁，实行全民公费医疗制度，平均预期寿命达 79 岁，1 万人中有 67 个医生，过去 10 年，5 岁以下儿童死亡率（为 5.7/1000 活产儿）低于美国。古巴的经验就是重点发展初级医疗，强调预防，早发现、早治疗，而不是将资源分配于高技术医学。在我国，要建立以初级医疗为中心的医疗配送系统，必须加强政府对初级医疗的支持，确保医护人员的工资收入，提高全科医生的社会地位。在现实中，政府支持不足的初级医疗单位，往往医疗质量差，服务态度也差，不用基本药物，医生诱使患者购买更为昂贵的进口药物。这使得患者即使是小病也不愿在初级医疗单位就诊，宁可千里迢迢跑到上海、北京等地就医，加剧看病贵的问题。

归根结底，健全医疗卫生服务的配送系统，或要使三级医疗系统真正发挥作用，必须首先贯彻公益性原则，破除逐利机制，逐步建立起公平有效的医疗服务配送系统，解决"看病贵、看病难"的问题。

第 24 章　传染病控制

案例 24-1：SARS 病例

27 岁的徐丽（假名）在山西省太原市从事服装业。听说广州市有 SARS 发生，其父母查阅报刊资料、互联网信息，并打电话向广州朋友咨询，广州朋友告诉徐丽 SARS 是肺炎中最轻的，于是徐丽放心前往广州市。之后不久开始发冷、乏力。回家当晚体温为 38.8℃，去医院就诊告诉大夫刚刚从广州市出差回来。大夫诊断为感冒并告知患者不必大惊小怪。由于高烧不退，患者又去当地几家医院就诊，医务人员都认为是感冒。因患者持续高烧不退，呼吸科大夫感到该病不同寻常，立即要求所有医务人员戴口罩，并对徐丽进行隔离治疗，之后，大夫安排患者到北京治疗。随后，患者的母亲和几位亲友都出现症状，患者父母之后均因感染去世。患者被确诊为 SARS。徐丽治愈回家，发现她的名字出现在媒体上，附近的人都躲着她，她感到"人们只关心我的病，不关心我这个人。"

这个案例提出的问题是：

（1）为什么从广州将 SARS 的信息传到太原或北京只需两秒，而太原、北京两地的医务人员都不知道广州有 SARS 发生，SARS 是什么病？

（2）相反，为什么徐丽的真实姓名却很快出现在媒体上，并且受到歧视？

传染病始终是影响公共卫生的主要因素之一，过去如此，现在如此，将来也会如此。通过控制感染因素，即改善卫生条件、隔离或检疫、提高免疫力等可有效减少疾病的传播。许多干预措施都要求公众合作。如果人与人接触是传播途径，那么预防措施必须控制传染源，截断传播途径，保护易感人群。有些措施会将一些人或群体排除在公共生活之外。这就提出了一个控制传染病中最为根本的一个伦理问题：在什么条件下，为了公共卫生利益而控制个人或群体的自由能得到伦理学辩护？如何在公共卫生利益与个人或群体自由之间进行平衡？[1]

---

［1］ 撰写本章时参照：VERWEIJ M. Infectious disease control [M]//DAWSON A. Public health ethics: key concepts and issues in policy and practice. Cambridge: Cambridge University Press, 2011: 100-117；邱仁宗. 公共卫生伦理学与传染病控制中的伦理问题［M］// 曾光. 中国公共卫生与健康新思维. 北京：人民出版社，2006：224-255；翟晓梅，邱仁宗. 公共卫生伦理［M］// 王宇，杨功焕. 中国公共卫生. 北京：中国协和医科大学出版社，2013：284-314；翟晓梅，邱仁宗. 公共卫生伦理学［M］. 北京：中国社会科学出版社，2016：249-307。

第1节 传染病控制的措施

一、监测和报告

对传染病的预防和控制，必须有一个良好的监测机制。在大多数国家，法律要求医生和医学实验室，向公共卫生当局报告他们发现的传染病例。这涉及获得传染病流行的数据，包括有关个体的个人信息。对于有些传染病，匿名报告就够了，但对于另外一些传染病，必须提及诊断以及患者的姓名和地址。这就提出了伦理问题，例如，HIV 检测阳性结果使受检者受到各方面（包括就业、就学、保险等）的歧视，受检者备受污辱，甚至遭到社会排斥。这些不利后果有时超过了检测给受检者带来的受益，例如及时获得抗病毒治疗。艾滋病的流行使有关实名报告的争论更为激烈。支持实名报告的人认为，实名报告的好处是，使公共卫生工作人员能够了解艾滋病患者的状况，使他们能够提供防止艾滋病进一步传播的咨询，使他们能够监测艾滋病的发生率和现患率。至于对隐私和保密的担心，他们说没有理由认为国家卫生行政机构不能为那些 HIV 感染者的身份保密。而反对者反驳说，艾滋病是不同的，社会的歧视甚至敌视可能导致 HIV 感染者身份信息泄露，HIV 感染者姓名、身份的泄露会使感染者失去工作、住所和自由。这是其他疾病患者所没有的情况。考虑到这些反对意见，许多公共卫生官员反对艾滋病的实名报告，认为实名报告将起反作用，将使实名报告者遭受伤害、不公正待遇、歧视和污辱，使人们远离控制艾滋病所必需的检测和咨询。20 世纪 90 年代中期，出现了治疗艾滋病的有效新药，越来越多的人认识到为了治疗患者，必须报告，否则对患者不利，越来越多的地方采用实名制，有的地方则采用独特的编码标识，以保护患者隐私。这样就提出一个问题：能不能将监测的必要性与隐私的保护结合起来呢？尽管可能的做法不同，但这两方面都必须关注，以找到合适的平衡点。

二、筛查

在 20 世纪，对疾病以及不明原因感染者的筛查一直是世界各国公共卫生工作的重点。这种筛查往往是强制性的，强加于人群的。例如，强制性婚前筛查性病是为了保护健康配偶免受感染；入学前对儿童进行强制筛查是为了保护同学；筛查新生儿先天性代谢障碍是为了以后对儿童进行膳食或其他治疗；用 X 线进行结核病筛查和进行皮肤试验在学校和车间相当广泛。在所有这些情况下，决定进行强制性筛查是基于这样一种判断，即个人权利应服从公共卫生的要求。但后来有人提出，尊重个人权利（例如自主权、隐私权等）并不一定威胁社会的安全和健康，也不威胁需要社会保护的那些人的安全和健康。因此，就不再有理由进行公共卫生筛查规划。例如最近几十年，婚前梅毒筛查已经不再是强制性的措施了。而且大部分结婚的人并没有感染梅毒，而感染梅毒的人也不一定结婚。

围绕 HIV 检测的激烈争论最能说明筛查问题的复杂性和多变性。虽然为了保护受血者，对献血者进行强制筛查没有异议，但对其他情况争论颇多。有人主张进行大规模检测而无须被检测人同意，如强制性的产前检测、对医务人员检测、对新生儿检测等。在所有情况下，人们都断言，公共卫生利益应优先于个人权利。然而有人担心，HIV 检测为剥夺个人权利提供了一个借口。然而，在很多国家，公共卫生官员完全支持自愿检测政策。这也反映了艾滋病例外主义[1]的影响，只有某个人对艾滋病检测的风险和受益完全知情，并给出明确的同意后才可以检测。20世纪90年代出现了有效的抗病毒治疗方法，人们主张对新生儿、孕妇进行艾滋病检测，以便对尚未出生的孩子进行干预。围绕艾滋病筛查的争论反映了人们从强调个人权利转向进行有效治疗的变化。筛查提出的伦理问题是：保护脆弱人群的有效公共卫生干预如何能为强制性筛查可能产生的对个人权利的侵犯辩护？我国明确采取免费提供自愿咨询检测（voluntary counseling and testing, VCT）的政策。VCT 是一项在伦理学上能够得到辩护的措施，但有些地方进行强制性的非自愿的没有咨询的检测，对所有羁押和收教人员、社区吸毒者、暗娼、性病患者、既往有偿献血员和卖血者、HIV 感染者和患者的配偶、性伴侣和子女等人群进行艾滋病筛查，有的还对孕妇进行艾滋病筛查。有的省曾因此筛查了40万人，这样大规模的检测，很难贯彻自愿原则和提供咨询，于是自愿咨询检测只剩下了检测。大规模的强制性、缺乏咨询的筛查，在伦理学上是得不到辩护的，一个决策如果在伦理上得不到辩护，尽管一时无人反对，但最后终将证明它是得不偿失的。

三、追踪接触者

紧接着公共卫生机构就要追踪与该索引病例接触的人。

索引病例，首例，或患者0，是指流行病学调查的人群中最初的患者，或是其病情或综合征在医学文献中得到描述的第一病例，不一定是第一个感染的人。追踪接触者的必要性和紧迫性及其方式随不同的疾病而异。例如对于极易传染的 SARS，追踪接触者的必要性、紧迫性和方式与传播途径有限的艾滋病不同。追踪接触者必须动员整个社会的力量；或警告公众如曾在特定时间到过特定地点（例如购物中心或电影院）应向公共卫生机构报告，并接受检测。这种办法的问题是，它可能引起恐慌和恐惧。然而，在某些情况下，这种担忧和恐惧是有理由的。更重要的伦理问题是，当发生恐慌时，公众知道了索引患者的姓名，他们担心感染，很容易将自然原因、传播途径与归咎、归罪混为一谈，从而使疾病的最初受害者受到污辱和伤害。因此追踪接触者应该尽可能保护其隐私。

公共卫生人员追踪和报告性传播疾病接触者的情况有所不同。因为这要求患者报告与

---

〔1〕 艾滋病例外主义（exceptionalism）是指这样一种观点，认为艾滋病与其他传染病不同，在许多方面需要做例外处理。

他或她性伴侣接触的情况，而对大多数人来说，性是一件私事，如果患者不愿意合作，追踪接触者的工作就会无效而终。传染病的控制要有效，公众必须相信公共卫生机构能为他们的个人健康信息保密，对于预防和治疗性传播疾病尤为重要。如果保密在公共卫生中得不到落实，许多患者就不会去看病，这样就无法预防和控制传染病，对于"治疗就是预防"的艾滋病尤为如此。保密有它的局限性，但未经患者同意直接通知其性伴侣，作为传染病控制的一种措施，仅在例外情况时才可得到辩护。这种例外有两种情况：①如果一位 HIV 阳性患者来看医生，要求医生不要将他的阳性结果告诉其配偶；但过几天他配偶来看病，与医生建立了信托关系，并问她丈夫 HIV 检测结果如何，医生有义务告诉她配偶真实情况，因为医生处于不得不违反保密的境地，而违反与患者配偶的信托关系的后果比违反与该患者的信托关系更为严重。②如果疫情严重，医生得知患者 HIV 阳性，他必须按法律规定报告公共卫生机构，医生不宜直接告知其配偶，但公共卫生人员可采取合适的方式约谈患者配偶，邀请她进行检测。

追踪接触者有两个功能：发现病例和阻断传播链。为了鼓励人们提供他们性伴侣的姓名，我们应该保证有效的匿名，不说出告知者的身份，这样可以保证追踪接触者是自愿的且以保密为基础。在艾滋病有了有效治疗方法后，我国也已经有了明确的"四免一关怀"政策，应该要求 HIV 感染者说出他（她）的性伴侣姓名，以便保护她（他）。但为了保护隐私，公共卫生人员在接触感染者的性伴侣时也应不透露感染者的姓名或身份。

四、检疫和隔离

传染病控制的目的是防止疾病暴发，防止疾病进一步蔓延，对于呼吸系统感染，例如流行性感冒（简称流感）尤为如此，流感流行时咳嗽、打喷嚏或说话都是传播的重要途径，因此限制患者与人群接触，避免大群人集会很重要。在流感暴发期间，政府或公共卫生机构可决定取消集市、足球比赛，可决定让学校、幼儿园、商店关门。在必要时还可限制许多人的自由，这些措施对人们的日常生活、收入有重要影响。例如工厂、商店、办公室关门，取消大型活动，会影响一些人和商家收入。如果雇员工作的地方关闭时间长，他们可能会失去工作，对于社会经济地位糟糕的脆弱群体影响尤为严重，例如外来工、农民工、临时工。如果某些群体由于公共卫生措施而遭受严重损失，他们要求得到补偿是否能得到辩护？以政府为基础的赔偿机制可视为社会同舟共济的表现。如果存在公共卫生的威胁，所有公民都应该分担保护性措施的代价，毕竟如果这些措施有效，所有人都受益。同时，社会对损失严重者或受损失的脆弱群体应进行适当补偿，以体现回报公正，也可避免扩大社会不平等和不公正。这种补偿机制对公共卫生本身也有益，如果农民面临他们的牲畜悉数遭到屠杀而没有补偿，他们可能不愿意报告他们牧场内的疫情。

从伦理学观点看，最严厉的公共卫生措施是对人进行隔离和检疫。隔离是指将传染期内的传染病患者或病原携带者置于不能传染他人的条件之下，暂时避免其与周围人群接触，防止病原体扩散，便于管理和消毒，同时也使患者得到及时的治疗。检疫是确定个体或某些人群是否患有传染病的评定过程，是为防止传染病传播而采取的预防措施。隔离和检疫措施也可能应用于规模大的群体。然而，检疫措施可能意味着将所有疑似患者放在一起，其中包括在短期内可能生病的接触者，以及那些接触传染病患者但没有感染的健康人。虽然检疫措施意在减少更大人群内接触传染的风险，但增加了被检疫人群的风险，在检疫过程中，要加强对被检疫对象的保护。隔离和检疫最能体现公共卫生与个人自由之间的冲突。由于患危险传染病的个人对他人的健康有威胁，国家有权限制他们的自由，这在伦理学上是可以接受的。公共卫生官员可被授权以公共卫生名义剥夺个人的自由。但最好在尝试采用一切非限制性措施失败后这样做。因此，在以公共卫生名义进行国家干预限制个人自由时，能否得到辩护就要看我们面临什么样的威胁，对谁的威胁，威胁的程度如何，必须三思而后行。

五、疫苗接种

1980年5月，世界卫生组织宣布人类成功消灭天花。天花疫苗是公共卫生的伟大成就。在公共卫生中，群体免疫力（herd immunity）的概念十分重要，意指当人群中的大多数成员得到免疫后，传染病的传播就被遏制了。一些父母担忧接种疫苗的潜在风险，认为这种风险比受益更大，因而他们不让他们的孩子接受免疫接种。那么，我们能够强迫个人为了社群的利益而接受免疫接种吗？

目前许多国家疫苗接种率很高，这既是医生说服也是国家强制执行的结果。疫苗接种使儿童常见病大幅度下降。随着患病人数减少，人们更关注疫苗接种后可能的不良反应。既然发生疾病的可能性小了，为什么还要儿童接受风险？在疫苗接种中，需要考虑的伦理问题是：给所有儿童进行强制性接种是否可得到伦理学辩护？为了预防疾病传播给还没有感染的人，为了保护那些未来有可能感染的人，限制个人自由的干预能否得到辩护？

（一）免疫接种的潜在好处

进行免疫接种有两个潜在的好处：①它通过提高个体对特定的疾病的免疫水平为个体提供保护；②它提高有关人群的普遍免疫水平保护群体或人群，确保不暴发特定的疾病。因此，可将免疫看作一种不仅使个体潜在受益，而且也使集体受益的行动，因为只要人群内存在群体免疫，就能使所有人获益，包括那些没有接受免疫接种的人以及尽管接受了免疫接种而免疫反应不足的人。在免疫问题上，我们每个人对他人有什么义务？强制免疫接种是否可得到伦理学的辩护？

（二）强制免疫接种的伦理论证

1. 伤害他人论证

父母决定不让他们的孩子接受免疫接种对其他儿童（第三方）构成潜在伤害。其论证如下：可引起伤害的传染病有可能通过无意的行动传给他人；这种可能性可通过预先给个体进行免疫接种来预防；我们有不通过我们自己的行动伤害他人的伦理义务；一个个体可通过接种疫苗来减少使他人受到伤害的风险；因此我们在伦理学上有接种严重传染病疫苗的义务。支持这一结论的事实是，不接种抗传染病疫苗的决定或行动不仅将不接受疫苗接种的个体自身健康置于风险之中，而且还可能给他人造成伤害。

2. 最佳利益论证

在一般情况下，对于有关孩子的事情，父母有决策权，但如果事情涉及孩子生死或严重伤害时，国家可以推翻父母的决定。但国家是否应该参与进来并发挥保护儿童免受父母决定的伤害以及提供疫苗的作用呢？根据为了儿童最佳利益的理由，我们可论证：有关无行为能力的患者的医疗决定应该基于他们的最佳利益来做出（在先前表达的意愿未知或不存在的情况下），学龄前儿童是无行为能力人（以及没有先前表达的意愿的），因此，有关儿童医疗的决定应该基于他们的最佳利益做出，儿童的最佳利益应该根据可能的行动和不作为的潜在伤害与受益的权衡来判定，当父母就儿童医疗做出的决定很可能对儿童产生严重伤害时，那么第三方（如国家）就有义务进行干预，保护儿童免受父母决定的负面后果；就疫苗接种而言，国家（或其他正当第三方）就有义务确保儿童免受父母错误决定的负面后果。因此，国家有理由推翻父母拒绝儿童接种疫苗的决定。

3. 伤害与受益权衡论证

权衡伤害与受益的论证对于疫苗政策十分重要。但谁受伤害，谁受益，既要考虑个体，也要考虑人群。如果这一人群有足够多的成员接种疫苗产生群体免疫，也会使社会受益。群体免疫形成群体保护，意味着所有社群成员被该传染病袭击的风险大为降低。此外，人群中未接种疫苗的个体也较好地得到了保护，因为他们不大可能接触到感染的个体。至于疫苗的安全性，对于大多数疫苗而言，不良反应是罕见的，严重不良反应则是十分罕见的。免疫能使儿童直接受益，也使社会中尚未免疫的人受益。那些不让自己孩子接种疫苗以及依靠群体免疫提供好处的人是"免费搭车者"，但这产生了一个受益和风险、负担的公平分配问题。"免费搭车者"的存在会削弱人们对免疫的承诺，从而降低免疫覆盖率，破坏群体免疫的基础。这就出现一个悖论：群体免疫允许个人选择不去接种疫苗，但承认父母有不让孩子接种疫苗的权利却破坏了群体免疫本身。因此给所有儿童强制性疫苗接种完全能够得到伦理学的辩护。[1]

〔1〕 DAWSON A. Herd protection as a public good: vaccination and our obligation to others [M]//DAWSON A, VERWEIJ M. Ethics, prevention, and public health. Oxford: Oxford University Press, 2007: 160-178; DAWSON A. Vaccination ethics [M]//DAWSON A. Public health ethics: key concepts and issues in policy and practice. Cambridge: Cambridge University Press, 2011: 143-153; BAYER R. Private acts, social consequences: AIDS and the politics of public health [M]. New Jersey: Rutgers University Press, 1991; GOSTIN L O, SAPSIN J W, TERET S P, et al. The Model State Emergency Health Powers Act: planning and response to bioterrorism and naturally occurring infectious diseases [J]. JAMA, 2002, 288: 622-628; 邱仁宗. 艾滋病、性和伦理学 [M]. 北京：首都师范大学出版社，1999.

第2节　艾滋病防控伦理

案例24-2：艾滋病的防治

　　1999年流行病学家发现有些省商业化供血人员艾滋病感染率达60%～70%，而当时全国艾滋病防治经费仅为1000万元人民币，于是医学科学家、流行病学家和生命伦理学家成立一个咨询组，他们起草建议了《遏制中国艾滋病流行策略》的咨询报告（《评价艾滋病防治行动的伦理框架》是其附件之一）。在香山科学会议（科技部和中国科学院创办）宣讲后，将报告直接送给中央领导，2周后，一位副总理代表中央领导批示，除个别条款外，全部接受报告中的建议。在国务院制定《艾滋病防治条例》过程中，我国的生命伦理学家也起了重要作用。经过大家努力，艾滋病防治局面有了根本的改观。我国生命伦理学家组织全国会议研讨并提出扩大艾滋病检测的建议，在卫生部艾滋病专家委员会上讨论此报告时，许多委员认为切实可行，后递交给中国疾病预防控制中心，该中心主任非常感谢生命伦理学家的建议。

　　艾滋病是人类历史上传播最广泛、传播时间最长的全球性疫病。在艾滋病防治工作中，保护公众健康是政府的义务，但保障个人（法律、道德、伦理方面的）权利也是政府的义务，这一点并不是所有人都明白。这是一个涉及公民权利、人权的问题。在艾滋病和HIV感染的预防和控制中，保护公众健康与保障个人权利是相互联系、相互促进的。

　　为了使高危人群在艾滋病和HIV感染的预防和控制工作中积极合作，有必要考虑对公民生活的某些方面放宽限制，采取更为宽容的态度。我国地大、人多、物博，是一个多民族、多文化、多价值的社会，在社会生活和社会规范方面，只能要求"大同小异"、"求同存异"——如果对社会没有严重危害，允许价值观念与你不同的人去做你认为你不会去做的事。面对艾滋病这一凶恶的共同敌人，为了与过去人们没有注意、没有重视的高危人群加强合作，一起努力战胜这共同的敌人，需要制定一些新的契约，即提倡相互宽容，在某些方面放松、放宽，形成更为宽松的社会环境，以换取高危人群的真诚合作。

一、HIV抗体检测的伦理原则

　　检测（testing）一般指对个人的检查，而筛查（screening）是对人群的检查。对HIV抗体的检测必须坚持3C原则：同意（consent）、咨询（counseling）和保密（confidentiality），即检测前获得本人的知情同意，检测后对结果要提供咨询服务，并严格保密。HIV抗体检测和筛查提出的基本伦理问题是：如何恰当处理有效公共卫生干预与保护个人权利的关系？在什么情况下（如果有这种情况的话），可以维护公众和脆弱人群健康为由侵犯个人权利？例如我们是否可以为了获得确切的 HIV 感染者数字以便做好财政预算为由，或者以为了向他们提供治疗为由而对有风险的人群进行强制或变相强制的检测？

目前艾滋病的防治处于这样一个关键时期，即现在已经能有效检测 HIV 和治疗艾滋病，我国估计有 78 万 HIV 感染者，大概 40 余万感染者经过检测，30 余万可能的感染者不知道他们感染了 HIV，仍在人群中活动，也不去寻求治疗，这些人在其他人群中传播 HIV 的危险是非常大的。扩大 HIV 抗体检测之所以成为伦理要求，一是为了更好地向 HIV 感染者提供治疗、咨询，二是为了更加有效地遏制艾滋病的蔓延，有利于公众健康。那么怎么才能找到他们并动员他们出来接受检测呢？

2006 年 11 月，世界卫生组织、联合国艾滋病规划署联合发布《医疗机构医务人员启动的 HIV 检测和咨询指南草案》（Guidance on Provider-initiated HIV Testing and Counseling in Health Facilities），该文件为医疗机构中医务人员的检测和咨询提供了基本操作指南。文件推荐使用"知情后可选择退出"（opt-out）的进路，将 HIV 检测作为来到医疗机构的所有患者的标准医疗内容。个人如果不想检测，必须具体表示拒绝 HIV 检测。医疗机构医务人员的检测和咨询应该始终为了患者的最佳利益。这要求医疗机构向个人提供充分的信息，以便个人做出知情的自愿的检测决定，个人可以拒绝检测。

不完全知道 HIV 感染者是谁，这是所有国家艾滋病防治工作的瓶颈。那些尚未被检测出的隐性感染者，由于他们不知道自己已经感染了 HIV，所以不去接受治疗、咨询，他们也不会采取措施防止将艾滋病传染给他人。"四免一关怀"政策就无法落实，遏制艾滋病蔓延就会成为一句空话。因此，探索出一条适合中国国情的扩大 HIV 抗体检测的路子是当前的紧迫任务。

在探索扩大 HIV 抗体检测新路径时，必须注意一个基本的伦理问题，即一方面我们要尽可能广泛地扩大检测范围，以保护 HIV 感染者的健康和公众的健康，但另一方面也要注意保护受检对象的权利和利益，这是公共卫生伦理学的一个基本问题。前一段时期，不少医院为了避免医患之间的交叉感染，对手术患者、内镜检查患者、产妇进行 HIV 抗体检测，但他们既没有从患者那里获得知情同意，检测结果也不告知患者，检测费用还要患者自己支付，而且查出 HIV 阳性后便拒绝提供手术或检查，这是严重违反伦理的行为。也有一些地方，对有高危行为或易感人群进行强制筛查，查出 HIV 阳性后也不提供咨询和治疗，这也是严重违反伦理的行为。因此，在设计扩大检测的方案中，必须同时考虑如何保证受检对象的基本权益，包括如何使他们知情并了解检测的必要性和程序，医务人员应提供检测前的咨询，给予他们充分的时间来考虑是否参加检测，医务人员应提供检测后的咨询和必要时的转诊服务。

那么如何既能扩大艾滋病的检测范围，又能保护个人的权利，将可能侵犯个人权利的情况最小化呢？

（1）扩大检测范围必须在一个有准备的环境中进行。所谓有准备，首先是有足够的资源和能力提供咨询和治疗。如果这个国家或地区，没有足够的资源和能力提供治疗和咨询，那么检测就失去了意义。例如，检测费用全部要受检者自付，许多贫穷者就不会去检测；检测后不能提供咨询和治疗，许多受检者就会认为检测得不偿失，因为患病的受检者得不到咨询和治疗，而且他们很可能在社会上会受到歧视。

（2）坚决贯彻 3C 原则。3C 原则中最重要的是同意原则。受检者同意参加检测应该是自愿的，要防止强迫和不正当引诱，保证自愿同意的前提是，必须让受检者事先知情，受检者有机会使用"知情后可选择退出"的进路；必须对患者的 HIV 阳性的情况严加保密；如果检测结果是阳性，必须做好咨询和治疗工作。

（3）严禁歧视 HIV 抗体检测结果阳性者。这是扩大 HIV 抗体检测最重要的条件。只要社会存在歧视，高危者就不会去检测，不去检测，他们就失去了咨询和治疗的机会，艾滋病的传播就不可能得到控制。

二、尊重感染者、患者的隐私

隐私包括与公共利益无关的个人信息、私人活动、私有领域。隐私是个人不容许他人随意侵入的领域。隐私权是现代社会的根本价值之一，是公民权的标志，是个人自主性的保证。尊重患者隐私权和保密权，既是对医务人员的道德要求，也是法律规范的要求。《执业医师法》第 22 条规定："保护患者的隐私权是医生在执业活动中应履行的义务。"《传染病防治法》第 12 条规定："疾病预防控制机构、医疗机构不得泄露涉及个人隐私的有关信息、资料。"保密义务意味着限制他人得到患者的私人信息，禁止医生将患者病情相关的信息透露给其他感兴趣的人，鼓励医生采取防范措施以确保只有经过授权的人才可以获得这些信息。

然而，保密不是绝对的，在公共卫生情境下，存在两种保密的例外情况：

（1）继续保守患者的秘密威胁到他人的健康时。联合国艾滋病规划署和世界卫生组织鼓励医务人员进行符合伦理的咨询。咨询的最终目的是鼓励、说服和支持 HIV 感染者、艾滋病患者告知自己的配偶、性伴侣、吸毒伙伴，并让配偶、性伴侣、吸毒伙伴前来咨询。如果咨询后患者仍然拒绝告知自己的配偶、性伴侣、吸毒伙伴有关自己的感染情况，那么尽管没有得到感染者的同意，医务人员也应当在通知感染者的情况下，告知感染者的配偶、性伴侣、吸毒伙伴。

（2）当继续保守患者秘密威胁到公共利益时。我国与许多国家一样，有专门的法律规定了必须将对公众健康有危害的疾病上报公共卫生部门，比如传染性疾病。所有医务人员有义务向公共卫生部门报告，其伦理学理由是，对公众的益处超过了泄密给个人带来的风险。在这种情况下，医生保护公众利益的义务要大于保守患者秘密的义务。例如，餐馆工作人员被诊断患有急性肝炎，虽然患者要求为其诊断保密，但是，医生也应该将其诊断结果报告给餐饮主管部门和公共卫生部门。由于与 HIV/AIDS 有关的医疗记录和信息的敏感性，许多国家规定，对所有上报的医疗信息保密，未获得医疗信息权威管理部门允许，不得公布扩散这些信息。

三、艾滋病调查与行为干预

对一般人的调查与行为干预，没有特殊的伦理问题要讨论，而对高危人群的调查与行为干预，必须了解减少伤害（harm reduction）的政策，这是伦理学的要求。艾滋病的流行和蔓延凸显了一些社会问题，例如吸毒、卖淫、同性恋、青少年性行为等问题。就使用非法药物和卖淫而言，目前没有一个国家彻底解决这些问题，但世界各国形成了以下共识：不能等这些问题解决后再去预防、控制艾滋病，应减少艾滋病给高危人群带来的伤害，如使用非法药物时，避免使用不洁针具，改用美沙酮；从事非法性行为时使用安全套；同性恋者避免肛交或使用安全套；青少年在不能控制感情时使用安全套等。

实行减少伤害政策的伦理学根据：其一，它遵循了不伤害和有益的伦理原则，可保护有风险行为人群的健康，防止他们感染 HIV，同时也保护了一般人的健康，使之不受 HIV 的侵袭。例如，对于非法药物使用者，他们第一次使用非法药物多是自主选择的结果，但是上瘾后他们已成为患者，继续使用已不是他们的自主行为，是受药品摆布的结果。在他们未摆脱药瘾的情况下，为他们提供清洁针具，保护他们不感染 HIV。更重要的是，起初认为美沙酮仅是一种替代疗法，现在已经证明如配以心理和社会疗法，它可成为有效治疗的办法。其二，它遵循了尊重原则。提供必要的预防艾滋病的教育和服务，以减少这些人群感染 HIV 的风险时，也尊重他们的价值观和选择，没有歧视他们。

四、反对和防止污名和歧视

污名（stigma，stigmatization）是由于某个人的某一特性或认为某个人干了"坏事"而对他进行贬损。如因某个人皮肤黑，个子矮，有残疾，来自农村，是个同性恋者，患了麻风病（精神病或艾滋病）或使用非法药物等而对他进行贬损。某些人可将他人对其贬损内化而自我污名。

歧视是指由于某个人属于或被认为属于某个人群而不公正、不公平地区别对待他。歧视贬低了一个人的社会、伦理和法律地位，歧视反映并增强了社会、经济、政治和文化上的不平等。

污名导致歧视，歧视违反人权，使一个人原本应该享有的伦理权利和法律权利被不公平地剥夺。

污名和歧视由来已久，今天仍然存在着对麻风病患者、精神病患者、遗传病患者、乙肝患者的歧视，也存在性别歧视、年龄歧视、对穷人的歧视、对农民和农民工的歧视、对同性恋者的歧视、对吸毒者的歧视等。HIV 感染者和艾滋病患者以及高危人群（共用针头的非法药品使用者、性工作者、男男随机性行为者、同性恋者）仍然面临着被拒绝医护、丧失工作、失学、不能结婚、丧失隐私、丧失住处、面临敌视、被警察追踪等风险，他们的家属也往往受到歧视。

污名和歧视是防治艾滋病的主要障碍，如果存在污名和歧视，数十万尚未检测的可能 HIV 阳性者就不会出来自愿检测，就得不到教育，就不会改变高危行为，病毒就会传播，预防控制艾滋病就会成为一句空话。污名和歧视使艾滋病患者、HIV 感染者以及高危人群意志消沉、绝望、自暴自弃；污名和歧视阻挠了对他们的预防和治疗，人们不敢去检测，害怕知道自己是感染者，也不敢去治疗，不敢改变不安全行为，害怕别人知道他们是 HIV

感染者后，自己在社会上无立足之地；污名和歧视使社会上其他人、决策者和立法者错误地认为艾滋病是少数行为不端的人的疾病，无须采取广泛的紧急的行动。

反歧视的目的是预防、减少和最终消除与艾滋病相关的污名和歧视。反歧视要注意：

（1）需要弄清楚什么是污名和歧视，它们来自何处，尤其是形成污名和歧视的社会和文化驱动因素；

（2）需要了解它们与更广泛的不平等和不公正的联系；

（3）需要努力理解污名和歧视在艾滋病蔓延中的有害作用；

（4）要有明确的奋斗目标：如促进预防、关怀、支持和治疗工作；推进与艾滋病相关的人权；减少脆弱性；减轻艾滋病带来的社会、经济影响等。将艾滋病调查和行为干预工作与反对歧视结合起来，只有反对歧视，才能做好脆弱、边缘人群的调查和行为干预工作。

第 3 节　流感大流行防控伦理

流感大流行（pandemic influenza）是指在全球范围暴发的流感。自从 2003 年以来，一些国家乃至全世界暴发大流感的潜在风险越来越高，近年来全球暴发了 SARS、禽流感、埃博拉出血热、新型冠状病毒肺炎等多种疾病。对流感大流行的伦理问题的探讨也适用于非流感疾病的大流行（如埃博拉）。[1]

讨论流感大流行的伦理问题时，必须先有若干基本假定：

其一，传染病大流行往往是突然发生的，原发国家事先并不知道会出现流感大流行，因而缺乏准备。在通讯和交通不甚发达的时代，继发国家也难以幸免。例如 1918 年的流感大流行，第一个病例发生在法国，随后快速蔓延至全世界，一直到太平洋诸岛和北极附近，全世界有 5 亿人感染，死亡 5000 万～1 亿人。因而，必须未雨绸缪，常备不懈。

其二，传染病大流行时资源匮乏，分配必然有优先次序，不可能给每个人分配同等的资源，对此要制定合乎伦理而又可行的分配原则。

其三，在传染病大流行期间，总会有对个人自由权利的限制，施加限制的需要和性质可因大规模流行的疫病类型、疾病传播机制、可得的医疗以及国家总的社会经济状况等而异。但必须公开透明，事先告知人民，使大家有思想准备。

其四，在传染病大流行期间，个人处于相互传播疾病的网络之中。美国生命伦理学

〔1〕 GARRETT E, VAWTER D E. PREHN A W, et al. Ethical considerations in pandemic influenza planning [J]. Minnesota Medicine, 2008, 91 (4): 37-39.

邱仁宗. 公共卫生伦理学——第 8 届世界生命伦理学大会学术内容介绍（之一）[J]. 医学与哲学（人文社会医学版），2006（11）：15-18.

WHO. Addressing Ethical Issues in Pandemic Influenza [EB/OL]. https://www.who.int/ethics/influenza_project/en/index1.html;

王春水. 流感大流行应对中公共卫生伦理学问题研究 [J]. 中国医学伦理学，2009，22（3）：127-128，150.

邱仁宗. 直面埃博拉治疗带来的伦理争论 [N]. 健康报，2014-08-29（005）.

由于对流感大流行的伦理问题探讨不是十分充分，因此许多地方只是提出问题，而缺乏对这些伦理问题的解决及其论证。

家巴廷（Peggy Battin）指出，大家（至少潜在地）既是得病者（victim），又是传病者（vector）。认识到这一点，有利于大家同舟共济，战胜疾病。

一、资源的公平可及

（一）资源分配的公平可及原则

稀缺资源分配的公平性和可及性是流感大流行期间最重要的伦理问题之一。尽管通过预先储备抗病毒药物可以在一定程度上避免大流感时期药物的匮乏，但是，目前抗病毒药物的生产能力完全不能满足全球的需求。[1]为了使稀缺、有限资源公平可及，我们首先要讨论的一个问题是：在流感大流行期间资源分配的原则是什么？荷兰生命伦理学家威维基（Marcel Veiweij）提出三项资源分配原则：

原则 1：应该用有限的资源产生最大受益，即保护最大化。保护最大化包括用有限资源抢救最多的生命以及使人的健康受益最大化。

原则 2：公平分配医疗卫生资源。给予个人的同等要求以同等的权重，以避免歧视和对某人群的特殊照顾，使不公平最小化，例如避免城乡分配不公平；或给予不同等的要求以不同等的权重。

原则 3：建立和遵循公平的程序。例如，决策和辩护理由的公开；辩护理由能为所有人合理接受；有明确和可接受的修改程序；有明确实施的政策等。

（二）抗病毒药物、医疗资源和疫苗的公平分配

抗病毒药物能治疗患者，提供暴露后的预防，也可提供暴露前的预防。如果抗病毒药物、医疗资源和疫苗有限，不能治疗所有患者，那应先治疗哪些患者？在我国制定的《应对流感大流行准备计划与应急预案》中，规定了药物和疫苗优先分配给为社会提供基本服务的人群以及老人、儿童等高危人群。抗流感病毒药物优先用于临床患者的治疗，预防用药优先使用人群包括老人、儿童、职业高危人群及患有慢性疾病免疫功能低下的人群等。

给医疗救治服务人员和提供社会必要服务人员优先提供药物或疫苗，这种做法可在伦理学上得到辩护：①医疗救治服务人员和提供社会必要服务人员是确保大流感时期医疗和公共卫生体系功能以及社会功能的重要的人力资源；②给医疗救治服务人员和提供社会必要服务人员优先提供预防与治疗性医疗资源，可能是切断大流感传播途径的关键措施之一。因为这两个群体最有可能成为大流感的感染者和传播者。优先配给这些群体提供药物或疫苗，可以在一定程度上控制疫病的传播与流行，降低大流感的发病率和死亡率。[2]

---

〔1〕 王春水. 流感大流行应对中公共卫生伦理学问题研究［J］. 中国医学伦理学，2009，22（3）：127-128.

〔2〕 王春水. 流感大流行应对中公共卫生伦理学问题研究［J］. 中国医学伦理学，2009，22（3）：150.

二、流感大流行时医务人员的义务

医务人员是应对大流感流行最为重要的人力资源之一。在大流感暴发时期，随着患者就诊量的增加，医护人员将面临比正常医疗情况下更多的工作量，而且由于参加大流感的救治工作，医护人员比其他人有更多感染疫病的机会。即使通过接种疫苗和抗病毒药物能够大大减少感染的风险，也不能完全消除这种风险。事实证明，在发生重大疫情的时候，许多医护人员会义无反顾地承担起救治患者的义务，然而也有一些医护人员即使没有感染疫病，但是由于担心工作的危险性及家人的健康，不愿意参与救治，甚至放弃医疗工作。[1]

在流感大流行期间，救治患者是医护人员的义务，其伦理学辩护是：①医学不仅是一种职业（occupation），更是一门专业（profession），他们与社会的契约关系决定了他们负有为社会利益而医治患者的义务和责任，他们与患者的信托关系决定了他们负有为患者的健康和利益而治病救人的义务。②承担医学工作中的风险是医护人员的义务所蕴含的。医学本身是一种具有风险的专业。即使在没有重大疫病暴发流行时期，医护人员在从事医疗护理工作过程中，也有感染各种传染病的可能性。医护人员自愿选择从事医护工作，也就选择了承担工作中的风险。因此，在大流感暴发流行时期，尽管因工作感染流感病毒的风险概率可能会很大，但是他们也应当承担起救治的义务。

然而，需要指出的是，尽管在流感大流行时期为患者提供救治是医护人员的义务，但是面对这样严重的传染病，医护人员与其他人一样也是脆弱的，因此，政府有义务为医护人员提供必要的保护，使得医护人员感染疫病的风险最小，其中包括为医护人员提供应对大流感流行的专业知识和技能培训，提供有效的防护设备以及具有安全防护设施的工作环境，优先提供预防与治疗性医疗资源等。[2]

〔1〕 郭晓红，何梅，张丽红. SARS 流行期间护士职业伦理观的调查分析［J］. 南方护理学报，2004（8）：11-12.
〔2〕 王春水. 流感大流行应对中公共卫生伦理学问题研究［J］. 中国医学伦理学，2009，22（03）：127-128，150.

第 25 章　遗传学与公共卫生伦理

第 1 节　遗传学在公共卫生中的应用

将遗传学应用于公共卫生十分重要，因为人的基因组在影响一个人的健康和疾病过程中起重要的作用。同时我们也不要忘记：在决定一个人的健康和疾病过程中，基因是通过与人的环境因素、身体内外的微生物、生活方式的相互作用起作用的。由于人们认识上的片面性，更由于意识形态上的错误，尤其是政治人物的强力介入，将遗传学应用于公共卫生，人类历史上有过沉痛的教训，我们不能不认真汲取。正因为如此，第 18 届国际遗传学大会就此达成八点共识，我国的人类基因组社会、伦理和法律委员会发表了四点声明。

一、八点共识

1998 年 8 月 16 日在北京举行的第 18 届国际遗传学大会达成了八点共识：

（1）众多的国家拥有许多共同的伦理原则，这些伦理原则基于有益和不伤害原则，这些原则的应用可有许多不同的方式；

（2）新的遗传学技术应该用来给个人提供可靠的信息，个人在此基础上做出生育选择，而不应该被用作强制性公共政策的工具；

（3）知情选择应该是有关生育决定的一切遗传咨询意见的基础；

（4）遗传咨询应该有利于夫妇及其家庭；

（5）"Eugenics" 这个术语以如此繁多的不同方式被使用，它不再适于在科学文献中使用；

（6）在制定有关健康的遗传方面的政策时，应该在各个层次进行国际交流和学科交流；

（7）关注人类健康的遗传方面的决策者有责任征求正确的科学的意见；

（8）遗传学家有责任对医生、决策者和一般公众进行遗传学及其对健康的重要性的教育。

二、四点声明

2000 年 12 月 2 日，中国人类基因组社会、伦理和法律问题委员会发布了一项声

明，声明表示该委员会接受联合国教育、科学及文化组织（United Nations Educational,
Scientific and Cultural Organization, UNESCO）的《人类基因组和人类权利的普遍宣言》和
国际人类基因组组织（The Human Genome Organization, HUGO）提出的原则，即承认人
类基因组是人类共同遗产的一部分；坚持人权的国际规范；尊重参加者的价值、传统、文
化和人格，以及接受和坚持人的尊严和自由。该委员会同意国际人类基因组组织《关于
遗传研究正当行为的声明》《关于 DNA 取样：控制和获得的声明》《关于克隆的声明》和
《关于受益分享的声明》。根据上述原则和文件，该委员会就人类基因组及其成果的应用达
成四点共识：

（1）人类基因组的研究及其成果的应用应该集中于疾病的治疗和预防，而不应该用于
"优生学"（eugenics）；

（2）在人类基因组的研究及其成果的应用中，应始终坚持知情同意或知情选择的
原则；

（3）在人类基因组的研究及其成果的应用中，应保护个人基因组的隐私，反对基因
歧视；

（4）在人类基因组的研究及其成果的应用中，应努力促进人人平等、民族和睦和国际
和平。

这四点共识是有针对性的。例如人类基因组研究的成果将用于什么目的？当时一些
人呼吁"改良"中国的人种，改变其"劣根性"，或要制造出能力非凡的"超人"，而且
要求国家制定相应的规划。这种言论让人想起 20 世纪三四十年代纳粹德国的遗传学家
和医学家，他们当时忧心忡忡，担心德意志民族人口质量下降，内有大量"劣生"残疾
人，外有大量"劣等"民族，因此制定一系列国家规划，通过了绝育法、婚姻法、优生
法等一系列法律，以维护"种族卫生"。人们常说纳粹的优生运动是种族主义的，实际
上他们是从强迫本国残疾人绝育，进而迫使残疾人"安乐死"（这根本不是安乐死）开
始的。他们的根本错误有二：①在科学上，由于有隐性基因和基因的自然突变，用国家
规划限制或阻止残疾人出生和存在在科学上是不可能做到的。残疾人在人口中的比例在
很大程度上受社会发展因素制约，而不是阻碍社会发展的原因。②在伦理学上，残疾人
与健康人有平等的权利，一个民族的成员之间和不同民族之间都是平等的，没有优劣之
分，任何人结婚生育都是个人自愿做出的选择，其他人和国家都无权越俎代庖，这并不
排除在人口过多对国家构成危机时国家对公民的指导作用。任何社会或国家都无权将残
疾人视为负担，而有义务、有责任保护他们的平等权利，开发他们的潜能，使他们尽可
能与社会其他成员生活一样好。因此人类基因组研究的成果应集中应用于疾病的治疗和
预防，以改善人们的生命、生活质量。在人类基因组的研究及其成果的应用中，始终坚
持知情同意和知情选择原则，知情同意是《纽伦堡法典》的中心原则，体现了患者、受
试者的自主性。有些人不了解或不重视该原则。我国某大学的遗传学家曾表示对知情同
意不必太认真，我们代受试者签字就行。在一些省制定的限制所谓"劣生"的地方性
法规也违反了这一原则。我国具有家长主义传统，虽然家长的指导作用很重要，但每一
个有行为能力的人在涉及他自己问题上的自主性或自我决定权是不容侵犯的。我们仍生

活在存在各种歧视的社会里，其中有社会性别歧视、年龄歧视、对同性恋者的歧视，也存在性状差异的歧视（例如身材矮的人被人看不起）。一旦人们了解到性状与基因有关时，就会产生基因歧视。而如果我们将人类基因组研究的成果用于优生时，不管是增强性状或能力的体细胞、生殖细胞基因干预，还是所谓的"名人精子库""模特卵子库"，都会引起新的歧视。我们强调基因没有好坏优劣之分，实际上有些引起疾病的基因同时也能防止更致命的疾病。防止歧视要求对个人基因组信息保密，将个人基因组作为个人核心隐私来保护，因而应该起草防止和反对基因歧视、保护基因隐私的相应法规。一个民族或国家的内部人人平等，不同民族或国家的人也是平等的。人类基因组研究业已证明"四海之内，皆兄弟也。"不同人种的基因组大同小异，而且个人之间的差异要大于种族之间的差异。在人类基因组的研究方面，应该提倡信息共享，不应该将发展中国家人民当作 DNA 样本的廉价提供者，反对"基因海盗行为"和"基因殖民主义"，因此我们强调通过人类基因组的研究及其成果的应用来促进人人平等、民族和睦以及国际和平。[1]

第 2 节　优生学的历史教训

纳粹分子以优生学（eugenics）的名义实施的暴行，以及 20 世纪前半叶世界各国推行的包含强制绝育和种族隔离的优生学政策，使得"优生学"这个词附上了难以磨灭的负面意义。我们回顾优生学的历史，分析优生学到底错在哪里，随后讨论在应用新遗传学知识时如何避免再次发生类似错误。

一、欧美优生学的缘起

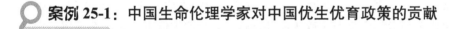 **案例 25-1：中国生命伦理学家对中国优生优育政策的贡献**

> 1988—1989 年，甘肃省和辽宁省先后通过《禁止痴呆傻人生育条例》和《限制劣生生育条例》，对智力低下者进行强制绝育，其他省市也拟仿效。在卫生部领导支持下，生命伦理学家去甘肃省调查，发现甘肃的"痴呆傻人"主要是克汀病患者，克汀病是母亲怀孕期间缺碘所致，并非遗传性疾病；克汀病女患者因生育而死亡或生育缺陷婴儿率很高，限制其生育对她们有益。1992 年，卫生部组织召开了全国限制和控制生育伦理和法律问题会议，从医学、伦理和法律视角探讨两省条例中的问题，会议纪要广泛散发，制止了其他各省市制定类似条例（后来，甘肃省和辽宁省废除了

---

[1]　本章由张迪撰写。

它们的条例）。1994 年，我国《优生保护法》草案发布后，经新华社以"Eugenic Law"为名发出电讯稿，在全世界引起轩然大波。当时中国遗传学会刚取得 1998 年世界遗传学大会举办权。各国遗传学研究机构、学会和遗传学家纷纷向中国驻各国大使馆和中国遗传学家提出抗议，声称要中断合作，抵制大会。当时我国生命伦理学家向国家科学技术委员会、卫生部和国家计划生育委员会以及遗传学家们提出建议，我们必须在概念上和政策上将我国的优生优育概念与纳粹德国的"优生学"区分开，必须贯彻知情同意或代理同意，必须平等对待残疾人。随后，将我国的优生优育译为"healthy reproduction"，生命伦理学家参加世界遗传学大会组委会的工作。生命伦理学家撰文在中国科学院《遗传》杂志发表了我国对纳粹优生学和遗传学伦理问题的看法。最后大会取得成功。

优生学最早可追溯到柏拉图。[1]但达尔文的表弟英国博物学家弗兰西斯·高尔顿（Francis Galton，1822—1911）1883 年提出"eugenics"这个词，将其定义为："改良血统的科学，不仅使用定向交配的办法，而且可使用任何方法，使更适应环境的（或健康的）种族或血统有更多的机会来战胜不那么适应环境（或不健康）的种族或血统。"[2]

高尔顿优生学的影响很大。达尔文声称他自己被他表弟关于优生学的论证所说服。德国种族卫生协会（Racial Hygiene Society）于 1905 年在柏林成立；[3]英国优生学教育协会（English Eugenics Education Society）在 1907 年成立，高尔顿于次年被选为荣誉主席；[4]在英国和美国，优生运动主要集中在中等和中上等阶层，包括许多专家和学者。[5]截至 1923 年，当美国优生学协会（American Eugenics Society）成立时，该协会在 28 个国家有分支机构。[6]1890—1920 年，优生学的理念在许多非英语国家传播，包括挪威、巴西和苏联。[7]

同时，流行的优生学运动也迅速且成功地将优生学思想带入到公众讨论中。例如用假想的和实际的案例，如朱克家族（Jukes，一个假想的纽约家族，在这个家族中，疾病、贫穷与犯罪代代相传）和卡利卡克斯家族（Kallikaks，一个智力低下、学习有障碍、患精神病的家族），向公众灌输必须限制这些家族人员生殖的观点。

〔1〕　柏拉图. 理想国［M］. 北京：商务印书馆，1996.

〔2〕　GALTON F. Inquiries into human faculty and its development [M]. London: J. M. Dent, 1883.

〔3〕　WEINDLING P. Health, race and German politics between national unification and nazism1870—1945 [M]. Cambridge: Cambridge University Press, 1989.

〔4〕　KEVLES D. In the name of eugenics: genetics and the uses of human heredity [M]. Berkeley: University of California Press, 1985: 59.

〔5〕　RAFTER N. White trash the eugenics family studies 1877—1919 [M]. Boston: Northeastern University Press, 1988.

〔6〕　KEVLES D. In the name of eugenics: genetics and the uses of human heredity [M]. Berkeley: University of California Press, 1985.

〔7〕　ROLL-HANSEN N. Eugenics before World War II: The case of Norway [J]. History and Philosophy of the Life Sciences, 1980, 2: 269-298; FLITNER M. Genetic geographies: A historical comparison of agrarian modernization and eugenic thought in Germany, the Soviet Union, and the United States [J]. Geoforum, 2003, 2 (34): 175-185.

二、优生学的种类和形式

当时学界对遗传特性的传播方式有两种看法：

一是法国生物学家拉马克（Jean-Baptiste Lamarck）遗传学。该学说认为环境因素在遗传特性传播方面起主要作用。如法国和巴西的优生学运动，他们更注重新生儿的医疗健康和教育，因为他们的遗传思想深受该学说的影响。[1]

二是大多数优生学家支持的高尔顿学说，即由德国生物学家魏斯曼（August Weismann）所提出的种质（germ plasma）学说所支撑的优生学。支持该学说的优生学家趋向于认为现代医学阻碍了物种的进化，因为它让那些不适应环境（或不健康）的人存活下来并生育后代。

优生学家在优生实践和立法上也持有不同观点。一些人倾向于积极优生学（positive eugenics），鼓励那些最适应（fit）的人拥有更大的家庭，生育更多的孩子；而另一些人则强调消极优生学（negative eugenics），阻止那些被认为是不适应（unfit）环境者生育；还有一些人认为积极和消极两者并重。对于消极优生学来说，刚开始时所采取的行动多是温和的措施（特别是美国及随后的德国），如减少家庭津贴，而没有急于使用强硬的措施［从性别隔离（sexual segregation），强制绝育，到最后的屠杀］来防止那些被认为拥有不良基因的人继续传播他们的遗传物质。德国达尔文主义者赫克尔（Ernst Haeckel）早在 1868 年就提倡优生安乐死（eugenic euthanasia），而英国优生学家伦托尔（Robert Rentoul）则是安乐死最为人知的倡导者。医生私下在新生儿身上实施安乐死，但在 20 世纪早期的美国，这些是公开的，例如海塞尔登（Harry Haiselden）医生在芝加哥不给畸形新生儿治疗，并以家庭和社会的利益为由积极推动优生学实践。[2]1939 年德意志帝国内阁内部授权，对大量残疾人实施安乐死，先从残疾新生儿和儿童开始，接着便是收容所内的成人。[3]

不同国家的优生学运动存在差异。非自愿绝育在英国仍然罕见，但在 1910—1930 年，北欧国家（包括丹麦、瑞典）以及德国、美国通过了相关法律并实施非自愿绝育。[4]在美国，大量公民被实施了非自愿绝育，在大萧条时期，数以百计的人被迫绝育。在德国，随着纳粹政权的上台，对上万残疾人、精神病患者、罪犯实施了绝育。美国优生学家还支持限制性移民政策，认为 20 世纪后来自南欧和东欧的移民破坏了"古老的美国血统"的智慧和其他优点，他们还希望禁止种族间的通婚。

---

［1］ MARK A. The wellborn science: eugenics in Germany, France, Brazil, and Russia [M]. New York: Oxford University Press, 1990.

［2］ PERNICK M. The black stork: eugenics and the death of "defective" babies in American medicine and motion pictures since 1915 [M]. New York and Oxford: Oxford University Press, 1996: 23.

［3］ BURLEIGH M. Death and deliverance: "euthanasia" in Germany, c. 1900 to 1945 [M]. Cambridge: Cambridge University Press, 1994.

［4］ GUNNAR B, ROLL-HANSEN N. Eugenics and the welfare state: sterilization policy in Denmark, Sweden, Norway, and Finland [M]. East Lansing: Michigan State University Press, 1996.

三、优生学与优生优育

中国古代便有"男女同姓，其生不蕃"的优生思想。但自优生学传入中国到 1949 年，中国从未在国家层面将优生学应用于实践。中华人民共和国成立后，新中国在各领域学习苏联，生物学也不例外。生物学领域主要宣传和推行米丘林、李森科学说，批判孟德尔和摩尔根的遗传学。在这种社会意识形态背景下，优生学被视为法西斯主义实施种族剥削和歧视的伪科学并受到批判。[1]"文革"结束后，西方遗传学对中国影响加强，加之中国承受人口压力，优生学再次成为学界争论的话题。

20 世纪前半叶，欧洲各国和美国在政府层面上推行优生学，实施强制绝育，纳粹德国将优生学推向 20 世纪的顶峰。随着"二战"后对纳粹暴行的揭露、遗传学的飞速发展以及生命伦理学的兴起，欧洲各国和美国对优生学进行了深入的批判和反思。现在优生学被定义为：为了达到某一生殖目标而制定的一种反对个人权利、自由和选择的强制性政策。[2]权威的《韦伯斯特英文词典》对"eugenics"一词的解释为："通过控制婚配遗传因子来改进人种的运动"，而不说它是一门科学或学问。[3]我国的"优生优育"一词中的"优生"，是指通过提供保健、咨询、教育来帮助父母生出一个身心健康的孩子。在这个意义上，"优生优育"的"优生"就不能称之为"eugenics"。1988 年《甘肃省人民代表大会常务委员会关于禁止痴呆傻人生育的规定》（2002 年失效）和 1990 年《辽宁省防止劣生条例》（1995 年失效）的颁布，标志着中国第一次在地方政府层面上将优生学运用到实践，但这两个地方法规的颁布并未引发国内对优生学的足够重视。1994 年 4 月，卫生部领导向全国人大提请审议《中华人民共和国优生保健法》，在国际遗传学界和伦理学界引起了巨大争议。对于本法的严厉批判大多来自于国外，这并不意外，如前所述，中国缺乏对欧美优生学历史的认识，且与这些国家相比，在这一问题上的伦理反思相对较少。虽然该法后改名为《母婴保健法》，但其中一些条款仍引起争议。该法旨在保护和促进母婴健康，这是无可争议的，然而在个别条款带有优生学的痕迹，例如第十条[4]规定，被诊断为严重遗传病患者必须采取长效避孕措施或结扎术才能结婚，这条法律没有具体界定什么是"严重遗传病"，却给予婚检医生不适当地决定公民婚姻的权力，对如何确认采取长效避孕措施没有准确说明（包括多长时间为长期，如何在婚姻登记时满足这一条件），而且还缺乏患者知情同意，这条法律与保护残疾人权益的伦理和法律相冲突。中国大多数人误以为

〔1〕 周建人. 论优生学与种族歧视［M］. 香港：新知书店，1948.

〔2〕 WERTZ D C, FLETCHER J C, BERG K. Review of ethical issues in medical genetics report of consultants to WHO [M/OL]. WHO, 2003. https://www.who.int/genomics/publications/en/ethical_issuesin_medgenetics report.pdf

〔3〕 WERTZ D C, FLETCHER J C, BERG K. Review of ethical issues in medical genetics report of consultants to WHO [M/OL]. WHO, 2003. https://www.who.int/genomics/publications/en/ethical_issuesin_medgenetics report.pdf
GURALNIK D. Webster's New World Dictionary [Z]. Second College Edition. New York: Simon and Schuster, 1982: 482.

〔4〕 第十条 经婚前医学检查，对诊断患医学上认为不宜生育的严重遗传性疾病的，医师应当向男女双方说明情况，提出医学意见；经男女双方同意，采取长效避孕措施或者施行结扎手术后不生育的，可以结婚。但《中华人民共和国婚姻法》规定禁止结婚的除外。

优生学（eugenics）就是指"生出一个健康的孩子"，不了解欧美优生学实践已经赋予优生学别的含义，因此我国的"优生优育"中的"优生"应译为"healthy reproduction"。[1~2]在中国，优生经常与优育连用，指生出并养育一个健康的孩子，这与法国在 20 世纪初期的优生学思想相似，法语中的 puériculture，即婴儿或儿童健康或养育和训练儿童的方法。[3] 其次，大多数欧美国家对"eugenics"的诠释，则与纳粹德国国家强制绝育、种族灭绝相关，但大多数中国人不知道这一含义。

四、对所谓"劣生"的分析

在将遗传学应用于公共卫生时，纳粹德国声称要建立一门新的卫生学，即"种族卫生学"（rassenhygiene），不关心个人和环境，而专注于人类的"种质"。德国医生、"种族卫生学"奠基者普洛伊茨（Alfred Ploetz）和沙尔迈耶尔（Wilhelm Schallmayer）认为"种族卫生学"是日耳曼种质的预防医学，他们将健康的、精神健全的、聪明的人称为"优生者"，将有生理疾病的、患精神病的、智力低下的人称为"劣生者"，用迫使"劣生者"绝育或"安乐死"（当然是盗用这个名义）的办法防止"劣生者"（inferiors）繁殖。早在 1920 年，德国律师宾丁格（Carl Binding）和医生霍赫（Alfred Hoche）出版了一本题为《授权毁灭不值得生存的生命》的书，他们反对个人权利，强调国家权利，"不值得生存的人"是指有病痛和残疾的人，这些人不值得再活下去，这些生命如此劣等没有生存价值。这是他们后来实行强制绝育、义务安乐死以及灭绝犹太民族的意识形态基础。

首先，不管一个人属于什么种族，也不管一个人身体是否健康，心理是否健全，智力是否正常，在道德上和法律上都是平等的，享有同等的权利，包括生命、健康、结婚、生育的权利，称他们"劣生"是一种歧视性行为。其次，科学、医学和遗传学应该使人们受益，使尽可能多的人生活更美好，应该将前来寻求帮助的人们的利益放在第一位，而不能以任何理由残害人，剥夺他们生命、健康、结婚和生育的权利。再次，科学技术上可能的不一定就是伦理学上应该的。使精神病患者、智力低下者不生后代，在科学上是可能的，我们应该提供遗传检测和咨询服务，并帮助他们做出理性的生殖决定，但强制他们绝育在伦理学上是不应该的。当应用科学技术成果时，科学家、医学家和遗传学家就面临价值和伦理问题。纳粹的价值观是"社会就是一切，个人什么都不是"，它打着"社会利益"的旗帜，实际上是伤害大多数个人（也包括德国人），为少数统治集团成员谋利。最后，在有关私人问题的决策上，应该保证个人的自主权或自我决定权。个人的结婚和生育是属于私人空间的问题，一般也应由个人做出决定，个人无行为能力时则由他们的监护人做出决定，政府或法律的限制应该是最低限度的，例如近亲通婚的限制或者在人口爆炸时对生育

〔1〕　QIU R Z, DIKOTTER F. Is China's law eugenic? [J]. The Unesco Courier, 1999 (52): 9.

〔2〕　KNOPPERS B. "Well-bear and well-rear" in China? [J]. American Journal of Human Genetics, 1998 (63): 686-687.

〔3〕　SCHNEIDER W. Puériculture and the style of French eugenics [J]. History and Philosophy of the Life Sciences, 1986 (8): 265-277.

数量的暂时限制等。遗传学家、伦理学家以及卫生部门和立法机构的官员都应该知道并牢记人类优生学的历史教训。

我们还可以进一步讨论如下一些问题：

（1）基因好的人一定可以生出健康的孩子，或基因有缺陷的人一定生出不健康的孩子吗？这在科学上难以成立。因为到配子发育成熟，要经过减数分裂，优生者好的基因可能没有留下，潜在的不好基因却留下了，反之，优生方面较差者差的基因没有留下而潜在的好基因留下了。更重要的是，人的智力是基因与环境（自然环境和社会环境）相互作用的产物，不是完全由基因决定的。

（2）生出一个健康的孩子，是否就是"优生"？或者健康与"优"是否是一回事？就人而言，"优生"是对一个人的身体、心理和社会方面的能力和表现的全面评价，而不应该仅仅指身体方面。例如我们决不会因梵高患有严重精神病而否定他的伟大艺术成就，称他为"劣生"；我们更不会因为霍金患肌肉萎缩症，大半辈子不能离开轮椅而否定他的伟大科学成就，而称他为"劣生"。

（3）当我们口口声声追求"优生"、贬低"劣生"时，有人就会质问："那谁是劣生的呢？"由此看来，"优生"与"劣生"一样，都是既不科学，又会引起负面后果的术语。

（4）最为重要的是，人的价值在哪里？人不仅有外在价值或工具性价值，而且更重要的是人有内在价值，每一个人都是目的本身，不能仅仅被当作手段看待。1998年，时任国家主席江泽民在致"康复国际第11届亚太区大会"的贺词中指出："自有人类以来，就有残疾人。他们有参与社会生活的愿望和能力，也是社会财富的创造者，而他们为此付出的努力要比健全人多得多。他们应该同健全人一样享有人的一切尊严和权利。残疾人——这个社会最困难群体的解放，是人类文明发展和社会进步的一个主要标志。"显然，"劣生"这一概念既不科学，又不合乎伦理，也不符合我国政府的政策。

但遗憾的是，从20世纪80年代中期一直到21世纪最初10年，期间编写的某些医学伦理学书籍，仍一再出现了"劣生""无生存价值""无生育价值""强制绝育""安乐死义务论"等违背国际学界共识的论调。某些医学伦理学书籍仍在强调对患有严重遗传性疾病的个人，"必须限制乃至禁止其生育子女，其中最彻底的手段是对其实施绝育手术……牺牲有害基因携带者个人的生育要求，乃至性爱要求，以利于社会认可的遗传结构和遗传素质的改善"。还有若干书籍的作者认为"无生育价值的父母"包括"有严重遗传疾病的人、严重精神分裂症患者、重度智力低下者、近亲婚配者、高龄父母"。这在客观上对我国坚持基本伦理原则的优生优育实践起了消极的干扰作用。

尽管遗传检测技术的不断发展，产前筛查、产前诊断的临床应用越来越广泛，我们仍要牢记优生学和优生运动的历史教训，警惕优生学死灰复燃。2015年12月，在华盛顿召开的由中国科学院、英国皇家科学院和美国科学院联合举办的人类基因编辑峰会上，优生学的历史和教训的主旨演讲提醒我们要铭记优生学的历史教训。因此，无论我们在实施优生优育的政策还是将遗传学应用于公共卫生时切不可忘记这一教训。

第 3 节　遗 传 筛 查

遗传筛查是将遗传学应用于公共卫生的成功例子。

一、遗传筛查的概念

过去几十年，分子遗传技术发展迅猛，遗传检测和遗传筛查技术在诊断、治疗和预防人类疾病方面得到了广泛应用。遗传检测是对染色体、基因进行检测的技术。遗传检测可以诊断疾病，也可以用于疾病风险的预测，如有人带有乳腺癌基因。遗传筛查是为了早期检出或排除某种遗传病或后代产生遗传病的倾向。

针对目标群体的遗传筛查包含三个要素：

（1）这是一个选择过程，追踪有高度风险患病的个人，对他们进行诊断性检测或直接采取预防措施。

（2）为尚未出现症状而求医的人们提供帮助，筛查不是由有医疗主诉的患者启动的，而是由一个国家或一个地区的医疗卫生人员启动的。

（3）筛查的主要目的是为了被筛查者的安康。日常的医疗与筛查之间有伦理学意义的区别。如果患者求医，医生要尽可能找出原因并治疗他。筛查与之不同，医生必须能够证明筛查能够显著改变病情的自然进展。当开始进行筛查时，医生有义务帮助参加筛查计划的患者。

世界上第一次正式的筛查发生于 19 世纪末。那时美国制定了一条法律，旨在减少大量移民入境，不许罪犯、穷人、精神病患者等入境。由海军医院服务处（Marine Hospital Service，后改为美国公共卫生服务署（U. S. Public Health Service）进行筛查。最初的筛查并不是科学的检查，因此相当不精确，有许多假阳性和假阴性结果。但人们不得不接受这种筛查，因为这是进入美国的条件。遗传筛查计划开始于 20 世纪 60 年代，首先对新生儿进行筛查，以便对其代谢性疾病进行预防性治疗，后来又有对泰 - 萨克斯病以及地中海贫血等隐性遗传病基因携带者的筛查。在 20 世纪 80 年代，为染色体异常和有生育遗传病婴儿风险的孕妇提供筛查。现在趋向于提供更早期和普遍的筛查。

二、遗传筛查计划的目标

清楚而确切地确定遗传筛查计划的目标是最重要的事情，也是最基本的事情。

遗传筛查的第一目标是促进科学研究，然而很少有人提及。遗传筛查对科学研究的作用是：①对有关人体生理学和进化的假说进行检验；②帮助计算疾病的发生率；③研究新的检测方法的可行性和价值。

遗传筛查的第二目标是促进分配公正。如果遗传筛查为所有公民可及，也是对分配公正的促进。给所有人提供遗传检测，促进了医疗的平等可及。

遗传筛查的第三目标是减轻面临严重遗传病困扰的家庭和社群的焦虑。

遗传筛查第四目标是管理和改进参与者的健康和生命质量，包括治疗疾病和预防遗传疾病的进展。

第五目标是减少带有"异常"基因的出生儿童数量。这意味着遗传筛查计划的成功取决于它在多大程度上影响参与者的生殖态度。

第六目标是使某一异常基因携带者能够做出有关生殖的知情选择。

某一特定的遗传筛查计划的目标能否实现取决于许多不同的因素：

第一个影响因素是遗传筛查的性质。遗传检测是症状前诊断，在患者临床症状变得明显之前就能发现遗传病，可减轻受检者焦虑和不确定性。遗传筛查是对人群中遗传病致病基因或易感基因进行检测。遗传筛查可分为携带者筛查、产前筛查、新生儿筛查、群体筛查、药物反应性筛查等。

第二个影响因素是人们想要进行筛查的时机。例如在三个不同的时间进行的遗传检测可区分三个不同的目标。孕前筛查的目的是了解后代患遗传病的风险，那时所有的生殖选项都是开放的。产前筛查的目的是给相关人采取行动提供可能性。新生儿筛查的目的是对新生儿遗传疾病的预防或早期治疗。

第三个影响因素是社会情境。例如医疗卫生人员主要集中于某些疾病的预防；保险公司希望从中获利；制药公司利用遗传筛查预防患者服药的风险；政府则为了节约费用、预防疾病促进人群健康。

三、遗传病预防和公共卫生

遗传筛查的目的是预防疾病和促进健康。预防时，人还没有患病，也许他们患病的风险很高，但尚未有确定的疾病。然而，如果不采取预防措施，他们不会意识到自己可能会得这种疾病。这意味着预防与治疗的伦理意义不同，治疗帮助的是患者。提供遗传信息这一目标在性质上不同于大多数形式的筛查，因为提供的遗传信息不包含预防。但是为了做出知情决策而获得遗传信息是有价值的。这就要求在筛查的概念方面做出范式的转换。遗传学和遗传筛查在经典的预防推理方面发生了改变。有关人类疾病预防的传统的公共卫生和预防医学主要应用于分析和控制传染源和环境有害因素。在传统上人们认为初级预防是切断传播途径（如 HIV），或通过教育、行为改变、免疫接种和改善环境等措施，避免接触有害环境因子。二级预防是在人接触传染源或环境有害物质后，医学专业人员设法避免接触者生病。三级预防是预防疾病并发症。至于遗传病，经典的公共卫生模型不起作用，因为基因是遗传病的致病因素之一，除非发生基因修饰，否则不会改变，然而这只是理论上的可能性，目前临床上还不可行。夫妇们在遗传病基因携带者检测的基础上做出知情的生殖决定，但不应该将这种个体的决定与公共卫生情境下的疾病预防混为一谈。鉴于20世纪上半叶的纳粹德国"优生运动"的教训，政府在制定遗传疾病防控相关政策时，应该排除纳粹德国式的"优生政策"（实际上是种族灭绝政策），我们应该认识到人们可以追求完美，但这不是遗传筛查的合适目标。

1968 年 WHO[1] 提出了如下筛查计划的原则：

（1）所筛查的疾病应该是一个重要的健康问题。

（2）对此疾病应该有治疗方法。

（3）诊断和治疗设施应该是可得的。

（4）该疾病应该有潜伏期。

（5）对该病情应该有可得的检测或检查方法。

（6）检测应该是该人群可接受的。

（7）对该疾病的自然史有适当的理解。

（8）应该有一致同意的政策决定治疗对象。

（9）与整个医疗费用相比，发现一个病例的总费用在经济上应该是可行的。

（10）发现病例应该是一个连续的过程，而不仅是一个"一劳永逸"的计划。

遗传筛查计划的标准在实施遗传和生殖筛查的过程中得到了进一步的发展。基于这些工作，我们制定了评估人群研究的规范性框架，并获得了国际的支持，尽管人们对若干细节仍有争论。这些遗传筛查的普遍原则可概括为 5 个主要理念：

（1）遗传筛查必须集中于重要的健康问题。"重要"往往与遗传病的现患率和严重性有关。

（2）遗传筛查的目的是确保受检人的健康，这意味着其伤害和风险应小于受益。

（3）遗传筛查需要可靠的和有效度（valid）的检测方法，可靠是指重复检测得出相同的结果（可重复性），有效度是指通过测量工具或方法测出所要测量事物的准确程度。我们还要区分分析效度（analytical validity）与临床或诊断效度（clinical or diagnostic validity）。分析效度描述的是试验设计在实验室里的结果，例如在寻找基因型中的基因突变时，检测产生的阳性（异常结果）频率。临床或诊断效度是确定基因型有病的个体检测的阳性结果的频率以及基因型正常的人检测的阴性结果的频率。

（4）尊重自主性是使遗传筛查被人群接受的前提。

（5）受检人的受益（健康或其他方面的受益）必须超过他们所付出的代价。

实践证明，50 多年前 WHO 制定的规范性框架仍然有效。然而，在应用这一规范性框架时，仍然会遇到一些伦理、法律和社会问题，需要解决心理、社会受益和个体伤害比、对利益攸关者的影响、信息的选择、公平、歧视以及人的尊严等问题。从伦理学的视角看，遗传筛查有三个伦理问题（受益与伤害比、知情同意、自主性）值得进一步讨论。

〔1〕　WILSON J. JUNGNER G. Principles and practice of screening for disease [S/OL]. Geneva: WHO. 1986. https://www.who.int/ionizing_radiation/medical_radiation_exposure/munich-WHO-1968-Screening-Disease.pdf.

第 26 章　药物依赖的伦理学视角

　　烟草、酒精、阿片类等可成瘾的精神活性药物的依赖和成瘾已经成为重大的公共卫生问题和社会问题，严重影响人们的身心健康，大大增加多种疾病的发病率和死亡率，增加了社会的疾病负担，给社会经济造成重大损失。全世界烟草使用者约为 10 亿，每年死于吸烟的人数为 600 万。我国 15 岁及以上人群现在吸烟率为 28.1%，现在吸烟者总数达 3 亿，男性现在吸烟率为 52.9%。受二手烟危害的人数为 7.4 亿，每年吸烟所致死亡人数超过 140 万。烟草在我国所致死亡原因和疾病负担方面均占第一位，2014 年给我国社会经济造成 3500 亿元的损失。对人民健康和生命负责的政府必须将控烟置于首要的议事日程上。全世界酒精依赖和成瘾者约 2.4 亿，每年死亡人数为 330 万。我国饮酒人数估计达 6 亿，每年饮酒死亡人数约 10 万。酒精在我国所致死亡原因和疾病负担方面以及给我国人民的生命健康和社会经济带来的损失仅次于烟草，每年浪费千亿斤粮食。对人民健康和生命负责的政府决不能对酒精的滥用无动于衷。全世界非法药品使用者约为 2 亿。截至 2014 年底，我国累计使用阿片类药物和合成"毒品"登记人数达 295.5 万，估计实际人数超过 1400 万人，其中滥用合成非法药品人员急剧增多，目前已发现 145.9 万人，年均增长 36%，累计登记人数首次超过滥用传统非法药品人数。这对使用者的身心健康和社会经济均造成严重危害。本章将讨论控制精神活性药物（烟草、酒精和非法药品）使用的伦理论证以及对非法药品使用者采取惩罚政策的伦理分析。[1]

第 1 节　对使用可成瘾药物干预的伦理学论证

　　由于使用已知可成瘾精神活性药物对使用者及相关他人健康、福祉和社会有害，公共卫生人员和决策者已经将药物依赖和成瘾鉴定为一个公共卫生问题，并设法消除或控制它。但药物使用者从中获得快感，有人从中获得利益，他们抗拒控制措施。这种矛盾和冲突引发复杂的社会、道德和法律问题。本节着重讨论，对可成瘾精神活性药物的使用采取干预和控制措施能否在伦理学上得到辩护。

　　2004—2007 年间，英国一位著名画家[2]接受《卫报》记者采访说，吸烟是极大的乐事；吸烟带来的兴奋当然要付出代价，他不在乎；吸烟有利于他的精神卫生。他说，管制

〔1〕　本章参照：翟晓梅，邱仁宗. 公共卫生伦理学［M］. 北京：中国社会科学出版社，2016：360-402.
〔2〕　HOCKNEY D, Smoking is my choice [N]. Guardian, 2004-06-01; HOCKNEY D, A letter from David Hockney [N]. Guardian, 2006-02-25; HOCKNEY D, I smoke for my mental health [N]. Guardian, 2007-05-15.

吸烟实际上是管制快乐。一个人的快乐与他人无关，国家干预他的快乐是不当的，因为这远远超出了政府管理范围，有些人通过权力把个人的好恶转变为公共政策。许多吸烟者有同样的感觉：如果放弃吸烟，就剥夺了我的快乐；如果继续吸烟，也就少活几年，这没有什么了不起。在制定有关吸烟的管制措施时，对吸烟爱好者的这些感觉应该给予重视。

使用可成瘾的精神活性药物给使用者自身以及他人和社会带来重大伤害，这是科学业已证明的不争事实。问题是，如果我们暂时把对他人的伤害撇在一边，如果使用可成瘾精神活性药物仅仅影响使用者自身，我们有干涉他们使用可成瘾药物的道德理由吗？我们从以下四个方面进行论证。

一、伤害他人的论证

以吸烟为例，在"被动吸烟"对他人产生影响的证据成为定论前，吸烟被认为是一个纯粹伤害自身的问题，也许个人吸烟为他人讨厌。伤害自身一般不认为是政府干预的理由。吸烟成瘾的危害比吸烟给吸烟者个人带来的健康伤害更为严重。因此在吸烟管制的最早阶段，政府集中采取管制措施，或改善对吸烟者提供的信息。例如，政府严格管制甚至禁止烟草广告，要求在广告和烟盒上有醒目的吸烟有害健康的警告，政府严密监测烟草产品的尼古丁和焦油的含量，同时对公众告知吸烟的危害。这种对烟草市场管制的方法确保了吸烟者或想要吸烟的人获得有关他们所用烟草产品的风险的精确信息，它激励吸烟者放弃吸烟，或加强那些想要戒烟的人的意志和决心，劝阻那些将吸烟看作某种值得一试的好事的人不要吸烟。信息管制的基本功能是改善烟草消费同意的质量，也朝劝阻人们吸烟的方向努力。世界各国都在吸烟信息管制方面下功夫，我国也不例外。与之相比，虽然酒精对人健康的危害不下于烟草，但我国各级政府的电视台和其他媒体经常播放、刊登大量烈性酒的广告，对酒精使用者或未来可能的酒精使用者产生严重的误导作用。

然而与其他可成瘾物质不同，我们不能不考虑吸烟对第三者的重大伤害。下列两种情况特别重要：在封闭的公共场所吸烟；在家中吸烟影响后代。

禁止在封闭的公共场所吸烟可以从两方面来辩护：一方面它与伤害有关；另一方面它与公共品有关。与伤害有关的论证集中在对非自愿接触二手烟的第三者的伤害。与公益有关的论证则集中于吸烟有害公共品，即洁净的空气。对此有人提出两点反对意见：其一，风险达到多大水平才需要管制？如果我们采取各种措施将风险降到很低，是否就可以吸烟？其二，禁止这种管制措施是否相称？如果办公室很大，通风很好，工作人员又少，是否需要采取全面禁止的措施？对空气中其他可能影响健康的因素（例如纳米粒子）为什么不采取禁止的措施？这两点意见虽然有点道理，但公共政策有两个特点：一是它的简单性和可执行性，简单的禁止比复杂的禁止易于操作；二是它不追求一致性，不同部门对利害得失有不同的权衡。对于有公共卫生思想的决策者来说，以保护未吸烟者的名义减少吸烟很可能有减少吸烟者吸烟的有益后果。

从保护脆弱的第三者观点看，保护家中的孩子比管制吸烟的职场更为重要。吸烟者的配偶和家庭成员可能有他们自己的说服吸烟者戒烟的办法，或管制他们的行为。然而什么措施可用来管制家中的吸烟呢？这是比较困难的，尤其是有人认为家庭是神圣不可侵犯之地，法律不应插手。我们也不能采取将吸烟定为犯罪的办法，如警察进入家庭，将顽固不化的吸烟者的孩子交由非吸烟者抚养。关于保护妊娠期妇女，也是如此，希望未来的母亲及其家庭成员不要吸烟。我们可以强烈呼吁不要使脆弱的儿童和尚未出生的孩子受到伤害，但目前还难以提出通过法律强迫个人中止吸烟的理由，尤其在目前法律保护妇女自主性和身体隐私的条件下。因此，除了教育，目前还没有更为有效的办法。

二、保护公共品

（一）支持控烟的论证

支持控烟的论证，除了伤害论证外，还有保护公共品的论证。[1]公共品在消费上是非排他性（任何人都可使用它）和非竞争性的（我的使用不减少你对它的使用量和可得性），例如洁净的、可呼吸的空气。然而，公共品有可能被摧毁。释放毒气到空气中就会严重影响空气质量。虽然任何人都用公共品，但是谁也没有兴趣去保护它们，因而需要国家采取行动保护公共品并将它们提供给公众。如果我们认为吸烟对洁净的空气有害，我们就可提出一个新的支持吸烟管制的论证，这种论证不是基于对可辨识其身份的第三者造成未给予同意的伤害。最近公共卫生人员提出，不仅空气是公共品，控烟本身也是公共品。另一种论证说，公共品不仅仅是环境，而是摆脱被引诱进而伤害自己和他人的环境。由于吸烟是成瘾的，我们希望有这样一个环境，它既不引诱我们去吸烟，也没有认为吸烟合意的信号，也不会让戒烟者复吸，这样保护了非吸烟者以及可能会成为吸烟者的健康。这种公共品就是公共卫生。

威维基[2]指出，公共卫生是所有参与者的私人健康的集合。劝阻吸烟不仅使所有被劝阻的吸烟者受益，而且使吸烟者外部的人员受益，因而它是一种公共品。劝阻吸烟的目的是使越来越少的人吸烟，成功劝阻吸烟的政策将减少烟草的使用，开始吸烟的人更少，停止吸烟的人更多，现在吸烟率更低，那么这能看作一种公共品吗？如果是，这意味着所有人受益，不只是响应这一政策不吸烟的人受益。换言之，将劝阻吸烟看作公共品意味着不仅仅是停止吸烟的、减少吸烟的人受益，或决定不开始吸烟的人受益。

吸烟行为有着重要的社会决定因素：

（1）青少年是否吸烟在很大程度上依赖于他们所生活的群体、家庭或社群内的规范。生活在其中的吸烟的朋友和家庭成员越多，就越认为吸烟是正常的和没有争议的事，这就会降低开始吸烟的阈值。因此，显然在一个人的生活环境中的现在吸烟率与跟随他人吸烟是青少年开始吸烟的重要决定因素，甚至还有受到同伴的压力，而跟随他人吸烟的例子。

（2）吸烟是一种社会活动，当一个人与其他人一起吸烟时最快乐，有些吸烟者常说与

〔1〕 SMITH R, et al. Global public goods for health: health economic and public health perspectives [M]. New York: Oxford University Press, 2003.

〔2〕 VERWEIJ M. Tobacco discouragement: a non-paternalistic argument [M]//DAWSON A, VERWEIJ M. Ethics, prevention, and public health. Oxford: Oxford University Press, 2007: 179-197.

其他吸烟者在一起要比与非吸烟者在一起更为快乐。而你在这个群体中吸烟，就会得到其他吸烟者的肯定。这种肯定往往强化了吸烟的群体规范。

（3）当一个人生活在吸烟者之中时，自己很难中止吸烟。每次一位朋友或任何其他人点燃一支烟时，对吸烟者而言，是一种诱惑，他往往又开始吸烟，因此戒烟非常困难。

（二）劝阻吸烟是一种公共卫生干预

在一定程度上，吸烟行为决定于社会情境。如果吸烟很普遍，年轻人就容易开始吸烟，戒烟就很难。这并不是强调社会决定论而忽视个人选择。至少，在一定的社会情境下，朋友、家庭、同事等对吸烟的态度是影响个人对吸烟态度的重要因素。这种社会情境可成为公共卫生政策的靶标。减少社会中吸烟人数，在社会中吸烟不那么常见，吸烟者更容易戒烟，想要吸烟者更容易克制自己。这样就削弱了驱动吸烟行为的一个重要因素。减弱这种驱动因素的强度类似于其他公共卫生干预措施。许多典型的公共卫生干预措施旨在消除自然和社会环境中的风险，从而促进生活在环境中的所有人的健康。同理，劝阻吸烟政策不仅旨在改善所有吸烟者的健康，而是想创造一个吸烟不那么常见，青少年容易不吸烟和想要戒烟的人容易戒断的环境。这种受益是对所有人开放的。并且，这种情境只有大家共同努力才能实现。因此，成功的劝阻吸烟可视为一种公共品。

是否有使戒烟更容易的烟草产品？烟草厂家以及一些为他们服务的科学家一直声称，他们可生产和销售更为安全的产品，如低焦油纸烟、无烟纸烟以及烟草代用品（如电子烟）。然而这种安全烟草产品并不存在，例如吸低焦油产品的吸烟者，会吸比以前更多的烟，或这些产品的尼古丁含量并未减少，因此对吸烟者的伤害并未减少。[1]

三、政府的作用

酒精和烟草的使用几乎与所有政府部门有关，但是在一些情况下，似乎政府部门支持酒精和烟草行业，而不顾人群健康，政府部门的顾虑之一是这些产品销售减少可能引起失业以及政府收入减少。前面已经指出，酒精和烟草的税收已经大大不抵因使用酒精和烟草引起的国民经济的损失。我国烟草和酒精税收收入应在政府各部门之间平均分配，但烟草和酒精引起的健康损害主要由国家卫生健康委员会以及负责基本医疗保险的人力资源和社会保障部承担，这就可能造成其他部门不积极参与控制吸烟和饮用烈性酒的工作（比如靠刊登烈性酒广告赢利的各级电视台）。

四、保护脆弱人群

公共卫生措施应该特别关注脆弱人群，对儿童和青少年使用酒精或烟草要密切关注。2005 年英国的一项 11～15 岁青少年吸烟和饮酒的全国性调查提示，在 1982—2005 年间，

---

[1]　贺潇. 低焦油香烟降焦不降害［N］. 新京报，2011-12-07.

青少年饮酒和吸烟的人数略有下降，但酒精消费量近年来显著上升，尤其是女孩。这项调查发现，22% 的男孩和 23% 的女孩在调查前一周饮酒。所有参与调查的小学生在过去一周内饮用了 14 个或更多单位（8 克纯酒精为一个酒精单位）的酒。在过去一周内，饮用酒精的青少年比例随年龄而增加，从 11 岁的 3% 到 15 岁的 46%。吸烟的比例也随年龄而增加，从 11 岁的 1% 增加到 15 岁的 20%。吸烟者往往也饮用酒精。[1] 鉴于儿童和青少年面临严重的身心健康威胁，政府必须采取果断行动，尽一切可能来防止青少年成为酒精或尼古丁的依赖者和成瘾者。这在伦理学上是完全可以得到辩护的。青少年往往缺乏对风险做出判断的能力，并容易轻信他人。此外，如果一个人在儿童和青少年时期就开始饮酒吸烟，持续到成年，滥用这些物质引起的健康伤害是非常严重的。我国各级电视台刊登烈性酒广告，而不提供酒精对人体危害的任何信息，这有损我国青少年的健康。

酒精和烟草产品的制造商、广告商和销售商必须充分认识儿童和青少年的脆弱性，对健康伤害承担更为明确的责任。不要对风险轻描淡写，不要利用饮酒和吸烟的吸引力，尤其不要以这种方式引诱儿童和青少年，要严格限制规定年龄以下的儿童和青少年获得这些产品。将保护儿童和青少年的责任仅仅寄托给酒业和烟草业是不切实际的，除了加强政府的管制外，还要赋权给人民，使他们能够做出理性的选择，过更健康的生活。

自 20 世纪 70 年代以来，英国和其他发达国家的吸烟人数和吸烟量有所减少，人们越来越知道吸烟的危害。可是，许多重度饮酒者仍然低估饮酒引起的风险，认识不到他们的健康风险或糟糕的健康是饮酒引起的。相比之下，吸烟引起风险的信息容易呈现，即吸任何量的烟都是有害健康的、有风险的，但饮酒引起的风险难以量化。

总而言之，政府和立法机构对酒精和烟草的管制措施完全可以得到伦理学辩护。政府有责任保护亿万人民的健康，尤其是保护儿童和青少年这些脆弱人群的健康，其中也包括酒精和烟草使用者的健康。

第 2 节　对非法药品使用者惩罚性政策的伦理分析

自改革开放以来，非法药品使用[2] 呈蔓延的趋势，中国政府和立法机关决定采取惩罚性的办法来解决这个问题。[3] 为了控制非法药品使用者，公安部制定了一个叫作"动态控制"的办法。[4] 为了更严厉地打击非法药品使用，在《禁毒法》颁布后几年内，公安部出

---

〔1〕　Nuffield Council on Bioethics. Public Health: Ethical Issues [R]. London: Nuffield Council, 2007: 115.

〔2〕　阿片类药品是具有精神活性的化学物质，可称为"非法药品"，非法药品还包括新型的合成"毒品"，其本质与尼古丁、酒精性质相同，称之为"毒品"既不科学，又具有误导性的政策含义。尼古丁和酒精是比阿片类药品对人类健康危害更大的"毒品"。同理，"毒品使用者"一词对使用者有贬低、污名化和歧视的含义，这里改称"非法药品使用者"。本节内容参照 HUANG W. Ethical challenges to punitive law on drug users in China [J]. Asian Bioethics Review, 2014, 6 (2): 158-173.

〔3〕　全国人民代表大会 1990 年《关于禁毒的决定》；全国人民代表大会 2004 年《中华人民共和国禁毒法》。

〔4〕　公安部. 公安部部署全国公安机关建立吸毒人员动态管控机制 [EB/OL]. (2006-08-29) [2019-08-13]. http://www.gov.cn/gzdt/2006-08/29/content_372152.htm

台了一系列规定[1]。虽然《禁毒法》为非法药品使用者戒毒提供更多的选择，如自愿戒毒、社区戒毒[2]、强制隔离戒毒，但在实际执法中还是以强制隔离戒毒为主。我们要问的问题是：对非法药品使用者的惩罚性法律条款能够在伦理学上得到辩护吗？[3]

一、反对对非法药品使用者采取惩罚性政策的论证

20 世纪 90 年代禁毒政策和 21 世纪《禁毒法》背后的理论预设是，使用非法精神药品是个人自主选择的一种不端行为或品行不良，因而必须定义非法药品使用者为违法者或罪犯，通过惩罚加以强制纠正。惩罚性法律旨在消除或至少减少非法药品使用量和非法药品使用者人数，并最终摧毁整个非法药品行业。然而，这个理论预设站不住脚，因为缺乏科学根据，将非法药品使用者定义为违法者或罪犯得不到伦理学的辩护，这种政策的实施将产生严重的负面后果。

（一）药瘾[4]是一种慢性易复发脑病

关于非法药品滥用成瘾是一种不良行为还是疾病，这个问题既是科学问题，也是关于应该做什么的规范性问题。药物是有生物学功能的化学物质（不同于营养和水）。精神活性药物作用于神经系统，能影响精神功能。精神活性物质中有些可滥用的药物，可以使人们愉悦，与其他精神活性药物（如氯丙嗪）不同，后者仅仅用于治疗而不是娱乐[5]。这些可滥用的药物可引起心血管、呼吸、消化和中枢神经系统结构和功能的损伤。可滥用药物的使用者会对这些药物产生依赖和成瘾，它会对使用者个人、他们的家庭和社会造成显著负面影响，使用者表现出一种不受控制的强制性觅药和用药行为，不受传统的自律精神和良知的约束，会采取正常人不可思议的行动，伤害自己、家人和社会。

经过数十年科学研究，科学家已有充分的证据证明，药瘾是一种慢性的、易复发的脑部疾病。当成瘾者长期服用精神活性药物后，他们大脑的基本结构和功能受到严重损伤，大脑损伤反过来又引起他们的行为异常。随着神经成像术，尤其是功能性磁共振成像术（fMRI）的发展，[6]科学研究发现，非法药物依赖和成瘾具有神经学基础。自 20 世纪 90 年代以来，神经成像研究业已发现非法药物导致涉及认知、动机、记忆、学习和抑制性控制

---

〔1〕　公安部 2009 年《毒品使用检测程序规定》；2011 年《毒品使用成瘾认定办法》《公安机关强制隔离戒毒所管理办法》。

〔2〕　在我国，社区是指与公安部门派出机构（派出所）紧密相连的居民委员会组织，因此不是严格意义上的"社区戒毒"。社区戒毒更确切的名字是"社群戒毒"，它是指以社群（如艾滋病患者组织、男同性恋者组织或非法药品使用者组织）为基础所开展的戒毒工作。

〔3〕　有关非法药品的问题是既多又复杂的。本文仅集中讨论我国最具争议的有关非法药品使用者政策和法律的伦理问题。其他问题，例如非法药品规模生产和贩卖的相关政策和法律，迄今争议不大，不在此处讨论。

〔4〕　包括非法药品的成瘾，我们称之为"毒瘾"。

〔5〕　对人构成最大威胁的可滥用药物是尼古丁、酒精和阿片类药物（如海洛因）。

〔6〕　脑活动的研究因应用正电子放射断层造影术（PET）、单光子发射计算机化断层显像术（SPECT）或核磁共振成像术（MRI）而取得重大突破，尤其是 fMRI 的应用。

的大脑区域改变。美国放射科医生布雷特（H. C. Breiter）等[1]在其原创性研究中，即最早的成瘾药理 fMRI 的研究中，将可卡因提供给可卡因使用者，他们发现涉及可卡因神经元反应的大脑区域有边缘区、眶额区和纹状体，这些区是大脑奖赏回路的主要组成部分。自此以后，许多科学家发现，使用可滥用的精神活性物质会引起某些脑区以及神经递质及其通路的改变，或许与之有关联。他们用 fMRI 进行的研究提供了强有力的证据，与对照组相比，依赖酒精、大麻、可卡因、尼古丁和海洛因的受试者组的前额皮层的功能活动受到阻碍，并且前额皮层、眶额区和扣带回皮层呈现病理改变，因而他们的判断、决策和抑制性控制的能力受到严重的损害。某些脑区和递质的损害可引起成瘾者异常的行为改变，包括戒断症状、渴求药物和强迫性觅药行为以及决策能力受损。[2]这些科学发现完全颠覆了人们原来对药物滥用和成瘾的理解。1997 年，时任美国国家药物滥用研究所所长的莱希纳（Alan Leshner）教授[3]首先提出药物成瘾是慢性、易复发脑病，其特征为有强迫性觅药行为，持续滥用药物，而不管其负面后果如何。[4]

有些专家认为，虽然我们承认成瘾的脑病模型使我们对药物成瘾的理解发生了一次范式的转换，但我们也必须小心谨慎，过分强调成瘾是脑病可能会给使用侵害性方法或有风险的神经生物学治疗方法提供理由。[5]在 2005 年以前，中国大陆许多医院误用或滥用脑病模型，用尚未证明安全性和有效性的立体定位精神外科手术治疗药物成瘾。其基本原理是，大脑内有一个奖赏系统，这个系统位于伏隔核某个地方，如果将此点移除，药瘾，尤其是心理性药瘾就能治愈。中国大陆约有 20 余家医院对 738 名非法药品使用者进行了这种手术。然而这些医院以不同方式鉴定伏隔核中那个点，因此不同医院移除的那个点是不同的。2005 年 3 月 2—3 日，卫生部在西安召开的一次专家研讨会上，6 家医院报告了他们的治疗结果，结果表明他们移除的是伏隔核中不同的点，但他们都声称有效率为 85%。研讨会后，卫生部发表声明，禁止将这种手术作为常规医疗手术，仅允许一家有研究能力

〔1〕 BREITER H C, GOLLUB R, WEISSKOFF R, et al. Acute effects of cocaine on human brain activity and emotion [J]. Neuron, 1997, 19 (3): 591-611.

〔2〕 GOLDSTEIN R Z. Drug addiction and its underlying neurobiological basis: neuroimaging evidence for the involvement of the frontal cortex [J]. Am J Psychiatry, 2002, 159 (10): 1642-1652; VOLKOW N, et al. Drug addiction: the neurobiology of behavior gone awry [J]. Nature Reviews of Neuroscience, 2004, 4: 963-970; HYMAN S. Biology of addiction [M]//LEE GOLDMAN, et al. Cecil Textbook of Medicine. 24th ed. New York: Elsevier, 2012: 14-142.

〔3〕 LESHNER A. Addiction is a brain disease, and it matters [J]. Science, 1997, 278: 45-47.

〔4〕 NUTT D. Brain imaging in addiction [M]//CARTER A, et al. Addiction neuroethics: the ethics of addiction neuroscience research and treatment. New York: Elsevier, 2012: 4-25;
DUNCAN J R, LAWRENCE A. Molecular neuroscience and genetics [M] // CARTER A, et al. Addiction Neuroethics: The Ethics of Addiction Neuroscience Research and Treatment. New York: Elsevier, 2012: 26-54.

〔5〕 CARTER A, HALL W. The ethical use of psychosocially assisted pharmacological treatment of opioid dependence [J]. Geneva: World Health Organization, 2007;
CARTER A, HALL W. The social implications of neurobiological explanations of resistible compulsions [J]. American Journal of Bioethics, 2007, 7 (1): 15-17;
SATEL S, LILIENFELD S. Addiction and the brain-disease fallacy [J/OL]. Frontiers in Psychiatry. (2014-03-03) [2019-08-13]. https://doi.org/10.3389/fpsyt. 2013. 00141.

的医院进行研究。[1]

正如许多精神障碍一样，成瘾的发生是多因素决定的。这些因素既包括遗传和神经生物学因素，也包括社会因素。成瘾作为一种精神障碍，其社会因素的影响是明显的，例如在成瘾以前，个体必须从社会上获得药物。成瘾也与教育程度、社会经济地位以及接近用药密度高的地区有关系。然而，成瘾是一种慢性脑病和存在影响个体成瘾的社会因素，这两个方面并不互相排斥。我们认为成瘾是疾病，我们也应关注相关的社会因素。在治疗上，我们应采取包括药物、心理、行为治疗以及家庭、社会支持关怀在内的综合疗法，而不应采取不考虑其他因素的单一疗法。[2]

（二）药物成瘾者是自主性严重受损的患者

将非法药品使用者当作违法者或罪犯还有一个前提，即预设他们是拥有完全自主能力的人。按照这种观点，非法药品使用者必须对其行为承担完全责任，包括药物使用、成瘾以及成瘾引起的所有负面行为，因此应该用法律惩罚他们，迫使他们改变行为。

然而，神经生物学和心理学的研究成果表明，非法药品成瘾者的自主性受到部分损害，与拥有完全自主性的正常人和完全丧失自主性的严重精神患者不同。自主性是指一个人做出判断、决定以及自我控制的能力。药物成瘾者不仅花很多时间和精力去设法获得非法药品，他们也非常努力地试图停止使用非法药品以恢复正常。大多数非法药物成瘾者知道他们的行为不对，当他们处于正常状态时，他们甚至也憎恨非法药物。但是当药瘾开始发作，他的内心渴求非法药物时，他们已经不由自主。研究表明，在开始使用非法药品时，他们是自愿的，逐渐地这种自愿行动转变为非自愿行为，最后他们的行为被渴求非法药物的药瘾驱使。他们对自己很少有长期计划，即使有计划他们也很难去实施它；他们意志不坚定，特别难以管理和约束自己；他们的生活完全处于混乱状态；他们得过且过，只能对眼下的事做出选择。

当成瘾者被拘留、被惩罚时，他们会更加渴望获得药物以缓解压力。理由是人有避免伤害、痛苦和寻找受益、快乐的生理和心理本能。在心理学上，人感觉良好时，感到快乐、愉悦、舒心和幸福；在经受焦虑、担忧、恐惧、沮丧、失望、紧张和疲倦时，人会设法改善自己的感觉。一旦他们滥用非法药品，成为瘾者，如果我们将他们作为违法者或罪犯对待，监禁他们，惩罚他们，羞辱他们，歧视他们，将他们边缘化，这样做将反而会驱使他们更加需要服用非法药物。[3]

〔1〕　邱仁宗. 手术戒毒要过三道"伦理槛"〔N〕. 健康报，2005-4-19；

　　　　HALL W. Stereotactic neurosurgical treatment of addiction: minimising the chances of another "great and desperate cure" [J]. Addiction, 2006, 101: 1-3;

　　　　BAI J, QIU R Z. Some issues in neuroethics [M]//AKABAYASHI A. The future of bioethics: international dialogue. Oxford: Oxford University Press, 2014: 65-68.

〔2〕　CARTER A, HALL W, ILLES J. Addiction neuroethics: the ethics of addiction neuroscience research and treatment [M]. Amsterdam: Elsevier, 2012.

〔3〕　LEVY N. Autonomy, responsibility and the oscillation of preference [M]//CARTER A, HALL W, ILLES J. Addiction neuroethics: the ethics of addiction neuroscience research and treatment. Amsterdam: Elsevier, 2012: 139-151.

当成瘾者出现戒断症状，他们的觅药行为不是一种自主的选择，而是被结构和功能受损的大脑所驱使。那时，他们不能对其行动及后果负道德和法律上的责任。一旦他们的毒瘾得到满足，他们的自主性和理性得到恢复，他们就应该对他们选择的行动及其后果负责。对于非法药品成瘾者来说，自主性并不处于要么零、要么全的状态：其自主性和决策能力受损的严重性和程度因人而异。对于大多数成瘾者来说，当他们对非法药品的渴求得到满足，戒断症状缓解时，他们就拥有完全的自主性，然而在毒瘾发作、渴求非法药品和强迫性觅药时，他们可暂时失去理性决策能力。他们在一个时期可理性地做出选择，而在另一个时期，他们不能够理性地做出选择。当他们恢复为理性行动者时，决心摆脱非法药品，当出现戒断症状，失去理性决策时能力，他们拼命渴求药物，强迫性觅药，他们在这二者之间摇摆不定。鉴于这种情况，在一定条件下对成瘾者进行强制性治疗是可以得到辩护的，[1]强制性治疗可以帮助他们克服成瘾，对社会有益。这既是家长主义干预，也是非家长主义干预。

为了防止强制性治疗被误用或滥用，必须坚持下列5条标准：

（1）成瘾者无行为能力做出治疗决定时，例如当戒断症状发作时，他们的自主性受到严重损害，不能做出理性决定，或不能坚持他们同意的治疗计划；

（2）所提供的治疗肯定是安全而有效的；

（3）强制性治疗手段没有超过最低程度的风险或伤害；

（4）治疗不会产生严重的负面效应；

（5）所有成瘾者应该事先被告知，并表达他们的同意（事先同意）。

在上述条件下，可能要对他们进行强制性治疗，在不能获得事先同意时，则应该在治疗后获得他们的同意（事后同意）。

而且不管是在强制性治疗还是在非强制性治疗的情况下，在治疗前、治疗中和治疗后应该不断地评价成瘾者的决策能力。如果成瘾者有行为能力，知情同意过程必须是知情后表示同意（opt-in）；如果他没有行为能力但非常迫切，需要治疗，可采用代理同意、事先同意和事后同意的方式。知情同意模型不是一劳永逸的判断，而是成瘾者与医疗照护提供者基于伙伴关系的协作过程。[2]

将非法药品成瘾者界定为违法者或罪犯是否能够得到伦理学辩护？将某一行动界定为违法或犯罪必须满足两个条件：其一，行动者对其行动负有责任；其二，这种行动的后果是严重负面的。非法使用药品，不满足这两个条件。就第一个条件而言，当我们说行动者

〔1〕 CAPLAN A L. Denying autonomy in order to create it: the paradox of forcing treatment upon addicts [J]. Addiction, 2008, 103 (12): 1919-1921; United Nations Office on Drugs and Crime (UNODC) 2009 From coercion to cohesion: Treating drug dependence through health care, not punishment. Discussion paper based on a scientific workshop, UNODC, Vienna, October 28-30; WILD C, et al. Consent and coercion in addiction treatment [M]//CARTER A, et al. Addiction neuroethics: the ethics of addiction neuroscience research and treatment. Amsterdam:Elsevier, 2012: 153-174; CARTER A, HALL W. Addiction neuroethics: the promises and perils of neuroscience research on addiction. Cambridge: Cambridge University Press, 2012: 134-145, 246-247.

〔2〕 WILD C, et al. Consent and coercion in addiction treatment [M]//CARTER A, et al. Addiction neuroethics: the ethics of addiction neuroscience research and treatment. Amsterdam:Elsevier, 2012: 153-174; CARTER A, HALL W. Addiction neuroethics: the promises and perils of neuroscience research on addiction. Cambridge: Cambridge University Press, 2012: 134-145, 246-247.

对他行动负有责任时，这个行动必须是他自主选择的结果。然而，这种行动是由成瘾引起的，例如不顾一切地强迫性觅药，这不是也不可能是他自主选择的结果，因为那时他的自主性严重受损或被剥夺了。当成瘾时，他别无选择，只得追随强迫性的觅药行为。对于第二个条件，非法药品广泛滥用的社会后果是严重的。然而，将所有这些后果都归罪于非法药品使用者是不公平的，尽管当他们有行为能力时，他们采取这样的行动是要负责任的。反之，我们应该更多关注贩卖非法药品的人和禁毒战争中的腐败官员，以及实践证明无效的且不符合伦理的有关非法药品的政策和法律。

二、实施惩罚性政策引致的负面后果

实践是检验真理的唯一标准。实施惩罚政策的实践证明，这难以解决非法药品使用问题，因为所有的目的都没有达到，非法药物消费量和非法药物使用人数一直稳步增长，甚至离开强制隔离戒毒所的非法药物成瘾者的复吸率也非常高。实施惩罚性政策会产生灾难性负面后果，其中之一是"物质替代"，即在执法压力下使用者难以获得以前使用的非法药品（如海洛因），他们就转向合成非法药品；同时非法药品使用者广泛地受到污名、歧视、边缘化，他们的基本人权受到严重侵犯。[1]

当制定惩罚性法律，将非法药品使用者作为违法者对待时，本意不是要对待他们像罪犯那样严厉。然而，结果适得其反。根据刑法，一个被怀疑犯有罪行的人在他被法庭宣判有罪以前是犯罪嫌疑人。首先，只有法院才有权利判定犯罪嫌疑人是否有罪；其次，判定一个犯罪嫌疑人是否有罪有正当的程序，在审判期间，犯罪嫌疑人有权获得司法公正，包括在审判期间，他可为自己辩护，也可以请律师为他辩护，以保护他们的自由和人权免受侵犯。

对待非法药品使用者有两种模型：惩罚模型和公共卫生模型。[2]在惩罚模型中，其意图是惩罚被列为违法或犯罪的非法药品使用行为，然而这种模型得不到伦理学的辩护，因为有丰富的科学证据证明非法药品使用者是慢性脑病患者，如果他们没有在其他方面犯罪或违法，就不应该被当作罪犯或违法者。上面讨论的伤害原则否定了惩罚模型在伦理学上的可辩护性。惩罚模型也证明结果适得其反，因为在惩罚模型下，非法药品使用者遭受的痛苦驱使他们更为渴望使用非法药品，并继续遭受使用非法药品带来的伤害。基于上述讨论，我们可以得出结论，对待非法药品使用者能够得到伦理学辩护的最佳进路是公共卫生

〔1〕 COSTA A M. Making drug control "fit for purpose": building on the UNGASS decade [R/OL]. (2008-05-07) [2019-08-13]. http://www.unodc.org/documents/commissions/CND/CND_Sessions/CND_51/1_CRPs/E-CN7-2008-CRP17_E.pdf; KLEIMAN M, et al. Drugs and drug policy [M]. Oxford: Oxford University Press, 2011: 15-134; The Global Commission on Drug Policy. War on drugs: report of the Global Commission on Drug Policy [R/OL]. (2011-06-02) [2019-08-13]. http://fileserver.idpc.net/library/Global_Commission_Report_English.pdf. The Global Commission on Drug Policy. War on drugs: report of the Global Commission on Drug Policy [R/OL]. (2011-06-02) [2019-08-13]. http://fileserver.idpc.net/library/Global_Commission_Report_English.pdf.

〔2〕 U. S. Department of Health and Human Services (HHS), Offce of the Surgeon General. Facing addiction in America: The surgeon general's report on alcohol, drugs, and health. Washington DC: HHS, 2016.

模型。由于非法药品成瘾被界定为慢性脑病，药物成瘾者所需要的是合适的医疗，与其他疾病一样，而不是拘留、拘禁、劳改、指责或惩罚。按照公共卫生模型，应该提供综合治疗和预防措施，包括医学、心理和行为的治疗以及家庭和社会的支持和关怀。帮助成瘾者摆脱非法药品成瘾的关键是提供自愿的、知情的、循证的和以平等权利为导向的治疗。[1]我国推行的美沙酮维持治疗政策符合自愿、知情同意和权利平等的原则。根据初步测算，2005—2010 年，美沙酮治疗减少海洛因消耗约 41.8 吨，减少非法药品交易约 258.1 亿元人民币，减少非法药品相关的"偷、抢、骗"等违法犯罪行为约 530 万次；7500 名接受美沙酮治疗的非法药物使用者获得了就业。以中央和地方对美沙酮治疗的总投入 12.3 亿元人民币计算，政府每投入 1 元避免了社会上 21 元的毒资交易以及由此引发的相关违法犯罪。[2]

　　如果我们能够转变观念，采取明智的政策，将为解决非法药物问题提供更为有效的办法。非法药物使用者不是我们的敌人，只要让他们与我们站在一起，我们就能成功打击与非法药物贩卖有关的罪行。我们应该关心包括非法药物使用者在内的脆弱群体的疾苦，努力防止他们遭受污名化、歧视和不公正待遇，并维护他们的人权。

〔1〕　The Global Commission on Drug Policy. War on drugs: report of the Global Commission on Drug Policy [R/OL]. (2011-06-02) [2019-08-13]. http://fileserver.idpc.net/library/Global_Commission_Report_English.pdf.

〔2〕　中华人民共和国国家卫生和计划生育委员会. 卫生部通报美沙酮维持治疗工作进展情况 [EB/OL]. (2011-06-23) [2019-08-13]. http://www.nhc.gov.cn/zwgkzt/wsbysj/201106/52171.shtml.

第5篇

新兴生物技术伦理学

第 27 章　遗传伦理学

本章讨论新兴生物技术创新、研发和应用中提出的遗传伦理问题。遗传伦理学（genethics）是用伦理学方法研究和评估遗传学发展过程中所产生的伦理问题的学科，也叫基因伦理学。

案例 27-1：癌症基因检测

A 和 B 都是 19 岁的姑娘，她们是大学同学。A 的母亲、外婆和一个姨妈都有乳腺癌或卵巢癌病史，A 去医院做基因检测，发现她的第 17 对染色体上带有 BRCA1 基因。带有 BRCA1 基因的妇女有 85% 的可能在以后的日子里患乳腺癌或（和）卵巢癌。A 为了彻底解除患这种癌症的顾虑，保证身体健康，毅然决定做手术，将双侧乳房和卵巢切除。B 看到这种情况后害怕自己也会患这种癌症，也想去医院做基因检测。医生问她："你的直系亲属，如你的母亲、姐姐或祖母是否有人死于乳腺癌？"B 回答："没有。但我还是想做基因检测。我要尽一切努力防止自己患乳腺癌。"医生说："我理解你的心情。我会为你做 BRCA1 型乳腺癌基因检测。"

问题：（1）妇女做乳腺癌基因检测应符合什么条件？医生应该给 A 做乳腺癌基因检测吗？医生应该给 B 做乳腺癌基因检测吗？（2）一个妇女携带乳腺癌突变基因，并不意味着她必然会得乳腺癌。医生应该为她提供什么样的建议？（3）如果 A 决定不做手术，希望自己侥幸属于 15%（虽然有 BRCA1 基因但不会得癌症的人群），医生应该怎么办？

案例 27-2：亨廷顿舞蹈病遗传检测

T 今年 35 岁，是一个 12 岁孩子的母亲。在她 60 岁的父亲患亨廷顿舞蹈病（huntington disease，HD）后，她也做了遗传检测，结果是阳性。HD 是一种中枢神经退行性病变，通常在中年期发病。T 记得她的一个姑妈也是在 60 岁以后发病的。她从家族的发病史推测，自己的发病期也很有可能较晚。T 目前还没有任何 HD 的症状，但是，她和她父亲的医疗记录却使她得不到医疗保险。她不打算去做遗传检测的弟弟也没有得到医疗保险。目前，她最担心的是会因此得不到长期工作的合同。这个案例给我们提出的问题是：T 应不应该让她 12 岁的儿子去做检测？如果结果为阳性，要不要告诉他？什么时候告诉他更为合适？T 和她的家人应该如何保护他们的隐私而不致遭到歧视？T 及其家人应不应该获得医疗保险？

第1节　人类基因组计划

从受精卵开始到人出生以后，按照基因决定的程序，在一定的自然和社会环境的影响下，人不断发育和成长。20世纪50年代，科学家揭示了基因的双螺旋结构，到2003年，科学家完成了人类基因组计划，遗传学和人类基因组研究蓬勃发展，预示21世纪将成为生命科学的世纪。以基因研究为基础的生命科学和生物技术能更为有效地预测、诊断、治疗和预防疾病，提高全民健康水平，改善全民生活质量，延长全民健康寿命，同时也引发了一系列伦理、法律和社会问题。本章讨论遗传学尤其是人类基因组研究计划完成后，生物技术突飞猛进的发展引起的种种伦理问题。

自1866年奥地利遗传学家孟德尔（George Mendel）提出一切遗传性状都是由"遗传因子"决定的理论以来，人类对遗传信息的探索从未停止过。里程碑式的成就是沃森（James Watson，美国遗传学家）、克里克（Francis Crick，英国遗传学家）发现DNA（基因）的双螺旋结构。1998年10月，美国能源部（DOE）和美国国立卫生研究院（NIH）正式达成协议，共同管理和实施人类基因组计划（HGP），并成立了一个国际合作机构——人类基因组组织（Human Genome Organization，HUGO）。1990年10月，国际人类基因组计划正式启动，预计用15年时间，投资30亿美元，完成30亿对碱基的测序，并对所有基因（当时预计为10万个）进行绘图和排序。参加人类基因组计划的国家有美国、英国、日本、法国、德国和中国6个国家，其中美国承担全部任务的54%，英国承担全部任务的33%，日本承担全部任务的7%，法国承担全部任务的2.8%，德国承担全部任务的2.2%，中国承担全部任务的1%。2000年6月，参与人类基因组计划的6国科学家和塞雷拉（Celera）公司联合发布人类基因组序列的工作草图。这表明人类基因组测序的第一阶段宣告完成。它所测定的基因组覆盖了基因组中绝大部分，占人类染色体90%以上的区域。2001年2月，《科学》（Science）和《自然》（Nature）两家杂志分别发表了人类基因组草图及分析结果。

（1）人类体细胞的23对染色体，包含32亿个碱基对，基因数目约为3.2万个。人类基因数只有果蝇（1.3万个基因）2倍多，与小鼠的基因数目差不多。

（2）基因组中存在着基因密度较高的"热点"区域和大片不携带基因的"荒漠"区域。研究结果表明：第17、19和22号染色体基因密度最高，X、Y、第4号和第18号染色体基因密度较小。

（3）大约1/3以上基因组包含重复序列，这些重复序列的作用有待进一步研究。

（4）人的基因有99.99%是相同的，而且不同人种的人比同一人种的人在基因上更为相似，任何两个不同个体之间大约每1000个核苷酸序列中会有一个不同，这称为单核苷酸多态性（single nucleotide polymorphism, SNP），每个人都有自己的一套SNP，它对每个人的"个性"起着决定性的作用。

2003年4月14日，6国科学家宣布人类基因组序列图绘制成功，人类基因组计划的所有目标全部实现。人类基因组计划的最终目的是确定人类基因组所携带的全部遗传信息及功能，以此了解和认识生命的起源，种间和个体间存在差异的原因，疾病产生的机制以及长寿与衰老等生命现象。[1]此后十余年，在人类基因组研究成果的基础上，遗传学发展迅速，取得了一系列突破性成果，同时也提出了许多新的伦理问题。

第 2 节　人 的 克 隆

多莉羊的克隆使用的是核转移技术，即取出一个体细胞的核，将它转移到另一个去核的卵细胞中去的技术。当体细胞核被转移到去核卵细胞中后，就可能发育成一个胚胎，将这个胚胎转移并植入任一母体子宫内，这个胚胎有可能发育成新生儿或幼仔，而克隆动物细胞核内的基因组与体细胞核内的基因组是完全相同的。有人称克隆技术为复制技术，但称"复制"不完全恰当，因为克隆出来的个体与取出其体细胞的个体相比，细胞质和其中所含线粒体及其 DNA 是不同的。严格说来，前者不是后者的完全的复制品。将人的一个体细胞的核取出，转移到另一个去核的卵细胞内，就是人的克隆（human cloning）。如果克隆出一个人的胚胎，以便研究人类胚胎发育及其中的基因调控过程，那就是人的研究性克隆（human research cloning）；如果克隆出一个人的胚胎是为了获得干细胞，然后操纵干细胞，以便从中获得各种细胞、组织甚至器官以供移植和治疗疾病用，那就是人的治疗性克隆（human therapeutic cloning）；如果目的是克隆出一个人的胚胎，将其植入子宫以便发育成一个孩子，并让他分娩出来，那就是人的生殖性克隆（human reproductive cloning）。这三种人的克隆使用同一种克隆技术或核转移技术，但目的迥然不同，其伦理学含义也完全不同。

我们要讨论的伦理问题是：人的生殖性克隆应该做吗？人的治疗性克隆应该做吗？

一、关于人的生殖性克隆的争论

（一）支持人的生殖性克隆的论证

（1）人有生殖自由或生殖权利，因此应该让当事人来决定是否采用生殖性克隆办法解决不育问题；

（2）生殖性克隆是辅助生殖的一种形式，既然我们已经接受了各种形式的辅助生殖技术，就没有理由不接受生殖性克隆。

（3）生殖性克隆可以满足人们的需要，例如克隆出一个已经去世的孩子、配偶甚至自己。

（4）克隆人可带来巨大效益，例如提供可供移植的器官；可帮助研究人类胚胎发育过程等。

---

[1] 翟晓梅，邱仁宗. 生命伦理学导论［M］. 北京：清华大学出版社，2005：160-164.

（5）生殖性克隆不可避免，禁不住，与其讨论是否应该克隆人的问题，不如早做准备，欢迎克隆人的到来。

这些论证难以成立：

（1）在支持和反对人的生殖性克隆中，有人试图用权利概念来解决这个问题。生殖自由或生殖权利是在争取妇女生殖健康（主要是生育控制或计划生育）权利的运动中提出的。妇女为了得到避孕药具以及其他计划生育服务，妇女们进行了长期艰苦的斗争，作为一种伦理辩护，她们提出了生殖自由和生殖权利。所以，这个自由和权利，实际上是不生殖的自由、不生殖的权利。在这个意义上，生殖权利是一种消极权利（negative right），不是积极权利（positive right）。即当妇女去寻求避孕药具、人工流产、绝育或其他计划生育服务时，人们（包括政府和其他人）有义务不去干预她。现在辅助生殖技术已经相当普及，这种技术也比较安全有效，国际社会以及许多国家都认可，生殖权利同时也成为一种积极权利，即为了维护生殖健康，政府或社会有义务向公民提供必需的医药产品和技术服务。但人的生殖性克隆难以成为权利。首先，人的生殖性克隆根本不是人的生殖，而是对人的制造。它对个人和社会可能带来伤害，尤其对个人的伤害相当之大。这就是它不能成为人类生殖方式选项之一的伦理学理由。其二，生殖自由或生殖权利不是绝对的，必须同时考虑未来孩子的健康风险以及社会责任。

（2）生殖性克隆不是辅助生殖的一种形式。我们谈的是人类的生殖，不是任何其他有机体的繁殖。人类的生殖必须包括两组基因组的结合，二者重组为一个新的基因组。人的生殖性克隆实质上是一种无性繁殖方式，类似细菌的分裂、植物的扦插等，因而不能成为辅助生殖的一种形式。它与体外受精迥然不同，体外受精涉及两个配子的结合，二者重组成一个新的基因组，只不过结合的地点从输卵管转移到试管里面而已。

（3）关于生殖性克隆可以满足人们需要问题，例如克隆出一个已经去世的孩子、配偶甚至自己，似乎很吸引人。然而，其一，生殖性克隆并不能满足这种需要。因为核转移所能够做的是克隆出一个孩子，其基因组与原来的那个孩子基本同一，但并不能确保克隆出的孩子，或将来长大的成人，与原来的那个孩子完全同一，因为基因组可以克隆，而对一个人发育成长具有重大作用的自然、社会和文化环境则不能克隆。其二，这个问题涉及对人的理解问题：可以将人归结为基因组吗？还是应该将人看作基因组与环境互动的产物？

（4）克隆人可带来巨大效益，例如提供可供移植的器官；可帮助研究人类胚胎发育过程等。这种后果论论证也难以成立，因为这意味着将克隆人仅仅当作手段，而不是目的本身看待。

（5）最后一个论证可以称为"不可避免论证"或"禁不住论证"。中国的一些科学家和哲学家断言，然而，克隆人禁不住，因此不如干脆早日给它放行。

然而，"不可避免""禁不住"不是一个伦理论证，而是现实的描述，现实中"是"并不能代表伦理上的"应该"。世上许多事情"不可避免""禁不住"，例如贪污、腐败、贩毒、贩卖妇女儿童等，难道因此我们就不应该"浪费时间"去设法惩治和预防其发生，反而应该张开双臂去欢迎它们吗？

（二）反对生殖性克隆（克隆人）的论证

反对生殖性克隆（克隆人）的有说服力的伦理论证主要有：

1. 后果论论证

反对克隆人的主要理由是生殖性克隆这种行动会给克隆出来的人和与之有关的人造成严重伤害：

（1）人的生殖性克隆是无性生殖，会造成对孩子身体的伤害。无性生殖是一种低级生殖方式，这是一种简单的繁殖，不发生基因的交换，一套不变的陈旧的基因组持续下去，容易发生突变，对克隆人造成伤害。多莉羊衰老快，患严重风湿病，每天吃药，后又患肺炎，最后只好让多莉羊安乐死。2003 年美国康涅狄格大学华裔美籍科学家杨向中教授指出："我们的研究表明，即便克隆动物能够足月产下，其基因表达中仍然存在许多异常，这也许能部分地解释克隆动物经常出现的发育异常，包括死亡。"同年，英国基因遗传学监督组织报告说："英国科学家每年要对数十万只动物进行基因修复和克隆。""很多试验效果甚微，白白浪费了动物的生命，并常常给动物造成痛苦。流产、早产死亡和不育往往是这些基因技术带来的副作用。"英国克隆动物专家格里芬（Harry Griffen）[1] 指出，克隆出来的动物胚胎存活率低，克隆出来的幼仔经常出现严重缺陷和异常，其原因是：在正常的受精过程中，卵和精子都提供一组染色体，但当它们在卵巢和阴囊内形成时，DNA 发生很大变化，这不是序列的变化而是表观基因机制的变化，因而克隆胚胎的甲基化模式与正常胚胎不同，这种不同可以持续到成年；克隆动物的基因表达也更加多变；与早期发育有关的基因重编程序错误会导致胚胎异常、胎儿流产。美国克隆动物专家杰尼奇（Rudolf Jaenisch）[2] 指出，在核转移以后，核的重编程序错误非常可能是克隆发育失败的主要原因。重编程序在正常的配子生成过程中完成，而在克隆胚胎中，重编程序必须在细胞内发生，迥然不同于配子生成过程，必须在短时间内（可能几小时）完成，结果是：基因组没有重编程序，使核转移胚胎立即死亡；部分重编程序，使胚胎初期能存活，但引致异常表型或胚胎在不同发育阶段死亡。克隆动物的科学家所提供的证据说明克隆动物发生的种种问题不是由于技术障碍，而是由于严重的生物学障碍。技术障碍将来可以改进，而生物学障碍是无法克服的。

（2）人的生殖性克隆很可能对克隆孩子造成严重的心理和社会伤害。克隆人（晚孪生子）与其原本（早孪生子）实际上类似同卵孪生，但不是同时，而是时间相隔较长。会在家庭中，难以确定克隆人的地位。例如，假设克隆三口之家中的父亲，克隆人比这位父亲的孩子还小很多，那么这位克隆人既不能被作为这位父亲的"弟弟"对待，也难以作为这位父亲的"儿子"对待。克隆人的家庭地位不确定会给克隆人带来持久的烦恼。而他的烦恼也必然会导致家庭其他成员的烦恼，造成家庭问题。克隆人头脑中始终想着世界上存在

〔1〕　GRIFFIN H. Experiences with the production of cloned animals [M]//HONNEFELDER L, LANZERATH D. Cloning in biomedical research and reproduction: scientific aspects-ethical, legal and social limits. Bonn: Bonn University Press, 2003: 473-477.

〔2〕　JAENISCH R. The biology of nuclear cloning and the potential of cloned embryonic stem cell for transplantation therapy [M]//HONNEFELDER L, LANZERATH D. Cloning in biomedical research and reproduction: scientific aspects-ethical, legal and social limits. Bonn: Bonn University Press, 2003: 573-598.

一个他的"复本"也会引起烦恼。

  2. 尊重人类尊严的论证

  尊严论证是一种义务论论证。

  （1）人的生殖性克隆与试管婴儿以及其他有关技术迥然不同。后者是辅助生殖，前者是"制造"婴儿。生殖，尤其是人的生殖涉及"基因重组"。人的生殖性克隆发展下去，有可能建立生产人的流水作业线，正如英国小说家、哲学家奥尔德斯·赫胥黎（Aldous Huxley）在《美妙的新世界》中[1]所描写的那样。但人的尊严不允许人像产品一样被制造。像制造产品一样制造婴儿，把人客体化或物化，将进一步形成道德滑坡，难以防止各种邪恶的克隆（例如仅仅为了获得可供移植的器官而克隆一个孩子），导致对人的权利和尊严的不敬。

  （2）人们为什么要做生殖性克隆呢？如果不育，可以领养孩子，也可以使用各种辅助生殖技术帮助你生出一个或更多的孩子来。为什么非要克隆人呢？这无非是为了满足某个人的心理、感情上的需要，希望在与克隆出来的人共同生活时，重温基因组同一的已经去世亲人的特殊感情。这是用克隆技术迫使一个孩子出生。[2]克隆仅仅使两个基因组有同一性，但无法克隆人发育成长所需的不可逆又不可重复的自然和社会条件，因而克隆人在心理和社会层面不可能与被克隆对象有同一性。不仅如此，仅仅为了某个人心理、感情的需要而克隆一个孩子，这是将孩子当作满足你需要的手段，而不是当作目的本身。因此德国哲学家哈贝马斯（Jürgen Habermas）说克隆出来的人是奴隶。[3]

  （3）在目前条件下，人的生殖性克隆势必会导致妇女的工具化和客体化（物化）。克隆一个孩子，可能需要数百个卵。这些卵从何而来？靠妇女供给。在供不应求的情况下，就可能对提供卵的妇女产生种种压力，包括用高报酬引诱（在我国已经出现这种情况），强迫、欺骗、引诱妇女供卵，出现供卵的商业化。贫困、无权、处于社会边缘的妇女更容易受到这些压力。而购买这些卵并用来克隆孩子的人必定是有钱人。这进一步扩大了社会的不公正，加强了贫富两极的分化。

三、关于人的治疗性克隆的争论

（一）反对人的治疗性克隆的论证

  反对人的治疗性克隆的论证，主要也是从后果论和义务论的视角提出的，具体理由有：

  （1）治疗性克隆的效益在科学上不确定。

  （2）在治疗性克隆方面取得的技术进步，将会削弱对生殖性克隆的禁止。形成道德滑坡。

〔1〕 HUXLEY A. A Brave New World [M]. London: Granada, 1982.

〔2〕 HOLZGREVE W. Reproductive cloning:views of an obstetrician [M]//HONNEFELDER L, LANZERATH D. Cloning in biomedical research and reproduction: scientific aspects-ethical, legal and social limits. Bonn: Bonn University Press, 2003: 503-505.

〔3〕 HOFFE O. Human cloning in the legal-ethical debate: an interim stocktaking [M]//HONNEFELDER L, LANZERATH D. Cloning in biomedical research and reproduction: scientific aspects-ethical, legal and social limits. Bonn: Bonn University Press, 2003: 453-463.

（3）治疗性克隆要毁掉胚胎，毁掉胚胎就是杀人。

（二）支持人的治疗性克隆的论证

（1）干细胞研究给患有不治之症的千百万患者带来希望。治疗性克隆，即用取自患者自身的体细胞培养出来的胚胎获得干细胞。患有疾病的患者人很多，为他们找到治愈方法是我们应该做的。

（2）人类胚胎的伦理学地位不妨碍我们有控制地利用胚胎服务治病救人的人道目的。首先，人是具有特定人类基因组、具有意识能力或潜在的意识能力、处于社会关系中的实体。胚胎是人类生物学生命（human biological life），但尚未成为人，即尚未具有人类人格的生命（human personal life）。胚胎具有一定的道德地位，应得到一定的尊重，没有充分的理由不能操纵和毁掉胚胎，但有效治疗千百万人的疾病就是一个充分理由。其实人们的道德直觉早就告诉我们应该这样来认识胚胎的地位，如所有国家的法律都以出生为人的开端。荀子说："生，人之始也；卒，人之终也。善始善终，人道毕矣。"（《荀子》）一株植物和一颗种子之间有联系，但二者区别是很大的，我们不会将一颗种子说成是一株植物。持人类胚胎就是人的观点的人，坚持一种道德宇宙的两分法。在他们的道德宇宙中，不是物就是人。而实际上，在人与物之间存在大量道德地位处于中间状态的实体，例如胎儿、胚胎、尸体、有感受力的动物等。如果说人拥有完全的道德地位，物不拥有任何道德地位，那么这些中间实体拥有一定的道德地位。因此，作为人，他／她享有完全的尊重；作为物，它不享有任何的尊重；作为这些中介实体，它们享有一定的、应有的尊重（due respect）。由于人类胚胎这种实体不享有人的道德地位，毁掉胚胎不是"杀人"。然而人类胚胎确实享有一定的道德地位，因此我们处置它要有一定程序（due procedure）和要求。应有的尊重和程序包括：人类胚胎用作研究必须是体外的；受精卵或胚胎体外培养期限自受精或核移植开始不得超过 14 天；只能用于那些不用人类胚胎其重要研究目的就达不到的研究；胚胎不是商品，不能买卖；科学家应采取必要的行动纪念那些胚胎的贡献；对胚胎的埋葬或火化应有简单庄严的仪式等。

因此，基于以上的论证和对论证的分析，结论是：人的生殖性克隆在伦理学上是不能得到辩护的，而人治疗性克隆在伦理学上是可以允许的，对研究性克隆的论证与对治疗性克隆的论证相同。[1]

第 3 节　干细胞研究和应用

干细胞（stem cell）是人体内一种独特的基本细胞类型，是一类具有自我更新（self-renewing）和高度分化潜能的细胞。干细胞可以分化成各种专门的细胞或者组织，可以用于治疗疾病或损伤。干细胞本身能够复制，准备替代机体衰老和损伤的细胞，以满足机体终生组织更新的需要。

〔1〕　邱仁宗. 人的克隆：支持和反对的论证［J］. 华中科技大学学报（社会科学版），2005（3）：108-118.

　　根据干细胞分化潜能的不同，干细胞可以分为 3 类：

　　（1）全能干细胞（totipotent stem cells）：在受孕时，母亲的卵细胞与父亲的一个精细胞结合成一个细胞，即受精卵或合子（zygote）。受精卵多次分裂，产生 216 种不同的细胞形式，这些细胞共同组成整个人体。受精卵和它头三次分裂产生的 8 个细胞，每个都有能力发展成一个完整的人体。这样的细胞被称为"全能细胞"（totipotent）。如果在这个阶段，将分裂的细胞块分离开，就能产生完全相同的胚胎。

　　（2）多能干细胞（pluripotent stem cells）：当细胞继续分裂，增加大量干细胞，但是每个干细胞能够产生的不同类型细胞数目有限。5 天以后形成被称为"胚泡"（blastocyst）的中空细胞球。胚泡细胞外层形成胎盘，而内部大约有 50 个干细胞群发育形成胚胎的各种组织。这些干细胞是"多能胚胎干细胞"（pluripotent embryonic stem cell）。尽管它们能够制造大多数形式的胚胎细胞，但是它们不能制造完全发育所需要的所有组织。

　　（3）专能干细胞（unipotent stem cell）：细胞继续发育，变得越来越专门化。大部分细胞最终执行单一功能。细胞的专门化过程被称为分化过程，这个过程一般是由细胞核（nucleus）控制的。这些有能力形成数量有限的专门细胞的干细胞被称为专能干细胞。它们的功能是取代损耗和受伤的完全分化的细胞，如骨髓干细胞补充不同类型的血细胞，其他类型的干细胞更新内脏内膜。

　　按照发育阶段不同，干细胞可分为胚胎干细胞和成体干细胞。

　　1）胚胎干细胞（embryonic stem cell，ES cell）：当受精卵分裂发育成囊胚时，内层细胞团（inner cell mass）的细胞即为胚胎干细胞。胚胎干细胞是受精后 5～7 天期间的未分化细胞，此时人胚胎发育处于早期阶段，由 140 个左右的细胞组成，称为胚泡或囊胚。

　　2）成体干细胞（adult stem cell，AS cell）：成体干细胞是指成体出生以后，为替代和修复因机体疾病、损伤、正常死亡而丧失的细胞而产生的干细胞。成年动物的许多组织和器官，比如表皮和造血系统，具有修复和再生的能力。成体干细胞在其中起关键性作用。在特定条件下，成体干细胞或者产生新的干细胞，或者按一定的程序分化，形成新的功能细胞，从而使组织和器官保持生长和衰退的动态平衡。

一、人胚胎干细胞

　　干细胞是人体内最原始的细胞，它具有较强的再生能力。在 1999 年度世界十大科技成果评选中，"干细胞研究的新发现"荣登榜首。干细胞研究有着不可估量的医学价值。分离、保存并在体外人工大量培养干细胞，使之成长为各种组织和器官，这已成为干细胞研究的首要课题。1998 年 11 月，美国两组科学家宣布他们已经在实验室里成功地分离并且培育了人类多能干细胞。威斯康星大学麦迪逊分校的汤姆生（James Thomson）和约翰·霍普金斯大学的吉尔哈特（John Gearhart）分别在《科学》（Science，1998，282：1145-1147）和《美国科学院院报》（Proceedings of National Academy of Science，1998，95：13726-13731）上报道，他们用不同的方法获得了具有无限增殖和全能分化潜力的人胚胎干细胞。这一成就将对移植治疗、药物发现和筛选、细胞和基因治疗及生物发育的基础研究等产生深远的影响，打开在体外生产所有类型的可供移植治疗的人体细胞、组织乃至器官的大门。

然而，人胚胎干细胞研究在美国等国家受到巨大的压力。因为理想的干细胞来源是人类的胚胎组织，为采集干细胞而毁坏胚胎在一些人看来是存在严重道德问题的，例如他们认为一个人的存在是从受精卵形成开始的。人胚胎干细胞有 4 种主要来源：体外授精成功后多余的胚胎；通过体外授精方法（使用捐献的精子和卵子）在实验室里产生的胚胎；通过克隆技术或体细胞核移植技术产生的胚胎；流产的胎儿。其中最大的伦理问题还是人胚胎的道德地位问题，即人胚胎是否拥有与一个人一样的道德地位。如果是，那么提取干细胞后将胚胎毁弃就是"杀人"了。其次是捐赠者的知情同意问题。再次，是否应该允许为了获得胚胎干细胞而去制造一个会被毁掉的胚胎，尤其是，是否应该允许为了取得干细胞而让一个妇女去怀孕。

在我国文化中，很少有阻碍人的治疗性或研究性克隆和人胚胎干细胞研究的意识形态障碍。儒家强调的是人的人格生命，而不是人的生物学生命，受儒家影响的医学总是将"治病救人"置于第一优先的地位。现在数亿患者患有心脏病、癌症、帕金森病、老年痴呆症、脊髓损伤、糖尿病、血液病、肝炎、肝硬化、骨性关节炎、肌肉萎缩症、黄斑病等，等待救治，尤其是中国每年大约有数十万器官衰竭患者需要进行器官移植。在我们看来，干细胞研究不仅是科学研究，而且是一项有可能挽救千百万人生命的公益事业。再者，儒家关于人的概念是一元论的、渐进论的和关系论的。对于儒家来说，宇宙万物（包括人）由"气"构成，其基本形态是阴与阳。在从胚胎发育到新生儿的过程中，要经过许多次的转化。这种转化类似从花苞转化为花，或种子转化为植物。花苞、种子与花、植物之间是连续的，但它们之间不但存在量的差异，也存在质的区别。同理，人类胚胎有发育为人的潜能，但它还不是人，尽管它具有发育为人的内在趋向。这种渐进论的观点与西方国家的瞬间论的观点形成鲜明的对照。按照瞬间论的观点，在精子进入卵子使卵子受孕那一瞬间，一个人就出现了。再者，对于儒家来说，"存在"（being）始终处于"成为"（becoming）的过程之中：即使出生后，人在身、气、体三个方面都是不完善的，有待于通过后天修养来完善。没有一个人一出生就是一个完备的、真正的人，一个道德意义上的人。"人"是需要努力"做"的："做人"是一个毕生的过程。荀子还论证说，与动物不同，"人能群"，即人是具有社会关系能力的实体，因此人不是孤立的个体，而是人的关系网络中的一部分。因此，中国文化不认为仅处于母亲体内的受精卵、胚胎（甚至胎儿）已经够格，而被作为人来对待。

二、干细胞的临床应用

干细胞研究预期将控制干细胞定向发育，培育出专能干细胞，然后将它们移植到患者体内，因此是一种细胞或组织移植疗法，如果能设法利用干细胞培育出一个器官，这将是非常理想的器官移植方法，这样就形成了再生医学。据业内人士估计，中国大陆约有数百家医院曾在 2005—2011 年间提供所谓的"干细胞治疗"服务。但所谓的"干细胞治疗"在操作中是将未分化的干细胞注射入患者体内，其并未进行科学的临床试验，更没有独立第三方权威机构鉴定注入的干细胞是否是真正合格的干细胞，他们所用的方法和结果也没有公开发表在权威的学术刊物上。他们在互联网上刊登广告招募患者时，往往将干细胞治疗描写成"魔弹"。在我国，治疗误解（therapeutic misconception）非常普遍，有些追逐利润的医生、科技人员、医院和生物技术公司故意混淆临床医疗与临床研究之间的界线，从而规避对临床研究的伦理审查和知情同意的要求。对制药、制造医疗设备的公司与医生、科学家之间的关系也缺乏规范管理。当医疗、教育与商业、市场、资本结合时，并没有改变资本的本性，反而是医疗、教育的人本本性和人文传统被资本改造了。[1]

某些成体干细胞治疗方法（例如利用骨髓治疗白血病）已经成为常规治疗方法，但大多数干细胞研究，尤其是人的胚胎干细胞和广泛使用的脐带干细胞研究还没有达到临床应用的阶段，所以国际干细胞研究学会于 2008 年 12 月 3 日发布了《干细胞临床转化准则》[2]。该准则特别强调安全性，因为干细胞及其衍生物可能既有有益又有伤害的效应，尤其是异位的组织和肿瘤的形成；在临床应用前必须进行临床试验，而在临床试验前，必须在实验室和动物实验中严格评估其潜在的毒性和致癌性，唯有在临床前试验获得可接受的风险受益比之后才能进行临床试验；在风险受益比方面必须鉴定其风险，并设法使之最小化，受益的确定必须实事求是，不应过分夸大；所有涉及干细胞临床应用的研究必须接受伦理审查委员会的独立审查、批准和监督；应该告知患者新的干细胞产品从未在人身上试验，研究人员并不知道它们是否像预期的那样有效；细胞植入物可能滞留在患者体内好多年，它们的作用可能是不可逆的，因此必须对患者进行认真的监测和长期随访；干细胞研究人员应该公布研究人员、资助者和从事干细胞研究机构的详细情况；临床试验的阳性和阴性结果以及不良事件均应公开发表。事实上，我国学者也不断呼吁，提出了类似的意见，并希望媒体能向公众传达这方面的信息。

2014 年，医学伦理专家委员会向卫生部递交了《人类成体干细胞临床试验和应用的伦理准则》。其中指出，要严格区分临床前研究、临床试验和临床应用的界限。临床前研究和临床试验研究是医药临床科学试验的两个重要阶段，只有经过这两个阶段的科学试验，取得安全性和有效性的充分证据，经过科学评估和伦理审查，并经国家医药卫生主管部门批准后，方可转化为临床应用。未经科学证明，未通过主管部门批准，即将成体干细胞技术以商业化形式进入医药市场，并在公共媒体上刊登广告，进行虚假宣传，这将对患者身体、心理和经济造成伤害，这在伦理上是不允许的。该准则还指出，成体干细胞的采集、处理和加工要有严格的质量控制。最后，该准则强调，临床前研究要对拟作治疗用的干细胞的特征、进入靶点的途径、体内作用机制、毒副作用及致瘤性等进行系统规范的研究（包括实验室和动物研究），取得干细胞治疗技术安全性、有效性和可控性的科学数据后，方可进入临床试验。[3]

〔1〕 翟晓梅，邱仁宗. 生命伦理学导论［M］. 北京：清华大学出版社. 2005：225-250；邱仁宗，翟晓梅. 关于干细胞研究及其临床应用伦理管治的回顾与展望［J］. 中国医学伦理学，2009，22（5）：3-9.

〔2〕 KIMMELMAN J, HESLOP H E, SUGARMAN J, et al. New ISSCR guidelines: clinical translation of stem cell research [J]. The Lancet, 2016, 387 (10032): 1979-1981.

〔3〕 国家人类基因组南方研究中心伦理学部. 人类成体干细胞临床试验和应用的伦理准则（建议稿）［J］. 中国医学伦理学，2014，27（2）：191-194.

三、诱导多能干细胞

（一）诱导多能干细胞概述

诱导多能干细胞（induced pluripotent stem cells，iPS cells 或 iPSCs）是一类从成体细胞直接产生的多能干细胞。该技术的先驱是日本京都大学医学家山中伸弥。2006 年，他首先从小鼠身上获得了诱导多能干细胞，2007 年又从人体获得了诱导多能干细胞。2012年 10 月，他和英国发育生物学家格登（John Gurdon）因发现成熟细胞可重编程成为多能干细胞而获得诺贝尔生理学或医学奖。2013 年 7 月 18 日，美国《科学》杂志刊登了北京大学生命科学学院的一项重大研究成果——用小分子化合物诱导小鼠体细胞重编程，使之转化为多能干细胞，然后将其引入正在发育的小鼠胚胎。依靠这项技术，小鼠的成体细胞发生逆转，可以重新分化发育为心脏、肝脏、胰腺、脑、皮肤和肌肉等多种组织和器官。自 1997 年英国科学家魏尔穆特（Ian Wilmut）在《自然》杂志上发表文章，报告他们用核移植的方法成功克隆多莉羊以来，人们一直在考虑如何将这项技术应用于人类。然而，利用胚胎干细胞克隆供移植的细胞、组织或器官这条路径却遇到了严重的障碍。在美国及其他一些受宗教影响比较大的国家，占主导地位的观点是，自精子进入卵子形成受精卵那一刻起，一个人就已经形成；毁掉人的胚胎，就是杀人。而通过克隆胚胎获取胚胎干细胞，必须先将体细胞核植入人的去核卵内，其前提是必须设法获得人卵。在一些国家，妇女的卵子用于研究或治疗目的。而且，捐献卵子会给愿意捐卵的妇女造成伤害，因为取卵要进行侵入性手术。在捐献的卵子较少的情况下还会发生买卖卵子，这种行为违反自愿、无偿原则。当年，韩国科学家黄禹锡就是因为违反伦理的行为（他要求女学生及下属研究人员捐献卵子，并花钱购买卵子等）而遭到了严厉的批评。在人胚胎干细胞研究遭遇瓶颈时，山中伸弥另辟蹊径，将人的体细胞诱导成多能干细胞。

1. 诱导多能干细胞的受益和风险

诱导多能干细胞是干细胞研究的重大进展，对进一步的科学研究和将来可能的治疗应用都有重要意义。有人认为，这使科学家不必再使用人类胚胎了。除用于移植医学外，人的诱导多能干细胞还可用来研究人体组织的发育和功能，发现和测试新药，以及拯救濒危物种等。多莉羊的创造者魏尔穆特教授正试图用诱导多能干细胞抢救几近灭绝的白犀牛。那么，怎样才能使没有多潜能的体细胞"重编程"，逆转为类似胚胎干细胞那样具有多潜能的干细胞呢？以前，科学家曾用添加外来基因的办法来诱导体细胞逆转，但这种办法有可能增加基因突变或有引发癌症的风险。用病毒进行诱导体细胞逆转（山中伸弥 2006 年就是用逆转录病毒诱导体细胞逆转），就可能触发肿瘤基因的表达。2009 年 4 月，科学家用某种蛋白质进行诱导，无须改变成体细胞的基因组，即蛋白质诱导多能干细胞。我国科学家采用化学方法成功将小鼠成体细胞诱导成为可以重新分化发育为各种类型组织器官的多能性干细胞。这一技术没有引起突变的风险，因为化合物本身是安全的。然而，科学家还需要证明这项技术用在人身上是否安全有效。诱导多能干细胞可以避免胚胎干细胞遭遇的伦理问题，但其本身仍有一些伦理问题需要面对。

2. 诱导多能干细胞的伦理问题

首先是诱导多能干细胞用于再生医学的安全性问题。人们对诱导多能干细胞临床应用的关注点之一，是它有引致肿瘤的倾向性。与胚胎干细胞一样，当将诱导多能干细胞注射到有免疫缺陷的小鼠体内时，容易发生畸胎瘤。美国 FDA 认为，这是以干细胞为基础的再生医学面临的重要障碍。最近有报告称，诱导多能干细胞致肿瘤性高于胚胎干细胞，再次引发人们对其安全性的强烈关注。虽然诱导多能干细胞消除了胚胎干细胞必须面对的操纵、毁掉人的胚胎以及迫使捐献卵子的妇女面临严重风险等伦理问题，但科学家和伦理学家同样要面对诸如是否允许使用诱导多能干细胞发育成人的胚胎进行生殖等一系列问题。就目前来看，这项技术还有待完善。虽然精选的诱导多能干细胞显示出类似人胚胎干细胞的多能性，但不是所有产生的诱导多能干细胞都在功能上与人胚胎干细胞完全等价。山中伸弥指出，未来诱导多能干细胞最终会在大多数（不是全部）应用中替代胚胎干细胞，但即使在那时，胚胎干细胞作为试验的对照仍有重要的作用。因为人胚胎干细胞仍然是多能性的标准。[1]

第 4 节　基因检测的伦理学视角

虽然人的基因与人的环境、生活方式等因素相互作用决定了人的健康或疾病，但人的基因在其中起着十分重要和不可忽视的作用。有些疾病（如单基因遗传病）就是基因缺陷引起的，基因决定患者对许多疾病（例如癌症）的易感性。当我们拥有了基因或基因组结构的知识后，我们首先可以应用基因检测或基因组测序技术来发现或诊断患者所患疾病或患者对何种疾病具有易感性，这有助于疾病的治疗和预防。[2]

一、基因检测技术

基因检测是一种医学检测方法，通过检查一个人的 DNA 以鉴定其染色体、基因或蛋白质的改变，以确定其是否有遗传病或对特定疾病有易感性。基因检测的结果可确认或排除某种疑似的遗传病，或帮助确定受检人患某种遗传病的概率，或将它传递给后代的概率。在人类基因组研究计划完成后，我们可以给人的基因组测序。基因组测序是测定一个人的基因组内 DNA 核苷酸或碱基（A、C、G、T）的次序。人的基因组由 30 亿个碱基组成。历史上第一个人的基因组测序花了 27 亿美元，而今天测序技术效率高、费用低，只需要 1000 美元。大多数基因检测集中于一个或几个基因，而不是整个基因组。然而，如果医生知道患者的整个基因组信息，就可以知道患者独特的基因如何影响他的疾病，以及

---

〔1〕 邱仁宗. 诱导多潜能干细胞如何规避伦理风险［N］. 健康报，2013-09-29（005）.

〔2〕 翟晓梅，邱仁宗. 基因测序应制定准入标准与管理规范［N］. 中国科学报，2014-03-21.

如何对他的疾病进行特定的治疗。例如，发现有些基因影响患者对药物的代谢，那么医生可确定患者所用剂量应该是多少。在未来，所有患者都要经过基因组测序，这样医务人员就可对患者进行个体化的治疗，这被称为"个性化医学"（personalized medicine）。

二、基因检测或测序技术的安全性和有效性

开展基因检测或测序的单位，不管是医疗机构还是公司，在开展此项服务前，都应确保基因测序技术的安全性和有效性。安全性是指应将所采取的技术措施可能引起的风险保持在最低限度内，即相当于日常生活或常规体检可能引起的风险。有效性是指其敏感度和特异性较高。敏感度是指患某病者检测结果为阳性的概率。特异性是指未患此病的人检测结果为阴性的概率。敏感度不高的基因测序技术会出现更多的假阳性，特异性不高者就会出现更多的假阴性。如果将基因测序技术用于临床，有效性还应包括阳性预报值，即结果为阳性的人将来患病的概率。如果阳性预报值低，该技术就缺乏临床价值。

（一）基因检测或测序的目的

提供基因检测或测序技术服务的目的有两类：医疗目的和非医疗目的。非医疗目的的检测包括：①司法目的，例如为刑事或民事案件收集证据；②亲子鉴定的目的，确认亲子关系；③"寻根"的目的，例如中国各民族来自何处；④研究的目的，例如成吉思汗西征后留下的后裔在何处等。医疗目的的检测包括：①对有症状者的诊断性检测；②对无症状者的症状前或预报性检测；③易感体质或易感性检测；④药物基因学检测；⑤新生儿检测；⑥携带者检测；⑦产前检测。

医疗目的的检测与非医疗目的检测存在共同的伦理问题。例如：（1）必须严格执行知情同意原则。测序前应将该项技术可能引起的风险和受益、测序的程序、测序后的工作、测序数据的保密等完整而真实的信息告知受检者。在他们理解这些信息后，获得他们的书面同意，不能有强迫和不正当的利诱。（2）受检者的基因信息的储存和使用。如测序所用的生物学材料即样本和数据以什么形式储存为好，是否有身份标识，是否使用编码，还是匿名；这些样本和数据以后再使用是否需要重新获得知情同意，还是一开始用"广同意"的方式，这样再次利用无须重新获得受检者同意。

必须严格区分医疗目的的检测与非医疗目的的检测，因为医疗目的的检测或测序涉及一系列伦理、法律和社会问题。

（二）基因检测或测序后的咨询

用于医疗目的的基因检测不可能以获得检测结果为终点。如果结果是阳性，那么接下来的问题是：有没有干预措施，干预措施的安全性和有效性如何，以及如何获得干预措施？在未来实际患病、发病的概率究竟有多大？因此，提供医疗测序的人员必须向受检者提供咨询服务，解释测序数据的临床意义，因此他们必须具备医学和遗传学的知识以及临床技能。

以医疗为目的的基因测序生物技术公司，如果缺乏遗传学和临床医学人员，就无法提供遗传咨询服务。如果提供遗传咨询服务，那么接下来的问题是，在遗传咨询中，遗传学家和医生等专业人员提供的意见是指令性的，还是非指令性的，即由专业人员为受检者或患者做出决定，还是这些咨询意见仅为受检者或患者做出决定提供重要的参考？

以检测 BRCA 乳腺癌基因为例。BRCA 基因检测为阳性者一般有 85% 的概率发展为乳腺癌。该基因是否表达、今后是否会发病取决于基因与内外环境的相互作用。对于基因检测为阳性者，她们仍然有多种选项。美国影星安吉丽娜·朱莉选择了手术，对她也许是合适的。据说她如果不做手术，发生癌症的概率为 87%，手术后则为 5%。但在所有妇女中出现安吉丽娜这种情况是很少的。对大多数检出 BRCA 的妇女来说，可以有其他的选项，如先采取保守诊断治疗办法，用核磁共振术或其他筛查技术密切观察病情的进展，如果癌症确有可能发生，再行手术也不迟。有些 BRCA 基因携带者（15%）也许终生未发展为癌症。

选择取决于患者对自己、家庭以及社会的价值权衡，即全面衡量其利弊得失，其中每个人的价值观起重要作用。不同的价值权衡难以用优劣来评价。不能说，安吉丽娜是"勇敢的"，而采取与她不同的选择就不是"勇敢的"。所有检出 BRCA 基因的女子，不管采取何种选项都是"勇敢的"。有的身材较好的妇女，将美学价值放在第一位，风险再大也拒绝手术，她们也是"勇敢的"。对于安吉丽娜是合适的选择，对于其他妇女不一定是合适的。最近国际医学界已经发现存在"过度诊断"的问题，即对带有 BRCA 基因的妇女实施了过多的乳腺切除术，而实际上，其中不少人终生不会发生乳腺癌。

（三）基因测序结果的告知

用于医疗目的的基因测序实施后，不管基因测序的结果是阳性还是阴性，提供测序的人员有义务向受检者告知检测结果，但在一些特殊情况下，提供测序的人员会处于两难之中。例如如果测得孩子的基因组与父亲无关，是否应该将此信息告知孩子父亲，还是仅告知孩子母亲？同样，如果一位妇女患月经不调症，去作基因测序，结果发现她的染色体是46，XY 核型，应该将结果告诉她吗？在这两种情况下，完全告知可能导致家庭破裂。告知义务的实施还涉及受检者易患的疾病有无有效干预措施，例如携带 BRCA 基因者可用乳腺切除术来防止乳腺癌的发生，告知受检者使之有机会做出决定，对此没有争议；但对致命的亨廷顿舞蹈病基因的携带者，则至今没有任何干预措施，是否应该将测序结果告知阳性受检者？例如一位男青年在 18 岁时检测出有亨廷顿舞蹈病的基因，一般在 45 岁后发病，告知后，该青年背负精神包袱，不能过正常生活。医务人员有义务将测序信息告知受检者，意味着受检者有知道测序结果的权利，那么他们有没有"不知道"的权利呢？

（四）基因信息的保密

用于医疗目的的基因测序实施后，如何为受检者的基因信息保密也是个值得探讨的问题。一个人的基因信息具有高度敏感性，它与一般疾病的信息（例如患癌症）有很大区别。首先，如果将受检者的基因信息公开，他可能会受到多方面的歧视，包括家庭内、求学、就业、医疗保险等的歧视。在有些情况下，不仅是受检者本人，连他的家庭、族群或社群也会受到歧视。其次，受检者得知其基因组信息后会影响他及其家庭的生育决定、生活计划等。因此，世界各国都规定，一个人的基因信息不应告知无关第三者，包括家庭其他成员、雇主、保险公司以及政府。然而，一个人的基因信息会影响家庭其他成员，如果一位女性成员携带 BRCA 基因，很可能其他女性成员也携带此基因，如果不将受检者 BRCA 阳性的测序结果告知家庭其他女性成员，就有可能使他们的生命健康受到威胁，因此应该在征得个人同意后告知其家庭的其他女性成员。

（五）公平可及问题

如果基因测序服务有益于大众的生命健康，是否应该将其视为医疗卫生服务的有机组成部分，以确保所有需要者能够平等地得到基因测序服务？这是当今生物技术临床转化中普遍存在的问题。生物技术临床转化后往往费用很高，结果是唯有富人才能享受这种服务，穷人则根本被排除在外，这又加剧了社会不公正。这种不公正被称为技术裂沟（technological divide）。我国的测序专家曾给富人进行基因组测序，每人费用在千万元以上，这样"个性化医学"就成为亿万富翁的专利品。

第 5 节　基因编辑技术应用伦理

一、基因编辑技术

迄今为止，科学家研发的基因编辑技术有：锌指核酸酶（zinc finger nucleases, ZFNs）、转录激活因子样效应物核酸酶（transcription activator-like effector nucleases, TALENs）、归巢核酸内切酶和 CRISPR-Cas9，其中 CRISPR-Cas9 是最为有效、低廉和容易的方法，它使得精确的基因操纵能够在所有活细胞中进行。CRISPRs（clustered regularly interspaced short palindromic repeats，成簇的、规律间隔的短回文重复序列）是含有短的碱基重复序列的原核 DNA 片段，每一个重复系列之后是来自先前接触的细菌病毒或质粒的短的 spacer DNA（间隔 DNA）片段。Cas9 是 CRISPR associated protein 9 这一短语的缩写，即与 CRISPR 相关联的蛋白质 9 或核酸内切酶。CRISPR/Cas 系统是抵御外来因子（如质粒和噬菌体）的原核免疫机制，为细菌提供获得性免疫。CRISPRs 能辨认外来遗传因子，并将它们切除，类似真核有机体的 RNAi（RNA 干扰）。在大约 40% 经测序的细菌基因组以及大约 90% 经测序的古细菌内发现 CRISPRs。CRISPR-Cas9 是一种能够通过消除、代替或添加部分 DNA 序列来编辑基因组的新技术。如果我们把基因组当作一本包含很多个字的遗传密码，那么 CRISPR-Cas9 就可看作用来插入或删除字（基因）甚至改变单个字的有效工具。那么 CRISPR-Cas9 是如何做到这一点的呢？实际上，这门技术我们取自自然界。有些细菌甚至古细菌利用它们自己内置的基因编辑技术来保护它们自己免受有害病毒的侵袭，这是一种原始的免疫系统。它们用一对分子剪刀在精确的位置上剪断 DNA 的两条螺旋，这样就可以添加或消除一些 DNA 片段。CAS9 这种内切酶就是这些分子剪刀，它附属于一小段 RNA，后者能引导分子剪刀到达目标位置，当切断 DNA 时，DNA 就开始修复自己，但这种自然修复方法容易发生错误，导致增添或删除一些 DNA 片段。利用 CRISPR-Cas9 可使这种情况发生改变，例如我们可以插入一段正常的或所要的 DNA 序列以替代原来的 DNA 序列，但这一程序更为复杂一些。

在研发 CRISPR/Cas 基因编辑技术的先驱者中，需要提及两个团队：一组是以美国加州大学伯克利分校的化学家多德娜（Jennifer Doudna）和法国微生物学家、德国马克斯·布朗克感染生物学研究所所长夏本蒂埃（Emmanuelle Charpentier）为首的团队，他们于 2012 年 8 月 17 日在《科学》杂志发表了 CRISPR-Cas9 编辑技术，她们共同获得 2020 年诺贝尔化学奖。[1] 美国麻省理工学院和哈佛大学合作成立的布罗德研究所生物医学工程教授张锋（Feng Zhang），其领导的团队基于 2011 年以来的基因编辑研究成果首先发明了真核基因组编辑方法，论文于 2013 年 1 月 3 日在《科学》杂志发表。[2] 虽然多德娜和夏本蒂埃发表论文在先，然而张锋却获得了专利权。前者已延请律师准备打一场基因编辑技术的专利权官司，这引起了学界的关注：其一，赋予某人专利权后，其他科学家还能不能自由地运用该技术进行研究，还是必须缴纳专利费用；其二，不少有识之士担心，基因编辑技术处于起飞阶段，赋予某人专利会严重阻碍该技术的开发应用，甚至从根本上怀疑这种专利权能否在伦理学上得到辩护。

CRISPR/Cas 基因编辑技术的优点是快速、简便、低廉；缺点是：其一，靶向效率较低。靶向效率或实现想要的突变的百分比是评估基因编辑工具的最重要参数之一。与其他方法（TALENs 或 ZFNs）相比，Cas9 的靶向效率较高。例如在人类细胞中，ZFNs 和 TALENs 仅能实现 1%～50% 的效率，而 Cas9 系统在斑马鱼和植物中的靶向效率超过 70%，在诱导多能干细胞中为 2%～5%。我国科学家周琪的团队可将一个细胞的小鼠胚胎中的基因组靶向效率提高到 78%。但在人胚胎中效率仍然很低。其二，脱靶突变率较高。Cas9 脱靶的情况很多，而且脱靶情况一般难以发现，要求进行全基因组测序以完全排除这些脱靶突变。

自 2011 年以来，基因编辑技术广泛应用于人、细菌、斑马鱼、线虫、植物、热带爪蟾、酵母、果蝇、猴、兔、猪、大鼠和小鼠。该技术可通过单个 gRNA 将单点突变导入一个特定的基因；利用一对由 gRNA 导向的 Cas9 可引起较大范围的基因删除或重新安排基因组，如倒置或易位。最近激动人心的研究进展是将 dCas9 版的 CRISPR/Cas9 应用于转录调节的靶蛋白结构域、表观基因修饰以及特定基因组位点的显微可视化，还可利用此技术更好地建立动物模型，以了解疾病病因、发病机制、增进基本知识，开发新药物。

基因编辑技术在医学上的可能应用：

（1）治疗。如果研究开发以及临床转化的策略合适，进展顺利，有可能通过修饰体细胞治疗个体自身遗传病（地中海贫血），治疗和预防个体自身基因引起的疾病（如乳腺癌和卵巢癌，删除 BRCA 基因）、治疗和预防个体自身感染 HIV。

〔1〕 JINEK M, CHYLINSKI K, FONFARA I, et al. A programmable dual-RNA-guided DNA endonuclease in adaptive bacterial immunity. [J]. Science, 2012, 337 (6096): 816-821.

〔2〕 CONG L, RAN F A, COX D, et al. Multiplex genome engineering using CRISPR/Cas systems [J]. Science, 2013, 339 (6121): 819-823.

（2）预防。如果策略合适和进展顺利，有可能通过生殖系（卵、精子、合子、胚胎）基因修饰使后代不得该家族的遗传病或其他与基因有关的疾病，预防各种烈性传染病、预防癌症、预防心血管疾病、预防药物依赖等。

（3）增强（enhancement）。增强是指人获得超越人类现有的性状和功能（如夜视）的能力。增强可有两种目的：其一为医学目的，例如人本来不能抵御逆转录病毒（艾滋病），通过基因修饰使人获得预防 HIV 感染的能力，比方说将动物（如猪）不得这些逆转录病或其他人类不得烈性传染病的基因添加到人类基因组内；人类寿命原则上至多 150 岁，将乌龟的长寿基因添加到人类基因组内，人可以活到超过 150 岁。其二为非医学目的，例如改变皮肤、头发、瞳孔颜色；增加身高；加强臂力；加快奔跑速度等。也许今后的父母可以根据他们的愿望和爱好，利用基因编辑技术，剔除一些他们不喜欢的性状基因，插入一些从其他机体取来或合成的可产生他们喜欢的性状基因，来设计制造孩子。

（4）用于异种移植：例如敲掉猪体内在人体引起免疫反应的基因；删除猪体内若干逆转录病毒等，这样将猪器官移植至人体内不致引起免疫反应和跨物种感染。

基因编辑技术在非人生物体的应用：基因编辑技术几乎可以用于任何生物体。今后也许人们可以利用基因编辑技术培养出不会叮咬人的蚊子，不长象牙的大象，不长角的犀牛，能制造蛋白质、药物、疫苗或燃油的细菌，长着一个角的马（独角兽）或其他神话里的动物，以及复活那些已经灭绝的动植物。

问题是：所有上述在技术上有可能做的事，是否都应该做？

二、基因编辑的基础研究和临床前研究

目前，基因编辑技术虽然有简便、快速和低廉的优点，但存在靶向效率较低和脱靶突变率较高的缺点，不解决这两个问题，是不可能也不允许应用于人的。而解决这两个问题就要靠基础研究和临床前研究。2015 年 12 月 1—3 日，中国科学院、英国皇家协会和美国国家科学院联合在华盛顿举行的人类基因编辑高峰会议，经过 3 天讨论，专家们达成共识[1]（NAS 2015）。第一条共识就指出，应该将基础和临床前研究置于优先地位，以改进人类细胞基因序列的编辑技术，了解临床使用的潜在受益和风险，了解人类胚胎和生殖细胞的生物学，这方面的研究要服从法律、伦理的规则和监管。欣克斯顿小组的建议[2]也是将基础和临床前研究放在第一位。

那么，基础和临床前研究是否允许进行人胚胎研究呢？我国科学家利用 CRISPR/Cas9 技术在不可存活的人的三原核合子胚胎上进行基因组编辑研究，完全是可以得到伦理学辩护的。因为这种研究有利于改善基因组编辑技术（例如使之更有效、更迅速、更便宜，减

〔1〕　National Academy of Science US (NAS). On human gene editing: international summit statement [EB/OL]. (2015-12-03) [2019-08-14]. http://www8.nationalacademies.org/onpinews/newsitem.aspx?RecordID=12032015a.

〔2〕　The Hinxton Group. Statement on genome editing technologies and human germline genetic modification [EB/OL]. (2015-09-04) [2019-08-14]. http://www.hinxtongroup.org/hinxton2015_statement.pdf.

少脱靶性）；这项研究不是为了生殖目的，也不是为了临床应用；使用的是不能存活的三原核合子胚胎，因而不会造成伤害。当然使用病理性的三原核合子胚胎，其研究结果在多大程度可以应用到正常胚胎上也是个问题。

三、基因编辑技术应用于体细胞基因治疗

案例 27-3：一位 1 岁的英国女孩莱拉（Layla）从一位供体那里接受了经过修饰的免疫细胞，科研人员用基因编辑技术解除了她的病痛。由于所有的治疗方法对患有白血病的莱拉都无效，英国伦敦一家医院的免疫学家卡西姆（Waseem Qasim）的团队获得特别许可，他使用巴黎一家公司研究人员开发的新技术对其进行治疗，数月之后女孩的情况良好。

这是一个成功应用体细胞基因编辑技术治疗疾病的例子。患者获得经基因修饰的体细胞，体细胞仅能影响患者自身，不能遗传给其后代。人的体细胞基因组修饰即体细胞基因治疗，已经进行了几十年，其中有些已经进入Ⅱ期和Ⅲ期临床试验，有些已经被批准临床应用，由于该技术安全有效，不存在更多的伦理争议。体细胞基因治疗试验是一种常规的成熟的临床试验，在技术改进的条件下，将基因编辑用于体细胞基因治疗，其风险受益比是可以接受的。但在将基因编辑技术应用于体细胞基因治疗时，必须坚持临床前研究，它是临床研究/试验的前提，而临床研究/试验是临床应用的先决条件。在将基因编辑技术应用于体细胞基因治疗时，要考虑风险受益比是否有利；研究设计在科学上是否有根据，是否符合伦理要求；如何获得有效知情同意；如何进行独立的伦理审查：如何合适地处理利益冲突等。这些是研究伦理的常规要求。在特殊情况下，用基因编辑技术对体细胞基因进行修饰以治疗疾病，可以作为试验性治疗（创新疗法）手段，将它提供给少数患者。

上述案例中的女孩就不是临床试验的受试者，而是接受试验性治疗的患者。因为她的病情紧急，已经用过其他方法，结果无效，虽然用基因编辑技术进行治疗尚未证明安全有效，但存在有效的可能性，因此将其作为试验性疗法提供给女孩。基因编辑的国际高峰会议声明指出："由于所建议的体细胞临床应用意在影响接受基因修饰的个体，所以应该在已有的和逐步完善的基因治疗监管架构中对它们进行适当而严格的评价，监管机构在批准临床试验和治疗时权衡风险和潜在受益。"[1]

四、基因编辑技术应用于生殖系基因治疗的伦理学争论

（一）反对生殖系基因治疗论证

有些反对生殖系基因治疗的理由是站不住脚的，例如有人认为，这样做会"扮演上帝的角色"，然而"扮演上帝角色"这一概念本身就是歧义丛生的。我们的生活充斥着改变

自然的过程，是否都是"扮演上帝的角色"呢? 扮演与不扮演上帝角色的界线在哪里呢?
有人说，修饰生殖系基因遗传给后代，但未得到后代的同意，但我们可以推定他们会同意
预防遗传病。正如我们现在治疗婴儿的疾病，我们不能以未得到婴儿的同意为理由拒绝，
因为我们可以推定，当他们有决策能力时是会表示同意的。还有人说，生殖系基因治疗导
致纳粹优生学，但我们可用坚持知情同意原则来防止这样的道德滑坡。

（二）支持生殖系基因编辑治疗的论证

有一个支持生殖系基因治疗的理由是站得住脚的，即我们有责任使我们的后代不得使
其痛苦的遗传病。生殖系基因治疗如果成功，可使患者的子孙后代免遭遗传病之苦。然而，
就目前情况而言，基因编辑技术还不成熟，靶向效率低，脱靶率高，因而，用于生殖系基
因治疗在理论上有难以估计的高风险。一旦干预失败，不仅对受试者自身，而且对他们后
代造成不可逆的医源性疾病。

美国基因治疗先驱弗里德曼（Theodore Friedman）和安德森（French Anderson）提出，
进行人类生殖系基因治疗需满足以下三个条件:

（1）体细胞基因治疗的安全有效性得到临床的验证;

（2）建立了安全可靠的动物模型;

（3）公众广泛认可。

人类基因编辑的国际高峰会议声明指出，"原则上也可使用基因编辑技术来改变使配
子或胚胎的人遗传性状基因，其所生孩子的所有细胞都将携带这种遗传改变，而且这种遗
传改变将遗传给后续的世代，成为人类基因库的一部分。""但生殖系基因编辑的临床应用
将是不负责任的，除非基于对风险、潜在受益和替代选择的理解和权衡，相关的安全性和
有效性问题已经得到解决，对所建议的应用的适宜性有广泛的社会共识，而且，唯有在得
到合理监管的情况下，才能进行临床应用。

目前，任何所建议的临床应用都没有达到这些标准: 安全问题尚未被充分探讨; 有说
服力的有益案例尚有限; 许多国家立法禁止生殖系基因修饰。然而，随着科学技术的发展
及社会观点的演变，应当定期重新讨论生殖系编辑的临床使用。"[1]

五、基因编辑技术用于增强目的

所谓增强是指使人拥有超出人类这个物种原有的能力，例如人这个物种不具备夜视的
能力，也不具备天然抵御 HIV 的能力。增强有两类: 一类是医学目的的增强，例如使人
有能力预防艾滋病、禽流感、埃博拉出血热。但增强可能引起风险，与修补基因不同，添
加基因可能会干扰其他基因正常表达。因此，我们首先要从基础研究和非临床研究做起。
另一类是非医学目的的增强，例如改变皮肤、头发、瞳孔颜色，使人活到 200 岁，使人像

---

〔1〕　National Academy of Science US (NAS). On human gene editing: international summit statement [EB/OL]. (2015-12-03) [2019-08-14].
http://www8.nationalacademies.org/onpinews/newsitem.aspx?RecordID=12032015a.

马一样跑得快等。对此反对者多，支持者少。反对的理由有：风险将会大大超过受益；追求性状的"完美"不能得到伦理学的辩护；[1] 应该让未来的孩子有一个开放的未来，[2] 我们不能将孩子局限在我们给他们选择的基因组圈子内。

六、基因编辑用于非人生物基因修饰

以美国法学家格里列（Henk Greely）为代表的专家认为 CRISPR/Cas9 和其他基因编辑方法对世界最大的威胁是非人生物基因组修饰。如果我们要消灭疟疾、黄热病和登革热，我们要对蚊子进行基因组修饰；如果我们要生产生物燃料，我们要对藻类进行基因组修饰；我们要让灭绝的候鸽复活，我们要对带尾鸽进行基因组修饰；我们要创造独角兽，我们要对马进行基因组修饰，于是我们重新塑造了生物圈，如果不加控制或不能控制，自然界会变成什么，人类是否能适应？[3] 因此，对非人基因组修饰也要制定必要的规范和实施必要的管控。

七、线粒体置换技术

线粒体置换技术也是一种基因治疗，而且是生殖系基因治疗。线粒体置换技术是利用3 个人的 DNA 以及新的移植术和体外受精技术，避免将来生下的孩子从母亲那里遗传线粒体病。

（一）线粒体置换与"一父两母"

人体所需的 90% 的能量由细胞质内的线粒体提供。一般来说，人类细胞核内有 2 万～3 万个基因，占全部基因总数的 99.9%；线粒体中有 37 个基因，约占基因总数的 0.1%，仅限于控制线粒体的活动。线粒体中有 13 个基因是编码蛋白质的基因，与产生细胞能量有关。余下的 24 个基因协助这 13 个编码蛋白质基因产生蛋白质。线粒体基因通过不同于细胞核基因的机制代代相传。细胞核基因通过父母双方遗传，而线粒体基因则通过母系遗传。我们的线粒体 DNA 将我们与我们的母系家庭密切联系起来，外祖母、母亲、兄弟、姨母和舅舅的线粒体 DNA 很可能是一样的。如果一个人拥有高比例突变的线粒体 DNA，就会患线粒体病。但是，男性的线粒体病不会遗传给下一代。中外媒体均将线粒体置换技术称为"一父两母"，这种提法有炒作之嫌。线粒体内仅有 13 个编码蛋白质的基因，且线粒体 DNA 并不携带与身份特征有关的遗传信息，而生下来的孩子的基因有 2 万～3 万个。这项技术仅仅置换了线粒体内的 37 个基因，仅给孩子提供这些不携带身份特征遗传信息

〔1〕　SANDEL M. The case against perfection: ethics in the age of genetic engineering [M]. Boston: Harvard University Press, 2009.

〔2〕　FEINBERG J. The child's right to an open future [M]//AIKEN W, LAFOLLETTE H. Whose Child? Totowa: Rowman & Littlefield, 1980: 124-153.

〔3〕　GREELY H. Comments: of science, CRISPR-Cas9, and asilomar [EB/OL]. (2015-04-04) [2018-03-31]. https://law.stanford.edu/2015/04/04/of-science-crispr-cas9-and-asilomar/.

基因的健康线粒体供者如何能成为孩子的母亲之一呢？健康线粒体供者的 37 个基因对生出的孩子的个性特征没有影响。因此，健康线粒体供者与捐赠卵或胚胎者的地位不同。她们在生物学上和法律上都不会成为"第三位家长"或"第二位母亲"。

（二）支持线粒体置换的伦理论证

线粒体置换有利于防止孩子患线粒体病：线粒体病是一种严重的遗传病。该病进行性发展，可致残，甚至危及生命，症状表现随年龄和疾病严重性而有很大差异。线粒体病可影响一个器官（例如失明或心力衰竭），也可累及多个器官。有些母亲自己患有线粒体病却没有症状，因而根本不知道她的孩子也会有线粒体病。在英国，1/250 的孩子以及 1/10000 的成人患有线粒体病；在严重的线粒体病患者中，儿童约占 1/6500。线粒体病目前无法治愈，许多症状也不能治疗。2003 年，中山大学专家在人身上进行了一些尝试，将一位 30 岁经常小产的妇女的卵细胞核，移植到一位健康供卵者的去核卵内，然后通过体外受精将该妇女丈夫的精子和这一混合卵受精，形成多个胚胎后将其中 5 个植入妇女体内。这一手术被称为"原核移植术"。虽然手术没能成功，但其原理却与英国支持的这一技术类似。英国将这项技术称为"母系纺锤体移植术"或"分裂中期 II 纺锤体移植术"，即将患有线粒体病妇女 A 的卵细胞核取出，植入一个健康的没有线粒体病的妇女 B 的去核卵内。这样就形成了一个人工卵，其中细胞核是 A 的，细胞质是 B 的。用这个人工卵与 A 丈夫的精子进行体外受精，这样就能预防生出的孩子患线粒体病。2009 年，"纺锤体移植术"在猴子身上试验成功。2010 年，英国纽卡斯尔大学的科学家利用"原核移植术"将患线粒体病的妇女卵内细胞核成功移植到健康妇女的去核卵内。但在英国当时的法律中，这项技术是被禁止的。2012 年 9 月，英国政府启动伦理学咨询，授权纳菲尔德生命伦理学理事会成立专家组。经过 6 个月的探讨，专家组做出这样的结论："由于这项技术能避免生出患线粒体病的孩子，对个人和家庭的健康以及社会有益，而且任何父母都想要生出与他们有遗传关系的孩子，经过权衡我们认为，如果有充分证据证明这些新技术安全和有效，那么利用这些技术是合乎伦理的。"根据这一结论，2013 年 6 月 26 日，英国政府表态将支持 DNA 核移植技术合法化。

（三）线粒体置换技术的伦理问题

这项新技术可能引起的主要伦理问题有：

1. 风险受益比

这项技术比较新，用人工方法将母亲的卵细胞核与供体的线粒体置于同一卵内，它们之间会发生怎样的相互作用我们还不清楚。不管是"原核移植术"还是"母系纺锤体移植术"，目前都要使用药剂（如诺考达唑和灭活仙台病毒）。这些药剂虽然已经使用了几十年，但仍缺乏对人类生殖安全影响的数据。另外，我们也不知道用这项技术生出的孩子及其后代不得线粒体病的可能性究竟有多大。尽管如此，这项技术是目前唯一能预防孩子和后代患线粒体病的方法，因此允许使用。

2. 知情同意

在治疗前，医生应将 4 种理论上可能产生的结果充分告诉患者：妊娠可能会自发流产；由于医源性效应，胎儿受到的影响比线粒体病引起的更为严重；由于治疗的部分成功，胎儿受到的影响没有线粒体病引起的后果严重；治疗可能成功，生出一个摆脱了线粒体病的孩子。医生应提供咨询，以便让患者在知情的基础上做出选择。同时，决策者在管理该项新技术时也必须考虑这 4 种可能。鉴于这种情况，一些专家建议将这项技术纳入临床研究范围，由具有较高等级的医疗机构进行，对生出的孩子进行随访和终身监测。

3. 遗传身份的问题

用这项新技术生出的孩子在遗传学上不同于自然生出的孩子，这种差异会不会影响孩子之后的发展以及与父母的关系？其实，这项新技术给孩子的遗传身份仅引入了非常小的改变。线粒体 DNA 不影响同一性或身份，因为它并不携带与身份特征有关的遗传信息。就好比换用另一品牌的电池不会影响照相机的功能一样。因此，虽然这项技术改变了孩子一小部分基因，但对这些孩子的遗传身份没有影响。

4. 防止性别歧视

线粒体病通过女性而不是男性传递下去，携带此基因的父母可能会考虑进行性别选择，宁愿生个男孩，甚至有些专家也建议这项技术仅用于生出男孩，以避免可能的负面影响遗传下去。为了避免将疾病遗传下去，父母这样的选择情有可原，但如果将这种选择作为一种公共政策，就有性别歧视的嫌疑了。

5. 防止从改变线粒体基因滑向改变细胞核基因

实际上，线粒体置换技术是生殖系基因治疗的一种，但线粒体基因改变与细胞核基因改变之间，有着明显的、实质性的、伦理学意义上的界线。即前者不改变未来孩子的遗传身份，而后者则会改变。这条界线使得管理者有可能在二者之间做出法律上的区分，以防止从改变线粒体基因滑向改变细胞核基因。[1]

八、表观基因组学概述

（一）表观基因组学

表观基因组（epigenome）是附加于基因上的化合物，它们能调控基因的活动，如基因的表达，这种变化被称之为表观遗传变化，但并不改变 DNA 序列。在细胞分裂时，表观基因组的改变会保持下来，并能代代相传。2015 年 2 月 19 日，英国《自然》杂志及其旗下 6 大相关期刊同时在线发表 24 篇科学论文，并发布了第一张表观基因组综合图谱。论文对 111 种不同类型的细胞表观基因组进行了描述。[2] 表观基因组的突破性研究影响了人们对基因 - 环境相互作用的理解，同时也引发了如何减轻遗传风险的责任分配、社会公正等新的伦理思考。环境的改变，例如一个人的不当饮食或接触污染物，可能影响表观基因组。表观遗传的变化可帮助决定基因的开关，影响细胞内蛋白质的合

〔1〕 邱仁宗. 从"一父两母"看基因技术的伦理之争 ［N］. 健康报, 2013-07-12（005）.

〔2〕 ROMANOSKI C E, GLASS C K, STUNNENBERG H G, et al. Epigenomics: roadmap for regulation [J]. Nature, 2015, 518 (7539): 314-316.

成。表观基因过程发生差错可导致异常的基因活动或使基因处于休止状态，这就可能引起遗传障碍。癌症、代谢障碍和退化性障碍（如阿尔茨海默病）等疾病都与表观遗传的差错有关。人类表观遗传学（epigenetics）和表观基因组学（epigenomics）将使我们更好地理解基因、环境和生活方式在健康和疾病中的作用，有利于发现更为安全有效的预防和治疗疾病的方法。

表观遗传学可以从两方面促进个性化医学（personalized medicine）发展：提供信息和干预。根据表观遗传信息，在症状发作前能尽早地对患者个人的风险状况进行评估，并提出一些预防性措施和建议，表观遗传信息也可作为药物遗传学和营养遗传学的补充信息。在干预方面，当一种疾病被视为表观遗传缺陷时，表观遗传疗法就可作为首要治疗手段，也有可能用于防止药物的不良反应和抗药性。许多表观遗传药物现在已经被批准使用。

（二）表观基因组学的伦理问题

由于表观基因组具有高度的环境依赖性、较强的可塑性，表观基因组变化的可逆性及其变化的可遗传性向人们提出了一些新的伦理问题（不同于一般医学）。例如长期接触严重雾霾或吸烟可能引起表观基因组的有害改变，这种有害改变可遗传给子孙后代。但如果改善环境或停止吸烟，这种有害改变就有可能逆转。于是，就会引发我们每个人以及我们所属的社会减少风险的责任问题，什么事可以做，什么事应该做，谁有责任去做这些事。

表观遗传学或表观基因组学有如下伦理问题：

1. 表观遗传的风险

包括信息风险和治疗风险。表观遗传学的变化不都是有害的，但如果这个改变是有害的，就会产生多方面的风险。我们可以利用表观遗传信息来预测未来疾病风险的可能性。我们通过鉴定表观遗传生物标记物获得很多表观遗传学信息后，究竟该怎样利用这些信息呢？有人认为，尊重一个人的自主性意味着给他们尽可能多的信息，并让他们自己做出决定。然而，这种观点有可能使我们将责任全部推到个人身上。然而，个人的选择不仅是"局部"选择（如"我现在要不要吃这个汉堡？"），而且是关涉他们想要过何种生活的"全面"选择（如"我是否要做一个素食主义者？"）。这类选择与我们对自身身份的认识和建立有密切的联系。

这种情况导致我们必须思考其他人的责任，包括社会公共机构（包括医疗机构）的责任。他们有责任采取行动，而不是简单地要求个人在信息的基础上做出改变。治疗的风险也许对个性化医学领域特别重要，对风险的伦理含义的评估不仅包括已知风险应如何管理，还包括医学专业人员在面对不确定性时应如何行动。

以在许多国家已成为严重公共卫生问题的肥胖症为例，各方就有不同的反应。第一种反应是将肥胖症的责任直接归结于个人及其行为，如过度饮食、缺乏自我控制、做出不健康的选择等（行为论）；第二种反应是寻找环境中的因果责任，例如同龄群体的压力、广告和跨国公司推出特定的产品（如汽水和汉堡）（环境论）；第三种反应是把因果责任归之于个人的身体，认为那是不受个人控制的身体基础代谢缓慢，结果导致肥胖（身体论）；

第四种反应是认为"肥胖没有问题"，我们应"包容"肥胖，并指责社会对"差异"不够宽容（正常论）。医务人员在治疗肥胖症时就可能会遇到患者、患者家属以及周围人的不同反应，并有可能不知不觉地做出某种反应。在生命伦理学领域，我们往往会过分关注个人应该做什么，而不去关注我们医疗制度本身。

2. 表观遗传变化的责任

它涉及表观遗传变化的责任如何分配，由此造成的社会后果是什么，谁应该负担预防和改善表观遗传损伤的社会和经济代价，对于可能会影响后代的表观遗传变化有哪些责任的问题。问题的关键是个人对后代的责任，在这方面，个人与环境影响的交互作用是问题的核心。

有些人认为，由于表观遗传损害可能是由自愿行为造成的，如吸烟或饮食不当，所以个人必须为这种损害承担责任。在表观遗传发育中，子宫和幼儿的微环境尤为重要，这时我们强调父母承担他们后代全面发展的责任。虽然表观遗传的高风险与子宫环境因素相关联，但是把表观遗传健康的责任归于父母，可能会给妇女带来不公正的负担。有人认为这种说法并无新意，例如人们早就希望妇女在妊娠期间不要吸烟饮酒。但我们并没有意识到，在怀孕之前很久发生在父母身上的表观遗传变化可能会传递给他们的后代。尽管如此，我们也不能因此过分限制父母的行动，应该平衡当今世代与未来世代之间的利益。在大多数情况下，不能为了消除知之甚少的伤害而牺牲今天活着的人的自主性，我们不能将责任全推给父母，不能让肥胖症患者这么说："这是我母亲的错！"

因此，表观遗传学促使我们认真思考造成表观遗传有害改变的责任公平分配问题。这涉及个人责任、家庭责任和社会责任。许多不受个人控制的宏观环境因素可能会对表观遗传基因组产生影响，因此我们不应将个体特定的表观基因变化的因果责任或道德责任都归于个体。由于环境污染（如雾霾）引起的表观遗传学改变，主要是企业（污染源）和社会（管控不力）的责任。在社会责任问题上，我们应更重视制度责任。在生命伦理学领域，我们往往会过分关注个人应该做什么，或者关注脱离制度的抽象问题（例如对安乐死的讨论），而不去关注我们医疗制度本身，例如"以药养医"，将公立医院看作谋取利润的企业，将医疗视为赚钱职业而不是负有社会责任的专业，在错误制度中讨论医患关系和医德问题，往往会南辕北辙。我们不仅要思考个人行为及其造成的表观遗传有害改变，更要关注制度上哪些问题对个体的表观遗传造成损害。关注的重点应置于防止和逆转表观遗传损害的社会责任和制度责任。

3. 表观遗传公正

这要求我们关注人们由于社会安排的结果而处于不健康状态的不公正问题，以及社会如何保证社会群体都能享受表观遗传学研究成果可能带来的益处的公平问题。有学者指出："表观遗传的调整是从过去世代（我们对其无法影响）延伸到未知的未来（我们有可能施以影响）。"我们会被那些从我们祖先那里继承的表观遗传损害所累。如今发生的表观遗传变化也可将其影响延伸到未来。对表观遗传有损害作用的环境毒素对我们这一代人是重大的挑战，我们正暴露于我们祖先及我们自己所造成的污染之中。如果我们对环境不加改变，那么我们的后代将暴露于我们现在排放的毒素之中。我们面临的问题是：我们如何公正地对待表观遗传的遗传特征？我们如何在对未来世代的担忧与今日活着的人的权利和自由之间找到平衡点？随着表观遗传学的进展，我们应如何改变关于环境污染的观点？

表观遗传学影响我们对基因与环境相互作用概念的理解，而这可能产生非常深远的影响。重要的是，我们要知道今日似乎无伤大雅的行为，可能会给明日带来不容忽视的危险，但在判断行动者的行为或者分配表观遗传伤害的责任时，我们不应该去惩罚那些不能意识到他们所面临的风险的人或不能做任何事情防止伤害发生的人，我们关注的重点应置于防止和逆转表观遗传损害方面的社会责任和制度责任上。[1]

第 6 节　生物样本数据库

一、生物样本数据库的定义和实例

生物样本数据库（biobanks）是指有组织地收集大规模人群的生物材料样本、数据和信息并加以保存的机构。人体组织样本包括细胞、组织和血液以及作为遗传信息载体的 DNA。收集与样本相关的个人的遗传信息与健康信息、生活方式信息。信息相互联系使样本收藏具有重要意义。生物样本数据库既收藏样本，又收藏数据。如果一个信息库仅仅记录和储存取自人体样本的个人数据，即从血液检查或基因分析结果获得的实验室数据，就不是生物样本数据库，而是纯粹的数据库。人体组织收藏库或一般遗传数据库参与者人数较少，统计学意义不大；环境暴露因素考虑不充分或不完全；无法提供基因型和环境暴露因素的交互作用图像。但生物样本数据库能够显示基因型和暴露因素间的关系，提供疾病相关信息，可作为未来研究的资源；生物样本数据库一般为大规模的样本收集，此数据具有统计学意义，其信息具有临床和公共卫生价值；以特定人群为基础，可于特定群体中取得正确、直接相关的信息，并可包含较大规模的试验参与者；它以合作性的框架建构，是不同领域机构都可以利用的基础设施。

世界各国已建立的生物样本数据库有：

1）冰岛卫生部门数据库（Health Sector Database，HSD）是争议最大的生物样本数据库。该方案要将冰岛全部 27 万人口（主要是 7 个维京人家族后裔）的健康数据收集在数据库内，供研究遗传学与家谱的研究人员使用。该数据库包括自 1915 年以来保存在该国医院内所有医疗记录的信息。这个方案是由美国 deCode Genetics 生物技术公司倡议的，它提供建立这个数据库的私人资金，花费 1 亿～2 亿美元（远远超过冰岛国家预算能力），作为回报，冰岛给予 deCode 公司 12 年的独占使用权。1998 年冰岛

---

〔1〕 CHADWICK R, CONNOR A O. Epigenetics and personalized medicine: prospects and ethical issues [J]. Personalized Medicine, 2013, 10 (5): 463-471；邱仁宗. 表观遗传研究热背后的伦理思考［N］. 健康报，2015-03-13（005）.

国会通过卫生部门数据库法，2000 年签订合同，deCode 交付冰岛政府 190 万美元准入费。

其中存在以下伦理问题：①数据具有个人身份标识性质；②儿童等无行为能力者无法做到知情后选择不参加（Opt-out）；③授予 deCode 公司对数据的独占可及等于是垄断；④让私人公司以公共利益名义获利。

2）英国生物样本数据库建立计划始于 1999 年 6 月。随后 7 年的资助是 6100 万英镑，由维康信托基金会、英国医学研究理事会和卫生部共同建立。2004 年开始收集样本，这是包含 50 万名捐赠者的前瞻性研究。他们计划收集 40～65 岁捐赠者的血液样本与详细的日常生活资料，预计追踪至少 10 年。经过前期研究的各项测试后，2006 年英国生物样本数据库正式启动，研究者期望在特定疾病上收集足够的病例数来确认这些疾病与特定基因的关系。

3）中国卫生部批准立项的中国慢性病前瞻性研究（The Kadoorie Study of Chronic Disease in China，KSCDC）项目是中国若干省的疾病预防和控制中心与英国牛津大学临床试验和流行病学研究中心合作项目。这是一项关于环境和遗传对慢性病死因影响的大规模前瞻性研究。目标人群主要为 35～74 岁成人。计划在城乡共设 10 个收集点，城市收集点：青岛、哈尔滨、丽江、上海与海口；乡村收集点：四川、浙江、湖南、甘肃与河南。这 10 个收集地点中，有半数具有完整的慢性病、糖尿病以及癌症的罹病率、死亡率的登记档案，由研究人员对受试者进行追踪，对环境危险因子进行描述性流行病学研究。此项目 2002—2003 年进行试验研究，2004 年正式开展，2008 年完成基线调查达 515000 人。所收集的信息包括：社会经济数据、健康行为、与健康相关的一般数据、家族史、睡觉模式、情绪和精神状况、对病例进行随访。若完成这 50 余万人的慢性病前瞻性研究，将会形成一个极具中国人代表性的数据库，对于中国人健康水平提高将有很大的帮助。

二、生物样本数据库的概念和模型

（一）与商业银行（bank）类比

与商业银行作类比是因为二者都是人们将资源（生物材料、金钱）存入，并获得回报。与商业银行类比，就会要求生物样本数据库赢利、商业化，这与研究性生物样本数据库本性不符，因此不能将 biobank 译为"生物银行"。

（二）与公共图书馆（public library）类比

用"library"而不是"bank"作类比，可将我们收集最有价值资源的努力与公益联系起来。与市场不同，公共图书馆的伦理规范是互惠、奉献。大的公共图书馆是国际性的，国际交流必不可少，不能局限在一国之内。这一点非常适合生物样本数据库。应该建立像国际性公共图书馆（亚历山大图书馆、大不列颠图书馆、国家图书馆）那样的国际性生物样本数据库。

（三）生物样本数据库的社会价值

生物样本数据库具有极大的科学和社会价值。生物样本数据库的预期受益有：提供新知识（疾病的病因学和自然史，基因组对健康的作用，病原和环境对疾病的作用，基因组 - 有机体 - 环境的相互作用）；提供新治疗；提供新检测；提供新预防策略。生物样本数据库风险程度较低，潜在的受益巨大，其净效用很高，风险受益比的正值很大。生物样本数据库是公共品，建设和运行它时应注意节约成本和资源，生物样本数据库提供服务应有所补偿，但不能商业化，不能用作谋利手段。

三、生物样本数据库的伦理学

建立一个基于人群的生物样本数据库（population-based biobank），其过程包括人的生物材料的收集、处理、储存、利用和共享。它从收集人的生物材料开始，一开始就会遇到伦理问题，因此伦理考虑必然贯穿整个生物样本数据库（biobank）建设的始终。

（一）生物样本数据库提出的伦理挑战

生物样本数据库提出的 5 个核心伦理挑战[1]：

（1）同意（consent）：探讨适合生物样本数据库建设的同意形式，既确保捐献者的自主性，又保证生物样本数据库的顺利建立、发展、使用。

（2）保密（confidentiality）：保护供者个人信息。

（3）信任（confidence/trust）：应该诚信、透明，接受有效监管。信任的建立要花许多年，然而可以毁于一旦。

（4）商业化（commercialization）：应仔细考虑公众对将生物医学（尤其是基因组）研究商业化的不安，生物样本数据库商业化运营是下策。

（5）合作（collaboration）：国内和国际合作和数据共享不可少。

（二）生物样本数据库的建立和运行应遵循的 5 个原则

加拿大生命伦理学家和法学家、国际人类基因组组织伦理委员会前任主席克诺珀斯（Knoppers）和英国生命伦理学家、国际人类基因组组织伦理委员会现任主席查德威克（Chadwick）[2]认为，生物样本数据库的建立和运行应遵循如下 5 个原则：

（1）交互性（reciprocity）：捐赠者捐赠样本，社会认可和表彰他的贡献；

---

〔1〕　HARMON S, LAURIE G, HADDOW G, et al. Governing risk, engaging publics and engendering trust: new horizons for law and social science? [J]. Science & Public Policy, 2013, 40 (1): 25-33.

〔2〕　CHADWICK R, KNOPPERS B M. Human genetic research: emerging trends in ethics [J]. Nature Reviews Genetics, 2005, 6 (1): 75-79.

（2）互惠性（mutuality）：例如家庭成员之间共享遗传信息；

（3）互助性（solidarity）：社会成员之间团结互助，相互支持；

（4）公众参与（citizenry）：促使公众理解科学，参与库的建立和管理；

（5）普适性（universality）：基因组是人类共同遗产，对后代负有义务，人类共享生物样本数据库的受益。

（三）生物样本数据库建立和运行中若干关系的伦理问题

1. 与捐赠者关系

（1）捐赠的自愿

应积极让潜在的捐赠者知情、理解，使之能自愿捐献其样本。生物样本数据库的自主性、知情同意与临床或研究情境下的自主性、知情同意应有所不同，例如个体捐赠者不能控制他们已经捐赠出的材料和资源；捐赠者拥有未经他同意其样本不进入生物样本数据库内的"消极权利"，而没有按照他的意愿来运作生物样本数据库的"积极权利"。[1]

同意的形式参见本书第 16 章。

建立生物样本数据库，不宜采取经典的和层列式的知情同意程序，而应该在广泛宣传教育基础上采取广同意加知情后可选择不参加（简称"opt-out"）进路。

（2）数据和信息的保密与安全

个人信息是指标有个人身份的信息，这是我们要保护的。唯有保护捐赠者的个人信息，潜在的捐赠者才会信任我们，才会积极参加大规模生物样本数据库的建立和维持工作。要以安全的办法存储样本、数据和其他相关信息。存储方法有：

①无身份标识的（unidentified）或匿名的（anonymous）方法，这是指生物材料最初收集的时候就没有身份识别符且不能联系到它们的来源；

②无法连接的（unlinked）或匿名化的（anonymized）方法，这是指生物材料原先可以识别，但是已经去除了所有身份识别符且不能再联系到它们的来源；

③可追踪的（traceable）或编码的（coded）的方法，指研究人员在进行研究时不能识别提供生物材料的人的身份，其身份信息用无关的代号表示，但是能通过其编码联系到它们的来源，只有研究负责人或主管者掌握将代号或密码与捐赠者身份联系起来的密钥（key），而且必须制定相应解码规定；

④有身份标识的（identified）的方法，研究人员可得到生物材料的身份识别符，如姓名、地址、电话号码等。

不同的存储方法各有优缺点，前两种存储方法保密性好，然而如果研究结果能使样本捐赠者健康受益，但研究者找不到捐赠者了。最后一种方法保密性最差。如果研究与样本捐赠者不需要再发生关系，则可以采取前两种方法，否则还是采取编码方法为好，它在为捐赠者保密与使他们健康受益之间取得平衡。

---

〔1〕　积极权利要求他人提供产品或服务，消极权利仅要求他人不干预他的行动。

2. 与使用者的关系

（1）数据的可及

生物材料数据库的建立是为了研究新的更为安全有效的诊断、治疗和预防疾病和增进健康的方法，因此只有参与此类研究的科学家、医生或其他研究人员才有权使用。必须制定库内样本和数据使用的规则，使用者和生物样本数据库管理者都必须遵守该规则。无权使用者或样本和数据不应该或不可提供给的人员包括：

①非为研究目的的第三方、保险公司、雇主、亲戚、律师、政党、媒体；

②执法人员、政府部门、警察、情报人员、军事人员；

如果存在特殊情况，必须有法律规定和法院授权。

（2）数据共享

保存在一个机构、地区、国家的生物样本数据库的信息不仅在本机构、本地区、本国内，而且在机构之间、地区之间、国家之间更有效和更广泛地流动，它能够促进本国人民和全人类的公共利益。数据共享要求库方与共享方之间必经签订条约。就国家之间而言，在这方面，本国的利益与人类的利益是相互和彼此依赖的。国际之间应就生物材料样本和数据共享问题签订条约。任何阻碍信息自由流动的意识形态和实际的障碍都应当消除。

3. 与社会的关系

（1）所捐赠的样本是给社会的礼物

所有捐赠者要认识到我们所捐赠的自己的生物材料、数据和相关信息不是我们个人的财产，也不是可以买卖的商品，而是向社会贡献的礼物。

一个客体或物件作为财产必须具有以下特征：

①可传递性（transmissibility）：可传给持有者的继承人或后嗣，如此无限期下去；

②被执行责任（liability to execution）：按法律判决，拥有的客体可因处理债务或破产被取走；

③余产被取（residuarity）：客体如果不再为所有者拥有时可被他人拥有。

因此，一个人的生物学材料（基因、细胞、组织、器官）不是他可以任意处置（包括买卖）的私有财产。

一个客体或物件是商品必须具有以下性质：

①可让与性（alienability）：可出售、抵押、出租、放弃或毁坏；

②可互换性（fungibility）：可在市场上交换，而所有者不丧失价值；

③可通约性（commensurability）：可根据共同的尺度（货币）将客体的价值分等级。

因此，人体生物学材料（基因、细胞、组织、器官）不是商品，不能作为商品在市场上买卖。将人体生物学材料视为财产和商品在伦理学上是错误的，这样做有损人的尊严，并可导致严重负面后果。应该将人体生物学材料视为礼物，捐赠给无名的陌生人或使之成为社会公共品的一部分。这种行动有助于促进互助团结，有利于建立以人为本的和谐社会。

（2）生物样本和数据库的管理者是样本的看管者

生物样本数据库的管理者，是代表社会看管无数个人捐赠或提供给社会的样本或数据的"管家"，他们不是这些样本或数据的拥有者，无权自行处理它们，无权将它们随意赠送或出售给他人。管理生物样本和数据库应该建立一个代表社会的指导委员会或董事会，由指导委员会或董事会来决定管理这些样本和数据的政策和办法，而样本和数据库的管理者仅是这些政策和办法的执行者，同时还需要建立一个监事会来监督董事会决策以及管理者的执行决策的情况。

第7节　精准医学伦理学

一、精准医学的概念

最早提出"精准医学"（precision medicine）术语的是美国医学研究院的专家[1, 2]。2011 年 11 月 2 日，美国国家研究理事会[3]发布了《朝向精准医学：建立生物医学研究的知识网络和新的疾病分类学》[4]的研究报告，该报告提出这样的理论：从个体的分子和细胞水平，而不是从症状水平来理解个人的疾病及其倾向性和致病过程，从而为个体定制适合于他的预防、诊断和治疗方法。该报告建议建立疾病的知识网络，从而发展更为精准的分子水平的疾病分类学。建立新的数据网络，将疾病分子结构水平上的研究成果与个体患者的临床数据整合起来，以促进全球的公共卫生和医疗服务。这份研究报告是美国精准医学计划的基础。

（一）精准医学的定义

精准医学是指，通过研究基因组、环境和生活方式在个体健康和疾病中的作用（含相互作用），为研发适合于个体预防、诊断和治疗的方法。之所以提出精准医学概念，是因为目前的医学是不精准的。目前，大多数医疗是为"平均患者"设计的，好比给所有人缝制均码的衣服。例如，在现今的临床试验中，如果一个新药在随机对照试验中产生的阳性结果（对参与试验的健康人或患者是安全和有效的）在统计学上是显著的，这个结果打破了均势，这说明新药通过了临床试验的检验，被证明是安全和有效的，然而统计上有显著意义并不代表对试验组的患者百分之百有效。例如，在一项或若干项临床试验中，该新药对 80% 试验组患者有效，而原有药物或安慰剂仅对 20% 对照组的患者有效，这在统计

〔1〕　美国医学研究院（Institute of Medicine）是专门提供有关医学政策和发展战略的研究报告，2015 年改名为美国医学科学院。

〔2〕　该报告得到美国科学院和美国国立卫生研究院的资助，合同 / 资助项目号码为 No. N01-0D-4-2139.

〔3〕　美国国家研究理事会（National Research Council）是美国科学院、美国工程科学院和美国医学科学院的研究机构。

〔4〕　Committee on a Framework for Development a New Taxonomy of Disease, National Research Council. Toward precision medicine: building a knowledge network for biomedical research and a new taxonomy of disease [R]. Washington: The National Academies Press, 2011.

学上有显著的差异，这就可证明该新药是安全和有效的。可是，当这个新药经药监局批准用于临床，医生遇到一个具有医学适应证的患者，他不知道这位患者是属于对新药敏感的80% 的群体内，还是对新药不敏感、无反应，甚至有副作用的 20% 群体内。这种不精确治疗的结果是，有不少患者得不到有效的治疗和预防，浪费了大量资源。据美国统计，常见疾病处方药的疗效率为 50%～60%，癌症的疗效率仅为 20%；不良反应造成每年 77 万例患者的损伤或死亡。[1] 精准医学就是要改变这种情况。精准医学研究个体在基因、环境、生活方式方面存在的差异，从基因角度使医生更好地理解患者疾病或症状形成的复杂机制，并更好地预测哪些治疗是更为有效的新兴医疗手段。例如，目前对有些癌症患者进行分子检测，减少了药物不良作用，提高了患者的存活率。[2]

（二）精准医学与个性化医学

精准医学与以前提出的个性化医学（personalized medicine）二者在概念上是重叠的。美国国家研究理事会在解释精准医学与个性化医学的区别时指出，精准医学是指医学治疗切合每一个患者的个体特征。个性化医学也有这类意思，但有时被误解为给每一个患者设计独一无二的疗法，个性化医学有可能被误解为治疗和预防的研发仅仅为每一个个人。

二、精准医学中的伦理问题

（一）成本 - 效益比评价

一个政府如何更好地分配和利用公共资金，这既是一个经济学问题，也是一个伦理学问题。在确定公共资源配置的优先次序方面，首先出现的是成本效益分析法，要求以货币为单位计算成本和效益，这种方法用于预防和控制疾病可能导致政府采取糟糕的政策。因为公共政策应该追求公共卫生目标，如挽救生命、预防疾病和失能，而不是单纯的成本效益。一些卫生政策专家提出成本效果分析法（cost-effectiveness analysis，CEA），该方法集中评价与健康有关的结局及其与成本的比。[3] 效果包括：公共资源投入后挽救的生命数目、挽救的生命年、无疾病存活的时限（如癌症治疗后）、死亡率减少数或急性病周期减

〔1〕 VOGENBERG F R, BARASH C I, PURSEL M, et al. Personalized medicine part 2: ethical, legal and regulatory issues [J]. Pharmacology & Therapeutics, 2010, 35 (11): 624.

〔2〕 KLUGMAN C. Precision medicine has imprecise ethics [EB/OL]. Bioethics Net. (2015-02-18) [2018-03-31]. http://www.bioethics.net/2015/02/precision-medicine-has-imprecise-ethics/;
NIH U. S. National Library of Medicine, Genetic Home Reference. Help Me Understand Genetics Precision Medicine [EB/OL]. (2019-08-06) [2019-08-14]. https://ghr.nlm.nih.gov/primer/precisionmedicine;
TIMMERMAN L. What's in a name? a lot, when it comes to "precision medicine" [EB/OL]. Exome, Xconomy. (2013-02-04) [2019-08-14]. http://www.xconomy.com/national/2013/02/04/whats-in-a-name-a-lot-when-it-comes-to-precision-medicine/

〔3〕 世界卫生组织为此发布了《WHO 成本效益分析指南》，见：World Health Organization. Guide to cost effectiveness analysis [M/OL]. Geneva: World Health Organization, 2003 [2019-08-14]. http://www.who.int/choice/publications/p_2003_generalised_cea.pdf.

少数。那么现在拿数亿纳税人的钱投入精准医学，是否真能达到减轻更多社会疾病负担的效果呢？会不会产生大数据中拿模式当实际的问题？如何恰当地把握基因、环境、生活方式在疾病中的相对作用？精准医学的成本效果（延长健康的生命年）比究竟如何？会不会造成过度医疗？至今我国基本医疗的实际覆盖面较差，报销比例低，初级医疗投入严重不足，对精确医学的投入与对初级医疗的投入，二者之间哪一个有更佳的成本-效益比？这些都是我们需要关注的问题。

（二）有利的风险受益比

精准医学研究计划是包含多个研究项目的复合性研究，可能会包括以下几个部分：作为基础研究和临床研究一部分的全基因组测序和药理基因组学检测研究；大样本的队列研究；开发精准化预防、诊断和治疗方法的研究。相应的研究参与者：①接受基因测序和药理基因组学检测者（简称受检者）；②参加队列研究的样本数据捐赠者（他们已被确认为研究参与者或受试者）[1]；③参加新研发的精准化预防、诊断、治疗方法临床试验或研究的健康人或患者。这三类人在参与研究过程中会遇到什么风险，有什么受益，风险受益比是否可接受，这些都需要认真评价。对队列研究的参与者来说，因队列研究不是干预性研究，仅提供自己的生物样本、数据和相关信息，可能受到的风险和受益都比较小，仅有最低程度风险，其主要风险可能是信息风险（例如，参与者基因有缺陷的信息传播出去，他可能会受到歧视）。对于不同类型的精准医学参与者，参与者本人可能不受益，仅为社会做贡献，研究对参与者对本人是低风险、低受益，但社会受益大。对于接受基因组测序或药物基因组检测的受检者来说，他们可能受益，因为受检者了解了自己的基因组状况后，正常者可感到放心，异常者可早日采取措施，防止疾病发生（如受测妇女发现有致乳腺癌和卵巢癌的突变基因，可早日采取措施摘除这些器官，也可定期监测，密切关注病情进展），受检者本身风险并不大，主要是信息风险及其带来的其他风险，如保险公司对受保人可能有歧视。对参加新研发的精确化预防、诊断、治疗方法临床试验或研究的健康人或患者，其可能的风险和受益都比较大，研究人员需要严格鉴定风险，评估风险受益比，并将参与者可能受到的风险最小化，受益最大化。[2]

（三）有效的知情同意

有效的知情同意和独立的伦理审查是维护研究参与者权益的两根支柱。有效的知情同意要求向患者、受检者、样本捐赠者提供全面、准确和为他们做决定所必需的信

---

〔1〕 英文为 research participant（以强调他们与研究人员一样平等地为研究做出贡献）和 subject。

〔2〕 NICOL D, BUBELA T, CHALMERS D, et al. Precision medicine: drowning in a regulatory soup? [J]. The Journal of Law and the Biosciences, 2016, 3 (2): 281-303; VOGENBERG F R, BARASH C I, PURSEL M, et al. Personalized medicine part 2: ethical, legal and regulatory issues [J]. Pharmacology & Therapeutics, 2010, 35 (11): 624.

息，帮助他们真正理解所提供的信息，他们在做出同意的决定时是完全自愿的、自由的，没有强迫和不正当的引诱。知情同意是一个过程，个人通过这个过程了解。医疗干预措施或参与研究相关信息后，自愿表达其同意参加的意愿。对于精准医学受试者和患者，我们认为必须遵守经典的知情同意程序，其过程包括信息的提供、信息的理解以及自由的同意，并以获得参与者在同意书的签字为终点。基因组测序和药理基因组学检测均应遵守经典的知情同意的程序，因为基因组测序之后要提供遗传咨询。对于参加队列研究的生物样本、数据或其他信息的捐赠者或提供者，根据以往建立生物样本数据库（biobanks）的经验，不宜采取经典的知情同意程序，而应该在广泛宣传教育的基础上采取广同意加 opt-out 的进路。这一进路符合知情同意原则，又可以简化研究过程，有利于大样本的研究队列数据库的建立。

（四）独立的伦理审查

精准医学研究计划与寻常的临床试验相比，至少有两点不同：其一，这一空前宏伟的研究计划将涉及许多的科研单位和医疗单位以及广大地区；其二，精准医学研究是一种转化医学，从实验室的板凳（bench）一直延伸到患者的床边（bedside），即"一条龙"式的研究，这种研究将整合基础研究、临床前研究、临床研究、实施性研究（implementation research）[1]。

由于这些特点，普通的伦理审查也许就不能满足要求了：第一，由于精准医学的研究将会有众多的不同部门和地区的单位参加，不能依靠原有的机构伦理审查委员会逐一审查研究方案，一是他们可能缺乏所需的专业知识，二是效率低下，影响研究进度，因而需要成立一个专门的伦理审查委员会去审查研究方案。第二，目前我国的机构伦理审查委员会多数是在研究开始前审查研究方案，这种情况被称为"先验审查"，如果不发生不良事件，基本上对研究过程再也不监督审查了。研究结束后，如果试验药物安全可靠，如何使参加试验的患者，尤其是参加对照组的患者能够合理得到这些药物，也许有些机构伦理委员会比较关心。但在精准医学研究中，由于采用了转化医学研究方法，某个层次的伦理审查委员会可能要进入研究空间（research space），审查研究的效度（validity）。例如目前的机构伦理审查委员会不审查动物实验的效度，结果使一些动物实验效度不高的试验药物进入临床试验，其安全性和有效性均不理想，浪费了资源，影响了研究进程。因此，在精准医学中，伦理审查委员会应该审查动物实验的效度，在实施性研究中会发现其中有些活动会使研究与非研究之间的界限变得模糊，某些研究会提出受试者是谁，是否需要受试者知情同意，是否需要伦理委员会批准等以前没有遇到过的问题。

---

[1]　实施性研究是对实施相关问题开展的科学研究。实施性研究可促进临床试验成果系统地应用于常规临床实践，它是现实世界中的研究，研究情境、医生行为对有效应用临床试验成果的影响，以及消除临床试验成果推广应用障碍的方法。

（五）隐私保护与数据共享

保护捐赠者和提供生物样本及数据者的个人隐私，需要做好以下四件事：

其一，要以安全的办法存储样本、数据和其他相关信息。

其二，要控制对这些存储的样本和数据的可及，要规定谁能接近、获得这些样本和数据，谁不能，例如，必须防止保险公司、雇主和其他无关第三方接触样本和数据，以免对捐赠者造成社会风险（如歧视）。

其三，对于已经去除身份标识的样本或数据，如要恢复身份标识，必须规定严格的条件。

其四，一旦发生泄密事件，要采取紧急处置办法，如及时上报，报告捐赠者本人（如果不是匿名或匿名化的生物样本），并及时采取补救措施。

我们必须在保护个人隐私与广泛共享数据之间保持平衡。生物样本和数据的收集和存储的目的是应用。精准医学研究依赖大数据技术；整合不同单位、不同来源的数据，包括与以前建立的生物样本数据库的整合和共享；建立互用、共享的制度。

（六）研究成果的公平可及

高新生物技术发展的最大问题之一是其研究成果的公平可及问题。从纳税人缴纳的税款中支出大量经费用于开发高新生物技术，其成果却仅由一小部分富人享有，广大老百姓却因缺乏购买力而被拒之门外。1997 年美国科幻电影《千钧一发》（GATTACA）形象展示了人类基因工程在人群之中产生的基因鸿沟（genetic divide），即一部分人经过优生基因工程改良，成为各方面完美的人，而另一部分则未经基因工程改良，只能从事低等工作，基因工程技术导致人类不平等、不公正。现在将反对人类基因工程造成人类不平等的论证称为著名的 Gattaca 论证，而基因鸿沟也被意义更宽泛的技术鸿沟（technological divide）替代。那么，精准医学研究会不会形成类似的技术鸿沟，加剧原已存在的社会不公正？即使现在全基因组测序费用已经降到 1000 美元，对于许多中国老百姓仍是一笔不小的花费。除了这笔测序费用，还有其他许多费用，如精准化的预防、诊断和治疗费用。有多少老百姓能付得起近万到数万元的精准医疗费用？在我国基本医疗保险水平很低的情况下，如果精准医学费用自付，将造成严重的健康不公平和社会不公正，如果悉数纳入基本医疗，将使本来不充裕的保险金入不敷出。这将是我们面临的一大道德难题。

此外还要防止以基因为基础的歧视，妥善处理利益攸关者的伙伴关系，鼓励公众参与决策，对所有拟参与精准医学计划的企业都要建立准入、管理和监督制度，对直接向顾客提供基因检测服务的机构也要建立准入、管理和监督制度、对生产精准化预防、诊断和治疗产品的企业实行优惠政策等问题，均需我们今后进一步探讨。[1]

---

〔1〕 邱仁宗，翟晓梅. 精准医学时代或面临的五大伦理挑战［N］. 健康报，2016-12-23（005）.

第 8 节　人 - 动物混合体研究伦理

🔍 案例 27-4：人 - 动物混合体研究

> 　　2003 年 8 月，中国《细胞研究》发表了上海第二医科大学盛慧珍教授的一篇论文[2]，盛慧珍教授成功地将人类皮肤细胞核转移到新西兰兔子的去核卵内，创造了 400 个人 - 动物胚胎，即杂合体胚胎，其中 100 个存活若干天。盛慧珍教授说她不想将这些胚胎植入人类妇女子宫内，而是要生成胚胎干细胞进行研究。这种胚胎在实验室发育了几天，然后盛慧珍教授毁掉了获得的干细胞。在论文发表前，盛慧珍教授曾给美国《科学》《美国科学院院报》等国际著名学术杂志投稿，但被拒稿。理由除了他们不相信中国科学家能够做出这类先驱性工作外，更重要的是认为盛慧珍教授的工作超越了伦理底线，如跨越人与其他动物的物种界线，有损人类尊严等。这种理由在伦理学上能够站得住脚吗？[3] 2007 年 7 月，国内外媒体广泛报道了美国内华达大学科学家赞加尼（Esmail Zanjiani）教授的工作[4]，他成功地创造了一只含 15% 人类细胞的绵羊，即绵羊 - 人嵌合体。这是否也跨越了物种界线，有损人类尊严？

一、人 - 动物混合体的研究进展

　　进入 21 世纪以来，干细胞研究进展神速，各种各样的发现、发明层出不穷。创造人与非人动物的混合机体（下面简称人 - 动物混合体[4]）就是其中重要的科学发明之一。人与动物混合体本是人们在神话传说中的幻想，存在于各个文明之中，例如埃及的狮身人面，希腊的人头马，中国古代传说中的女娲和伏羲也是这种混合体。但在 21 世纪，人 - 动物混合体已经成为科学的事实。2002 年美国斯坦福大学科学家魏斯曼（Irving Weissman）创造了一只脑中含 1% 人类神经细胞的嵌合体小鼠。2003 年我国科学家盛惠珍创造了数百个由人的细胞核与兔子的细胞质混合成的杂合体胚胎。2007 年美国科学家赞加尼创造了一只体内有 15% 人类细胞的嵌合体绵羊。2008 年英国科学家阿姆斯特朗（Lyle

〔1〕　CHEN Y, HE Z X, LIU A, et al. Embryonic stem cells generated by nuclear transfer of human somatic nuclei into rabbit oocytes [J]. Cell Research, 2003, 13 (4): 251-263.

〔2〕　赵寿元. 遗传学研究中的伦理学问题［C］// 中国优生优育协会科研学术交流委员会，中国优生优育基因科学专家指导中心：中国优生优育协会第四届全国学术论文报告会暨基因科学高峰论坛论文专辑. 上海：复旦大学，2008：4.

〔3〕　JOSEPH C, ZANJANI E. Now scientists create a sheep that's 15% human [N/OL], Daily Mirror, 2007-03-27 [2019-08-14]. https://www.dailymail.co.uk/news/article-444436/Now-scientists-create-sheep-thats-15-human. html.

〔4〕　由于人也是动物，因此确切地说，应该是人与非人动物混合体。但为行文方便，本文简称人与动物混合体。本文将以人与动物混合体泛指所有形态的人与动物之间的混合体，
　　　而用动物 - 人混合体指以动物为主的动物与人之间的混合体，人 - 动物混合体指以人为主的人与动物之间的混合体。

Armstrong）创造了由人的细胞核与母牛的细胞质混合成的杂合体胚胎。这些创造在科学界、哲学界、伦理学界以及科技管理界引起激烈的争论。拿盛惠珍教授创造的人 - 兔杂合体胚胎来说，当她向国外著名杂志投稿时，编辑认为盛教授的工作不合伦理，跨越了物种之间的界线，尤其是人与其他动物物种之间的界线，因此加以拒绝。在国内也有学者认为这有损人类尊严，认为她违反了卫生部发布的《人类辅助生殖技术伦理原则和技术规范》（2003 年）以及科学技术部和卫生部发布的《人胚胎干细胞研究伦理指导原则》（2003年），二者均禁止人与动物的混合。进入 21 世纪以来，大量文献讨论人 - 动物混合体引起的哲学、伦理学、法学、社会学、管理方面的问题。许多学者质疑，创造人 - 动物混合体违反了自然规则，扰乱了原本的自然秩序，破坏了物种原有的整体性，跨越了物种原有的界线，例如美国总统生命伦理学委员会[1]和英国道德哲学家米奇莉（Mary Midgely）[2]认为，创造人与动物混合体违反了自然界的功能秩序，违反了人类的本性或人性，有损人类的尊严，违反了已有的法律、条例、准则中有关禁止将人与动物混合的规定，但也有不少学者反对上述种种论证，他们强调创造人与动物混合体在科学研究上的重要意义，例如人与动物混合体研究有助于研究干细胞的分化和调控机制，有利于建立研究人类疾病发生机制和试验新药的动物模型，它还有可能为未来异种移植（在人体内移植动物器官）开辟道路。关于创造出的人与动物混合体究竟是什么样的实体，它们具有何种身份，专家们也莫衷一是。有意思的是，2016 年 8 月美国国立卫生研究院公布了一项新政策，允许科学家获得联邦资金，可以在某些受到严格监督的条件下培育"嵌合体"胚胎。[3]

二、人 - 动物混合体的概念

当我们谈论人与动物混合体时，我们指的是各种形式的人与动物的杂合体和嵌合体。但杂合体和嵌合体不仅存在于人与动物之间，也存在于人与人之间或动物与动物之间。我们研究人 - 动物混合体，（包含各种杂合体和嵌合体）的伦理问题。

（一）杂合体

杂合体（hybrid）是由不同物种的配子结合成的机体，其每一个细胞核内都有两个物种的遗传物质。骡子就是驴与马的杂合体，是公驴的精子和母马的卵结合的产物。如果将人的配子与动物的配子产生的胚胎或机体，就是人与动物的杂合体，这种杂合体的每一个细胞核内都有人和动物两个物种的遗传物质。上述杂合体称为真性杂合体（true hybrid）。而盛慧珍教授所做的工作是将人的体细胞核转移到去核的动物卵内形成胚胎，这种胚胎也是每个细胞含有两个物种的遗传物质，但其细胞核内只有一个物种的遗传物质，而细胞质的

〔1〕　US President's Council on Bioethics. Beyond therapy: biotechnology and the pursuit of happiness [R/OL]. Washington: US President's Council on Bioethics, 2003. [2019-08-14]. https://biotech.law.lsu.edu/research/pbc/reports/beyondtherapy/beyond_therapy_final_report_pcbe.pdf.

〔2〕　MIDGLEY M. Science and poetry [M]. London: Routledge, 2000.

〔3〕　卡丽耶·沃利内茨. 美国政府拟开禁，容许半人半兽器官移植［N］. 参考消息，2016-08-06.

线粒体内有另一个物种的遗传物质，在盛慧珍教授所创造的杂合体胚胎内，细胞核的遗传物质是人的，而细胞质线粒体内的遗传物质是兔子的。这种杂合体被称为细胞质杂合体（cybrid）。也有可能将动物的体细胞核转移到人的去核卵内形成另一种细胞质杂合体，目前未见有人报道。我们可以用人 - 动物细胞质杂合体或人 - 动物混合体来指盛慧珍教授所创造的混合体，而将后一种称为动物 - 人细胞质杂合体或动物 - 人混合体。

（二）嵌合体

嵌合体的英语 chimera（喀迈拉）一词来源于希腊文，原意是 she-goat（母山羊），意指神话中兼有狮子头、山羊身和蛇尾的能够喷火的雌性怪物。荷马在公元前 9 世纪的《伊利奥德》史诗中提到 Chimera 是巨人 Typhoon 与半女半蛇 Echidna 所生，她的前身是狮子，后身是蛇，中间是山羊，鼻子喷火。神话中的嵌合体还有：Centaur（半人半马），Gorgon 或 Medusa（蛇发女怪），Geryon（三体有翼怪物），Harpy（身为女人，翅膀、尾巴、爪为鸟的怪物），Sphynx（狮身人头），Griffin（狮身鹫首），Siren（女人身鸟首），Mermaid（美人鱼），Satyr（人头羊，有山羊腿的人），Minotaur（半人半牛），Echidna（半女半蛇）等。但现在嵌合体一般都用 chimera 一词概括，古埃及、古印度、古中国的神话、小说中都有想象的嵌合体，在一些文学名著中也有嵌合体人物出现，如莎士比亚的《暴风雨》，威尔斯的《拦截人魔岛》等，尤其是中国的古典小说《西游记》充满了栩栩如生的人 - 动物嵌合体。

嵌合体是由两个同种的受精卵发育而来的细胞或由两个不同物种的细胞组成的机体，也就是说，在嵌合体内，有两类细胞或组织，一类细胞和组织来自某一受精卵或某一物种，另一类细胞和组织则来自另一个受精卵或另一物种。在人和动物中，可产生自然的嵌合体。在早期胚胎阶段，两个受精卵有可能融合，融合后的胚胎由两个受精卵的遗传物质组成，即由 2 个卵和 2 个精子的染色体组成。生出的嵌合体可能肝有一组染色体，肾有另一组染色体，可有两群红细胞，来源于不同的受精卵，形成"马赛克"机体。两个融合的受精卵往往是异性，既有卵巢又有精囊，形成真性雌雄同体，2003 年全球报告有 40 例。[1]

三、反对和支持人 - 动物混合体研究的伦理论证

（一）反对人 - 动物混合体研究的论证

反对人 - 动物混合体研究可有如下论证：

1. 厌恶

一些人根据人们一看到杂合体或嵌合体就会产生厌恶的情感反对进行这方面的研究。美国总统生命伦理学委员会前主席里昂·卡斯（Leon Kass）[2] 说，"厌恶是深刻智慧的情感

---

〔1〕 BRÜSTLE O, CHOUDHARY K, KARRAM K, et al. Chimeric brains generated by intraventricular transplantation of fetal human brain cells into embryonic rats [J]. Nature Biotechnology, 1998, 16 (11): 1040-1044.

〔2〕 KASS L R. The wisdom of repugnance: why we should ban the cloning of humans [J]. Valparaiso University law review, 1998, 32 (2): 679-705.

表达，超越能完全表达的理性力量。"

2. 违反禁忌

禁忌是指犯忌讳的话或行动。人 - 动物混合体研究违反传统文化禁忌。禁忌（taboos）是源自不同历史和文化情境的社会习俗，随情境改变而改变。禁止食人、乱伦、兽交等禁忌流传下来，但族外婚姻、同性恋等禁忌已取消。19 世纪输血、堕胎都是禁忌。现有的禁忌不能成为禁止某项技术的理性伦理根据。

3. 不自然

一些人指出，杂合体和嵌合体"不自然"，不自然（unnaturalness）可能意指违反既定的自然秩序，因而反对进行研究。但现存的自然秩序也可能改变，并且我们这个世界充满不自然的东西。"不自然"的论证将生物学事实与伦理规范混为一谈，不能说明哪些对自然的干预是伦理上可接受的，哪些则不能接受。

4. 破坏物种整体性

一些人认为，杂合体和嵌合体破坏了物种整体性，不应该允许研究。物种概念本身并不是清晰的，其界限也不固定，而且物种也是演化的。人创造出了骡子，也是"破坏物种整体性"，但满足了当时社会的需要，并没有产生任何负面后果，也被人们广泛接受。[1]

5. 道德滑坡

允许进行杂合体和嵌合体研究会形成道德滑坡，滑向理应禁止的做法，例如克隆人、将人与动物杂交等。首先，像克隆人和人与动物杂交等理应禁止的做法与其他理应允许的做法之间本身可以在概念上和实践上加以区分，不一定导致滑坡。

6. 违反人类尊严

最重要的反对论证是认为杂合体和嵌合体的研究违反了人的尊严。与前面论证禁止一切人 - 动物混合体研究不同，尊严论证则限于：在涉及将人脑或神经干细胞转移入早期非人胚胎时，转移的细胞量应限于达到科学可靠结论所需的最小量，以避免嵌合体发育出与人类尊严相关的能力和特征；选择发育早期囊胚嵌合体的宿主动物不应与人在形态和功能上过于接近，以免发育出具有认知能力的脑。这些论证本身并未反对混合体研究，只是为这类研究设定界限。

（二）支持人 - 动物混合体研究的伦理论证

支持人 - 动物混合体研究的论证，集中于以下的人 - 动物混合体研究的行动：将人的体细胞核转移到动物去核的卵内产生人 - 动物（以人为主）细胞质杂合体；将人的基因或细胞转移到动物胚胎内产生动物 - 人的嵌合体。

---

〔1〕 STREIFFER R. In defense of the moral relevance of species boundaries [J]. American Journal of Bioethics, 2003, 3 (3): 37-38.

CHAKRABARTY A M. Crossing species boundaries and making Human-Nonhuman Hybrids: moral and legal ramifications [J]. American Journal of Bioethics, 2003, 3 (3): 20-21.

ROLLIN B E. Ethics and species integrity [J]. American Journal of Bioethics, 2003, 3 (3): 15-17.

Thompson P B. Crossing species boundaries is even more controversial than you think [J]. American Journal of Bioethics, 2003, 3 (3): 14-15.

1. 风险受益比

异种移植研究有可能给千百万人带来巨大健康受益。其结果是产生一个人 - 动物混合体，即在人体内有一个动物的器官，但这种直接的异种移植多半是不成功的，或者因为物种差异，产生急性排斥，移植到体内的动物器官迅速遭到破坏。另一种可能的风险是跨物种感染，即人作为受体感染动物供体的病原体，例如猪体内有两三种逆转录病毒（HIV 就是一种逆转录病毒）。这不仅对接受动物的个体，而且对这个个体周围的人群，乃至整个社会产生健康威胁。那么现在可采取两种办法来消除急性排斥和跨物种感染的风险：一是设法敲除（例如利用基因编辑）动物的一些基因，使之移植入人体内部不引起排斥反应。如果成功地将动物器官移植到人体内，就会产生一个人 - 动物混合体。另一个办法是设法将人的干细胞移植到动物胚胎或动物体内，使之长出一个人化的器官，这个动物就是一个动物 - 人混合体，即以动物为主的嵌合体。如果获得成功，就能挽救千千万万器官衰竭但又得不到器官供应的患者的生命，这难道不是一件天大的好事！

利用动物 - 人嵌合体来建立人类疾病的动物模型，大大有益于人类疾病的病因、发病机制以及药物检测的研究。单纯的动物模型有助于研究动物疾病的病因、发病机制以及对治疗动物疾病的药物检测，但不一定适合于人。如果我们将人的癌症基因转移到动物体内，就可以在动物体内观察人的癌症是如何发生、发展的，以及研发的药物对治疗人的癌症是否有效。同样地，如果将人类神经祖细胞（干细胞在变成脑细胞前最初发育阶段）注射入动物脑内，就可研究帕金森病和阿尔茨海默病的发生、发展过程及其治疗药物的有效性。

2. 尊重和公平

有关尊重人和公平对待人的义务问题，在目前研究阶段尚未出现。如上所述，唯有在要进行临床试验或临床研究时才出现对人的尊重和公平问题。届时对参与临床试验或研究的受试者要认真履行知情同意的伦理要求，要公平对待受试者。更大的公平问题将会在临床应用时出现，人与动物混合体研究的成果是否能为广大普通患者公平地享有？还是仅为少数有钱人享有？

因此，支持人与动物混合体研究的伦理论证是充分的，但应该有条件地开展嵌合体研究：

（1）动物 - 人嵌合体研究应该在动物 - 动物嵌合体研究基础上进行；

（2）研究动物 - 人嵌合体时，应选择与人的物种关系较远的物种进行，而不要选择与人的亲缘关系太近的物种；

（3）注入动物胚胎或胎儿的人类基因或干细胞尽可能要少；

（4）一旦有迹象表明对嵌合体或周围生物体出现严重伤害，应中止这类研究；

（5）目前不适宜进行将动物干细胞注入人胚胎的嵌合体研究，即人 - 动物嵌合体研究，因为一方面目前科学上没有这种必要，另一方面，这样做可能会对人的胚胎造成伤害[1]。

---

〔1〕 请注意：这里不是指类似将动物细胞、组织、器官移植到人体内的研究。这方面的研究和应用应该另有准则或条例来规范我们的行动。本节参考文献还有：邱仁宗. 杂合体和嵌合体研究：应该允许还是应该禁止？——生命科学前沿中的伦理问题 [N]. 文汇报，2007-10-14.

第9节　人类微生物群基因组研究和应用伦理

一、微生物群和微生物群基因组概念

　　首先我们要区分微生物群（或菌群，microbiota）和微生物群基因组（microbiome）这两个科学术语。微生物群是指人类胃肠道内的微生物，包括细菌、病毒和真菌等。微生物群整体的基因结构，包括细菌、真核生物、古细菌和病毒的基因结构。而且人类粪便微生物群基因组还包含原生动物、蠕虫和真菌等的 DNA。人类肠道微生物群包含居住在胃肠道的细菌、古细菌、原生动物、蠕虫肠虫和真菌，其数量 10 倍于整个人体细胞数，而病毒数至少比细菌多 10 倍。人类每一个个体的肠道（粪便）微生物群的基因组（包括细菌、古细菌、病毒的成分）中的基因数是人类基因组的基因数的10 倍。

　　人类肠道微生物群与它的宿主（人）处于共生关系之中。各类微生物为人体提供维持肠道功能所需的物质，它通过与病原体争夺营养物质为机体提供保护，它还可增加肠道吸收食物中营养成分的能力。而人体为微生物群提供温暖的、富含营养的环境，从而建立了一个相对稳定的生态系统。微生物群的组成或多样性发生紊乱与许多种疾病相关联，例如肥胖、2 型糖尿病、肠易激综合征、结肠癌、代谢综合征、自闭症、肝病以及炎症性肠病等。因此，对微生物群与人体功能关系的研究，对微生物群基因组与人类基因组相互作用的研究，以及将这些研究成果应用于临床，对于精准医学具有重要意义。

二、人类微生物群基因组研究计划及其伦理问题

（一）人类微生物群基因组研究计划

　　2008 年，科学家开始着手研究人类微生物群基因组，美国国立卫生研究院启动了人类微生物群基因组的研究计划（Human Microbiome Project，HMP）。研究的第一阶段是取样，从 250 位健康成人 5 个身体部位收集样本：口腔、皮肤、鼻腔、胃肠道以及阴道，包括女性 18 个子部位和男性的 15 个子部位，也收集外周血，进行人 DNA 测序，将受试者血清存库，以评价受试者对微生物群可能的免疫反应。每一位受试者在第一年内至少提供一组标本，在最初取样后的 12 个月内要对其中至少一半人进行随访，继续对其身体各部位进行取样。要对其中至少 10 位受试者进行身体各部位广泛性和侵入性的取样。要对所有微生物的 DNA 序列进行编码，将其放入公开可及的数据库内。对收集的临床信息也要进行编码，储存于可及的数据库内，以便今后进行分析。个体的人类 DNA 数据将置入可及的数据库内。总体数据将放入公开的数据库内。

（二）人类微生物群基因组研究的伦理问题

1. 知情同意

由于我们掌握的人类微生物群基因组知识有限，难以鉴定和解释参与 HMP 的受试者可能的风险和受益。一开始，我们要问受试者是否愿意接受这一研究中的不确定性，这是他们参加的条件。然而，随着微生物群基因组研究的进展，我们会发现新的风险和受益，必须改变同意方式和过程以保护受试者。

2. 研究结果的告知

是否应该将研究成果告知受试者，告知多少合适，仍是一个有争议的问题。例如在 HMP 研究中发现受试者的肠道菌群与肥胖相关，因而有肥胖的风险，将这一发现告知受试者，可使受试者注意营养、生活方式和职业因素，以消除或减少肥胖和 2 型糖尿病的风险。而抗生素和化疗则可深度改变肠道菌群的组成和空间分布，影响患者健康。与患者健康有关的研究成果应该告知患者，但研究成果必须是可靠的。

3. 数据共享和隐私保护

目前计划将所有人类微生物群 DNA 置于公开可及的数据库中，这可使数据的科学效用最大化，这限制了微生物基因发现的知识产权。这一切都是建立在不能根据微生物 DNA 辨认个人身份这一假定的基础上的。但情况还在变化，例如在美国，可以根据公民身上或体内的微生物判断他去过哪些国家，这会引起美国国土安全部的注意。受试者很可能也会关注这些信息。

4. 取样的侵入性和风险最小化

在 HMP 中，一般的取样是非侵入性的，风险很小，但需要对少数受试者进行侵入性的取样（例如通过内镜取样），这时伦理审查委员会必须确保受试者的有效知情同意，将这种侵入性取样可能的风险最小化，确保研究的风险受益比是合理的。

三、粪菌移植

（一）粪菌移植的概念和历史

粪菌移植（fecal microbiota transplantation）是从健康人粪便中分离功能菌群，然后移植到患者消化道，通过重建患者肠道菌群而实现对疾病的治疗。早在我国东晋时期，葛洪在他的《肘后备急方》中记载了当时用粪清治疗食物中毒和严重腹泻，"绞粪汁，饮数合至一二升，谓之黄龙汤，陈久者佳"，"饮粪汁一升，即活"。16 世纪李时珍在《本草纲目》中记载了口服粪水治疗严重腹泻、发热、呕吐和便秘等疾病。西方关于粪菌移植的最早报道是 1958 年美国医生艾斯曼（Ben Eiseman）等用粪水灌肠治疗严重伪膜性肠炎患者。粪菌移植真正受到关注源于过去 20 年美国、加拿大以及欧洲国家难辨梭状芽孢杆菌感染（Clostridium difficile infection，CDI）的大流行和新菌株的出现，CDI 极易复发，传统抗生素治疗效果有限，促使医学界寻求一种更为彻底和创新的治疗策略来重建肠道功能菌群的平衡状态。2013 年，荷兰医学家范努德（Els van Nood）等发表了关于粪菌移植的随机对照临床研究结果，该研究 94%

试验组的患者经粪菌移植治疗后痊愈。

（二）粪菌移植的管理问题

2012年底，世界上首个非营利性粪菌库在美国建立。

2013年4月，美国FDA发布声明将人类粪便视作一种未经批准的药品进行监管，所有粪菌移植操作流程和临床试验开展前都需要获得研究性新药（investigational new drug，IND）批准。2个月后，FDA更改了立场，考虑采取自由裁量权（enforcement discretion），放松了对粪菌移植的监管。FDA对粪菌移植的监管举措立即受到临床医师、研究人员和患者团体的关注和质疑，大家对粪菌是否是药品，用作移植的粪菌是否类似移植人体内血液、骨髓等人体组织等问题产生了争议。定义的不同影响到对粪菌移植采取怎样的管理比较合适。我国2012年，南京医科大学第二附属医院建立医院粪菌库。2015年，南京医科大学第二附属医院消化医学中心和第四军医大学西京消化病医院联合提出中华粪菌库紧急救援计划。多家医院已经开展粪菌移植。

中华预防医学会微生态学分会儿科微生态学组于2016年组织制定了《儿童粪菌移植技术规范的共识》。2018年6月15日，中国内科病粪菌库官方网站正式上线。

（三）粪菌移植的伦理问题

粪菌移植在临床实践中应该严格把握适应证和限制条件，必须保证严格的知情同意程序和评估有利的风险受益比。粪菌移植位于临床试验和器官移植两个领域的交汇点，因此与之相关的伦理问题更具复杂性和挑战性。粪菌移植的伦理问题有：

1. 知情同意和患者的脆弱性

有效而充分的知情同意是临床研究和治疗的基石。患者接受粪菌移植有两种形式：临床试验或个体治疗。由于患者群体的特殊脆弱性，该治疗的性质和机制未知、缺乏长期的安全性评价、对患者情绪和行为有潜在影响等原因，理想的知情同意很难做到。作为粪菌移植治疗潜在的试验和治疗人群——炎症性肠病（inflammatory bowel disease, IBD）患者，其生命质量低下，营养状况较差，可能经历了多次效果欠佳的治疗，情绪低落，长期处于对疾病复发的担忧中，而这更增加了其患焦虑、抑郁等精神和心理疾病的风险。在我国，许多IBD患者花费大量时间和精力去看病。鉴于IBD病程的长期性和反复发作的特点，其交通、就医、住院的花费对患者来说往往是沉重的负担，因此，患者做出理性判断的能力实际是被削弱的，其自愿性往往受到压力和绝望情绪的影响，这类人群也更易受欺骗和不当引诱，并对治疗效果过度期待。基于此，医师的指导和中立、无偏倚的信息告知至关重要，医师不仅需告知其现有的风险、不良反应，以及粪菌移植尚处于探索阶段的事实，还应告知是否存在其他可选择的治疗方式。

2. 风险受益评估

分析临床试验的风险、受益是伦理审查委员会的重要职责之一。目前有报道说，一些患者在进行粪菌移植治疗后，出现短暂性腹痛、便秘、发热、C反应蛋白升高等，但并未发现显著的不良反应。其他风险包括疾病恶化、治疗中断、潜在的已知或未知微生物感染等，如最新研究表明粪菌移植会导致病毒组在供体和受体之间传播。然而，随着对肠道微生态研究的深入，粪菌移植可能会带来心理、情绪、认知、神经的改变和无法预料的社会风险。这些风险对粪菌移植实践提出以下问题：首先，在粪菌移植供体选择和筛查方面，除了筛查病原菌，是否还应该筛查供体的精神疾患史及其家族史？是否进行基因检测（癌症的易感性）？其次，粪菌移植通过改变肠道菌群进而改变并塑造患者的行为方式，假使今后研究发现肠道微生物与情绪和意识密切相关，即能证明粪菌移植有可能会给患者带来情绪和人格改变的风险。

3. 隐私和保密

侵犯个人隐私或违反保密原则会对个人或某一群体造成心理伤害，可能会使个体在社会关系中难堪，对其工作、社会地位产生不利影响。微生物指纹与人的特异性关联的研究为人的身份识别开启了新的维度，例如目前已发现每个人都拥有独特的微生物指纹（microbiome fingerprint），而且大部分人的微生物指纹，特别是肠道微生物在为期 1 年的调查期间保持稳定。这引发令人担忧的隐私问题和数据获取资质问题，例如微生物指纹信息可否作为法医鉴定遗传学的证据，微生物样本库可否允许安全部门访问。随着粪便银行和粪菌库在许多国家逐步建立，供体的粪便样本和信息数据将会越来越大，在采集、管理、储备、共享、匿名化、访问资质方面，亟须重视保护个人隐私。

4. 商业化和滥用

与粪菌移植相关的商业化主要涉及专利问题和所有权问题、对患者的直接推广（direct-to-consumer）以及滥用等问题。关于粪菌移植专利，一份优秀的肠道菌群基因信息可否申请专利？或者一种最佳的选择供体的检测方式可否申请专利？某种特殊的移植途径可否申请专利？专利问题与所有权密切相关。然而界定微生物研究涉及的所有权非常困难，特别是一些微生物来源于废弃物（如粪便），对所有权的界定将极大影响粪菌产生利益的分配公正和受益公正。与基因专利相比，粪菌移植相关问题更为复杂。虽然移植的是一个完整的有功能的肠道微生态环境，但是重建和修复微生物稳态所需要的菌群的组成和比例仍未知。移植对供体的疾病和血液筛查极为重要，但由于每个人的肠道菌群都是独一无二的，每一次移植的粪菌也都是独一无二的，所谓的最佳供体或最佳菌群的概念实际上是模糊不清的。随着微生态研究和合成生物学的发展，对健康供体的筛查项目也会逐渐清晰并有针对性，合成菌群（synthetic microbiota 或 bioengineered microbiota）将应运而生，对不同疾病的治疗可以像器官移植一样进行配型。申请某一类疾病特异性粪菌移植专利有着巨大的潜在商业市场价值，这势必会限制粪菌研移植可及性。粪菌移植的商业化和滥用更应倍加关注。在世界范围内，粪菌移植研究领域的迅速发展与患者维权团体的活动密不可分。有患者建立专门的致力于提高公众意识和争取支持的粪菌移植相关网站，如"粪菌移植基金"、"粪便力量网站"。这些网站宣称推广粪菌移植的安全性和可行性，同时也提倡在无法从医疗机构获得粪菌移植时应进行自我治疗，并售卖专门针对在家中进行自助粪便移植的患者的指导手册和书籍。然而，没有专业人员的参与，缺乏对供体的疾病筛查，没有咨询和规范的操作，用厨房"搅拌机"来混匀粪便和 0.9%NaCl 溶液就直接灌肠的粗劣操作，有着巨大的风险和安全隐患。已有 1 例患者根据网上指南自助移植之后病情恶化至大便失禁的报道。因此，为保证质量和安全，粪菌移植治疗一定要在正规的医疗机构进行，必须有实验室条件、标准操作规程，由受过专业技能培训的医务人员开展，签署知情同意和提供咨询服务是绝对必要的。[1]

第10节　基因专利伦理

在世界任何一部传统的专利法中，都明确区分发明与发现，规定不能对生命物质或其他自然物质授以发明专利。但自从人类基因组计划启动以来，鉴于人类基因研究成果蕴涵的巨大潜在价值和经济利益，对人类遗传信息进行技术开发的权利将会为投资者带来无限的商业利益。随着基因技术的发展，基因产业的商业价值也越来越明显，美国、日本以及英国、法国、德国等少数发达国家展开了一场激烈的基因争夺战，通过大量授予阶段性研究成果专利的方式垄断对人类基因的研究和开发，可以说"利己主义"驱使着各国人类基因专利的产生与发展。[2]

20世纪80年代以前，美国的专利法也属于传统专利法。1972年，美国专利局确立了第一项有关微生物的生物学专利，这种微生物是由美国微生物家查克拉巴蒂（Ananda Chakrabarty）开发的一种对消除海上漏油十分有效的假单胞菌属的菌株。这项专利引起了广泛的争议，最后美国最高法院在1980年以5：4的微弱多数做出肯定裁决。法院在裁决中指出：重要的不在于是生物还是非生物，而在于是天然产品还是人造产品。这一判决打开了禁区，此后美国法院大幅度放宽了对自然物相关发明专利的司法保护范围，人们只要对自然物质进行了一定程度的纯化与分离，使其不再处于原来的自然状态，就可以对该物质申请专利权。这一历史性突破被形象地描述为"专利法所保护的对象可以是'太阳下的任何人为事物'。"[3]美国现行的《专利法》明确规定，发明一语既指发明也指发现，"凡发明或发现任何新颖而适用的制法、机器、制造品、物质的组分，或其任何新颖而适用的改进"[4]都属于可以被授予发明专利的范围。从立法上讲，美国是目前世界上生物技术领域内专利保护最宽泛、最全面的国家，除人体外，植物、动物、外科手术方法、疾病的诊断与治疗方法以及从人体分离得到的产品，包括器官、基因、DNA序列以及细胞系等，甚至一些DNA片段都可申请专利。

其他各国对应否授予人体基因专利的认识有所不同，从立法上可分为三种类型：保守型立法、中立型立法与积极型立法。保守型立法认为，人体、人体器官以及从人体分离得

---

〔1〕 本节参照：MCGUIRE A L, COLGROVE J, WHITNEY S N, et al. Ethical, legal, and social considerations in conducting the Human Microbiome Project [J]. Genome Research, 2008, 18 (12): 1861-1864; AMY L MCGUIRE, 马永慧，等. 粪菌移植的伦理、社会问题探讨［J］. 中华消化杂志, 2016, 36 (12): 861-863; MA Y, LIU J, RHODES C, et al. Ethical issues in fecal microbiota transplantation in practice [J]. American Journal of Bioethics, 2017, 17 (5): 34-45.

〔2〕 本节由睢素利撰写。

〔3〕 于小航. 基因专利：烫手山芋［N］. 南方周末, 2000-11-11.

〔4〕 美国《专利法》第二章第十节之第100条、101条规定。

到的产品不能申请专利。奥地利、芬兰、法国等属于此类国家。中立型立法认为，除人体及人体器官外，从人体分离得到的产品，如细胞系、基因和 DNA 序列是可以申请专利的，但运用于人体和动物的外科手术方法、治疗方法和诊断方法是不可申请专利的。加拿大、意大利、英国、瑞士、韩国等属于这一类。但具体情况又有所不同，如加拿大法律规定将基因疗法用于医药用途属于可授予专利情形；英国法律则规定除治疗或诊断外，应用于人体或动物的基因工程技术可以申请专利。澳大利亚与日本则属于紧随美国的积极型立法国家。积极型立法认为，专利法的保护对象仅须排除利用生物学方法繁殖人类的方法。2000 年 10 月，日本专利厅制定了新方针，规定即使是基因的部分 DNA 片断，只要有独自的用途，如可诊断疾病等，就承认它为专利。

欧盟于 1998 年 7 月通过了《关于生物技术发明的法律保护指令》。该指令对欧盟各成员国的立法产生示范性引导作用。其第 5 条规定为"对于脱离人体的或者通过技术方法而产生的某种元素，包括基因序列或基因序列的某一部分，可以构成可授予专利的发明"，而其他任何只是简单提纯、分离所得的人体基因序列将被排除在专利主题范围之外。我国现行专利法对于人体基因专利并无明确规定。但鉴于微生物菌种和遗传物质属于可授予专利的主题，故业内专家认为，遗传物质如基因、DNA、RNA、染色体等都属于生物化学物质，因而也可以被授予专利，这表明我国专利立法已为保护基因遗传物质打开了通道。人类基因申请专利保护的前提条件是，这种基因必须是发明人通过采取一定的分离或合成的技术手段所得到的，同时该基因还必须具备一定的生物学功能，能够使用并产生积极效果。《专利审查指南》就此做出了明确规定，其内容类似于上述欧盟保护指令的条文，倾向于保护具备明确功能、可实现产业应用的 DNA，在申请产品专利的同时授予序列本身专利权，而任何只是简单提纯、分离所得的基因序列将被排除在专利主题范围之外。[1] 另外，在我国，基因诊断和治疗疾病的方法不能被授予专利权，但是基因在制备药物中的用途就可以申请专利保护。基因能否获得专利保护关键要看其是否具有实用性，能否制造或使用，能否能够产生积极的效果。申请人是否申请专利要看其是否具有产业化前景。

可见，基因专利在许多国家已经具有了法律形式上的合法性，并且已经成为一种趋势，原本持中立或保守态度的国家在公共政策及法律的修订方面出现了松动的迹象。虽然许多国家都相继加入基因争夺战以圈占人类基因资源，并通过法律赋予了基因专利以合法性，但在应否对人体基因给予专利保护这一问题上，世界上仍然存在着两种截然不同的观点。其中，大多数科学家、伦理学家以及某些国家政府官员持反对意见，其主要理由包括：人类只有一个基因组，对其授予专利权是不道德的；人体基因是天然存在的，仅仅是一种科学发现，不能授予专利权；对人类基因进行专利保护会扩大发达国家与发展中国家之间的差距，会限制科学家的自由，阻碍科学技术的推广运用，还会侵犯人的基本权利。而多数直接从事基因药物或产品的研究、开发及生产的企业以及法律专家、专利律师都比较赞成对基因给予专利保护，其理由是：专利保护有利于调动企业和投资者的积极性，促进科技发展；人体基因从根本上讲也是化学物质，可以给予专利保护；从人体分离或通过

〔1〕 张清奎. 试论中国对生物技术的专利保护［J］. 医学与哲学，2001（5）：6-10.

技术手段（如克隆）得到的基因不是科学发现；以可能加剧发达国家与发展中国家的差距为由不给予基因专利保护不符合世界贸易组织《与贸易有关的知识产权协议》（Agreement on Trade-related Aspects of Intellectual Property Right）的有关规定；专利制度并不会限制科学家利用先进技术进行科学研究和阻碍新技术的推广应用，相反，还可以促进技术情报的提前公开。

综观双方的意见，反对基因专利的理由主要是以伦理道德为根基，以道义的力量为支撑，强调科学研究的前进应以全人类的共同利益与共同进步为导向。而赞同基因技术专利保护的立足点定位在维护产业利益和鼓励开展研究的基础上，赞成的理由是立足于现实经济利益和经济秩序，对科学研究带来的巨大利益进行平衡和分配。尽管法律基于对利益的协调和分配的考虑准许赋予基因专利，但在伦理上确实遇到了一系列障碍，由此造成了法律与伦理的冲突，就现行专利制度的发展趋势而言，这些现存或潜在的伦理问题很难得到解决。

授予人类基因专利存在以下伦理问题：

其一，把人类基因等同于一般的化学物质，这是对人格尊严的侵犯。人之所以为人，不仅仅在于他有自然生命，更重要的是在于他还有特定的人格。从构成而言，人体基因属于化学物质，但因人类基因记载着人类的遗传信息，包含着人类生命的全部秘密，因此不是一般的化学物质，是不能够被标价的。赋予人类基因专利会导致商业利益对人格尊严的侵犯。[1]

其二，根据《人类基因组和人权普遍宣言》，人类基因组是人类的共同遗产，属于公权的范围。如果授予基因专利，实际上就是允许少数人拥有垄断人类共有遗产的权利。

其三，基因专利保护了基因研究开发者的利益，而样本提供者的权利却无从体现。在人类疾病相关基因和重要生物学性状基因发现的过程中，研究人员需要采集大量的样本。基因专利保护了基因研究开发者的利益，而样本提供者的权利却没有得到应有的保护。知情同意是在涉及人的研究中必须遵守的普遍伦理原则。在发展中国家取得资源，一定要服从该国、该地的有关法律和管理法规。特别要尊重知情同意权，不能利用当地人民对科学的暂时不了解，以任何名义、手段从当地人那里骗取遗传材料。只有让参加者知悉提供样本活动内容、性质及其中隐含的风险等一系列情况，才可能使其在自主自愿的情况下为研究提供样本，才可能使其免受违背其意愿的隐性强迫。但实际上，在基因研究过程中，普遍存在着违反知情同意这一基本伦理原则的情况，致使对已经获得专利的结果再去反向追溯最初的基因线索几乎不可能，从而也不能保护知情者的利益。[2]

---

〔1〕 邱仁宗. 人类基因组的伦理和法律问题［J］. 科技与法律，2000（3）：19-31.

〔2〕 如在美国的摩尔诉讼案中，当事人摩尔是一位白血病患者，1988 年他发现他自己的细胞被他人申请为专利，而他根本就不知道这件事，几年来他的医生反复让他复查和取样，暗中培养了他的血液细胞，因为其中含有某种罕见的化学物质。然后，该医生与波士顿一家制药公司签订了 300 万美元的合作研究契约。再后来，瑞士制药巨头山多士花了 1500 万美元收购了这一罕见的细胞样本系列，命名为"摩尔细胞"。生物制品市场人士估计，这一罕见但重要的细胞专利的总价值可高达 3 亿美元。这忽视了样本提供者对自己的基因享有的权利。又如美国一位医生在南大西洋特里斯坦达库尼亚群岛上"蹲点"和从事"善事"，取得了岛民的合作，取走了所有岛民的血样和基因 DNA 样本。这位医生和美国公司通过对样本的研究，在 1997 年发现了"哮喘基因"。再如在我国曾"百岁老人血液基因调查事件"中，大批外国专家来到我国偏远山区，打着公益调查的幌子，以身体检查为名，抽取了许多百岁老人的血液样本，进行有关长寿基因的研究。

其四，进一步加剧发展中国家与发达国家之间的差距。按照联合国《人类基因组和人权普遍宣言》的规定，国际合作应有利于发展中国家对科学技术的分享。发展中国家工业化程度较低，很多独特的基因谱系得以完整保存下来，基因资源比较丰富，但往往缺乏相应的开发资本与技术。西方发达国家的医药公司利用发展中国家的基因资源进行研究，获得某些技术成果后申报专利，这种名为合作、实为掠夺特殊人群遗传材料的"生物海盗"行径，使很多发展中国家特有的基因资源成了发达国家医药公司的专利。其结果是发展中国家不但没有任何回报，还要为专利支付高额对价。[1]

其五，不利于基因研究的进一步发展。人类基因研究中发现的某种特殊基因或者某种基因的特殊功能，还不能直接使人类受益，只有进行后续应用开发，形成技术方案或者制造出产品，才能实现其对人类疾病的诊断、治疗和预防的最终价值。开展纵深化的基因应用研究要以基础研究成果为基础，但基因专利有强大的权利和宽泛的权利范围，垄断了一切相关的基因研究和后续技术的开发与利用，这势必影响应用领域的科技发展。正如美国《时代》杂志中的文章所描述的那样："目前美国各大公司或研究机构在成群结队地进行基因抢注，抢注了基因，以后他们拿出来的实际上是表达序列标记（expressed sequence tags，ESTs），……而他们对里面的具体基因与它的功能之间的联系究竟是什么并不十分清楚"。"但鉴于专利申请人必将做一个很大的专利保护圈，把所想到的地方都保护起来，使第二个人无法轻易开发享用，这样事实上会造成许多潜水艇式的专利登记，登记以后没人用或是他人要应用专利的成本极高，进而使整个社会的成本增加"[2]。基因专利还可能导致基因研究投资的倾斜和基因研究目的和方向的偏差。

---

[1]　对价（consideration）原本是英美合同法中的重要概念，其内涵是一方为换取另一方做某事的承诺而向另一方支付的金钱代价或得到该种承诺的代价。对价也指当事人一方在获得某种利益时，必须给付对方相应的代价。

[2]　崔国斌. 基因技术的专利保护和利益分享［M］// 郑成思. 知识产权文丛：第三卷. 北京：中国政法大学出版社，2000.

第 28 章　神经伦理学

20 世纪被称为神经科学的世纪。自 1901 年首次颁发诺贝尔生理学或医学奖以来，100 多年来共授予了 100 多次奖项，其中与神经科学相关的奖项近 20 项。这些神经科学重大突破对神经技术及其临床应用产生了深远的影响。1970 年诺贝尔生理学或医学奖获得者、美国神经学家阿克瑟尔洛德（Julius Axelrod）发现的神经递质作用规律，成为神经药理学理论的基石。此后，神经药理学研究又推动了神经系统疾病的药物研发。美国化学家劳特布尔（Paul Lauterbur）和英国物理学家曼斯菲尔德（Peter Mansfield）因在磁共振成像技术领域取得了重大突破，共同分享了 2003 年的诺贝尔生理学或医学奖。这一突破直接促成了磁共振成像仪的出现，并带来了临床诊断和医学研究方法的重大改变。近年来，脑的深部刺激和脑机接口技术等人类大脑干预技术的研发，又将形成新的突破。2013 年 1 月，欧盟委员会宣布，人脑工程（Human Brain Project）成为欧盟"未来新兴旗舰技术项目"之一，该项目将获得 10 亿欧元的科研经费资助。该计划从基因活性、细胞间相互作用等基础出发，对人类大脑做精细模拟。2013 年 4 月，美国政府决定支持 BRAIN（Brain Research through Advancing Innovative Neurotechnologies）计划 1 亿美元，拟通过开发的新技术理解大脑内神经元如何协同工作，如何产生思想、感情、运动和记忆功能。《国家中长期科学和技术发展规划纲要（2006—2020）》也把"脑科学与认知"列入基础研究中的 8 个科学前沿问题之一。[1]

第 1 节　脑干预技术及其伦理问题

作为精神活动的物质本体，人脑堪称宇宙中最重要和最复杂的物质。它是一个由众多神经元组成的极其复杂的神经网络，人类生命的各种能力，在一定程度上讲，都是由这些神经元之间的关联来决定的。人脑从根本上把人类和其他物种区分开来，它对于人类的重要性，无论如何评价都不为过。因此，用脑干预技术对脑进行干预，必然会引起人们更多的关注和担忧。

---

〔1〕 本章的脑干预技术部分根据胡林英稿件撰写，脑成像技术部分根据符征和李建会的稿件撰写，但做了一些删节，增添了林玲撰写的硕士论文《新颖神经技术的伦理问题研究》中的部分内容，例如意外告知的发现，脑的深部刺激和脑机接口，神经科学与道德哲学关系部分采用毛新志、刘星的稿件，略有增删。

一、脑干预技术的发展

1. 手术干预

脑干预有着很长的历史。早在旧石器时代,人们就发明了一种环钻,用它切下片状颅骨,用来治疗癫痫。从 19 世纪开始,有医生试图用神经外科手术治疗精神疾病。20 世纪 40~50 年代,脑前叶白质切除术曾被用来治疗精神分裂症,并有医生因此获得荣誉,例如诺贝尔奖获得者、葡萄牙医生莫尼斯(António Moniz)。前几年中国的外科医生试图用脑外科手术治疗药物成瘾。对用精神外科手术治疗精神障碍,学界一直有争议。[1]

2. 脑的电刺激

20 世纪 50 年代,西班牙神经科学家德尔加多(José Delgado)将电极插入精神病患者颅内,对患者的脑进行电刺激,可激起其运动、动作和情感经验(恐惧、愤怒和性欲)。他称之为"脑信号刺激接受器"(stimoceivers)的装置,既能监测脑电活动,也能对脑进行电刺激,它将神经活动模式的信息与调节这种活动的干预联系起来了。

3. 精神药物

20 世纪 60 年代,一系列精神活性药物问世,如氯丙嗪、氨甲丙二酯、丙咪嗪、选择性 5- 羟色胺再吸收抑制剂等,这些药物不仅能有效地治疗某些精神疾病,而且似乎为人们提供了一种理解脑的新途径。然而药物的长期疗效差强人意。由于缺乏分子水平的基础研究,医药公司研发新药物的动力大大降低,精神病药物的研发步伐开始变慢。

4. 功能性磁共振成像技术

它是使用核磁共振技术探测与血流相关的变化以测量脑活动的功能性神经成像技术,因为脑血流与神经元活动有耦合关系。功能性磁共振成像技术(functional magnetic resonance imaging, fMRI)使正常和病理脑活动可视化,大大推动了脑干预技术的发展。

5. 经颅磁刺激技术

经颅磁刺激技术(transcranial magnetic stimulation, TMS)是用磁场(将磁场发生器置于患者头部)刺激大脑神经细胞,改善抑郁症状的非侵入性方法,一般用于其他治疗方法无效的抑郁症患者。

6. 脑深层刺激术

脑深层刺激术(deep brain stimulation, DBS)是 1987 年开始采用的神经外科技术,植入神经刺激器(有时称脑起搏器),将电脉冲传至脑(脑核)的特定靶标,以治疗运动和神经障碍,可治疗对其他疗法无效的精神障碍,如帕金森病、特发性震颤、肌张力障碍、慢性疼痛、重度抑郁症和强迫症。

7. 脑机接口技术

脑机接口技术(brain-computer interface, BCI)是在脑与外部装置之间的一种直接通

---

[1] 邱仁宗. 生命伦理学 [M]. 北京:中国人民大学出版社,2010:177-180.

讯路径，往往用于研究、测绘、协助、扩展或修复人的认知或感觉运动功能。

8. 神经干细胞治疗

神经干细胞治疗（neural stem cell therapy，NSCT）是通过分离、富集和扩增同质神经干细胞群，设法将它们整合入受损人脑中，以治疗神经退行性疾病的方法。[1]

二、脑干预技术的伦理问题

脑干预技术研究及其成果在医学和其他各个领域得到日益广泛的应用。与此同时，脑干预技术也带来了许多伦理问题。脑干预技术与脑的结构和功能深度相关，所以要对这些伦理问题做出回应，要关注其特殊性。

1. 有益

对于严重损伤的人脑，或者退行性疾病，如帕金森病、脑瘫、脑外伤等疾病，传统的常规疗法收效甚微。脑干预技术的研发有可能可以满足患者的需要，为人类带来健康福祉。目前，对于许多神经性疾病和精神病，如帕金森病、小儿脑瘫、亨廷顿舞蹈症等，脑干预技术在缓解、治愈疾病方面，虽然还没有切实的疗效，但是有可能在促进个体患者健康和提高生活质量方面大有作为。满足患者的健康需求，促进患者健康福祉，这是脑干预技术发展的伦理基础。简言之，有益原则意味着脑干预技术的研究和应用应该以为患者提供安全、可靠、有效的治疗，促进患者的健康福祉为第一目的。

2. 不伤害

与其他新的生物医学技术相比，脑干预技术的研究和应用具有更大程度的不确定性。主要原因在于：首先，尽管脑研究在近50年内取得了飞跃式发展，但由于人脑极其复杂，大脑和躯体以及外部环境存在动态联系，迄今为止，人们对它知之甚少；其次，还没有充分的证据表明脑干预技术是安全可靠而有效的，尤其是长期的疗效和副作用也需要时间来验证；此外，脑干预技术对个体精神、心理的影响难以量化，因此，难以评估脑干预技术为患者带来的可能的治疗受益与潜在风险。对于脑干预技术的研究和应用，不伤害原则非常重要，即不应该使受试者承担不必要的风险。但是，何为"不必要的风险"，在这里是不甚明了的，甚至"风险"的概念在此都是不确定的。而且，对于严重的神经和精神疾病，适合的受试者往往数量有限，所以采用传统的证据收集方法（如大样本的随机对照试验方法）往往有困难。这可能要求通过试验性治疗来获得证据，而试验性治疗本身有重大的伦理问题。在这种情况下，如何保护患者的利益，同时又使科学家能够获得可被普遍化的知识，是一个重大问题。

3. 隐私保护

隐私是保持个人自主性和尊严、避免受他人伤害的基础。虽然目前脑干预技术还不能

---

[1] Nuffield Council on Bioethics. Novel neurotechnologies: intervening in the brain [R/OL]. (2013-05-10) [2019-08-15]. http://nuffieldbioethics.org/project/neurotechnology.

使人们直接"阅读"某个人的思想，但是随着技术的发展，科学家将越来越容易通过神经设备或外部的干预直接获取并分析脑活动的数据，以探寻和预测人的生理和心理活动，这必然会使个人隐私权受到严重威胁。

4. 自主性

在脑干预技术的研究和应用中，尊重自主性的问题变得更为突出和困难。它主要体现在三个方面：首先，代理同意问题。适用脑干预技术研究或治疗的绝大部分患者，其自主性往往因疾病而受损甚至丧失，因而无法做出符合自身利益和真实意愿的决定和选择。在这种情况下，需要由家人或法定监护人进行代理同意。其次，自主性的实现取决于决策者对相关信息的理解、选择和对选择结果的推理能力，也取决于研究者或医生对复杂的研究或治疗技术的信息告知。知情同意要求医生充分告知风险和受益，但是，由于脑干预技术具有不确定性，对风险和受益的预测都是不确定的。再者，自主决定的前提在于决策者具有不受外界胁迫和压力的自由，而脑干预技术研究的潜在受试者或者接受脑干预技术治疗的患者，他们深受病痛折磨，目前没有有效的治疗方法。在这种情况下，绝望之情和不当诱导常常会干扰患者或代理人的自主决定。对这一点我们应该给予充分的关注。

第 2 节　脑成像技术及其伦理问题

神经成像（neuroimaging）又称脑成像（brain-imaging），它利用成像技术研究神经系统的结构、功能或药理作用。神经成像技术日益成为脑结构和功能探测以及精神疾病诊断治疗的重要手段。神经系统与个人的健康与疾病、精神状态、心理素质以及人格属性既有十分密切的联系，又有重要的影响。精神状态始终是"私人的"、高度隐秘的领域，但是神经成像技术有可能打开这个隐秘领域的冰山一角，使其呈现出"公共性质"。这就给传统伦理学带来了严重的挑战。

一、神经成像技术的发展

科学家很早就认识到，人脑处于不同功能状态时，脑区的参与部位是不同的。因各种原因导致脑部特定部位损伤的患者生理、心理及行为发生变化，传统神经心理学研究已经积累了大量的资料。无创性脑功能成像技术是研究不同功能状态的脑区激活模式的最佳途径。早在 19 世纪 80 年代，意大利生理学家摩梭（Angelo Mosso）就发明了用非侵入方法测量人在产生情感和智力活动时血液重新分配的技术。然而那时发明的神经成像术对人伤害较大。20 世纪 70—80 年代研制的核磁共振仪（MRI）和计算机断层扫描仪（CT），开辟了一条伤害较小且可展现更多神经活动细节的神经成像技术的途径。随后发明的 SPECT、PET，尤其是 fMRI 打开了直接观察认知活动的大门，引发了神经成像技术的革命。

当前常用的 fMRI 是通过探测大脑皮层的微血管中的血氧变化引起的脱氧血红蛋白核磁共振信号强度来构建脑部活动图像。fMRI 在药物研发和临床工作方面应用越来越广泛：

在药理学应用方面，大量研究表明，药物受体的位置与药物作用的功能区不吻合，fMRI跟踪性检测神经性药物的疗效和药理机制，并进一步对药物作用进行神经解剖定位，直接检测神经系统的功能性变化；在精神病学研究方面，fMRI可以跟踪观察精神疾病的发病机制及发展动态；在临床工作方面，神经成像技术有助于探测精神疾病的外部征兆。神经成像技术还可以与计算机可视化系统结合，对治疗过程进行直接指导。

值得注意的是，当前fMRI逐步被用于功能性研究。认知科学家将它扩展于感知觉、运动、语言加工、学习记忆、认知与情绪等心理活动的研究，观察、研究脑在意识、思维、认知和决策过程中所表现出来的基本特征，尤其关注某些行为的无意识状态。哲学家和伦理学家用它来解决哲学史上的古老争论，即人做出道德判断时是单凭理性，还是单凭情感。不仅如此，一些研究成果迅速被市场化，一项称作"神经营销学（neuromarketing）"的新业务正在兴起，它用来测量人对新产品有意识或无意识地表现出的偏好。

二、神经成像技术的伦理问题

神经成像技术是一种对身体一般没有直接伤害的技术，它在治疗脑功能损伤方面的作用获得了一致肯定。因为它直接探测受试者的精神状态，而且可能被应用于能力资格认定方面，甚至在法律仲裁中也会起相当重要的作用，这不可避免地产生了一些伦理问题。

1. 知情同意

许多研究者都把知情同意问题看作神经成像技术首要的伦理问题。[1]知情同意的核心在于尊重患者或受试者的自主性。医生或研究人员必须在进行成像作业之前，告知患者或受试者完整准确的信息，并且帮助他们理解这些信息。这些信息应该包括扫描给他们可能带来的一般的和特殊的风险和受益，患者或受试者在理解信息的基础上自行权衡利弊并做出决定。患者或受试者还必须被告知，他享有因身体和精神的原因从扫描过程中撤出以及提出问题并得到正确回答的权利。

现实中存在一些不利因素影响知情同意的实施：

（1）影响知情同意的客观因素。在神经成像技术中，由于这项技术较晚出现，还有许多不完善的地方，会影响知情同意方案的履行。比如扫描方案的设计问题；所使用的快速成像序列的优化问题；成像后处理方法的选择及可视化问题；功能定位方法的选择问题等。这些问题可能导致不确定的成像结果，由于该技术十分复杂，难以提供简洁的书面说明。

（2）影响知情同意的主观因素。当前对一些神经类疾病的治疗效果仍然不令人满意，估计现代医学不可能在短时间内治愈这些疾病。并且，受广告和其他传播方式的影响，患者、受试者对其中的受益和风险产生了过高的或者错误的期望。因此，在扫描、

〔1〕 ROSEN A, GUR R C. Ethical considerations for neuropsychologists as functional magnetic imagers. [J]. Brain and Cognition, 2002, 50 (3): 469-481.

成像审查完成之后，应为患者、受试者提供咨询服务。应当事先告知受试者此过程的经济代价。

2. 隐私保护

当前神经成像技术逐渐被扩展应用于观察和研究脑在意识、思维、认知和决策过程中所表现出来的特征，这已超出了纯粹的医学范畴。神经成像技术对个人思想领地的干涉，开始威胁个人的精神安全和生存状态。个人很难再保护自己的隐私。

更严重的是隐私公开化。出于技术发展和研究的需要，研究和治疗中的受试者越来越多，神经成像数据库急剧膨胀。在合作研究中，必须共享神经成像的数据。神经成像将比以往任何方式都能提供更准确、详细的个人信息，包含商业部门对潜在顾客群的行为倾向的兴趣。很多管理部门都对这些信息有着非常浓厚的兴趣，比如法院、保险公司甚至学校等，它们将参考这些信息并将其作为制定政策和采取措施的依据，它们会强制要求管理对象提供神经成像信息，甚至不在管理对象知情同意的情况下实施。

3. 脑指纹技术与测谎

神经成像技术在医学之外的最重要的应用就是测谎。1921 年，美国心理学家劳森（John Larson）和基勒（Leonarde Keeler）研制出了第一台心理测试仪——多参量生理记录仪（polygraph）。经过近百年的发展，测谎技术已经在全球许多国家的机要部门中使用。到了 20 世纪末，新的神经成像技术开始在测谎中起到不可替代的作用。2001 年，美国神经生理学家法威尔（Lawrence Farwell）开发了 "脑指纹"（brain fingerprinting）系统。他发现，在遇到熟悉的声音、物体或姓名大约 1 秒钟后，人脑特有的脑电活动（P300）会发生变化。在测谎中，首先确定普通人关于犯罪事实的脑电信号标准；然后给受试者施以与犯罪事实有关的和无关的刺激，并收集受试者的脑对这些刺激的反应；最后通过分析受试者受到与犯罪事实有关的刺激时的脑反应波形与标准波形的吻合度来判断对方是否撒谎。"脑指纹" 的鉴定结果已经被若干美国法庭认可。2007 年，英国内政大臣雷德（John Reid）宣布，被定罪的恋童癖者必须接受核磁共振成像扫描，以评估其重新犯罪的风险。

然而，在目前条件下，将 "脑指纹" 技术用于司法领域在伦理学上是难以得到辩护的。首先，神经成像技术测谎的可靠性将严重影响司法的公正性。目前许多专家对这些测谎技术都持保留态度。在科学上，脑这一黑箱并没有完全揭示，对意识与神经之间的关系尚处在探索阶段。要详细说明特殊的脑状态与特殊的意识之间的必然一致性，科学界还没有达成一致意见。例如，怎样才能确定人脑在进行脑成像检查时正处于与犯罪时相同的状态？犯罪是在一些非常特殊的情况下产生的，而人脑扫描只是一种普通的实验室检查。fMRI 监测到的是心理活动的一个最终结果，而不是活动过程。关于当前神经成像技术测谎的结果存在大量的反证事例。美国俄亥俄州最高法庭和俄克拉荷马州的一个上诉法院，分别在 2002 年和 2005 年驳回了脑指纹证据，认定它们不能满足可靠性的标准。[1]一些科学实验也对其正确性提出质疑，最著名的案例是，2007 年一名女犯人因毒杀一个小孩而

〔1〕 AGGARWAL N. Neuroimaging, culture, and forensic psychiatry [J]. The Journal of the American Academy of Psychiatry and the Law, 2009, 37 (2): 239-244.

被定罪（有确凿证据），但当她矢口否认自己的犯罪行为时，实验结果却显示她说的似乎是"实话"。[1]

现代法律普遍遵循事实判断原则，即嫌疑人是否有罪必须通过无可挑剔的事实证据来证明，不能以思想企图作为判定罪行的标准，应以客观事实为判断的基础，排斥任何纯粹主观意向的标准。这是保证司法判决客观公正的前提。但是，当技术测谎用于法庭判定时，这一法律标准将最终被机器测试技术打破。个体是否有罪只需进行机器的测试而无须另外的事实支持，嫌疑人受惩罚的理由有可能仅仅是其主观意向。个体的行为开始同个体的思想分离，思想犯罪可能重新回归法庭的判决书中。

4. 沉默权的丧失

沉默权是指犯罪嫌疑人、被告人在接受警察讯问或出庭受审时，有保持沉默并拒不回答问题的权利。因为在实际诉讼中，审讯者往往处于强势地位，为了维护诉讼公正，有必要对弱者一方做出保护性规定。这是犯罪嫌疑人用以自卫的最重要的一项诉讼权利。正因为辩护人有了沉默权，从而使得刑讯逼供这一古老的丑行归于无效。但利用神经成像技术测谎，却最终在事实上剥夺了辩护人的沉默权。沉默权原意指不做出言语性回答。但成像技术根本不需要回答，即使受审者主观上不同意，但审讯者仍然可以获得受审者沉默背后的思想内容，并据此做出判断。

5. 意外发现的告知

在应用 fMRI 技术过程中，有可能产生研究目的以外的"意外发现"（incidental findings）。医学研究中的"意外发现"是指在研究目标以外，使用相应技术或设备获得的与健康、生殖相关的信息、图像或数据。在大规模基因测序、生物样本检测、成像技术及研发与应用中均存在着意外发现，包括可预料的意外发现和不可预料的意外发现。fMRI 意外发现有一个显著特点：发生率高但临床意义不明显。随着 fMRI 被广泛应用于神经科学、心理学、认知科学的研究之中，意外发现的发生率大大增加。15% 的成年研究志愿者在 fMRI 检测过程中，意外发现有脑异常。研究发现，fMRI 产生的意外发现需要进一步转诊检查的比例低，仅有 1.8% 需要常规转诊。对意外发现的不正当解读和使用会给受试者带来潜在的身心伤害和隐私泄露。

fMRI 意外发现的临床有效性不确定，告知过程不准确，研究资源稀缺，研究者的义务和受试者的权利，这些问题相互交织，导致了意外发现告知难题的出现。有位女患者在参加 fMRI 科研项目时，被发现有脑动脉血管畸形，研究者将这一意外发现告知她，她成功接受手术后，生育了一名女婴。这个案例形象地显示了告知患者意外发现的临床意义。

不告知意外发现的理由：

（1）意外发现有效性的不确定。fMRI 技术作为一种仍处于发展完善之中的新兴的神经科学技术，意外发现有可能出现两种误差，即假阳性结果和假阴性结果。

（2）诱发治疗性误解。治疗性误解的一个主要来源是知情同意书中的不确定语言。

---

〔1〕 SPENCE S A. Playing devil's advocate: the case against fMRI lie detection [J]. Legal and Criminological Psychology, 2008, 13 (1): 11-25.

（3）资源的合理分配。对意外发现进行临床评估会消耗科学研究的经费，为了将意外发现告知受试者，研究团队需要投入资金购置检测设备和聘请相应的专业人员与管理人员。有研究表明，对功能性磁共振成像的 8545 份扫描图像进行临床评估，光辅助人员花费就接近 6 万美元，每次扫描约需 24 美元。

支持告知意外发现的理由：

（1）研究者的专业责任。有学者认为 fMRI 研究者有向受试者告知意外发现的义务。这是研究者的专业责任。

（2）受试者的知情选择权。基于尊重人的原则，受试者对意外发现有知情权。有研究表明，无论在临床和非临床情境下，近 90% 受试者希望获知意外发现，97% 受试者认为他们应该被告知有意义的不正常发现，但极少部分受试者可能会选择拒绝告知，如在 fMRI 研究开始前，受试者已经预先拒绝获知意外发现，神经放射科医师经过其临床判断和伦理审查委员会批准后，可以不告知其意外发现。

第 3 节　深度脑刺激技术及其伦理问题

一、深度脑刺激技术的发展和应用

深度脑刺激（deep brain stimulation，DBS）技术是用神经刺激器治疗种种失能神经症状的外科干预方法，例如帕金森病引起的诸如震颤、僵化、僵硬、运动缓慢以及行走困难，以及肌张力障碍、慢性疼痛、重度抑郁以及强迫症等。1987 年在法国首次出现 DBS 技术，起初神经外科医生用热探针烧蚀或手术永久性地损害大脑小范围故障区域。现在使用最广泛的方法是，将神经刺激器（有时被称为脑起搏器）置于患者头部，通过植入的电极输送电脉冲到脑部（脑核）的特定靶区，以治疗运动、神经、心理障碍。DBS 可直接控制大脑活动的改变，与损伤性手术不同，其效应是可逆的。它是可进行盲法研究的少数神经外科方法之一。尽管 DBS 已使用多年，但其基本原理和机制仍不清楚。美国食品药品管理局于 1997—2009 年先后批准 DBS 用于治疗帕金森病的震颤、肌张力障碍、强迫症，并将它用于治疗慢性疼痛和创伤后应激障碍的研究。DBS 也一直被一些美国医生用来治疗各种情感障碍，包括重度抑郁，但这些应用均未被 FDA 批准。

业已证明，DBS 对一些患者有效，但存在严重的并发症和副作用。就治疗运动障碍性疾病而言，例如对特发性震颤的 DBS 治疗，目前已有报道称，DBS 治疗的疗效较为肯定，震颤控制率可达 70%～90%，DBS 对药物治疗无效的各种肌张力障碍和口服药物以及注射肉毒素疗效不佳的全身性肌张力障碍患者的有效率达 80%。[1] 就治疗精神障碍性疾病（包括癫痫、神经病理性疼痛、脑缺血、精神分裂症、抑郁症等多种疾病）而言，目前已

---

[1] 郝斌，胡小吾. 脑深部电刺激在运动障碍性疾病中的临床应用 [J]. 世界临床药物，2012，33（10）：577-580.

经有许多试验性治疗的结果表明，对多种药物治疗、心理治疗和 ECT 治疗效果均较差的慢性抑郁症患者，DBS 可使其中的三分之一的患者缓解。[1] DBS 的并发症和副作用有惊厥、感染、头痛、意识混乱、中风、硬件并发症（例如铝线被腐蚀）、植入部位疼痛和肿胀等。于是产生了一系列需要加以探讨的伦理问题，包括如何周密考查和衡量风险与受益；如何公平选择患者；如何保护 DBS 治疗儿童的健康；有关患者自主性的特殊问题及其测定对生活质量的影响。[2]

二、风险受益分析

1. 风险分析

在 DBS 使用过程中，存在诸多风险，这些风险包括外科手术过程中的风险，硬件材料本身的风险，治疗带来的副作用，制定的准入和排除标准欠妥，费用较高造成患者及其家庭巨大的经济负担等。

2. 受益分析

应用 DBS 时可能产生的受益有：

（1）治疗性受益。DBS 是减轻相关症状的一种有效疗法，能减少药物的使用。尽管 DBS 会产生并发症和副作用，但相比于脑白质切除术和药物治疗，它更易被人接受，因为药物治疗对晚期帕金森病效果不佳，脑白质切除术会产生更大的风险，DBS 能够让那些受疾病影响较大的患者提升其运动功能[3]。

（2）生活质量的提高。DBS 改善患者生活质量的实例很多，一些使用 DBS 治疗震颤的患者，其部分日常生活能力（如书写、饮水、进食以及参与家庭及社会生活的能力等）均恢复正常，由疾病引起的低落和抑郁情绪也得到缓解，而这些效果是目前药物治疗难以达到的。[3] 一些使用 DBS 治疗帕金森病的研究显示，患者手术后非运动症状的发作频率有所下降，如疼痛和失眠，而这两项恰恰是令帕金森病患者痛苦的主要非运动障碍原因之一。[4]

（3）科学知识的增长。这些临床案例是回顾性研究的良好材料，可以促进神经外科知识的增长。目前很多研究都在使用回顾性的研究方法，探究 DBS 治疗某些疾病的中长期效果。这些临床研究有利于获取 DBS 治疗决策所需证据。

3. 风险受益比评估

（1）权衡临床治疗的风险和受益。DBS 已经应用于运动障碍性疾病的治疗，其风险受益比已经得到医学界的认可，但对于每一个患者，仍需要衡量具有个体差异性的患

〔1〕 陈忠，张世红. 深部脑刺激在神经精神疾病治疗中的应用研究进展［J］. 浙江大学学报（医学版），2009，38（06）：549-558.

〔2〕 CLAUSEN J. Ethical brain stimulation-neuroethics of deep brain stimulation in research and clinical practice [J]. European Journal of Neuroscience, 2010, 32 (7): 1152-1162.

〔3〕 胡火军，王雄伟，汪雷，等. 深部脑刺激在功能神经外科中的应用［J］. 中国全科医学，2011，14（9）：1035-1038.

〔4〕 张宇清. 脑深部电刺激治疗运动障碍病病例分析［A］// 中华医学会神经外科学分会. 2011 中华医学会神经外科学学术会议论文汇编［C］. 北京：中华医学会神经外科学分会，2011：1.

者使用 DBS 后，其生活质量改善是否获得了净收益。[1] 如何寻找可接受的风险受益比，需要一个由医学及相关学科的专家和由患者及其家属组成的团队来评估患者是否有净受益以及净受益有多大，该团队成员包括直接参与手术的神经学家、神经外科医生、麻醉医师，以及探讨其对患者的潜在影响的精神科医生、心理学家、伦理学家、社会工作者和家人。这个评估过程不仅包括治疗前的讨论，还包括治疗后监测过程中的讨论，但这种讨论只能为患者实施有效知情同意提供必要信息，不能取代患者自身对风险受益比的衡量和选择。再者，医学界对治疗患者的纳入与排除，即 DBS 技术手术适应证的选择，需要考虑维护特殊人群利益，例如儿童和帕金森病合并痴呆的患者。

（2）权衡临床试验中的风险和受益。在风险受益比方面，临床试验必须满足三个条件：①对受试者个体的风险要最小化；②将受试者可能受益最大化；③受试者预期受益要大于风险。在 DBS 治疗精神障碍性疾病的研究中，其风险并没有超过其他治疗方式的风险，DBS 治疗精神障碍患者的受益大于其他治疗方式的受益，DBS 对于某些精神障碍疾病是唯一方法，因此，用 DBS 进行临床试验是能够得到伦理学辩护的。

三、知情同意问题

自主性是一个人按照他自己的价值和计划决定他的行动方针的一种理性能力。[2] 知情同意的伦理要求体现了对自主性的尊重。在 DBS 应用过程中，自主性受限有两种可能：

（1）在 DBS 治疗或研究前，个体的自主性就已经受到了限制。原因之一是，要治疗的疾病本身伴有认知功能的下降。[3] 原因之二是，患者属于尚未具备自主性的群体。例如 DBS 可用于治疗多动秽语（Tourette）综合征，该病的发病年龄为 2～18 岁，多在 4～12 岁起病。这些儿童没有完全自主行为能力，但具有一定程度的决定能力。

（2）DBS 治疗开展以后，个体自主性受限。一些研究数据表明，DBS 手术过程会产生认知上的副作用，从而影响患者的自主性，[4] 还可能改变患者的思想、个性、行为等，破坏个体同一性。有反对者认为 DBS 相对于其他干预措施，是一个可逆的干预，患者能够在产生严重的副作用后选择关闭 DBS，从而恢复自主性。但现在有研究表明，DBS 对帕金森病患者神经元进行重塑的过程中，这种干预可能永久性地改变神经元回路，并造成不可逆的长期的神经损害和心理的副作用。[5]

在这种情况下，应该采取以下形式获得有效知情同意：

（1）知情后表示同意。在受试者表达同意前，告知受试者或患者有关 DBS 使用的潜在

〔1〕　GLANNON W. Stimulating brains, altering minds [J]. Journal of Medical Ethics, 2009, 35 (5): 289-292.

〔2〕　翟晓梅，邱仁宗. 生命伦理学导论［M］. 北京：清华大学出版社，2005：52.

〔3〕　ABELSON J L, CURTIS G C, SAGHER O, et al. Deep brain stimulation for refractory obsessive-compulsive disorder [J]. Biological Psychiatry, 2005, 57 (5): 510-516.

〔4〕　CLAUSEN J. Conceptual and ethical issues with brain-hardware interfaces [J]. Current Opinion in Psychiatry, 2011, 24 (6): 495-501.

〔5〕　FRANK M J, SAMANTA J, MOUSTAFA A A, et al. Hold your horses: impulsivity, deep brain stimulation, and medication in parkinsonism [J]. Science, 2007, 318 (5854): 1309-1312.

风险和受益，使其对干预有适当的了解。

（2）代理同意。对于使用DBS前自主性就已经受到限制的人群，例如儿童及精神障碍患者，由于其不具有完全的自主性，可采用代理同意的形式来维护他们的利益。

（3）对受试者同意能力的评估。在受试者或患者接受DBS干预过程中或干预结束后，再次评估受试者或患者知情同意的能力，确保患者利益。在DBS手术过程中，受试者或患者处于清醒状态下，由于一些原因想改变原先的知情同意，如手术过程中难以忍受的疼痛，医生应该遵从患者的意愿，同时要确保中断手术后患者的安全。

（4）医疗团队合作评估。使用DBS的患者常有其他疾病或精神疾病，需要一个诊疗团队来支持患者的自主选择。医疗团队需及时评估患者的知情同意能力，确保其自主选择使用DBS技术。

第4节　脑机接口技术及其伦理问题

一、脑机接口技术及其应用

1. 脑机接口技术的功能

脑机接口技术（Brain-Computer Interface，BCI）是一门涉及生物技术、信息技术、计算机科学、心理认知科学、生物医学工程学、应用数学和纳米技术等多学科的交叉技术，作为脑和外部之间的连接设备，可能的应用包括修复、提高感觉运动功能。BCI收集、测量、分析从使用者那里中获得的脑信号（通常来自使用者意识，但也可能是被动产生的），通过算法程序将这些信号转化为信息，最后使用这些信息来实时控制操作设备以实现使用者的意向。

2. 特点和应用范围

相对于其他技术，例如义肢、心脏起搏器、人工肾等，BCI技术有两个特点：一是智能化。如智能假肢是一种人工生物电子装置，依靠现代生物电子学技术，医生让人体神经系统与照相机、话筒、马达之类装置连联起来，让其听从脑的指令以替代残疾人部分功能。二是精细化，BCI连接的大脑的信号，需要利用神经科学的知识，并联系个体的生物学状况进行精细化分析。

BCI可用于以下方面：（1）辅助技术（assistive technologies）。BCI可作为脑与计算机或外界设备之间的一种通路，它起到沟通支持、运动控制、环境控制等作用，例如恢复闭锁综合征患者的沟通能力，帮助那些有严重运动障碍无法出门的人控制家用设施，如电灯、自动化大门。（2）神经康复（neurorehabilitation）。BCI系统可记录、反馈脑信号，可使脑神经元可塑性得到激活，能有效提高患者运动学习以及运动恢复的速度与能力。[1]（3）意识探测（detection of awareness）。用BCI检测尚存有认知功能患者的意识。

---

〔1〕　ANG K K, GUAN C, CHUA K S, et al. A large clinical study on the ability of stroke patients to use an EEG-based motor imagery brain-computer interface [J]. Clinical EEG and Neuroscience, 2011, 42 (4): 253-258.

二、脑机接口的伦理问题

1. 挑战"人"的概念

美国科幻电影《超验骇客》中，男主人公将自己的思想上传到网络中，这种不依托实际人脑的最高级别 BCI 设备，提供了一种能将思想完全"复制"到另一个物体上的方式，当这种技术与生成相同生物体的克隆技术相结合，将产生一个生理、心理上完全相同的"人"。BCI 技术不仅能够帮助失去记忆的人恢复记忆，还能让他说一口流利的语言，增强个人认知能力。这个新产生的生物体是不是"人"呢？如果我们假定，一个实体作为"人"的必要和充分条件是他具有以下三个层面的人的特征："人"的生物学（或物质）层面，由人类基因组、人体和人脑共同构成；"人"的心理学层面，即具有自我意识潜能；"人"的社会层面，即人的生活必须在人际关系中展开。[1]BCI 技术将使"人"的物质、心理和社会关系发生变化：

（1）有机的器官组织被电子元件机器替代。目前世界上已经有超过 30 万人植入人工耳蜗，该技术使大量听障人士恢复听力。将来 BCI 技术进一步发展，可能会使电影中的情节成为现实，人的意识全部上传到网络，只需要和网络连接，非有机体的机器可以完全替代人的有机系统并行使网络大脑给予的指令。这时，BCI 对"人"的物质层面的影响达到极致，完全排除血肉之躯，人也许不再是原来意义上的人了。

（2）影响"自我认知"。BCI 技术的进一步发展应用难以保证使用这类 BCI 技术者不会产生身体完整性认同障碍（body integrity identity disorder，BIID），这是最近确立的一种精神疾病，其主要症状是患者认为身体某一部分并不属于自己，希望割掉这一部分，通常希望切割的部位是四肢。患者也有可能能够完全接受 BCI 技术带来的改变。

（3）影响社会交往方式。从社会层面上看，BCI 技术会影响使用者的人际关系，这种影响至少存在三种可能性：促进了使用者的人际关系与社会交往；减弱了使用者传统意义上的社会交往；也可能对使用者的社会交往不产生影响。

2. 人格同一性与行为责任

区分什么是人，首先要界定人与非人的界限。而人格同一性则是区分这个人和那个人的差异的界限。人格同一性是指经历时间的人的持存性。更为精确地说，人格同一性问题是"在 t_2 时间的个体 p_2 与早先 t_1 时间的 p_1 是同一个人的逻辑上的充分必要条件是什么"。[2]哲学上对于人格同一性的讨论主要有两个进路：心理学进路（psychological approach）的记忆标准，躯体进路（somatic approach）的生理标准。记忆标准的拥护者洛克认为，人格是人的内在的、精神性的存在，由意识的连续性构成，而这种连续性由记忆的联系提供。而生

---

〔1〕　邱仁宗. 论"人"的概念——生命伦理学的视角［J］. 哲学研究，1998（09）: 26-35.

〔2〕　OLSON, ERIC T. Personal identity [DB/OL]. The Stanford Encyclopedia of Philosophy (2017-05-26) [2019-08-15]. https://plato. stanford.edu/archives/sum2017/entries/identity-personal/.

理标准的人格则是由过去或将来的身体构成，人格的存在与毁灭与心理事实无关。[1]与此同时心理标准和生理标准也随着哲学探讨的深入而不断发生变化，这两者并不是相对立的两个概念，而是从不同角度对人格同一性的探讨。

目前 BCI 技术可用于神经康复，让原本失去运动功能的患者通过自己的肌肉与手臂重新获得"移动"的能力。从记忆标准来看，因为存在记忆的连续性，使用 BCI 技术者的人格同一性并没有发生变化，但从生理标准来看，使用 BCI 技术后的人不是使用前的那个人，他们是生物学上不相同的两个人。BCI 技术也可以用于严重脑损伤患者的潜意识探测，例如闭锁综合征患者。如果通过 BCI 技术判断出患者意识恢复，那么，恢复意识的患者是患病时的患者，还是患病前的患者？从以上例子可以发现，目前 BCI 技术的应用无论从记忆标准还是生理标准都可能造成个体人格同一性变化。

3. 个体责任判定的困惑

人格同一性在神经伦理学中的意义在于它影响对个体责任的判断，因为只有人格同一才能使行动者成为行为的唯一主体，即确定行为责任主体。而责任判断无论是在法律层面还是在道德层面，一直与神经伦理学密切相关，例如对精神障碍者的责任判断就与对健康人的责任判断不同。[2]

责任是指承担直接或间接导致某种需要负责的后果的义务。人类责任的核心是人类做的决定。对于 BCI 技术使用者而言，如何判断行动的责任是属于使用者还是 BCI 技术？虽然目前 BCI 技术尚不能改变使用者的意识，但如果 BCI 技术具有改变意识的能力，如何判断行为责任属于意识改变前的使用者、意识改变后的使用者还是 BCI 技术？[3]

BCI 使用者的行为责任判定有几个关键问题值得关注：一是明确行为意向主体，判断 BCI 使用者的行为意向是来自人脑还是机器程序。当 BCI 技术发展到可以自主产生意向，并利用人体与世界交往时，BCI 技术使用者的行为责任变得十分复杂。二是由于认知科学本身研究方法的局限性，神经信号不能特异地代表人的所有认知反应，也可能导致人脑的意向被错误理解。[4]三是社会危害性意向的预防，BCI 技术产品的开发者在研发过程中应该预先对严重危害社会行为意向进行监控，这涉及风险阈值的确定。

责任判定困难将会限制 BCI 技术的应用。选择 BCI 技术是行为者的自我选择，使用前他已经被告知其可能产生的后果，例如意识的改变。行为者需要为他选择 BCI 的行为负责。但这也提出另一个问题，这种会改变意识的 BCI 技术是否应该被提供给个体？使用 BCI 技术获得运动行为方面的受益是否超过意识改变的风险？这些问题有待进一步探讨。

〔1〕 管清风，王佳. 对人格同一性问题不同标准的思考［J］. 武汉科技大学学报（社会科学版），2011，13（2）：156-161.

〔2〕 GLANNON W. Moral responsibility and the psychopath [J]. Neuroethics, 2008, 1 (3): 158-166.

〔3〕 TMBURRINI G. Brain to computer communication: ethical perspectives on interaction models [J]. Neuroethics, 2009, 2 (3): 137-149.

〔4〕 TAMBURRINI G. Artificial intelligence and Popper's solution to the problem of induction [M]//MILFORD J, MILLER D. A Centenary Assessment: Metaphysics and epistemology, vol. 2. London: Ashgate Publishing Limited, 2006: 265-284.

第 5 节　神经科学与道德哲学

现代道德哲学即伦理学不同于古代道德学说，它把合乎道德的行动而不是道德品格置于道德哲学研究或伦理学的中心地位。古代道德学说的核心问题是"我应当成为一个什么样的人？"，与之相对照，现代道德哲学家即伦理学家更关心的是"我应该做什么？"在现代道德哲学中，道德理性主义者常把道德预设为先验的，只有通过理性直觉[1]，我们才可具有道德知识，从而引导道德行为。与此不同，情感主义哲学家们认为，理性主义者无法合理地说明道德是如何实践的，亦即理性是如何转化为道德动机的。他们主张，唯有激情或情感才能成为道德的促动因素。[2]休谟认为，理性并不直接导致个体行动的发生，引发人们行动的是欲望、需要而不是理性或推理。理性的作用是选择实现目的的适当手段，与现实世界中的意志行为没有直接关系，因此，理性不能单独成为任何意志活动的动机，它永远无力激起或阻止任何一种行动，只有当下、直接的情感才能发动意志，产生行动。[3]但是，由于缺乏有力的科学依据，情感主义对理性主义的质疑同样也仅仅局限于凭空的猜测，难以筑起坚实的防御堡垒。

一、来自神经科学的证据

道德理性主义和情感主义的形而上学激战，由于各自缺乏驳倒对方的科学依据，一直处于胶着状态，它也是历史中最持久且悬而未决的问题。直到近代神经科学取得突飞猛进的发展后，我们才能在科学层面上给予其相对充分而又合理的阐释。只有在令人信服的科学证据面前，才有平息争论的可能。[4]

我们看一下本书前文已经出现过的思想试验 2-3 和思想实验 2-4。美国哈佛大学哲学家和认知神经科学专家格林（Joshua Greene）用这两个思想实验询问受试者，结果表明，在扳道岔难题中，大部分人的回答是肯定的；而在天桥难题中，大部分人的回答则是否定的。同时，格林及其同事对受试者的脑进行核磁共振扫描，他发现当人们对道德困境进行道德判断时，与情感和认知相关的脑区会呈现出不同的活跃状态：在第一种情况中，受试者脑的前额叶、左侧颞叶等主管逻辑思维的脑区显著激活；而在第二种情况下，受试者主

---

〔1〕 笛卡儿在他的《第一哲学沉思录》（Meditations on First Philosophy）中认为直觉是通过理性推理获得的预存知识，这就是理性直觉。——编者注

〔2〕 徐向东. 道德哲学与实践理性 [M]. 北京：商务印书馆，2006：267-277.

〔3〕 宋希仁. 西方伦理思想史 [M]. 北京：中国人民大学出版社，2003：326-329.

〔4〕 ROSKIES A. A case study of neuroethics: the nature of moral judgement [M]//ILLES J. Neuroethics: Defining the Issues in Theory, Practice and Policy. Oxford, New York: Oxford University Press, 2006: 17-32.

管情绪的脑区域，如扣带回等强烈激活，而主管逻辑思维的脑区没有明显的激活现象。[1]格林发现，亲身参与道德活动时，主要激活情感脑区，认知脑区激活很少；而仅参与道德对错判断时，主要激活认知脑区，情感脑区激活较少。[2]

这里一个明显的事实是，个体进行道德判断时，认知和情感脑区均不同程度被激活，不同性质的道德判断中都含有理性加工和情绪加工成分，即在具体的道德实践活动中，认知和情感是共同存在、相互竞争的。这项发现与认为道德判断涉及理性和情感之间竞争的观点不谋而合，同时也给道德理性主义观点造成很大压力。但是，这里的问题是，情感参与道德判断，它对主体道德行为的影响程度有多大？情感能否在道德判断中起决定作用？

神经科学家达马斯沃（Antonio Damasio）通过脑损伤的研究证实，脑额叶内侧皮层与记忆、计划、语言和边缘系统区域存在广泛的联系，它处于情感神经系统和认知神经系统的中介位置，在控制道德行为中处于非常重要的主导地位。我们看案例28-1[3]：

🔍 案例 28-1：人格改变

> 1848年美国佛蒙特州的一位铁路工人盖奇（Phineas Gage）在开凿隧道时不幸被一个矛状的铁棍击中，一些碎铁片穿过他的头骨并损伤了他的脑额叶内侧皮层。但令人惊奇的是，盖奇从事故现场走开并且看起来没有受到任何损伤。虽然他的记忆、推理、言语和运动能力仍然是完整的，但是他的人格看起来改变了，他变得蔑视社会习俗，忽视责任。这个改变是如此明显，以至于他的朋友们痛惜地说："盖奇不是以前的盖奇了。"

达马斯沃等的研究发现，脑额叶内侧皮质受伤的患者，会变得缺乏情感，说谎，偷窃，无所不为，毫无廉耻感。尽管智力正常并没有忘记以前的社会基本规范，在试验中仍然能够做出正确的道德判断，但是他们在实际生活中已经不再能够合乎道德地行动了。[4]这项研究表明，与理性一样，情感也能左右个体道德行动，它在道德判断中同样是不可或缺的重要因素，但这仍然无法阐释情感与理性在道德判断中是如何相互作用、相互竞争，并在道德判断活动中扮演各自角色的。

二、神经科学对道德判断的挑战

神经科学对道德判断的挑战主要体现在以下几个方面：首先，神经科学对道德规范来

〔1〕 GREENE J D, SOMMERVILLE R B, NYSTROM L E, et al. An fMRI investigation of emotional engagement in moral; judgement [J]. Science, 2001, 293 (5537): 2105-2108.

〔2〕 张立立. 神经伦理学视角下的道德判断 [J]. 自然辩证法通讯, 2008（3）：88-92, 112.

〔3〕 ROSKIES A. A case study of neuroethics: the nature of moral judgment [M]//ILLES J. Neuroethics: Defining the Issues in Theory, Practice and Policy. Oxford, New York: Oxford University Press, 2006: 17-32.

〔4〕 张立立. 神经伦理学视角下的道德判断 [J]. 自然辩证法通讯, 2008（3）：88-92, 112.

源的挑战。道德规范并非来源于上帝的命令或者是先验的存在，它有生物学基础，根植于人脑的系统演化。道德推论和脑区的激活有关，[1]演化塑造了人脑，人类对道德困境的情感、认知反应能力甚至道德本质都由脑的结构和现状决定；[2]其次，神经科学对道德判断前提的冲击。道德理性主义认为，理性是人之为人的内在规定性，理性使人类的道德规范和道德行动成为可能；情感主义者认为，道德是实践性的，道德更有可能是被我们感知到的，而非逻辑推理的产物。神经科学研究发现，道德判断不仅包含理性因素，还可能存在非理性因素，并且非理性因素有时可能在道德判断中起主导作用。格林指出，理性认知加工和非理性情感加工同时对道德判断起作用，当两者作用方向一致时，道德判断既包含理性又遵从直觉，而当两者作用方向不一致时，两者表现为相互竞争，占优势的可表达为行动，劣势方对行动无显著控制作用，但可表现为冲突的神经激活；[3]最后，神经科学对道德判断依据的否定。传统道德判断以自由意志为主要依据，自由意志是一个人是否有资格成为道德行为主体，从而承担道德责任的关键因素。例如，黑格尔认为，自由意志是进行道德判断和责任归因的前提。他说："行动只有作为意志的过错才能归责于我"；"意志只对最初的后果负责任，因为只有最初的后果包含在他的故意中。"[4]值得注意的是，传统自由意志论者往往把它作为绝对自由的存在，把意志看成了脱离事物因果链条的独立物。但试验表明，这种绝对化的自由意志是不存在的。

三、对自由意志的挑战

挑战自由意志的第一位神经科学家是美国的李贝特（Benjamin Libet）。[5]他在 20 世纪 80 年代做了一系列实验。在实验中，他要求受试者弯曲他们的手腕和手指，无意识的大脑活动发生于有意识弯曲意向之前 300～500 毫秒。他用置于头皮上的电极记录了脑的活动。他从实验中得出结论，在意识到自愿行动的意向或愿望之前，脑就无意识启动了相关神经活动，该研究对自由意志的观念有深刻影响。根据李贝特的实验数据，英国神经心理学家哈格德（Patrick Haggard）[6]声称，"我们的行动是大脑中无意识决定论的机械过程的结果，因此我们并无自由意志，那么对我们所做的事不能负责。"

新的神经技术研究结果否定了自由意志和责任吗？ 2004 年格林等发表文章[7]，"新的神经科学将颠覆人们的常识，颠覆人们关于自由主义的自由意志的认知，以及依据于自

〔1〕　PATRICIA S, CHURCHLAND J. Moral decision-making and the brain [M]//ILLES J. Neuroethics: Defining the Issues in Theory, Practice and Policy. Oxford, New York: Oxford University Press, 2006.

〔2〕　ROSKIES A. Neuroethics for the new millennium [J]. Neuron, 2002, 35: 21-23.

〔3〕　GREENE J D, SOMMERVILLE R B, NYSTROM L E, et al. An fMRI investigation of emotional engagement in moral judgement [J]. Science, 2001, 293 (5537): 2105-2108.

〔4〕　黑格尔. 法哲学原理 [M]. 范扬，张企泰，译. 北京：商务印书馆，1982：119-120.

〔5〕　LIBET B. Unconscious central initiative and the role of conscious will in voluntary action [J]. Behavior and Brain Sciences, 1985 (8): 529-566.

〔6〕　HAGGARD P. Conscious intention and motor cognition [J]. Trends in Cognitive Sciences, 2005 (9): 290-295.

〔7〕　GREENE J D, NYSTROM L E, ENGELL A D, et al. The neural bases of cognitive conflict and control in moral judgement [J]. Neuron, 2004, 44 (2): 389-400.

由意志的惩罚主义思维"，并使人抛弃有关道德和法律责任的观念；神经科学对决定论的存在的证明，这将颠覆我们的基本责任概念。"每一个决定完全是一个机械过程，其结局完全由先前的机械过程决定。"美国认知神经科学家法拉赫（Martha Farah）[1]说得更绝对，"所有行为都由脑功能 100% 决定，脑功能由基因与经验的相互作用来决定。"美国心理学家韦格纳（Daniel Wegner）[2]也说："我们的行为的起因是不是我们的想法，这是永远无法确定的。"

加拿大哲学家格兰农（Walter Glannon）[3]指出，哲学上有三种理论否定自由意志和责任：

（1）决定论（determinism）。如果大脑是决定论系统，那么我们不可能是自由的，因为自由意志与决定论不相容。

李贝特的实验显示，可能存在无意识的弯曲欲望，可接下来是有意识的弯曲意向，形成和执行弯曲意向的精神活动对弯曲的动作有决定性的影响。弯曲手腕和手指并不能代表我们生活中的大多数行动，后者涉及有意识的深思熟虑以及形成和执行意识的意向，这些过程跨越一段时间，并不是即时实行的。

（2）机械论（mechanism）。如果大脑仅是一种机械装置，那么我们不可能是自由的，因为自由意志与下列观念不相容，即所有自然现象都可用自然原因和机械论原则来说明。

然而，脑内机械过程不能完全说明我们的行动，脑内无意识的机械过程可能是导致我们决定和行动的部分通路，但不可由此推论说我们的决定和行动本身是无意识的、机械的过程。例如，写文章时，我们有各种欲念，每一个欲念都与我们脑中的冲动相对应，然而我们决定写一篇文章的意向不可能完全根据无意识神经冲动来说明，例如我们要考虑社会需要、读者的反应、对自己学术生涯的影响、杂志编辑的要求等。

（3）附带现象论（epiphenomenalism）。如果我们有意识的精神状态和活动由生理因素引起，但毫无生理效应，那么我们的行动就不是由这些有意识的精神状态引起的。

然而，如果我们有意识，有意向，却不起原因性作用，那么我们为什么要拥有它们？附带现象论对此无法解释。此外，利益也是人类行动的重要成分，神经元和无意识的冲动都没有利益，唯有人有利益。[4]

有关自由意志的两个基本假定是：其一，作为有意识的行动者，我们是我们行动的始作俑者；其二，我们在世界上发生的事件中起原因的作用。决定论和机械论破坏其一，而附带现象论则破坏其二。如果这些认知心理学家和神经科学家是对的，那么有意识的自由意志就是一个幻觉。决定论、机械论和附带现象论一起形成证明自由意志是幻觉的论证。

因果决定论排除了我们的实际行动有可供选择的可能，然而自由意志不一定与因果决定论不相容。主张二者不相容的哲学家认为，因果决定论排除了我们选择的可能，如果

〔1〕 FARAH M. The practical and the philosophical [J]. Trends in Cognitive Sciences, 2005 (9): 34-40.

〔2〕 WEGNER D. The illusion of conscious will [M]. Cambridge: MIT Press, 2002: 97.

〔3〕 GLANNON W. Brain, body and mind: neuroethics with a human face [M]. New York: Oxford University Press, 2011: 43.

〔4〕 GLANNON W. Brain, body and mind: neuroethics with a human face [M]. New York: Oxford University Press, 2011: 47.

因果决定论是真的，那么我们就没有自由意志，但主张二者相容的哲学家则认为，当我们不受强迫、限制时，我们可自由地选择和行动，我们有思考支持或反对采取某种行动的精神能力，以及根据这些理由采取行动或不采取行动的身体能力。由于因果决定论不一定就是强迫或限制，因此自由意志与因果决定论是可相容的。美国哲学家凯恩（Robert Kane）[1]认为，对于自由意志，单有"可供选择的可能"这一条件还不够，还需有最终责任（ultimate responsibility，UR），"行动者具有形成和坚持他们目的的能力"。神经科学不能满足最终责任条件，如果脑活动是行动的全部原因，那我们对我们的选择和行动不负最终责任，因为我们不是它们的来源，也不是它们的始作俑者。他承认人类行动者的决定和行动是由身体因素引起的，但其引起是非决定性的。如果决定和行动由先前的条件引起但不是决定性的，那么我们至少就是我们某些行动的始作俑者。

在神经科学与道德哲学问题上，我们必须面对两个基本的关系：

（1）心脑关系、神经与精神关系、物质与意识的关系。心、精神、意识必定有神经生物学基础，但能否还原为神经元的活动？恩格斯说："终有一天，我们可以用实验的方法把思维'归结'为脑子中的分子的和化学的运动，但是难道这样一来，就把问题的本质包括无遗了吗？"[2]再说，现在新的神经技术，例如 fMRI 只是测量思维活动时血流量在脑内的分布，本身还不是对神经元活动的直接观察。

（2）科学与哲学的关系。必须看到用科学研究成果解决哲学问题具有一定的局限性。这是神经哲学，而不是神经伦理学。神经伦理学应该研究在神经科学技术领域中提出的应该做什么和应该如何做的伦理问题，在找到合适的解决办法的基础上，制定相应的行动规范。而第一个基本问题是哲学的基本问题，我们可通过不断试图解决它的努力来不断深入理解这一哲学基本问题，例如我们将会进一步理解心、精神、意识必定有物质基础，对于我们人类，这是神经生物学基础，对于机器人，这可能是电子元件；我们可能越来越接近将意识活动还原为神经活动，但恐怕在不久的将来，这还并不能把问题的本质包括无遗。

〔1〕 KANE R. The significance of free will [M]. New York: Oxford University Press, 1996: 4.

〔2〕 恩格斯. 自然辩证法［M］// 马克思，恩格斯. 马克思恩格斯全集：第 20 卷. 北京：人民出版社，2006：653.

第 29 章　纳米伦理学

纳米技术（nanotechnology）被称为 21 世纪的主导技术。20 世纪 80 年代以来，世界各国纷纷投入巨资推动纳米技术的研究和开发。经过三十多年的发展，纳米技术已经向世人展示了其在生物制药、环境保护、材料、电子器件、能源以及航空技术等领域的巨大发展潜力。据不完全统计，截止到 2013 年底，已经有超过 1600 种纳米产品流入市场。[1] 然而，在纳米技术逐步走进生活的同时，由于纳米材料的特殊性质及毒理学效应，纳米材料对人类生命健康和生态环境所产生的负面效应及其不确定性也引起人们的担忧。2009 年 5 月，首都医科大学附属北京朝阳医院职业病科的宋玉果医生等人在《欧洲呼吸杂志》上发表文章，报道了纳米涂料厂女工肺损伤事件，"在纳米涂料厂工作数月的七名女性在没有适当保护措施的情况下出现永久性肺损伤，其中两人死亡"。[2] 文章发表后，有关纳米技术的安全与伦理问题的讨论进一步升级，纳米材料安全性问题引起了广泛关注。究竟什么是纳米技术？纳米技术是"福音"还是"灾难"？纳米技术有哪些伦理问题？在安全不确定的情况下，纳米技术应该如何开展？怎样的研究和开发才是负责任的？这些问题成为纳米伦理学关注的主要问题。[3]

第 1 节　纳米技术的特点

纳米是一个尺度概念。一个纳米相当于 10^{-9} 米。一般认为，纳米技术是指在 $0.1 \sim 100$ 纳米的尺度里，研究电子、原子和分子的运动规律和特性，并利用这些特性制造具有特定功能的材料和器件的技术。1974 年，日本东京理科大学谷口纪男（Norio Taniguchi）教授首次使用"nanotechnology"这个术语，以描述精密机械加工，意指在纳米尺度精确地操纵材料。[4] 而有关纳米技术的概念则可以追溯到美国物理学家费曼所描述的按照人们的愿望一个一个地排列原子，[5] 在原子层面构造世界的美好愿景。在纳米尺度上，物质具有特殊的小尺寸效应、比表面积效应、量子尺寸效应等，这些特殊效应使得纳米材料具有与宏

〔1〕 VANCE M E, KUIKEN T, VEJERANO E P, et al. Nanotechnology in the real world: redeveloping the nanomaterial consumer products inventory [J]. Beilstein Journal of Nanotechnology, 2015 (6): 1769-1780.

〔2〕 SONG Y, LI X, DU X, et al. Exposure to nanoparticles is related to pleural effusion, pulmonary fibrosis and granuloma [J]. European Respiratory Journal, 2009, 34 (3): 559-567.

〔3〕 本章由王国豫撰写。

〔4〕 RAMSDEN J. What is nanotechnology? [J]. Nanotechnology Perception, 2005 (1): 3-17.

〔5〕 FEYNMAN P. There's plenty of room at the bottom [J]. Caltech Engineering and Science, 1960, 23 (5): 22-36.

观尺度物质不同的、特殊的声、光、电、磁、热、力学性质。纳米技术就是通过"从上而下"的物理方法，或者"从下而上"的化学方法制造具有这些特殊性质的纳米材料，并将其应用于医学、制药、化学、环境保护、电子、航空航天等领域。因此，纳米技术也被称之为"促能技术"（enabling technology），是新兴产业技术中的核心技术。

与传统技术相比，纳米技术具有两个显著的特征，即中介性和不确定性。

一、中介性

中介性（medium，intermediality）包含两层意思，即中间性与媒介性。前者指的是它的非直接性、间接性，而后者强调的是它促使不同事物之间发生关联的能力。由于纳米技术的小尺寸特性，它几乎可以和任何其他技术结合，不仅可以改善原有技术的性能，进而提升它们的能力，而且还将促进新的产品、功能和系统的实现。正是在这两层意义上，人们将纳米技术称之为"促能技术"，也就是说，纳米技术属于复合技术，"没有一个独立的纳米技术（单数，nanotechnology），有的是许许多多个纳米相关技术（复数，nanotechnologies），[1] 如纳米生物技术、纳米医学技术、纳米制药技术、纳米材料技术等"。从这个意义上讲，纳米技术的促能性也表现为增强性特征。例如，纳米粒子（nanoparticles）是纳米材料中种类最多且应用最广泛的一类，它用于开发纳米高分子复合材料，可以使复合材料的刚性大幅提升，透气性、热膨胀性下降，还可以使复合材料耐化学腐蚀，具有透明性等，它可广泛应用于一般民生工业，如家电器材、汽车零件、输送管道等耐磨结构材料上；纳米技术与医学技术结合可以改善医学造影、成像技术，也可以用于医学美容和抗衰老领域等。

二、不确定性

纳米技术的不确定性体现在各个层面：

首先，纳米技术的不确定性来自于纳米材料性质的不确定性。在纳米尺度，物质的性质变得很不稳定，很难控制。比如，金到了纳米尺度以后，会变得易燃易爆，在火中或者更低温度中就会熔化。[2] 纳米材料的生物安全效应也呈现出明显的不确定性，不仅物质在纳米尺度表现出与大块物质或原子、分子不同甚至完全相异的性质，而且相同化学组成的纳米粒子由于粒径、剂量等的不同，也表现出毒理学上的不确定性。此外，纳米材料的性质容易受到环境的影响。如纳米银是应用极为广泛的一种纳米材料，环境中多种因素作用会使纳米材料分散性与颗粒稳定性等性质的不确定。纳米技术材料还有一个特性即自组织效应。它的直接危险是会引发未知的效应，可能导致纳米技术的不可控制性。

此外，纳米技术的不确定性还表现在其应用的广泛性、开放性和后果的不确定性上。

---

〔1〕　SPARROW R. The social impacts of nanotechnology: an ethical and political analysis [J]. Bioethical Inquiry, 2009 (6): 13-23.

〔2〕　薛其坤. 纳米科技：小尺寸带来的不确定性与伦理问题［N］. 中国社会科学报，2010-09-21（002）.

特别是纳米技术与生物技术、信息技术和认知科学融合交叉形成的"会聚技术"（converging technology），更凸显了其不确定性特征。例如，纳米药物载体被应用于靶向治疗，纳米药物进入人体后的运动和反应机制及其在复杂系统中的生物效应等，都是一般毒理学实验无法预测的。将纳米技术应用在军事技术上，可以提高作战的隐蔽性、准确性、战斗力，也可以用于保护士兵的生命，但是纳米技术对人类和人类生存的环境所带来的后果也存在很大的不确定性。这些不确定性成为纳米技术安全风险和伦理问题的主要研究对象。

第 2 节　纳米技术研发与应用中的伦理问题

美国的未来学家埃里克·德雷克斯勒（Eric Drexler）较早关注和研究纳米技术伦理问题的。在《创造的发动机》（Engines of Creation）一书中，一方面描述了纳米技术所带来的巨大变革和希望，另一方面也指出了纳米技术隐藏着巨大的危险。在他看来，具有自我复制能力和组装能力的纳米机器会对地球上的人类和生物产生根本性威胁。[1] 2000 年 4 月，美国计算机工程师、太阳公司的创始人乔伊（Joy）发表了《为什么未来不需要我们》一文，再次谈及纳米技术的可能危害和社会伦理后果，特别是纳米技术与计算机技术、基因技术结合后所带来的巨大的毁灭性力量。学术界对纳米伦理的研究发端于 2003 年。[2] 美国达特茅斯大学的詹姆斯·穆尔（James Moor）和澳大利亚查尔斯特大学的约翰·韦克特（John Weckert）最早使用了纳米伦理这一概念。在他们看来，纳米伦理指的是纳米技术相关的伦理问题。[3] 迄今为止，对纳米技术的伦理问题是否是独特的，以及纳米伦理是不是一门独立的技术伦理学学科还有争议，但有一点是肯定的，即纳米技术中存在大量伦理问题，且有关纳米技术伦理问题的研究刻不容缓。

一、安全性

纳米技术的伦理问题首先来自于纳米技术的安全问题，包括生产纳米材料工作场所的安全问题，纳米技术在医学、食品与化妆品中的应用及其对人的健康的影响，以及纳米技术对环境的影响。

研究表明，通过呼吸进入人体的颗粒，由于其尺寸不同，分别沉积在呼吸系统的不同位置。由于纳米粒子非常细小，纳米尺寸的颗粒多沉积在支气管和肺泡，因而对人体构成了一定的威胁[4]。因此，首先，长期暴露在一定浓度的纳米环境中（包括实验室、工厂、

〔1〕　DREXLER E. Engines of creation: the coming era of nanotechnology [M]. New York: Anchor Press, 1986.

〔2〕　王国豫，赵宇亮. 敬小慎微——纳米技术的安全与伦理问题研究［M］. 北京：科学出版社，2015.

〔3〕　MOOR J, WECKERT J. Nanoethics: assessing the nanoscale from an ethical point of view [M]//BAIRD D, NORDMANN A, SCHUMMER J, et al. Discovering the nanoscale. Amsterdam: IOS Press, 2004: 301-310.

〔4〕　吴添舒，唐萌. 人造纳米颗粒呼吸系统毒性及生物效应的研究进展［M］// 王国豫，赵宇亮. 敬小慎微 - 纳米技术的安全与伦理问题研究. 北京：科学出版社，2015.

回收和处理纳米材料的操作场所等）的从业人员会面临一定的健康风险。其次，纳米粒子的暴露途径还包括纳米粒子在环境中的释放以及通过纳米技术产品（如药品、食品、化妆品等生活消费品）对人体产生影响，从而有可能对消费者和使用纳米技术的人构成伤害。"由于纳米药物粒径小，很容易通过胃肠黏膜和鼻腔黏膜，甚至皮肤的角质层，不仅可以进入血液循环，甚至可以进入骨髓。"[1]当纳米复合材料或者是纳米粒子进入生命体以后，如果不能够随代谢系统排出体外，那么就可能将这些纳米颗粒蓄积在人体内，与其他器官相互作用，从而诱发新的疾病（如肺部疾病和心血管疾病等）。同样，可以防止食物腐烂变质的食品添加剂与食品包装材料中的纳米粒子也有溢出的危险。一旦纳米粒子通过食品进入人体，并停留在肺、胃肠道以及其他器官中，久而久之就有可能损害人体的健康。再次，纳米材料释放到环境中还有可能对人与其他生物的生存环境构成潜在威胁。由于环境中的纳米颗粒表面积较大，因此具有较强的吸附能力，在扩散、迁移的过程中很容易吸附大气、土壤中存在的一些化学污染物，如多环芳烃、农药、重金属粒子等。被纳米颗粒吸附的有毒污染物将可能会对人和其他生物体产生毒性效应，还可能波及整个生物圈。此外，在纳米材料的制备过程中，会产生大量二氧化碳，[2]这无疑会加剧温室效应，影响人类及其他生物的生存环境。

　　生命安全是第一位的，也是人的基本权利和需求。生命伦理学将不伤害作为第一原则。这里的伤害主要指的是不损害人的身体健康，保障人的生命安全。伤害包括有意伤害和无意伤害。由于人体是一个复杂系统，在现阶段纳米技术对人体健康的损害还不能得到完全证实的情况下，只能说纳米技术具有潜在的安全风险，其所造成的伤害属于无意伤害，但即便如此，从安全伦理学出发，科学家和工程师有责任将纳米技术的潜在风险及时告知公众，企业和政府也有责任采取保护措施，将纳米技术的风险降到最低，最大限度地保护研发人员和公众的生命健康与环境安全。

二、人体试验与知情同意

　　纳米技术在疾病诊断和治疗中得到广泛应用。越来越多的研究显示纳米颗粒携带药物可以有效提高药物的稳定性，并在特定部位以较低的暴露浓度达到长期有效的治疗效果。近年来，随着纳米医药技术的迅猛发展，有些纳米药物已经上市或者即将上市。纳米药物的研发，将会对癌症、心血管疾病、血液和神经系统疾病、糖尿病、炎症、感染性疾病等的治疗产生深远影响。据《科技日报》报道，美国布里格姆女子医院和达纳法伯癌症研究所合作，开发出了一种纳米药物递送系统，该系统不仅能够精确瞄准和攻击骨骼中的癌细胞，还能通过增加骨强度和骨量的方法抑制骨癌的发展[3]。

　　但是另一方面，由于纳米药物的特殊理化性质，它能和体内许多靶点相互作用，甚至

〔1〕　张阳德. 我国纳米生物技术的医学应用及研究进展［J］. 中国医学科学院学报，2006（4）：579-582.

〔2〕　朱凤青，张帆. 纳米技术应用引发的伦理问题及其规约机制［J］. 学术交流，2008（1）：28-31.

〔3〕　王小龙. 美开发出新型纳米药物递送系统 - 纳米药物可强化骨骼抑制骨癌［N］. 科技日报，2014-07-09（002）.

穿越血脑屏障，干扰正常细胞信号转导，且不易被免疫系统识别[1]，这就为人体试验带来了挑战：首先是临床试验时机的选择问题，即什么时候可以进入人体试验阶段？其次是人体试验中的程序问题，即如何保证人体试验遵循公平原则选择人类受试者，参加试验的人类受试者是否都对新药的风险有足够的认识，他们是否有足够的知识和能力理解被告知的风险？这里不仅涉及风险不确定后果严重程度的判断，而且也涉及知情同意问题。通常人们都知道新药试验具有一定的风险，但是由于纳米技术的新颖性，有些风险一时未必能够显现出来。即便人类受试者被告知这些药物的可能风险，由于患者对纳米技术认知的不足，也很难保证他们真正知情。即便患者自由且自愿地接受有益于其他患者和社会的风险，从有利原则出发，也应该保证这些人类受试者不要承担过大的风险，特别是要防止受试者被作为工具利用。在很多情况下，那些参与试验的人们通常是因为对自身疾病治疗手段的绝望而自愿承担潜在的风险。即使受试者处于生命垂危状态且其他治疗手段均无效的情况后，研究者也必须意识到纳米技术药物存在潜在的副作用，明确将纳米技术药物存在的不确定性及可能产生的后果告知对方，并尽量保证受试者的安全。

三、人类增强与社会公正

未来，人们不仅可以利用纳米技术医治那些疑难疾病，而且可以用它提高人的心智能力，即所谓的人类增强（enhancement）。治疗是为了治愈疾病，而增强的目标是为了获得有利的超越正常物种的功能。比如说，用以碳纳米管为基础的人造肌肉来提高运动员的竞技水平，就属于人类增强的范畴。而用以碳纳米管为基础的人造肌肉来帮助那些小儿麻痹症患者，则属于治疗范畴。但是有一些纳米药物和手段可以同时达到治疗和增强的目的。比如治疗老年痴呆症的药也可以用来提高人的记忆力和注意力。因此，在判断具体纳米技术目的时，有必要对具体问题做具体分析。

2000年，美国国家科学基金会提出了"汇聚四大技术，提高人类能力"的计划。即将纳米技术与生物技术、信息技术和认知与神经科学相结合，从原子和分子层面对人的基因进行改造，比如说，对人的特定基因进行修饰或者编辑，在未来实现"订制婴儿"的目的；或者结合四大技术，通过揭示人脑的运行机制，制造出能思维的人造生命。这会带来更大的伦理与社会问题。增强的伦理问题首先是社会公正问题。基因增强必然会引发"增强后分化"，带来更多的社会不平等、不公正和歧视，甚至有可能会出现这样的结果：一部分智力和能力出众的人统治另一部分没有被增强的人。

四、自主与隐私保护

纳米技术是一种微型化技术。比如用纳米芯片可以储存一个人的全部基因信息和疾

---

〔1〕 何伍，杨建红，王海学. 等. FDA与EMA对纳米药物开发的技术要求与相关指导原则［J］. 中国新药杂志，2014，23（8）：925-931.

病信息。但是，这样一来就存在着个人信息泄露的风险和对个人隐私的威胁。尤其是如果企业掌握了这些信息，有可能成为其用人歧视的理由，保险公司利用这些信息对患者的行为等进行限制。[1] 通过将纳米设备（纳米发射器等）嵌入对象（身体或物件）中，就可以监视和跟踪目标，捕捉目标信息。如果将纳米技术运用于侦查领域（超微侦察机），则可能会泄露国家的军事机密，威胁国防安全。在大数据时代，纳米技术还可以和普适计算结合，收集个人的生活和消费习惯，比如将个人信息（如信用卡号）与特殊商品相关联，这样有可能跟踪其购物商店和超市，收集个人隐私信息[2]，通过控制信息达到控制人的行为、限制人的自主性的目的。而纳米技术与神经科学的结合将使人脑中植入纳米器件成为可能。一旦成功，神经工程师就有可能能简单地"扫描"大脑，读取人脑所有的必要的信息，并将这些信息存储到一个"超级计算机"上进行分析，对人的思想的监控和人的行为的操纵也将成为可能。这将构成对人的隐私和自主权的严重侵犯。人将失去最起码的安全感，丧失自主和自由的基本权利。

第 3 节　对纳米技术研究和应用的管理

国际社会非常重视对纳米技术的安全与伦理问题的治理。2003 年以来，越来越多的社会组织、研究机构、高校的学者（包括哲学家、社会学家、法学家和科学家）开始关注纳米技术的负面效应、社会伦理风险及其社会影响。美国、欧盟和其他国际组织都成立了相应的研究机构，一方面致力于跟踪评估纳米技术的风险，考察社会各界对纳米技术的态度和接受程度；另一方面，制定了一系列的伦理原则和行为规范，用于规范从事纳米技术的研究、生产和管理的人员与机构的行为。从实践的层面来看，其治理路径主要包括上游治理和多元善治。上游治理强调在纳米技术发展的早期开展同步的管理和规范工作，多元善治强调从下到上、吸纳社会各界参与的多层次、多主体的治理。

一、上游治理

具体来说，上游治理是指在纳米技术发展的早期，在制度层面对纳米技术进行规范，以避免重复过去那种"先污染后治理"的老路。比如美国早在 2000 年制定国家纳米技术计划的时候，就已经将纳米技术的伦理和社会问题研究以及教育等同步纳入研究规划，制定相应的伦理指南和法律法规，对纳米技术发展的方向、路线、研发手段、市场等进行规范协调等。2004 年，欧盟委员会提出了关于纳米技术风险分析的可视化图谱，为开展纳米技术早期风险评估提供了可操作的理论与技术工具。欧盟委员会（Commission of the

〔1〕　GRUNWALD A. Auf dem Weg in eine nanotechnologische Zukunft [M]. Freiburg/Muenchen: Verlag Karl Alber, 2008.
〔2〕　王国豫. 纳米伦理：研究现状、问题与挑战 [M] // 王国豫，赵宇亮. 敬小慎微——纳米技术的安全与伦理问题研究. 北京：科学出版社，2015.

European Communities）还制定了《负责任地开展纳米科学和纳米技术研究的行为准则》（Code of Conduct for Responsible Nanosciences and Nanotechnologies Research，2008）。该准则可以看作欧盟国家对纳米技术发展进行规范的纲领性文件。该准则包括七项基本原则：即公共福祉原则、可持续性原则、防范原则、公众参与原则、卓越原则、创新原则、责任原则。其宗旨就是要求研究者和研究机构对研究所产生的当下及将来可能会对社会、环境和人类健康产生的影响负责。为了保证利益相关者真正遵从该准则及其他相关法律法规，欧盟委员会要求成员国对研究进行监管。

二、多元善治

多元善治主要强调的是纳米技术的发展必须在全社会的参与和监督下进行。多元指的是纳米技术治理主体的多元，即不仅科学家和政府是纳米技术治理的主体，企业和社会公众也同样有必要参与纳米技术风险的治理。善治强调的是从下到上的治理模式，而不是从上到下的政府管理，尤其是公众应该全面了解纳米技术可能带来的风险与利益。公众不仅有知情权，也有接受或不接受纳米技术的权力。参与式评估工作坊和公民论坛等被认为是公众参与纳米技术治理的主要形式和渠道。企业和行业协会是纳米技术的主要生产者，也是重要的责任主体。瑞士零售业联合会发布了《纳米技术行为准则》，强调了企业的自我约束，强调产品安全，只有那些被最新科技证明在生产使用过程中对人类、动物及环境无害的产品才能列入许可范围。瑞士零售业联合会成员有责任向制造商和供应商询问关于纳米技术的信息，并确保消费者知晓产品的纳米技术信息。一旦在产品方面有任何与健康或环境相关的新发现，制造商和供应商都必须迅速公开。

此外，在全球化时代，必须在全球层面上协同治理纳米技术的风险。为此，必须加强国际交流，在各个国家制定的与纳米技术有关法律、法规基础上，共同制定国际统一的规范、适度的宏观调控政策和全球伦理规范，以避免有些不法企业将风险转移到其他国家，这有利于推动纳米技术风险的全球治理。

第 30 章　合成生物伦理学

合成生物学是 21 世纪新兴的生物学研究领域，它是生物学、化学与工程学等学科结合的产物，旨在通过人工设计创建新的、具有特定功能的生物系统，制造药物、功能材料或能源替代品，给人类的生产、生活带来便利。与传统生物学解剖生命体以研究其内在构造的方法相反，合成生物学从最基本的要素开始，一步步建立人工生物系统（合成的有机生命体）。让它们像电路一样运行。有人认为合成生物学是一个划时代的发展，是新工业革命的开端。虽然合成生物学极大地推动了科学的进步，但同时也带来了一系列伦理问题：制造或重塑生命（作为合成生物学的核心思想）是否违反了道德戒令？人类有没有权利制造生命？制造生命会不会导致人类尊严的贬损？合成生物技术会不会对人类健康和整个生态系统产生意想不到的风险和伤害？应不应该对合成生物技术授予专利权？这些都是我们必须回答的伦理问题。对合成生物学提出的伦理问题进行探讨，可能会形成生命伦理学的一个新的学科分支——合成生物伦理学。[1]

第 1 节　制造生命的伦理论争

合成生物学"制造生命"的理念向以下具有伦理含义的概念区分和界限提出了挑战：生命与非生命、物质与信息、自然与人工、有机与无机、创造与被创造、进化与设计等。芝加哥大学著名生命伦理学家里昂·凯斯（Leon Kass）曾经说过："一切自然界限都是值得争论的。包括人类自身的界限、人与动物的界限、人与超人或上帝的界限以及生命和死亡的界限。这是 21 世纪最重要的问题。"[2]的确，这些界限关系到人类如何定义自身以及如何看待自身所生存的世界，一旦人类拥有了制造生命的技术，会不会肆意对待所有生命（包括人类生命）？会不会降低生命的地位而引发人类的尊严和人权问题？西方生命伦理学界常常以"扮演上帝"的论点提出这一问题，因为在大部分宗教中，创造生命、改变物种的基因、改造人的天性和能力被认为是上帝（或神话中的自然）独有的职责，合成生物技术赋予人类同样的能力，可能会产生意想不到的风险，因而他们斥责合成生物学家是在"扮演上帝"，作法自毙。

那么人类应不应该利用合成生物技术制造生命呢？其实早在转基因技术刚刚兴起的时

---

〔1〕　本章由雷瑞鹏撰写。

〔2〕　VAN DEN BELT H. Playing god in Frankenstein's footsteps: synthetic biology and the meaning of life [J]. Nanoethics, 2009 (3):
　　　258-267.

候就已经涉及这一问题的争论了，至今仍然有学者要求禁止转基因技术的发展。但是生命科学的发展并没有因为伦理的争论而骤然停止，各个国家为了占领技术制高点不遗余力地推进技术的发展。现在已经能够根据人类的愿望设计自然界不存在的生命。而争论的焦点也从应不应该发展转基因技术、克隆技术、器官移植和胚胎干细胞研究，转为应不应该制造生命。

反对制造生命的伦理观点的主要论据是：

（1）人造生命挑战了传统的生命观念；

（2）制造生命是"扮演上帝"；

（3）人造生命挑战了进化论；

（4）人造生命违反了生物中心主义伦理。

针对这些反对意见，一些伦理学家进行了伦理辩护，他们认为制造生命有利于人们加深对生命本质的了解，同时也有利于科技的进步和增进人类的福祉。

对于合成生物学制造生命的明智态度应该是既不否定也不肯定。虽然目前利用合成生物技术制造生命尚未产生严重后果，但在一些情况下限制合成生物学技术是合理的。

（1）从后果论的角度来看，这项技术是不负责任的，即结果是不可接受的；

（2）从义务论的角度来看，该技术应该受到谴责，即行为本身是不道德的，触犯了某些人的基本价值，例如人的自主性、人的尊严、人的内在价值、对人的公正等。如果一个技术引发了伦理学领域的持续纷争，就不应该放松警惕，任其发展，必要时甚至需要施加一定程度的限制，对违反限制者还应施加责罚。

第2节　合成生物学的安全性

2010年，美国彼得·哈特（Peter Hart）研究协会和伍德罗·威尔逊（Woodrow Wilson）研究中心共同开展了一项关于合成生物学安全问题的民意调查。调查显示2/3的被调查者认为应该鼓励合成生物学的研究和发展，其余1/3的人则要求禁止合成生物学研究，除非了解其可能产生的危害并制定相应的预防和处理机制。在反对合成生物学研究的人中，27%的人担心研究成果被恐怖分子利用（如发展生物武器）；25%的人认为合成生物学产生的人造生命可能会破坏社会人伦关系；23%的人则担心此项研究会对人类健康产生不利影响；13%的人认为该研究可能会严重破坏生态环境。这份调查还显示，大部分被调查者希望美国政府制定严格的管制措施，健康有序地发展合成生物学研究。[1]

这份调查充分显示了人们对合成生物学安全问题的担忧，这种担忧不是杞人忧天，事实上合成生物学的每一步进展都涉及生物安全问题。

首先，合成生物学的基础研究领域可能存在安全隐患，这些领域主要包括原型细胞

---

〔1〕　科技部. 合成生物学在美国引争议 [EB/OL]. (2010-09-15) [2019-08-15]. http://www.most.gov.cn/gnwkjdt/201009/t20100914_80381.htm.

（protocells）、最小基因组（minimal genome）、基因电路（DNA-based biological circuits）以及化学合成生物学（chemical synthetic biology），必须在立项之前对其进行安全评估；

其次，如果基础研究不存在安全问题，则必须确定其能否安全地应用于可再生能源、医学、农业和环境等领域，能否商业化，能否安全地投放到市场中去；

最后，还必须考虑合成生物学带来的其他安全问题，比如标准化生物元件带来的安全问题、生物黑客与 DIY 生物学、生物恐怖主义和非法生物经济等。

因此，我们必须在设计和实施战略之前考虑其可能产生的影响力，将安全风险降到最低。但禁止发展合成生物学并不是一个好的选择，毕竟合成生物学能够给人类带来巨大的利益，但过于乐观也不是解决问题的办法。一些科学家建议借鉴电子工业将计算机芯片的核心技术授权给少数公司的做法，让少数大型合成生物公司控制某些关键性技术（比如生物电路的合成），创建管制和授权瓶颈。这种将经济和技术融合的方法能较好地解决实验失控的问题，但也会限制生物技术的"开放发展"，还可能会导致合成生物关键技术的垄断，催生一批既得利益者。

另一方面，为了防止合成生物学被生物恐怖主义者利用，同时也为了避免有人在巨大经济利益的驱使之下从事非法生物经济活动，有必要对合成生物学进行安全管理。但必须注意，过多的安全管理可能会适得其反，会迫使一些合成生物学从业人员转移到地下，而使局面更加难以控制。[1] 因此，必须使监管和治理达到平衡，这有待进一步的研究和探索。

第 3 节 合成生物技术的专利保护

创新、探索和发明使人类过上舒适、优质的生活，推动了社会的发展和文明的进步，科学技术变得十分重要，形成了巨大的经济利益。伴随而来的是如何鉴别科学技术所有权的问题，这就是知识产权概念形成的原因。知识产权可以为发明者提供有限时间的独占权利，激励他们的研究热情，进而促进技术的发展。美国专利法基于这样一个原则：专利保护有利于促进人们开展卓有成效的创造性工作，通过新产品和新方法产生经济效益，增加就业，为人类提供更好的生活，对社会产生积极影响。

与其他新兴技术领域一样，合成生物学领域也有自己的商机，属于知识产权保护领域。欧美发达国家正在努力发展合成生物技术并积极申请专利，力图占领技术制高点，争夺世界领先地位。我国也在利用后发优势如火如荼地发展合成生物技术，一场没有硝烟的资源争夺战正在上演。然而，在世界范围内关于合成生物技术专利的争论一直没有停止：合成生物产品能否授予专利权？合成生物技术能否授予专利权？如果承认这些权利，如何解决专利权中的利益分配不公问题以及各国争夺合成生物专利而引发的争端？这些都是合成生物学专利权的核心问题，有待进一步讨论。

---

〔1〕 WOLINSKY H. Kitchen biology [J]. EMBO Reports, 2009, 10 (7): 683-685.

EMBO 是 European Molecular Biology Organization（欧洲分子生物学组织）的缩写。

目前支持给合成生物技术授予专利权的主要论据如下：

（1）所有符合专利法规定的合成生物技术都应该依法授予专利权，不能戴有色眼镜另眼看待合成生物技术。

（2）合成生物技术的研究与开发需要投入大量资金，对符合条件的合成生物技术授予专利权，使其在一定期限内依法单独享有实施权，这是对投资的一种合理回报，符合成本效益原则。

（3）专利制度对激励创新有至关重要的作用，它能够激发合成生物从业人员的研究热情和合成生物企业的投资兴趣。

反对合成生物技术授予专利权的主要论据如下：

（1）专利法自身不完善：专利法"三性"（新颖性、创造性、实用性）概念不严密，人们可能会对合成生物技术的专利权产生误判；合成生物技术的专利数量十分庞大，检索困难，不利于科学研究的顺利开展；专利法不利于公民参与创新；专利法会降低生物地位。

（2）专利法有损人类的整体利益，不利于全球公共卫生事业的发展和环境治理的实施。

（3）专利法会阻碍合成生物技术的创新。

（4）专利法可能导致垄断。

是否应该对合成生物技术授予专利权不能一概而论，必须具体问题具体分析。可以将合成生物技术发明分为以下几种类型：

（1）事关人类整体利益的、全人类共有的合成生物技术不应该授予专利或被直接用于商业利益，如环境治理等大型项目的技术发明；

（2）需要投入巨大资金或大量专门人才才能研发设计的技术发明不应该授予专利权，这种项目不是任何个人或组织能够独立完成的，应该置于公共领域让所有人使用，并制定公开的标准，允许一定程度的商业化；

（3）私人或组织发明的可授予专利的产品，发明者有独占权、许可权、转让权，以便鼓励创新。

第4节　合成生物学的伦理治理

一、关于发展合成生物学的观点

关于发展合成生物学，主要有两种观点：

第一种观点认为应该延缓甚至禁止合成生物学发展，直到证明其技术无害或伤害可控时才允许其发展，要求实行严密的伦理监管；

第二种观点则主张应该抢占先机，反对任何限制学术自由和科学探索的伦理管制。

第一种观点太过保守，不利于新技术的发展，而第二种观点又太过乐观，容易出现安全隐患。对此，合适的建议是，不应该阻止合成生物学的发展，但必须进行适度的伦理管制，即坚持谨慎的占先原则。这就要求在合成生物学的发展过程中持续监测、识别、降低潜在的和已经出现的伤害。因为与分子生物学技术和纳米技术相比，合成生物学目前并没有产生新的风险，而且已经有一些监管机构对其进行监督，因此，不需要禁止其发展。不过，合成生物学技术安全性的确存在了许多伦理挑战，可能会对人类健康和生态环境带来威胁，因此，必须对其实行适度的伦理管制。

二、伦理管制建议

对合成生物学进行伦理管制必须坚持以下原则：普遍福利原则、责任原则、适度的学术自由原则、公共沟通原则以及公正原则。这些原则能够指导合成生物学以伦理上负责任的方式发展，促进人类的整体利益。在这些伦理原则的指导下，提出以下合成生物学伦理政策管制建议：

（一）建立伦理审查机制

（1）由各个领域的利益相关者组成全国性的合成生物学管理委员会，统一管理全国合成生物学的研究和应用。该委员会成员应该包括合成生物学家、生命伦理学家、计算机科学家、化学家、法学家以及宗教人士等各个学科及部门的人员。既要有专业的技术人员，也要有代表社会整体利益的公众；同时还应考虑成员的性别、年龄、民族和地理分布等因素。

（2）该委员会不仅要涵盖技术委员会还应该包含伦理委员会。技术委员会的主要职责是制定与合成生物技术相关的标准；伦理委员会的主要职责是考察合成生物学及其应用是否合乎伦理，并定期为研究人员提供职业道德、生物安全伦理培训。所有的合成生物学研究都必须接受伦理委员会的审核、监督与管制。新的基础性研究必须上报伦理委员会备案，合成生物学技术实际应用前必须得到伦理委员会的批准。只有践行这一伦理审查机制，才能确保我国合成生物学按照正常的轨迹发展。

（二）建立健全合成生物技术法律体系

规范科研机构和研究人员的学术活动，使其各项活动有法可依，进而从法律上杜绝合成生物学带来的安全风险，有效预防合成生物学产生的负面影响。除了在国家级层面上制定安全法规，还应该建立合成生物技术的安全评价指南等指导性文件，增强法规的可操作性。目前，我国已经制定了部分转基因生物安全评价指南及其执法检查指南。应该在此基础上，借鉴国外发展的先进经验，针对合成生物学不同的研究领域制定相应的许可程序以及技术要求，增强安全法规的可操作性。

（三）建立合成生物学安全评审制度

根据风险程度和应用类型的不同，对合成生物产品进行分类管理，重点监管合成生物学试验活动及其影响。同时重视生物防护问题，严格管理基因合成公司，审查实验室资质以及科研人员的资格和自律性，确保合成生物学健康发展。安全伦理委员会的成员应该覆盖大部分相关学科，如化学、生物学、工程学、物理学、材料科学以及计算机科学等。对新型的合成生物产品实行小组评审、共同决策，为合成生物学的安全管理提供咨询建议。

（四）加强生物安全责任教育工作

对参与合成生物学研究的在校学生和研究人员进行生物安全责任教育工作，具体包括：生物安全培训，将其纳入大学课程；在实验室配备合成生物学安全手册等。一些合成生物学组织也意识到对学生进行安全教育的重要性。例如，国际基因工程机器设计竞赛已经把生物安全作为评价作品的一个重要指标。不过必须注意的是，过分强调生物安全和生物防护的重要性可能会降低学生对科研工作的积极性，不利于创新，因此，应结合受众的需要进行安全教育。

（五）跨学科安全责任教育

对生物黑客或 DIY 生物学人员等业余爱好者进行跨学科安全责任教育，其教育目标应该有别于教育熟悉生物安全知识和实践的专业科学家。还可以建立正式、开放的社区实验室，为生物黑客或 DIY 生物学人员从事科学研究创造条件，同时监督并记录其遵守安全条例的情况，促进生物黑客和 DIY 生物学人员行为的合法化，建立有效的监管框架。除此之外，还应该搭建一个生物安全网络答疑平台，通过这个免费的平台，业余爱好者能够向生物安全专家提问，从而提高其生物安全知识，降低生物安全风险。

（六）以知识产权为主导，实行适当开放和共享的政策

关于合成生物技术专利权问题，应该坚持知识产权为主导，实行适当开放共享的政策。可以合理借鉴"知识享用权框架"中的三种共享方案：

（1）生物元件基金会实行的标准生物元件注册表方案，将注册表保存在公共领域，促进这些可替换的 DNA 片段的共享。

（2）《生物元件公开协议》，包括《贡献者协议》和《用户协议》。《贡献者协议》主张生物元件的贡献者对签订协议地区的使用者不行使任何知识产权。《用户协议》要求用户必须注明生物元件贡献者的出处，并遵守生物安全惯例和相关法律。

（3）国际基因工程机器设计竞赛的工具与技术共享方案，在共享方案的同时强调国际合作精神。

（七）政府职责

政府应该设置专门的合成生物学网站，介绍合成生物学的研发过程、生物安全、风险评估等情况，加强科研机构、新闻媒体和公众之间的沟通与对话，阐明合成生物学的目标和现存的局限性，使公众消除对合成生物学的误解和恐惧，让公众更深入地了解合成生物学。政府还应该追踪包括合成生物学在内的新兴科学技术的最新进展，监督其是否产生致命病毒等生物安全问题。事实证明，这样做有利于生物安全风险评估。如有必要，政府应该召开研讨会评估合成生物学创造新的病原体的能力，进而评估生物安全风险和合成生物学技术的双重效应，了解现有的生物安全监督系统是否能充分解决问题。

参 考 文 献

［1］ ANAND S. Public health, ethics, and equity [M]. Oxford: Oxford University Press, 2004.

［2］ ANNAS G, GRODIN M. The Nazis doctors and the Nuremberg code [M]. NY: The Oxford University Press, 1992.

［3］ ARMSTRONG S, BOTZLER R. Animal ethics [M]. 2nd ed. New York: Routeledge, 2009.

［4］ ARRAS J. The way we reason now: reflective equilibrium [M] // STEINBOCK B. The Oxford handbook of bioethics, Oxford University Press, 2007: 46-71.

［5］ BEAUCHAMP D E, STEINBOCK B. New ethics for the public's health [M]. New York: Oxford University Press, 1999.

［6］ BEAUCHAMP T, WALTERS L. Contemporary issues in bioethics [M]. 3rd ed. Belmont, CA: Wadsworth, 1989.

［7］ BEAUCHAMP T, CHILDRESS J. Principles of biomedical ethics [M]. 5th ed. New York: Oxford University Press, 2001.

［8］ BENTHAM, J. An introduction to the principles of morals and legislation [M]. Oxford: Clarendon Press, 1996.

［9］ BERLIN I. Four essays on liberty [M]. Oxford: Oxford University Press, 1969.

［10］ BOYLAN M. Public health policy and ethics [M]. Dordrecht: Kluwer, 2004.

［11］ BUCHANAN A, et al. From chance to choice: genetics and justice [M]. Cambridge: Cambridge University Press, 2001.

［12］ BURLEY J, HARRIS J. A companion to genethics [M]. Oxford: Blackwell, 2002.

［13］ CALLAHAN D. Bioethics, in encyclopedia of bioethics [M] //REICH W. Encyclopedia of Bioethics, vol. 1. New York: Macmillan, 1995: 247-256.

［14］ CALLAHAN D, JENNINGS B. Ethics and public health: Forging a strong relationship [J]. American Journal of Public Health, 2002, 92: 169-176.

［15］ CALLAHAN D, WASUNNA A. Medicine and the market: equity v. Choice [M]. Baltimore: Johns Hopkins University Press, 2006.

［16］ CORNMAN J, et al. Philosophical problems and arguments [M]. 4th ed. Indianapolis/Cambridge: Hackett Publishing Company, 1992: 345-350.

［17］ DANIELS N. Wide reflective equilibrium and theory acceptance in ethics [J]. Journal of Philosophy, 1979, 76: 256-282.

［18］ DANIELS N. Justice and Justification: Reflective equilibrium in theory and practice [M]. Cambridge: Cambridge University Press, 1996.

［19］ DANIELS N. Just health: meeting health needs fairly [M]. Cambridge: Cambridge University Press, 2008.

［20］ DAWSON A, VERWEIJ M. Ethics, prevention, and public health [M]. Oxford: Oxford University Press, 2007.

［21］ DAWSON A. Public health ethics: key concepts and issues in policy and practice [M]. Cambridge: Cambridge University Press, 2011.

［22］ EMANUEL E, et al. The Oxford textbook of clinical research ethics [M]. Oxford: Oxford University Press, 2008.

［23］ 恩格斯. 自然辩证法［M］. 北京：人民出版社，2015.

［24］ FADEN R, BEAUCHAMP B. A history and theory of informed consent [M]. Oxford: Oxford University Press, 1986.

［25］ FOOT P. Abortion and the doctrine of double effect [J]. Oxford Review, 1967, 5: 28-41.

［26］ 甘绍平. 人权伦理学［M］. 北京：中国发展出版社，2009.

［27］ GLANNON W. Brain, Body, and mind: neuroethics with a human face [M]. Oxford: Oxford University Press, 2011.

［28］ GSTIN LO. Public health law and ethics: a reader [M]. Berkeley and New York: University of California Press, 2002.

［29］ GRIFFIN J. Well-being [M]. Oxford: Clarendon Press, 1986.

［30］ HU L Y. An ethical reflection on the "danger criterion" in China's mental health law [J]. Asian Bioethics Review, 2014, 6 (2): 187-196.

［31］ HUANG W. Ethical challenges to punitive law on drug users in China [J]. Asian Bioethics Review, 2014, 6 (2): 158-173.

［32］ JONSEN A. The birth of bioethics [M]. NY: The Oxford University Press, 1998.

［33］ JONSEN A, TOULMIN S. The abuse of casuistry: a history of moral reasoning [M]. University of California Press, 1992.

［34］ JONSEN A R, SIEGIER M, WINSLADE W J, et al. Clinical ethics: a practical approach to ethical decision in clinical medicine [M]. 8th ed. New York: McGraw-Hill Education, 2015.

［35］ 罗会宇，邱仁宗，雷瑞鹏. 生命伦理学视域下反思平衡方法及其应用的研究［J］. 自然辩证法研究，2017，33（2）：64-69.

［36］ LIU R. Ethical inquiry into the conditions under which involuntary commitment can be ethically justified [J]. Asian Bioethics Review, 2014, 6 (2): 174-186.

［37］ MA Y, LIU J Y, RHODES CATHERINE, et al. Ethical issues in fecal microbiota transplantation in practice [J]. The American Journal of Bioethics, 2017, 17 (5): 34-45.

［38］ MCGUIRE A, et al. Ethical, legal, and social considerations in conducting the Human Microbiome Project [J]. Genome Research, 2008, 18: 1861-1864

［39］ MILL J S, GRAY J. On liberty and other essays [M]. Oxford: Oxford University Press, 1991.

［40］ MILL J S, CRISP R. Utilitarianism [M]. Oxford: Oxford University Press, 1998.

［41］ MOORE G E. Principia ethica [M]. Cambridge: Cambridge University Press, 1903.

［42］ MUNSON R. Intervention and reflection: basic issues in medical ethics [M]. 6th ed. Belmont, CA: Wadsworth, 2000.

［43］ NOZICK R. Anarchy, state, and utopia [M]. Oxford: Basil Blackwell, 1974.

［44］ Nuffield Council on Bioethics. Novel neurotechnologies: intervening in the brain [R/OL]. https://nuffieldbioethics. org/wp-content/uploads/2013/06/Novel_neurotechnologies_report_PDF_web_0. pdf.

［45］ Nuffield Commission on Bioethics. Public health: ethical issues [R/OL]. https: //nuffieldbioethics. org/wp-content/uploads/2014/07/Public-health-ethical-issues. pdf.

［46］ NUSSBAUM M, SEN A. The quality of life [M]. Oxford: Clarendon Press, 1993.

［47］ PARFIT D. Reasons and persons [M]. Oxford: Clarendon Press, 1984.

［48］ POWERS M, FADEN R. Social justice: the moral foundations of public health and health policy [M]. Oxford: Oxford University Press, 2006.

［49］ PRAINSACK B, BUYX A. Solidarity: reflections on an emerging concept in bioethics [M]. Oxford: Nuffield Council on Bioethics, 2011.

［50］ 邱仁宗. 生命伦理学［M］. 北京：中国人民大学出版社，2010.

［51］ 邱仁宗. 促进负责任的研究，使科学研究成果服务于人民——在联合国教科文组织总部授奖典礼上的演说［J］. 中国医学伦理学，2010，23（2）：3-7.

［52］ 邱仁宗. 中国发展生命伦理学之路——纪念中国生命伦理学发展 30 周年［J］. 中国医学伦理学，2012，25（1）：3-6.

［53］ Qiu R Z. Reflections on bioethics in China: interactions between bioethics and society [M] // MYSER C. Bioethics around the globe. Oxford: Oxford University Press, 2011: 164-190.

［54］ QIU R Z. Bioethics: perspectives from China [J]. Asian Bioethics Review, 2014, 6 (2): 107.

［55］ QIU R Z. 2014 Ethical issues in medical security system in mainland China [J]. Asian Bioethics Review, 2014, 6 (2): 108-124.

［56］ QIU R Z. Bioethics in China [M] //BRUCE J. Encyclopedia of Bioethics. 4th ed. Stanford: Cengage Learning, 2014: 548-567.

［57］ 邱仁宗. 理解生命伦理学［J］. 中国医学伦理学，2015，28（3）：297-302.

［58］ 邱仁宗. 试论生命伦理学方法［J］. 中国医学伦理学，2016，29（4）：551-555.

［59］ 邱仁宗. 基因编辑技术的研究和应用：伦理学的视角［J］. 医学与哲学，2016，37（7）：1-7.

［60］ 邱仁宗. 让伦理学走出“象牙塔”［N］. 人民日报，2016-09-01（007）.

［61］ 邱仁宗，翟晓梅. 关于干细胞研究及其临床应用伦理管治的回顾与展望［J］. 中国医学伦理学，2009，22（5）：3-9.

［62］ 邱仁宗，翟晓梅. 艾滋病伦理学［M］// 王陇德. 艾滋病学. 北京：北京出版社，2009：824-849.

［63］ QIU R Z, ZHAI X M. Stem cell research and its clinical application in China: interactions between science, ethics and society [M] //CAMPBELL A, CAPPS B. Bioethics and the global politics of stem cell science: medical applications in a pluralistic world. London: Imperial College Press, 2010: 395-420.

［64］ RAWLS J. A theory of justice [M]. Cambridge: Harvard University Press, 1971.

［65］ RAWLS J. The independence of moral theory [M] //FREEMAN S. John Rawls: collected papers. Cambridge: Harvard University Press, 1999: 286-302.

［66］ SANDEL J. The case against perfection [M]. Cambridge: The Belknap Press of Harvard University Press, 2007.

［67］ SANDEL M. The ethical implications of human cloning [J]. Perspectives in biology and medicine, 2005, 48 (2): 241-247.

［68］ SCHMIDT U. Justice at Nuremberg: Leo Alexander and the Nazi doctors' trial [M]. NY: Palgrave Macmillan, 2004.

［69］ SINGER P. 动物解放［M］. 祖述先，译. 青岛：青岛出版社，2004.

［70］ SINGER P. The Cambridge textbook of bioethics [M]. Cambridge: Cambridge University Press, 2008.

［71］ THOMSON J J. Killing, letting die, and the trolley problem [J]. The Monist, 1976, 59: 204-17.

［72］ 王福玲. 康德尊严思想研究［M］. 北京：中国社会科学出版社，2014.

［73］ WEINDLING P J. Nazi medicine and the Nuremberg trials: from medical war crimes to informed consent [M]. NY: Palgrave Macmillan, 2005.

［74］ WIKLER D, BROCK D. Population-level bioethics: Mapping a new agenda [M] //DAWSON A, VERWEIJ M. Ethics, Prevention, and Public Health. Oxford: Oxford University Press, 2007.

［75］ 曾光. 中国公共卫生与健康新思维［M］. 北京：人民出版社，2006.

［76］ 翟晓梅. 死亡的尊严［M］. 北京：首都师范大学出版社，2002: 12.

［77］ ZHAI X M. Informed consent in the non-western cultural context and the implementation of universal declaration of bioethics and human rights [J]. Asian Bioethics Review, 2009, 1 (1): 5-16.

［78］ ZHAI X M. Can the no fault approach to compensation for HIV infection through blood transfusion be ethically justified [J]. Asian Bioethics Review, 2014, 6 (2): 143-157.

［79］ ZHAI X M, No ethical divide between China and the West in human embryo research [J]. Bioethics, 2016, 16 (2): 116-120.

［80］ 翟晓梅. 医学的商业化与医学专业精神的危机［J］. 医学与哲学，2016，37（4）：1-3，8.

［81］ 翟晓梅，邱仁宗. 生命伦理学导论［M］. 北京：清华大学出版社，2005.

［82］ 翟晓梅，邱仁宗. 公共卫生伦理［M］// 曾光，黄建始，张胜年. 中国公共卫生概论. 北京：中国协和医科大学出版社，2014.

［83］ 翟晓梅，邱仁宗. 公共卫生伦理学［M］. 北京：中国社会科学出版社，2016.

［84］ 新华社. 中共中央国务院关于深化医药卫生体制改革的意见［EB/OL］.（2009-03-17）［2019-08-13］. http://www.gov.cn/jrzg/2009-04/06/content_1278721. htm.

［85］ 朱伟. 生命伦理中的知情同意［M］. 上海：复旦大学出版社，2009.

［86］ WEI Z. The tort law of P. R. China and the implementation of informed consent [J]. Asian Bioethics Review, 2014, 6 (2): 125-142.